KB194405

울릉도사

개척과 침탈 사이

울릉도사 **개척과 침탈 사이**

초판 1쇄 발행 2025년 3월 31일

지은이 | 유미림
펴낸이 | 윤관백
펴낸곳 | 선인

등　록 | 제5-77호(1998. 11. 4)
주　소 | 서울특별시 양천구 남부순환로 48길 1
전　화 | 02)718 - 6252 / 6257
팩　스 | 02)718 - 6253
이메일 | suninbook@naver.com

정 가 | 40,000원

ISBN | 979-11-6068-963-1 93910

·잘못된 책은 바꿔 드립니다.

울릉도사
개척과 침탈 사이

유미림 지음

선인

발간사

1.

독도는 울릉도의 부속 도서이다. 독도 연구자라면 이 명제를 여러 번 반복했을 것이다. 그러나 부속 도서인 독도에 대한 연구가 활발하게 이루어지는 것과 달리 정작 모도母島인 울릉도에 대한 연구는 그간 소홀했다. 한국 사회에서 독도 문제가 지닌 특수성은 연구자들이 독도에 주력하고 울릉도를 등한하게 했다. 필자 역시 독도 연구에 먼저 발을 디딘 관계로 울릉도 연구는 독도 연구에 필요한 선에서 부차적으로 수행했다. 그런데 독도를 연구하면 할수록 울릉도 연구가 선행되어야 한다는 사실을 실감한다. 한국연구재단의 학술지원사업의 하나로 「일제강점기 울릉도 사회에 관한 연구」를 3년 동안 수행한 것은 이런 인식의 결과였다. 이 책은 그 성과가 있었기에 펴낼 수 있게 되었다. 일본의 자원 침탈 현황, 언론에 보도된 울릉도 사회, 통계로 본 울릉도 사회라는 주제가 3년에 걸쳐 이루어진 결과물이다.

그 밖에 이 책은 다음과 같은 주제를 다루었다. 울릉도 개척의 역사가 짧다 보니 『울릉군지』에서 다룬 내용에 오류가 많다. 특히 행정 기구와 학교 제도 등에 관한 연혁 정리가 부진하다. 학교의 설립 연도와 명칭이 문헌마다 달라 이번 기회에 연혁을 정리하고자 했다. 아직 부족하지만 이를 계기로 심화 연구가 나오기를 바란다.

'울릉도·독도 어업사'는 2023년 한국해양과학기술원의 지원을 받아 연구한 내용을 수정·보완한 것이다. 독도 어업은 독도 영유권의 관점에서 연구자들이 다룬 경우가 더러 있지만, 울릉도 어업사를 함께 다룬 적은 거의 없었다. 일제강점기 자료인지라 물고기 이름이 일본어로만 적혀 있고 번역어가 없기도 해서 애를 먹었다.

울릉도에는 필사본으로 된 향토 사료들이 전해지고 있는데 작성자와 작성연대를 알기 어려운 경우가 있다. 울릉군은 1963년과 1969년 두 번에 걸쳐 『울릉도 향토지』를 간행했고 1983년에는 『울릉군지』를 간행했다. 이들에 대한 분석이 필요할 듯하여 검토했다. 향토 사료를 검토하고 전설의 원류를 더듬어보는 일이 학술적으로 의의가 크지 않은 것으로 여겨질지도 모른다. 그러나 울릉도 역사 안에서 보면 이들도 중요한 주제이고, 전설의 형성 과정을 고찰하는 일도 의미가 없지 않다. 지금까지 이들의 가치를 폄하하여 연구를 등한시한 결과 많은 오류들이 그대로 답습되었다고 본다. 아직 필자가 파악하지 못한 향토 사료도 있을 것이다. 더 많은 사료가 발굴되기를 바라며, 그로 말미암아 필자의 오류도 시정되기를 바란다.

4부에서는 '1900년 한일 공동조사단의 울릉도 조사 기록'이라는 제목으로 우용정의 「울도기」를 비롯한 자료를 번역하고 마지막에 간단한 해제를 붙였다. 「울도기」는 2008년에 소개한 적이 있으나 독도 연구를 시작한 초기에 번역한 탓에 오역도 있고 해서 이번에 다시 검토했다. 이 자료는 대한제국 정부가 일본 정부와 공동으로 울릉도 현지를 조사한 내용을 담고 있으므로 1900년 당시의 상황을 파악하는 데 매우 중요하다.

연구자들이 울릉도·독도와 관련된 용어를 잘못 사용하는 경우가 있다. 5부 '용어와 지명의 유래'는 이를 밝힌 것이다. 예전에 일부를 다룬 적이 있지만 학계에서는 여전히 관련 용어를 잘못 사용하고 있기에 이번에 내용을 보완하여 다시 실었다. 모든 학문이 그렇지만 울릉도와 독도라는 주제도 연구하기에 결코 간단하지 않다. 할수록 어렵고, 그래서 어느 것이 맞다고 주장하기가 어렵다. 가능한 한 많은 자료를 검토하여 검증하려 했지만 오류의 가능성이 있음도 부인하기 어렵다. 제현諸賢의 질정을 바란다. 능력이 부족해서 오류를 범하는 것은 어쩔 수 없지만, 노안으로 인한 오기가 잦아져 서글퍼지는 요즘이다. 그러나 어느 경우도 그 책임은 필자에게 있다.

지명의 유래는 시시비비를 가릴 사안은 아니지만 일제강점기를 거치는 동안 많은 지명이 와전되었음에도 그 사실을 모른 채 사용하고 있으므로 이를 밝히고자 했다. 지명별로 간략히 설명하여 참고하기에 편하게 했다. 울릉도에는 많은 관광 안내판이 있는데 잘못된 설명이 많다. 이를 바로잡는 데 조금이나마 기여했으면 하는 마음이다. 연구 결과가 정책에 반영되지 않는다면 의미가 없다. '독도'를 주제로 연구를 시작했는데 '울릉도' 연구로 마무리를 하게 되어 부채의식을 조금은 덜어낸 느낌이다.

2.

이 책을 쓰는 데 많은 분들의 도움이 있었다.

한국연구재단에는 학문 후속 세대 지원 사업을 통해 연구자를 지원하는 프로그램이 있다. 이 사업에 선정되면 3년 동안 연구비를 받으며 한 가지 주제에 매진할 수 있다. 연구자로서는 혹할 만한 기회지만, 대학이나 연구 기관에 소속되어야 한다는 요건이 있다. 이 요건을 충족하기 위해 대학에 의사를 타진해야 하는 번거로움을 피하지 않을 만큼 부지런하지 못한 나는 진즉에 신청할 마음을 접고 있었다. 그러다가 2016년 강원대학교 사회과학연구원(원장 이선향)에서 제안이 있었고, 그 인연으로 연구 재단 프로그램에 응모하여 선정되었다. 기회를 제공한 강원대학교 사회과학연구원에 감사를 표한다.

독도 연구를 시작하면서부터 울릉도에 계신 분과 인연을 맺고 많은 도움을 받아왔다. 그 가운데 가장 많이 도움을 준 분은 김기백 선생이다. 울릉도 주민이자 공무원으로서 울릉도와 독도에 대한 애정이 누구보다 많은 분이다. 울릉도 곳곳을 함께 다니며 유적지 등을 소개해주셨다. 이번에도 울릉도 역사와 지명, 물명物名, 사진에 이르기까지 많은 도움을 주셨다. 인연을 이어온 지 어언 20년이다. 매우 소중한 인연이다. 울릉도에서 교사와 교육장을 하셨던 이종렬 옹과의 인연도 오래되었다. 직접 찾아뵙지도 못하고 전화로만 여쭈어서 죄송할 따름이다. 늘 건강하시기를 빈다.

일본어에서 막힐 때마다 도움을 준 영남대학교 독도연구소의 박지영 박사에게도 감사를 표하지 않을 수 없다. 같은 직장에 근무했었다는 인연을 핑계로 자주 번거롭게 했음에도 성가셔하지 않고 늘 도움 말씀을 주셨다. 울릉도·독도 해양과학기지 김윤배 박사와 독도박물관 김경도 학예연구사는 바쁜 와중에도 관련 자료들을 제공하셨다. 두 분 모두 울릉도 현지에서 향토 사료 발굴에 매우 열성적이다. 독도박물관이 최근 간행한 자료도 연구에 큰 도움이 되었다. 경북대학교 명예교수이신 홍성천 선생은 필자가 번역한 장한상의 「울릉도 사적」에 나온 수목명을 주목하시고, 일면식도 없는 필자에게 연락을 주시어 유익한 가르침을 주셨다. 쉼 없는 학구열에 경의를 표한다. 그 밖에 일일이 밝히지는 못하지만 도움을 주신 울릉 주민과 울릉교육지원청, 군청 직원께도 감사를 드린다.

울릉도 연구를 하면서 아쉬운 점이 하나 있다. 울릉도에 있는 향토 사료들이 아카이브로 구축되어 있지 않다는 점이다. 자료들이 여기저기 흩어져 있어 처음 연구를 시작하는 사람은 소장처를 알기 어려울 뿐만 아니라 입수하기도 쉽지 않다. 얼마 안 되는 필사본 자료는 알아보기 힘든 글자들이 많다. 시간이 흘러 훼손율이 높아지면 가독성은 더 떨어질 것이다. 언제 멸실될지도 모를 일이다. 울릉문화원이 발간한 『울릉문화』는 서지사항을 알기가 어려울 정도로 정보가 빈약하고 구하기도 쉽지 않다. 자료는 공유하여 학술 연구에 기여할 수 있을 때 가치가 있다. 울릉도 여기저기 흩어져 있는 사료와 자료들을 모아 아카이브로 구축되기를 바라본다. 이 책의 출판을 허락해주신 선인 사장님 그리고 복잡한 내용을 교정보느라 애쓰신 편집진에게도 깊이 감사 드린다.

2024년 11월

유미림

목차

4부
사료 소개
: 1900년 한일 공동조사단의 울릉도 조사 기록

5부
용어와 지명의 유래

표 목차

1부

2부

3부

5부

일러두기

Ⅰ. 종합 표기 방침

1. 본문에서 ( ) 안의 내용은 필자주이고, 필요한 경우 원문 혹은 원주는 따로 밝혔다. 4부의 사료번역문도 마찬가지다.
2. 인용문에서 ( ) 안의 내용은 원주이고, 필자주는 따로 밝혔다.
3. 외래어는 인용문을 제외하고 국립국어원의 외래어 표기법을 따랐다.
4. 1897년 이전의 한국인은 조선인으로 표기하고, 일제강점기의 조선인 혹은 한인은 직접 인용을 제외하고 한국인으로 표기했다.
5. 울릉도와 독도의 표기는 인용문이거나 일본을 주체로 한 경우는 다케시마·마쓰시마로 표기하고, 통칭할 때는 우리나라 호칭인 울릉도·독도로 표기했다.
6. 인용문에서 □는 미상을 가리킨다.

Ⅱ. 2부 「울릉도·독도 어업사」의 표기 방침

물고기 이름이 분명하지 않거나 일본식 명칭이 우리나라 명칭과 다른 경우 원문대로 표기하되 한글로 풀어서 표기했다.

1. 원문과 번역어가 일치하는 경우는 한자를 ( ) 없이 기입했다.
   예: 전복全鰒, 명태明太
2. 어명과 한자표기가 일치하지 않는 경우는 한자를 ( )에 기입했다.
   예: 전복(鰒), 전복(鮑), 미역(甘藿), 미역(海帶), 미역(和布), 미역(若布),
   말린 오징어(鰑), 오징어(烏賊魚), 오징어(柔魚)
3. 원문에서 한자 명칭을 먼저 표기하고 우리말 명칭을 뒤에 표기한 경우 이를 따랐다.
   예: 鰹(가자미), 章魚(문어)
4. 어명이 병기된 경우, 원문 형식을 따랐다.
   예: 鰈[가레이], 도비우오[飛魚], 石花菜[덴구사]
5. 독도강치는 문맥에 따라 원문을 병기하되, 통칭할 때는 강치로 표기했다.
6. 번역어를 찾지 못한 경우, 일본어 가나를 한글로 기입했다.
   예: 쓰쓰리, 스지모
7. 필요한 경우, 한자어를 직접 열거했다.
   예: 鰛, 鰤, 鯖, 鰹

1부

울릉도 침탈사

제1장

우산국 약사

Ⅰ. 울릉도 명칭의 변천사

오늘날 '울릉도'라고 부르는 섬에 동해안 지역 주민들이 와서 살기 시작한 시기가 언제부터인지는 명확하지 않다. 그 시기를 1세기 혹은 3세기 초로 보기도 하지만, 섬에서 발견된 유물에 의거하여 6세기경으로 보는 견해도 있다. 5세기 이전에 울릉도에 살았던 원주민의 흔적이 있을 개연성은 부인할 수 없지만, 이사부의 우산국 복속 이전의 울릉도 원주민의 존재를 보여주는 고고학적 유물이나 유적은 확인되지 않았으므로 청동기 시대로의 소급은 유보할 수밖에 없다는 것이 학계의 입장이다.[1] 문헌상으로 가장 오래된 기록은 『삼국사기』 512년 기사이다. 『삼국사기』는 강원도 명주(강릉)의 정동쪽에 있는 섬을 우산국于山國이라고 하는데 울릉도鬱陵島라고도 부른다고 기술하여 두 명칭을 언급했다. 『삼국유사』는 "강릉의 동쪽 바다에 울릉도亐陵島가 있다."라고 기술하고 "지금은 우릉羽陵이라 한다"는 내용을 덧붙였다. 고려 시대에는 '우릉도'로 불린다는 사실을 추가한 것이다. 삼국 시대에는 '□□섬'이 아닌 '우산국'이라고 적혔으나, 섬의 명칭이므로 '울릉도' 명칭이 먼저 생성되었을 것이다.

고려 시대에는 주로 우릉도로 부르되 우산국과 울릉도를 병칭하다가 말기에는 무릉도라는 호칭도 출현했다. 이들 호칭은 조선 시대로 이어져 울릉도(鬱陵島, 蔚陵島, 亐陵島), 우릉도(芋陵島, 羽陵島), 무릉도(武陵島, 茂陵島)로 다양하게 표기되었다. 이렇듯 울릉도 표기가 다양한 것은 우리말 명칭이 먼저 있었고 그에 따라 유사한 음을 빌려 표기해왔음을 시사한다. 울릉도라는 섬의 존재는 일본에도 전해졌다. 일본에서 울릉도는 우류마도(宇流麻島), 우릉도(芋陵島, 于陵島, 迂陵島)로 표기되었다.[2] 일본인들이 울릉도를 알게 된 것은 1004년 섬사람이 일본의 돗토리현 동부 지역에 표류한 일이 있고 나서였다.

신라에 복속服屬한 후 토산물을 바치며 독립적인 생활을 유지하고 있던 울릉도 사람들은 고려 왕조가 성립한 후에도 섬을 '우릉도'라 부르며 고려 조정에 토산물을 진상했다. 그러다가 현종 연간인 1018년 울릉도는

1 노혁진 외, 『울릉도의 고대 유적과 유물』, 동북아역사재단, 2010, 34~36쪽. 도리이 류조는 우산국 시대 이전 즉 석기 시대부터 울릉도에 사람들이 살고 있었다는 견해를 피력했다(도리이 류조 저, 편무영 역, 「인종고고학에서 본 울릉도」, 『강원민속학』 12권, 아시아강원민속학회, 1996, 192~193쪽).

2 『大日本史』 권234 열전 5, 고려: 『大日本史』 제2편의 5, 寬弘元年(1004) 3월 7일 조(김병렬, 『독도: 독도자료총람』, 다다미디어, 1998에서 재인용). 『大日本史』에는 1004년 당시의 명칭(芋陵島)과 『本朝麗藻』(1010년경) 및 『東國通鑑』(1485) 등에 기술된 명칭이 병기되어 있다.

동여진의 침략을 받아 거의 멸절할 뻔했다. 이후 고려 조정에서는 울릉도에 관리를 보내 백성의 이주 가능성을 조사하고 일부 사람을 보낸 적이 있지만, 풍랑으로 인한 희생자가 너무 많아지자 결국 이주 정책을 중단했다. 이렇듯 울릉도는 무인도와 유인도의 경계를 왔다 갔다 했지만 완전한 무인도가 된 적은 없었다. 조선 왕조가 건국되기 직전 섬이 무인도에 가까웠을 때 일본인들이 그 틈을 타고 섬에 들어와 머문 적도 있고, 그 후에는 고려의 유민流民들이 들어왔다.

조선 초기인 태종 연간, 조정에서는 울릉도에 안무사를 파견하여 섬에 살고 있는 사람들을 데리고 나오게 했다. 1407년(태종 7)에는 쓰시마 사람들도 울릉도에 와서 살기를 청했지만 조선 정부가 이를 거부했다. 1416년(태종 16)부터 조정에서는 계속 관리를 보내 울릉도에 사는 사람들을 쇄환했다. 정부의 방침으로 시행되었으므로 우리는 이를 쇄출정책 혹은 쇄환정책이라고 부른다. 1417년(태종 17) 정부에서 울릉도 주민을 쇄환했음에도 왜구가 울릉도에 침입했다. 이에 대해 일각에서는 육지로 나갔던 주민들이 다시 울릉도로 돌아와 농사를 지었으므로 왜구가 그 수확물을 노리고 침입한 것이라고 보고 있다.[3] 이는 그만큼 울릉도에 사람들의 유입이 끊기지 않았음을 의미한다. 태종 연간 정부가 파견한 관리의 직함은 '무릉 등처 안무사'였지만 세종 연간에 파견한 관리의 직함은 '우산무릉 등처 안무사'로 바뀌었다. 그 사이 울릉도 외에 우산도가 따로 있음이 조정에 보고된 결과였다. 고려 시대에는 우산국에 울릉도뿐만 아니라 우산도가 별개로 있다는 인식이 확산되었다. 이를 반영하여『고려사』「지리지」는 울진현에 속한 울릉도가 신라 시대에는 우산국이었으나 고려

3 김원룡,『鬱陵島』, 국립박물관, 1963, 9쪽.

에서는 무릉도와 우릉도로 불리고 있으며 무릉도 외에 우산도가 따로 있다는 설이 세간에 전해지고 있음을 기술했다. 조선에서도 우산도를 초기부터 언급하기 시작했고, 1425년 세종은 '우산무릉 등처 안무사'를 파견하여 우산도도 조사하도록 명했다. 이후 우산도는 『세종실록』「지리지」(1454)와 「팔도총도」(1481) 등에 명기되기에 이르렀다.

조선 정부가 지속적으로 쇄환정책을 시행했으므로 울릉도가 무인도가 되었다고 하더라도 정부의 감시가 소홀해지면 사람들은 다시 울릉도로 들어갔다. 임진왜란 당시는 일본인들이 한때 울릉도를 점거한 적이 있고 이후에도 그들이 자주 출몰했다. 이어 광해군 대에는 쓰시마인이 울릉도 거주를 희망하기도 했다. 일본인들은 울릉도를 다케시마(竹島, 竹嶋) 혹은 이소타케시마(礒竹島, 磯竹島)라고 불렀고, 독도를 마쓰시마(松島, 松嶋)라고 불렀다. 17세기 초부터 일본인들은 도해 면허를 구실로 해마다 울릉도에 와서 전복을 채포해 갔다. 이렇듯 울릉도에는 일본인들이 불법으로 왕래하고 조선인들도 몰래 다녀가고 있었지만, 조선 정부는 정식 입도를 허용하지 않았다.

II. 울릉도 쟁계와 수토정책

조선 정부가 울릉도 거주를 원칙적으로 금지했음에도 동해안 연해민들의 간헐적인 어로까지 막을 수는 없었다. 더구나 일본 어민의 왕래는 알 길이 없었다. 양국 어민의 울릉도 출어는 이들이 본격적으로 충돌하면서 그 사실이 드러났고 이는 양국 정부의 외교 분쟁으로 비화했다. 1693년(숙종 19) 조선에서는 강원도와 경상도 어부들이, 일본에서는 돗토리번 요나고 어부들이 울릉도로 건너와 어로하다 서로 충돌하는 사건이 발생했다. 일본 어부들이 울릉도에서 어로하던 안용복과 박어둔을 자국으로 연행함으로써 분규가 시작되었다. 후일 이 사건을 조선은 '울릉도 쟁계', 일본은 '다케시마 일건(竹島一件)'으로 불렀다.

1693년 겨울 일본 정부는 자국민이 연행했던 안용복과 박어둔을 송환하면서 조선 어민의 울릉도 출어의 금지를 요청하는 서계書契를 조선 정부에 보내왔다. 조선 정부는 이에 대한 회답 서계에서 울릉도와 다케시마 두 호칭을 같이 언급했다. 그러자 일본 정부는 '울릉도' 세 글자를 삭제하고 다시 쓴 서계를 보내줄 것을 요청했고, 조선 정부는 이를 거부했다. 이후 양국은 서계 개작을 둘러싸고 2년 가까이 공방을 벌이다가 일본 정부가 1696년 1월 다케시마(울릉도) 도해금지령을 내림으로써 분쟁이 결착되었다. 일본의 도해금지령은 울릉도가 조선 영토임을 에도 막부가 인정한 결과였다. 막부가 이를 인정하게 된 근거는 울릉도와의 거리가 조선에서는 40리인데 돗토리번의 호키에서는 160리라는 돗토리번주의 답변 때문이었다.[4] 앞서 1693년에 안용복은 울릉도가 조선에서는 하루 여정이고, 일본에서는 5일 여정이라고 진술한 바 있다.[5] 울릉도가 조선 쪽에 가깝다는 것은 자명한 사실이기 때문에 막부도 인정한 것이다.

울릉도 쟁계가 발생한 이듬해인 1694년 가을 조선 정부는 장한상을 삼척첨사로 삼아 울릉도로 보내 섬의 지형과 인민의 거주 가능성을 알아보게 했다. 조사 후 장한상은 울릉도가 인민이 거주하기에는 적당하지 않다고 보고했다. 이 보고에 따라 정부는 3년마다 수토관搜討官을 파견하여 거주민을 쇄환하고 일본인의 왕래 여부도 함께 점검하기로 결정했다. 이후 정부는 3년마다 정기적으로 수토관을 파견하는 정책을 제도화하

---

4 『礒竹嶋覺書』(1875, 국립공문서관 소장본)에 실린 1695년 12월 25일자 문서.

5 『萬機要覽』「軍政編」 4,「海防」 東海; 『春官志』「鬱陵島爭界」.

여 울릉도와 주변 도서를 관리했고, 19세기에는 3년에서 2년으로 파견 주기를 변경했다. 그러나 이러한 방침에도 목재와 인삼, 전복 등 자원이 많은 울릉도에 양국인이 입도하는 일은 중단되지 않았다.

Ⅲ. 근대기 일본인의 울릉도 침범과 칙령 제41호

일본은 1877년에 국가 최고 기관 태정관이 "다케시마 외 일도는 본방과 관계 없음을 명심할 것"이라는 지령을 내려 울릉도와 독도가 일본 영토가 아님을 인정한 바 있다. 여기서 '다케시마'는 울릉도를, '일도'는 독도를 가리킨다. 1696년의 도해금지령으로 말미암아 울릉도 도해가 단절되자 일본인들은 섬에 대한 인식이 희미해져 1880년대와 1890년대에 이르면 울릉도를 마쓰시마로 부르는 경우가 많아졌고, 조선 정부에 보내는 외교 문서에서는 이를 '울릉도'로 표기했다. 서양인이 붙인 호칭을 거꾸로 수입한 일본은 울릉도를 이르는 말로 울릉도와 다케시마, 마쓰시마, 다줄레섬을 혼용하다 마쓰시마라는 명칭으로 정착해 갔다. 일본은 독도 역시 서양인이 붙인 '리앙코르도 열암'이라는 이름으로 부르다가 1905년에 자국 영토로 편입할 때 '다케시마'로 부르기로 결정했다.

일본이 1877년에 울릉도와 독도가 일본 영토가 아님을 인정한 이른바 태정관 지령은 현민에게 직접 내려진 포달布達이 아니었으므로 대부분의 일본인은 울릉도 도해를 멈추지 않았다. 1881년 5월 강원도 관찰사 임한수가 일본인의 무단 벌목을 정부에 보고하자, 6월 예조판서 심순택은 외무경 이노우에 가오루(井上馨)에게 1690년대에 이미 도해금지령으로 귀착되었던 역사적 사실을 상기시켰다. 이에 1881년 9월 외무경은 앞으로 주민들에게 도해금지령을 주지시켜 양국의 신의를 두터이 하겠다는 내용으로 조선 정부에 회신했다. 또한 외무경은 조선의 속도屬島인 울릉도에 자국민이 함부로 도항하여 벌목과 어채를 하지 못하게 포고布告할 것을 태정대신에게 건의했다. 그러나 이는 포고로 성립하지 못했다.[6]

이즈음 일본인들은 새로이 섬을 발견했다며 각자 자기 지역의 지사에게 개척원을 제출하기 시작했다. 그들이 새로 발견했다는 섬은 울릉도인데 발견자에 따라 「다케시마 개척원」 혹은 「마쓰시마 개척원」이라는 이름을 붙여 청원서를 제출했다. 그러나 개척원은 태정관 지령의 연장선상에서 처리되었으므로 대부분 각하되었다. 한편에서는 이들 개척원에 관계없이 시마네현과 야마구치현, 에히메현 사람들이 울릉도로 건너와 벌목과 어채를 했다.

조선 정부는 1882년 8월 예조판서 이회정 명의의 서계를 외무경 이노우에 앞으로 보내, 일본인들이 여전히 수목을 베어가는 등 이전과 상황이 달라지지 않는 원인이 일본 정부가 금법을 세우지 않은 데 있다고 항의했다. 외무경은 일본인의 불법 도항 및 벌목 건에 대한 대책을 태정대신에게 건의했다. 대책이란 내무경이 일본인의 불법 도항을 엄금하도록 각 부현의 관리에게 알리도록 지시하고, 사법경이 사무역을 하거나 도벌하는 자를 형법에 의거하여 처벌할 것임을 재판소에 알리도록 지시하라는 내용이었다.[7] 태정대신은 이 건의를 받아들여 1883년 3월 내무경과 사법경에게 내달 혹은 유달[8]을 내려 인민에게 주지시키도록 지시했다. 그러나 내달이나 유달은 국민에게 직접적인 구속력을 지닌 법령이 아니

---

6 1881년 11월 7일 태정대신이 포고안布告案을 승인했으나 포고로 귀결되어 시행되는 데는 이르지 않았다.

7 유미림·박배근, 「1883년 태정관의 울릉도 도항금지 전후 조·일 교섭과 울릉도 도항 일본인의 법적 처리」, 『영토해양연구』 제21호, 동북아역사재단, 2021.

8 내달內達과 유달諭達은 관청 간의 통지와 지시를 의미한다. 포고와 포달이 국민에게 주의를 환기시키는 의미를 지닌 것과는 다르다.

었으므로 일본인의 도항을 근본적으로 저지하지 못했다.

1883년 10월 내무성 소서기관 히가키 나오에(檜垣直枝)가 울릉도에 있는 250여 명의 일본인을 쇄환하기 위해 파견되었다.[9] 이는 외무경이 조선 정부와의 신의를 잃어서는 안 된다는 명분을 내세워 일본인의 철수를 태정대신에게 상신한 데 따른 결과였다. 그러나 이 역시 미봉책일 뿐 일본인의 울릉도 도해를 근절하지 못했다. 같은 시기 도장으로서 섬의 개척을 주관하고 있던 것은 10년째 거주 중인 경상도 함안 사람 전석규였다. 전석규는 히가키에게 식량 부족을 호소하며 섬에 남은 일본인이 없음을 증빙하는 문서를 써주는 대신 쌀을 요구했다. 또한 그는 일본인들에게 그들이 벌목한 목재를 본국으로 실어가도 좋다고 허락하기도 했다. 그러나 일본인에게 벌목을 허락하는 증표를 자의적으로 발행한 일로 말미암아 정부는 1884년 초에 그를 파면했다. 당시 전석규가 10년째 거주 중이었다는 사실이 말해주듯 경상도와 강원도 지역의 사람들은 개척 이전부터 입도해 있었다. 전라남도 사람들도 울릉도에서 미역을 채취하여 건조시키는 동안 배를 만들어 돌아갈 때 말린 미역을 싣고 갔다. 이때 전라도 사람들은 독도에도 오가며 돌섬을 이르는 전라도 방언인 '독섬'으로 섬의 이름을 지어 불렀다. 이 호칭은 울릉도 개척민에게 전해졌고, 1900년에 섬을 조사하러 온 내부(지금의 행정안전부)의 시찰관[10] 우용정에게도 전해졌을 것이다.

1900년 10월 25일 칙령 제41호에 '석도石島'가 명기된 데는 우용정의 보고가 영향을 미쳤다고 보인다. 석도는 독도를 가리키는 이름으로, 이

9 약 255명의 일본인을 쇄환했는데 이들은 후에 전원 무죄판결을 받았다. 이에 대해서는 유미림·박배근의 앞의 글(2021) 참조.

10 우용정이 보고서에 기재한 직함은 '내부 시찰관 울도시찰위원'이다. 칙령 제53호(1895. 3. 26.)로 반포된 내부의 관제에 따르면, 4인 이하의 시찰관을 두도록 규정하고 있다.

전에는 문헌에 우산도로 표기했었는데 현지에서 들은 대로 독섬을 공문서에 기재하려다 보니 '石島'로 표기하게 된 것이다. 대한제국은 칙령 제41호로써 울릉도를 울도군[11]으로 승격시키고 도감島監을 군수로 개정했다. 이 칙령은 제2조에서 "군청의 위치는 태하동으로 정하고 구역은 울릉전도鬱陵全島와 죽도竹島, 석도石島를 관할할 것"[12]을 명기했다. 석도 즉 독도가 군수의 관할 구역에 포함된다는 사실을 분명히 한 것이다. 또한 칙령은 제4조에서 "경비는 5등군으로 마련하되 지금은 관리가 미비하고 모든 일이 초창기이니 울릉도에서 수세收稅한 것 중에서 우선 마련할 것"이라고 규정하여 군수의 과세권을 명문화했다. 정부에서 관리에게 녹봉을 지급할 형편이 못 되니 우선은 세금을 거두어 비용으로 충당하라는 것이었다. 당시는 일본인에게 거둔 벌목료와 수출품에 대한 세금이 주요 세원이었다.

Ⅳ. 대한제국기의 울릉도 개발과 일본의 침탈

1894년 말 정부는 200년 가까이 시행해 왔던 수토제를 정식으로 폐지했다. 1895년 1월에는 전임 도장제를 실시했는데 여전히 정부의 재정

11 울릉도는 조선 초기인 1394년부터 강원도 울진현 소속이었다. 1882년 이후 울릉도 관할이 울진현에서 평해현으로 옮겨졌다는 견해가 있는데(노혁진, 앞의 책, 32쪽), 전거가 밝혀져 있지 않다. 1888년에 평해군 소속 월송만호에게 울릉도장을 겸하게 했다는 기록(『日省錄』, 2월 27일; 『承政院日記』 2월 7일)으로 보면, 1888년 이전 울진현에서 평해군 관할로 변경된 듯하다. 1895년 갑오개혁으로 8도제를 폐지하고 23부제를 시행함에 따라 울진현은 울진군으로 승격되어 평해군과 함께 강릉부에 속했다. 1896년 8월에는 23부제에서 13도제로 개정됨에 따라 울릉도가 강원도 울진군에 속했다. 1900년에 울릉도는 울도군으로 독립하여 강원도 27군의 하나가 되었다. 울진현과 울진군, 평해군이 울릉도를 관할한 시기를 명확히 하기가 어렵다. 1914년에 평해군은 울진군에 통합되었고 평해면은 기성면으로 개칭되었다. 울진군은 1963년에 강원도에서 경상북도로 편입되었다. 현재 울릉도는 경상북도 울릉군 관할이다.

12 『各部請議書存案』 17

적 지원은 없었으므로 도장은 일본인에게 목재와 곡물을 팔고 그 대가로 쌀과 일용품을 받았다. 1895년 8월 도장제에서 도감제로 바뀌며 강원도 관찰사는 배계주裵季周를 초대 도감으로 임명했다.[13] 도감에게도 정부의 지원이 없기는 마찬가지여서 도감은 일본인에게 목재를 매매하고 곡물 등의 화물 수출을 허용하는 대신 수출품에 대해서는 정식 관세보다 낮은 세율로 세금을 징수하여 도정을 수행했다. 일본인이 목재 대금을 지불하지 않고 무단으로 목재를 반출하자 배계주는 소송을 제기하러 도일하기도 했다.

일본인들은 울릉도민과 물자를 교역하던 초기에는 납세를 자원했지만, 점차 이를 거부하는 일이 잦아 주민과 갈등을 빚었다. 대한제국 정부는 1900년 6월 한일 공동조사단을 파견하여 실태를 조사하게 했다. 5일 동안 울릉도를 조사한 내부의 관리 우용정은 조사 후 섬의 시급한 현안을 5가지로 정리했다. 주요 내용은 도민에게 선박을 구비해주고 도감의 권한을 높이기 위해 관제를 개편해야 하며, 5%로 감세된 미역세를 10%로 회복하고 조선세造船稅를 폐지해야 한다는 것이었다. 우용정은 울릉도민에게 개운호(開運丸)라는 선박을 구매하도록 자금을 임시 변통해주고 목재를 팔아 변제하게 했는데, 선박이 구입한 지 얼마 안 돼 크게 파손되었다. 이에 배계주가 배값을 도민들에게 전가해 그들로부터 원망을 샀다. 이 문제로 군수가 된 지 얼마 안 된 배계주가 강영우로 교체되었으나 강영우는 부임하지 않은 상태에서 다른 곳으로 발령되었다. 1901년 8월 부산해관은 스미스를 울릉도에 파견하여 섬을 조사하게 했다. 스미

13 대한제국 관보(이하 『官報』로 약칭), 제139호, 8. 16. 1895년 8월 울릉도에 도감을 두기로 결정한 사실을 관보에 실었고, 9월에는 "울릉도인 배계주로 도감을 정하고 판임관 대우로 함"을 밝혔다. 그러나 배계주가 현지에 도임한 것은 1896년 5월이라고 하는데 그가 울릉도 출신이라면 도임을 운운한 것은 의아하다(『官報』 제166호, 9. 20.).

스는 약 3천 명의 한국인이 농사를 전업으로 하며 일본인을 상대로 쌀과 옷감, 장류, 술 등을 곡식과 교역하고 있으나 세금을 내지 않는다고 보고했다. 이는 군수의 수출세 징수를 인정하지 않고 정식 관세만을 세금으로 인정하기 때문이었다.

1902년 3월 정부는 배계주를 다시 울도군수에 임명했고, 일본은 자국민 보호를 명분으로 울릉도에 경찰관주재소를 설치하여 부산영사관 소속의 경관을 배치했다. 대한제국 내부는 군수에게 「울도군 절목鬱島郡節目」(1902. 4.)이라는 지침을 내려 일본인의 불법 벌목과 반출을 엄금하고 외국인에게 가옥과 전토를 매매하는 자를 엄벌에 처할 것을 규정했다. 도민의 기강을 잡고 일본인의 침탈에 적극 대응할 것을 군수에게 요구한 것이다. 또한 절목은 도민에게는 세금을 면제해주되 전라도 등지에서 오는 상선과 일본인의 수출 화물에는 징세하도록 규정했다. 군수와 향장, 서기, 사령 등의 급료에 대해서도 규정했다. 1902년 당시 전체 가호는 500호로 추산되었다.[14] 이런 상황에서 일본인들은 일상조합日商組合을 조직하여 유리한 환경에서 경제적 이익을 도모할 뿐 퇴거하려 하지 않았다.

대한제국 정부는 1903년 1월 말 배계주를 면직하고 심흥택을 군수로 임명했다. 그해 봄에 부임한 심흥택은 가을에 군수 관아를 태하동에서 도동으로 이전했고, 각 가구로부터 보리와 콩을 징수하여 급료를 충당했다. 이즈음 울릉도에 오징어가 서식한다는 사실이 일본에 알려지자 일본 어선이 도래하는 횟수가 격증했다. 1903년 여름에는 울릉도의 일본인 상인이 63가구에 이를 정도였다.[15] 그해 9월에는 러시아 조사단이 울릉

14 이에 대해서는 유미림, 『우리 사료 속의 독도와 울릉도』, 지식산업사, 2013: 유미림, 『역사 속의 독도와 울릉도』, 지식산업사, 2021 참조.

15 『皇城新聞』 1903. 7. 20.

도에 와서 8일간 체재하며 시찰했고 심흥택은 이들과 면담했다. 울릉도의 경찰관주재소에 상주하고 있던 경관 아리마 다카노부(有馬高孝)는 이 사실을 부산영사관에 보고했다. 10월 초에는 일본 해군의 함장 다지마 고레타카(但馬惟孝)가 와서 울릉도와 독도를 측량하고 심흥택과 면담했으며 「울릉도 견취도見取圖」[16]도 작성했다.

1904년 2월 러일전쟁이 발발하자 일본 해군은 울릉도와 죽변에 망루를 건설하기로 결정했고, 9월 초부터 울릉도 망루에서 활동을 개시하여 러시아 함대의 동향을 살폈다. 그들은 9월 말에는 죽변과 울릉도 도동 사이를 연결하는 해저 전선을 부설했고, 11월 초에는 울릉도 석포와 시마네현 마쓰에 사이를 연결하는 해저 전선 공사를 완료했다. 해저 전선을 부설하기 위해 울릉도에 정박해 있던 니타카(新高)함은 리양코루도암(岩)을 실제로 본 자들로부터 여러 정보를 청취했다. 울릉도의 일본인들은 리양코루도암을 '리양코도(島)'라고 줄여 부르고 한국인은 '獨島'라고 표기한다는 사실, 울릉도민이 독도에 가서 약 10일간 체재하며 40~50명이 넘는 인원이 강치(海馬-원문)잡이에 종사했다는 사실, 이들이 6월에 강치를 잡는 동안 러시아 군함이 독도 부근에 나타난 것을 목격했다는 사실 등이 이때 밝혀졌다. 니타카함은 독도에 강치(토도-원문)가 수만 마리 있다고 기록했다.[17]

이렇듯 울릉도 거주자들이 독도에서 강치잡이를 활발히 할 즈음 일본인 어업가 나카이 요자부로(中井養三郎)도 독도에서 강치 포획을 독점할 목적으로 「량코도島 영토 편입 및 대하원」(1904. 9. 29.)을 일본 정부에 제

16 해군성, 『公文備考』 11, 「戦役等日露朝鮮に関する報告」, 1903. 문서 안에 '울릉도 시찰보고'(1903. 10. 9.)라는 제목은 있으나 관련 보고서와 도형은 실려 있지 않다.

17 『明治37年 8月 軍艦新高行動日誌』, 「戰時日誌」(1904. 9. 24-25).

출했다. 일본 내각은 이를 빌미로 독도 편입을 결정했고(1905. 1. 28.), 시마네현 고시 제40호(1905. 2. 22.)로 이 사실을 현내에 고지했다. 1906년 3월 말 울릉도에 온 시마네현 시찰단은 독도의 편입 사실을 군수 심흥택에게 통보했다.

시마네현 시찰단이 울릉도에 오기 전 부산영사관의 스즈키 에이사쿠(鈴木榮作)는 1905년 7월과 9월 두 차례에 걸쳐 울릉도 현황을 외무성에 보고한 바 있다. 울릉도 경찰관주재소의 경부警部로부터 관련 사실을 보고받아 상부에 알린 것이다. 스즈키는 1904년과 1905년 울릉도의 수출입 현황 및 일본인 현황과 직업에 대해 외무성에 보고했다. 울릉도의 일본인은 벌목과 어업, 수출입 업무 및 중개업에 종사하고 있었다. 스즈키는 독도를 '랑코도'로, 강치를 '토도'라고 부르며 그 수출 통계를 보고했다. 1904~1905년 사이 일본인이 수출한 독도강치는 「울도군 절목」의 규정대로라면, 1%의 수출세 부과 대상이었다.

1906년 9월 울도군은 강원도 관할에서 경상남도 관할로 이속되었다. 1900년에 울도군은 남면과 북면으로 구분되었다가[18] 1903년경에는 3면[19]이 되었고 15동의 마을이 있었다. 그런데 1906년에 칙령 제49호[20]는 9면에서 9동으로 바꿀 것을 규정했다. 이는 1903년에 3면으로 구분했던 것이 9면으로 바뀌었고 이후 9동이 되었다가 1907년에는 3면 체제가 되었다는 것인데, 1906년에 9면이 되었음을 입증할 만한 자료가 없다. 1906년의 9

18 1900년 칙령 제41호에는 면 구분에 관한 규정이 없다. 남면과 북면이었음을 입증할 전거를 찾을 수 없으나 『鬱陵郡誌』는 1900년에 2면 체제였다고 기술했다. 1903년에 군청을 서면 대하동에서 남면 도동으로 이전했다고 기술한 것은 1933년을 기준으로 한 것이다.

19 『皇城新聞』(1903. 7. 20.)에 따르면 15동이고 동·서·북 3면이다. 그러나 동면은 남면의 오기로 보인다.

20 勅令 제49호 「지방구역 정리건」(1906. 9. 24 제정, 『官報』 제3570호 9. 28. 게재)

면 9동은 3면 9동[21]을 오기한 것이 아닌가 한다. 『울릉도 행정일반鬱陵島行政一斑』(1933)은 1907년에 3면으로 나뉘었다고 기술했으므로 이를 따르더라도 9면은 맞지 않는다.

1913년 12월 29일 조선총독부가 부령 제111호로 「도의 위치 관할 구역 및 부군의 명칭 위치 관할 구역道의 位置管轄區域 및 府郡의 名稱位置管轄區」을 공포함에 따라 울도군은 경상남도에서 경상북도로 이속되었다. 부령은 1914년 3월부터 시행되었다. 1915년에는 조선총독부령 제44호로 울릉도가 제주도와 함께 도제島制로 개편됨에 따라 군수[22] 대신 도사島司 관할이 되었다. 도사는 도령島令을 내어 섬 전반의 행정을 관장하는 권한을 지녔으며 경찰서장을 겸임했다. 이어 1917년 6월 「면제面制」와 「면제시행규칙面制施行規則」이 공포되어 10월 1일부터 시행되었다.

이렇게 해서 울릉도의 행정은 도사제島司制와 면제를 중심으로 이뤄졌는데, 3면 9동 체제는 동洞을 구區로 나누는 구제區制로 바뀌었다. 『석포 개척지』는 1913년 이후 구장제도가 있었다고 기술하는 한편, 1918년에 집강제를 폐지하고 구장제를 실시하여 각 동洞이 10호씩을 1개반으로 구성했다고 기술했다. 이로써는 구제가 시작된 시기를 명확히 하기 어렵다. 그러나 1917년에 3면 9동 체제였다면 구제로 바뀐 것은 그 이후일 것이다. 이후의 행정은 도사 외에 면장, 면서기, 구장, 협의회원을 중심으로 이뤄졌다.

---

21 9동은 도동·저동·사동·남양동·남서동·태하동·현포동·나리동·천부동이다.

22 심흥택(1903. 1. 26.–1907. 3. 13.) 이후 도사가 부임하기 이전까지 군수는 具然壽(1907. 6. 27.–1907. 7. 21.), 沈能益(1907. 8. 19.–1909. 7. 31.), 全泰興(1909. 7. 31.–1910. 10. 1.), 洪性郁(1910. 10. 1.–1912. 3. 9.), 洪鍾旭(1912. 3. 9.–1914. 3. 1. 재직)이었다(홍성근, 「울도 군수 심흥택의 독도 수호」, 『독도를 지킨 사람들』, 한국 이사부학회, 2021, 213쪽). 임명 일자와 부임 일자는 다르다.

1883년 16호 54명으로 시작되었던[23] 울릉도 이주민은 이후 꾸준히 증가하여 1900~1901년경에는 3천 명으로 늘었고, 1906년에는 5천 명에서 7천 명 사이로 추산될 정도였다. 1907년에 한국인은 6,400명이고 일본인은 1,100명으로 집계되었다. 1913년에 일본인은 2천 명이 넘었다.[24] 인류학자 도리이 류조(鳥居龍藏)는 인구는 조선인이 훨씬 더 많지만 세력은 일본인이 더 커서, 조선인은 계곡 상류나 산 위에서 화전을 일구며 사는 반면 일본인은 오징어잡이를 하며 살고 있는데 오징어가 매우 큰 수입을 올리게 해준다고 인식했다.[25]

조선총독부에 의한 식민 통치가 확립됨에 따라 울릉도에서도 국세 조사가 실시되었다. 산업과 경제 전반에 걸쳐 조사가 이뤄졌는데 모든 것이 일본인의 시각에서 이뤄졌다. 조선총독부는 임야 정보와 수출입 현황, 수산물 어획고, 각 학교의 입학생, 각 가구의 가축 숫자 및 암수 현황, 저금 액수, 각 종교의 신도 숫자까지 조사하여 통계를 냈다. 조선총독부가 국세를 조사하여 울릉도 상황을 통계로 내는 한편, 경상북도의 고위 관료들은 울릉도를 찾아 시찰했다. 1924년에 총독 사이토 마코토(齋藤實)도 섬을 살펴본 바 있다. 학자들도 울릉도를 찾아 조사한 뒤 이를 저술에 반영했다. 식물 분류학자 나카이 다케노신(中井猛之進)은 1917년에 조선총독부 촉탁으로 와서 전국의 식물 표본을 채집했다. 그는 5월 30일부터 6월 22일까지 울릉도를 조사했으나 독도에는 가지 않았다. 그는 조사 후 「울

23 도리이 류조에 따르면, 울릉도검찰사 이규원이 조사하러 오기 전에 이미 10가구가 있었다고 한다(도리이 류조 저, 편무영 역, 「인종고고학에서 본 울릉도」, 『강원민속학』 12권, 아시아강원민속학회, 1996, 183쪽).

24 도리이 류조가 조사한 통계에 따르면, 1917년에 조선인과 일본인을 합한 총 인구는 10,479명, 호수는 1,892호였다. 이 가운데 조선인은 9,159명, 일본인은 1,519명이었다(위의 글, 180쪽).

25 위의 글, 180~181쪽.

릉도 식물 조사 보고서鬱陵島植物調査報告書」[26]를 제출했고 울릉도 식물의 학명에 '다케시마'를 붙였다.

1949년 울릉도는 경상북도 울릉도에서 경상북도 울릉군으로 환원되었다. 1952년에는 구제區制를 폐지했고, 동제洞制는 천부 3개 동, 현포 2개 동, 나리동 등 6개 동으로 재편했다. 1961년 10월 1일 정부가 「리의 명칭과 구역에 관한 조례」를 제정함으로써 동제에서 리제里制로 바뀌었다. 1965년 10월 울릉군은 다시 천부동을 4개 동으로, 현포를 2개 동으로 나누고 추산동을 새로 설치했으며, 나리동을 '통統'으로 하는 7동 1통제를 실시했다. 1968년에는 나리통羅里統을 나리동으로 바꾸어 다시 8개의 행정동으로 편제했다.[27] 이후 동제와 리제가 혼용되다가 1988년 5월 17일 리제로 변경되어 이것이 정착했다. 1979년 남면이 울릉읍으로 승격되었고, 2000년 4월 7일 울릉읍에 독도리가 신설되었다.

현재 경상북도 울릉군이 울릉도를 관할하고 있는데, 관할 지역에는 울릉도 외에 죽도와 관음도, 독도와 같은 유·무인도가 포함되어 있다. 현재 울릉군은 1읍(울릉읍) 2면(서면과 북면) 25리 체제이다. 법정리는 10개,[28] 행정리는 25개이다. 주소에는 도로명 주소가 부여되어 있다. 1995년 6월 처음 민선 자치단체장으로서 울릉군수를 선출한 이래 2022년 8대 군수가 당선되어 현재에 이르고 있다. 2024년 7월 기준, 울릉도의 인구는 9,207명이고 외국인은 145명으로 집계되었다.[29]

26 영어 타이틀은 「Report on the Vegetation of The Island Ooryongto or Dagelet Island, Corea, February」이다.

27 한국학중앙연구원, 『향토문화대전』, 인문지리: 북면: 나리통 항목 참조.

28 법정리는 도동리, 독도리, 저동리, 사동리, 남양리, 남서리, 태하리, 천부리, 나리, 현포리이다. 법정리는 각각 1~3개의 행정리로 분화되어 있고, 행정리마다 자연마을 이름이 부여되어 있다(울릉군 홈페이지-행정조직/인구-관내 자연마을 현황).

29 울릉군청 홈페이지(https://www.ulleung.go.kr)(2024년 8월 5일 검색).

제2장

대한제국기 울릉도 현황과 일본의 자원 침탈

Ⅰ. 머리말

1876년 조선 정부는 일본 정부와 「조일수호조규」를 체결하여 문호를 개방했다. 그러나 울릉도에는 조선인들이 정식으로 입도하기 전부터 일본인들의 왕래가 빈번했다. 수토관이 일본인의 목재 밀반출을 보고하자 고종은 우리 주민의 입도를 허용하고 개척을 장려하여 1883년부터 본격적으로 섬을 개발했다. 1880년대 후반이 되면 울릉도 이주민의 증가에 비례하여 일본인의 유입도 증가했고, 그에 따라 불법 벌목과 어로 활동도 활발해졌다. 일본이 1895년 청일전쟁에서 승리한 뒤로는 입도자가 크게 증가하는 한편, 러시아도 벌목권을 주장하여 러·일 양국이 각축하는 상황이 되었다. 초대 도감에 임명된 배계주는 일본인의 불법 벌목을 저지하는 한편 그들이 밀반출한 목재를 찾기 위해 소송을 불사했다.

배계주가 일본인의 침탈을 자주 중앙 정부에 보고하자 정부는 울릉도 침탈의 실상을 알아보기 위해 일본에서 돌아와 부산에 머물고 있던 그에게 부산항 세무사 서리 라포르트(E. Laporte, 羅保得)[1]와 함께 이를 조사하도록 지시했다.[2] 이에 1899년 6월 정부 차원의 울릉도 현지 조사가 처음 이뤄졌다. 그 이전에는 주로 정부에서 임시로 파견한 관리와 평해 군수, 도장, 도감 등을 통해 여러 경로로 울릉도 상황이 보고되고 있었다. 이와 대조적으로 일본 정부는 일찍이 내무성의 관리를 파견하여 조사하게 했다.[3] 1899년 라포르트의 조사가 시작된 이래 1905년까지 모두 8차례에 걸쳐 울릉도 현지 조사가 있었다. 보고서 작성 시기를 기준으로 보면,[4] 1899년 6월과 9월, 1900년 6월, 1901년 8월, 1902년 5월, 1904년 5월, 1905년 7월, 1905년 12월에 이루어진 것이었다.[5] 이들 가운데

---

1 공식 명칭은 'Acting Commissioner'이다. 『漢城旬報』는 인천해관에 근무했던 프랑스인 羅布退로 표기했다(『漢城旬報』 제7호, 1883. 12. 29.). 문헌에 따라 羅保得, 羅布退, 羅保德으로 표기되어 있다. 『비변사등록』 등 한국 문헌은 1899년에 세무사 혹은 세무사 서리로 칭했고, 『주한 일본 공사관기록』(13권, 1898. 9. 24.)은 세관장 대리로 칭했다. 같은 문헌에서 1899년 10월 13일자 문서는 부산세관장으로 칭했다. 1883년 5월부터 인천과 원산, 부산에 해관이 창설되기 시작했는데 1907년 4월에는 일본식 호칭인 세관으로 개칭했다.

2 배계주는 1898년 8월경부터 목재를 되찾기 위한 소송 때문에 일본을 왕래하고 있었는데 그 부재를 틈타 대리를 사칭하는 자가 생겼다. 1899년 5월 정부는 배계주로 하여금 다시 도정을 수행하게 했다.

3 1883년 9월 3일자 야마모토 오사미(山本修身) 복명서가 이에 해당한다. 박병섭의 『한말 울릉도·독도어업』(한국해양수산개발원, 2009)에 부록으로 실려 있다. 야마모토는 야마구치현의 관리이다.

4 조사자와 보고자가 일치하지 않기도 해서 경우에 따라 조사 혹은 보고로 표기했다.

5 1905년부터 1910년 사이의 현지조사로는 1906년 3월 시마네현 시찰단의 조사를 들 수 있다. 그 결과를 수록한 것이 오쿠하라 헤키운의 『竹島及鬱陵島』이지만 이 글에서는 다루지 않았다. 오쿠하라는 조사 결과 외에 다른 자료를 많이 참고하여 저술했기 때문이다. 필요한 경우에 한하여 그

1899년 라포르트 보고서와 1900년 6월의 양국 조사 보고서, 1902년 5월 경부 니시무라 게이조(西村銈象)의 보고서 등이 선행 연구에서 일부 언급되었다. 그러나 이들 연구는 1900년대에 울릉도 현지 조사가 활발했던 배경이나 조사 내용의 차이, 일본인의 수탈 상황을 밝히는 근거로 쓰이기보다는 독도 관련 내용을 뒷받침하기 위한 보조 자료로 이용되는 경우가 많았다.[6] 울릉도의 일본인에 관해서는 후쿠하라 유지(福原裕二)[7]가 일본인 사회와 교통, 통상, 상업, 산업 등을 분석한 바 있다. 다만 분석 시기가 '식민지 조선기' 즉 일제강점기에 맞춰져 있고, 시각도 양국인의 원만한 관계에 따른 공존에 맞춰져 있다.

이 글은 대한제국기에 울릉도를 조사한 보고서들을 분석하여 섬의 현황과 일본인의 유입, 인구 변동 및 자원 침탈 상황을 밝히는 데 목적을 둔다. 1899년에서 1905년 사이 여덟 번의 현지 조사가 있었는데 이 가운데 1901년까지는 대한제국이 조사 필요성을 제기하거나 조사를 주도한 경우라면, 1902년부터는 일본이 조사를 계획하고 주도한 경우였다. 이 시기를 기점으로 일본 정부는 영사관 관리로 하여금 해마다 섬을 조사하여 그 결과를 보고하도록 했다. 대한제국은 왜 부산해관 세무사로 하여금 울릉도를 조사하게 했으며 양국 관리의 조사에는 어떤 차이가 있는가? 일본은 왜 그토록 울릉도를 자주 조사했으며, 어떤 부분을 중점적으로 조사했는가? 울릉도는 어떤 양상으로 개발되었으며 일본인의 침탈은 어떠했는가? 이 글은 이를 구명究明하는 것을 목적으로 한다.

의 저술을 언급했다.

6 송병기, 『울릉도와 독도, 그 역사적 검증』, 역사공간, 2010; 유미림, 『우리 사료 속의 울릉도와 독도』, 지식산업사, 2013.

7 福原裕二, 『たけしまに暮らした日本人たち』, 風響社, 2013.

Ⅱ. 칙령 제41호 제정 이전의 울릉도 현황과 조사 보고서

1. 1899년 6월 배계주와 라포르트의 공동조사

일본에서 귀국하여 부산에 체재하고 있던 배계주는 부산해관의 라포르트와 함께 울릉도에 들어가라는 내부의 지시를 받았다. 1899년 6월 동래감리가 외부에 보낸 전보에 따르면, 부산해관의 세무사가 울릉도에 입도하여 배계주와 동행하기를 요청했다. 이에 동래감리는 라포르트의 파견을 3일간 허락해주기를 요청했고,[8] 외부는 이를 승인했다.[9] 부산해관이 세무사를 입도시키려 한 이유는 내부에서 총세무사 브라운(John McLeavy Brown, 柏卓安)에게 요청했기 때문이다.[10] 총세무사는 부산해관에 이를 지시했고, 부산해관은 다시 동래감리에게 요청하여 성사되었다. 동래감리는 상급 기관인 외부의 승인을 받았다.

내부는 왜 해관의 세무사에게 울릉도 현지 조사를 의뢰했을까? 내부는 여러 번에 걸쳐 도감 배계주로부터 "일본인의 불법 벌목과 물화物貨의 불법 교역이 심하다."[11]라는 보고를 받은 적이 있으므로 관세법을 아는 자로부터 사실을 확인할 필요가 있었기 때문이다. 울릉도에 입도한 라포르트는 6월 29일부터 30일에 걸쳐 배계주의 도움을 받아가며 해안가의 부락을 중심으로 조사했다. 조사 후 라포르트는 총세무사 브라운에게 울릉도 거주민의 상황과 영업 상태, 일본인과 그들의 납세 정황을 기록

---

8 『外衙門日記』, 1899. 6. 27.

9 『外衙門日記』, 1899. 6. 28.

10 『內部來去文』 12, 조회 제13호(1899. 9. 15.). 『皇城新聞』(1899. 9. 16.)은 "5월에 배계주를 도감에 그대로 임명하고, 도감이 부임하기 전에 총세무사에게 편지로 부탁하여 부산항 세무사와 함께 회동하여 조사하게 하였습니다."라고 보도했다.

11 『內部來去文』 12, 조회 제13호(1899. 9. 15.)

한 보고서를 제출했다.[12] 브라운은 라포르트 보고서의 영문본과 한문 요약본을 외부대신 박제순에게 전했다.[13] 한편 브라운은 이 보고서를 외부대신에게 보내기에 앞서 주한 영국 대리공사 조던(J. N. Jordan)에게 먼저 전달했다. 조던은 이 보고서를 영국으로 보냈다.[14] 브라운이 보낸 라포르트 보고서가 대한제국 정부에 전해진 것은 7월 말이지만, 이 보고서는 현전하지 않는다.[15] 그 대신 조던이 영국에 보낸 보고서가 2012년에 발굴되었다.[16]

라포르트는 "그 섬의 주민, 산물, 영업 실태, 일본인 및 과세 관련 모든 사정"에 관한 것을 조사했다.[17] 『황성신문皇城新聞』은 9월 23일자 별보別報로 라포르트가 조사한 내용을 요약·보도했는데[18] 이는 라포르트 보고서와는 약간 차이가 있다. 총세무사 브라운이 외부대신에게 보낸 한문

12 라포르트가 보고서를 작성한 시기는 7월 6일이다. 보고서 제목은 「Japanese treatment of natives at Dagelet, transmit report of Commissioner of Customs at Fusan」이다(홍성근, 「라포르트의 울릉도 조사보고서와 1899년 울릉도 현황」, 『영토해양연구』 6, 동북아역사재단, 2013, 102쪽).

13 『海關案』 2(1231번), 「鬱陵島 調査報告書 送呈의 件」(1899. 7. 30.)(『舊韓國外交關係附屬文書』 제2권). 홍성근은 한수당의 조사에 근거하여 라포르트가 1883년부터 한국에서 근무했으므로 한국어도 능통했을 것으로 보았다.

14 조던(John Newell Jordan, 1852~1925)은 1896년에 주한 영국 총영사(Consul-General)였고, 1898년에는 대리공사(Chargé d'affaires)였다. 그는 1899년 7월 24일 서신과 함께 보고서 사본을 영국에 보냈고, 영국은 9월 11일에 이를 접수했다. 조던이 영국에 보낸 이유는 "거의 알려지지 않은 한 섬에 대한 흥미로운 사항들과 일본인의 착취 형태를 알 수 있기 때문"(홍성근, 2013, 위의 글)이다. 한자로는 朱邇典으로 표기한다. 한국 사료에는 영국 총영사, 영국 공사, 변리공사, 대리공사 겸 총영사 등으로 호칭이 다양하다. 1896년 Consul-General과 1898년 Chargé d'affaires 관련 내용은 위키피디아에서 볼 수 있다.

15 "두 사람의 보고서를 보니 일본인의 불법 벌목과 물화의 불법 교역이 심하다."라고 했으므로 내부도 이들 보고서를 보았음을 알 수 있다(『內部來去文』 12, 조회 제13호, 1899. 9. 15.).

16 이 보고서 사본은 동북아역사재단의 홍성근 박사가 영국 국립문서보관소에서 찾아냈다. 이 글은 홍성근이 인용한 라포르트 보고서에 근거하여 분석한 것이므로 괄호 안의 영어 표기와 도량형 환산도 홍성근을 따른 것이다.

17 홍성근, 2013, 앞의 글.

18 『皇城新聞』(1899. 9. 23. 별보)은 배계주가 내부에 보고한 내용이 라포르트의 보고에 근거한 것이라고 했다. 따라서 신문 보도 역시 라포르트 보고서에 근거한 것임을 알 수 있다.

본을 신문사에서 번역하여 보도하는 과정에서 내용이 달라진 듯하다. 조사자에 따른 내용의 차이는 아래에서 〈표 1-2-1〉로 정리했으므로 여기서는 라포르트 보고서와 신문의 내용을 비교해보기로 한다. 그 내용은 〈표 1-2-1〉과 같다.

〈표 1-2-1〉 라포르트 보고서와 『황성신문』의 울릉도 '일반 현황' 비교

항목/ 출전	라포르트 보고서	황성신문 보도	비고
부속도서		于山島 竹島 등 6개	
한국인	500호, 3,000명[19]	300명[20]	277호, 1,134명 (독립신문, 1896)
일본인	250명	200명	
육지와의 거리	강원도에서 70miles, 오키에서 160miles	육지에서 200여 리	
면적	25square miles	75方里	현재 72.82㎢로 추산
최고봉	4,000feet	4,000英尺	3,234feet, 986.7m
위치	북위 37도 30분, 동경 131도		
해채(海菜) 산출량	2,000piculs	2,000짐(擔)	2,000피컬은 120,960kg

조던은 영국에 보낸 서신에서 울릉도를 'Dagelet'로 칭했다. 라포르트는 브라운에게 제출한 보고서에서는 울릉도를 'Woo Lung Do', 'Dagelet', 'Dagelet Island' 등 여러 가지로 불렀다. 이는 즉 울릉도와 다줄레섬 두 호칭으로 부른 것이다. 라포르트는 울릉도(Woo Lung Do-원문)를 조사하기 위해 부산해관의 김용원(Kim Long-won-원문)[21], 아

19 그에게 3천 명이라고 알려준 사람은 와키타로 보인다. 와키타는 1899년 11월 12일 우라고(浦鄕) 경찰서에서 인구가 500가호, 3천 명이라고 진술한 적이 있기 때문에 그 전에 라포르트에게도 같은 사실을 알려준 것이다(『鬱陵島における伐木關係雜件』 明治 16~32, 乾警 제182호, 1899. 11. 12.).

20 3,000명을 잘못 옮긴 것으로 보인다.

21 『慶尙南北道來去案』(규 17980, 1899. 4. 9. 제1호 보고서)와 우용정의 「鬱島記」에는 김성원으로

라키와 함께 현익호라는 증기선을 타고 6월 28일 오후 4시 부산을 출발했다. 6월 29일 아침 7시에 울릉도(Dagelet Island-원문)의 최고봉을 보았고, 오후 1시에 해안가에 상륙했다. 그는 이주민의 첫 입도 시기를 1879년으로 보았다. 그는 이주민들이 배 만드는 일을 하고 있으며, 그 다음은 농업과 상업, 어업에 종사하는데 그중 어업에 종사하는 인구는 많지 않다고 보았다. 또한 울릉도는 수심이 너무 깊어 잠수부들이 미역이나 조개를 채취하는 것이 매우 어려우나 "2,000피컬 이상의 해채(sea-weed-원문)[22]를 여전히 수출하고 있다."라고 보고했다.

라포르트는 울릉도에서 한국인이 조선造船하고 있는 양상을 목격했다. 봄에 강원도와 경상도, 전라도, 제주도로부터 주문 받아 11월에 건조하여 이를 옮겼다고 한 것으로 보아 조선이 매우 활발했음을 알 수 있다. 그러나 배를 만든 사람들은 섬의 거주자가 아니라 일시적인 체류자들로, 주로 전라도 사람이었다. 이들은 배를 건조한 뒤 말린 미역을 싣고 돌아갔다. 한편 울릉도는 거주민이 계속 증가하고 있었다. 라포르트는 그 이유가 생활이 비교적 쉽고 세금이 거의 또는 전혀 없으며 토질이 비옥해서 살기가 좋기 때문인 데서 찾았다. 그의 조사에 따르면, 주민들은 봄에는 보리와 밀, 가을에는 감자와 콩을 수확했는데, 1898년에는 감자 20,000포包, 보리 20,000포, 황두黃豆 10,000포, 밀 5,000포를 수확했다. 라포르트는 울릉도에서 개와 돼지, 말, 소를 한 마리도 보지 못했고, 닭도 아주 드문 것 같다고 했다. 배계주는 울릉도에 "늙은 큰 삼나무

되어 있다. 1901년 스미스가 보고서에 기술한 이름은 'Kim-sung-won'이다. 김성원이 외무성에 보낸 명함의 표기는 'Kim Sung Wone'이라고 한다(박한민, 「1901년 부산해관 스미스의 울릉도 출장보고서 연구」, 『한국사학보』 제95호, 고려사학회, 2024, 206쪽). 여러 문서에 김용원은 사검관으로 파견되어 울릉도민에게 폐단을 끼친 인물로 나오므로 부산해관에서 파견한 인물은 김성원이 맞다고 보인다.

22 해채는 미역과 우뭇가사리를 포함하지만 주로 미역을 가리킨다.

와 각종 진귀한 나무가 많고 규목槻木[23] · 향목香木 · 백자목柏子木 · 감탕목甘湯木이 난다."[24]고 보고했다.

울릉도에 있는 일본인들의 대표적인 경제 활동은 목재 수출과 곡물 교역을 통해 이루어졌다. 라포르트는 와키타 쇼타로(Wakida Shotaro-원문)와 아마노 겐조(Amano Genzo-원문)가 책임자로서 한국 관리의 허가를 받아 노동자를 고용하여 벌목한 뒤 수출한다는 사실을 알아냈다. 그가 말한 한국 관리의 허가란 도감 배계주가 없는 동안 그 대리인[25]이 대신 벌목을 허가해준 사실을 가리킨다. 울릉도에 목재가 풍부한 이유는 조선 본토에서는 크고 무거운 목재에 대한 수요가 없을 뿐만 아니라 수요가 있다 하더라도 운반이 어려워 반출하기 어려웠기 때문이다. 일본인들은 그 틈을 노려 불법으로 목재를 벌채하여 일본으로 수송했다. 도감 배계주는 벌목료를 징수하려 했지만 일본인들은 목재를 밀반출하는 경우가 많았고, 그들은 적발되는 경우에만 벌목료를 납부했다. 일본인들의 벌목은 불법 행위였지만 도감이 벌목료를 징수하는 것도 불법이었다. 그러므로 도감은 불법 행위를 묵인해 준 대가로 받은 것을 구문이나 벌금으로 여긴 반면, 일본인들은 이를 벌목료라고 여겼다. 그나마도 일본인들이 이를 지불하지 않자 배계주는 일본 재판소에 이들을 제소했다. 배계주는 1898년 겨울 후쿠마를 상대로 한 소송에서는 승소했으나 후쿠마의 항소로 말미암아 1899년 5월에는 패소했다.[26] 그가 일본에 있는 사이

23 울릉도 수목으로 규목槻木과 거목欅木이 같이 보이고 물푸레나무, 느티나무로 번역되는데, 槐木, 槻樹 모두 느티나무로 번역해야 한다는 의견(임학자 홍성천)도 있다.

24 『皇城新聞』 1899. 9. 23. 배계주가 내부에 보고한 내용을 신문이 보고한 것이다.

25 1899년 11월 12일에 우라고경찰서에서 와키타는 5월에 도감 오상일이 나무 한 그루에 50엔에 매매한 증서를 제시하고, 보통 한 그루에서 2,500재(才)가 넘는 판재를 만들어냈다고 했다(『鬱陵島における伐木關係雜件』, 明治 16-32).

26 배계주의 소송 관련 내용에 대해서는 유미림, 『역사 속의 독도와 울릉도』, 지식산업사, 2021, 15~46쪽 참조.

오성일[27]은 도감직을 대리하면서 일본인에게 벌목료를 받거나 수출 화물에 세금을 징수했다.

라포르트는 일본인 거주지가 있는 지역으로 가서 교역 현장을 목격했다. 일본인 거주지에는 40가호에 일본인 남자 140명과 여자 23명이 살고 있었으며 해변에는 5척의 일본식 범선과 2척의 동력선이 뭍에 올라와 있었다. 범선 한 척은 콩 280포를 싣고 바다에 떠 있었다. 라포르트는 두 척의 동력선이 목재를 싣고 6월 27일에 일본으로 갔다는 소식을 들었고, 7척의 배와 60명의 선원이 일본인 200명 이상을 데려오는 현장도 목격했다. 대다수의 일본인은 160마일 정도[28] 떨어진 오키 섬에서 온 사람들이었다. 몇몇 일본인은 7~8년 동안 울릉도에서 살았다고 주장했지만, 라포르트는 이들이 1894년에 울릉도에 온 것으로 보았다. 라포르트는 일본인의 주장을 불신하고 배계주를 더 신뢰했다.

당시 일본인들이 많이 거주하고 있던 지역은 도동[29]인데 이곳에는 선적을 기다리는 목재들이 쌓여 있었다. 일본에서 울릉도로 수입한 물품은 쌀, 소금, 자기, 술, 양포, 목면, 등유, 성냥, 우산 등이다. 라포르트는 세 척의 범선이 사카이 세관(Itoki Province-원문)[30]에서 발급한 허가장을 갖고 있으며 수입 화물을 가득 싣고 있었으므로 일본에서 부산행을 허가받았음을 명확히 보여주고 있다고 기술했다. 수입품은 한국인의 콩, 보리, 미역 등과 교환되었다. 라포르트는 "사카이 세관에서 발급한 허가

---

27 주로 한국 측은 吳性鎰(聖一)로, 일본 측은 吳相鎰로 기록했으나 섞여 있다. 배계주가 오성일을 '전 도감'이라고 한 것은 대리직 수행을 인정했음을 의미한다. 오성일이 1890년 9월에 도감에 임명되었다는 설이 있지만, 도감제는 1895년 8월에 시작되었으므로 성립하지 않는다.

28 홍성근은 160마일을 육상 킬로미터와 해상 해리 두 가지로 환산한 경우를 다 적었다. 그럴 경우 257.44km, 296.3해리가 된다.

29 라포르트는 '도동'이라고 명기하지 않았다.

30 Itoki는 Hoki(伯耆)를 잘못 쓴 것이다.

장"이라고 했다. 이들 화물이 정식 수출품이었다면 일본인들은 사카이 세관에서 수출세를 납부한 뒤 전조專照(이중 과세 면제 증서)를 발급받았어야 하고, 부산항에서는 다시 관세 완납 증서를 발급받은 뒤 울릉도로 운송되었어야 하지만 이들은 부산항으로 가지 않고 울릉도로 바로 온 것이다. 같은 해 9월에 조사한 다카오 겐조(高雄謙三)도 당시 일본 화물이 사카이 등지에서 울릉도로 직접 수입해 온 것으로, 대부분 부산항을 거치지 않은 밀무역품이었다고 기술했다. 사카이경찰서는 일본인들이 몇 년 전에 울릉도에 밀항하여 끈끈이 제조용 라바크 채취를 하고, 잡곡 및 목재 등을 밀무역하여 세관법을 위반하는 자가 속출하고 있음을 인지하고 관할 영사에게 이들을 귀국시켜 처벌 받게 해줄 것을 요청한 바 있다.[31]

울릉도의 일본인은 수출품이나 수입품에 정식으로 관세를 납부한 적이 없다. 라포르트는 "농민이나 상인들은 세금을 내지 않는다. 관리는 바다에서 채취하여 섬에 가져온 모든 해채에 대해 10%를 징수하고, 선박 건조에 사용된 나무에 대한 세금으로는 건조된 범선 1척 당 평균 현금 10,000원[32]을 징수한다. 물품 매각을 돕는 중개인과 중간 상인에게 주는 2%의 중개 수수료(commission)를 제외하고 일본인들은 세금을 내지 않는다."라고 보고했다. 한국인에는 미역세와 조선세가, 일본인에게는 수수료가 각각 부과되었음을 언급한 것이다. 라포르트가 2%의 비용을 중개 수수료라고 했듯이, 이는 정식 관세가 아니었다. 정식 관세였다면, 종가세 5%를 납부했어야 하기 때문이다. 라포르트가 2%의 수수료를 관세로 보지 않은 이유는 그가 해관의 관리였기 때문이다. 그는 울릉도 북

31 『鬱陵島における伐木關係雜件』(明治16-32) 「조선국 竹島 밀항자 단속방법에 관한 具申의 건」 (1896. 10. 12.)

32 『皇城新聞』에는 엽전 100냥(兩)으로 되어 있다.

쪽의 두 지역에서도 일본인들이 일본과 불법 교역을 행해 왔다는 똑같은 증거를 발견하였다.

라포르트는 1박 2일의 짧은 기간이었음에도 한국인들이 일본인들로부터 겪는 가혹한 처사와 행패, 일본인의 착취와 수탈 현장, 이에 대한 한국인의 불평을 목격했다. 『황성신문』도 이때의 상황을 "일본인 수백 명이 촌락을 이루고 선척을 함부로 운행하며 목재를 연달아 실어 나르고 곡식과 화물을 몰래 교역하되, 자기들 뜻을 조금이라도 거스르면 창검槍劍을 지니고 함부로 폭동을 일으켜 꺼리는 바가 조금도 없었으므로 거주민이 모두 놀라 안도하지 못하는 정상"[33]이라고 보도했다. 조사를 마친 라포르트는 "관리나 주민들이 한결같이 바라는 유일한 소망은 달갑지 않은 불청객들을 하루빨리 제거하는 것임을 나는 확신한다."라는 내용으로 보고서를 마무리했다. 배계주와 라포르트의 보고서를 접한 내부와 외부는 그동안의 풍문과 배계주의 보고가 모두 사실이었음을 재확인했다. 이에 외부는 일본 공사관에 조회하여 잠입한 일본인을 쇄환할 것과 비개항장에서 몰래 매매한 데 따르는 벌금을 조약에 따라 징수하여 폐단을 막아줄 것을 요청했다.[34] 라포르트의 보고서는 일본인의 침탈 사실이 총세무사와 대한제국 정부, 영국에까지 전해졌다는 데 의미가 있다.

2. 1899년 9월 일본 정부의 울릉도 조사

라포르트의 조사가 있은 후 러시아는 일본인의 벌목을 대한제국 정부에 항의했고 일본 주재 러시아 공사는 일본인의 도벌을 금지시킬 것을

33 『皇城新聞』「鬱島日人」 1899. 9. 16.

34 위의 기사.

일본 정부에 공식적으로 요청했다. 외부대신 박제순은 한국 주재 일본 공사에게 일본인의 도벌 금지와 아울러 그들의 철수를 여러 번 요구했다. 일본 정부는 한국 정부가 벌목권을 러시아에 양여한 상황에서 일본인이 도벌한 것이므로 이들을 철수시키고 벌목을 금지시키라는 훈령을 주한 일본 공사 하야시 곤스케(林權助)에게 내렸다. 하야시 공사는 일본인에게 훈령의 내용을 주지시키고 11월 30일까지 철수시키라는 임무를 원산영사관의 외무 서기생 다카오 겐조에게 부여했다. 이에 다카오 겐조는 순사부장 스가야 신페이(菅谷新平)와 함께 임무 수행을 위해 울릉도로 향했다. 이들이 타고 온 군함 마야함(摩耶艦)에는 해군 중위 후루카와 신자부로(古川鈊三郎)도 동행했다. 이들은 8월 26일 원산을 출발했지만 악천후 때문에 29일 부산에 잠시 기항했다가 9월 2일 다시 울릉도로 향했다. 부산에 기항했을 때 다카오는 라포르트를 만나 울릉도에 현재 200명의 일본인이 있다는 사실을 들었다.[35] 다카오는 군함이 200명을 수용하지 못하는 데다 섬에 오래도록 정박할 장소가 없어 정해진 시간 안에 퇴거하기 어렵다는 내용을 상신했다. 하야시 공사는 일본인들에게 포달문을 전달하고 2~3일간 머물며 조사하되 현지 상황을 봐가면서 조치할 것을 다카오에게 지시했다.[36]

마야함이 울릉도에 도착한 것은 1899년 9월 25일 오전 5시다. 함장 마쓰모토 아리노부(松本有信) 중좌는 2~3일간 조사를 하려면 나갔다가 다시 와야 하는데 그것이 쉽지 않고 야마토함(大和艦)과 교대해야 한다는 이유를 들어 상륙 후 7시간 안에 조사할 것을 요청했다.[37] 마야함이 상륙

35 『駐韓日本公使館記錄』 13권, 「各領事館往復」 「鬱陵島 出張復命書 送付 件」 제6호.

36 위의 문서, 10월 3일자 복명서.

37 마야함은 25일 오후에 울릉도를 출발하여 26일 오후 부산에 도착했다.

한 곳은 남양동인데 이곳에는 일본인 4가구 8명이 거주하고 있었다. 시마네현 오키사람 하타모토 기치조(畑本吉藏)와 돗토리현 호키사람 아마노 겐조(天野源藏)가 자신들을 조장이라고 소개했으므로 다카오는 두 사람을 통해 실태를 조사했다. 반면에 후루카와는 5년 전부터 살고 있어 섬의 사정에 정통하다고 주장하는 아마노 겐조를 통해 현지 상황을 조사했다.[38] 아마노는 다카오와 후루카와 두 사람에게 상황을 알려준 것이다. 다카오는 하타모토와 아마노에게 "일본인들이 이 섬에 머물면서 특별히 수목을 남벌하여 밀수출을 꾀하는 것은 매우 괘씸한 일이니…올해 11월 30일까지 모두 이 섬을 떠날 것"[39]을 적은 9월 25일자 포달문을 전했다. 이들은 11월 30일까지 퇴거하겠다는 각서[40]를 대표 자격으로 다카오에게 제출했다. 다카오는 원산영사 무토 세이지로(武藤精次郎)에게 10월 3일자 복명서를 제출했다. 후루카와는 함장 마쓰모토에게 9월 27일자 복명서[41]를 제출했고, 마쓰모토는 여러 문서[42]를 첨부하여 해군대신 야마모토 곤베(山本權兵衛)에게 9월 28일자로 보고했다.

외무성과 해군성에 각각 속한 두 사람이 보고한 울릉도 현황은 같지 않다. 다카오가 파악한 한국인은 1899년 당시 2,000여 명, 500가호이며, 농부와 어부가 각각 반 수이고 선박을 건조하는 목공들도 있었다. 후루카와가 파악한 한국인은 500가호에 천 명 내외였으므로 인구 숫자에서 차이가 크다. 후루카와는 한국인들은 농사를 주업으로 하며, 어렵

---

38 다카오와 후루카와가 두 사람을 함께 조사하다가 각각 한 사람씩 따로 조사했는지는 알 수 없다.

39 『駐韓日本公使館記錄』 13권. 「各領事館往復」 「鬱陵島 出張復命書 送付 件」 제8호 포달문. 포달문 내용은 8월 22일 경성 주재 하야시 공사가 내린 것이다.

40 『駐韓日本公使館記錄』 13권 「各領事館往復一」 「鬱陵島 出張復命書 送付 件」 제9호.

41 방위성 방위연구소, 해군성 『公文備考』 艦船 3 권9 .

42 다카오의 포달문, 하타모토와 아마노 두 사람의 각서, 후루카와의 보고서이다(『公文備考』, 함선 3 권9).

하는 마을이 있기는 하지만 2척 혹은 3척의 작은 배로 어로한다고 했다. 다카오는 울릉도에 논이 없어 한국인들은 콩과 조, 기장류를 주식으로 하는데 일본인들이 미곡, 옷감, 잡화류를 수입해 와서 이들 물건과 매매 혹은 교환하는 것을 편리하다고 여기므로 도리어 일본인이 증가하기를 원한다고 보고했다. 다카오는 양국인의 관계가 매우 원만하다고 보고했다. 후루카와는 일본인들이 여러 조를 만들어 각각 조장을 두고 서로 연락하되, 규약을 세워 알력을 조정한다는 사실을 덧붙였다. 후루카와도 양국인이 원만하게 지내고, 잡화와 기타, 쌀 등을 얻는 편의를 위해 일본인이 머무는 것을 기뻐한다는 아마노의 말을 복명서에 기술했다.

다카오는 마을에 거주 중인 일본인을 파악했는데, 동동東洞, 무동茂洞, 죽암, 창동昌洞, 침동鈂洞, 통구미通龜尾, 현동玄洞 7개 마을에 모두 79명이 살고 있으며, 이곳 외에 여자와 아이들을 합쳐 100명 정도가 살고 있다고 보았다. 그는 79명의 성인 남자 가운데 이른바 유지 12명의 성명과 주소를 따로 조사했다. 후루카와는 8개 마을에 29호, 84명이 살고 있다고 보았다. 다카오는 일본인들이 봄까지만 해도 150~160명이 있었지만 3월에 철수했다고 본 반면, 후루카와는 150명이 5~6월경까지 있었다고 보았다. 3월은 어로가 시작되는 시기이므로 이때 철수했다는 것은 사실로 보기 어렵다. 후루카와는 다카오가 기술한 7개 마을에 추산錐山을 추가했다. 두 사람 모두 각 마을을 '東洞', '茂洞'으로 기술했으나 東洞동동은 道洞도동을, 茂洞무동은 苧洞저동[43]을 오기한 것이다. 현동은 현포동을 가리키며, 鈂洞침동은 沙洞사동을 오기한 듯하다.

다카오는 벌목자 100여 명이 8개 장소에서 벌목하여 밀수출하고 있음

---

43 같은 해에 전사능, 정상원 등과 일본인 나카무라 아키타로(中村秋太郎) 간에 성립한 목재 매매 계약서에는 도동과 저동으로 되어 있다(『鬱陵島における伐木關係雜件』〈明治16-32〉, 1899. 11. 20.).

을 파악했다. 다카오에 따르면, 일본인의 벌목은 도감都監 즉 도수島守, 당시 도감인 한국 관리의 공식 허가를 얻어 벌목료를 납부한 것이므로 매매이지 도벌이 아니다. 그러므로 한국 정부가 도감의 매목 행위를 금지시키지 않는 한 일본인들은 퇴거하더라도 다시 올 것이다. 일본인들은 대체로 규목과 소나무를 벌채하거나 끈끈이를 제조하고 콩 수출을 직업으로 하고 있다. 목재와 콩 등의 수출품은 쓰루가(敦賀)·바칸(馬關)·하카다(博多)에서 하역한다. 울릉도에서 생산되는 콩은 매년 4,000~5,000석에 이르고 이에 대해 도감이 100석 당 2%의 비율로 수출세를 과징했다고 보고했다.

후루카와가 파악한 내용은 다카오와 약간 다르다. 그에 따르면, 일본인들이 도감과 협의하여 목재와 대두를 매수하지만 모두 이익 예상금의 2%를 세금으로 선납(작년까지는 100분의 5였다고 한다.-원주)하고 있다. 이는 아마노의 진술에 근거한 내용이다. 그러나 아마노가 100분의 5 즉 5%를 운운한 것은 것은 그가 당시 통상장정에 따른 수출세가 종가 5%였음을 인지하고 있었음을 방증한다. 즉 자신들의 2% 납부가 정당하지 않음을 인지하고 작년까지 5%를 냈다고 거짓으로 진술한 것이다. 이들은 5%를 납부한 적이 없다. 다카오가 벌목료와 화물에 대한 수출세를 분리해서 다뤘다면, 후루카와는 목재와 대두에 대한 세금을 하나로 다루되 2% 세금을 선납했다고 주장한 점에서 차이가 있다.

다카오는 수입 화물은 주로 호키국 사카이, 또는 하마다항에서 100석 혹은 200석적石積의 화선和船에 연 3회 즉 3월과 5월, 7월에 싣고 왔다고 보고했다. 후루카와는 다카오가 말한 내용 외에 화물이 1898년 이후에 온 것임을 덧붙였다. 또한 후루카와는 호키국 사카이와 하마다에서 밀수출을 하러 오는 자가 있지만, 이들이 목적지를 속이고 수출하는 것인지는 알 수 없다고 했다. 앞서 라포르트가 수출입을 밀무역으로 보고 양국인이 적대 의식을 드러내고 있다고 본 반면, 다카오와 후루카와는 벌목료와 허가를 언급하며 양국인의 원만한 관계 유지를 강조했다.

1899년 11월 30일까지 철수하겠다던 일본인들은 끝내 철수하지 않았다. 그 사이인 10월 1일, 러시아 전함 한 척이 남양동 포구에 와서 정박했다. 장관將官 한 명, 통사通事 한 명, 병정 일곱 명이 내려 울릉도를 두루 돌아보고 섬의 도형을 그려 돌아갔다. 러시아인들은 울릉도에 8일 동안 머물렀고, 1900년 3월에 다시 오겠다는 약속을 하고 갔다. 일본인의 자원 침탈은 시간이 흐를수록 심해졌지만, 일본 정부는 이들을 철수시킬 의사가 처음부터 없었다. 일본인도 이를 믿고 한참 전에 끝난 소송의 재판 비용을 도감에게 떠넘기기에 이르렀다. 한편 외무성 소속의 다카오가 보고한, 일본인들이 도감島監의 허가를 받아 벌목하고 있으며 양국인의 관계가 좋다고 한 보고 내용은 대한제국의 외부대신에게도 전해졌다. 그러나 대한제국 정부의 인식은 일본 정부의 인식과는 사뭇 달랐다.

3. 1900년 한일 양국의 공동조사

1) 내부 시찰관 우용정의 조사

1899년 말 배계주는 일본인의 침탈 상황과 러시아 군함의 래박來泊, 재판 비용의 요구 등을 내부에 보고한 바 있다. 내부는 일본인의 벌목을 금지시키고 이들이 한국인에게 징수한 돈을 되돌려줄 것을 일본 공사관에 조회할 것을 외부에 요청했고,[44] 외부는 이를 일본 공사관에 조회했

44 『內部來去文』 13, 조회 제6호(1900. 3. 14.)

다. 그런데 그 사이에 일본인에게 3천 냥을 빌린 한국인들이 농상공부의 훈령을 얻어 김용원金庸爰과 오노라는 일본인을 입도시켜 벌목하게 한 일이 있었다. 배계주가 이를 허락하지 않자 이들은 빌려준 돈을 도민들이 대신 갚도록 했다. 배계주는 이 사실을 직접 경성에 가서 알리려 했지만 일본인들의 방해로 나갈 수 없었다. 결국 외부는 관리를 파견하여 현지조사의 필요성이 있음을 일본 공사관에 알렸다.[45] 하야시 공사는 한국 정부가 배계주의 보고만 믿는 경향이 있으나 사실 여부를 조사해보기 전까지는 조치할 방법이 없다면서 양국의 공동조사에 동의했다.[46]

조사위원에 임명된 내부 시찰관 우용정禹用鼎은 1900년 5월 25일 인천항에서 기소가와호(木曾川丸)에 탑승한 뒤 27일 경성 주재 일본 공사관에서 파견한 통역 경부보[47] 와타나베 간지로(渡邊鷹治郎)와 만나 합류했다. 이어 그는 27일 부산에서 나머지 일행을 만났고, 30일에 울릉도로 떠나 31일 오후에 도착했다. 우용정은 6월 1일부터 3일까지 배계주의 집에서 진상을 조사했다. 이 조사에는 동래감리서 주사 김면수, 세무사 라포르트와 방판幇辦[48] 김성원, 부산영사관의 영사관보(부영사) 아카쓰카 쇼스케(赤塚正助)[49] 경성 주재 일본 공사관의 경부보 와타나베 간지로 등[50]이 동참했다. 양국 조사 위원은 라포르트의 입회 아래 공동으로 심문한 뒤, 다시

45 『日案』 4, 조회 제16호(1900. 3. 16.)(문서번호 5566)

46 『日案』 4, 조회 제24호(1900. 3. 23.)(문서번호 5572)

47 우용정의 다른 보고서에는 경부로 되어 있기도 하다.

48 한국 측 문서에는 방판으로 되어 있으나 영문 직책은 Clerk로 되어 있으므로 서기로 보아야 한다는 견해가 있다(박한민, 2024, 앞의 글, 205쪽).

49 우용정은 赤塚正輔로 적었으나 일본 보고서는 赤塚正助로 적었다. 일본 인명이므로 일본 기록이 맞을 것이다.

50 한국 측 보호 순검으로 신태현申泰炫과 김형욱金亨郁, 일본 측 보호 순검으로 영사관 소속 순사 다카쿠라 준소(高倉純雙)와 오카 도노신(岡登之進), 사토 준쇼(佐藤潤象)도 동행했다.

각자가 따로 순찰과 조사를 했다.

우용정은 6월 1일 각 동의 사람들이 진술할 것을 고시告示하고, 3일에는 도민들이 지켜야 할 긴급 사안을 10조목으로 정리하여 고시했다.[51] 또한 그는 울릉도에 선박 구입이 긴급하므로 개운호 한 척의 구입 비용을 변통해줄 테니 도민에게서 거둔 벌금과 목재 판매금으로 갚도록 지시했다. 이를 위해 개운회사를 설립하되 회사가 징수할 세금에 대해서는 내부가 다시 지시할 것이라고 했다. 다만 수입 화물에 대한 세금은 도감의 지시를 따르도록 훈령했다. 우용정은 일본인과 부화뇌동하여 결탁하여 농간을 부리는 사람을 엄중 처벌하겠다는 훈령도 13개 동에 내렸다. 양국 대표는 도감 배계주와 일본인을 대질 심문하는 형식으로 조사했는데 주로 일본인의 도항 유래 및 목재와 화물 반출, 납세 현황, 재판 비용을 도민에게 전가한 일에 관해 질문했다. 후쿠마 효노스케(福間兵之助), 가타오카 히로치카(片岡廣親), 마쓰모토 시게요시(松本繁榮)가 심문에 응했는데 이들의 진술은 배계주의 진술과 엇갈린 경우가 많았다.

아카쓰카 부영사는 "도감이 일본에서의 규목재槻木材의 가치를 알기 때문에 항상 직접 벌채하여 일본인 한 사람과 결탁하여 이익을 독점하려 하며 일본인과의 사이가 좋지 않다."라고 했다. 그러나 우용정은 도감과 후쿠마를 대질 심문하여 도감의 말이 대부분 사실임을 확인했다. 일본인들이 도감의 관사에서 난동을 부린 날짜를 기록한 감찰 문서와 목격자들도 있었으므로 우용정은 이에 근거하여 부영사에게 따지기도 했다. 또한 우용정은 상선 4척이 들어오는 것을 직접 목격했다. 당시 울릉도에는 일본인 130여 명이 머물고 있었으며 11척의 선박이 정박해 있었다.

51 1900년의 조사에 대해서는 이 책의 4부 '사료 소개' 참조.

일본인들은 도감이 사람을 보내 수출 화물을 조사했으므로 100분의 2를 세금으로 납부했다고 주장했다. 이에 대해 도감은 다음과 같이 반론했다. 일본 상선이 부산항으로 가는 물표物標를 지닌 채 울릉도에서 상행위를 하는 것은 불법이다, 그래서 일본인들이 벌금을 내기로 자원했고, 수출화물에 대한 세금도 100분의 2를 자원했지만 실제로는 병신년(1896)과 정유년(1897)에만 구문 100분의 2를 내는 데 그쳤다는 것이다. 그러나 일본인들이 납세했음을 주장했으므로 부영사 아카쓰카는 왜 도감이 영수증을 발행하지 않았는지, 처음에는 세금을 받았다가 나중에는 왜 받지 않았는지를 따졌다. 이에 대해 우용정이 도감을 대신하여 대답했다. 그는 영수증을 주면 나중에 탄로가 나서 정부의 문책이 있을까 염려해서 발행하지 않았고, 비개항장에서의 수세는 불법이므로 초기에는 '구문' 명목으로 받았다가 나중에는 받지 않았다고 답변했다. 더구나 우용정은 도감의 이런 행위가 정부의 신칙을 따른 것이라는 말을 덧붙여 배계주에게 힘을 실어주었다. 우용정은 이때만 해도 도감의 과세 행위가 불법임을 분명히 했다. 그러나 우용정은 상경 후 과세의 합법화를 추진했다. 그렇게 해서 나온 것이 칙령 제41호의 과세 조항이다.

우용정은 공무를 보고 난 뒤에는 섬의 부로父老들을 불러 개척 이후의 상황이나 섬의 지세 및 형상, 주민의 양식, 산물 등에 관해 들었고, 현지 상황이 의외로 복잡하다는 사실을 확인했다. 배계주가 잠시 섬을 비운 동안 그를 대리한 인물이 독단적으로 일을 처리하여 폐단을 야기했고, 일부 한국인이 일본인과 결탁하여 규목의 밀반출을 도왔으므로 일본인들이 도민의 허락을 받고 목재를 샀다고 주장하고 있던 상황이기 때문이다. 그러나 우용정은 조사 결과 도감의 진술이 대체로 사실임을 확인했고, 일본인의 활동이 불법임을 재확인했다. 그는 "일본인은 본시 몰래 넘어와 법을 어겨놓고는 줄곧 말을 꾸며대며 변명하는 것이어서 더이상 사문査問할 게 없었다."[52]라고 결론 내렸다.

우용정은 6월 4일에는 배로 섬 전체를 순찰하고 천부동의 고선포,[53] 현포동, 태하동台霞洞을 돌아보았다. 5일에는 각 마을의 사람들이 호소한 내용에 응대했고, 6일에는 장부를 대강 조사한 뒤 윤선을 타고 돌아왔다. 조사에 함께 참여했던 동래감리서의 김면수도 "일본인의 행위가 곳곳에서 금령을 위반하여 심지어 재판할 때 말을 온통 꾸며댔는데도 이치가 안 닿는 대목을 모두 가려내기 어려운"[54] 실정을 확인했다. 그도 "도감은 명목이 관인官人이지 수하에 일개 하인도 없어 일본인의 침학을 금지시킬 수가 없"는 상황임을 확인했다. 그는 "일본인들이 하루를 머물면 하루만큼의 폐해가 있고 이틀을 머물면 이틀만큼의 폐해가 있어 섬사람들이 장차 흩어질 지경에 이를 것이다."[55]라고 보고했다.

우용정은 조사 후 「울도기鬱島記」를 지었고, 관련 보고서와 여러 책자를 내부대신에게 제출했다. 그가 제출한 책자는 호구에 관한 성책成册, 개간에 관한 성책, 초막을 짓고 사는 일본 인구에 관한 성책, 일본인이 규목을 함부로 벤 것에 관한 성책, 일본인에 관한 사실 및 본도인이 함부로 나무를 벤 것에 관한 성책, 감무監務의 보고, 등장等狀 등이다. 우용정은 일본인 벌금표 6장도 지니고 상경했다. 그런데 이들 책자와 벌금표는 현전하지 않는다.

우용정은 도감의 권한을 높이는 일, 선박을 구비하는 일, 관제를 개

52 「鬱島記」

53 1883년에 히가키 나오에가 왜선창(倭船倉)으로 적은 지역이다. '고선포'라고 한 것은 '왜선창'이 '옛선창'으로 와전되어 그 뜻을 따라 표기했기 때문이다.

54 김면수, 「報告」 제26호(『東萊港報牒』 4책).

55 김면수, 「後錄」.

편하여 관리들에게 월급을 지급하는 일, 5%로 감면했던 미역세를 10%로 회복하는 일, 조선세의 폐지를 시급한 현안으로 인식했다. 그는 상경해서 이와 관련된 정책을 추진하여 대체로 시행되었다. 특히 그가 강조한, 도감의 권한을 높이고 관제를 개편하는 일은 칙령으로 제정되었다. 1900년 6월 양국의 공동조사는 우용정과 김면수, 라포르트가 동시에 일본인의 불법 및 범법 행위를 확인한 기회였다.

2) 부영사 아카쓰카 쇼스케의 조사

우용정과 함께 조사에 참여한 아카쓰카는 위에서 언급한 일본인 세 사람과 도감 배계주를 대질 심문했다. 우용정과 아카쓰카는 각자 묻고 싶은 것을 묻되, 필요한 경우 자국민을 위해 변론했다. 우용정이 일본인의 비리와 범법 행위를 따지면, 아카쓰카는 일본인을 옹호하거나 유리한 답변이 나오도록 유도했으며, 일본인들의 납세 주장을 우용정에게 인정하게 하려고 애썼다. 일례를 들면, 일본인들이 도감에게 벌목료를 치렀는지와 관련된 사안을 다룰 때 아카쓰카는 전 도감 오상일 재임 중 500냥을 선납하고 그루 수에는 제한을 받지 않으면서 벌목했다고 주장했다. 이어 그는 후쿠마가 도감에게 받았다는 표기를 증거로 제시했다. 이에 우용정은 납부했다는 500냥은 하나의 규목에 대한 대가라고 반박했다. 그러자 아카쓰카는 하나의 규목을 벨 때 500냥을 바치라고 했을 때의 '하나'는 범칭이지 한 그루를 의미하는 것이 아니라며 자국민을 변론했다. 우용정은 매매할 때 숫자를 정하지 않고 매매하는 법은 없다며 따졌고, 아카쓰카는 오상일이 없으니 이 문제를 미결로 하자는 식으로 미

봉하려 했다.[56]

아카쓰카는 도감과 도민, 일본인과의 관계를 목격한 뒤 배계주가 가난하고 권력이 없으므로 도민들에게도 권위가 통하지 않는다는 사실을 간파했다. 아카쓰카는 울릉도에 온 일본인들은 과거에 원산 또는 부산을 향해 도항하다가 날씨 때문에 기항했거나 일부러 온 자들로 조합을 만들어 간사를 두고 질서를 유지하고 있다고 주장했다. 그는 일본인들이 도감을 존경하거나 복종하지는 않지만 특별히 난폭하게 대하지도 않았다고 보았다. 그는 일본인과 도민 간의 사이는 매우 좋으며 도민들은 일본인으로부터 많은 편의를 받고 있음을 기뻐한다고 주장했다.[57] 일본인의 거주를 용인받을 의도에서 이렇게 주장한 것이다.

아카쓰카가 중점적으로 조사한 것은 일본인들의 벌목 현황 및 수출품이다. 그는 조사 후 6월 12일자 보고서로 「울릉도 산림조사 개황鬱陵島山林調査概況」과 「울릉도 조사 개황鬱陵島調査概況」을 하야시 공사에게 제출했다. 그는 일본인들이 1897년에 도감의 허가를 받아 한 그루의 목재를 벌채하여 2,500재才가 넘는 판재板材를 일본으로 수송했고, 한국인들도 벌채하여 3,000재의 판재를 일본에 수송했음을 밝혔다. 그는 1898년의 수출량은 기록하지 않았다. 1897년에는 한 그루를 베었다고 기술했는데 1899년에는 28그루를 벌채했다고 했으므로 신뢰하기 어렵다. 그는 28그루를 10만여 재의 판재로 만들어 일본에 수송했는데, 판재 하나에 7전錢으로 계산하여 7,000엔이 되었다고 했다. 한국 정부의 공문에 기초하여 1899년 11월에 도민과 이익 분배의 계약을 맺어 80그루 중 56그루를

56 위의 문서.

57 보고서 별지 2 「鬱陵島 調査概況」.

벌채, 1900년에는 5만여 재를 일본에 수송했다는 것이다. 이때 그가 '한국 정부의 공문'을 운운한 것은 사검관 김용원金庸爰이 제익선을 조성한다며 농상공부의 훈령에 의거하여 일본인의 배를 빌려 울릉도에 벌목하러 왔던 일을 말한다.[58] 그런데 도감이 벌목을 금지하자 일본인들은 빌려준 3천 냥을 청구했고, 김용원은 도민에게 억지로 그 돈을 갚게 했다. 이에 도민 최병린이 이 일을 정부에 고발했고, 정부는 도민에게 돈을 돌려줄 것과 일본인의 퇴거를 신칙할 것을 일본 공사에게 요청했다.[59]

아카쓰카는 울릉도에서 앞으로 벌채할 수 있는 예상 목재량을 조사했다. 거목欅木은 3척 이상 6척 미만이 16,335그루이고, 6척 이상 1장丈 5척 이하가 165그루지만 재목으로 쓸 수 없는 것이 태반이라고 보았다. 솔송나무(栂)는 3척 이상 6척 미만이 14,666그루, 6척 이상 1장 5척 이하가 7,734그루지만 이 역시 일본 수종에 비해 질이 나쁘다고 보았다. 그러나 이런 설명은 일본 수종에 비해 질이 안 좋은 나무를 그토록 무리하게 가져가려 한 이유를 설명하지 못한다. 아카쓰카는 이들 외에도 다른 수종을 거론했는데 대부분 일본 수종과 크게 다르지 않다고 보았다. 더구나 규목[60]은 질이 좋은 것은 이미 거의 다 벌채했으므로 전망이 밝지 않다고 했다. 황백나무는 그 껍질로 끈끈이를 만들어 1897년부터 1900년 사이 모두 7,500관(3,400엔)을 일본으로 수출했으므로 거의 다 없어졌다고 했다.

아카쓰카가 조사한, 대두 산출량은 연평균 대략 5,000석이고 그 가운데 3,000석을 일본에 수출하는데 일본 시세로는 평균 2만 엔이었다. 그

58 『交涉局日記』 1900. 3. 15.; 1900. 4. 13.
59 『交涉局日記』 1900. 3. 16.
60 그는 거목과 규목, 두 가지로 언급했는데 내용을 보면 한 종류이다. 느티나무 종류이다.

가 수출품으로 거론한 농산물과 임산물은 규목과 대두, 보리, 완두, 끈끈이 순이었다. 이 가운데 대두와 완두, 보리는 한국인이 산출한 것으로 1897년부터 1900년간의 총액은 대두가 2만 엔, 완두가 770엔, 보리가 960엔으로 대두가 압도적으로 많다. 또한 수출 해산물은 전복과 우뭇가사리인데, 1897년부터 1900년 사이 수출가액은 전복이 2,960엔, 우뭇가사리가 1,200엔이었다. 곡물은 한국인이 산출한 것이고 해산물은 일본인이 직접 채취하여 가지고 간다는 사실을 부기했다. 아카쓰카의 조사에 따르면, 1897년부터 1900년까지의 울릉도의 총 수출고는 3만 160엔이었다. 반면에 1898년과 1899년의 수입고는 7,000엔 내외였다. 수입품의 대부분은 능목면과 옥양목, 면직물, 기타 식료품이었다. 수입품의 하역지는 도동이고 수출품의 목적지는 사카이, 바칸, 쓰루가, 하마다 등인데 사카이가 70퍼센트를 차지했다. 이는 대부분의 수출입품이 울릉도 도동에서 일본 사카이로 직접 운송되었음을 의미한다.

1900년 6월의 현지 조사 후 대한제국은 일본인의 철수를 일본 정부에 계속 요청했다. 그러나 일본 정부의 태도가 바뀌기 시작했다. 하야시 공사는 한국인들이 오히려 일본인의 거주를 원하고 있으며 일본인이 철수하면 도리어 세수稅收가 감소하고 생활도 불편해질 것이니 수출입품에 관세를 징수하고 수목 벌채에 관해서도 마땅한 방법을 강구하는 것이 좋을 것이라며 회유했다.[61] 하야시는 일본인의 거주는 도감이 묵인했기 때문이며 목재를 벌채한 것은 합의에 따른 매매이지 도벌이 아니라고 강변했다. 그는 한국 정부가 그럼에도 일본인의 퇴거를 고집한다면 일본 정부도 정당한 권리를 주장하지 않을 수 없다고 위협했다. 이에 대하여 대

61 『日案』 5, 1900. 9. 5.

한제국 정부는 일본인의 수출 화물에 2%의 세금을 거둔 것은 벌금을 대신한 것이며 수입품에는 징수하지 못했다며 일본 측 제안을 거부했다.[62] 그러나 1900년 10월 정책이 급변하여 대한제국은 칙령 제41호 제4조에 군수의 과세권을 규정하기에 이르렀다. 과세권의 행사 대상에 일본인의 수출품이 포함되는 것은 물론이다.

한편 울릉도는 1900년 4월 「울릉도를 울도로 개칭하고 감무를 설치하는 건」이 제출되어 감무제로 바뀌었다가 10월에는 군청을 신설하고 군수를 두는 의안으로 급변했다.[63] 이에 군으로 승격하기로 한 청의서가 10월 22일 제출, 10월 25일 칙령 제41호 제정, 27일 반포되었다. 이로써 울릉도가 울도군으로 승격되었는데, 1901년 8월 부산해관은 또다시 울릉도 현황을 조사하기 위해 관리를 파견했다.

Ⅲ. 칙령 제41호 제정 이후의 울릉도 조사

1. 1901년 스미스의 조사

1901년 8월[64] 부산해관의 스미스(F. J. Smith, 士彌須)[65]가 울릉도에 가서 조사했다. 이에 대해 일본 외무성은 기록한 바가 있지만, 한국 측에는

62 『內部來去文』 1900. 9. 12. 외부대신 박제순이 내부대신 이건하에게 보낸 조복. 박제순이 하야시 공사에게 논박한 사실을 내부대신에게 알리고 있다.

63 『皇城新聞』 「鬱島設郡」 1900. 10. 8.

64 필자는 이전에 1901년 5월이라고 썼는데 이는 오류임을 밝힌다.

65 D. H. Smith로 보는 경우가 있지만(송병기, 앞의 책, 2010, 221쪽; 230쪽), 영문보고서에는 F. J. Smith로 되어 있다. 그의 직함은 Acting Harbour Master이다. 스미스는 보고서를 부산해관장(Commissioner of Customs Fusan)에게 제출했다. 각 해관에는 세무사를 두고, 그 밑에 방판(幇辦)·험화(驗貨)·영자수(鈴字手)·지박소(指泊所)·이선청(理船廳)·기기사(機器司)·통역(通譯)·서기(書記) 등을 두었으므로(『한국민족문화대백과』의 해관세무사 항목 참조) 그의 직함은 이선청 서리로 볼 수 있다. 박한민(2024, 앞의 글, 204쪽)은 이선청 서리로 표기했다.

정부 문서가 없다. 조사한 이듬해 한일 양국의 신문[66]은 관련 사실을 보도했다. 이 조사가 라포르트를 파견할 때처럼 대한제국 정부의 요청으로 이뤄진 것인지는 알 수 없다. 스미스는 해관의 방판 김성원, 사검관 아라키, 동래감리서 주사 정보섭과 함께 갔다. 김성원과 아라키는 1899년 6월 라포르트의 조사 때도 동행했던 인물이다.

『황성신문』은 사미수(士彌須, 스미스)로 칭하며 그의 조사 내용을 보도했다.[67] 이에 따르면, 사미수는 1901년 8월에 부산을 출발하여 다음날 오전 7시 울릉도에 도착한 것으로 되어 있다. 8월 언제인지가 분명하지 않으나 그가 보고서를 작성한 날은 8월 20일이라고 보도했다. 『산인신문山陰新聞』도 이를 1901년 8월 20일자로 제출된 보고서라고 보도했다.[68] 그러나 스미스의 영문보고서를 보면 창룡호(蒼龍丸)에서 8월 2일에 작성한 것으로 되어 있다.[69] 2일을 20일로 잘못 기술한 듯하다. 1902년 4월 12일 하야시 공사는 외무대신 고무라 주타로(小村壽太郎)에게 자신이 입수한 보고서를 제출했다.[70] 『황성신문』과 『산인신문』은 하야시가 외무대신에게 제출한 보고서를 번역해서 보도한 것이다.

스미스가 조사하던 1901년 8월 초 배계주는 부산에 있었다. 우용정이 구입해준 선박이 파손되어 선박회사가 그 비용을 도민에게 부담시키려 하자 전사능田士能이 군수를 빙자하여 농간을 부렸다가 탄로 나서 동래감리서에 잡혀 있었기 때문이다. 이 일로 배계주는 부산에서 내부에

66 보도는 이듬해인 1902년 4월 29일(『皇城新聞』)과 5월 14일(『山陰新聞』)에 이뤄졌다.

67 『皇城新聞』, 1902. 4. 29.; 1902. 5. 1.

68 『山陰新聞』, 1902. 5. 14.

69 「Report on a visit to Dagelet Island made on the s.s. 'Chang Riang' on 2nd August 1901」이다(『稅關事務關係雜件 2』〈明治32〉 중 「鬱陵島ニ関スル稅関報告書写在韓国公使ヨリ送付ノ件」(1902. 4. 12.)(외무성 외교사료관 소장)).

70 위의 글.

보고하며 조치를 기다리고 있었다.[71] 스미스의 조사에 따르면, Dagelet Island(울릉도)의 한국인은 3천 명 정도이고 모두 농사를 전업으로 하며 일본인에게서 쌀과 옷감, 장류, 술 등을 곡식과 교역했다. 한국인은 때로는 부산으로 가져가 매매하기도 했다. 이들 가운데 김경중, 김성술, 전사능 3인은 간교한 자들로 시찰관 강영우[72]가 오면 도감을 두지 않을 것이니 강영우에게 70만 문을 바쳐야 한다는 말로 사람들을 현혹하고 있었다고 보았다. 정부가 강영우를 군수에 임명한 것은 1901년 8월 27일이다. 스미스는 약 150명의[73] 일본인들이 거주하면서 배를 만들거나 벌목과 상업을 하고 있다는 사실을 파악했다. 일본인들은 하타모토 당과 와키타 당으로 나뉘어 남북 지역에서 각각 권세를 부리며 한국인의 삼림 벌목까지 금지할 정도로 세력이 강대한 상황이었다. 스미스의 조사에 따르면, 일본인들은 1900년 7월 15일 일본인의 허가 없는 벌목을 금지한다고 한국인에게 고시했다. 이에 일본인들은 아무 거리낌 없이 규목을 베어 일본으로 수출하고 쌀과 소금, 장유醬油, 술 등 식품과 기타 목면을 수입해서 한국인의 잡곡과 교환했다. 한국인들이 화폐로 치르는 경우는 매우 드물고 여전히 콩을 본위로 하여 교환하고 있었다는 것이다.

그런데 스미스는 "일본인들이 목재를 벨 때 인장印章이 없으며, 목재와 곡물 등 각종 수출입에도 관세(duty-원문)가 없다, 배계주가 이 섬을 감독관리한 지 6년이 넘었는데 전에 그가 목재 반환 소송 때문에 일본에

---

71 『皇城新聞』「裵倅到釜」 1901. 8. 9.

72 강영우는 1901년 말 군수에 임명되었지만 부임하지 않았다. 도민들이 군수의 부임을 미리 알고 있었다는 것은 성립하기 어려우므로 시찰관과 군수 강영우를 별개의 인물로 보아야 할 듯하다.

73 이들 외에 해마다 3월에서 6월까지 사카이 지방에서 남녀 300~400명이 와서 어렵과 벌목에 종사하다가 목재와 콩을 싣고 가버린다는 사실도 적었다. 하야시 공사는 이들 숫자를 포함해서 일본인 인구가 550명이라고 외무대신에게 보고했다. 『皇城新聞』(1902. 4. 29.)도 스미스의 보고서를 인용하여 550명으로 보도했고, 5월 1일자 기사도 "僅爲五百五十餘名" 즉 550명으로 보도했다.

갔을 때 오상일이 배 도감의 부재를 틈타 서리라고 사칭하고 수출입품에 억지로 세금(稅欵, duties-원문)을 매겼다고 주장하지만, 실은 쌀과 술, 소금 약간을 뇌물로 받은 것에 지나지 않는다."라고 보고했다. 일본인들은 'tax'가 아니라 'duties' 즉 관세임을 주장한 데 대해 스미스는 관세가 아니라고 본 것이다. 이런 내용이 『황성신문』에는 보도되었지만 『산인신문』에는 실리지 않았다. 이처럼 보도 내용에 차이가 생긴 것이 일본인들의 불법 행위를 드러내기를 꺼려서인지는 알 수 없다. 스미스는 선박 16척이 울릉도에 정박해 있는 것을 목격했고, 어선 7척과 잠수부 선박 3척이 부산영사관이 발급한 허가증을 지니고 있음을 확인했다. 선박은 전복과 해삼, 황두, 끈끈이 등을 싣고 있었는데 스미스는 이를 수출품으로 보았다.

이렇듯 1901년부터 1902년 사이에 일본인의 세력은 매우 성해서 자기들끼리 세력을 양분하고 울릉도를 남북으로 나눠 각 지역의 목재를 전횡할 정도였지만 군수는 이를 저지하지 못했다. 군수는 울릉도에 없을 때가 많았다. 그럼에도 일련의 현지 조사가 지니는 의미는 대한제국 정부가 상황의 심각성을 인식하여 조사를 중단하지 않고 자주 실시했다는 사실이다. 이어 대한제국 정부는 일본인의 전횡과 이에 부화뇌동하는 한국인을 징계하기 위해 구체적인 규제책을 마련하기에 이르렀다. 그렇게 해서 나온 것이 바로 「울도군 절목鬱島郡節目」(1902. 4.)[74]이다. 이즈음 일본도 자국민을 보호한다는 명분 아래 부산영사관에서 경찰관을 파견하여 울릉도에 주재시키고 이들을 6개월마다 교체하기에 이르렀다.[75]

---

74 이에 대해서는 유미림, 2013, 앞의 책 참조.

75 『朝鮮彙報』 1915년 3월호, 80쪽.

2. 1902년 5월 니시무라 경부의 조사

일본은 울릉도에 경찰관주재소를 설치하면서 그 명분을 일본인들의 분규 처리에 두었다. 경부 니시무라 게이조의 조사에 따르면, 일상조합은 1901년 7월 규약을 제정하고[76] 조합장, 부조합장, 이사, 명예의원 등을 두어 조직을 정비했다. 사고 처리는 합의제로 했으며 형사 관련 사건은 구치감을 두어 구류시켰고, 그 이상의 범죄자는 가까운 경찰서로 호송하기로 했다. 그런데 앞서 1902년 1월 와키타 쇼타로(脇田庄太郎) 대신 가타오카 기치베(片岡吉兵衛)가 조합장이 된 후 상인들이 두 개의 파벌로 나뉘어 다투고 있었고, 가타오카는 자기 세력을 선동하여 조합원 가운데 대다수를 탈퇴하게 했었다. 이 때문에 상거래가 미약해지고 일상조합의 세력도 약해지자 외무성이 경찰관주재소를 설치하여 그들을 진정시키고자 한 것이다. 가타오카는 형세가 불리해짐을 깨닫고 다시 탈회자들을 입회시켰다. 4월 28일 부임한 니시무라는 문맹자들이 도항해 왔으므로 그들이 난폭하게 굴며 남의 물건을 강탈하지만 이를 제지할 방법이 없다며 일본인의 흉포함을 인정했다.

니시무라가 부임하자마자 착수한 것은 바로 '울릉도 상황'을 조사하는 일이었다.[77] 그 역시 섬의 지세를 기술했는데 이전의 내용과 유사하지만,

76 아카쓰카는 일상조합의 설립 연도를 1900년 6월로 보았다. 니시무라는 1897년 4월 일상조합회日商組合會를 조직하고 2명의 간사를 두었다가 단속에 어려움이 있어 1901년 7월 조합 규약을 제정하게 되었다고 했다. 1906년에 조사한 오쿠하라는 일상조합 규약을 인가받은 시기를 1902년 6월로 보았다. 문헌에 따라 약간의 차이는 있지만 대략 1899년 전후로 설립되었고 이후 규약을 제정하여 인가받은 것으로 보인다.

77 보고서 「鬱陵島狀況」(1902. 5. 30, 필사본)은 부산영사관의 시데하라 기주로(幣原喜重郎)에게 제출되었고, 영사는 6월 27일자로 외무대신 고무라 주타로(小村壽太郎)에게 보고했다. 이 보고서는 『通商彙纂』 10책, 제234호(1902. 10. 16.)의 저본이다. 「鬱陵島狀況」은 『釜山領事館報告書 2』에 수록되어 있다.

지명이 이전보다 많이 증가했다.[78] 그는 한국인의 개척 유래와 생업, 풍속, 산물을 조사했는데, 가호는 1901년에 447호였으나 1902년에는 556호, 3,340명으로 확인되었다. 한국인들은 23개 마을에 흩어져 살고 있는데 저동(62호)[79], 남양동(57호), 현포(50호), 사동(40호), 신촌(35호), 태하동(34호), 나리동(30호), 도동(27호), 산막곡(26호), 통구미(20호), 천부동(16호), 정석포[80](20호), 내수전(11호), 간령(10호), 우복동(10호), 굴암(9호), 추산(7호), 신리(7호), 창동(6호), 천년포(6호), 와달리(2호), 사공남(2호), 수층층(1호) 순이었다. 저동과 남양동, 현포, 사동 순으로 사람들이 많이 살고 있었음을 알 수 있다. 그가 기술한 사공남은 오늘날의 행남을 가리킨다. 니시무라에 따르면, 한국인들은 대체로 순하고 질박하며 흉포하거나 잔인한 무리가 없고, 곳곳에는 공맹의 가르침을 가르쳐주는 서당이 있었다고 했다. 그가 보기에 한국인은 온후하고 성실해서 일본인과 무역을 할 때도 분규가 일어난 적이 없었다.

니시무라 이전의 조사자들은 주로 일본인의 도항 시기를 기술했는데, 니시무라는 한국인의 도항과 영주 시기를 기술하되 1902년 기준 21년 전 즉 1881년으로 보았다. 그는 울릉도 산물을 조사하여 열거했으며[81] 1901년에 수확한 대두는 6천 석, 완두 2천 석, 보리 4천 석, 밀 3천 석 이상으로 보고했다. 1902년에도 한국인은 대부분 농업에 종사했으며 어업에

78 니시무라 보고서에 보인 지명의 한자 표기는 다음과 같다. 道洞, 沙洞, 錐山, 新里, 中嶺, 間嶺, 通龜尾, 窟巖, 水層層, 山幕谷, 羅里洞, 南陽洞, 台霞洞, 遇伏洞, 香木洞, 玄浦, 新村, 光岩, 竹岩, 千年浦, 昌洞, 天府洞, 竹岩, 亭石浦, 臥達里, 乃守田, 苧洞, 砂工南.

79 각 가호는 원문이다. 이하 마찬가지.

80 亭石浦라는 지명은 니시무라에 앞서 1900년 아카쓰카의 보고서 「울릉도 조사개황」에 첨부된 지도에 보인다.

81 槻, 栂, 오엽송, 황백, 덴포나시(手棒梨), 후박나무(다부-원문), 너도밤나무(부나-원문), 山楓, 오동, 백단, 참죽나무(椿), 벚나무, 목이, 끈끈이, 뽕나무, 황백피, 대두, 보리, 완두, 밀, 감자, 전복, 오징어, 김, 우뭇가사리, 미역, 깍새 등이다.

종사하는 자는 매우 적었다. 그의 조사에 따르면, 일본인들은 도동(36호, 386명), 남양동(7호, 38명), 통구미(5호, 30명), 죽암(5호, 20명), 태하동(6호, 19명), 저동(5호, 12명), 내수전(2호, 9명), 우복동(2호, 8명), 신촌(1호, 1명) 순으로 살고 있어 도동 거주자가 압도적으로 많음을 알 수 있다.[82] 그는 일본인들이 이 섬에 영구 거주하게 된 시기가 1892년이고 주로 오키에서 목재를 목적으로 온 사람들이라고 보았다. 그가 보기에 초기 도항자 중 1902년까지 거주하고 있는 자는 와키타 쇼타로뿐이고 대부분 그 후에 도항해 온 자들이며, 이들 가운데 불량한 사람들이 있다고 보았다.

일본인들은 한국인과 상거래를 할 때 주로 물품으로 교환하고 현금으로 거래하는 일은 드물어서 여전히 대두가 통화를 대신하고 있었다. 한국인을 위한 수입품은 옥양목, 인도 목면, 견직물, 방적사, 석유, 성냥, 술, 소금, 잡화류인데 수요가 적어 이윤도 적었다. 그 외에 일본인 간에 일상용품 매매가 있었다. 한편 그들은 한국인에게서는 대두와 완두, 밀, 황백나무 껍질, 소량의 끈끈이를, 일본인에게서는 목재와 해산물을 사서 일본에 수출했다. 해산물은 전복과 오징어, 우뭇가사리, 김, 미역 등에 불과했다. 미역은 전라도 삼도 지방에서 온 자들이, 다른 해산물은 구마모토와 시마네현, 미에현에서 온 자들이 획득했다. 다른 지역에서 온 자들은 주로 3월에서 9월까지 어로했다. 미역 채포를 제외하면 한국인의 어업 활동은 전무했다.

니시무라는 "본도의 정동쪽 약 50해리에 세 개의 소도小島가 있다. 속칭 이를 랑코도島라고 하고 본방인은 마쓰시마라고 부른다."라고 했다. 니시무라의 언급은 울릉도 사람들이 독도에 가서 전복을 채포하여 다시

82 위의 문서. 니시무라는 한국인은 가호 수만 적었지만 일본인은 가호와 남녀 숫자까지 적었다.

울릉도로 돌아온 상황을 보여주지만, 한편으로는 당시의 독도에 대한 인식을 드러내고 있다. 일본에서는 명칭의 혼란을 겪어 19세기 후반부터 울릉도를 마쓰시마(松島)로 부르고 있었는데 1902년 니시무라가 마쓰시마를 언급한 것을 보면 여전히 전통적인 인식 즉 울릉도를 다케시마로, 독도를 마쓰시마로 보는 인식이 지속된 정황을 알 수 있다.

니시무라 조사 당시도 울릉도에는 울릉도와 본토 사이를 왕복하는 선박이 없었다. 한국인들이 힘을 합해 일본 화선과 계약하여 울산이나 부산으로 대두를 수송하여 일상용품을 사오는 일이 있긴 하지만 1년에 2~3회에 불과했다. 여름이면 전라도 삼도 지방에서 미역 채취를 위해 20척 내외가 오지만 미역을 가득 실으면 다시 전라도로 돌아가는 상황이었다. 1902년 5월에 선박 11척이 울릉도에 입항해 있었는데 5척이 출항할 선박이었다. 이 가운데 부산에서 입항한 선박은 한 척에 불과했고, 나머지는 전부 일본을 왕래하던 선박이었다. 울릉도와 일본 간의 왕래 시기는 선박이 항행할 수 있는 3월부터 8월까지였으므로 겨울에는 식량이 부족하여 일본인조차 곤란을 겪었다.

니시무라가 조사한 일본 거류민의 직업별(영업별) 통계를 보면, 1902년 5월 말 당시 무역 24, 과자 2, 벌목 95, 목재 5, 해녀 66, 중개 3, 어업 1, 대장간 일(鍛冶) 7, 잠수기 8, 끈끈이 제조 3, 잡화 5, 일일 노동자 33, 이발 2, 선원 60, 나막신(下駄) 1, 주류 소매 3, 목수 4, 농업 1, 잡업 16, 게잡이(蟹船) 3명이다.[83] 일본인의 생활에 필요한 직업을 망라했다. 대부분의 사람들이 벌목과 어업, 무역에 종사하고 있었음을 알 수 있다. 무역업자라고 하더라도 거의 다 자산 규모 천 엔 이하의 소규모였고, 입출항 선박

83 『通商彙纂』 제234호(1902. 10. 16. 발행) 「韓國鬱陵島事情」

의 숫자로 비춰보더라도 이들이 일본과의 수출입 업무에 종사하고 있었음을 알 수 있다. 벌목 관련 종사자가 95명에 달했다는 것은 목재가 수요 수출품이었음을 방증한다.

니시무라는 군수 배계주와 도민과의 관계를 별도 항목으로 기술했는데, 배계주를 약간의 덕망이 있는 군수로 묘사했다. 또한 니시무라는 「조합 규약」(1901. 8. 8.)과 일본 거류민 영업표를 따로 첨부하여 보고했다. 「조합 규약」은 모두 35조이고, 임원은 16명으로 그 명단이 적혀 있다. 조합장은 하타모토 기치조(畑本吉造)[84]였고 부조합장은 가타오카 기치베였다. 1898년에 배계주와 소송을 전개했던 후쿠마 효노스케는 조합의 의원이었다. 그 외에 와키타 쇼타로, 아마노 겐조, 가도 만타로 등도 의원 명단에 있으므로 초기 입도민이 조합 임원을 맡았음을 알 수 있다. 이들은 대부분 후일 독도강치의 어획에도 관계한다. 「조합 규약」의 7조는 "선박이 입항할 때는 선장은 바로 적하積荷 목록과 편승자의 명단 등을 사무소에 제출해야 한다. 출항할 때도 마찬가지며 특히 편승자는 조합 이사의 인가를 받지 않으면 편승할 수 없다."라고 규정했다. 이 때문에 수출업자들은 조합의 규약대로 화물 목록을 조합 이사에게 제출하여 확인받고 세금을 납부한 뒤에 출항해야 했다. 일본인들은 1890년대 후반부터 화물을 수출할 때 도감에게 이른바 '수출세'를 납부했다고 주장해왔었는데 후일 일상조합 규약에서도 화물에 대한 수출세 징수를 규정함으로써[85] 비개항장에서의 교역을 합법화하려 했다.

니시무라가 조사할 당시 울릉도에는 천연두와 말라리아麻羅里亞熱라는 전염병을 제외하면 다른 질병은 없었다. 그는 '추업부醜業婦'에 대해서도

84 1899년 다카오가 조사할 당시는 畑本吉藏로 되어 있다.

85 유미림, 『「독도와 울릉도」 번역 및 해제』, 한국해양수산개발원, 2009, 75쪽.

기술했는데, 1897년 3월에 1명이 일본에서 와서 하룻밤에 대두 2말의 화대를 받고 매춘했는데 이런 이들이 해마다 증가하고 있다고 적었다. 니시무라의 보고서 「울릉도 상황鬱陵島狀況」에 의거하여 「한국 울릉도 사정韓國鬱陵島事情」을 수록한 『통상휘찬通商彙纂』[86]은 다른 내용은 수록했지만, 추업부 부분은 삭제하고 싣지 않았다. 이 조사가 있은 후 1903년에 군수가 심흥택[87]으로 바뀌었다. 심흥택은 부임한 지 얼마 안 돼 경찰관주재소의 경부 아리마 다카노부를 면담했고 일본인의 행패를 저지하기 위해 순사 2명의 파견을 요청한 바 있다.[88] 한편 1903년 음력 7월 러시아 병선이 울릉도에 와서 지형을 측량한 뒤 러시아가 보유한 벌목권을 일본에게 넘긴 이유와 일본 경부의 주재에 관해 군수에게 물은 적이 있다. 이때 심흥택은 본인이 부임한 후에야 경부의 주재 사실을 알았다고 답변했다.[89] 아리마는 러시아 병선의 동향을 1903년 9월 12일자로 부산영사 히데하라 기주로에게 보고했다. 심흥택은 울도군의 인구와 농사 작황을 내부에 보고하기를, 부락은 모두 15동이고 가호는 한국인은 500호, 일본인은 63호라고 했다.[90]

3. 1904년 5월 부산영사관의 보고

울릉도에 근무하던 경관은 1904년 4월 초순 후임자에게 인계하고 귀임했다.[91] 후임자는 전임자에게서 인수한 울릉도의 정황을 부산영사관에

86 『通商彙纂』 제234호, 「韓國鬱陵島事情」 1902. 10. 16. 발행.
87 심흥택은 1903년 1월 26일(양력)에 임명되어 4월 20일 울릉도에 부임했다.
88 『皇城新聞』 「派巡請壓」 1903. 7. 14.
89 『皇城新聞』 「鬱島來報」 1903. 11. 17.
90 『皇城新聞』 「鬱島報告」 1903. 8. 10.
91 전임자가 니시무라일 듯하지만 보고서에는 명기되어 있지 않다. 심흥택은 아리마를 1903년 4월

보고했고, 아리요시 아키라(有吉明) 영사는 1904년 5월 9일자로 외무대신 고무라에게 이를 보고했다. 아리요시가 들은, 1903년 10월부터 1904년 3월까지의 정황은, 일본인 거류자는 남자가 145인, 여자가 71인 총계 216인이라고 보고받았다. 1903년 12월말 81호, 283인(남자 200명, 여자 83명)이던 것에 비하면 감소했다. 1904년 당시 한국인은 3,400~3,500명으로 추산되었다.

1904년 5월 9일자 아리요시의 보고서[92]에 따르면, 1904년 3월 말 당시 각 직업별 종사자를(괄호는 종사자 수) 조사해보니 관리(3명), 의사(1명), 수출상(4명, 겸업 2명), 수입상(7명, 겸업 5명), 중개인(12명, 겸업 2명), 약종상藥種商(겸업 1명), 어부(12명, 겸업 1명), 선박업(19명), 벌목꾼(41명), 대장장이(4명, 겸업 4명), 목수(8명, 겸업 1명) 등이 있었다. 수출상과 수입상, 중개인 등 교역에 종사하는 인구가 차지하는 비율이 높아지고 있음을 이를 통해 알 수 있다. 벌목꾼은 1902년 95명에서 41명으로 감소했다. 대두도 흉작이라 한국인들이 식량 부족을 호소할 정도였지만, 여전히 화폐를 대신하고 있었다. 이 보고서에 기술된 1903년 10월부터 12월까지의 울릉도 수출품은 다음과 같다.(괄호는 수량이고, 일부 품목만 적음)

> 규목(10,838재), 솔송나무(7,950재), 백단(2,000재), 오엽송(891재), 대두(1,333석 5두), 말린 오징어(10관목), 황백(1천 재), 황백나무 껍질(700관목), 목이(14관목), 끈끈이(24동이),[93] 보리(75석)[94]

27일 면담했는데 전임 경관이 후임에게 인계한 시기가 1904년 4월로 되어 있다. 아리마는 1903년 3월 평양분관의 경부로 근무한 기록이 있는 것으로 보아(외무성 외교사료관, 『戦前期外務省記録』, 官報 게재 「韓国居留本邦人戸口月表」 제6권, 아시아역사자료센터 제공), 그 이후 부임한 듯하다.

92 『釜山領事館報告書 2』 「江原道鬱陵島 情況報告」(1904. 5. 9. 보고)

93 "한 동이(樽)에 두 말 들어간다."라고 부기했다.

94 "보리는 한국으로 수출한다."라고 부기했다.

1904년 1월부터 3월까지 울릉도 수출품은 규목(3,257재), 솔송나무(5,600재), 끈끈이(70관목), 대두(1,334석 9두)가 있었으며, 그 외에 황백나무(1,000재), 황백나무 껍질(130관목), 목이(24관 200목), 오엽송(1,600재), 오동나무(300재), 김(86관 300목), 엽연초(6관목)가 있었다. 이 가운데 대두와 솔송나무 일부, 오엽송과 엽연초가 한국으로 수출되었다. 대일 수출품에 김이 새로 추가되었는데 1관목에 2엔이었다. 규목의 수출량은 1904년에 비해 크게 감소했다. 다른 기록에서 보인, 보리와 말린 오징어, 말린 전복 등은 1904년 1~3월의 수출 품목에서는 보이지 않는다. 1904년 4월부터는 독도강치가 새로운 수출품으로 등장하기 시작했다.

1903년 10월부터 12월까지 울릉도 수입품은 주로 백미와 마른 멸치(干鰯), 잡화, 약, 돗자리, 도기(일부를 한국에서 수입-원주), 소면, 백설탕, 흑설탕, 소금, 옥양목과 각종 목면, 새끼줄(縄), 성냥, 연초, 청주, 빈 가마니(空俵), 석유, 찹쌀(糯米), 현미(한국에서 수입-원주), 과자, 톱, 장유醬油, 생우生牛(한국에서 수입-원주), 수수(唐米)(한국에서 수입-원주), 다시마, 신발, 철, 목탄, 마麻의 종자(한국에서 수입-원주), 새우(한국에서 수입-원주), 대나무, 방적사, 능목면, 붉은 기와 등이 있었다. 수입품은 수출품에 비해 종류가 훨씬 더 많았고, 이들 중에는 한국 본토로부터 수입한 품목도 꽤 있었다. 수입품 대부분은 일본인이 필요로 하는 물품이었다. 1904년 1월부터 3월 사이는 수입 품목이 이전보다 줄었고, 식료품과 옷감 관련 물품을 주로 수입했다. 1904년 보고서의 특징은 1902년 조사 이후의 인구와 경제적인 변화에 초점이 맞춰져 있다는 것이다. 일본에는 3개월마다 통계를 내서 보고할 정도로 경제 변화에 민감했다. 1902년에서 1904년 사이의 변화로는 기존의 수출품인 목재와 대두 외에 해산물 수출이 본격화했으며 수입도 활발했다는 점을 확인할 수 있다.

Ⅳ. 1905년 독도 편입 후의 울릉도 조사

1. 1905년 7월 스즈키 에이사쿠의 보고 (1)

부산영사관의 영사관보 스즈키 에이사쿠는 1905년에 두 번 울릉도를 조사하여 외무대신 가쓰라 다로(桂太郎)에게 보고한 바 있다. 첫 번째 보고는 7월 31일자 보고서이고[95] 두 번째 보고는 12월 6일자 보고서이다.[96] 7월 31일자 보고서의 조사자는 울릉도 경찰관주재소의 경부 아리마 다카노부일 듯하지만 보고서에는 명기되어 있지 않다. 주로 일본인의 인구와 업무, 수출입 품목을 조사하여 보고했다. 이 보고서에 따르면, 1904년 12월 조사 때까지는 일본인 인구가 85호, 260인(남자 175, 여자 85인)이었으나 1905년 6월 말에는 110호, 366인으로 증가했다. 1905년 4월과 5월, 6월 세 달 동안의 변화를 따로 기술했다. 직업별 현황도 같은 기간의 변화를 기술했다. 1905년 6월 당시 울릉도에는 수입상이 8명, 수출상이 7명, 중개상이 21명, 벌목꾼은 52명, 어부는 31명, 해녀(海士-원주)는 31명이 있었다. 수출상은 4월에 5명에서 6월에는 7명으로 늘어났으나, 수입상과 중개상은 변화가 없다. 목수의 숫자가 증가했으며 벌목꾼도 4월에 43명에서 6월에 52명으로 증가했다. 어부가 15명에서 31명으로 증가하고, 4월에 없던 해녀가 6월에 31명이 되었다. 본격적인 어로기를 맞아 외부에서의 유입이 증가한 결과였다. 이 보고서는 1904년 4월부터 6월까지의 수출입 현황 및 1905년 같은 기간의 수출입 현황을 싣고 있다.

95 『通商彙纂』 제50호(1905. 9. 3. 발행) 「鬱陵島現況」(1905. 7. 31. 보고)

96 「鬱陵島ノ現況ニ關スル報告書」(1905. 12. 6.)(『釜山領事館報告書 2』)는 『通商彙纂』 제2호(1906. 1. 23.)에도 실려 있다.

품목을 대두와 규재, 말린 전복, 강치(토도-원문) 가죽과 기름, 강치 찌꺼기에 한정한 현황은 〈표 1-2-2〉와 같다.

〈표 1-2-2〉 1904~1905년의 수출품 비교 (△는 증가)

품명(단위)	1905년 4~6월 수출품 수량	가격(엔)	1904년 4~6월 수출품 수량	비교 수량
대두(石)	214	1,605	470	△256
규재(才)	62,118	3,727	38,382	23,726 감소
말린 전복(斤)	4,770	4,770	0	△4770
강치 가죽(貫)	1,275	1,275	800	△475
강치 기름(斗)	414	538	20	△394
강치 찌꺼기(斗)	800	160	0	△800
합계	12,075엔			

수출품은 대부분 그 양이 증가했는데 규목만 수량이 큰 폭으로 감소했다. 말린 전복이 1905년 수출품에 새로 추가되었고, 이전에는 보이지 않던 강치 관련 제품들이 품목에 포함되었다. 이 제품들은 1904년 3월 말까지의 보고서에서는 보이지 않았다가 1904년 4월부터 6월 사이의 통계에 처음으로 등장했다. 보고서가 4~6월을 기준으로 해서 1904년과 1905년을 비교한 것은 이 때문으로 보인다. 스즈키는 "토도라는 해수는 울릉도에서 동남쪽 약 25리里 위치에 있는 랑코도島에 서식하여…"[97]라고 했다. 독도강치가 포획되자마자 울릉도에서 가공되어 일본으로 수출되었음이 1904년 7월 말 보고서에 기록되기 시작한 것이다. 구마모토현에서는 잠수기를, 미에현에서는 해녀 32명과 수부 10명을 데리고 와서 하루에 생전복을 약 800근이 넘게 채포했다. 이렇게 채포한 생전복은 말

97 『通商彙纂』 제50호(1905. 9. 3. 발행) 「鬱陵島現況」(1905. 7. 31. 보고).

리면 10분의 1로 줄어들었다. 또한 스즈키는 독도강치 외에 다른 수출품으로 1904년 4월부터 6월까지 땔감 1,500관, 목이 26관 800목, 김 52관, 누룩 1통, 식염 347가마, 솔송나무 판재 16,387재, 한전 200관문, 황백나무 껍질 800관, 말린 오징어 850관, 해수육海獸肉 800관을 보고했다.

스즈키도 수입품이 대체로 부산 개항장을 통하지 않았다고 보고했다. 일본에서 울릉도로 직접 옮기는 불법 수입을 행했음을 인정한 것이다. 수입품은 정미와 찹쌀, 술, 소주, 석유, 설탕, 흰 목면, 흰 능목면, 면사, 면, 직물, 철, 돗자리, 성냥, 도기, 식염, 장유, 소면 등이다. 기타 수입품으로는 공병, 궐련초, 새끼줄, 각연초刻烟草, 삼나무 껍질, 한전韓錢, 다다미, 중국 쌀, 술 찌꺼기, 식초 등이 보고서에 나열되어, 이전에 비해 그 종류가 증가했음을 알 수 있다.

2. 1905년 12월 스즈키 에이사쿠의 보고 (2)

스즈키 에이사쿠의 12월 6일자 보고서는 7월 31일자 보고서보다 더 자세하다. 스즈키는 울릉도의 지세, 한국인의 상황, 농지 상황, 1905년의 농작물 상황, 재류 일본인의 상태, 상황商況, 제재製材 상황, 해산물 상황, 어업, 일본인 호 수와 인구, 거소居所 및 직업, 학사學事 등을 기술했다. 조사에 따르면, 한국인은 3,600여 명이고 659가호였다. 군수의 징세액은 1년에 가구당 보리 6말 2되 5홉(한국의 한 말은 일본의 5되-원주), 대두는 6말 2되 5홉을 두 번에 나누어 보리는 6월에, 대두는 10월에 징수했다. 1906년 3월에 오쿠하라가 조사했을 때는 보리 6말 5되와 대두 6말 5되로 징수액이 약간 늘어났지만, 6월에 보리, 10월에 콩을 징수한다는 사실은 바뀌지 않았다. 12월의 보고서는 각 부락명과 한국인 가호 및 도동에서의 거리 관계를 밝혔다. 보고서에 기재된 부락명은 다음과 같다. (인용문의 한자가 보고서의 표기임)

> 道洞도동, 苧洞저동, 沙洞사동, 玉泉洞옥천동, 新里洞신리동, 長興洞장흥동, 通九味통구미, 南陽洞남양동, 水層洞수층동, 鶴圃洞학포동, 台霞洞태하동, 羅里洞나리동, 天府洞천부동, 光岩洞광암동, 平里洞평리동, 新村洞신촌동, 上玄洞상현동, 中玄洞중현동, 下玄洞하현동, 香木洞향목동

1902년 니시무라가 조사한 지명과 1905년 스즈키가 조사한 지명을 비교해보면, 우복동이 옥천동으로, 수층층이 수층동으로 바뀌는 등의 변화가 있었다. 또한 통구미의 표기가 '通龜尾'에서 '通九味'로 바뀌었고, 현포玄浦가 상현동上玄洞, 중현동中玄洞, 하현동下玄洞으로 분기되었다. 장흥동과 학포동이라는 마을이 새로 추가되었다. 이전에 보였던 사공남砂工南과 추산錐山, 천년포千年浦, 창동昌洞, 정석포亭石浦, 와달리臥達里, 내수전乃守田, 중령中嶺, 간령間嶺, 굴암窟巖, 산막곡山幕谷 등의 지명은 누락되었다. 한국인 3,600여 명 가운데 남양동(90명), 천부동(76명), 저동(62명), 사동(53명), 수층동(50명), 나리동(41명), 태하동(40명) 순으로 흩어져 살고 있었으며 도동은 27명에 불과했다. 경상도와 강원도에서 이주해 온 자가 많고 대부분 농사를 전업으로 하므로 산 중턱에 사는 사람이 많았다. 한국인들은 농사를 짓고 난 여가에 미역과 김 채취에 종사했다. 사람들은 온순하지만 생활 수준은 일본인에 비해 낮다고 보고했다.

1905년 12월 스즈키는 한국인이 조직한 농무소農務所가 일본인의 상업을 간접적으로 방해한 면이 있으나 현재는 모두 해산한 상태라고 했다. 그 밖에 상무소商務所가 있는데 양국의 상거래상 도리어 일본 쪽에 편의

를 주는 상황이라고 했다. 그런데 언론 보도는 스즈키의 보고와 다르다. 언론은 군수 심흥택이 100여 호에 달하는 일본인 상인들과 한국인이 교역과 상거래를 하다 시비가 붙었을 때 교섭할 수 있도록 상무계商務契 조직을 허가해줄 것을 정부에 요청했다고 보도했다.[98] 이후 사민士民이 합심하여 사상계士商契를 만들어 일본인과의 상업적 분규를 해결하는 데 큰 역할을 했으나 일부 한국인이 일본인에 붙어 농무계원農務稧員이라면서 상무계를 모함하고 손해를 입혀 군수가 이들에 대한 조치를 정부에 요청한 바 있다는 것이다.[99]

스즈키가 말한 상무소와 농무소는 상무계와 농무계를 말하며, 상무계가 다시 사상계가 된 듯하다. 스즈키는 (한국인의) 상무소가 일본인의 상거래에 편의를 준 것처럼 기술했다. 이는 개척민 손순섭의 기록과도 유사하다.[100] 한국인들이 일본인의 일상조합과 부당한 상거래에 맞서 권익을 도모하려다 일본인과 이에 결탁한 한국인의 방해로 말미암아 결국 두 조직은 모두 와해되었다.

울릉도의 주요 농산물은 대두와 보리, 밀, 감자, 당서唐黍(기장) 등인데, 대두를 제외하면 대부분 한국인의 주식으로 충당되므로 수출액이 적었다. 대두는 질이 좋아 한국 본토에 비할 바가 아니며 평균 8천 석 이상의 수확을 내는 산출고 제1위의 산물이다. 다만 1905년의 작황은 좋지 않아 4천 석 이상을 수출하기를 바라고 있다고 했다. 목축에 종사하는

98 『皇城新聞』「請認商務」 1904. 4. 19.

99 『皇城新聞』「鬱倅報告」 1905. 8. 12.

100 손순섭이 쓴 『島誌: 울릉도사』는 "1903년 서면과 북면에 사는 노인들이 이 말을 믿어 제각각 소동을 벌이더니, 결국 또 하나의 당을 만들었다. 이름을 '농무회農務會'라고 하고 상무회商務會를 반박하자, 자연히 하나의 큰 시비가 이루어졌다. 그런데 상무회는 관官과 통하는 유력자들이 많았으므로 을사년(1905)에는 농무회의 우두머리와 간사 여러 사람을 감옥에 넣었다가 한 달 후에 석방하기도 했다. 두 단체가 시비를 다투느라 들어간 비용을 상무회가 농무회에게 징수하자 농무회는 자연 해산했고, 상무회도 결국 이루어지지 못했다."라고 기술했다.

자는 없고, 농사에서 우마의 필요성을 인지하지 못해 농가에서 사육하는 자도 드물다. 온 섬을 통틀어 현재 식용 소 14마리가 사육되고 있고, 말은 한 마리 사육되고 있는 것으로 조사되었다. 일본인은 95호, 302인(남자 180명, 여자 114명)이 살고 있는데, 도동 160명, 남양동 26명, 통구미 25명, 저동(와달리) 21명 순이다. 태하동에는 13명이, 천부동 안 죽암동에 12명이, 사동에 7명이, 현포에 5명이, 저동 안 와달리에 3명이, 천부동 안 창동에 3명이, 옥천동에 3명이, 신촌동에 2명이, 장흥동에 2명이 살고 있는 것으로 조사되었다. 부락명에서 상·중·하현동으로 구분되던 것이 여기서는 '현포'로 나온다. 일본인의 직업을 마을별로 파악했는데 도동에는 주로 수입상 13, 중개인 9, 수출상 9, 어부 24명, 우편 취급소 직원 1명, 이발사 1명, 도예가 3명 등의 직업군이 살고 있었다. 그 외에 각 마을에 수출상과 중개상, 벌목꾼, 어부, 대장장이 등이 살고 있었다.

일본인의 상황商況을 보면, 스즈키는 일본인들이 일찍이 1902년 6월경 일상조합을 조직하여[101] 상업뿐만 아니라 기타에서도 질서를 유지해 왔다고 평했다. 스즈키는 한국인이 필요로 하는 물품은 일본에서 직접 울릉도로의 수입이 증가한 결과 수급의 균형이 깨져서 일정한 시세가 없어졌다고 보고했다. 이에 상호 불이익이 있게 되었으므로 같은 해(1905) 2월 「무역품 단속규약」을 만들어 중개상과 생산자, 수요자 간 조정을 했다는 것이다. 각 중개상이 일정한 담보금을 조합에 제공하여 신용을 유지하는 한편, 생산자에게는 부당한 이익을 차지하지 않도록 위탁판매를 하게 했다. 이는 한일 양국인의 상거래가 원만하기를 도모하는 것이라고 했다. 양국인의 상거래는 대두를 본위로 했고, 수입품은 전부 대두 5되

101 조직 시기에 대해서는 기록마다 차이가 있다.

에 한화韓貨 10문文의 시세로 정했다. 한화를 빌려주어 가을 수확기를 기다렸다가 갚게 하는 경우가 더러 있었는데 대두가 흉작이라 지불하지 못할 때는 다음 해 여름 보리로 지불하게 했다. 일본인끼리도 현금 거래를 하지 않았으므로 한전은 일정한 시세가 없었다.

스즈키에 따르면, 울릉도에서 대두와 함께 목재가 중요한 자원이지만 한국인이 돌보지 않고 제재할 만한 자금도 없어 일본인이 전유했다. 다만 일본인이라도 대자본가는 없고 벌목업자가 투자·제재하여 수출하는 상황이었다. 1905년에는 이미 해안에서 가까운 곳의 목재는 거의 다 벌채되었으므로 멀리 떨어진 곳의 목재를 운반해 와야 했다.

목재 외에 일본인이 전유한 것은 어업이다. 오징어와 김, 전복, 미역 가운데 미역은 한국인의 독점 사업이지만 나머지는 일본인이 독점했다. 오징어는 여름 오징어와 가을 오징어 두 번에 걸쳐 잡는데 수출액이 해마다 증가했다. 전복은 대부분 시마 지방에서 온 어선들이 잠수기와 해녀를 동원하여 채취했다. 이들 산물은 대부분 일본인의 선박으로 일본인에 의해 수출되었다. 1905년에는 9척의 배를 소유한 일본인이 수출입 물품의 수송을 주로 맡고 있다고 보고했다. 1905년 12월 스즈키는 1904년과 1905년의 수출입 품목과 가액을 비교해서 보고했다. 1905년에는 수출 품목이 모두 21개로 증가했는데 1월부터 10월까지의 통계를 실었다. 1905년의 대표적인 수출 품목을 뽑아 보면, 〈표 1-2-3〉과 같다.

〈표 1-2-3〉 1905년 수출 품목의 일부 (△는 증가)

품명(단위)	1904년 수량	가격(엔)	1905년 수량	가격	수량 증감	가격 증감
대두(石)	3,079	21,553	1,497	11,424	△1,562	△10,129
槻材(才)	94,222	3,297	151,035	10,357	56,813	7,060
栂材(才)	70,151	2,104	10,140	661	△70,011	△1,443

품명(단위)	1904년 수량	가격(엔)	1905년 수량	가격	수량 증감	가격 증감
말린 전복(貫)	50	187	9,100	8,050	9,050	7,863
말린 오징어(貫)	1,707	1,707	1,479	1,529	△228	△178
김(把)	138	414	174	524	△36	△110
미역(把)	110,570	1,363	53[102]	74	△110,004	△1,309
강치 가죽(貫)	800	600	1,275	1,275	475	675
강치 기름(石)	2	26	49	730	47	704
강치 찌꺼기(貫)	–	–	950	190	950	190
전복 통조림(箱) 외	–	–	35	343	35	343
합계		35,467엔		38,857엔		3,390

1905년 7월 보고서는 1904년 품목의 가격을 적지 않았었는데, 〈표 1-2-3〉에서 보듯이 12월 보고서는 가격도 표시했다. 이를테면 1904년 강치 가죽 800관의 가격을 12월 보고서는 600엔으로 기술했다. 총 수출고는 35,467엔에서 38,857엔으로 증가했다. 대두와 규재는 초기부터 울릉도 수출품이었지만 1904년부터는 오징어와 강치 제품이 추가되었고 미역도 포함되었다. 1905년에는 강치 찌꺼기와 전복 통조림이 새로 추가되었다. 이로써 스즈키가 한 해에 두 번 보고서를 제출한 이유를 추정할 수 있다. 수출 해산물에서 품목과 가격 변화가 심하기 때문이다. 가장 큰 변화는 강치라는 새로운 해수海獸의 출현으로 인한 수출인 듯하다. 한편 규재 통계는 기록에 따라 다른데, 부산영사관 보고서와 오쿠하라의 통계는 같지만, 『통상휘찬』의 통계는 다르다. 일례로 스즈키와 오쿠하라는 1904년 규재의 수출량을 94,222재(3,297엔)로 적었지만, 『통상

102 오쿠하라 헤키운은 미역을 1904년에 110,570파(1,383엔), 1905년에 53속(79엔)으로 적었다. 차액은 1,304엔인데 스즈키도 1,309엔으로 썼으므로 비슷하다. 그렇다면 스즈키 보고서의 53의 단위는 오쿠하라와 마찬가지로 속(束)이 되어야 한다. 그렇게 될 경우 수량 증감도 달라진다. 한국으로 수출한 미역은 콩과 판자류, 인삼, 약초를 포함하여 1만 원 이상이라고 했으므로 한국 본토로 가져간 미역은 수출품에 포함시키지 않았음을 알 수 있다.

휘찬』은 38,382재(23,726엔)로 기술했다. 수량과 가격에서 차이가 크다.

12월 보고서에서 수입품은 1905년 7월 보고서에 있던 품목 외에 중국 쌀, 과자, 술 찌꺼기, 고구마, 팥, 인도 목면, 방적사, 신발, 강철, 한전韓錢, 삼피杉皮, 목탄, 모시, 기와 등 모두 44개 품목이 더 추가되었다. 주요 품목을 보면, 백미는 1904년에 520석(7,021엔), 1905년에 438석(5,536엔) 수입되었다. 목면은 1904년에 1,032필(1,341엔), 1905년에 2,275필(5,234엔)을 수입했다. 목면 외에 옥양목, 능목면, 인도 목면 등의 수입 통계가 있다. 1904년 울릉도에서 수입한 물품의 총액은 16,407엔이었고 1905년은 17,163엔이다. 같은 시기 일본 돗토리현의 수출입 통계가 있는데 그 안에 이들 수입품은 들어 있지 않다. 이는 울릉도에 수입된 물품이 돗토리현에서 부산항을 통해 정식 수입되지 않고 직접 밀수입된 것임을 의미한다. 이는 부산영사관 관리도 인정한 사실이다.

해산물 상황에 대한 보고를 보면, 1905년에 오징어가 중요 수출품의 하나지만 한국인은 어획하는 사람이 없고 일본인이 전적으로 어획한다고 기술했다. 5월부터 7월까지를 초기로 하는데 이 시기에 잡힌 오징어를 여름 오징어라고 하고, 이후부터 9월까지 잡힌 오징어를 가을 오징어라고 한다. 9월이면 끝난다. 여름과 가을 두 시기에는 온 섬의 연해에서 오징어군을 이루므로 어업자 여부를 불문하고 잡아 말린 오징어로 수출하는데 해마다 수출액이 증가하고 있다고 보고했다.

김은 11월부터 다음해 3월까지 온 섬의 연안 일대에 총생하므로 재류(일본인) 부녀자들이 손으로 채취한다. 해마다 채취고가 증가하지만 채취 방법이 불완전한 데다 제조 방법도 거칠어서 천연의 맛을 해친다. 그러므로 방법을 개량한다면 장래 수출품으로 중요해질 것으로 전망했다. 전복은 재류 일본인이 채취하지 않고 일본 시마 지방에서 기계선 2~3척과 해녀 30여 명이 와서 해마다 5월에서 9월까지 채취에 종사한다고 했다.

스즈키의 보고서에 따르면, 미역은 온 섬에서 나지만 한국인이 독점하고 일본인의 채취를 허용하지 않지만, 하루아침에 일본인이 채취하게 된다면 한국인의 채취 방법이 유치해서 그들의 재원을 빼앗기게 될 것이라고 전망했다. 그래서 아직은 일본인이 채취하지 않는다고 했다. 이렇듯 울릉도에 많은 어종이 있으나 한국인은 1905년까지 어업에 종사한 경우가 거의 없어 일본인의 침탈을 허용할 수 밖에 없었다.

3. 1909년 1월 울도군수 심능익의 보고서

1905년 2월에 일본은 독도를 자국령으로 편입했음에도 독도강치를 울릉도 수출품으로 취급했다. 1905년 음력 4월 25일(양력 5월 28일-필자 주) 러시아 함대 돈스코이호가 울릉도 근해에서 정박하고 승조원이 내리기 시작한 모습을 목격한 향장 전재항은 이들이 러시아인임을 군수에게 급보했다. 다음 날 심흥택은 이들에게 가보았으나 말이 통하지 않았다. 사람들이 하선한 후에 함대는 자침自沈했고 함장과 부함장, 병사 774명이 항복했는데 일본 군함 한 척이 저동에 정박하여 이들을 태우고 갔다는 소식이 『황성신문』에 보도된 바 있다.[103]

1905년 7월과 12월 경부가 울릉도의 현황을 조사하여 부산영사관에 보고한 바 있지만, 군수 심흥택이 이를 어느 정도 인지하고 있었는지를 보여주는 기록은 없다. 1906년 3월 말에야 일본의 독도 편입 사실을 알게 된 심흥택은 이 사실을 강원도 관찰사와 내부에 보고했고, 참정대신 박제순은 일본의 영토 편입을 부정하는 지령(1906. 5. 10.)을 냈다. 울도군

103 『皇城新聞』 1905. 8. 1.

은 1906년 9월 강원도에서 경상남도 관할로 이속되었다.[104] 봄에 모친상을 당한 심흥택은 9월에 공무에 복귀했으나 이듬해인 1907년 3월 횡성군수에 임명되었다. 1907년 4월 중순 전재항이 울도군 주사로서 군수직을 대행하다가 6월 중순에 기사技師 출신 구연수具然壽가 군수에 임명되었다.[105] 구연수도 군수에 임명된 지 얼마 안 돼 경무사警務使에 임명되었고,[106] 심능익이 1907년 8월 19일 새로이 임명되어[107] 1909년 7월까지 재직했다.

심능익은 1908년 2월 유지 김광호와 함께 도동에 사립 관어학교觀於學校를 세운 뒤 교장을 겸했다.[108] 그러나 관어학교는 1909년에 휴교했고, 향교가 세워졌다.[109] 1909년 순종은 남순행의 일환으로 대구에서 부산, 마산 등지를 시찰한 뒤 1월 10일 오후 창원부 행재소에서 경상남도 관찰사와 울도군수 등 원로 30여 명을 만났다. 이때 심능익이 「경상남도 울도군 지방상황」[110]이라는 보고서를 궁내부에 제출했다. 군수가 울도군의 전반적인 상황을 조사하여 제출한 문서로는 이것이 유일하지만, 내용이 매우 소략하다. 심능익은 울도군의 크기와 위치, 경제와 교통 상황 등을

104 「지방구역 정리건」으로 울도군을 경상남도로 이속했다(칙령 제49호 1906. 9. 24. 『官報』 제3570호, 1906. 9. 28.).

105 6월 27일자로 임명되었다(『官報』 제3806호, 1907. 7. 1.).

106 구연수는 7월 21일자로 경무사에 임명되었다(『官報』 호외, 1907. 7. 22.). 따라서 실제로 울릉도에 부임하지 않은 상태에서 다른 지역으로 부임했을 것으로 보인다.

107 『官報』 제3851호(1907. 8. 22.). 『日省錄』에는 7월 11일조에 실려 있다. 7월 11일은 양력으로 8월 19일이다.

108 통감부는 1907년 「보통학교령」을 개정하여 교감직을 두었고 일본인 교원도 한국에서 교원 자격을 갖게 했다. 1909년 당시 관공립 사립 보통학교 가운데 85개교의 교감이 모두 일본인이었고, 교장은 대부분 군수가 겸임했다.

109 『大韓每日申報』 1909. 11. 13.

110 『宮內府雜綴』(장서각 소장, K2-2637). 『궁내부 잡철』에는 기장군의 지방상황 보고서가 함께 편철되어 있다(홍정원, 「울도군수 심능익 보고서〈1909〉를 통해 본 울도군 상황 연구」, 『한국근현대사연구』 제58집, 2011).

기술했는데 섬의 크기와 일본에서의 거리 및 삼척과 부산, 원산항에서의 거리를 기술했다. 다른 문헌에 기술된 내용과 편차가 크다. 보고서에 따르면, 마을은 3면 20동이고 한국인은 900호 4,470명, 일본인은 201호 667명이다. 한국인 마을이 1906년에 19동, 인구가 614호 3,082명이었던 것에 비하면 증가한 셈이다.[111] 심능익의 조사가 있고 몇 달 뒤『황성신문』도 울릉도 인구를 보도한 바 있는데 심능익의 조사 때보다 약간 증가했다.[112]

심능익은 울릉도 지형의 특수한 상황을 언급했는데 이전 보고서들과 크게 차이가 없다. 그는 논은 겨우 20두락에 불과하므로 산 위에 화전을 일구어 농사를 짓는다고 했다. 울릉도의 주요 산물로 대두와 보리, 옥채(玉菜, 양배추로 추정), 감자를 언급했고, 해산물로는 오징어와 미역, 김을 들었다. 또한 그는 바람이 너무 심해 면과 마를 재배하지 못한다는 사실, 매년 10월부터 다음 해 2월까지 눈이 쌓여 있어 통행하지 못한다는 사실, 화폐가 통용되지 않아 콩으로 교환하고 일본과의 상거래도 콩으로 지불한다는 사실, 본토와의 왕래에 이용되는 일본 풍범선은 1년 가운데 2월부터 6월까지만 교통하고 겨울에는 통행하지 못한다는 사실 등을 기술했다.[113]

심능익이 울릉도 해산물로 오징어를 언급했듯이 1909년에는 오징어 어획이 활발했다. 성어기일 때는 일본 어부 250여 명이 일본에서 직접 와서 어획했다. 이들과 울릉도에 거주하는 양국 어부를 합치면 700~800명이 될 정도였고[114] 오징어로 인한 수익은 3~4만 원이 되었

111 홍정원, 2011, 위의 글, 24쪽.

112 『皇城新聞』, 1909. 5. 13. 한국인은 899호, 4661명, 일본인은 213호, 713명으로 보도했다(홍정원, 위의 글에서 재인용).

113 『宮內府雜綴』「경상남도 울도군 지방상황(慶尙南道鬱島郡地方狀況)」 2월부터 6월까지는 음력을 말하는 듯하다.

114 『大韓每日申報』 1909. 8. 8.

다.[115] 그러나 심능익은 앞서 일본 경부들이 수출입품과 통계를 조사하여 보고했듯이 통계를 기록한 바는 없다. 울릉도에 인구가 많고 물산이 풍부함에도 기선이 없어 교통이 불편했으므로 심능익은 1909년 8월 농상공부에 기선의 통항을 요청했다.[116] 일본인도 한 달에 한 번 왕래하는 기선을 2회로 늘려줄 것을 호소했다.[117] 그 결과 1910년 5월부터 오키기선주식회사(隱岐汽船株式會社)의 오키호가 사카이미나토와 울릉도 사이를 월 1~2회 운항하기 시작했다. 이렇듯 울릉도 환경은 1905년을 전후하여 급격히 변화하기 시작했는데, 그 배경에는 일본인 이주자 및 교역의 증대가 있다. 다만 교역은 증대하면 증대할수록 그만큼 자원의 침탈을 수반하는 것이었다.

V. 맺음말

이상의 내용을 정리하면 다음과 같다. 1899년부터 1909년 사이에 울릉도 현지조사는 부산해관 관리와 외무성·해군성 관리, 대한제국 관리 등에 의해 다각도로 이루어졌다. 해관 관리와 대한제국 관리는 대부분 일본인의 침탈 현황을 파악하는 데 조사의 목적이 있었다. 일본 측 관리는 자국민의 정주 상황과 교역 및 납세 현황, 목재와 해산물 등 자원 침탈의 전망을 파악하는 데 목적이 있었다. 조사자와 조사 시기, 조사 목적이 다른 만큼 조사 내용과 보고에서 차이가 있다. 같은 시기에 같이 조사했음에도 조사자에 따라 내용이 일치하지 않는 경우도 있다. 11년 동

115 『大韓每日申報』 1909. 8. 19.
116 『大韓每日申報』 1909. 8. 12.
117 『皇城新聞』 1909. 8. 21.

안 모두 9번의 현지 조사가 있었고, 12명이 관련하여 기록을 남겼다.

이들은 기본적으로 한일 양국인의 호구와 인구, 직업, 수출입 품목을 위주로 조사했다. 1899년에는 2,000여 명이던 한국인 인구가 1904년에는 3,400~3,500명 내외, 1905년에는 3,600명, 1909년에는 4,470명으로 늘어났고, 일본인은 1899년에 160여 명에서 1904년에는 216명으로, 1905년에는 360여 명, 1909년에는 667명으로 늘어났다. 한국인은 1902년에는 저동, 남양동, 현포, 사동, 신촌, 태하동, 나리동, 도동, 산막곡, 통구미, 천부동 등에 흩어져 살고 있었는데, 1905년에는 남양동, 천부동, 저동, 사동, 수층동, 나리동, 태하동 순으로 바뀌었다. 1902년에 일본인들은 도동과 남양동, 통구미, 죽암, 저동 순으로 많이 살고 있는 것으로 파악되었는데 1905년까지 큰 변화가 없었다.

1899년 라포르트의 조사는 일본인의 침탈과 폭행 등을 조사하기 위한 것이었다. 조사 결과 일본인들이 부산항을 거치지 않고 울릉도에서 일본으로 직수출하거나 사카이에서 울릉도로 직수입하되 수출 시에는 정식 관세보다 낮은 세금을 납부한 뒤 수출했다는 사실이 드러났다. 울릉도 자원 가운데 일본인들이 줄곧 침탈한 것은 목재와 대두였다. 반출한 목재 가운데는 규목이 가장 많았고 솔송나무, 황백나무 껍질을 반출했으나 벌목료를 제대로 지불하지 않은 채 2%의 구문만 납부했고, 이를 벌목료라고 우겼다. 그 와중에 도감 대리인이 불법으로 발행한 증표를 벌목 허가증이라고 주장하며 벌목을 감행했다. 이런 불법 행위는 1900년 양국 공동조사단에 의해 확인되었다. 자원 침탈의 심각성을 인지한 대한제국은 일본인들의 조세 회피와 불법 행위를 막기 위해 군수의 과세권을 인정하는 방향으로 정책을 급선회했다.

대한제국 정부가 군수의 과세권을 합법화해준 뒤에도 일본인들은 목재와 곡물을 수출하면서 관세를 제대로 납부하지 않았다. 이런 정황이 1901년 스미스의 조사로 확인되었다. 일본인의 불법 행위는 근절되지 않았고 경찰관주재소를 설치한 뒤 일본인들은 자국 세력의 강대함을 믿고 일상조합을 조직하여 더 체계적으로 대응했다. 울릉도에서의 수출 곡물은 대두에서 완두, 보리, 밀 등으로 품목이 증가했고, 해산물도 수출 품목에 포함되기 시작했다. 그런데 이 시기에 한국인은 어업 인구가 전무했고, 전라도 삼도 지방의 사람들이 와서 미역을 채포하여 운반해가는 정도였다. 따라서 어업은 일본인이 전유했고, 해산물 수출도 독점했다. 일본인은 벌목과 어업을 위주로 경제 활동을 하면서「조합 규약」을 만들어 수출입 업무를 관리하되 정식 관세에 미치지 못하는 세금을 납부하거나 가능하면 회피하려 했다. 이에 1902년 대한제국은「울도군 절목」을 만들어 수출 화물의 세율을 1%로 감해주되 과세해야 한다는 사실을 분명히 했다.

1904년에도 부산영사관은 울릉도에 있는 경부에게 현지 상황을 조사하여 보고하게 했다. 경부의 조사에 따르면, 1903년 동절기 울릉도 수출품 가운데 가장 큰 비중을 차지하는 것은 규목과 솔송나무였고, 대두 외에 말린 오징어가 처음으로 포함되었다. 규목이 거의 다 벌채되어 전망이 밝지 않다는 진단이 1900년에 내려졌지만 여전히 많은 양의 목재가 반출되고 있었다. 더구나 목재의 제재에는 많은 자금이 필요하므로 일본인이 전유할 수밖에 없는 구조였다. 목재 외에 일본인이 전유한 어업에서는 강치 제품과 전복, 말린 오징어 등의 수출량이 증가했다. 미역만 한국인의 전유 품목이었다. 1904년 3월 조사 당시는 보이지 않던 독도강치가 울릉도 수출품이 되어 1905년 7월 보고서에는 이 사실이 반영되었다. 강치 찌꺼기와 전복 통조림이 신상품으로 등장하자 1905년 12

월 보고서에는 이 사실도 반영되었다. 부산영사관은 수출 상품의 변화에서 강치 제품의 통계 변화를 집중적으로 조사하여 외무성에 보고했다. 일본이 1905년 수출 품목의 통계를 기록한 것은 일본인들이 주장하던 수출세가 여전히 온존하고 있었음을 의미한다. 독도강치의 수출 통계도 1905년에 보였다. 1906년에 확인된 일상조합 규약은 수출세의 일부를 거둬 조합 유지비로 사용하도록 규정하고 있다. 이 역시 수출세 납부가 1906년에도 지속되고 있었음을 의미한다. 울릉도와 독도의 산품에 대한 군수의 과세권이 인정되고 있었고 그 과세 대상에는 일본인들의 수출품이 포함되어 있었던 것이다.

일본인들이 울릉도와 독도 수출품에 대해 납세했다는 사실은 필자가 2011년부터 여러 번에 걸쳐 밝혀온 사실이다. 그런데 최근 이 문제와 관련하여 또다시 이견이 제기되었다. 비개항장에서의 수출세 운운은 성립하지 않으므로 도감이 부과한 세금은 잡세雜稅의 일종이며, 따라서 일본이 주장하는 수출세라는 표현을 그대로 쓰는 데는 주의해야 한다는 것이다.[118] 그러나 도감은 1899년 4월 1일자로 일본인에게 약조문을 써주면서 '무역'에 따른 2%의 세금을 언급했다. 「조일통상장정」에 따른 수출세율은 5%지만 비개항장에서 불법적으로 교역하는 것이므로 2%의 낮은 세율로 상호 합의하여 이득을 보려 한 것이다. 이 약조문은 통상장정을 위반한 것이라고 비판할 수는 있지만, 수출세의 존재 자체를 부정하는 근거가 되지 못한다. 수출세는 국경선 즉 영유권의 개념과 불가분이지만, 잡세는 내국세이다.

대한제국 정부는 1900년 9월까지 하야시 공사가 주장하는 수출세가 불법임을 강변하며 인정하지 않다가 10월에 군수의 과세권을 인정하면

118 박한민, 「1900년 전후 울릉도를 둘러싼 국제정세와 한일의 조사단 파견」, 『역사학보』 제261집, 2024, 229~230쪽.

서 이전의 수출세 징수를 추인했다. 이어 1902년에는 「울도군 절목」을 내려 '출입하는 화물'에 수출세를 부과할 것을 명문화했다. 비개항장에서의 과세를 불법으로 간주하던 정부 당국자의 인식이 급변하여 도감의 행위를 추인하고 나아가 군수로 하여금 과세권 행사를 법적으로 인정하기에 이른 것이다.[119] 이런 일련의 과정에서 보인 수출세를 부정할 수 있을까? 더구나 군수의 과세권 행사는 독도 영유권과 관련해서도 함의하는 바가 적지 않다.

한국 정부는 1900년의 조사 이후 거의 현지 조사를 실행하지 않았고 그 대신 부산해관의 관리가 조사했다. 이에 비해 일본 정부는 울릉도에 상주하는 경찰을 이용하여 해마다 조사하게 했다. 대한제국 시기에 이루어진 12개 보고서는 1899년부터 1909년 사이에 울릉도를 빈번히 조사했고, 1904년과 1905년에는 4월에서 6월까지 집중적인 조사를 실행했음을 보여준다. 특히 일본은 1904년과 1905년에 걸친 조사로 자국민의 인구 변동과 주거지 소재, 직업 현황, 수출입 품목과 통계상의 변화를 자세히 파악하고 있었다. 1905년까지 활발하던 일본 측 조사는 그 이후에는 더 이상 행해지지 않았다. 일본이 1905년 2월 한국령 독도를 불법으로 편입하고 11월에 을사늑약을 맺은 뒤로는 한국 정부의 항의를 무시하고 자원 침탈을 거리낌없이 할 수 있었기 때문이다.

---

119 대한국제법학회 주관으로 개최된 세미나에서 이와 관련된 문제가 논의된 적이 있는데(2024. 9. 20.), 다음과 같이 정리되었다. 일본 정부는 비개항장 울릉도에서 이뤄진 과세 명목을 수출세라고 주장했고, 울릉도의 일본인들은 수출세를 납부했다고 주장했다. 도감의 불법적인 징세를 인정하지 않던 대한제국은 1900년 6월의 조사 이후 군수의 과세권을 칙령에 명기함으로써 이전의 과세 행위를 추인했다. 이후에도 정부는 군수의 과세 행위를 금지하지 않고 「울도군 절목」으로 보장해주었다. 국가기관 혹은 공적 지위에 있는 자의 행위가 적법하지 않거나 월권 행위였다고 하더라도 국가가 이를 인정했음은 결국 국가의 행위로 귀속된다.

〈표 1-2-4〉 조사자(보고자)에 따른 조사 항목 비교 (1)

조사 / 항목	1899년 라포르트	1899년 다카오	1899년 후루카와	1900년 아카쓰카[120]	1900년 우용정	1900년 김면수
울릉도 명칭	Dagelet			松島 또는 竹島	鬱島, 우산국	울릉도
위치	북위 37도 30분, 동경 131도	북위 37도 ~37도 33분, 동경 139도 49분~139도 57분		동경 130도 8분 2리(厘), 북위 37도 5분		
거리	강원도에서 70마일, 오키에서 160마일	元山에서 85浬, 竹邊에서 73浬, 부산에서 175浬		부산에서 180마일, 境港에서 200마일, 隱岐에서 140마일		
둘레		18浬	13里 이내	20里, 10里	140-150리	100여 리
면적	25제곱마일 (64.75㎢)			9331町 2反步	길이 70리, 넓이 40리[121]	
한국인 가호	500호	500호	500호	520호	400호	401호
한국인 인구	3,000명	2,000명	1,000명	2,500명	1,700명	1,641명
일본인 가호						
일본인 인구	250명	100~200명	100~150명	100명	144명	144명

〈표 1-2-5〉 조사자(보고자)에 따른 조사 항목 비교 (2)

조사 / 항목	1901년 스미스	1902년 니시무라	1904년 아리요시	1905년 7월 스즈키	1905년 12월 스즈키	1909년 심능익
울릉도 명칭	Dagelet Island					울릉도
독도 명칭		마쓰시마; 리양코島		랑코도		
위치						
거리		울진에서 40리				삼척에서 800해리[122]
둘레		9里 반			14리	

120 같은 사람의 조사지만 기록에 따라 다른 경우가 있다.

121 1909년 울도군수 심능익은 동서 35리, 남북 40리라고 했다(홍정원, 2011, 앞의 글, 11쪽).

122 또한 부산항에서 해리 1천 리, 원산항에서 해리 1천 리, 일본 오키현에서 해리 1천 리라고 했다.

조사 / 항목	1901년 스미스	1902년 니시무라	1904년 아리요시	1905년 7월 스즈키	1905년 12월 스즈키	1909년 심능익
면적						동서35里, 남북 40리
한국인 가호		556호 (1901년 447호)			659호	900호
한국인 인구	3,000명	3,340명	3,400 ~3,500명		3,600여 명	4,470명
일본인 가호		79호	77호	110호	95호	201호
일본인 인구	550명	548명	216명[123]	366명[124]	302명	667명

123 1903년 인구는 283인이었는데 감소했다고 기술했다.

124 이 통계는 1905년 6월말 조사이다. 스즈키는 4, 5, 6월별 통계도 실었다. 1904년 12월 말 조사로는 85호, 260인이었다고 기술했다.

제3장

일제강점기 언론에 보도된 울릉도 사회

Ⅰ. 머리말

울릉도는 개척 이래 이주민에게 중요한 삶의 공간이 되어왔음에도 그들의 생활상에 대한 기록은 그리 많지 않다. 개척 이후 일본이 독도를 자국령으로 편입하는 1905년까지는 한·일 양국이 울릉도가 자주 현안이 되었으므로 이를 조사한 관련 기록이 남아 있는 편이다. 일본이 대한제국의 주권을 박탈한 후부터는 조선총독부의 기록이 남아 있을 뿐 울릉도의 한국인이 기록한 글은 거의 없다.

일제강점기에 울릉도를 기록한 문헌으로는 일본인이 간행한 지리지,[1] 일본학자의 현지 조사 기록, 신문 잡지,[2] 조선총독부 간행물로 구분할 수 있다. 이 글에서는 신문 기사[3]를 검토하여 울릉도 사회의 여러 양상을 보고자 한다. 선행 연구로는 개척사 연구를 위한 기초 자료 수집 차원에서 신문 기사를 발췌하여 다룬 것이 있고[4] 일제강점기 신문 기사 속에 비친 울릉도를 검토한 것이 있다.[5] 다만 후자는 울릉도를 포함한 강원도 전체에 초점이 맞춰져 있고 『동아일보』 기사에 한정하여 분석하고 있다. 한편 울릉도 사회의 일단을 엿볼 수 있는 방법의 하나로 오징어 어업의 변천을 고찰한 경우가 있고,[6] 울릉도에서 중요한 역할을 한 홍재현의 삶을 통해 사회상의 단면을 엿본 경우[7]가 있다. 하지만 이들 연구는 모두 울릉도 사회상을 전체적으로 조망하기에 한계가 있다. 일제강점기 울릉도 역사를 근대사의 범주에서 전체적으로 고찰한 연구가 있긴 하지만,[8] 일본인의 생활상을 밝히는 데 초점이 놓여 있다. 따라서 이로써 일제강점기 도민과 일본인과의 관계를 포함하여 울릉도의 일반 현황과 행정·경제·교

1 장영숙, 「일제강점기 역사지리서에 반영된 울릉도·독도 인식」, 『한국민족운동사연구』 67, 한국민족운동사학회, 2011.

2 신문은 『매일신보』와 『동아일보』, 『조선일보』, 『시대일보』, 『중외일보』, 『중앙일보』, 『조선중앙일보』 등이다. 잡지는 『동광』, 『조선』, 『조선휘보』, 『별건곤』, 『삼천리』, 『신천지』 등이다.

3 국사편찬위원회 한국사데이터베이스, 『동아일보』 아카이브, 네이버 뉴스라이브러리, 한국언론진흥재단의 카인즈에서 제공하는 고신문 DB, 국가보훈처의 공훈전자사료관 등에서 제공하는 정보를 이용했다.

4 주강현, 『울릉도 개척사에 관한 연구: 개척사 관련 기초자료 수집』, 한국해양수산개발원, 2009.

5 박미현, 「1920~30년대 울릉도 관련 신문기사를 통해 본 강원도」, 『이사부와 동해』 6, 이사부학회, 2013.

6 김수희, 「일본식 오징어어업의 전파과정을 통해서 본 울릉도 사회의 변화과정」, 『대구사학』 115집, 대구사학회, 2014.

7 윤소영, 「울릉도민 홍재현의 시마네현 방문(1898)과 그의 삶에 대한 재검토」, 『독도연구』 20호, 영남대학교 독도연구소, 2016.

8 福原裕二, 『たけしまに暮らした日本人たち』, 風響社, 2013.

육·사회 등을 파악하기에는 어려움이 있다. 물론 신문 기사를 통해 사회상을 엿보는 것에도 한계가 있다. 신문 보도란 대체로 일상적이지 않은 사건과 사고를 위주로 한 것이기 때문이다.

해방 후 울릉군 차원에서 섬의 역사와 사회를 전체적으로 기술한 문헌이 처음 나왔는데 『울릉도 향토지蔚陵島鄕土誌』(1963)가 그것이다. 그 뒤로 『개척 백년 울릉도開拓百年鬱陵島』(1983) 『울릉군지鬱陵郡誌』(1989)가 이어져 나왔다. 『울릉도 향토지』는 1963년판에 이어 1969년에 다시 나왔는데 이전에 비해 목차가 세분되었고 최근 통계를 반영했다. 한자 표기는 『울릉도 향토지鬱陵島鄕土誌』로 '울' 자가 '蔚'에서 '鬱'로 바뀌었다. 1963년판은 울릉도와 독도 지도를 맨 앞에 싣되 전체 표제를 '울릉도 관할도'라고 했는데, 1969년판은 지도에는 「울릉도 관광안내도」라고 표제를 붙였지만 전체적인 표제는 '울릉도 지도'라고 했다. 관광 안내도인만큼 1969년판의 지명이 더 자세하고, 주변 바위까지도 기재했다. 1963년판은 '독도'만 기재했는데 1969년판은 '동도'와 '서도'로 구분해서 기재했다. 『개척 백년 울릉도』는 개척 당시 생존했던 인물과 그들의 기록에 의거하여 집필한 향토지이다. 집필자가 참고한 문헌 가운데는 개척민 손순섭이 집필한 『도지島誌』,[9] 문보근의 『동해의 수련화』, 손태수가 소지한 『비망기』가 있다. 『울릉군지鬱陵郡誌』는 2007년에 개정판이 나왔지만 1989년판과 거의 내용이 같다. 1989년판 『울릉군지』는 전거를 분명히 하지 않은 채 기술한 내용이 많다. 또한 목차에서 참고를 위해 수집한 자료 목록을 제시했지만, 이로써는 울릉도 사회상을 조망할 수 없는 한계가 있다. 그러므로 이 글에서는 이들 향토지가 기술하지 않은 내용을 보완하기 위해 신

9 1950년 7월 집필. 표지에는 『島誌』로 되어 있지만, 본문에는 『울릉도史』로 되어 있다. 국한문 혼용체이다.

문 기사를 검토하여 울릉도 사회를 보기로 한다. 그러므로 일반 현황보다는 경제와 사회 양상에 초점이 맞춰져 있다.

II. 울릉도 연혁과 일반 현황에 관한 보도

1. 연혁

이른바 '동해의 절해고도', '처녀도'로서의 울릉도는 늘 세인에게 관심의 대상이었다. 이에 울릉도에 대한 보도는 일제강점기에도 그치지 않았다. 다만 울릉도가 잘 알려진 섬이 아니다 보니 언론은 사건을 보도하기에 앞서 늘 울릉도의 연혁과 일반 현황을 먼저 소개했다. 여러 신문이 울릉도를 소개했는데 그 가운데 『동아일보』의 1928년 9월 1일~11일 기사와 1933년 9월 17일자 기사, 『매일신보』의 1934년 2월 18일자 기사가 비교적 자세하다. 이들은 대체로 우산국의 역사, 지형과 지세, 인구 현황을 소개했다.

1928년 9월 『동아일보』는 울릉도 역사를 소개하기를, 우산국이라는 나라가 있어 본토 연해의 촌락을 습격하여 식량을 약탈했으나 512년(지증왕 13년) 하슬라주 군주가 토벌하여 신라 영토로 만들었고, 고려 시대에는 조정에 조공을 바쳤지만 무인도가 되었고, 1159년(의종 13)에 감창사 김유립[10]을 보내 조사시켜 식민을 도모했다가 단념했다고 소개했다. 이 외에도 조선 시대에 안무사 김인우를 파견한 일, 수토제를 실시한 일, 삼봉도를 조사한 일, 일본 대마수對馬守가 조선으로 왔던 일, 산인 지방

10 1157년(의종 11) '명주도 감창 전중내급사' 김유립을 파견한 일을 가리킨다.

사람들의 이원利原이 된 일, 안용복이 납치된 일과 일본에서의 행적,[11] 개척령의 반포, 1900년에 군제로 바뀐 경위 및 경상북도 관할이 된 사실 등을 보도했다.[12] 이런 내용은 역사서에 기술된 내용과 크게 다르지 않다. 러일전쟁 당시 러시아 함선의 침몰 상황과 금궤이야기도 소개했다. 『동아일보』는 1933년 9월에도 울릉도의 역사와 지세, 행정구역, 경지면적, 인구, 산업, 교육에 관해 소개했는데[13] 1928년 보도에 비해 역사 부분에 관한 소개가 소략하다.

1934년 울릉도에서 폭설로 인한 재해가 커지자, 다시 울릉도에 대해 신문이 앞다퉈 보도했다. 『매일신보』는 2월 18일자 기사에서 울릉도를 소개했는데 『동아일보』와 크게 다르지 않다. 2월 17일자 『조선중앙일보』는 "이 울능도란 섬은 무엇보다도 군사상 중요지대로 일로전쟁日露戰爭 당시 일본해전에 잇서서 중요한 역활을 하야 왓섯다."로 시작하여 군사적 중요성을 강조했다. 『조선중앙일보』가 다룬 역사 관련 기사는 다른 신문과 거의 같지만, 태하 성황당의 전설을 자세히 소개한 것이 다르다.

2. 지세와 지질, 기후

언론에 보도된 울릉도 지세는, 알카리성 암석의 화산섬이며 토양은 화산재와 부식토라서 비옥하며, 산이 높고 험해 층암절벽과 기암괴석이 많고 향나무가 자생하는 섬이다. 성인봉의 높이는 해발 3,246척尺, 983미터(米突), 미륵봉彌勒峯은 900미터로 소개되었다. 경위도는 동경 130도 5

11 내용은 대부분 조선 문헌에 의거한 것이다.

12 『동아일보』 1928. 9. 1~11.

13 『동아일보』 1933. 9. 17.

분, 북위 37도 30분이다.[14] 섬의 둘레를 140여 리로 보도한 신문이 있는가 하면[15] 120리로 보도한 신문도 있다.[16] 섬의 면적은 속도屬島를 포함한 것이지만 신문에 따라 표기 방식이 다르다.[17] 더위와 추위의 차이가 하루 중에도 매우 커서 여름에는 화씨 90도가 넘으며, 겨울에는 15도 이하로 내려가는 일이 있다고 했다.[18] 울릉도는 산이 높고 물이 맑아 공기가 청정하고 풍광이 좋지만, 겨울에는 맑은 하늘을 보기 어려운 섬으로 소개되었다.

3. 가구와 인구

1913년 보도에 따르면, 울릉도에 조선인은 1,400호에 인구는 6,967인이었으며, 일본인은 337호, 인구는 1,231인, 모두 합쳐 8,192인이다. 이 가운데 농업에 종사하는 자는 983호 5,929인이다. 일본인은 농업 종사자가 없고 어업과 상공업자가 많았다.[19] 어로기에는 조선인과 일본인이 모두 증가했다. 1915, 1917, 1922, 1924, 1928, 1933, 1934, 1935년에도 언론은 인구를 계속 보도했지만, 언론사에 따라 차이가 있다. 1933년에는 면별·직업별 인구 통계도 보도되었다. 언론에 보도된 울릉도 인구

14 『동아일보』 1928. 9. 1.~11.; 『매일신보』 1934. 2. 18.

15 『동아일보』 1928. 9. 1.

16 『매일신보』 1934. 2. 18.

17 『동아일보』(1933. 9. 17.)는 "四.七三方里(七.三五一町步)"로, 『매일신보』(1934. 2. 28.)는 四방리 七三으로 소개했다. 『皇城新聞』(1899. 9. 23.)은 75방리(方里)로 소개했는데, 이는 라포르트의 보고서 내용을 보도한 것이다. 『鬱陵島行政一斑』(1933)에는 "4.73방리(7.351町步)"로 되어 있어 『동아일보』와 같다. 『울릉군지』(1989)에는 72.9㎢로 되어 있다. 현재는 72.82㎢로 추산하고 있다.

18 『매일신보』 1913. 8. 12.

19 위의 기사.

를 정리하면 〈표 1-3〉과 같다.[20]

〈표 1-3〉 울릉도 인구에 관한 언론 보도

연도	호 수	인구	한국인 (호 수/인구)	일본인 (호 수/인구)	중국인 (호 수/인구)	출전
1913	1,737호	8,192인	1,400호 6,967인	337호 1,231인		『매일신보』(8. 12.)
1915	1,900호	14,400인				『매일신보』(2. 26.)
1917			9천 인	3천 인		
1922	1,700호	1만 명 미만	약 8천 인			『독립신문』(8. 1.)
1924			1,375호 8,225인	176호 631인	1호 4인	『매일신보』(3. 25.)
1928	1,678호	10,994인	1,522호 /9,653인	152호 531인	4호 10인	『동아일보』(9. 12.)
1933			1,830호 5838+5434인	13호 239+242인		『동아일보』(9. 17.)
1934		11,753인				『조선일보』(1. 28.)
1934	1,915호	15,264인	1,774호 10,739인	131호 524인		『조선일보』(1. 30.)
1934			1,774호 10,739인	141호 524인		『동아일보』(2. 1.)
1934	1,968호	11,753인[21]				『매일신보』(2. 18.)
1934	1,830호	11,753인[22]				『매일신보』(2. 19.)

〈표 1-3〉을 보면, 1913년에서 1915년 사이에 인구가 비약적으로 증가했음을 알 수 있다. 1933년 면별 인구 통계를 보면, 남면에는 조선인이 725호(남 2,300인, 여 2,079인) 일본인이 123호(남 216인, 여 219인), 서면에는 조선인이 574호(남 1,825인, 여 1,715인), 일본인이 13호(남 21인, 여 23인)

20 『鬱陵郡誌』(1989)에는 조선총독부 통계 연보에 근거한 인구통계가 연도별로 나와 있다(69~71쪽). 『島誌』도 1904년부터 1937년까지의 가호와 인구를 기술했는데 필사 상태가 좋지 않다. 울릉도의 인구 현황은 후쿠하라 유지의 책(2013, 22~23쪽)도 자세한데, 언론 기사의 통계와 약간 다르다.

21 남자는 6,717인, 여자는 5,676인으로 되어 있다.

22 면별 분포 통계를 적었다.

이며, 북면에는 조선인이 531호(남 1,713인, 여 1,640인) 일본인이 2호(남 2인, 여 1인)였다. 직업을 농림축업, 어업, 공업, 상업으로 분류했는데, 농림축업에 종사하는 조선인은 8,271인, 일본인은 10인이다. 어업 종사자는 조선인이 1,366인, 일본인이 195인이다. 공업 종사자는 조선인이 266인, 일본인이 80인이다. 상업 종사자는 조선인이 47인, 일본인이 59인이다.[23]

1934년에는 조선인의 면별·직업별 통계를 보도했는데,[24] 농림목축업이 1,733호 8,281인, 어업이 313호 1,561인, 공업이 71호 396인, 상업과 교통업이 103호 529인, 공무와 자유업이 76호 180인, 기타 유업자가 1,331호 684인이었다. 이를 합치면 전체 인구는 1만 5천 인인데 신문에 따라 편차가 크다.[25] 직업별 통계로 알 수 있듯이 울릉도민은 대부분 농업에 종사했으므로, 어업과 상공업 종사자는 일본인 비율이 더 높다.

Ⅲ. 울릉도의 경제 현황

1. 농림 축산업

1910년대 초기까지 울릉도민은 농사가 주업이고 어업을 약간 병행하는 정도였다. 농사는 대체로 자작농이었다. 1913년 보도에 따르면, 농산물 가운데 우위를 차지하는 것은 고치, 대두, 보리, 옥수수, 감자, 쌀 그리고 팥, 피, 조, 메밀 등이다. 채소는 양배추(甘藍), 무(蘿蔔), 배추(白菜)이고, 과일은 복숭아와 배, 감, 사과(苹果) 등이다. 특용작물로는 대마, 연

23 『동아일보』 1933. 9. 17.

24 『매일신보』 1934. 2. 19.

25 『매일신보』 1934. 11. 30. 11,753인으로 보도한 신문이 더 많다.

초, 들깨, 완초莞草가 있고, 가축으로는 소와 돼지, 산양이 있었다.[26]

1913년 보도에 따르면, 북면 라리동(나리동-필자주) 안에 40정보町步가 넘는 평야가 있고 천부동에는 20정보가 넘는 평야가 있다.[27] 1924년 보도에 따르면, 울릉도의 총 경지면적은 논이 1,900정보이고, 생산물은 쌀 481석石, 보리 1,530석, 밀 417석, 대두 7,180석, 옥수수 6천 관貫, 조 156석, 감자 58만 관이다.[28] 계단식 경지법을 써서 급경사지를 평지로 만들어 농사법을 개량하려 했고, 주요 수확물은 콩과 옥수수, 감자였다. 1928년에도 상황은 바뀌지 않아 감자와 옥수수 생산이 제일 많았고 그 다음이 수수와 고구마였다. 그러므로 주민의 주식은 옥수수와 감자밥이었다.[29] 1931년 쌀 수확 예상고는 900석이었다.[30] 1933년의 수확고는 쌀 749석, 보리 2,919석, 콩 1,352석, 잡곡 515,870석, 채소 836,652관, 특용작물 8,973이었다.[31] 1934년에는 쌀 700여 석, 보리 2,400여 석, 콩 1,300여 석, 고구마 7천여 관, 감자 78만여 관을 수확했다.[32] 이로써는 1만 2천 도민의 식량 문제가 해결되지 않아 육지에서 곡물을 수입해 와야 했다.

1934년『매일신보』보도에 따르면, "주민의 대다수가 어업을 생업으로 하고 농업자가 약간 있기는 하지만 거의 화전에 지나지 않아 조와 기장, 감자 밖에는 되지 않는다."[33]라고 했다. 그러나 이 부분은 의심스럽다.

---

26 『매일신보』 1913. 8. 12.
27 위의 기사.
28 『매일신보』 1924. 3. 25.
29 『동아일보』 1928. 9. 12.
30 『매일신보』 1931. 11. 9.
31 『동아일보』 1933. 9. 17.
32 『동아일보』 1934. 2. 21.
33 『매일신보』 1934. 1. 30.

『조선일보』는 같은 날짜의 기사에서 인구의 7할이 농업자인데 농업과 어업을 겸업하며 기타는 순 어업자와 약간의 관리와 기타 직업을 가진 자가 있다고 했기 때문이다. 울릉도 주민의 대다수가 어업을 생업으로 하고 있지 않음은 여러 문헌에 밝혀져 있다. 『조선일보』는 경작지 2,164정보 가운데 논은 겨우 55정보 4단이며[34] 그 중 6할이 이모작이고 4할이 일모작이라고[35] 했다. 쌀은 특수계급 양식이며 조선 본토에서 가져와야 했다.[36] 인구의 7할이 농업인데 대부분의 농민은 농업 외에 양잠과 목축을 부업으로 했다. 그러므로 어업 종사자보다 농업 종사자가 많았다고 보는 것이 맞을 것이다.

울릉도는 수목이 울창한 섬이지만, 개척 이전부터 일본인이 거의 다 벌목해 간 상태였다. 이름난 목재는 거목欅木, 황백피黃柏皮,[37] 향나무, 감탕나무 등이다. 1917년에 조선총독부 식산국 산림과 울릉도출장소가 설치되어 산림보호와 조림사업을 해오다가 1925년에 폐지되고 울진영림소蔚珍營林所 울릉도 삼림 보호구가 설치되었다.[38] 울릉도의 임야 총면적은 약 4,900정보[39]인데 국유림은 1932년 8월 4일부로 경상북도로 이관·관리되었다.[40] 대나무와 오동나무 외에 황벽나무가 있고, 닥나무와 동백나무는 공예용으로 이용되었는데, 연간 1만 엔 이상의 수익을 냈다.[41]

농가의 대부분은 소를 키워 1924년에는 1,253호가 1,167마리의 소

---

34 『매일신보』 1934. 2. 19. 기사는 논이 554단보, 밭이 21,094단보라고 보도했다.
35 『조선일보』 1934. 1. 30.
36 『매일신보』 1934. 1. 30.
37 황벽(黃蘗; 黃檗)나무 껍질을 가리킨다.
38 『鬱陵島鄕土誌』, 1963, 41쪽.
39 『동아일보』 1933. 9. 17.; 『매일신보』 1934. 2. 18.
40 『매일신보』 1932. 8. 11.
41 『동아일보』 1933. 9. 17.

를 키웠는데[42] 식용을 위한 소였다. 울릉도의 소는 육질이 부드러운데도 상등육이 100문匁에 20전錢에 불과할 정도로 저렴했다.[43] 소뿐만 아니라 돼지와 산양, 닭도 사육해서 1933년에는 1,055호에서 소 2,009, 돼지 1,145, 산양 342, 닭 2,579마리를 사육했다.[44] 특히 소는 2천 여마리 가운데 400마리가 매년 부산과 고베 방면으로 수출되었다.[45] 울릉도 소는 전국적으로 유명했고 수출고도 높아 경상북도 당국이 판매를 통제하고 새끼소의 이출도 제한했다. 매년 11월에 행한 검사에 합격한 소 100마리에 한해 이출을 허용했다.[46] 1945년에는 한우 900마리, 돼지 950마리, 산양 1,200마리, 토끼 150마리, 닭 1,500마리, 오리[47] 20마리, 개 80마리 정도가 사육되고 있었다.[48]

2. 잠업

일제강점기에 잠업은 울릉도민에게 중요한 부업 가운데 하나였다. 1916년에 잠업조합이 창설되었다. 1917년도 경상북도의 12,708호가 양잠에 종사하여 가을고치 수확고가 2,739석石에 달했는데[49] 울릉도에서는 연간 1~2만 엔의 고치를 생산했다는 보도가 있었다.[50] 그런가 하면 같

---

42 『매일신보』 1924. 3. 25.

43 위의 기사.

44 『동아일보』 1933. 9. 17.

45 후쿠하라 유지에 따르면, 활우를 부산으로 이출한 것은 1916년부터다. 도살한 소를 대구와 부산 방면으로 이출한 것은 1925년부터이고 시모노세키 및 도쿄, 고베 지방으로 이출한 것은 1926년부터다.

46 『매일신보』 1934. 12. 2.

47 원문은 鷺이다. 해오라기를 사육하지는 않으므로 오리가 맞을 듯하다.

48 『鬱陵島鄕土誌』, 1963, 57쪽.

49 『매일신보』 1917. 11. 6.

50 『매일신보』 1917. 8. 26.

은 해의 보도인데 군위군과 울릉도 두 군의 잠황이 좋지 않았다는 보도도 있었다.[51] 1919년에는 잠업 강습회를 각 면에서 7일씩 열어 1회에 50명에게 강습을 했다.[52] 1922년의 고치 수확이 천 석에 못 미쳤다는 보도가 있었지만[53] 1924년에는 1,096호가 양잠을 해서 봄고치 누에떨기(春繭掃立) 2,530매에 800석 수확을 예상하고 있었다.[54] 1927년 보도에 따르면, 울릉도의 고치 산출고는 5만 5천 엔(圓)으로 오징어 다음가는 산물이었다.[55] 1937년의 산균액은 39,650킬로그램(瓩)에 45,201엔이며, 생사生絲는 520킬로그램에 4,145엔이었다. 신문에 따라 수확고와 생산액 가운데 하나만 보도한 경우가 있으므로 정확한 생산량과 생산액을 산정하기 어렵지만 산야에 자생하는 뽕나무를 이용한 울릉도 잠업이 유망한 부업이었음은 분명해 보인다.[56]

3. 무역 및 상공업

울릉도민은 개척 초기에는 대부분 물물 교환에 의존해서 생활하고 있었기 때문에 상업이 발달하지 못했다. 울릉도에서 본토 혹은 일본으로 이출 혹은 수출하는 산품은 주로 1차 산물이었고, 수입품은 공산품이었다. 상업에 종사하는 자도 주로 일본인이었다. 그런데 수입품에 비해 수출품은 매우 싼값에 수출되었다.[57] 일제강점기에 접어들어 주요 수출품

51 『매일신보』 1917. 11. 6.
52 『매일신보』 1919. 3. 27.
53 『독립신문』 1922. 8. 1.
54 『매일신보』 1924. 3. 25.
55 『동아일보』 1927. 10. 18.
56 『동아일보』 1937. 9. 8.
57 『매일신보』 1913. 8. 12.

은 고치와 콩이었다. 1913년 수출품 가운데 해산물은 말린 오징어, 전복, 통조림, 건포乾布[58] 해삼(金海鼠), 김(海苔), 미역(和布), 대황(荒布) 등이고, 가액은 13만 9,233엔 정도였다.[59]

울릉도에 시장이 정식으로 신설된 시기는 기록에는 1917년 5월로 남면 도동에 세워졌고, 이날 거래된 금액은 260여 엔이었다. 그런데 교통이 불편하고 물자를 집산하기가 어려워 열자마자 거의 폐시 상태였다. 울릉도사島司는 이런 상황을 조선총독부 중추원에 보고했다.[60] 섬에 상업인이 없어 불편해지자 한국인 유지 몇 사람이 울릉상회鬱陵商會를 세워 도민에게 필요한 옷감과 일용 잡화를 수입해서 운임에 약간의 이윤을 붙여 공급했다.[61] 1928년 울릉도 이출(수출)[62] 금액은 20여만 엔이고 이입(수입) 금액은 17여만 엔이므로 이출이 좀 더 많았음을 알 수 있다. 1931년에는 울릉도에 정기 항로가 개설된 까닭에 수출입이 활발해져 수출액은 50여 만 엔으로 증가했다. 오징어(烏賊魚) 9만 엔, 고등어 말린 것 14만 엔, 생우生牛 200마리, 기타 해초 등을 합친 금액이다.[63]

울릉도에서 제조업 혹은 공업이라고 부를 만한 것은 통조림 사업이다. 일본인 오쿠무라 헤이타로와 아들 료(亮)가 운영하고 있었다.[64] 그 외에

58 곤포(昆布, 다시마)의 오기인 듯하다.

59 『매일신보』 1913. 8. 12.

60 1920년 3월 11일(鬱庶 제315호).

61 『동아일보』 1921. 2. 24.

62 『동아일보』 1928. 9. 12. 이출과 수출을 구분해서 언급한 것인지는 알 수 없지만, 수출의 의미로 쓴 듯하다.

63 『동아일보』 1931. 2. 25.

64 오쿠무라식품 공장이 울릉도에 창업된 시기는 명확하지 않다. 1907년경 통조림 공장을 경영했다는 문헌이 있으나 오쿠무라가 울릉도로 건너간 시기가 1907년경이라고 한 문헌도 있다. 오쿠무라 헤이타로가 1938년 사망한 후 그의 아들 오쿠무라 료가 승계했다. 오쿠무라 헤이타로는 오키의 야하타 조시로와 계약을 맺고 어업권(강치 제외)을 얻어 어로했다. 『매일신보』 1913년 8월 12일자 기사는 고래 통조림(鯨鑵詰)으로 보도했다. 전복 통조림(鮑鑵詰)을 잘못 쓴 것으로 보인다.

소량의 병을 만드는 도기 제조, 대장장이, 양조업, 염직업, 각연초가 있었다. 각연초는 전매 제도가 실시됨에 따라 1927년 대구 지점 울릉도 영업소가 개설되었으므로 전매사업을 실시했을 것으로 보인다.[65] 특산물인 백단, 느티나무(欅), 황벽 등을 써서 세공품을 만들어 수출했다. 단장短杖과 벼루 같은 물품도 애호 받았다.[66]

4. 울릉도의 특산물

언론이 보도한 울릉도의 주요 특산물 혹은 명산물은 백단, 오징어, 고추냉이(山葵), 향나무, 동백기름, 목이, 동백나무이다. 이 가운데 목이는 수출의 10%를 차지할 정도로 중요한 산물이었다. 목이는 자연산을 채취하여 말려서 일본으로 수출했는대 상품上品은 100근에 130~140엔에 매매되었다. 1920년대 중반에 산림조합은 목이를 인공 재배할 계획을 세우고 있었다.[67] 동백나무는 동백기름 제조의 주 원료로서 1927년에는 4석石의 원료를 채취했지만, 1928년에는 도쿄 미쓰코시백화점에서 판매하여 약 20석에 2만 엔의 수익을 올릴 계획이었다.[68] 『동아일보』는 울릉도의 마늘과 오징어, 소 등도 명산이지만, 동백기름은 전국적 아니 세계적으로 유명한 명산이라고 보도했다.[69] 일본과 한국에서 생산되는 동백기름은 한국에서는 제주도와 울릉도에서 생산되는데 울릉도에서는 50석가량 생산할 계획이었다. 1석에 천 엔에 상당하는 고가품이었으므로 재

65 『欝陵島鄕土誌』, 1963, 95쪽.
66 『매일신보』 1934. 2. 19.
67 『동아일보』 1927. 10. 18.
68 『조선일보』 1927. 12. 16.
69 『동아일보』 1934. 10. 28.

배를 장려했던 것이다.[70]

고추냉이[71]도 울릉도 특산물이었다. 울릉도는 지세가 급하고 계곡에서 물이 흐르는 지형이므로 고추냉이 재배에 가장 적합했다. 번영회에서는 1920년대 초부터 일본 시즈오카현 다가타군(田方郡)[72] 아마기산(天城山)에서 고추냉이 종묘種苗를 들여와 시험 재배를 하고 있었는데 성적이 매우 좋아 부업으로 재배하려는 자가 증가하고 있었다. 이에 경상북도에서는 지방비를 보조하여 재배를 장려했다.[73] 1933년에는 조합원 27명이 고추냉이조합을 창설했다고 한다.[74]

울릉도의 너도밤나무도 본토에서는 자생하지 않는 특산물에 속했다. 언론에서는 식물학자[75]의 말을 인용하여 울릉도의 너도밤나무가 제3기 너도밤나무의 일종(Fagus Antipofiu)과 비슷하고, 과거에는 이들 식물을 섬으로 유도한 식물이 번성하고 있었지만 육지가 대부분 바다 속으로 함몰된 뒤로는 울릉도에서만 겨우 그 자취를 남기고 있다는 것이다.[76] 울릉도는 화산섬인 관계로 광석이나 광맥은 전혀 없고, 다량의 철분을 함유한 탄산수가 나오는 곳이 한 곳, 소량의 탄산을 함유한 물이 나오는 곳이 몇 군데 있었다.[77]

70 위의 기사.
71 『鬱陵郡誌』(2007, 211쪽)는 山菜로 썼는데, 山葵의 오기이다.
72 원문은 郎으로 되어 있는데 郡이 맞다.
73 『동아일보』 1927. 10. 18.
74 후쿠하라 유지, 2013, 앞의 책, 61쪽.
75 나카이 다케노신(中井猛之進, 1882~1952)을 말하는 듯하다.
76 『매일신보』 1937. 7. 2.
77 『매일신보』 1913. 8. 12.

5. 금융기관과 조합 및 회사

1900년대 초기 일본인들이 상업과 무역활동의 편익을 위해 일상조합[78]을 만든 적은 있었지만, 금융조합은 없었다. 울릉도에서는 대부분 물물교환을 해왔고 대두가 화폐를 대신해왔기 때문이다. 그러다가 우편소가 우편 대체(振替) 저금 업무를 수행했다.[79] 더러 어음이 남발된 적이 있지만 1913년 당시는 대부분 현금으로 거래했다.[80] 금융기관이 출현하기 전에는 저금계와 저금조합이 있었다. 메이지천황의 성덕을 보급할 목적으로 만들었다는 메이지기념저금계(明治紀念貯金契)는 군수가 계장, 군 참사가 부계장, 군서기와 면장이 이사로 참여하여 규약을 정하고 계원을 모집했다. 계원들은 "무신죠칙(戊申詔勅)을 쥰봉ᄒᆞ야, 일절 사치와, 랑비를 금ᄒᆞ고, 저축에만 젼심"[81]했고, 모금한 돈은 "천황의 성덕을 보급"하는 일과 기념비 건립에 사용되었다.[82]

1912년에는 5개의 저금조합이 있었는데, 한국인 230인, 일본인 590인 합계 739인이 저금했고, 금액은 945엔 54전에 달했다. 특히 메이지천황기념저금조합에는 일본인 450인, 한국인 200인이 조합원으로 가입하여 달마다 각각 갹금醵金하여 우편저금에 예금했다.[83] 양대 저금조합은 일본인이 조직한 메이지기념저금조합과 한국인이 조직한 메이지계(明治

---

78 일상조합의 설립 시기는 문헌에 따라 다르지만 대략 1902년 인가를 받은 것으로 보인다. 일상조합은 1907년 말 폐지되었고 이후에는 일본인회가 조직되었다(福原裕二, 2013, 앞의 책, 13쪽).

79 『鬱陵島鄕土誌』(1963, 101쪽)에는 1904년 6월부터 우편저금과 환금사무를 다룬 것으로 되어 있지만, 『(鬱陵島郵便所) 沿革簿』(이하 『沿革簿』로 약칭)에는 1906년 3월 대체저금사무를 개시했다고 되어 있다. 『沿革簿』에 따르면, 집금우편 즉 저금우편은 1911년 10월에, 내용증명은 1914년에, 보험사무는 1929년에 개시한 것으로 되어 있다.

80 『매일신보』 1913. 8. 12.

81 『매일신보』 1913. 1. 21.

82 위의 기사.

83 『매일신보』 1913. 6. 10.

契)였다.[84]

울릉도 도동에 금융조합이 생긴 것은 1920년대 중반에 와서다.[85] 초대 조합장은 가타오카 기치베였다. 언론에서는 1939년 7월 20일 설립 인가를 받아 초대 이사에 허기선許起善이었다가 7월 25일 해임되고 김병익金炳翼이 새로 취임했다는 기사가 처음 보였다. 금융조합은 식산계殖産契를 통해 이뤄졌는데, "생산품의 판매와 필수품 구매, 공동 시설, 산업 지도, 공제 사업을 위"[86]한다는 목적을 내세웠다. 식산계는 사동沙洞 하우下隅 부락, 사동 본부, 사동 옥천玉川 부락, 사동 중령中嶺부락, 사동 간령間嶺 부락에 두어졌다. 사동을 세분해서 조직하고 있는데 왜 이 지역에 집중되었는지 그 배경은 알 수 없다. 금융조합은 대구지방법원 울릉도출장소[87]에 등기했는데 1942년에는 출자 총 구 수口數와 납입 출자 총액의 변경을 4월 14일 대구지방법원 울릉도출장소에 등기했고,[88] 4월 27일에는 임원 변경 사항을 다시 등기 공고했다.[89] 감사에는 구와모토 구니타로(桑本邦太郎)와 후미모토 도미아키라(文元富彬)가 취임했다. 금융조합 명칭이 지속되는 것은 1956년 4월 말까지다.[90]

울릉도 어업조합은 1914년 2월 설립 인가를 받았다.[91] 초대 어업조합

84 『매일신보』 1913. 11. 28. 메이지계(明治契)는 메이지기념저금계를 가리키는 듯하다.

85 『鬱陵島鄕土誌』(1963, 85쪽)에 따르면, 울릉도금융조합은 1924년 5월 인가를 얻어 7월 31일부터 업무를 개시한 것으로 되어 있다.

86 『매일신보』 1939. 8. 25.

87 1912년 대구지방출장소를 대구지방법원으로 개칭했고, 1916년 2월 1일 대구지방법원 울릉도출장소를 설치하여 모든 등기사무를 관장했다(『鬱陵島鄕土誌』, 1963, 94쪽; 『鬱陵郡誌』, 1989, 44쪽; 129쪽). 대구지방심리원 울릉도등기소로 개칭된 것은 1947년부터다.

88 『매일신보』 1942. 5. 23.

89 『매일신보』 1942. 5. 30.

90 『鬱陵島鄕土誌』, 1963, 85쪽.

91 『鬱陵島鄕土誌』(1963, 90쪽)에는 1914년 2월 7일 설립인가를 얻은 것으로 기술했고, 『島誌』는 1913년 2월 설립된 것으로 되어 있다. 후쿠하라 유지(연표)는 1915년 2월을 설립 연대로 보았다.

장은 가타오카 기치베였는데, 1939년 4월까지 조합장을 지냈다. 한국인으로서는 김봉근이 1934년에 처음으로 이사직에 당선되었고, 이어 유지창, 최이출 등이 이사로 재임했다. 울릉도 어업조합도 법인 등기를 공고했는데, 1939년 10월 30일 이사 노즈 우이치(野津宇市)를 면직하고 박홍두朴烘斗를 새로 임명했다.[92] 1939년 어업조합장은 마루이 마쓰타로(丸井松太郎)[93]였고 이사는 이용규였다.[94] 이어 니시노 세이(西野盛)가 1944년 8월부터 조합장을 지내다가 해방 후인 1946년 5월에 최흥욱이 조합장이 되었다.

오쿠무라 료(奥村亮)가 1937년에 설립한 오쿠무라식품 주식회사는[95] 1940년 3월 5일 임시 주주총회를 열어 감사를 선출했지만, 3월 10일 해산하기로 결의했다. 이어 이 사실을 3월 19일 대구지방법원 울릉도출장소에 등기하여 공고했다.[96] 오쿠무라식품 주식회사는 1940년 5월 28일 조선신흥산업 주식회사朝鮮新興産業株式會社로 상호를 바꿔 등기했다.[97] 회사의 목적을 "어업과 각종 식료품의 제조 및 판매"에 두었고, 자본금은 총액 십만 엔이었다. 이사는 다케나카 신타로(竹中新太郎)[98]와 오쿠무라

92 『매일신보』 1939. 12. 23.

93 『매일신보』(1934. 9. 18.)에 따르면, 대구세감국(大邱稅監局) 관내 소득세 조사위원에 임명된 것으로 나온다.

94 『鬱陵郡誌』(1989, 198쪽). 그런데 『매일신보』 1940년 1월 4일자 보도에 따르면, 1940년 '興亞新春'을 축하하는 부분에 어업조합장은 가타오카 기치베이고, 이사는 이용규로 되어 있다. 가타오카 기치베는 1896년에 울릉도로 이주한 뒤 우편소 소장을 지내고 1914년 초대조합장에 임명되었으며 1917년에는 토지조사위원회 임시위원, 이후 전매국 부산출장소 판매소장, 면협의회원(面協議會員), 학교조합회 의원, 도의회원, 소방대장, 금융조합 대표 등의 공직에 있었다. 따라서 1939년에도 조합장은 가타오카였던 듯하지만, 1868년생(윤소영, 2016, 앞의 글, 48쪽)임을 고려할 때 확실하지는 않다.

95 경상북도 울릉도 남면 도동 60번지에 세워졌다. 『朝鮮銀行會社組合要錄』(1939년판)

96 『매일신보』 1940. 4. 11.; 4. 18.

97 『조선총독부 관보』 제4019호(1940. 6. 27.)(이하 『官報』로 약칭)에 등기 사실이 실려 있다.

98 다케나카는 1923년에 제주도 공장을 건립하기 시작하여 1940년대에는 울릉도 도동과 저동에도 공장을 두고 있었다(『鬱陵郡誌』, 2007, 242쪽).

료, 고토 마사오(後藤正夫), 다케나카 세이지로(竹中淸治郎), 오무라 다카유키(大村隆行)였고, 대표 이사는 다케나카 신타로였다.[99]

1941년 10월에는 울릉도에 유한회사도 설립되었다. 보도에 따르면, 자본금은 총액 8만 엔이고 "해산물의 제조 판매 및 그에 따른 업무"를 위해 울도물산 유한회사鬱島物産有限會社를 남면 도동에 설립했다. 이사는 다케나카 신타로, 니시노 세이, 구와모토 구니타로, 이시쿠라 젠타로(石倉善太郎), 가나자와 히로사다(金澤弘定)였고, 대표 이사는 다케나카 신타로였다.[100] 울도물산 유한회사를 조선신흥산업 주식회사의 하부 조직으로 보는 견해도 있다.[101]

Ⅳ. 울릉도 사회의 제반 양상

1. 교통, 통신, 항만

1) 교통

울릉도는 마차의 운행이 불가능하므로 화물 수송은 대부분 선편에 의존해야 했다. 도동에서 육지로 교통하려면 강원도 죽변만으로 가는 것이 편했고, 일본은 호키가 가장 가까웠다. 1900년까지도 울릉도와 본토 사이를 왕래하는 선박이 없었다. 1900년에 정부가 보조하여 개운호를 마

99 『매일신보』 1940. 7. 18.

100 『매일신보』 1941. 11. 18. 『朝鮮銀行會社組合要錄』(1942년판, 東亞經濟時報社)에 따르면, 이사는 西野盛, 桑本邦太郎, 石倉善太郎, 金澤弘定이고, 감사는 小西岩雄과 文元富彬이다.

101 山根 拓·中西僚太郎, 『近代日本の地域形成 : 歴史地理学からのアプローチ』, 海青社, 2007, 242쪽.

련해주었으나 풍랑으로 말미암아 파손되었다. 이후로는 일본인 소유의 범선을 이용하여 육지와 교통하는 수밖에 없었다. 울릉도에 선박이 기항하게 된 것은 1910년 이후인데 두 지역에서 왕래했다. 하나는 부산이고, 다른 하나는 일본 사카이미나토였다. 일본인들과의 교역과 우편물 수송을 위해 일본과의 교통이 우선되었다. 1910년 5월부터 오키기선 주식회사의 기선 오키호(隱岐丸)가 돗토리현 사카이미나토와 울릉도 사이를 월 1~2회 운항했고 8월부터는 우편물도 수송했다.

조선우선 주식회사朝鮮郵船株式會社[102] 선박이 울릉도와 부산 사이를 정기적으로 왕래하기 시작한 것은 1912년 7월부터다. 이 회사의 범선 영일호(迎日丸)가 매월 2회 이상 1년 동안 24회 이상의 명령 항로로 '영일만-울릉도선' 취항을 개시했으나 1913년 5월 경상북도 장기에서 좌초되어 침몰한 뒤에는 기선으로 대체되었다.[103] 조선우선 주식회사[104]의 기선은 부산을 기점으로 매월 2~3회 정기운항했다. 그 외에 일본인 소유의 범선 여러 척이 조선 본토 및 일본 사이에 수출입 화물과 여객을 운송하고 있었다.[105] 1913년 1월부터 10월까지는 오키의 사카이미나토[106]에서 제2 오키호(238톤)로 13회를 왕복할 정도로 교통 환경이 개선되었다.

1914년 1월부터는 포항과 울릉도 사이를 왕래하는 정기 명령 기선이

102 『東海의 睡蓮花』(1981, 116쪽)는 서일본기선 주식회사로 보았으나 오류인 듯하다. 1912년에 조선총독부가 여러 항운업자를 모아 조선우선 주식회사를 설립했다.

103 福原裕二, 2013, 앞의 책, 35쪽; 59쪽.

104 조선우선 주식회사는 1912년 1월 18일 설립 허가를 받아(『관보』 제418호, 1912. 1. 22.) 3월 7일 상업등기 공고했다(『관보』 제459호, 1912. 3. 11.). 조선우선 주식회사는 穩城丸과 鏡城丸을 매입했다(『관보』 1913. 12. 5.).

105 『매일신보』 1913. 8. 12.

106 『매일신보』(1913. 11. 28.) 기사는 오키 사카이미나토로 되어 있는데 돗토리현 사카이미나토의 오기로 보인다. 오키는 시마네현이기 때문이다

한 달에 5회 운항했다.[107] '(포항) 영일만–울릉도' 노선은 1915년 4월 '부산–울릉도' 노선으로 개편되어 매월 3회 이상 연간 36회 이상 취항했다.[108] 부산–포항–영덕–영해–죽변–울릉도를 왕래하는 노선이었다. 『매일신보』에 따르면, 조선총독부는 연안항로의 확장을 꾀하는 동시에 근해 명령 항로를 신설하기로 하고 의회의 협찬을 얻어 1915년 6월 21일 조선우선 주식회사에 항로를 의탁하고 그날로 시행하기로 했다.[109] 이에 '부산–울릉도'선 항로가 종래 3회에서 4회 운항으로 늘어났고, 기항지도 평해–구산포–구룡포–감포–방어진–장생포 등지로 늘어났다. 200톤 규모의 기선 강릉호(江陵丸)가 운항한 듯하다.

1917년 조선우선 주식회사의 기선 '부산–울릉도'선을 취항하던 영덕호(盈德丸, 240톤)가 12월 8일 부산항을 출범하여 울릉도로 향했다. 그런데 9일 오후 평해에 정박했다가 폭풍을 만나 해안에 취양吹揚한 적이 있었다.[110] 이로써 보건대 부산–울릉도행 선박이 정기적으로 취항하고 있었던 듯하다. 1918년에 조선기선 주식회사[111]는 최대 속력 14노트의 태동호(太東丸)를 새로 건조하여 '부산–울릉도'선을 운항했다.[112] 1919년에도 명령 항로로서 '부산–울릉도'선이 있었고, 강원도 각 항구의 화물 적체를 일소하기 위해 용선傭船을 고용했다.[113]

107 『매일신보』 1914. 2. 6.

108 福原裕二, 2013, 앞의 책, 59쪽.

109 『매일신보』 1915. 6. 23.

110 『부산일보』 1917. 12. 11.

111 조선기선 주식회사는 조선우선 주식회사의 자회사로 1925년에 설립되었으므로 1918년에는 조선우선 주식회사일 듯하다. 부산일보(1925. 2. 1.; 2. 21.)에 따르면, 조선기선 주식회사는 1925년 2월초에 설립 취지를 나타냈고 2월 중에는 영업을 개시했다. '조선기선'으로 약칭하기도 한다.

112 福原裕二, 2013, 앞의 책, 60쪽.

113 『매일신보』 1919. 5. 1.

1915년경 사카이미나토를 기점으로 200톤 규모의 기선 오키호가 부정기로 왕복하고 있었는데 오징어 성어기에는 한 달에 두 번 왕복했다.[114] 1918년경에는 조선우선 주식회사의 240톤 규모의 영덕호가 명령항로로서 월 5회 부산-울릉도(도동) 노선을 운항했다.[115] 포항, 영덕(강구), 영해(대진), 평해, 죽변, 울릉도 대하동[116]은 월 2회 기항했고, 감포, 구룡포, 축산포에는 임시 기항했다. 당시 개항장은 부산, 인천, 진남포, 원산, 청진, 군산, 목포, 신의주, 용암포, 성진, 웅기이고, 준개항장[117]은 마산, 행암, 평양이었다. 지방항은 울릉도, 독진(함경북도), 죽도竹島(전라북도) 등 다수가 있었다.

1920년 1월에는 조선우선 주식회사의 신 오키호가 사카이미나토에서 울릉도 사이를 운항했다. 이 선박은 186톤의 기선으로 한 시간에 8.5노트로 운항되었다.[118] 사카이미나토에서 올 때는 가장 가까운 대하臺霞[119]로 들어왔으나 겨울에는 제외되었다.[120] 1922년 7월에는 김해호(金海丸, 217톤)가 취항하여 부산 해운대에서 울릉도로 월 4회 운항중이었는데,[121] 1923년 9월 20일 영일만 근처에서 좌초되었다.[122] 1924년에는 조선우선 주식회사의 기선 온성호(穩城丸, 372톤)가 취항하여 월 4회 부산과 울릉도

114 『朝鮮彙報』, 1915년 3월호, 79~80쪽.

115 『最近朝鮮事情要覽』(1918, 135쪽). 『最近朝鮮事情要覽』은 월 5회라고 했지만 『鬱陵郡誌』(1989, 298쪽)는 1912년 서일본기선 주식회사가 울릉도와 부산 간 무지개 항로를 월 4회 정기 운항했다고 기술했다.

116 태하동의 오기이다.

117 세관의 특허에 따라 일본과 조선, 대만, 화태 사이에 선박이 출입할 수 있는 곳이다.

118 문화유산국민신탁, 『만경창파 동해 구백리 뱃길』, 2020, 16쪽.

119 台霞의 오기이다.

120 조선민보사 편, 『慶北産業誌』, 1920, 13쪽.

121 문화유산국민신탁, 『만경창파 동해 구백리 뱃길』, 2020, 16쪽.

122 『동아일보』 1923. 9. 23.; 9. 24.

사이를 운항했다.[123] 1928년에도 마찬가지였다. 한 시간에 7노트(35리)의 속도로 운항되고 있었다.[124] 1929년 4월 조선우선 주식회사의 선박 중에는 조선총독부의 명령 항로로 부산-제주도 간에는 경성호가, 부산-울릉도 간에는 온성호가 배선配船되었으므로[125] 온성호가 여전히 부산과 울릉도 사이를 운항했을 것이다.

1931년 4월부터는 일본 오카다(岡田)기선 주식회사가 돗토리현 사카이미나토와 울릉도 사이를 왕복하는 현양호(玄洋丸, 980톤)를 한 달에 한번 운항했는데, 경상북도가 600원의 보조금을 지급했다.[126] 이 항로는 4월 20일부터 영업을 개시하여 인양호(因洋丸, 241톤)와 백양호(伯洋丸, 471톤) 2척의 배가 운항했고 포항운수 주식회사가 대리점 사무를 취급했다.[127] 종래는 조선우선 주식회사가 부산과 울릉도 간 노선을 포함하여 4개 연안 항로를 운영하고 있었는데, 1932년 4월부터는 조선기선 주식회사가 인수하여 '부산-울릉도'선과 '부산-제주도'선이 그대로 조선총독부 명령 항로로서 운항되었다.[128] 배선된 선박은 경성호와 온성호였다.[129]

신문 보도에 따르면, 당시 울릉도에서 부산항까지의 거리는 173해리(浬), 울릉도에서 사카이미나토까지의 거리는 172해리였다.[130] 1933년에는 조선기선 주식회사가 운항하는 총독부 명령 항로를 (부산)-울릉도-

123 문화유산국민신탁, 『만경창파 동해 구백리 뱃길』, 2020, 16쪽.
124 『동아일보』 1928. 9. 1.
125 『조선일보』 1929. 4. 20.
126 『동아일보』 1931. 2. 25.
127 『동아일보』 1932. 4. 24.
128 『매일신보』 1932. 5. 4.
129 『조선일보』 1932. 3. 31. 『沿革簿』에 따르면 온성호는 1931년에 폐지되었고 이후에는 부산 원산 간 정기선이 부산 2회, 원산 2회 기항했다고 해서 약간 다르다.
130 『동아일보』 1933. 9. 17. 죽변항까지는 76리(浬), 포항까지는 138리(浬)로 보도되었다.

사카이미나토까지 연장하기로 결정, 대동호(大東丸)가 4월부터 월 2회 운항했다.[131] 부산-울릉도-사카이미나토를 운항하는 267톤의 태동호(太東丸)[132]는 포항에서는 17시간, 죽변에서는 7시간 걸려 울릉도에 도착했다. 일주일에 한번 정기 운항을 하지만 풍랑이 일면 9일이나 열흘에 한번 운항했다.[133] 조선총독부로부터 보조금 3천 엔을 받고 운항하는 명령 항로였다. 장사를 위한 거래와 통신, 공문서 왕복을 위해 이 배를 이용하므로 운항이 없으면 여러 가지 차질이 있을 수밖에 없었다.

이렇듯 1930년대 초에는 조선기선 주식회사 선박 (경성호가) 월 4회에서 5회 부산-울릉도 사이를, (대동호가) 월 2회 울릉도-사카이미나토 사이를 운항했다.[134] 1932년에 조선기선 주식회사의 선박 경성호(鏡城丸)는 '부산-울릉도'선에 취항하여 월 4회 운항하면서 포항-축산포-영해-평해-울진-죽변에 기항했다. 1934년 울릉도의 인구가 과잉이라 이들을 함경도의 광산으로 이주시킬 때 수송한 선박도 경성호였다.[135] 1934년 신문 기사를 보면, 연초에 울릉도에 설재雪災가 났을 때 피난민을 운송한 선박은 대동호였고,[136] 포항에서 울릉도를 왕래하는 정기선은 대동

131 『매일신보』 1933. 4. 10. 『鬱陵郡誌』(1989, 298쪽)는 250톤급 태동호가 1927년부터 취항했다가 1943년에 일본에 징발되어 군수품 수송 도중 미 공군 폭격으로 침몰되었다고 기술했다. 이후 200톤 급 보성호로 대체되었다가 이 역시 죽변 앞바다에서 소실되고 같은 급의 금성호가 취항했다가 경성호로 대체되어 운항하던 중 해방을 맞은 것으로 기술했다. 『만경창파 동해 구백리 뱃길』의 기술과는 다른데 둘 다 전거를 밝히지 않아 사실관계를 확인하기가 어렵다.

132 『동아일보』(1934. 2. 20.), 『매일신보』(1934. 2. 3.)는 '조선기선회사 소속 대동환(大東丸)(二七五噸)', 『조선일보』(1934. 1. 31.)는 '대동환 이백돈', 『동아일보』는 大東丸(1934. 2. 2.)과 태동환(1934. 2. 3), 『조선일보』(1934. 2. 5.)는 대동환과 태동환, 『동아일보』(1937. 9. 3.)도 "二百六十七噸이나 되는 大東丸"이라고 하여 두 호칭을 혼용했다. 다만 『동아일보』는 태동환으로 칭한 경우가 더 많고, 『부산일보』는 대동환으로 칭한 경우가 더 많다. 『鬱陵郡誌』(1989, 298쪽)는 太東丸이라고 하고 250톤 규모로 기술했다. 후쿠하라 유지도 太東丸으로 언급했다.

133 『동아일보』 1934. 2. 20.

134 『鬱陵島行政一斑』, 1933, 72~73쪽.

135 『동아일보』 1934. 12. 2.

136 『동아일보』 1934. 1. 31.; 2. 1.

호였다.[137] 포항-울릉도를 오가는 정기선이 경성호에서 대동호로 변경된 듯하다.

1930년대 초에 감포, 구룡포, 포항, 강구, 축산포 및 도동에는 어항 또는 어선 피난장이 있었지만 모두 인공 수축을 하지 않아 완전하지 못했다. 도동에 하구 준설 및 피난장을 개수하려 했다고 하므로 1934년까지는 어선 피난장이 없었던 것으로 보인다. 울릉도와 부산을 잇는 조선기선 주식회사의 정기선 대동호가 월 4회 취항하고 있었으나 겨울에는 월 1~2회 취항했다. 대동호의 운항은 1936년에 부산-울릉도-사카이미나토로 확대되어 1937년에는 연 20회 가까이 운항하며 화객貨客을 운송했으나[138] 이 역시 풍랑 때문에 결항하는 일이 많았다.[139] 1938년에 대동호는 금성호(金城丸, 330톤)로 대체되었고, 1939년에는 금성호에서 다시 장안호(長安丸)로 대체되었다.[140]

이렇듯 울릉도를 왕래하는 선박회사는 일본의 오키기선 주식회사와 오카다기선 주식회사, 조선총독부의 조선우선 주식회사와 조선기선 주식회사 등이 일본의 사카이미나토에서 울릉도를, 한국의 부산에서 울릉도 사이를 운항하고 있었다. 조선총독부는 이를 명령 항로로 지정하여 정기적으로 운항하게 했다. 그럼에도 울릉도의 교통은 여전히 불편해서 주민들은 포항-울릉 간 운항 횟수를 늘리기를 요망했다.[141] 쌀과 농산물을 육지에서 공급받아야 했기 때문이다.

---

137 『조선일보』 1934. 2. 2.

138 『鬱陵島勢一斑』, 1938, 16쪽. 1934년 2월 20일자 『동아일보』는 총독부 명령 항로로서 부산-사카이미나토를 월 4회 운항한다고 되어 있다. 이는 부산-울릉도-사카이미나토 항로를 가리킨다.

139 『동아일보』 1937. 9. 5.

140 부산-원산 간 정기선이다. 『만경창파 동해 구백리 뱃길』(2020, 17쪽)는 330톤이라고 했으나 『동아일보』(1935. 5. 21.)는 400톤으로 보도했다.

141 『동아일보』 1939. 9. 5.

선박 외의 교통 상황을 보면, 도로는 1915년경 각 면을 일주하는 등외도로等外道路가 수축되었는데 이후 여러 번 수선되었지만 그럼에도 여전히 위험한 구간이 적지 않았다. 근본적인 개축에는 막대한 비용이 소요되므로 시행하지 못하다가 1930년에 도道 지방비 2,700엔을 보조받아 남면의 수뢰암水雷岩, 서면의 국견기國見崎[142] 북면의 친부지親不知[143]에 약 160칸間의 세멘트길을 개수했다.[144] 일주 등외도로는 폭이 1미터 혹은 2미터, 총 길이 11리에 걸쳐서 개수되었다.[145]

2) 통신과 전기

1904년 일본은 러일전쟁을 수행하기 위해 울릉도에 망루를 설치하고 마쓰에[146]-울릉도-함경도를 잇는 해저 전신[147]을 부설한 바 있다. 『(울릉도우편소) 연혁부』에 따르면, 우편소는 1904년 6월 1일 강원도 울도군 남면 도동 80번지에 신설되었고, 1906년 7월 20일부터 전신 사무를 개시함과 동시에 81번지로 개축 이전했다. 초대 우편소장은 가타오카 기치베[148]였고 사무원 2인을 두었다.

우편소는 설치와 동시에 우편 사무와 우편저금 사무도 개시했다. 1906년에는 대체저금 사무도 개시했으며, 전신 개통과 함께 우편소를

142 현재의 가두봉을 말한다.

143 어디를 가리키는지, 현재의 지명이 무엇인지가 분명하지 않다. 『동아일보』 1934년 2월 20일자에는 현포에서 추산으로 이르는 절벽의 해안선이 아들이 아버지를 돌볼 여가가 없을 만큼 위험하다 해서 부부지(父不知)라는 속명이 있다고 했는데 같은 곳을 이르는 듯하다.

144 『鬱陵島行政一斑』, 1933, 71쪽.

145 『鬱陵島勢一斑』, 1938, 14쪽.

146 『鬱陵島勢一斑』, 1938, 16쪽. 『慶北大鑑』(1936, 1323쪽)은 사카이로 기술했으나 마쓰에가 맞다.

147 일부에서 전신과 전선을 혼용하고 있지만, 電線은 cable을 가리키고, 電信은 telegram을 가리키므로 구분되어야 한다. 이 글에서는 원문대로 썼다.

148 1917년 2월 퇴직했다(『(울릉도우편소) 沿革簿』).

'울릉도우편전신수취소'로 개칭하고 국내외 전보 업무도 다루었다. 1906년에 울릉도를 시찰한 오쿠하라는 울릉도의 어느 지점과 해군 통신소 사이에 전신(전선)이 부설되어 통신하고 있는 사실과 도동에 우편 수취소가 하나 있어 일본과의 통신을 취급하고 있음을 확인했다. 1907년 4월 1일 '울릉도우편전신수취소'는 '울릉도우편소'로 개칭했다.[149] 1908년에는 언문 전보도 취급했다. 1909년부터 현금 대체 업무를 개시하고 1911년에는 저금우편 사무를, 1914년에는 내용증명 우편업무를, 1929년에는 보험 사무를 다루는 등 사무 영역을 확대해갔다.[150]

울릉도의 통신 시설로는 1904년에 시마네현 마쓰에와 울릉도 도동-함경도 사이를 잇는 해저전선이 부설되어 있었다.[151] 우편물은 조선우선회사의 울릉도-마쓰에 간 정기 항로로 우송했으나 부산이나 일본의 사카이미나토로 회송하던 중 풍파가 셀 때는 우송에 몇 달이 걸리기도 했다. 1907년에는 울릉도와 사카이미나토 사이에 화선으로 월 1회에서 3회 우편물을 수송했다.[152] 울릉도와 본토 사이에는 해저전선이 있었지만 원산-울릉도 사이의 전선이 고장나면 울릉도행 외국어 전보는 부산에서 시모노세키와 마쓰에로 반송되었고, 한국어 전보는 부산에서 울릉도로 수송되었다.[153]

국내 우편물은 1909년에는 울릉도-부산 노선의 기선으로 수송하되 포항에 기항할 경우는 포항에서도 우편물을 탑재했다. 1910년 4월에는

149 『沿革簿』. 1949년에 울릉군 우체국으로 개칭했다.

150 『沿革簿』, 『鬱陵郡誌』(1989, 307쪽)는 1904년 4월부터 우편업무를, 1906년 7월부터 전보통신 업무를 한 것으로 기술했다. 우편과 저금, 전신업무 개시 시기가 문헌에 따라 다르므로 확정하기가 어렵다.

151 『鬱陵郡誌』, 1989, 307쪽.

152 『沿革簿』.

153 『동아일보』 1924. 1. 30.

울릉도와 포항 사이를 오가는 화선和船으로 우편물을 수송했다. 1910년 8월 울릉도와 돗토리현 사카이미나토 사이의 우편물은 매월 1회 기선편으로 수송했다.[154] 1912년에는 포항–울릉도 노선은 매월 2회 정기 수송하기로 조선우선 주식회사와 계약을 맺었고, 울릉도–사카이미나토 노선은 부정기 기선으로 매월 2회 수송했다. 또한 조선우선 주식회사가 부산까지 항로를 연장하여 월 3회에서 4회 운항하게 되자 우편 수송도 한결 편리해졌다.[155] 1913년 5월부터 1914년 1월 사이에 조선우선 주식회사 선박이 기항하여 우편물을 받는 이른바 수체국受遞局에 구룡포와 영덕, 영해가 추가되었다. 1915년에는 수체국 명단에서 감포와 구룡포를 배제했다가 선로명을 '부산–울릉도'선으로 개칭한 뒤 다시 감포와 구룡포 및 평해를 추가했다. 1920년 4월에는 수체국 명단에 장생포, 방어진, 해운대를 추가했고, 이와 동시에 감포와 구룡포, 평해에 조선우선 주식회사 선박이 정기 기항하기로 했다.[156]

1914년에 전국에는 496개의 우편국이 있었고 그 가운데 425개 우편국에서 전신을 함께 취급했는데, 울릉도 역시 우편과 전신을 함께 취급했다. 1920년경 경상북도 전역에는 우편국 15개소, 우편소 38개소[157]가 있었는데 울릉도에는 우편소가 한 곳 있었다. 이 우편소에서 통상우편과 소포우편, 전보, 특종우편, 소액우편환, 통상우편환, 전신환 등의 업무를 취급했다. 전보는 원산에서 해저(해저전선)를 통해 하루에 3번 다루었는데 한 번에 30분밖에 취급하지 않았다.[158] 1920년대 후반이 되면 울릉

154 『沿革簿』.
155 위의 책.
156 위의 책.
157 『慶北産業誌』, 1920, 202쪽.
158 『동아일보』 1934. 2. 1.

도에서는 본토의 일간신문을 주간으로 받아볼 수 있게 되었다.[159] 라디오를 듣고 이를 등사판으로 찍은 '라디오일보'라는 것도 한 달에 30전을 받고 매일 돌렸다고 한다.[160]

울릉도의 수력전기회사는 매우 작은 규모였다. 1930년에 마스오 겐이치(益尾源一)가 발기인으로 출원하여 32킬로와트의 전력을 생산했다.[161] 무선전신국 때문에 전력이 필요해지자 1940년 5월 남면 수력발전소를 준공, 50킬로와트의 전기를 송전했다.[162] 위원장은 니시노 세이(西野盛), 위원은 곤도 마사이치(近藤正市), 고니시 이와오(小西岩雄), 고니시 마사오(小西正雄), 김봉근, 문수근, 양재석이었다고 하지만,[163] 자세한 사항은 알 수 없다. 발전량이 수요에 미치기에는 턱없이 모자라 시설만 노후되고 있었다. 1963년에 추산에 수력발전소를 준공하여 1966년 5월에는 600킬로와트의 전력을 송전할 수 있었다. 화력발전소는 1977년에야 저동에 건설할 수 있었다.[164]

1938년에는 항해하는 선박과 비행기에 편익을 주기 위해 남면 사동에 단파송신기와 단파수신기, 중파수신기가 설치되었다. 송신기를 설치한 장소는 사동 동경東經 130도 5분 50초, 북위 37도였다.[165] 여기에서 강릉무선국에 송신하면 강릉무선국에서 선박과 비행기에 통보하는 식의 통

159 『동아일보』 1928. 9. 12.

160 『동아일보』 1928. 9. 12.

161 『중외일보』 1930. 5. 22.

162 『鬱陵郡誌』, 1989, 317쪽. 『鬱陵島鄕土誌』(1963)는 1939년 3월 착공과 1940년 5월 준공으로 보았고, 후쿠하라 유지도 이를 따랐다(2013, 61~62쪽). 『東海의 睡蓮花』(1981, 128쪽)도 1939년에 남면 수력발전소를 착공하여 1940년 5월에 준공, 6월에 50킬로와트를 송전한 것으로 기술했다.

163 『東海의 睡蓮花』, 1981, 128쪽.

164 위의 책, 129쪽.

165 『동아일보』 1938. 12. 14.

신을 했으나 후에는 울릉도에서 직접 통보했다.[166] 무선전신국이 사동에 설치된 것은 1939년 1월이었다.[167] 이곳에서 무선전신 사무를 개시함에 따라 측후소의 기상통신 업무가 가능해졌다.

1938년에는 어업조합에 속한 전화 시설[168]이 있었다고 하는데 자세한 사항은 알 수 없다. 무선전신국은 1942년 12월부터 서울의 중앙전신국과 직접 연결하여 24시간 송수신을 하게 되었다.[169] 울릉도에 무선전화가 개통된 것은 1961년이고, 시내전화 교환 시설을 갖추어 전화 교환 업무를 취급하게 된 것은 1962년 5월이다.[170]

3) 항만과 기상관측소

울릉도에는 좋은 어항이 없었으므로 겨울에 풍랑이 심하면 배를 대기가 더욱 어려웠다. 이에 주민들이 진정하여 경상북도에서는 1933년에 만 엔의 예산을 들여 선양장船揚場을 만들었다.[171] 최열崔洌이 경상북도회에 축항을 요청했는데,[172] 저동만의 축항 공사는 1934년에 완료된 듯하다.[173] 도동항도 1934년 3월 초에 공사를 시작하되 이재민 3천 명을 공사

---

166 『조선일보』 1938. 12. 14.

167 『鬱陵島鄕土誌』(1963, 87쪽)에 따르면, 1939년 1월 1일 울릉도 무선전신국을 개국하여 강릉무선전신국과 교통했다. 『鬱陵郡誌』(1989, 307쪽)도 이를 따르고 있다. 울릉도 무선전신국이 강릉무선전신국과 분리되어 서울의 중앙전신국과 연결된 것은 1942년인데, 『東海의 睡蓮花』(1981, 127쪽)는 1945년 1월 무선전신국이 개설되었다고 기술했다.

168 『慶北大鑑』(1936)은 '전신기관'으로 기술했다.

169 『鬱陵島鄕土誌』, 1963, 87쪽; 『鬱陵郡誌』, 1989, 307쪽.

170 『鬱陵郡誌』, 1989, 307~308쪽. 『東海의 睡蓮花』는 "1962년 5월 5일 시내전화 교환"이라고 기술했다(『東海의 睡蓮花』, 1981, 127쪽).

171 『매일신보』 1934. 1. 30.

172 『매일신보』 1934. 3. 9. 최열의 한자가 여러 가지인데 『鬱陵郡誌』도 1943년 10월에 임명된 제5대 북면 면장 崔洌로 표기했다(『鬱陵郡誌』, 1989, 115쪽).

173 『동아일보』 1933. 7. 30.

에 참여시켜 구제하기로 했다는 보도를 확인할 수 있다.[174]

울릉도가 어업과 해양, 국방 및 해양 조사에 긴요한 곳이라는 인식이 있었으므로 조선총독부는 기상 관측소를 1937년에 개설하기로 방침을 정하고[175] 항공 무전국도 설치하려 했다.[176] 이에 1936년 7월 기상 관측소(울릉지소)가 신설되었으며[177] 1937년 조선총독부는 기상 관측소를 확충하기로 방침을 정해 울릉도에 측후소를 증설하고,[178] 1938년 8월 10일 조선총독부 울릉도지소를 설치했다.[179] 이 측후소가 1939년 1월 1일에는 울릉도출장소로,[180] 1월 15일에는 다시 울릉도측후소로 명칭이 변경되었다.[181]

3. 위생과 질병

이주 초기의 도민들에게는 위생 관념이 없어서 설사나 그 밖에 유행하는 전염병이 창궐했지만, 점차 청결해지며 전염병이 감소했다. 그럼에도 1912년에는 설사병 환자가 한국인이 1명 일본인이 12명 있었고 그중 한국인 1명과 일본인 3명이 사망했다. 당시는 종두가 보급된 상태였다.[182] 진료는 일본인 의사가 대구자혜의원에서 순회 진료를 하러 오는 것이 전

---

174 『동아일보』 1934. 2. 8.

175 『조선일보』 1936. 6. 21.; 『매일신보』 1936. 6. 28.; 『조선일보』 1937. 1. 30.

176 『동아일보』 1936. 6. 3.

177 『동아일보』 1936. 7. 23.

178 『매일신보』 1937. 5. 21.

179 『鬱陵島鄕土誌』, 1963, 90쪽. 후쿠하라 유지는 인천관측소 울릉도출장소가 설치되었다고 했다(2013, 61쪽). 국가기록원 1937년 문서(DJB0001440)는 조선총독부 관측소 울릉도지소로, 1938년 문서(DA0925771)는 조선총독부 관측소 울릉도측후소로, 1939년 문서(DA0925927)는 조선총독부 기상대 울릉도 측후소와 조선총독부 관측소 울릉도 측후소라는 두 명칭으로 기술했다. 측후소, 관측소, 관측소 지소, 관측 지소 등 표기가 일정하지 않다.

180 『鬱陵郡誌』, 1989, 45쪽.

181 『鬱陵島鄕土誌』, 1963, 90쪽; 『東海의 睡蓮花』, 1981, 127쪽.

182 『매일신보』 1913. 11. 28.

부였는데, 1915년의 진료일은 9월 16일이었다.[183] 1916년에는 콜레라 예방을 위해 남면 도동항에서 선박을 검역했다.[184] 장질부사도 발병하여 번진 적이 있다.[185] 울릉도에 공의公醫가 처음 배치된 것은 1920년이다. 공의에게는 1926년부터 수당 외에 번영회의 보조금이 지급되었다.[186] 1933년에 천연두 환자 2명이 발생하자 경상북도는 종두를 시행하게 했다.[187] 당시는 동상이 걸리면 콩 속에 부위를 집어넣어 낫게 하는 자연 요법을 쓰고 있었다.[188] 1934년에 공의는 남면에 한 사람, 한의사는 4~5명이 있었다. 1943년에 전석봉田石鳳이 처음으로 병원을 개업했다.[189] 음료수가 위생과 연관되므로 이를 개량하기 위해 지방비를 보조하여 공동 우물을 개발하도록 했다. 울릉도 북면과 서면에 각각 50엔을 보조하여 우물을 파도록 한 것은 1918년이다.[190]

4. 재난

언론이 빠뜨리지 않고 빈번히 보도한 것은 재난 관련 뉴스였다. 울릉도의 자연재해는 주로 태풍과 폭설이었다. 적설량이 6척 이상만 되어도 기선 운항이 중단되었고, 산에는 한 길 이상의 눈이 쌓이면 출입이 불가능했다. 교통이 두절되면 땔감과 양식 공급이 끊어져 참담한 상태가 된

183 『매일신보』 1915. 7. 9.
184 『매일신보』 1916. 9. 21.
185 『동아일보』 1927. 2. 3.
186 『鬱陵島鄕土誌』, 1963, 63쪽.
187 『매일신보』 1933. 2. 24.
188 『매일신보』 1934. 1. 31.
189 『鬱陵島鄕土誌』, 1963, 63쪽.
190 『매일신보』 1918. 3. 8.

다. 1934년에 기록적인 폭설이 내렸는데 적설량이 1미터 70센티, 10척尺, 12~13척으로 보도되었고[191] 산지에는 20척 넘게 눈이 왔다고 보도되었다.[192]

자연재해에 대한 보도가 가장 많은 시기는 1933~1936년 사이인데, 1934년의 적설 관련 보도가 가장 많았다. 1934년 1월 눈이 거의 한 달 동안 내렸다. 그 피해가 어마어마해서 사망자가 40명이 넘었는데[193] 저동에서 가장 많이 죽었고 소도 8마리가 죽었다. 학교는 휴교했다. 폭풍우로 인해 어선이 조난당하고 어부가 실종되는 일도 잦았다. 1940년에는 유리창문이 움직일 정도의 지진이 있었다는 기사도 보인다.[194] 사망자에 대한 처리는 매장과 화장火葬이 병존했다.[195]

5. 곤궁한 도민 생활

울릉도의 생활 수준은 대체로 낮았고 물자도 풍부하지 못했다. 쌀과 보리 등을 경작했지만 몇 달 동안 공급하기에는 부족해서 주로 보리와 감자, 옥수수를 먹었고, 봄에는 풀뿌리와 나무 껍질을 먹는 자도 많았다. 보리마저 바닥나는 3월부터는 명이를 캐서 먹어야 했다. 1910년대의 생활 수준을 보면, 한 사람당 하루 식비가 겨우 4전에 불과할 정도였다. 가옥과 의복도 매우 조잡한 수준이었다.[196] 1920년대에도 이런 생활은 나

191 『조선일보』 1934. 1. 25.; 『매일신보』 1934. 1. 28.; 『조선일보』 1934. 1. 28.

192 『조선일보』 1934. 1. 31.

193 『동아일보』 1934. 1. 31.

194 『매일신보』 1940. 8. 15.

195 『동아일보』 1934. 2. 7. 기사는 폭설로 인해 사망한 일가족을 화장한 사실에 관한 것이다.

196 『매일신보』 1913. 8. 12.

아지지 않아 감자와 옥수수가 주식이었다. 만 엔 이상의 재산을 지닌 가구가 일본인은 9가구였지만 한국인은 한 가구도 없었다. 5천 엔 이상을 지닌 가구가 일본인은 24가구였는데 한국인 가구는 6가구였다. 100엔 미만의 재산을 지닌 가구가 조선인은 145가구인 반면, 일본인은 4가구에 불과했다.[197] 1933년에는 만 엔 이하 1만 엔 이상의 재산을 지닌 가구가 한국인은 0, 일본인은 6호, 만 엔 이하 5천 엔 이상의 재산을 지닌 가구가 한국인은 0, 일본인은 4호, 100엔 미만의 재산을 지닌 가구가 한국인은 805호, 일본인은 8호였다.[198] 1928년 보도와 비교하면 양국인 자산가 모두 재산이 줄었다. 100엔 미만의 자산을 소유한 한국인 가구는 도리어 크게 늘어났으므로 울릉도의 이원과 자산을 일본인이 독점하고 있었음을 알 수 있다.

1930년대 도민의 생활을 보면, 울릉도의 토질은 비옥했지만 40여 년간 비료 없이 경작하다 보니 농산물 생산량이 매년 감소했다.[199] 가옥은 나무기와로 지붕을 올렸고, 의복과 침구가 갖춰지지 않아 땔감이 부족해지면 생곡으로 연명하여 동사凍死하기도 했다.[200] 특산물인 백단白檀과 오징어, 기타 해산물도 남벌과 남획으로 말미암아 거의 고갈된 상태였다.[201] "춘유 제조椿油製造의 부업 장려 등 계획으로 매진중"[202]이라는 기사는 남벌로 말미암아 동백기름 제조가 어려워진 상황을 보여준다. 벼를 30석 이상 추수하는 자가 경상북도 지역에 전부 3만 호가 넘었지만 울

---

197 『동아일보』 1928. 9. 12.
198 『동아일보』 1933. 9. 17.
199 위의 기사.
200 『매일신보』 1934. 1. 31.
201 『매일신보』 1936. 7. 23.; 『동아일보』 1936. 7. 23.
202 『동아일보』 1936. 7. 23.

릉도는 단 한 가구에 불과했다.[203] 1930년대에도 울릉도는 인구의 7~8할이 농업자였다.[204] 대부분 농업과 어업을 겸업했고, 나머지는 순어업자와 약간의 관리자, 기타 직업을 가졌다. 한국인이 어업을 했다고 하더라도 대부분 일본인에게 고용된 형태였다. 오징어 어업을 하면 한 가족의 1년 생계가 될 정도였지만 1934년에는 흉어인지라 도민들이 바다를 등지고 화전을 일구는 자가 많았다.[205]

1934년 언론에 보도된 도민의 생활상을 보면, 55정보의 논 가운데 6할이 이모작이고 4할이 일모작이었다. 대부분 자작농이고 소작농은 극히 소수였다. 부업으로 양잠과 축우가 성행했다. 생활비는 식료품에 8할을, 의류에 2할을 사용했다.[206] 감자와 보리, 옥수수를 주식으로 해도 식량이 부족해서 맹이(명이, 茗以, 茗荑, 茗草, 미역초-원주)를 춘궁기 양식으로 먹었다.[207] 명이 외에 부지깽이[208]를 구황식물로 먹었으며 봄에는 칡뿌리를 캐다가 가루를 만들어 그 가루를 부지깽이나 명이에 버무려서 끼니로 때웠다고 한다.[209] 도민의 1년 생활비는 상류 계급이 평균 226엔 60전, 중류계급이 98엔 30전, 하류 계급이 19엔 20전이었다. 직업별로는 농업·어업·상업 가운데 어업을 하는 가구가 생활이 가장 나았다.[210]

1934년에는 기근이 심했던 데다 자연 재해까지 겹쳤는데, 어업 부진

---

203 『조선중앙일보』 1936. 8. 1.

204 『매일신보』 1934년 12월 2일자 기사에 따르면, 특파원 이춘득은 울릉도 인구의 8할이 농업에 종사하고 2할은 반농반어半農半漁라고 보았다.

205 『매일신보』 1934. 2. 19.

206 『조선중앙일보』 1934. 2. 16.

207 『매일신보』 1934. 2. 20.

208 신문에 따라 부지깽이, 부지갱이로 표기하고, 맹이, 명이, 연명초, 미역초로 표기했으나 미역초와 명이는 다른 것이다.

209 『동아일보』 1934. 12. 12.

210 『매일신보』 1934. 2. 20.

도 기근을 심화시키는 데 한몫을 했다. 해류의 변동으로 말미암아 6~7년 동안 오징어와 김 등의 수산물이 생산되지 못한 가운데서도 8~9일 동안 2만 수천 원[211] 가격의 오징어를 잡을 수 있던 적도 있다. 그러나 이는 일본인 자본가와 몇 명의 한국인 어업자의 주머니를 배부르게 할 뿐이었다.[212] 하루에 30~40전의 임금을 받고 배 인부로 고용된 100여 명은 그나마 운이 좋았다고 할 정도였다. 생활이 힘든 주민 가운데는 소를 팔기 위해 농회農會[213]에 신청했지만 소가 4세 이상이어야 한다는 검사 표준과 수이출輸移出 마리 수의 제한에 걸려 그마저도 여의치 않았다.[214]

1934년 울릉도 인구 1만 1,850명[215] 가운데 9할이 농업을 했고,[216] 550여 가구가 어업에 종사하고 있었다. 가난의 원인이 인구 과잉으로 진단되어[217] 언론에서는 5천 명이 감소되어야 한다고 진단했다. 이에 강구된 것이 만주 이민과 광산 지역으로의 이주였다. 임시구제책으로 429명이 광산노동자로 가게 됐는데[218] 12월 6일 원산항에 상륙해서 탄광으로 출발했다.[219] 이런 대책을 낸 자는 경상북도 내무주임 마쓰이 쇼이치(松井尙一)와 전 도회의원道會議員 가타오카 기치베였다.[220] 그러나 광산으로 이주했

---

211 다른 기사는 엔이 단위인데 이 기사는 원으로 표기했다.

212 『매일신보』 1934. 12. 2.

213 농회는 1916년 11월 조직되었고, 1926년에 잠업조합을 통합했다(후쿠하라 유지, 앞의 책, 2013, 60쪽).

214 『매일신보』 1934. 12. 2.

215 『매일신보』 1934. 12. 2. 『조선일보』(1934. 1. 28.)는 1만 1,753명으로 보도했다.

216 『매일신보』(1934. 11. 27.)는 주민의 9할이 농업에 종사하고 있다고 보도했다. 이는 550가호가 어업에 종사하고 있다는 보도와는 맞지 않는다.

217 『동아일보』 1934. 12. 2.

218 『조선일보』 1934. 11. 26. 『동아일보』 11월 6일자 기사는 509명을 광산노동자로 이주시키기로 결정했다고 보도하여 인원에서 약간 차이가 있다.

219 『조선일보』 1934. 12. 9.

220 『매일신보』 1934. 11. 26.

어도 도민들의 생활은 좋아지지 않았는데 그 이유는 울릉도에서 듣던 것과 임금이 달랐고 대우도 예상과 달랐기 때문이다. 이에 재민在民 대표 김영진은 1934년 12월 19일 울릉도사 요자 도요지로(余座豊次郎)에게 3개조의 요구사항을 적시한 진정서를 제출했다.[221]

1935년에 울릉도 빈곤층은 235호, 1,129인으로 보도되었다.[222] 1940년 9월에는 곡물 징수령까지 내려져[223] 식량 부족이 더욱 심각했다. 식민치하에서 도민의 곤궁한 생활상에 관하여 『동아일보』는 "살찌는 사람은 고리대금업자와 특수계급뿐이오 대부분의 도민은 이에 보통 四분五분의 놀랄 만한 고리의 채무에서 허덕였다"[224]고 보도할 정도였다. 이는 총독부 기관지인 『매일신보』도 마찬가지여서, "六, 七년간 어업부진과 함께 생활난으로 대금업자貸金業者 즉 자본가들로부터 빌여온 돈과 또 식료대로서 부채의 一부식을 들이여주는 것으로 결국 그들의 노력하는 것은 자본가들을 배불이는 것샌이고…그들은 게속하야 자본가에 대한 봉사를 거듭하게 되는 상태로 생활 결핍으로 차금을 하지 안흐면 생활할 수 업는 상태로 그들은 게속하야 자본가에 대한 봉사를 거듭하게 되는 상태로 생활난으로부터 해방당할 가망이 업는 가엽슨 형편이다."[225]라고 진단했다. 일본인들은 목재 남벌과 특산물 남획으로 자원을 침탈했을 뿐만 아니라 어업에 투자한 자본가로서도 이익을 전횡했고 한편에서는 고리대금업도 겸했던 것이다. 이런 상황은 한국인을 더욱 피폐하게 했다. 결국

221 『동아일보』 1934. 12. 22.

222 『매일신보』 1935. 5. 22. 『동아일보』 1934년 12월 3일자 보도에 따르면, 817명(가족 포함)이 원산에 상륙하여 함흥탄광에 수용되었다. 『매일신보』 1934년 12월 4일자 기사는 429명이 이주한 것으로 보도했다. 이주자에 차이가 있는 것은 이주자가 계속 증가했기 때문이다.

223 『島誌』; 『鬱陵郡誌』, 2007, 217쪽. 농산물 공출제도가 실시된 것은 1941년 8월이다.

224 『동아일보』 1934. 2. 21.

225 『매일신보』 1934. 12. 4.

한국인이 고리高利의 채무에서 벗어나지 못하고 일본인 자본가의 이익만 채우는 악순환이 되풀이되었다.

6. 행정과 사무, 도민과의 관계

울릉도는 오랫동안 강원도 울진현 관할에 속했다가 1900년에 강원도 울도군으로 독립했고 1906년 9월에 경상남도 관할로 바뀌었다. 조선총독부가 1910년 9월 30일 칙령 제357호로 각 부·군에 면面과 면장을 두도록 규정함으로써 울릉도에 이른바 면장제도가 확립되었다. 1913년 12월 조선총독부는 경상남도 울도군을 경상북도 관할로 이속시키는 내용의 부령 제111호를 공포했고, 이는 1914년 3월 1일부터 시행되었다.[226] 이후 울도군은 3면 9동 체제로 바뀌었고[227] 9동을 다시 구區로 나누는 구제로 바뀌었다. 조선총독부는 1915년 5월 1일 울도군을 군제郡制에서 도제島制로 재편했다. 이에 울도군수는 울릉도사島司로 바뀌었다. 초기 도사로 차야 에이지로(茶谷榮治郎)[228]를 임명하되 경찰서장을 겸하게 했다. 이렇게 해서 울릉도의 행정은 도사, 면장, 면서기, 구장을 중심으로 이뤄지는 한편 협의회원도 행정에 참여했다.

울릉도에는 1902년 5월 부산경찰서 울릉도주재소가 도동에 설치되었는데 1906년 경무분파소로 개칭되었다가 1907년에 순사주재소로 개칭

226 1913. 12. 29. 조선총독부령 제111호로 공표, 1914. 3. 1. 시행(1913. 12. 29. 『관보』 호외)

227 9동은 저동, 도동, 사동, 남양, 남서, 태하, 현포, 나리, 천부동이다(『鬱陵郡誌』, 1989, 114쪽). 1899년에 다카오는 7개 동을 거론했고, 1900년에 우용정은 13개 동에 고시를 내렸으며, 1902년에 니시무라는 17개 마을을 거론했다.

228 『鬱陵郡誌』(1989, 44쪽)와 『鬱陵郡誌』(2007, 214쪽)는 茶谷兼作郎으로 기술했는데 오기이다.

되었다.[229] 1913년에는 부산경찰서 순사주재소[230]로서 순사 3명과 순사보 5명이 울릉도에 주재하고 있었다.[231] 1914년에 울도군이 경상북도 관할이 되면서 울릉경찰서[232]가 설치되었는데, 1915년 도제로 개편된 후에는 울릉도사가 경찰서장을 겸했다.[233] 1923년 3월에는 천부경찰관주재소가 설치되었다. 1935년 5월에는 울릉경찰서 관내에 태하경찰관 출장소가 설치되어 1936년 4월 말까지 존속했다.[234] 1942년 4월에는 서면에 남양경찰관주재소가 설치되었다. 이렇게 해서 남면 도동에만 두어졌던 경찰관주재소가 북면과 서면에도 각각 설치되었다. 도사가 경찰서장을 겸직하던 제도가 폐지되고 전임 경찰서장을 두게 되는 것은 해방 후인 1946년 5월부터이다.[235] 1915년 4월 남면 도동 지역에는 소방조가 설치되었다.[236] 울릉도의 세무 관련 행정기구를 보면, 포항세무서 울릉도출장소가 1934년 5월에 설치되었고, 포항세무서 울릉도주재소가 1939년 8월에 설치되었다.[237] 이것이 다시 포항세무서 울릉도지서로 개칭된 것은 1950년 4월 이후다.

울릉도는 여러 방면의 관리들이 시찰하는 대상이 되었는데, 1914년 7

229 『鬱陵郡誌』, 1989, 121~122쪽. 1907년 7월 27일 경무청 관제(칙령 1호)가 개정되면서 경무서는 경찰서로, 경무분서는 경찰분서로, (경무)분파소는 순사주재소로 개편되었다. 따라서 1906년에는 경무분파소였을 듯하다.

230 후쿠하라 유지 책의 연표에는 1913년 3월 남면 도동에 경찰서를 설치하고 아울러 태하주재소를 설치한 것으로 되어 있다.

231 『매일신보』 1913. 11. 28.

232 『鬱陵郡誌』(1989, 44쪽)는 1913년 9월 1일 경상북도 울릉경찰서를 두어 대구헌병대 포항분대 관할이 된 것으로 기술하여 연대가 약간 다르다. 후쿠하라의 연표도 군지를 따른 것으로 보인다.

233 『鬱陵郡誌』(1989, 44~45쪽)에 따르면, 1923년 3월에 북면 천부경찰관주재소가, 1942년 4월에 서면 남양경찰관주재소가 설치되었다.

234 福原裕二, 2013, 앞의 책, 61쪽.

235 『鬱陵島鄉土誌』, 1963, 83쪽.

236 福原裕二, 2013, 앞의 책, 59쪽.

237 위의 책, 61쪽.

월 12일 경상북도 재무부장 요시무라 겐이치로(吉村謙一郎)가 울도군을 시찰하기 위해 대구를 출발한 바 있고,[238] 8월에는 경무부장 핫토리(服部)[239]가 울도군을 시찰한 바 있다.[240] 1918년에는 경상북도 장관 스즈키(鈴木)[241]가 울릉도 일반 상황을 시찰하기 위해 부장과 학무주임, 서기 등과 함께 6월 20일 포항을 출항했다.[242] 1924년 3월 경상북도 속屬 쇼지 쇼아키라(庄司昌)[243]가 2주간 울릉도를 시찰한 적이 있다.[244] 1924년 7월 30일에는 사이토 마코토(齋藤實)가 조선총독으로서는 처음으로 울릉도를 시찰했다.[245]

1926년 봄 울진군에서는 울릉도 풍광을 보기 위해 시찰단을 모집한 적이 있다.[246] 1928년 여름에는 지질학자와 조류·식물을 연구하는 박물학자, 수산학교 교사, 삼림연구자, 광산연구자 등 학자들의 울릉도 방문이 많았다. 이들은 보름 이상씩 체재하며 연구했다.[247] 1932년 경상북도 지사 김서규金瑞圭[248]는 5월 12일부터 20일까지 산업부장, 재무부장, 토목기사 등을 대동하고 울릉도에 와서 시찰했다.[249] 이렇듯 공무원과 학자, 민간인들은 끊임없이 울릉도를 시찰하거나 조사했다.

---

238 『매일신보』 1914. 7. 15.

239 핫토리 요네지로(服部米次郎)를 가리키는 듯하다(『직원록』 자료에는 1915년 경상북도 경무부장으로 보인다).

240 『매일신보』 1914. 8. 6.

241 스즈키 다카시(鈴木隆)를 가리킨다(『직원록』).

242 『매일신보』 1918. 6. 22.

243 경상북도 내무부 권업과 소속이다(『직원록』).

244 『매일신보』 1924. 3. 25. 그가 체재하는 8일 동안 거의 눈이 내렸다고 한다.

245 福原裕二, 2013, 앞의 책, 60쪽. 『매일신보』 1924년 8월 1일자 기사에는 도쿄에서 귀임하던 사이토가 부산에 상륙하여 진해와 울릉도를 시찰한 후 대구로 나와 7월 31일 오전 11시 46분발 열차로 북행北行한 것으로 보도했다.

246 『조선일보』 1926. 3. 29.

247 『동아일보』 1928. 9. 11.

248 『동아일보』 1933. 5. 27; 『매일신보』 1934. 1. 31.

249 『매일신보』 1932. 5. 9.

한국인이 울릉도의 행정이나 도무島務에 참여하게 된 것은 1930년대이다. 1933년 경북 의회는 도의회 선거를 실시했는데, 정원은 30명이었다. 울릉도에는 한 명의 의원이 배당되었는데 입후보자는 최열崔烈, 김봉근金奉根,[250] 가타오카 히코로쿠(片岡彦六), 홍재현洪在鉉[251]이었다가 선거 사흘 전인 5월 7일 우규현禹桂鉉, 가타오카 히코로쿠, 최재열崔在烈[252] 김봉근金鳳根, 시노하라 긴타로(篠原金太郎)로 바뀌었다.[253] 유권자 수 22명 가운데 7표를 획득한 최재열[254]이 당선되었고, 차점자는 5표를 획득한 김봉근이었다. 1936년에도 도의회 의원은 최열崔洌이었다.[255]

1934년 농지령이 실시되어 소작위원회가 조직되었을 때 부윤·군수·도사가 회장이고, 내무주임과 경찰서장이 관변 위원, 서무주임과 고등계주임이 예비 위원에 임명되었는데, 울릉도에서는 홍재현洪在現과 후지노 긴타로(藤野金太郎)가 예비 위원에, 가타오카 기치베와 최열崔洌[256]이 민간 위원에 임명되어 참여했다. 1934년에 도사는 요자 도요지로였다. 김수진이 산림과 관계된 영림서 울릉관리소 소장으로 재직하는 것은 1940년 7월이다.[257]

울릉도민은 일제강점기에 일본인에 대한 반감을 드러내거나 직접적으로 저항하기는 어려웠을 것이다. 1919년 3·1운동이 전국적으로 일어

---

250 金鳳根의 오기인 듯하다. 『鬱陵島鄕土誌』에는 金鳳根으로, 『東海의 睡蓮花』에는 全鳳根으로 되어 있다.

251 洪在現의 오기이다. 『매일신보』 1933. 4. 24.

252 崔烈의 오기인지, 다른 사람인지는 알 수 없다. 『慶北大鑑』(1936)에는 崔洌로 되어 있다.

253 『매일신보』 1933. 5. 7.

254 『매일신보』 1933. 5. 12.

255 『조선중앙일보』 1936. 2. 29.

256 『매일신보』 1934. 10. 22.

257 『鬱陵島鄕土誌』, 1963, 99쪽.

났을 때 『매일신보』는 "젼됴민이 흡슈히 한집안 사람과 맛찬가지가 되야 너션인의 융합된 상황은 도뎌히 다른 디방사람의 쑴에도 싱각못홀 일이라더라"[258]라고 보도했다. 울릉도에서도 토지조사사업[259]이 실시되어 1913년 6월 초순부터 예비조사를 실시한 후 1914년부터 본 조사를 실시했다.[260] 1927년에 토지의 일부를 국유지로 한다는 소식을 접하자 북면의 천부동과 석포 주민 19명은 경상북도와 조선총독부에 진정서를 제출했다.[261] 국유지로 편입되더라도 자신들의 경작권을 보장해달라는 것이며 국유지와 보안림이라는 이유로 경작을 금지하는 것은 부당하다는 내용이었다. 이들이 경작하고 있던 국유지는 20정보町步였는데 그 후의 처리 상황에 관한 보도는 없다.

조선총독부 시정 25주년 기념표창을 받은 홍재현은 면장과 어업조합 부조합장, 면협의회 회원, 농회 부회장, 학교평의회 회원, 번영회 부회장, 농촌진흥회 위원을 역임한 인물이다. 그는 일본어에 능통하여 일본인과 조선인 사이를 잘 조정했으며, 양잠업을 장려했고, 1916년 보통학교 설립 때 건축비 문제에 차질이 생기자 부역을 감독하는 일을 자원했으며 섬 일주도로 개설에 공헌한 인물로 평가되었다.[262] 그는 가타오카 기치베[263]와 잘 협력하여 식민통치의 원활한 수행을 위해 노력한 부일 협

---

258 『매일신보』 1919. 4. 30.

259 1912년 토지조사령이 내려져 조사에 착수했는데, 1913년 7월 토지대장을 정비했으며 1916년 대구지방법원 울릉도출장소가 설치됨으로써 소유권 등기가 가능해졌다(『鬱陵郡誌』, 1989, 44쪽; 87쪽).

260 『매일신보』 1913. 5. 24.; 『동아일보』 1927. 8. 10.

261 『동아일보』 1927. 8. 10.; 『매일신보』 1927. 8. 13.; 『중외일보』 1927. 8. 14.

262 윤소영, 2016, 앞의 글, 51~52쪽.

263 가타오카는 1924년 5월에 인가받은 울릉도농업협동조합의 초대조합장이기도 했다(福原裕二, 2013, 앞의 책, 60쪽).

력자였다는 공적으로 말미아아 울릉도의 한국인 가운데 유일하게 표창된 인물이기도 하다. 일제강점기에 언론은 울릉도에서 한·일 양국인이 대체로 큰 갈등 없이 지낸 것처럼 보도했지만, 그 이전부터 양국인이 빈번히 갈등해온 정황은 여러 기록으로 알 수 있다.[264]

1927년 울릉도경찰서의 범죄 통계를 보면, 삼림령 위반이 8건이고 절도가 2건이다. 자작 자급율이 육지보다 앞서 있다는 보도가 있었지만,[265] 이는 다른 측면에서는 땔감이 절대적으로 필요하고 절도할 만한 물자도 없는 열악한 상황이었음을 뜻한다. 도민 가운데 극히 일부가 식민통치에 적극 협조하면서 사적 이익을 도모한 반면, 대다수의 도민은 일본인의 수탈을 감내하며 살고 있었던 것이다.

V. 맺음말

일제강점기에 언론을 통해 파악된 울릉도 사회는 다음과 같이 정리할 수 있다. 울릉도 역사와 연혁에 관한 보도는 언론마다 비슷해서, 지증왕 13년의 우산국 기사로 시작해서 조선 시대의 울릉도 쟁계, 개척 이후 경상북도 관할이 되기까지의 역사를 소개했다. 지형에 관한 보도도 화산섬이고 토양이 비옥하며 층암절벽과 기암괴석이 많다는 내용으로 비슷하다. 특산물로는 백단과 향나무, 고추냉이, 동백기름, 목이버섯, 너도밤나무 등을 거론했다.

이주민의 경제 상황은, 농업을 주업으로 해서 생활 수준은 매우 낮고,

264 우용정의 「欝島記」(1900), 『島誌』 및 이에 근거한 『鬱陵郡誌』(1989)에 일부 소개되어 있다. 대부분 개인의 증언을 따른 것이다.

265 『동아일보』 1928. 9. 11.

옥수수와 감자를 주식으로 해도 식량이 부족할 정도였다. 부업으로는 소와 돼지, 산양, 닭 등을 사육했으며, 양잠과 특용작물도 함께 재배했다. 쌀농사가 거의 안 돼 육지에서 들여왔다. 고치는 생산액이 오징어 다음을 차지할 정도로 중요한 산물이었다. 울릉도의 소는 값이 저렴하고 육질이 좋아 조선 본토와 일본으로 수출했다. 그러므로 울릉도 수출품은 고치와 콩, 소, 오징어와 전복 등의 1차 산물이었는데 수입품에 비해 가격이 낮게 책정되었다.

총 인구와 농업 인구 및 어업 인구, 논밭의 면적에 대한 통계는 언론에 따라 차이가 있다. 어업은 울릉도 경제에서 가장 중요한 위치를 차지하는데, 일본인이 거의 전유했다. 전복과 오징어는 일제강점기 이전부터 수출할 정도였고, 일제강점기에는 이 외에 고등어, 방어, 해삼, 우뭇가사리,[266] 정어리 등의 어종이 추가되었다. 특히 오징어 어업은 울릉도 수출액 가운데 가장 큰 비중을 차지했고 1930년대에는 고등어 어업의 수입이 좋았으나 대부분의 수익은 일본인이 전유했다. 전복 채포권은 1917년에 울릉도 재주 일본인 오쿠무라 헤이타로(奥村平太郎)와 에시마 신조(江島新藏)에게 넘어갔고, 이들은 채포한 전복을 통조림으로 만들어 일본으로 수출했다. 어업과 상업의 발달은 조합과 금융 기관의 발달을 초래했지만, 금융기관은 조합보다 늦게 발달했다. 일본인 상인조합과 어업조합이 먼저 생긴 뒤에 저금계와 저금조합이 생겨 한동안 이들이 금융기관을 대신했다. 어업조합이나 금융조합에 한국인이 직접 개입하게 되는 것은 1930년대에 이를 무렵의 일이었다.

울릉도의 교역은 항만시설 및 항로와 관계가 깊은데 부산과 울릉도 간

266 우뭇가사리는 1897년부터 울릉도 수출품이었다.

항로, 울릉도와 일본 사카이미나토 간 항로를 중심으로 우송과 운송 업무가 이뤄졌다. 포항과 울릉도 간, 부산과 울릉도 간 항로는 조선총독부의 명령 항로로 운항되다가 점차 항로 및 운항 횟수가 증가했다. 일본이 러일전쟁을 수행하기 위해 일찍이 해저전선을 설치한 바 있듯이 통신설비는 비교적 이른 시기에 개설되어 우편과 전신 업무를 함께 수행했다. 육지에서 발간된 일간신문은 주간으로 받되 월정액을 받고 각 가정에 배달되었다. 전력은 1930년에 발전을 시작했고 1940년에도 발전 시설을 가동한 사실이 있지만 소규모여서 지속되지 못했다.

울릉도는 다른 지역과 마찬가지로 식민 통치로부터 자유로울 수 없었고, 일본인의 자원 침탈은 자연히 한국인의 곤궁을 초래했다. 나무와 특산물은 일본인이 거의 남벌하거나 남획했고, 어획물도 일본인이 전유했다. 한국인은 어로기에 일본인에게 고용되어 품삯을 받아 생활하는 것이 전부였다. 그나마도 흉어기가 되면 수입이 없어 생활이 더 어려워져 일본인에게 돈을 빌려야 했고, 수입이 없으면 빌린 돈을 변제하기 위해 다시 돈을 빌려야 하는 악순환이 반복되었다. 결국 경제 구조가 일본인 고리대금업자의 배만 불리는 양상을 빚었다. 빈곤의 원인이 인구 과잉에 있다는 진단이 내려져 도민을 만주나 광산 노동자로 이주시켰지만 일본인들이 임금에 대한 약속을 지키지 않아 이주민의 생활은 별로 나아지지 않았다.

울릉도민의 생활 전반에 영향을 미칠 수 있는 정책수립가는 경상북도 관리 및 울릉도사였는데, 그 밑에서 면장과 각종 조합장, 소작위원회 위원 등이 협력했다. 관리와 위원은 대부분 일본인이었고 한국인으로는 홍재현과 최열이 주로 협력했다. 서이환徐二煥[267]은 1932년 북면 면장에 임명되었다가 해방 후 국회의원을 지냈다.

본토인에게도 낯선 울릉도는 사건이 날 때마다 세간의 관심을 끌었고, 그런 만큼 신문에도 자주 보도되었다. 다만 개척의 역사가 길지 않다 보니 관련 정보가 많지 않아 보도 내용 가운데는 더러 오류가 보였다. 그렇다 하더라도 신문은 사건이 발생한 시점의 사정을 가장 빨리 알려주는 유일한 매체였으므로 현지 상황을 가장 즉각적으로 보여주었다. 다만 사건이 발생할 때만 보도되다 보니 정보에 지속성이 없어 이로써 사회의 제반 양상을 제대로 파악하기는 어렵다. 이를 보완할 만한 자료로는 같은 시기에 조선총독부가 시행한 국세조사 및 경상북도의 조사 기록이 있다. 이들 조사 기록은 원활한 행정을 위해 정기적이고 지속적으로 실시되었으므로 언론 보도에 비해 연속성이 있다. 따라서 울릉도 사회의 여러 양상을 전체적으로 파악하려면 이들 통계서도 함께 볼 필요가 있다. 다음 장에서는 이를 다룬다.

267 1948년 울릉도에서 무소속으로 당선된 초대 국회의원 명단에 보인다(『조선일보』 1948. 5. 14.; 『동아일보』 1948. 5. 15.). 『鬱陵島鄕土誌』(1963, 82쪽)에 따르면, 서이환은 1945년 12월부터 1948년 4월 초까지 울릉도사로 재직했고 울릉중학교 설립자였다.

제4장

통계로 본 일제강점기 울릉도 사회

Ⅰ. 머리말

이 글은 일제강점기 울릉도 사회의 제 양상을 고찰하되 조선총독부가 간행한 통계서를 중심으로 분석했다. 이는 언론에 보도된 울릉도 사회에 대한 후속 연구이기도 하다. 한국인이 울릉도에 정식으로 정주하기 시작한 이후의 역사는 그리 길지 않은 데다 정주하기 전부터 일본인이 왕래하고 있었으므로 울릉도 개척사는 일본의 침탈사와 궤를 같이하고 있다. 국권을 빼앗기기 전까지의 개척사 연구는 독도 편입의 역사적 배경을 연구하는 데 부수되어 왔다. 이 때문에 일제강점기 울릉도 사회에 관한 연구는 일본인에게 초점을 맞춰 이뤄진 연구를 제외하면[1] 신문기사를 분석한 연구[2]가 있으나 매우 단편적이다. 한국인[3]에게 초점에 맞춰 오징어 어업의 관점에서 다룬 것이 있지만 이 역시 단편적이다.[4] 자료 활용의 측면에서 보더라도 선행 연구는 조선총독부 간행물이나 신문기사의 일부를 활용한 것을 제외하면 대부분 『울릉군지』(1989)에 의거하여 고찰했다. 그러나 『울릉군지』는 1차 사료가 아니다. 더구나 군지는 울릉도 사회의 여러 양상을 기술하되 일제강점기를 따로 다루지 않고 각 주제 안에서 일부 내용을 언급하되 한반도의 일반적인 상황을 기술하는 데 역점을 두었다. 그 안에서 울릉도 관련 내용을 일부 다루었다고 하더라도 전거를 밝히지 않아 사실관계를 검증하기가 어렵다. 2007년에 개정된 『울릉군지』는 「일제강점기의 울릉도」를 별도로 다루었지만, 행정 구획의 변화와 토지 조사, 어업조합, 인구 변화 등을 간략히 언급하는 데 그쳤다. 이에 이 글은 조선총독부 간행물 및 울릉도[5] 통계자료에 의거하여 울릉도 사회의 제반 양상을 구체적으로 고찰하고자 한다.

---

1 福原裕二, 『たけしまに暮らした日本人たち』, 風響社, 2013.

2 박미현, 「1920~30년대 울릉도 관련 신문기사를 통해 본 강원도」, 『이사부와 동해』 6, 이사부학회, 2013.

3 원문은 조선인으로 되어 있다. 이 글에서는 전부 한국인으로 바꾸었다.

4 김수희, 「일본식 오징어어업의 전파과정을 통해서 본 울릉도 사회의 변화과정」, 『대구사학』 115집, 대구사학회, 2014.

5 울릉도는 1900년에 울도군, 1915년에 울릉도, 1949년에 울릉군으로 바뀌는 변화를 겪었다.

Ⅱ. 울릉도 연혁과 일반 현황에 관한 기술

1. 연혁 및 일반 현황

대한제국의 주권이 피탈된 후 문헌에 기술된 울릉도 역사는 대부분 유사하다. 조선총독부가 간행한 『조선휘보朝鮮彙報』[6]와 민간에서 간행한 『최신 조선지지最新朝鮮地誌』(1918)[7]에 기술된 내용은 신문 보도와 크게 다르지 않다. 울릉도에 초점을 맞춰 섬의 역사를 가장 자세히 기술한 것은 『울릉도 행정일반鬱陵島行政一斑』(1933)이다. 신라시대 우산국 시대부터 고려 및 조선 시대 숙종 연간의 울릉도 쟁계, 이어 개척기의 영유권 문제까지 기술했다. 다만 약간의 오류가 있다. 이를테면, '軍主군주' 이사부를 '郡守군수' 이사부로, 세종 20년 '金丸김환'을 '全丸전환'으로, 이규원의 검찰 시기를 1883년으로, 개척령 발포 시기를 1884년으로 오기했다. 1883년 구마모토현 사람들이 울릉도에 와서 작은 집을 짓고 해산물 또는 목재를 채취하여 수출하는 것을 전업으로 하다가 겨울에 돌아갔으며 이후에는 시마네현과 돗토리 방면 사람들이 와서 어로와 벌목을 하여 한국인의 대두와 잡곡 등과 교환한 사실이 있다고 기술했다. 그리고 이를 당시 무역 개척의 효시라고 기술했다.

1900년 이후의 상황에 대해서는, 광무 5년(1901)[8]에 도장제를 폐지하고 울릉군[9]으로 만들어 군수를 두었으며, 광무 7년(메이지 36년, 1903) 군청을

6 『朝鮮總督府月報』(1911. 6.~1915. 2.)가 1915년에 『朝鮮彙報』(1915.~1920. 6.)로 바뀌었다가 1920년 7월호부터 다시 『朝鮮』으로 바뀌었다.

7 교과용 참고서로 활용하기 위해 낸 것으로 조선총독부 토지조사국과 농상공부의 협조를 받아 '조선급만주사'가 펴냈다. 『朝鮮誌』와 『韓國水産誌』 등을 참고하여 집필한 것으로 보인다.

8 광무 4년, 1900년이 맞다.

9 1936년판은 울도군으로 바로잡혀 있다.

서면 대하동臺霞洞[10]에서 현재의 남면 도동[11]으로 이전했다고 기술하는 등 오류가 적지 않다. 융희 원년(메이지 40년, 1907)[12]에 지방구역 개정에 의거, 본도를 강원도 관할에서 경상남도 소관으로 하고 전도를 남·서·북 3면으로 나누었다가, 1914년 부군府郡 폐합에 따라 경상북도로 이속되어 오늘에 이르렀다고 잘못 기술했다. 그런데 이런 오류를 『경북대감慶北大鑑』(1936)과 『울릉도세 일반鬱陵島勢一斑』(1938)이 답습했다. 신문은 러일전쟁과 금화 이야기 등 사람들의 이목을 끌 만한 내용을 소개했지만, 조선총독부 간행물은 이런 내용을 싣지 않았다. 신문 보도와 비교할 때 이들 간행물은 역사 기술은 유사하지만 행정제도의 변화를 좀더 자세히 기술한 점에서 차이가 있다.

2. 지세와 지질, 기후

조선총독부 간행물에서 울릉도에 관한 지리적 형세는 이전 지리지와 마찬가지로, 월송포 남쪽 40여 리 해상의 섬으로 기술하되,[13] "강원도 울진에서 해상 약 90리浬, 부산에서는 180리, 내지 마쓰에(松江)에서는 180리 떨어져 있"[14]다는 내용이 분주로 추가되어 있다. 울릉도의 폭은 동서남북이 모두 같으며 최장 거리는 2리里 28정町 정도이고, 둘레는 약 10리浬[15]라고 기술했다. 면적은 속도屬島를 포함하여 4.73방리(7,351町步-

10 태하동台霞洞이 맞는데 잘못 표기했다.

11 1936년판은 남면동으로 오기했다. 『慶北大鑑』(1936, 1314쪽)도 군청을 서면 臺霞洞에서 현재의 南面洞으로 이전했다고 잘못 기술했다.

12 1906년이 맞는데 잘못 기술했다.

13 『韓國地理』(1904)와 『最新韓國實業指針』(1904) 및 『朝鮮新地理』(1910)에서 보였던 내용이다.

14 『慶尙南道道勢要覽』(1914); 『最新朝鮮地誌』(1918)

15 『朝鮮新地理』(1910)는 18리里로, 『韓國水産誌』 제2집은 18리로, 『鬱陵島勢一斑』(1938)은 11리로 기술했다.

원주)라고 기술했다.[16] 최고점은 3,230피트(呎)이고, 1천 피트 이상의 봉우리가 십여 개 있다. 평지가 드물고 주변도 거의 깎아지른 절벽으로 되어 있으며 만의 입구가 적은데다 하나이므로 배를 매어 둘 만한 항만이 되지 못하고, 도동이라는 작은 만이 하나 있지만, 풍랑이 거세지면 배를 매어둘 수 없다고 했다.[17] 다만 문헌에 따라 약간 차이가 있어 "전면에 도동항이 있고 배면背面에 대하臺霞항이 있어 도동항에 대한 부항副港의 형상을 드러내고 있다"[18]고 하거나, "도동만이 유일한 어항이지만 폭이 좁아 만 입구는 겨우 50칸間이라 계선繫船에 불편하며 기타 남양, 통구미通九味, 태하동台霞洞, 죽암竹岩, 저동苧洞 등의 어촌이 퍼져 있지만 해안선은 모두 완궁緩弓형 혹은 직선이므로 출어하기에 자못 곤란한 상황"[19]이라고 기술하여 약간 차이가 있다. 문헌에 따라 '臺霞대하'와 '台霞태하'로 표기가 다르다. '臺霞'[20]로 표기한 것은 주로 조선총독부 간행물이다.

울릉도 지형에 대해서는, 울릉도가 조면암 혹은 알카리성 암석으로 이루어진 화산섬이며 최고봉인 성인봉의 해발은 983미터이고[21] 미륵봉은 900미터라고 기술했다.[22] 문헌에 기술된, 울릉도의 위치 관계를 정리하면 〈표 1-4-1〉과 같다.

---

16 『韓國地理』(1904)는 500사방 리로, 『朝鮮新地理』(1910)는 약 500리里로, 『朝鮮彙報』(1915)는 9평방 리로 기술했다.

17 『最新朝鮮地誌』, 1918, 139쪽.

18 『慶北産業誌』, 1920, 13쪽.

19 『鬱陵島行政一斑』, 1933, 65쪽.

20 위의 책. 『慶北大鑑』(1936)과 『』(1938)도 臺霞洞으로 표기하고 『慶尙北道勢一斑』(1928)은 台霞洞으로 기술했다. 『鬱陵島行政一斑』(1933)은 두 가지로 표기했다.

21 『朝鮮彙報』; 『最新朝鮮地誌』; 『慶北の水産』, 『慶北産業誌』는 984미터로 적었다. 미륵산은 901미터, 관모봉은 700미터, 난봉은 611미터, 초봉은 608미터, 대등大磴은 566미터로 적어 문헌마다 다르다.

22 『鬱陵島行政一斑』(1933, 7쪽); 『慶北大鑑』(1936, 1315쪽); 『鬱陵島勢一斑』(1938, 4쪽). 현재 '디지털 울릉문화대전'은 '미륵봉'의 높이를 903미터, 900.8미터, 901미터로 항목별로 다르게 적었다.

〈표 1-4-1〉 울릉도 위치에 관한 문헌의 기술

동경	북위	출전
동경 130도 47분내지 54분 사이	북위 37도 36분 내지 32분	最新朝鮮地誌(1918)
동단 130도 56분 34(*) 동단 130도 55분 22 서단 130도 47분 35(*) 서단 130도 47분 35	북단 37도 33분 02 남단 37도 27분 16	朝鮮地誌資料[23] (*는 島嶼 포함 수치)
1) 동경 130도 5분 2) 동경 130도 47분에서 55분 사이	1) 북위 37도 30분 2) 북위 37도 22분에서 30분	鬱陵島行政一斑(1933)
동경 130도 5분	북위 37도 30분	慶北大鑑(1936); 鬱陵島勢一斑(1938)

한편 육지에서의 거리관계는 〈표 1-4-2〉와 같다.

〈표 1-4-2〉 육지에서 울릉도까지의 거리에 관한 문헌의 기술

거리	면적	둘레(周圍)	출전
강릉에서 40浬 울진에서 90浬 부산에서 180浬 松江에서 180浬[24]		둘레 10浬 최장거리 2里 28町	最新朝鮮地誌(1918)
포항에서 138浬	4.727方里(울릉도)	12里	慶尙北道勢一斑(1928)
포항에서 263.9粁(킬로미터)	4.727方里(울릉도)		慶尙北道勢一斑(1932)
죽변에서 76浬 부산에서 173浬 포항에서 138浬 境港에서 172浬	4.73方里(7.351町步, 속도 포함)	12里	鬱陵島行政一斑(1933)
본토에서 72海里		29浬	慶北の水産(1934)
죽변에서 76浬 부산에서 173浬 포항에서 138浬 境港에서 172浬	4.727方里(울릉도) 4.73方里(7.351町步, 속도 포함)		慶北大鑑(1936)
죽변에서 76浬 부산에서 173浬 포항에서 138浬 境港에서 172浬	4.73방리(7.351町步, 속도 포함)	둘레 11里 최장 거리 2里 28町	鬱陵島勢一斑(1938)

23 조선총독부가 1919년에 펴낸 1권으로 된 자료이다. 이 자료는 토지조사 성과에 따라 집록한 것으로 토지조사사업 보고서와는 별개이다.

24 『朝鮮彙報』(1915)는 죽변에서 80해리, 사카이미나토에서 180해리로 기술했다.

『조선지지자료』(1919)는 울릉도 전체 면적을 울릉도(4.700방리)와 죽도(0.016방리), 관음도(0.011방리)를 포함하여 4.727방리方里로 기술했다.[25] 후일의 자료는 이를 울릉도만의 면적으로 보았다. 언론은 울릉도 면적을 '4.73방리(7.351정보)'로, 둘레를 120리 내지 140리로 보도했다. 조선총독부 자료는 10리, 12리로 기술했으나 이는 일본식 리이다.

문헌에 기술된 울릉도 기상[26]은 다음 〈표 1-4-3〉과 같다.

〈표 1-4-3〉 울릉도의 기후 (강우량 단위는 밀리리터)

조사 연도	연 총우량	평균 온도	연 최고 온도	연 최저 온도	結霜(월 일)		降雪(월 일)	
					초	종	초	종
1927	1,321.5	14.4	32.6	10.6		3월 28일	10월 18일	3월 16일
1928	1,570.3	14.4	31.0	7.2		4월 24일	11월 17일	3월 21일
1929	1,469.4	14.3	33.7	7.8	12월 17일	3월 4일	11월 9일	4월 14일
1932	1,157.9	14.5	33.5	-9.8[27]	11월 18일	3월 20일	10월 21일	3월 12일
1934	1,543.2	14.2	35.0	12.6	12월 25일	12월 7일[28]	12월 7일	4월 1일

위의 표로 울릉도의 기후가 겨울에는 추위가 심하지 않으나 강설 기간이 길고, 연중 강우량이 많음을 알 수 있다.

25 현재 울릉도의 면적은 72,897,360㎡(22,051,451평), 동서 길이 10㎞ 남북 9.5㎞, 해안선 둘레는 56.5㎞로, 죽도의 면적은 207,868㎡(62,880평)로 되어 있다. 관음도의 면적은 21,600평으로 되어 있다(울릉군 홈페이지 참조).

26 1927~1929년은 『慶尙北道勢一斑』에서, 1932년은 『鬱陵島行政一斑』에서, 1934년은 『慶北の水産』에서 인용했다.

27 "攝氏零下九度八"이라고 했는데 오기한 듯하다.

28 강설일과 날짜가 같으므로 오기한 듯하다.

3. 가구와 인구

울릉도는 1900년에 울도군으로 승격했지만 곧바로 행정조직을 구비한 것은 아니었다. 조선총독부는 1910년 9월 30일 칙령 제357호로 각 부·군에 면面을 두되[29] 면에는 판임관 대우를 받는 면장을 두도록 규정했다. 이어 1913년 12월 29일 부령 제111호(1914년 3월 1일 시행)로써 각 도의 관할구역과 부군府郡의 명칭과 위치, 관할구역 등을 개편하고, 관련 법령을 공포했다. 이에 울도군은 경상남도에서 경상북도로 이속되었고, 3면 9동 체제가 되었다. 1915년에는 부령 제44호로 울도군은 제주도와 함께 도제島制로 개편되어 군수가 아닌 도사島司가 관할했다. 1917년 6월에는 「면제 시행규칙面制施行規則」이 공포됨에 따라 면 기능이 강화되는 차원에서 행정체제를 구비해갔다.[30] 이후 울릉도 행정은 울릉도청과 면제를 중심으로 이뤄졌다. 울릉도의 동별 명칭과 부락 수는 〈표 1-4-4〉와 같다.

〈표 1-4-4〉 울릉도의 동명과 부락 수

면명	동명	부락 수	면사무소 소재지
남면	도동(道洞), 사동(沙洞), 저동(苧洞)	8	남면 도동
서면	남양동(南陽洞), 남서동(南西洞), 태하동(台霞洞)	11	서면 남양동
북면	천부동(天府洞), 나리동(羅里洞), 현포동(玄圃洞)	10	북면 천부동[31]

29 칙령 제357호는 25조에 "각 부군에 면을 둔다. 면에 면장을 둠. 판임관의 대우로 함. 부윤(府尹)이나 혹 군수의 지휘 감독을 承하여 面 내의 행정사무를 보조 집행함이라. 면과 면장에 관한 규정은 조선총독이 정한다"라고 규정했다.

30 홍순권, 「일제시기의 지방통치와 조선인 관리에 관한 일고찰」, 『국사관논총』 제64집, 국사편찬위원회, 1995.

31 후쿠하라 유지는 면 소재지가 나리동에서 천부동으로 이전했는데 언제인지는 분명하지 않다고 했다(福原裕二, 2013, 앞의 책, 37쪽). 『官報』 제4208호(1926. 8. 28.)는 북면 사무소의 위치를 천부동 509번지로 변경하여 1926년 7월 20일 이전했다고 고시(경상북도 고시 제67호, 8. 25.)했으므로 그 이전으로 보인다.

울릉도의 가구와 인구는, 1915년 12월말 기준으로 한국인은 1,403가구 8,392명이고, 1916년 9월말 기준으로 일본인은 467가구 1,700명, 모두 1,774가구에 9,623명이었다. 경상북도는 371,331가구이고 인구는 1,937,514명이었다.[32] 『경상북도 통계연보』(1918)에 따르면, 한국인은 1,456가구인데 남자가 4,447명, 여자가 4,171명, 모두 8,618명이었고, 일본인은 388가구인데 남자가 663명, 여자가 535명, 모두 1,198명이었다. 울릉도에는 모두 1,844가구, 9,816명이 살고 있었던 것이다. 일본인의 증가가 눈에 띈다. 중국인도 1가구, 3명이 살고 있었다.

문헌에 기록된 인구 통계와 언론에 보도된 통계를 함께 실어보면 〈표 1-4-5〉와 같다. 비교를 위해 『울릉군지』(1989)의 통계도 함께 실었다.[33]

〈표 1-4-5〉 1913~1945년 울릉도 인구 통계[34]

연도	전 가구	전 인구	한국인 (가구/인구)	일본인 (가구/인구)	중국인 (가구/인구)	출전
1913	1,737	8,192	1,400/6,967	337/1,231		매일신보(8.12)
1913				607/2,094		연혁부
1914.6	1,859	9,358	1,424/7,905	435/1,453		조선휘보 (1915.3)
1915	1,900	14,400				매일신보(2.26)
1915			1,403/8,392	371/1,231		경북사진 편람[35]
1915.9				240+275 /733+813		연혁부[36]

32 『경북사진편람』(1916)의 「경상북도세 개관 -부록」에 부군명, 인구(일본인, 한국인, 중국인, 기타, 외국인 순서)가 실려 있다.

33 『鬱陵郡誌』는 조선총독부 통계연보에 의거한 것임을 밝혔다. 후쿠하라도 조선총독부 통계연보에 의거하여 실었다(福原裕二, 2013, 앞의 책, 20~23쪽). 필자가 파악한 인구 숫자와 다른 부분이 있다.

34 연도는 조사 연도를 의미한다. 『鬱陵郡誌』도 조사 연도를 의미하지만, 분명하지 않은 경우는 간행 연도를 따랐다.

35 일본인은 1916년 9월말, 한국인은 1915년 12월 말 현재 통계임이 밝혀져 있다. 『鬱陵郡誌』(1989)는 1915년 통계에 넣어 총 1,774가구, 9,623인으로 기술했다.

36 『沿革簿』는 인구를 보통구의 호 수와 인구 및 특별구의 호 수와 인구 순으로 구분하여 실었다(예: 278+329/936+1,158).

연도	전 가구	전 인구	한국인 (가구/인구)	일본인 (가구/인구)	중국인 (가구/인구)	출전
1916				253+274 /774+822		연혁부
1916	1,774	9,623		467/1,700		울릉군지
1917			1,498/9,159	393/1,398	1/1	최신 조선지지
1917.9				272+268 /886+784	1/3	연혁부
1918	1,844	9,816	1,456/8,618	388/1,198	1/3	경상북도 통계연보
1918. 9.			156+1,289 /842+7671	247+183/	2/6	연혁부
1919	1,718	9,372	1,454/8,359	263/1,010	1/3	경북산업지[37]
1919. 9.			150+1,288 /768+7,613	209+140 /752+495	3/5	연혁부
1919. 9.	1,790	9,633	1,438/8,381	349/1,247	3/5	울릉군지
1920. 9.			153+1,269 /763+7,378	167+60 /622+178	1/4	연혁부
1920. 9.	1,650	8,945	1,422/8,141	227/800	1/4	울릉군지
1921. 9.			154+1275 /779+7,597	132+74 /422+238	1/4	연혁부
1921	1,636	9,050	1,429/8,376	206/670	1/4	울릉군지
1922	1,700	1만 명 미만	/약 8천			독립신문(8. 1.)
1922			150+1,720 /370+7140	140+40 /470+118	1/3	연혁부
1922	2,051	8,101	1,870 /7,510	180/588	1/3	울릉군지
1923. 9.			78+306 /530+7390	138+33/ 504+96	2/8	연혁부
1923	1,621	8,528	1,484/7,920	171/600	2/8	울릉군지
1924			1,375/8,225	176/631	1/4	매일신보(3. 25.)
1924			99+1,318/ 482+8020	119+30 /462+97	2/7	연혁부
1924	1,668	9,068	1,517/8,502	149/559	2/7	울릉군지
1925			182+1,303 /1029+6011	138+25 /478+82		연혁부
1925	1,651	7,609	1,485/7,040	163/560	3/9	울릉군지
1926			183+1,296 /498+5,963	136+20 /459+36	3/9	연혁부
1926	1,638	6,965	1,479/6,461	156/495	3/9	울릉군지
1927	1,684	10,194	1,522/9,653	152/531	10/10	경상북도세 일반
1927[38]	1,678	10,994	1,522/9,653	152/531	4/10	『동아일보』 (1928. 9. 12.)

37 『慶北産業誌』, 1920, 34쪽.

38 『慶尙北道勢一斑』의 내용이 1927년 12월 말 통계인데 『동아일보』 보도와 같으므로 『동아일보』

연도	전 가구	전 인구	한국인 (가구/인구)	일본인 (가구/인구)	중국인 (가구/인구)	출전
1927			190+1340 /534+6,260	138+21 /468+65	3/10	연혁지
1927	1,692	7,337	1,530/6,794	159/533	3/10	울릉군지
1928	1,720	10,466	1,565/9,930	151/526	4/10	경상북도세 일반
1928			143+1,191 /914+8,139	128+17 /448+71	4/10	연혁부
1928	1,583	6,742	1,434/6,213	145/519	4/10	울릉군지
1929	1,694	10,456	1,545/9,973	146/473	3/10	경상북도세 일반
1929			169+1786 /812+8424	119+18/ 417+59	4/10	연혁부
1929	2,102	9,722	1,955/9,236	137/476	4/10	울릉군지
1930	1740	10053				경상북도세 일반
1930			179+1,180 /1066+6,462	117+18 /418+56	2/7	연혁부
1930	1,396	8,008	1,259/7,528	135/473	2/7	울릉군지
1931	1,915	11,263	1,774/10,739	141/524	0/0	경상북도세 일반
1931. 9.			184+1,175/ 1097+6,486	119+20 /426+70	1/5	연혁부
1931	1,499	8,073	1,359/7,572	139/496	1/5	울릉군지
1932	□[39]	117,53	1,830/11,272	138/481		울릉도 행정일반
1932. 9.			205(시내) +1,289(시외)/ 2,195+8,319	119+16 /413+46		연혁부
1932	1,628	10,973	1,494/10,514	134/459		울릉군지
1933			1,830/ 5,838+5,434	138/ 239+242		『동아일보』(9. 17.)
1933. 9.			310+1,225/ 1698+8,319	107+11/ 379+30		연혁부
1933	1,653	10,426	1,535/10,017	118/409		울릉군지
1934		11,753				『조선일보』(1. 28.)
1934	1,915	15,264	1,774/10,739	131/524		『조선일보』(1. 30.)
1934			1,774/10,739	141/524		『동아일보』(2. 1.)
1934	1,968	11,753[40]				매일신보(2. 18.)
1934	1,830	11,753				매일신보(2. 19.)
1934. 9.			257+1,544 /1193+9,870	129+14/ 493+46		연혁부
1934	1,944	10,602	1,801/10,063	143/539		울릉군지
1935	1,919	11,331	1,801/10,902	118/429		경북대감

가 이 자료를 인용한 것으로 보인다.

39 원문 미상. 이하도 마찬가지.

40 남자는 6,717인, 여자는 5,676인으로 되어 있다.

연도	전 가구	전 인구	한국인 (가구/인구)	일본인 (가구/인구)	중국인 (가구/인구)	출전
1935. 9.			336+1505 /1,819+9,403	107+15/ 396+46		연혁부
1935	1,963	11,264	1,841/11,222	122/442		울릉군지
1936			350+1,550 /1890+9,610	105+□ /405+51		연혁부
1936	2,019	11,851	1,900/11,400	119/451		울릉군지
1937	2,059	12,096	1,942/11,672	117/424		울릉도세 일반
1937			370+1,580 /1890+9,610	105+8 /405+30		연혁부
1937	2,061	11,935	1,950/11,500	111/435		울릉군지
1938. 12			1,960 /11,744	111/403		후쿠하라
1938			389+□ /1,698+7,950	105+10/ 398+27		연혁부
1938	1,927	10,073	1,812/9,648	115/425		울릉군지
1939. 12			2,034/12,045	106/389		후쿠하라
1940. 12			2,096/12,412	103/388		후쿠하라
1941. 12			2,152/12,780	93/352		후쿠하라
1942	2,409	14,134	2,308/13,738	101/396		울릉군지
1943	2,555	16,002	2,448/15,541	107/461		울릉군지
1944	2,575	16,130	2,466/15,651	109/479		울릉군지
1945	2,279	13,949	2,276/13,944	3/5		울릉군지

1904년에 3,400~3,500명이던 한국인이 〈표 1-4-5〉에서 보이듯 1910년대에는 8천 명대로 늘었다. 1920년대 후반에는 9천여 명,[41] 1930년대에는 만 천 명, 1940년대에는 만 5천 명이 넘을 정도로 꾸준히 증가했다. 일본인은 1910년대까지는 천여 명이 넘었지만 점차 감소하여 1930년대에는 500명 이하로 감소했고 1930년대 후반에도 마찬가지였다. 1910년대에 일본인이 1,700명으로까지 증가했다는 것은 이 시기에 경제적 이익이 가장 컸음을 의미한다. 그런데 1910년대의 경제 상황을

41 7장 「울릉군내의 교회설립과 당회조직」에 따르면, 1922년 박문찬 목사의 순행 지역을 기술하면서 인구를 함께 기술했는데 조선인 남자는 4,211인, 여자는 3,930인, 일본인 남자는 388인, 여자는 355인으로 되어 있다(울릉군 기독교 100년사 편찬위원회 편, 『울릉군 기독교 100년사』, 울릉시찰회, 2012, 126쪽).

자세히 기록한 통계자료는 찾아보기 어렵다.

직업별 인구 구성비를 보면, 1917년에 한국인은 1,498가구 9,159명이었다. 이 가운데 농업 인구가 1,215가구였는데, 농업을 주업으로 하는 남자는 3,085명, 여자는 2,922명이었고, 기타 업무에 종사한 자는 남자가 710명, 여자가 505명이었다. 농업과 어업을 겸업한 한국인은 407가구, 1,820명,[42] 무업자는 남자가 40명, 여자가 28명이었다.[43] 이에 비해 일본인은 388가구 1,198명이었지만 농업 인구는 한 가구에 불과했고, 기타 업무 종사자는 남자가 1명, 여자 1명이었으며, 무업자는 여자 1명이었다.[44] 공업에 종사한 일본인은 41가구였는데, 남자 주업자는 10명, 여자 주업자는 7명, 기타 업무 종사자는 남자가 68명, 여자가 47명이었다. 무업자는 여자 2명이었다. 공무와 자유업에 종사한 일본인 30가구 중 남자 주업자가 20명, 여자가 12명이고, 기타 업무는 남자가 25명, 여자가 19명, 무업자는 남자가 21명, 여자가 18명이었다. 일본인 243가구 759명이 어업에 종사했으므로 대부분의 일본인이 어업을 전업으로 했음을 알 수 있다.[45] 한국인은 137가구, 616명만이 어업을 전업으로 했다. 수산제조를 전업으로 한 일본인은 6가구 24명이지만 한국인은 한 가구도 없었다.

1920년대의 직업별 현황에 관해서는 기록이 별로 없다. 『울릉도 행정일반』(1933)에 따르면, 농림목축업 종사자는 한국인이 8,271명, 일본인이 10명인 반면, 어업 종사자는 한국인은 1,366명, 일본인이 195명이었

42 『慶尙北道統計年報』, 1918, 52쪽.

43 위의 책, 218쪽.

44 위의 책, 48쪽.

45 위의 책, 290쪽.

다. 『동아일보』 1933년 9월 17일자 기사도 이와 같으므로 같은 통계에 의거한 듯하다. 한국인 어업 종사자가 1910년대에 616명에서 1930년대에 1,366명으로 늘어났지만, 인구 비율로 보면 어업종사자는 일본인이, 농림목축업 종사자는 한국인이 여전히 많았다. 1936년 통계에 따르면, 한국인 11,400명 가운데 농업 종사자는 8,095명, 어업 종사자는 1,285명이었으며, 상업에는 444명, 공무에는 266명, 공업에는 213명이 종사하고 있었다. 이에 비해 일본인 451명 가운데 어업에 153명, 공무에 107명, 공업에 75명, 상업에 59명, 농업에 14명이 종사했다.[46] 한국인의 11%가, 일본인의 33%가 어업 종사자였던 셈이다.

1937년에는[47] 어업 인구가 한국인은 1,576명이고 일본인은 125명이었으므로 한국인 종사자가 과거보다 증가했지만, 재주 인구(한국인 11,672명, 일본인 424명) 비율로 보면 일본인의 29%, 한국인의 13.5%가 어업 종사자였으므로 일본인 비율이 여전히 높았다. 같은 문헌의 수산업자 통계를 보면, 어업 종사자가 한국인은 622명, 일본인은 38명인데 비해 수산제조업 종사자는 일본인이 3명이고 한국인은 한 명도 없었다.[48] 한국인은 일본인에게 고용된 형태로 어업에 종사한 반면, 일본인은 부가가치가 높은 산업을 전유하고 있었음을 알 수 있다.

46 『慶北大鑑』, 1936, 1318쪽.

47 『鬱陵島勢一斑』, 1938, 7쪽.

48 위의 책, 21쪽.

Ⅲ. 울릉도의 산업과 경제

1. 토지와 농림업

개척기부터 농업에 종사해왔던 울릉도민들은 일제강점기에도 농업을 주업으로 했다. 1913년에 가장 많은 농업 수확물은 감자(56만 6천 관)였고 그 다음이 옥수수(2,340석)였는데 모두 식용에 충당하고 수출할 정도는 안 되었다. 대두와 보리도 산출액이 조금 있었다. 당시 경지면적은 논이 18정 7단보이고, 밭은 1,316정 3단보로[49] 밭이 훨씬 더 많다.1917년에 농업 인구는 1,215가구, 7,200명이었는데[50] 농산물은 대두와 보리, 조, 피, 감자 등이고 이 가운데 대두와 보리가 주를 이루었다.[51] 1920년에는 한국인 1,193가구 7,078명이 농업 인구였는데 일본인은 3가구 14명이고, 중국인은 없었다.[52] 1927년에는 한국인 1,132가구 7,779명, 일본인은 2가구 9명이 농업 인구였고, 1928년에는 한국인 1,216가구 8,149명, 일본인 1가구 2명이 농업 인구였다.[53] 1931년에는 한국인 1,187가구 7,941명이, 일본인 4가구 9명이 전업과 겸업을 합한 농업 인구였다.[54] 여전히 한국인의 대다수는 농업에 종사하고 있었다.

농산물은 쌀, 보리류(보리, 밀, 나맥(稞麥)-원주), 대두류(콩, 팥-원주), 잡곡, 과수, 특용작물(대마, 면, 닥나무-원주), 누에고치(蠶繭), 생사生絲, 마포麻布, 견포絹布 등이 있었다. 논은 일모작과 이모작으로 나누어

49 『朝鮮彙報』, 1915년 3월호, 81쪽.
50 『慶尙北道統計年報』, 1918, 218쪽.
51 『最新朝鮮地誌』, 1918, 140쪽.
52 『慶尙北道産業調査』, 1921, 19쪽.
53 『慶尙北道勢一斑』, 1929, 39쪽.
54 『慶尙北道勢一斑』, 1933, 38쪽.

지었고, 보리 농사는 논·밭으로 나누어 수확했다. 대두도 파종 면적을 단보로 나누어 수확했는데 콩 수확량이 가장 많았다. 잡곡으로는 조, 기장, 수수, 옥수수, 메밀 등이 있는데 옥수수 생산량이 가장 많았다.[55]

1936년에 수확한 농산물은 모두 23종인데 가장 많은 수입을 올린 부업은 누에고치로 20,580엔이었다.[56] 잠업은 1884년 한국인이 잠종蠶種을 육지에서 가져와 사육한 것이 효시지만, 1900년에 일본인 이주자들이 증가하면서 잠종을 일본에서 들여와 번창하게 되었다고 한다. 본래 울릉도는 산뽕나무가 무성하므로 잠업에 좋은 지리적 특성을 지니고 있었다.[57] 1914년에는 280석의 고치를 수확했고 그 가운데 250석을 사카이미나토로 이출하여 1만 엔의 수입을 올렸는데, 양잠인구 700가구 가운데 5분의 2가 일본인이었다. 울릉도 양잠업은 경북에서 3위를 차지할 정도로 성했다.[58] 양잠이 활발했던 만큼 조합이 일찍 조직되어 1916년에 양잠조합이 창설되었는데 1925년에 도농회와 병합하여 울릉도농회鬱陵島農會[59]로 개칭했고, 1927년 4월에는 각 부락에 소조합을 신설했다. 도농회는 양잠업 지도원을 양성하기 위해 소학교나 보통학교 졸업생에게 학자금을 보조하여 상주농잠학교에서 수학하도록 했다. 1931년 3월에는 농잠학교 졸업생을 기수보技手補로 채용했다.[60] 울릉도의 양잠 통계[61]는 〈표 1-4-6〉과 같다.

---

55 『慶尙北道勢一斑』(1-5), 33~54쪽.

56 『慶北大鑑』, 1936, 1323~1325쪽.

57 『鬱陵島行政一斑』, 1933, 48쪽.

58 『朝鮮彙報』, 1915년 3월호, 81쪽.

59 후쿠하라 유지는 1916년 11월에 울릉도 농회를 조직했다고 기술했다(2013, 앞의 책, 60쪽). 문헌에 따라 농회, 도농회가 섞여 있는데 이 글은 문헌에 표기된 대로 인용했다.

60 『鬱陵島行政一斑』, 1933, 50쪽.

61 통계는 『慶尙北道勢一斑』(1-5) 및 『鬱陵島行政一斑』(1933), 『慶北大鑑』(1936), 『鬱陵島勢一斑』(1938) 참조

〈표 1-4-6〉 울릉도의 양잠 통계(괄호는 단위)

연도	뽕나무밭 단보[62]	양잠 호 수	누에 매 수(매)[63]	고치생산액
1927	84	1,213	3,006	1,172(石)
1928	118□(□는 미상) 1077로 추정	1,195	3,007	1,215(石)
1929	1,230	1,060	2,571(춘잠+하잠)	1,000(石)
1930	1,129	1,045	2,695	1,331(石)
1931	1,255	1,093	2,894	1,583(石)
1932	1,369	1,094	2,851	1,471(石)
1935년 계획	1,215(町)	1,215		1,522(石)
1935[64]	1,602	985	2,212	46,989(瓩:킬로그램)
1937[65]	1,422(反)	858	1,747	40,544(瓩)

위 통계대로라면, 양잠은 1920년도와 1930년도에 가장 활발했으며, 85% 이상의 가구가 양잠을 부업으로 했음을 알 수 있다. 언론은 울릉도 특산물로 백단, 오징어, 고추냉이, 향나무, 동백기름, 목이버섯, 동백나무를 제시했으나 조선총독부 간행물이 기술한 특용작물은 이와는 약간 다르다. 통계에 잡힌 특용작물은 〈표 1-4-7〉과 같이 참깨와 들깨, 왕골과 기류杞柳 아주까리(蓖麻) 등을 포함하고 있다.[66]

〈표 1-4-7〉 1927~1931년 울릉도의 특용작물 (괄호는 단위)

연도/작물	면 (斤)	대마 (貫)	저마 (貫)	닥나무 (貫)	들깨 (石)	참깨 (石)	왕골 (貫)	기류 (貫)	아주까리 (石)
1927	2,280	5,852	24	3,750	9	6	553	–	2
1928	2,688	5,768	24	4,494	8	7	579	–	2

62 원문은 反別이다. '반보反步마다' 혹은 '단보마다'의 의미로 일본어에서 反別과 段別은 동의어이다. 1단보는 300평이다.

63 누에(掃立)는 춘잠과 추잠을 합한 통계이며, 산균액도 마찬가지다.

64 『慶北大鑑』, 1936, 1325쪽.

65 『鬱陵島勢一斑』, 1938. 『동아일보』 1937년 9월 8일자 보도에 따르면, 1937년 산균액은 39,650킬로그램(瓩), 45,201엔이므로 『鬱陵島勢一斑』 통계와는 약간 다르다.

66 『慶尙北道勢一斑』 1-5.

연도/작물	면 (斤)	대마 (貫)	저마 (貫)	닥나무 (貫)	들깨 (石)	참깨 (石)	왕골 (貫)	기류 (貫)	아주까리 (石)
1929	2,080	4,477	17	4,784	8	7	590	–	2
1931	3,078	3,382	12	2,097	6	6	383	–	–

울릉도는 삼림이 울창했지만 개척 이전부터 일본인이 남벌하고 개척 이후에는 한국인이 땔감용으로 남벌했으므로 거의 자취가 없어졌다.[67] 그럼에도 일본이 국권을 박탈하기 전까지 목재는 여전히 울릉도 주요 수출품의 하나였다. 주요 수종은 느티나무[68]와 향나무, 감탕나무, 대나무, 오동나무, 황벽나무, 닥나무, 동백나무 등이다. 개척 초기에 많은 자원을 수탈하여 수탈할 만한 임산 자원이 별로 없었기 때문인지 일제강점기에는 임업 통계가 별로 없다. 1914년 조선총독부는 울릉도에서 운반해갈 만한 곳에는 벌목할 만한 목재가 거의 없다고 파악했다.[69] 1914년 당시 가장 많은 수종은 단풍나무였고, 후박나무(㭔, 다부), 솔송나무, 오엽송, 산벚나무(山櫻), 황벽, 참죽나무(椿), 산뽕나무(山桑), 목란(欗) 등이었다. 흑송黑松은 전혀 없고 적송赤松도 매우 적었다. 1910년 이전의 수종에서 많이 바뀌었음을 알 수 있다.

1930년대 초 임야의 면적은 4,900정보였다. 이 가운데 국유 임야가 2,496정보, 면유面有 임야가 2,019정보, 학교비學校費와 학교조합 및 기타가 사유한 임야가 434정보였다.[70] 『경북대감』(1936)에 따르면, 울릉도 국유림은 2,331정町, 사유림은 학교림이 29정, 면유림이 2,047정, 민유림

67 『鬱陵島行政一斑』, 1933, 51쪽.

68 문헌에 따라 欅木 혹은 槻木으로 되어 있다.

69 『朝鮮彙報』, 1915년 3월호, 81쪽.

70 위의 책.

이 368정으로 모두 4,775정이었다. 국유림은 1925년 이후 울진영림소[71] 울릉도 삼림보호구가[72] 관리하다가 1932년부터 경상북도가 관리했다.[73]

1930년대 초기에는 해발 700미터 이상의 국유림 안에서만 울릉도 벚꽃(다케시마 자크라-원문), 울릉도너도밤나무(다케시마 부나-원문) 등 다케시마라는 학명을 붙인 수목이 약간 있는 정도였다. 조선총독부는 식림사업을 계획하여 1928년부터 10개년 계획으로 수목을 심었다고 하는데, 주로 흑송과 상수리나무를 심었다.[74]

언론은 1924년 기준 울릉도 경지면적은 논이 1,900정보라고 보도했지만,[75] 1927년 경상북도 통계서는 논이 37.7정町, 밭이 2,146.1정으로 보았다. 1931년 통계서는 논은 일모작과 이모작을 합해 554정보, 밭은 2,109.4정보로 되어 있다. 1936년 울릉도 경작지는 밭이 6,238,486평, 논이 155,123평, 대지垈地가 175,085평, 임야가 4,657평이고, 1938년 전답의 총 면적은 2,164.8정보로 파악되었다. 통계서에 따라 경지를 구분하는 기준과 단위 등이 다르다. 토지가격을 보면, 1917년 기준[76] 1반보反步당, 밭이 상등지인 도동은 38엔, 중등지인 사동은 15엔, 하등지인 천부동은 11.5엔이었다. 논은 상등지인 도동은 57엔, 중등지인 남양동은

71 울진영림서를 오기한 것이다.

72 『沿革簿』에 따르면, 1921년 8월 조선총독부 식산국 산림과 울릉도출장소를 설치한 것으로 되어 있다. 그런데 『鬱陵島鄕土誌』(1963, 99쪽)는 1919년 6월 조선총독부 식산국 산림과 울릉도출장소로 설치되었다가 1926년 강원도 울진영림서 울릉삼림보호구로 개편되었고 1931년 경상북도로 이관되었다가 1940년 5월 울진영림서로 이관되었고 다시 1944년 6월 경상북도로 이관되었다고 기술했다. 『鬱陵郡誌』(1989, 88쪽)는 1919년 6월 조선총독부 산림과 울릉도 삼림보호구가 설치되었다가 이후 강릉영림서 울릉삼림보호구가 되었다고 기술했다.

73 『매일신보』 1932. 8. 11.

74 1928년부터 1932년까지 심은 수종은 흑송이 약 17만 본(本), 상수리나무가 1만 5천 본이었다.

75 유미림, 「일제 강점기 언론에 보도된 울릉도 사회」, 『해양정책연구』 제34권 1호, 한국해양수산개발원, 2019, 31쪽; 『매일신보』 1924. 3. 25. 논이라기보다는 밭을 포함한 농지면적을 가리키는 듯하다.

76 『慶尙北道統計年報』, 1918, 7~39쪽 참조.

32엔, 하등지인 나리동은 20엔이었다. 대지는 상등지인 도동은 백 평당 219엔, 중등지인 대하동臺霞洞은 71엔, 하등지인 천부동은 19엔으로 되어 있다.[77]

2. 축산업

울릉도에서 사육된 가축은 소, 돼지, 산양, 닭이다. 『울릉도 행정일반』에 기록된 가축 및 가금 통계는 〈표 1-4-8〉과 같다.

〈표 1-4-8〉 1928~1932년 울릉도의 가축 통계(단위는 마리)

연도	농가 호 수	소		돼지	산양	닭
		소(암/수)	1호당			
1928	1,217	1,455/612	1.07	922	571	2,687
1931	1,191	1,329/756	1.08	1,233	323	2,408
1932	1,055	1,331/678	1.85	1,145	342	2,579

조선총독부는 다음 〈표 1-4-9〉에서 보듯이 『울릉도 행정일반』에 기술된 해보다 여러 해를 더 조사했다.

울릉도 통계와 경상북도 통계가 일치하는 것이 많으므로 경상북도가 울릉도 통계에 의거하여 작성한 듯하지만, 울릉도는 소를 제외하면 가축을 암수로 구분하지 않고 통계를 냈다. 울릉도에서 축우는 농가 경제에 중요했다. 종자 소는 강원도에서 여러 번에 걸쳐 들여왔고, 일제강점기에는 오키에서 일본 소를 십수 마리를 들여와 번식시켰다. 소는 도민의 식용 공급원으로서 뿐만 아니라 육우로서도 좋은 위치를 차지했다. 도

77 울릉도에서 토지대장이 정비된 것은 1913년 7월이고, 대구지방법원 출장소에 소유권 등기를 하게 된 것은 1916년이다(『鬱陵郡誌』, 1989, 98쪽; 『鬱陵郡誌』, 2007, 216쪽).

농회가 설립되어 소를 섬 밖으로 이출할 수 있게 되자 연간 30마리에서 200마리 내외의 활우活牛가 부산으로 이출되었다.[78] 울릉도의 소는 식용에 적당하고 맛이 좋아 한국과 일본에서 호평을 받아 한 해 겨울에 수백 마리의 활우를 부산과 일본으로 이출했다.[79]

〈표 1-4-9〉 조선총독부가 파악한 울릉도의 가축 통계(단위는 마리)

연도	소(암/수)	돼지(암/수)	산양	닭(암/수)[80]	사육 호 수
1921[81]	844/267	473	771	3,282	
1927[82]	1,561/575	564/357	789	1,968/1,062	
1928	1,455/612	615/387	571	1,937/1,110	
1929	1,507/538	688/409	631	1,931/1,089	
1931	1,329/756	652/581	323	1,515/893	792
1932[83]	1,331/678	1,145	342	2,579	
1935[84]	1,566/590	1,058	271	2,428	
1937[85]	1,479/746	1,081	371	2,362	1,178

1925년부터는 소를 지우枝牛로 이출하는 것이 유리하여 160여 마리를 도살해 대구와 부산으로 옮겼다. 1926년 겨울에는 시모노세키방면으로, 1927년[86]에는 도쿄와 고베 방면으로 이출하고 평양육이나 고베육에 뒤떨어지지 않는다는 평가를 받았다. 교통의 불편으로 좋은 성적을 거두기 어려웠지만 활우와 지우 두 종류를 계획, 연간 200마리에서 400마리 사

78 『鬱陵島行政一斑』, 1933, 45쪽.
79 위의 책, 15쪽.
80 닭은 조선 재래종과 여러 외래종, 기타 잡종 등으로 세분하여 통계를 냈다.
81 『慶尙北道畜産要覽』, 1922.
82 1927년부터 1931년 간의 통계는 『慶尙北道勢一斑』(1-5)에 의거했다.
83 『鬱陵島行政一斑』, 1933.
84 『慶北大鑑』, 1936.
85 『鬱陵島勢一斑』, 1938.
86 후쿠하라 유지는 1926년이라고 했으나 『鬱陵島行政一斑』(1933)는 쇼와 2년(1927)이라고 기술했다.

이를 이출했다.[87] 1920년에는 지방비 보조를 받아 축산기술원 1명이 울릉도에 배치되었으나 1924년에 제도가 폐지되었고, 1926년에는 농회에서 기술원을 두어 도민을 지도하게 했다. 농가 한 가구당 소 한 마리 이상을 사육하도록 장려하여 1916년 말에 450마리이던 소가 1928년 말에는 2,136마리로 증가했다. 1929년부터는 가구당 2마리 사육을 목표로 도민을 지도하였다. 1932년 통계에 가구당 1.8마리로 집계된 것을 보면 목표에 근접하고 있었다. 이에 비해 산양과 돼지, 닭 등은 조선 재래종으로 이들의 사육은 도민의 수요에 응하는 데 그쳤다. 1922년부터 개량돼지와 개량 닭을 들여와 보급하여 1932년에 가축 및 가금류 사육 농가는 1,055호정도가 되었다. 언론에서는 소 2,009마리, 돼지 1,145마리, 산양 342마리, 닭 2,579마리를 사육했다고 보도했는데, 이 숫자는 『울릉도 행정일반』(1933)의 통계와 같다.[88]

3. 무역 및 상공업

개척 당시 울릉도 경제는 매우 유치한 수준이었으나 점차 상거래가 늘며 중매업자도 생겨났다. 중매업자들은 해당 업자들에게 식량과 어구漁具, 잠구蠶具, 잠종蠶種 및 잡화를 먼저 공급하고(이율은 3할 내지 4할-원주) 이후 수확물로 차감 공제하는 방식으로 거래했다. 그러나 이 방식이 폐해가 많아 거래 방식을 개선하여 1916년 이후는 주요 해산물은 어업조합이, 육산물은 농회가 공동 판매하는 방식을 취했다.[89] 울릉도와 일

87 『鬱陵島行政一斑』, 1933, 45쪽.
88 『동아일보』(1933. 9. 17.)가 보도한 것은 1932년 통계이다. 『鬱陵島行政一斑』, 1933, 45~46쪽.
89 『鬱陵島行政一斑』, 1933, 56~57쪽.

본과의 무역 현황을 보면, 오쿠하라는 1905년의 대對 일본 수출은 21종, 34,659엔[90]이고 수입은 38종, 25,480엔이라고 기술했다.[91] 이후 1910년대의 수출입 통계를 기술한 문헌은 없다가 1923년에 30만 엔의 수출입이 있었다고 기술한 문헌[92]과 1928년에는 20여만 엔의 이출, 17여만 엔의 이입이 있었다는 언론 보도가 있었다.[93]

언론 보도에 따르면, 1931년 울릉도의 대일對日 수출액은 50여만 원이었다. 주요 수출품은 오징어(9만 원)와 말린 고등어(14만 원), 생우生牛 200마리, 해초 등이다.[94] 1932년에 도동에는 한국인과 일본인을 합해 404가구가 살고 있었다. 부산과 울릉도를 운항하는 조선기선 주식회사 선박이 월 4회 이상 정기적으로 입항하는 것 외에 울릉도에서 사카이미나토까지 월 2회 왕복하는 선박이 있었다. 이는 1931년 4월부터 월 1회 운항하기로 했다가 1932년에 2회로 늘어난 것이었다. 울릉도의 모든 물산은 대부분 부산과 시마네현에 모였다. 사카이미나토에서 들여오는 물산은 부산을 경유하여 들여오되 가끔 사카이미나토에서 직접 울릉도로 들여오기도 했다.[95] 통계서는 이들 수입품이 들어오는 지역을 구분하고 있지 않다.

1932년의 울릉도 수입품은 총 18개의 품목인 쌀, 외국 쌀, 조, 밀가루, 석유, 청주, 소주, 설탕, 면포, 막베(粗布), 국수, 연초, 마포麻布, 기계

90 원문은 71,685엔으로 되어 있으나 각 수출 품목의 액수를 합하면 34,659엔이 된다.

91 유미림, 『「독도와 울릉도」 번역 및 해제』, 한국해양수산개발원, 2009, 59~61쪽.

92 『朝鮮の港灣』. 당시 울릉도에 살고 있던 일본인이 1,600명이 넘는다고 기술했다.

93 『동아일보』 1928. 9. 12. 이출과 수출을 구분해서 언급한 것인지는 알 수 없지만, 수출의 의미로 쓴 듯하다.

94 『동아일보』 1931. 2. 25.

95 『鬱陵島行政一斑』, 1933, 56쪽.

유, 약주, 소금, 세멘트, 어구로 합계 103,783엔이었다. 1932년의 수출품은 대두, 산마늘(蒜), 생고등어(生鯖), 말린 오징어, 김, 염장 물고기, 미역, 청절鯖節, 목재, 한약, 우뭇가사리(天草), 해초(磯草), 통조림, 소가죽, 우지牛脂, 활우, 목이버섯, 누에고치, 옥도회沃度灰, 말린 나물(干菜) 등으로 합계 173,821엔이었다. 공산품은 울릉도 내수용과 수출용으로 구분되는데, 견제품과 직물, 제지, 금속 제품, 목제품, 연석筵席, 선박, 막걸리, 과자, 통조림, 김, 우지, 동백기름 등으로 합계 67,512엔이었다. 이 가운데 내수 전용은 금속 제품과 연석, 선박, 막걸리, 과자였고, 내수 겸용 수출품은 견제품과 직물, 제지, 목제품, 통조림, 김이었다.[96]

울릉도에서 일본과의 교역은 일찍 시작된 반면 개시開市는 늦은 편이었다. 1917년 5월 도동에 시장이 한 군데 설치되었으나 교통이 불편해서 물자를 모으기가 어려웠으므로 한번 열렸다가 폐지되었다. 이후 필요한 물자의 수요와 공급은 주로 상설 점포에서 이뤄졌다. 개척 당시는 물물교환을 주로 하다가 1916년부터 현금 거래가 이루어져 화폐 유통이 활발해졌다. 1932년 당시 물가는 백미 한 되에 2엔 50전, 청주 한 되에 5엔 50전, 식염 한 되에 1엔 80전, 소고기 100몬메(匁)[97]에 2엔, 삿뽀로 맥주 한 개에 5엔, 기린 맥주 한 개에 4엔 50전이었다.[98] 일제강점기에 울릉도에서 회사라고 할 만한 것은 없었고 오쿠무라 통조림 공장이 유일한 공장이었다. 연간 생산액은 약 5천 엔인 공장은 1937년 12월에 오쿠무라 식품 주식회사[99]로 이름이 바뀌었다.

---

96 위의 책, 61쪽.

97 1몬메는 1000분의 1관으로 3.75그람이다. 따라서 100몬메는 307.5그람이다.

98 『鬱陵島行政一斑』, 1933, 58~59쪽.

99 福原裕二, 2013, 앞의 책, 61쪽.

4. 조합과 금융기관

울릉도에서 조합은 1900년대 초기에 일본인들이 세운 일상조합이 시초였으나 그 후 일본인회로 바뀌었다.[100] 조선총독부는 1911년 어업령을 공포하여 어업조합 설립에 관한 규정을 두었고, 1912년에는 어업조합규칙을 공포했다.[101] 이어 어업조합이 1914년 2월 23일[102] 어업자 600명으로 남면 도동에서 조직되었다. 일본인은 거의 가입한 셈이다.[103] 조합원은 726명, 조합원의 어획고는 101,346엔, 위탁판매고는 89,160엔, 각종 적립금은 14,850엔이었다.[104] 초대 어업조합장은 가타오카 기치베였고,[105] 이사와 감사 등도 일본인이었다. 초대 간부는 1931년까지 피선되었는데 1934년에 김봉근이 감사직에 당선되면서[106] 처음으로 한국인이 간부직을 맡았다. 1930년대 후반에는 김봉근 외에 유지창, 최이출, 박홍두, 이용규 등이 이사를 맡았다.

1933년 어업조합의 조직은 조합장 1인, 감사 3인, 이사 1인, 서기 3인, 기수(겸직) 1인이 있었고, 조합원은 630명,[107] 어선은 243척이었다.

100 위의 책, 13쪽.

101 여박동, 『일제의 조선어업지배와 이주어촌 형성』, 보고사, 2002, 160~161쪽(『鬱陵郡誌』, 2007, 216쪽에서 재인용).

102 1914년 2월은 어업협동조합의 창립 인가를 받은 시기이고, 1915년 2월 24일은 어업조합이 설립된 시기로 보는 견해도 있다(福原裕二, 2013, 앞의 책, 59쪽). 그러나 내용을 보면 어업협동조합은 어업조합을 의미한다(32쪽).

103 후쿠하라 유지는 305호가 가입한 것으로 보았다(2013, 32쪽). 그가 제시한 전거는 『경상북도 울도수산상황』(81쪽)이다.

104 영일어업조합이 1914년 12월 8일에 설립되었다. 울릉도와 영일어업조합이 경북에서 가장 먼저 설립되었고, 감포와 구룡포어업조합은 1922년에 설립되었다. 영해와 강구는 1923년에 설립되었다(『경상북도 울도수산상황』, 83쪽). 영일어업조합원은 783명, 감포는 248명이었고, 다른 어업조합의 조합원은 700명에 못 미쳤다(『慶北の水産』, 1934, 82쪽).

105 1939년 4월까지 재임했다(『鬱陵島鄕土誌』, 1963, 93쪽).

106 『鬱陵郡誌』, 1989, 198쪽.

107 726명으로 본 기록도 있다(『慶北の水産』, 1934, 82쪽).

1934년 조합장은 가타오카 기치베 그대로였고[108] 이사는 만토 다카히로(萬藤隆寬),[109] 서기는 오노 기쿠타로(大野菊太郎), 고원雇員은 스치에 요시카즈(土江芳一)와 김봉준金鳳俊,[110] 촉탁검사원은 도미 야요시(富彌吉)였다.[111]

1939년 12월에는 마루이 마쓰타로(丸井松太郎)가, 1944년 5월에는 니시노 세이(西野盛)가 조합장에 취임했다. 최흥욱이 어업조합장이 된 것은 해방 후인 1946년 2월이다.[112] 어업조합의 주요 사업은 수산업 개발을 위해 여러 공동 시설 사업을 경영하는 것인데, 공동 시설 사업이란 고등어 연승어업과 상어 연승어업 및 그 어획물 처리, 가공 고등어 제조업의 장려, 염장고 및 전화 증설 사업을 말한다. 기타 지방비 보조 사업으로는 김 세멘트 양식사업이 있다.[113] 이 외에 출어자의 공동 숙소와 보관 창고 및 선어 처리장 설치, 선거장船据場 설치, 등대 설치, 판로 조사 등의 사업도 있었다.[114]

금융기관은 1917년 경상북도 전체에 26개, 울릉도에는 하나가 있었다.[115] 그 이전에는 저금계와 저금조합이 있었는데 1912년에는 5개의 저금조합이 있었다. 1917년 우편저금액은 한국인은 2,026명 3,026엔이고, 일본인은 978명 15,138엔이었다. 경상북도 11개 부군 가운데 울릉도

108 가타오카 기치베는 1924년 3월 14일에 설립된 울릉도금융조합 대표로도 보인다. 『朝鮮銀行會社組合要錄』(1931)의 울릉도금융조합 직원록에 이름이 실려 있다.

109 만토 다카히로는 1932년에 부산세관 울릉도수산제품검사소 기수였고, 1934년에 울릉도 산업기수였다(『직원록』).

110 김봉근의 오기인 듯하다.

111 『慶北の水産』, 1934, 184쪽.

112 『鬱陵郡誌』, 1989, 198쪽.

113 『鬱陵島行政一斑』, 1933, 68~69쪽.

114 위의 책, 86~90쪽.

115 『慶尙北道統計年報』(1918, 357쪽). 1924년 5월 인가를 얻어 7월 31일부터 업무를 개시한 것으로 기록한 문헌도 있다(『欝陵島鄕土誌』, 1963, 85쪽).

한국인의 저금액은 최하위였고, 일본인의 저금액은 5위였다. 금융조합은 인가를 받은 뒤 대구지방법원 울릉도출장소에 등기했다. 초대 금융조합장은 어업조합장인 가타오카 기치베가 겸했다. 한국인이 조합 이사 등에 재직하게 되는 것은 1930년대 중반에 와서다. 언론 보도에 따르면, 울릉도 금융조합은 출자 변경사항을 1942년 4월 14일 대구지방법원 울릉도출장소에 등기했고, 4월 27일에는 임원 변경 사항을 다시 등기했다.[116]

Ⅳ. 울릉도 사회의 제반 양상

1. 종교

종교에 관한 언론 보도는 간혹 있었지만 조선총독부가 종교 및 신도 현황을 기록으로 남긴 경우는 거의 없다. 문보근은 '밝안문화(不咸文化)'의 한 잔형이라 할 선왕당(天王堂)이 태하에 있었다고 기술했다.[117] 반면에 불교와 기독교는 1910년 이전에 울릉도에 처음 들어온 것으로 보인다. 『울릉군 기독교 100년사』에 따르면, 1909년에 나리교회와 장흥교회, 저동교회, 도동교회가 생기기 시작한 것으로 되어 있다. 삼척의 원덕면 부호교회 감리교인 김병두가 와서 복음을 전파하기 시작하여 주민들이 믿고 예배장소를 정한 것이 교회 창설의 효시로 되어 있다. 당시는 대부분 신도들의 집을 예배당으로 사용하는 형태였다.[118] 1910년에는 북면의 평리

116 『매일신보』 1942. 5. 30.

117 『東海의 睡蓮花』, 1981, 124쪽.

118 『경북교회사』(1924)를 인용하여 기술했는데 『경북교회사』는 박덕일(1870-1940) 목사가 편찬한 것이다. 1887년부터 1923년까지 경상도 지역의 교회설립과정과 초기 조사 및 목사들의 행적을 기술했다(『울릉군 기독교 100년사: 1909-2009』, 2012, 111쪽; 116쪽).

교회가, 1911년 5월에는 장흥교회가, 1912년 2월에는 저동교회가 생겼다. 도동야소교회당은 1916년에 창설되었다.

『동해의 수련화』에 따르면, 1900년경부터 장로교 교회가 있었고, 침례교, 천주교, 통일교 등이 널리 포교되고 있었다고 한다. 이에 비해 『울릉군지』는 1910년 5월에 저동교회가, 1911년 4월 서면 태하동에 제일교회가, 1916년에 대한예수교 장로회 계열의 도동제일교회가,[119] 1928년에 평리교회가 창립되었다[120]고 기술했다.[121] 이렇듯 울릉도에서 교회가 창설된 연대에 관한 기록은 문헌에 따라 약간씩 다르다. 최초의 문헌에 기술된 내용을 따른다면, 대체로 1910년 전후하여 예배당이 설립되었다고 볼 수 있을 것이다.

언론 보도에 따르면, 1928년에 기독교 신자는 280명, 훔치교도(普天教徒)는 568명, 사찰은 한 곳이 있는데 여승이 2명 있었다.[122] 상투가 있는 자의 대부분은 훔치교도였는대 1902년대 후반에는 거의 모든 사람들이 상투가 있을 정도로 훔치교도가 많았다. 1932년 말에는 조선야소교장로회, 조선기독교, 일본기독교, 정토종[123] 등의 종교 관련 기관이 있었다. 신도 현황은, 조선야소교장로회는 한국인이 남자 85명 여자 911명, 조선기독교는 한국인이 남자 26명 여자 24명이고, 일본인은 없었다. 일본인 신도가 있는 종교는 일본기독교인데, 남자 신도가 5명, 여자 신도가 1명

119 『울릉군 기독교 100년사』(2012, 148쪽)는 도동제일교회가 1909년 김병두의 전도로 설립된 뒤 1909년 5월 10일 승인된 것으로 기술했다.

120 『울릉군 기독교 100년사』(2012, 111쪽)는 1910년에 북면에 평리교회가 설립된 것으로 기술했다.

121 『鬱陵郡誌』, 1989, 251쪽; 255쪽. 후쿠하라는 1910년 10월 최초로 기독교회가 창설되었다고 했다(2013, 앞의 책, 58쪽).

122 『동아일보』 1928. 9. 12.

123 일본인이 설립한 정토종 교회소는 1907년 11월 4일 설립되었고 남면 도동에 있었다(『慶尙北道統計年報』, 1918).

있었다. 정토종은 남자 20명, 여자 80명의 신도가 있었다.[124]

한국인이 사찰을 세운 것은 1920년경 박덕영朴德令이 도동에 대원사[125]를 지은 것이 최초인 듯하다. 저동에는 보덕사가 있고 심인心印불교도 포교되어 교조인 손규상孫圭祥이 출생지 중령中嶺을 성역화하고 있었다.[126]

1930년대 후반에는 야소교 즉 기독교도 50여 명이 10월 18일 도동예배당에 모여 비상 시국을 맞아 종교로 보국하기 위한 연합회를 결성한 뒤 바로 울도신사神社에 참배한 일이 있다. 황군의 무운장구를 기원하기 위해서였다.[127] 1943년에는 천부동과 저동에 장로회 교회가 각각 세워졌다.[128] 일제강점기 울릉도 교회가 식민 통치에 저항한 데 대해서는 기록이 많지 않다. 1943년 3월 울릉도의 도중당회가 일제의 탄압 때문에 일본기독교 조선장로교단이라 칭하고 당회 회수를 제1회 변경한 바 있고, 1944년 8월에는 본토의 목사가 신사참배를 피해 저동교회 임시 목사로 시무했다[129]는 기록이 있는 정도이다.

2. 위생과 질병

울릉도는 1914년까지도 대구자혜병원에서 순회진료를 왔어야 하고, 1917년까지 병원이 없었다. 의사는 1915년 도동에 2명, 태하동에 1명이 있었다. 1915년 당시 한국인과 일본인에게 가장 많은 질병은 소화기 계

124 『鬱陵島行政一斑』, 1933.
125 『鬱陵島鄕土誌』(1963, 76쪽)에는 도동의 사찰로 大德寺로 보인다.
126 『東海의 睡蓮花』, 124쪽.
127 『매일신보』 1938. 10. 23.
128 『朝鮮總督府官報』, 1943. 2. 6.
129 『울릉군 기독교 100년사』, 2012, 267쪽.

통의 질병이고 그 다음이 눈병이었으나 위생상태는 대체로 양호한 편이었다.[130]

이 시기 한국인 의생醫生은 2명, 치과 관련 영업을 하는 일본인은 1명, 종두 인허원認許員은 한국인이 1명, 안마업을 하는 일본인은 2명, 침술업을 하는 일본인은 2명, 구술업灸術業을 하는 일본인이 2명 있었다.[131] 이외에 약종상을 하는 일본인이 1명, 한국인이 5명, 약을 팔아 투입을 본업으로 하는 일본인이 1명, 겸업을 하는 일본인이 1명, 매약 청매업賣藥請賣業을 본업으로 하는 일본인 3명, 한국인 1명, 매약 행상을 겸업하는 일본인 2명이 있었다.[132] 병원은 없었음에도 의약 및 치료 관련 종사자가 많았음을 알 수 있다.

〈표 1-4-10〉 울릉도 의료 관련 종사자 현황

연도	의사	의생	산파	약종상	수의사	매약청매(賣藥請賣)	종두시위생(種痘施衛生)	출전
1928	1	2	1	7				慶尙北道勢一斑
1929	1	2	1	7				慶尙北道勢一斑
1930	1	2	1	9				慶尙北道勢一斑
1931	1	2	1	8			2	慶尙北道勢一斑
1933[133]	1	2	1	8	1	8		鬱陵島行政一斑
1936	1	2	1	8	1			慶北大鑑
1937	1	2	1	8	1	24		鬱陵島勢一斑

130 『朝鮮彙報』, 1915년 3월호, 82쪽. 의사는 면허개업의였다. 일본인들이 학교조합비 외에 의사에게 지급하는 보조금을 부담했다.

131 『慶尙北道統計年報』, 1918, 154쪽.

132 위의 책, 155쪽. 『鬱陵島鄕土誌』(1963)는 1920년경 공의가 배치되었다고 기술했다. 『東海의 睡蓮花』(123쪽)는 1920년 공의가, 1943년에 전석봉이 병원을 개설한 것으로 기술했다. 『鬱陵郡誌』(1989, 267쪽)는 1914년 5월 大山常敏가, 10월 말에 赤星精造가 부임했고, 1925년에는 森江未(末의 오기-필자주)喜가 부임했으며 1943년에 한국인 의사로서 전석봉이 남양동에 개업했다가 광복 후 도동으로 옮겼다고 기술했다.

133 안마를 해주는 사람도 1인 있었다.

울릉도에 위생조합은 1916년에 하나가 있어 404호가 가입했고, 1917년에는 405호가 가입했으므로 한 가구가 늘었을 뿐이다.[134] 위생조합은 전염병 예방을 위해 설치한 듯하다. 1930년대에 조선총독부는 "도민 일반의 생활정도가 낮기 때문에 위생 의식이 빈곤하여 위생 의식의 보급에 힘쓴 결과 점차 자각하고 있다"[135]는 인식을 지니고 있었다. 도민들의 질병은 대부분 위장병과 안질, 기생충 관련 질병이었다. 전염병으로는 장질부사, 이질(赤痢), 천연두(痘瘡) 등이 있었지만 비교적 적은 편이었다. 전염병 환자는 1933년에 22명이었다가 1934년에는 2명으로 줄었으나[136] 새 전염병이 발생했다. 이 때문에 남면에서는 격리병동을 건축하여 환자를 격리·치료했으나 폭풍우로 말미암아 거의 병동의 반이 파괴되었다.[137] 1937년에는 장질부사와 이질, 천연두 외에 디프테리아, 성홍열 등의 전염병이 추가되었다.[138]

음료수도 위생과 관계가 깊은데, 도민은 하천에 흐르는 물을 그대로 음용수로 사용해왔다. 우물이 소수 있었지만 가뭄이 들면 자주 고갈되었으므로 음료수 설비를 갖추는 것이 필요했다. 1918년에 서면과 북면에 우물을 파도록 도청島廳에서 보조금을 지급한 바 있다.[139] 1930년대에는 남면 도동에 2, 저동에 1, 서면 태하동에 2, 남양동에 1, 북면 현포동에 1, 천부동에 1, 모두 여덟 곳에 공동우물을 설치했다. 공동우물의 설치는 지방비로 공사비의 일부를 보조했고, 개인들에게도 우물을 파도록 장려했다.[140]

---

134 『慶尙北道統計年報』, 1918, 153쪽.
135 『鬱陵島行政一斑』, 1933; 『慶北大鑑』, 1936.
136 福原裕二, 2013, 앞의 책, 27쪽.
137 『鬱陵島行政一斑』(1933, 73쪽)은 1933년에 개축될 예정이라고 기술했다.
138 『鬱陵島勢一斑』, 1938, 13쪽.
139 유미림, 2019, 앞의 글, 각주 220의 『매일신보』 1918. 3. 8.
140 『鬱陵島行政一斑』, 1933, 75쪽.

울릉도에 소방시설이 설치된 것은 1915년 4월인데, 도동 일원에 도동 소방조組를 설치한 사실이 처음 보인다.[141] 1917년에는 한국인과 일본인이 합동으로 소방조를 조직했는데, 일본인 45명, 한국인 10명으로 이루었다.[142] 1921년에는 소방수의 정원을 늘렸다. 소방을 위한 기계 설비 등의 개선이 시급하여 1927년에 신식 저수통(溜桶)을 구입하기로 논의, 독일식 경편장 히스톤형 한 대와 대형 저수통 및 운수대運水袋 등을 구입했다. 소방서의 직원은 일본인 조장이 1명, 소두小頭로 일본인 3명 한국인 1명이 있고, 소방수로는 일본인 40명 한국인 20명 모두 65명이 있었다. 1927년에 조선소방협회가 설립되어 직원을 전부 정회원으로 만들었으며 회칙에 따라 직무상 신원을 보증해주었다.[143] 1933년 울릉도소방서에는 조장 1명, 소두 4명, 소방수 65명이 있었다.[144]

4. 행정 기관 및 공공 단체

1) 공공 기관

울릉도는 1915년부터 도청島廳을 중심으로 행정과 치안을 담당하되 경찰서, 법원, 공공 기관 및 공공 단체가 긴밀히 협력하며 행정을 펴고 있었다. 1910년대에는 대구지방법원 울릉도출장소, 경찰관주재소, 학교조합과 우편소가 있는 정도였으나 행정사무가 증가함에 따라 공공 기관이 증가했다. 1936년 울릉도에는 울릉도청, 울릉도경찰서, 대구지방법원

141 위의 책.

142 『慶尙北道統計年報』, 1918, 201쪽.

143 『鬱陵島行政一斑』, 1933, 75~76쪽.

144 위의 책, 83쪽.

울릉도출장소, 부산세관 울릉도출장소,[145] 포항세무서 울릉도주재소,[146] 울릉도우편소, 울릉도 삼림보호구 등의 공공 기관이 있었다.[147] 이 외에 원잠종原蠶種 제조소 울릉도지소, 연초판매소,[148] 조선총독부 수산제품검사소 울릉도출장소 등이 신설되었는데 모두 도동에 있었다.

1932년 울릉도청의 행정사무는 도사島司 오야케 사다조(小宅貞藏)[149]와 재무과 소속의 도속島屬 한국인 3인, 서무과 소속의 도속 3인(일본인 1인, 한국인 2인) 및 고원雇員[150] 그리고 수산업과 농잠업 관련 산업기수(일본인 2인)를 중심으로 이뤄졌다. 이들은 직위가 같더라도 직급이 달랐고, 그에 따라 임금도 달랐다. 1932년 서무과와 통계과 주임(도속)은 6급으로 월 70엔이었고 산업기수는 8급으로 월 60엔이었으나, 같은 8급이라도 한국인의 임금은 월 31~32엔이었으나 일본인은 월 38엔으로 차등을 두었다.[151]

1910년대 후반 동을 구로 세분한 구제區制로 바뀌었으므로 동별로 구장區長이 있었다. 울릉도 행정을 면 중심으로 보면, 1933년 기준으로 3면의 면장 3인과[152] 면서기를 포함하여 총 11인이 있었다. 9동의 구장區長은 모두 21인,[153] 협의회원은 23인(한국인 19인, 일본인 4인)이 있었다. 협의

145 『沿革簿』에 따르면, 1924년 4월에 부산세관 도동 출장소가 설치되었다.

146 1934년 4월 세무관서제를 공포하여 세무서를 설치하게 했으므로 대구세무감독국 관할로 포항세무서를 설치하여 울릉도를 관할하다가 1939년 8월 청사를 신축하여 포항세무서 울릉도주재소(『東海의 睡蓮花』는 울릉군 지소로 칭함)가 되었다(『鬱陵郡誌』, 1989, 131쪽).

147 『慶北大鑑』, 1936.

148 1931년 7월 대구전매국 울릉도 판매소가 되었다가 1946년 7월 울릉도 전매서가 되었다(『東海의 睡蓮花』, 1981, 128쪽).

149 도사는 1915년부터 1945년 종전까지 모두 11명이 있었다.

150 도속의 업무를 보좌하는 역할로 한국인은 2인, 일본인은 3인이었다.

151 『鬱陵島行政一斑』, 1933, 77~78쪽.

152 1933년에 남면장은 趙鉉禹, 서면장은 申泰翼, 북면장은 徐二煥이었다.

153 남면은 3개 동에 각각 3명의 구장을, 서면과 북면은 3개 동에 각각 2명의 구장을 두어 모두 21인이었다.

회원은 면마다 두어 모두 23명이었다.[154] 면장은 한국인으로서는 1916년 조현우가 처음으로 1933년까지 남면장을 지냈다.[155] 1917년 면장의 연간 수당은 면에 따라 달라 최고액은 132엔, 최저액은 108엔이었다. 면서기의 급료는 최고 84엔, 최저 78엔이었다.[156] 1933년 한국인 면장의 수당은 최고액이 월 46엔, 최저액이 35엔이었고, 면서기의 급료는 최고액이 월 38엔, 최저액이 월 15엔이었다.[157]

1902년[158] 4월 울릉도에 경찰관주재소가 설치되었을 때 경부 니시무라 게이조가 부임했는데 경찰관주재소는 1906년에 경무분파소로 개칭되었다. 1907년에 다시 순사주재소로 개칭되었고 1914년에는 경상북도 울릉경찰서로 바뀌었다.[159] 1915년 군제에서 도제로 바뀐 뒤에는 도사가 경찰서장을 겸임했다. 1927년부터 1931년 사이 경찰서 관련 현황은 〈표 1-4-11〉과 같다.

〈표 1-4-11〉 1927~1931년 울릉도의 경찰서 관련 현황

통계연도	경부	경부보	순사	주재소	출장소	관할 면	호 수	인구(인)	출전
1927.12	1	1	16	2		3	1,684	10,194	昭和3年道勢一斑
1928.12		1	16	2		3	1,720	10,466	昭和4年道勢一斑
1929		1	16	2		3	1,740	10,053	昭和5年道勢一斑
1931		1	14	2	1	9[160]	1,831	10,739	昭和7年道勢一斑

154 남면에는 4명의 서기와 7명의 협의회원을, 서면에는 4명의 서기와 8명의 협의회원을, 북면에는 3명의 서기와 8명의 협의회원이 배치되었다(『鬱陵島行政一斑』, 1933, 80쪽; 82쪽).

155 『鬱陵郡誌』, 1989, 111쪽; 『직원록』.

156 『慶尙北道統計年報』, 1918, 550~551쪽.

157 『鬱陵島行政一斑』, 1933, 81쪽.

158 『東海의 睡蓮花』는 1901년으로 잘못 기술했다.

159 『鬱陵郡誌』, 1989, 121~122쪽. 후쿠하라 유지는 1913년 9월 울릉경찰서가 설치되었다고 했다(2013, 59쪽). 그런데 후쿠하라는 같은 책(60쪽)에서 1916년 5월 울도경찰서가 울릉도경찰서로 개칭되었다고 했다. 당대와 이후 문헌도 울릉경찰서와 울릉도경찰서를 혼용하고 있다.

160 3면 9동을 잘못 기술한 듯하다(『慶尙北道勢一斑』, 1933).

〈표 1-4-11〉에서 보이듯 1920년대에는 경시警視가 아닌 경부警部가 관할했다. 경부가 경시를 겸한 듯하다. 경상북도 전체에서 경시가 있는 곳은 대구뿐이었다. 『울릉도 행정일반』(1933)에 따르면, 울릉도경찰서에는 경시 겸 1인,[161] 경부보(일본인 1인), 순사 부장(일본인 2인), 순사(일본인 2인, 한국인 4인)가 있었다. 반면에 두 곳의 주재소에는 순사부장(일본인 1인)과 순사(일본인 2인, 한국인 1인)가 있었다. 1935년 5월에는 울릉경찰서 관내에 태하경찰관출장소가 설치되어 1936년 4월 말까지 존속했고, 1942년 4월에는 서면에 남양경찰관주재소가 설치되었다.[162]

대구지방법원 울릉도출장소는 1916년 2월에 설치되어 서기 1인을 두고 등기업무를 시작했다. 이는 1947년 2월 치안관 심판소로 개칭되었다가 1948년 6월 울릉등기소로 개칭되었다.[163] 울릉도에 세관이 설치된 시기를 1897년으로 보기도 하는데, 『(울릉도우편소) 연혁부』는 1921년 4월에 부산세관 도동출장소가 설치된 것으로 기술했다. 세무서로는 1930년대에 포항세무서 울릉도주재소가 도청 안에 두어졌다가 1939년 8월 22일 청사를 신축·이전한 뒤 포항세무서 울릉군 지소로 개칭했다.

2) 공공 단체

1938년에 공공 단체 및 산업 단체로는 학교조합, 남면·서면·북면 사무소, 울릉도 농회鬱陵島農會, 금융조합, 어업조합, 산림조합, 고추냉이조합, 군사후원연맹, 재향군인분회, 적십자사 위원부, 애국부인회 위원부

161 경시 겸 경부라는 의미인 듯하다.

162 후쿠하라 유지는 태하경찰관 출장소로 칭했는데(2013, 앞의 책, 61쪽), 태하경찰관주재소가 맞는 듯하다.

163 『東海의 睡蓮花』, 1981, 126쪽; 『鬱陵郡誌』, 1989, 129쪽.

가 있었다.[164] 학교조합과 울릉도 농회, 산림조합 등의 사무소는 도청 안에 두어 중요 사항을 도청과 협의했다.[165]

1910년대 후반에 조직된 학교조합은 388호가 가입했는데[166] 관리자와 서기, 회의원으로 구성되었다. 1920년대 관리자 명단에는 요시나미 오토지로(由浪乙治郎)가, 의원 명단에는 구와모토 구니타로(桑本邦太郎)와 가타오카 히코로쿠가 보인다. 이 가운데 구와모토 구니타로는 1942년 '울도물산' 회사의 이사를 지냈고 후일 1964년에 발족한 '울릉도우회' 회장을 지냈다. 삼림조합은 조합장과 부조합장, 이사, 기수를 각각 1인씩 두었다. 금융조합은 조합장 1인, 이사 1인, 서기 1인을 두었다. 울릉도 농회는 회장 1인, 부회장 1인, 간사(겸직) 1인, 서기 1인, 기수(겸직) 21인을 두었다.[167] 연초 관련 단체는 1927년 12월 조선연초판매 주식회사(朝鮮煙草賣捌株式會社)가 창설되면서 대구지점 울릉도영업소가 개설되었다가 1928년 8월 대구 총지점 울릉도영업소로 개칭했다. 1931년에 조선총독부 전매국 직영의 대구전매국 울릉도판매소로 개칭되었다.[168]

1933년 당시 애국부인회 회원은 특별회원(일본인 7명, 한국인 1명), 종신통상회원(일본인 8명, 한국인 0명), 통상회원(일본인 21명, 한국인 11명)이 있었다. 농어촌진흥운동[169]을 지도한다는 명목 아래 농촌진흥위원회와 농촌

---

164 『鬱陵島勢一斑』, 1938, 9~12쪽.

165 『鬱陵島行政一斑』, 1933, 79쪽.

166 『慶尙北道統計年報』, 1918, 88~93쪽.

167 『鬱陵島行政一斑』, 1933, 83쪽.

168 『鬱陵島鄕土誌』, 1963, 95쪽.

169 농촌진흥운동은 1932년에 수립한 농업정책으로 농촌의 자력갱생을 표방한 것이었으나 각 도·군·면·읍 단위의 농촌진흥위원회를 중심으로 진행하되 특히 경찰관과 하급관리를 동원, 치안정책과 농업정책을 일치시켰다. 또한 학교·농회·금융조합 등이 농민지도에 직접 간여하게 했다. 이는 도리어 농민의 빈곤을 초래, 소작쟁의를 증대시키는 결과를 낳았다. 1936년 8월 총독이 우가키 가즈시게(宇垣一成)에서 미나미 지로(南次郎)로 바뀌면서 사실상 중단되었다.

실행위원회, 어촌진흥실행위원회를 두었으며, 3면에 진흥조합을 설치했다. 농가 갱생 지도부락이라는 이름 아래 각 면에서 농가·어가 갱생 지도부락과 가구를 선정했다.[170] 또한 일본국기 보급상황을 조사하여 소유 가구와 무소유 가구를 조사했고, 단발 현황도 조사했다. 조선총독부는 한국인의 백의 착용을 금지시키고자 1930년에 색복장려회를 조직했는데 울릉도에서도 색복 착용자 수를 조사했다. 1937년 당시 울릉도의 한국인 11,672명 가운데 10,678명이 색복을 착용했다고 하니 91%가 색복을 착용한 셈이다.[171] 이렇듯 일본 제국주의는 본토에서 전개하던 정책을 울릉도에서도 그대로 실행했다.

V. 맺음말

일본이 대한제국의 주권을 빼앗은 뒤 경제적 수탈을 자행하기 위해서는 정확한 실태 조사가 필요했다. 이를 위해 이른바 국세조사라는 명목으로 모든 방면에 걸쳐 현지 조사를 시행했는데, 울릉도 조사도 그런 차원에서 이뤄졌다. 『조선총독부 통계연보』는 한반도 전체의 토지와 기상, 호구, 농업, 임업, 수산업, 광업, 상업 및 공업, 재정, 금융, 무역, 철도, 물가, 수운, 통신, 토지 조사, 토목 및 축항, 경찰, 위생, 재판, 감옥, 교육, 종교, 의료, 관원 현황에 대한 조사와 각도의 보고서에 의거하여 나왔다. 이 통계연보에 울릉도 통계가 단편적으로 실려 있고, 『조선총독부 경상북도 통계연보』(1918)에도 일부가 실려 있다.

170 『鬱陵島勢一斑』, 1938, 25~27쪽.

171 위의 책, 29쪽.

울릉도 통계를 독립적으로 기술한 문헌은 1930년대에 펴낸 『울릉도 행정일반鬱陵島行政一斑』과 『울릉도세 일반鬱陵島勢一斑』이 있다. 일제의 식민통치가 확립되면서 울릉도 조사도 그 궤를 같이했으므로 조사 항목이 증가하고 내용도 정밀해졌지만 현재는 일부의 통계만 남아 있다. 그러므로 간헐적으로 보인 통계자료에 의거하여 일제강점기 울릉도 사회의 제 양상을 고찰하기에는 한계가 있다. 게다가 조선총독부 자료는 피아彼我의 구분없이 단순히 통계만 실은 경우도 있어 한일 양국인의 생산과 분배 현황이 각각 어떠한지, 그 가운데 한국인이 얼마나 자원과 노동력을 착취당했는지를 구분하기가 어렵다.

일본인들에게는 한반도 안에서 이뤄진 경제적 이익 혹은 부산물의 주인이 자신이라는 인식이 저변에 깔려 있었다. 조선총독부도 철저히 일본인의 시각에서 조사하고 통계를 냈다. 당시 울릉도에서 무역업자와 수산업자, 선박 주인이 대부분 일본인이었음을 감안할 때, 그리고 일본인이 행정을 장악하고 있는 상태에서 조합장과 공공 기관장이 이에 협력하던 체제였음을 감안할 때 산업경제가 철두철미 일본인에 의한 수탈체제였음은 두말할 필요가 없다. 조선총독부의 자료는 양국 주민이 반목한 정황이나 수탈 상황을 하나도 묘사하고 있지 않다. 식민지배의 실상이나 수탈 현황은 도리어 언론이 단편적으로 보도하고 있었다. 이렇듯 조선총독부가 간행한 통계 자료가 지닌 한계가 분명함에도 울릉도 사회의 변화 양상을 유추할 수 있는 단서를 제공하고 있다. 또한 이들 자료는 현전하는 정보의 오류를 바로잡을 수 있게 해준다. 조선총독부는 울릉도 임야 정보와 수출입 현황, 수산물 어획고, 학교의 입학생 숫자는 물론 각 가구의 가축 숫자 및 암수 현황, 저금 액수, 각 종교의 신도까지 조사하여 통계를 기술했기 때문이다. 이들 자료에는 한국인에 대한 일본인의 차별 정황 및 개척 초부터 거주해온 일본인들의 영향력 관계가 잘 드러나 있다. 그러므로 이를 통해 일제의 식민통치가 얼마나 치밀하게 계획되었고, 얼마나 가혹하게 실행되었는지를 알 수 있다. 다만 간행물에 따라 통계가 다른 경우가 있으므로 언론 보도 및 다른 자료와 비교하여 그 실상을 제대로 파악할 필요가 있다.

제5장

일제강점기 울릉도의 초등교육기관

Ⅰ. 머리말

근대식 교육제도가 도입되기 전 울릉도에서는 육지에서와 마찬가지로 전통적인 교육제도의 하나인 서당을 통해 교육이 이뤄지고 있었다. 근대식 교육제도가 들어온 뒤로는 초등교육기관이 먼저 설립되었고 중등교육기관은 해방 후에 세워졌는데 초등교육기관에 관해 밝혀져 있는 내용이 미진하다. 일례로 『한국민족문화대백과』에 기재된 '울릉초등학교' 항목을 보면, 해방 이전의 역사에서 교명을 중심으로 개략적으로 기술하되, "1914년 4월 공립으로 개편하여 '울릉도 공립 보통학교'로 개칭하였고…"라고 했다. 그러나 보통학교는 1913년 3월에 '울도 공립 보통학교'가 설립되었고, 이 학교가 '울릉도 공립 보통학교'로 개칭된 것은 1929년 5월이다.

2024년 현재 울릉초등학교 홈페이지에 탑재된 학교 연혁을 보면, 1908년 2월 17일 관어학교 창설, 1910년 11월 18일 신명학교 사립 개교, 1914년 4월 1일 '울릉도 공립 보통학교'로 개칭, 1941년 4월 1일 도동공립초등학교로 개칭, 1946년 4월 1일 우산국민학교로 개칭, 1976년 울릉국민학교로 개칭하여 1996년부터 울릉초등학교가 된 것으로 나와 있다. 홈페이지도 『한국민족문화대백과』와 마찬가지로 1914년에 '울릉도 공립 보통학교'가 개교했다고 잘못 기술했다. 또한 홈페이지는 1941년 4월 1일 '도동 공립 초등학교'로 개칭했다고 했는데, '도동 공립 국민학교'가 정확한 명칭이다. 이렇듯 학교의 설립 연도와 명칭에 정확성이 결여되어 있는데 이는 문헌마다 명칭을 '울릉도 공립 심상소학교'와 '울릉도 공립 소학교', '울릉도 공립 보통학교', '울릉도보통학교' 등 여러 가지로 기술한 데다 경우에 따라 '심상'과 '공립'을 생략하거나 '공립'을 어두語頭 혹은 중간에 삽입하여 혼란을 야기했기 때문이다.

울릉도 교육기관을 기술한 문헌은 『울릉도 행정일반』(1933), 『울릉도 향토지』(1963), 『우산국민학교 연혁』(1967년 이후 정리), 『동해의 수련화』(1981), 『울릉군지』(1989) 등이다. 이 가운데 『울릉도 행정일반』과 『우산국민학교 연혁』이 비교적 자세하게 기술했다. 『울릉군지』는 이들 문헌을 참고했을 듯하지만 전거를 밝히지 않아 어느 문헌에 의거했는지를 알 수 없다. 따라서 오류가 있어도 검증할 방법이 없다.

울릉도의 교육제도는 다른 도서 지역에 비해 특수성이 있다. 한국인들의 거주가 자연발생적으로 이뤄진 것이 아니라 이주민에 의해 이뤄졌고, 이주민의 입도 전부터 전라도민과 일본인의 왕래가 먼저 있었다. 그런 만큼 교육제도에서도 새로 개척된 섬이므로 주민들이 상대적으로 계급의 구속성에서 벗어나 평등한 관계에서 교육의 기회도 균등하게 받을 수 있었다. 개척 초기에 서당이나 이후 공립 보통학교 입학자의 비율이 인구 대비 다른 지역에 비해 많았다는 사실이[1] 이를 말해준다. 그러나 이주 이래 일본인들과 공서共棲해야 했던 한국인들은 점차 경제적으로 일본인에게 예속되는 구조에 놓였고, 일제강점기에는 교육 기회에서도 일본인에 비해 차별을 받아야 하는 상황에 놓였다. 조선총독부의 교육제도는 육지와 다르게 울릉도에서는 차별적으로 운영되었고, 변화의 추이도 일관되지 않다. 교명에서는 주로 '울릉도'라는 명칭을 반영해서 지었지만 '울도'를 혼용하기도 해서 혼란스럽다.

울릉도의 교육제도는 일본 학자 후쿠하라 유지가[2] 울릉도의 일본인 사회를 고찰하는 가운데 학교의 설립을 처음 다루었다. 다만 그의 연구는 교육제도에 초점을 둔 것이 아니라 일본인 사회에 초점을 맞추었으므로 교육에 관한 내용은 매우 개괄적이며, 한국인 교육제도와의 차이를 구분하기가 모호한 측면이 있다. 일제강점기 울릉도 교육에 초점을 맞춘 한국 학자의 연구는[3] 한국인과 일본인의 교육 현황, 경상북도에서 울릉도 교육이 차지하는 위상을 통계를 제시하며 고찰했다. 다만 학교 설립 연대 등에서 『울릉군지』를 답습하고 있어 오류도 그대로 답습했다. 이 글에

1 김동환, 「일제강점기 울릉도교육 연구」, 『한국교육사학』 40-4호, 한국교육사학회, 2018, 85쪽. 김동환은 1917년과 1922년의 경우를 예로 제시했다.

2 후쿠하라 유지(福原裕二), 『たけしまに暮らした日本人たち』, 風響社, 2013.

3 김동환, 2018, 앞의 글.

서는 일제강점기 1차 자료와 군지를 교차 검토하여 울릉도의 초등교육기관을 구명하되 설립 과정과 교명의 변천을 중심으로 고찰하고자 한다.

Ⅱ. 교육기관의 설립과 변천

1. 서당

울릉도는 이주민이 입도한 초기에는 육지처럼 서당이나 향교가 없었다. 이주 초기에는 주로 초당방草堂房[4]이나 서당에서 교육이 이뤄졌는데, 언제부터 있었는지는 알 수 없다. 서당은 공립학교가 설립된 이후에도 오랫동안 존속하며 교육기관으로서의 역할을 했다. 1906년에 울릉도를 시찰한 시마네현 심상고등소학교 교장 오쿠하라 헤키운(奥原碧雲)의 조사에 따르면, 울릉도 전체에 서당은 전부 14군데 있었고 학생들은『대학』과『소학』등을 송독하며 수업한다는 사실을 알았다.[5] 하지만 실제로는 이들 과목 외에도『천자문』,『동몽선습』,『명심보감』,『통감』,『논어』,『맹자』,『중용』등을 수업교재로 이용했다. 1908년에 관어학교가 설립되기 전까지 서당은 울릉도 유일의 교육기관이었다.

서당은 도동서당, 사동서당, 간령서당, 옥천서당, 남양서당, 학포서당, 태하서당, 현포서당, 추산서당, 나리서당, 평리서당, 천부서당, 석포서당, 중저서당 등이 있었다.[6] 이는 거의 모든 마을에 서당이 있었음을

4 개척기에는 3~4호만 되어도 草堂房에서 교육했다고 하는데, 자세한 내용은 나와 있지 않다. 저동 2동(소저)과 와달리에 초당방이 있었다고 한다(『鬱陵郡誌』, 1989, 220쪽; 222쪽). 그러나 초당방이라는 용어는 어색하므로 초당 혹은 초방을 잘못 합성하여 부른 듯하다.

5 奥原碧雲,『竹島及鬱陵島』, 報光社(1907년 초판, 2005년 복각), 55쪽.『울릉도·독도 백과사전』(2020, 670쪽)은 13개로 기술했다.

6『鬱陵郡誌』, 1989, 220~221쪽.

의미하는데 이 가운데 주목할 만한 것은 중저서당이다. 중저서당은 수백 명의 문도를 배출했는데 한의사 김하우金夏佑, 민의원과 보건소장을 지낸 의사 전석봉全石鳳이 이곳 출신이다.[7] 12세에 입도한 손순섭(1880-1973)이 저동서당의 훈장을 지냈다고 한다. 『울릉군지』(1989)는 중저서당으로, 손순섭의 증손자인 손영규는 저동서당으로 언급했지만 둘다 모시개 주변을 가리킨다.[8] 손순섭이 1950년에 집필한 『도지島誌: 울릉도史』가 손자 손태수와 증손자 손영규를 거쳐 전해지고 있지만[9] 서당에 관한 언급은 없다. 사동에는 옥류재 혹은 옥류서당[10]이 있었다고 하는데 김광호가 훈장이었다. 김광호는 후에 관어학교 설립에 관계했다.

1908년 통감부는 「서당관리상 요항 건書堂管理上要項件」[11]을 공표했다. 이에 따르면, 보통학교가 설치된 지역에서는 보통학교에 우선 입학하게 하되 보통학교가 없을 경우 서당으로 대체할 수 있게 했다. 이 훈령은 이른바 개량 서당의 단초를 제공했다. 1911년에 공포된 「사립학교규칙」[12]은 서당에 적용하지 않는다고 명시함으로써 기존 서당의 온존을 보장해주었다. 또한 조선총독부는 '공립 보통학교'의 일본인 교장에게 서당을 지도하고 감독하게 했다.[13] 그렇다면 이 제도는 '공립 보통학교'가 설립된 후

7 위의 책, 221쪽.

8 손영규는 증조부가 저동에서 서당 훈장을 하다가 중저로 옮겼다고 했는데 『鬱陵郡誌』에 저동서당에 관한 언급은 없다. 『울릉도·독도 백과사전』(2020, 670쪽)은 중저서당만 언급했다.

9 손순섭(1880-1973)의 손자 손태수(1928-2004)는 울릉교육청 관리과장을 역임했고 1989년 『鬱陵郡誌』 집필 및 편찬위원으로에 참여했다. 손순섭의 증손자 손영규(1949-)는 울릉국민학교장과 울릉문화원장을 지냈다(유미림 번역·해제, 『島誌: 울릉도史』, 울릉문화원, 2016).

10 『鬱陵郡誌』(2007, 625쪽)에는 사동서당으로 되어 있다.

11 학부 훈령 제3호(1908. 8. 28.)(『관보』 제4165호, 1908. 9. 1.). 학부 훈령에는 제목이 없으므로 '적요 목록'에 있는 것을 따랐다.

12 조선총독부령(이후 '부령'으로 약칭) 제114호(10. 20.)(『관보』 10. 20. 호외)로 공표되었다. 18개 조문과 부칙으로 구성되어 있다. 1908년 8월 26일 반포한 「사립학교령」을 강화한 법령이다.

13 김광규, 『일제강점기 초등교육 정책』, 동북아역사재단, 2021, 165쪽.

의 서당에도 계속 적용되었을 것이다. 1912년부터 1917년 사이 경상북도 전체에 서당은 1,625개, 생도는 13,513명이었다고 하는데 울릉도에는 1917년에 16개의 서당이 있었고[14] 생도는 207명이었다. 전부 남학생뿐이었다.[15]

조선총독부는 1918년에 「서당규칙」(2. 21, 부령 제18호)을 제정하여 도지사의 인가를 받아 설립하게 하되 학교와 유사한 명칭을 사용하지 못하게 했다. 또한 교재는 조선총독부가 편찬한 교과서를 사용하도록 했다. 서당은 '공립 보통학교'보다 문턱이 낮은 교육 시설이었으므로 보통학교로 취학할 기회를 얻기 어려웠던 여성에게 문맹에서 벗어날 수 있는 공간이었고 남학생에게는 보통학교에 입학하기 전 한학 교육을 먼저 받을 수 있는 경로 기관이기도 했지만[16] 여성의 입학은 제한적이었다. 그리고 서당은 조선총독부의 통제를 벗어나기가 어려웠다.

1921년에 울릉도에는 재래서당 12개에 학생 수는 144명, 개량서당 4개에 학생 수는 132명이있었다.[17] 1923년에 울릉도를 찾은 이을은 개량서당이 12개, 생도는 190명이라고 했다.[18] 재래서당이 급격히 감소하고 개량서당이 증가한 것이다. 재래서당이 개량서당에 흡수된 것인지 아니면 재래서당은 폐교하고 개량서당이 새로 개교한 것인지는 알 수 없으나 이후 서당 숫자가 급격히 감소한 것을 보면 개량서당이 새로 개교한 것은 아닌 듯하다. 1920년대의 서당에 관해서는 기록이 별로 없지만, '공립 보통학교' 입학생이 증가함에 따라 서당이 감소하는 경향을 보이는 것은 자연스런 추세이다.

14 『慶尙北道統計年報』, 1918, 115쪽.
15 『慶尙北道統計年報』, 1918, 149쪽.
16 김광규, 2021, 앞의 책, 168쪽.
17 『慶尙北道敎育及宗敎一斑』, 1922, 42쪽.
18 이을, 「동해의 일점벽인 울릉도를 찾고서」, 『開闢』 제41호, 1923. 11.

조선총독부는 1929년에 「서당규칙」을 개정한 뒤로는 조선총독부가 편찬한 일어와 산술 교과서를 사용하게 하는 등 서당에 대한 통제와 단속을 강화했다. 이 때문인지 1932년에는 서당이 5개로 줄어 교원 5명, 남자 생도 111명, 여자 생도 9명, 모두 120명이었고 경비는 1100엔이었다.[19] 1923년에 비해 숫자와 생도 수가 많이 줄었다.[20] 1934년에도 5개의 서당에서 120명을 수용하여 교육했는데 한학만 가르친 것이 아니라 보통학교의 학과도 넣어 가르쳤다.[21] 1934년에 울릉도의 학령기 아동은 2,200명이었는데 취학 학생은 571인에 불과했다.[22] 이는 서당과 보통학교 생도를 모두 포함한 숫자일 것이다. 1934년에도 5~6개의 서당이 있었다고 하므로[23] 1930년대 내내 비슷한 숫자를 유지했을 것으로 보인다.

2. 공립학교의 성립과 변천

1) 「소학교령」(1895)과 「보통학교령」(1906)

1894년 8월 학무대신 박정양은 신교육의 방침을 고시하여 소학교와 소학교 교원 양성을 위한 사범학교 설립 방침을 밝혔다.[24] 그러나 이는 관료와 교원 양성을 목표로 한 것이어서 국민교육을 제도화한 것은 아니었다. 정부는 1895년 2월 「교육에 관한 조칙」을 발표하여 국민교육을 지

19 『鬱陵島行政一斑』, 1933, 36~37쪽.

20 김동환의 조사에 따르면, 1920년대 울릉도 서당의 숫자는 경북 전체에서 1위였다(김동환, 105쪽).

21 『매일신보』(1934. 2. 21.), 『동아일보』는 서당을 6곳으로 보도했다. 『조선중앙일보』(1934. 2. 16.)는 보통학교 및 서당 등을 포함하여 수용된 학생 수를 600여 명으로 보도했다.

22 『동아일보』 1934. 2. 21.

23 『동아일보』(1934. 2. 21.)는 6개로, 『조선중앙일보』(1934. 2. 16.)는 5개로 보도했다.

24 김광규, 2021, 앞의 책, 26~27쪽.

향할 것임을 분명히 하고[25] 3월에 학무아문을 학부로 개편했다. 학부는 소학교의 설립과 확장을 급무로 삼고 7월에 「소학교령」[26]을, 8월에 「소학교 교칙 대강小學校教則大綱」[27]을 공포하기에 이르렀다. 일본의 「소학교령」(1886)보다 10년 정도 늦게 나온 것이다.

학부의 「소학교령」에 따르면, 소학교는 정부가 설립하는 관립 소학교, 부府나 군郡이 설립하는 공립 소학교, 개인이 설립하는 사립 소학교 3종으로 구분되었다. 주로 지방에 설립된 공립 소학교의 경비는 당분간 국고에서 지출하고, 공립 소학교를 설치하기 전에는 사립 소학교로 대용하도록 규정했다. 「소학교령」에 따르면, 소학교는 심상과尋常科와 고등과 2과를 두되 심상과는 3개년, 고등과는 2~3개년으로 할 것을 규정했다.[28] 교과서는 학부가 편집한 것 외에 학부대신의 검정을 거친 것을 사용할 수 있게 했으며 취학 연령은 만 7세부터 15세까지로 규정했다.

1906년 8월 27일 통감부는 「소학교령」 및 관련 규정을 폐지하고 「보통학교령」[29]을 공포하여 9월 1일부터 시행하게 했다. 이로써 소학교 제도에서 보통학교 제도로 바뀐 것인데 이전과 마찬가지로 관립, 공립, 사립 3종으로 구분하되 '공립 보통학교'를 설립하려면 관찰사와 부윤, 군수가 학부대신의 인가를 받도록 했다. 심상과와 고등과로 구분하던 소학교를 통합하여 보통학교로 하되 수업 연한은 4년으로 하고 연령은 8세부터 12세까지로 했다. 필요한 경우 졸업자를 대상으로 3년 이내에 보습과를 설치하여 보습할 수 있게 했다. 4년제 보통학교의 교과목은 수신, 국어,

25 위의 책, 32쪽.

26 「소학교령」(칙령 제145호, 1895. 7. 17, 『官報』 제119호, 7. 22.)

27 「학부령」 제3호(1895. 8. 12., 『官報』 제138호, 8. 15.)

28 『鬱陵郡誌』(1989, 224쪽)는 소학교의 수업 연한을 심상과 5년, 고등과를 2~3년으로 기술했다.

29 「보통학교령」(칙령 제44호, 1906. 8. 27., 『官報』 제3546호, 8. 31.)

한문, 일어, 산술, 지리, 역사, 이과理科, 도서圖書, 체조, 수예, 창가, 수공, 농업, 상업이고, 「소학교령」에서와 달리 일본어를 정식 교과목에 포함시켰다. 학교를 설치하고 폐지할 때 학부대신의 인가를 받도록 했으므로 학부의 감독과 통제가 강화되었고, 시행에 관한 규정도[30] 학부대신이 정하도록 했다. 울릉도에는 공립학교가 설립되지 않은 채 서당 교육에만 의존하고 있다가 사립 '관어학교'의 설립을 보게 되었다.

2) 사립 관어학교(1908)에서 사립 신명학교(1910)로 개칭

울릉도에서 학교를 세우려는 움직임은 1900년 이전부터 있었다. 초대 도감 배계주는 울릉도 개발을 구상했는데 거기에는 학교 설립, 양잠과 제염사업, 선박의 구입 등이 포함되어 있었다. 그가 1898년에 도일한 이유는 일본에서 소송을 제기할 목적도 있었지만 이들 구상을 실현할 방안을 찾기 위한 산업 시찰도 겸하고 있었다. 학교 설립은 국가의 정책이기도 했으므로 1900년에 내부 시찰관 우용정은 6월 3일 울릉도 주민에게 "학교를 세워 백성을 교육할 것"을 포함한 내부의 「고시」를 공지했다.

1900년 10월 울릉도가 울도군으로 승격된 뒤 초대 군수 배계주는 1901년 2월 상경하여 학부에 학교 설립에 관한 인가를 신청한 바 있다.[31] 그러나 배계주 당시는 학교를 설립하지 못했다. 1905년까지 전국에 103개의 공립 소학교가 설립되였는데 이 가운데 55개 학교에 학부가 교원을 배치했다.[32] 그러나 울릉도는 공립 소학교가 설립되지 않았고, 그런 상태에서 1906년 소학교 제도는 보통학교 제도로 바뀌었다.

---

30 「보통학교령 시행규칙」(학부령 제23호, 1906. 8. 27, 『官報』 제3549호, 9. 4.)

31 『皇城新聞』, 1901. 2. 27.

32 김광규, 2021, 앞의 책, 39쪽.

통감부가 한국인에 대한 점진적인 동화 정책의 방법으로 관·공립 보통학교를 확장하기로 함에 따라, 1906년에서 1908년 사이 보통학교는 전국에서 관립이 9개교, 공립이 50개교 설립되었다.[33] 수업 연한은 4년으로 하되 지역 실정에 따라 1년을 단축할 수 있게 하였으며, 입학 연령은 8세 이상으로 하였다. 교과목은 수신·국어 및 한문·일어·산수·이과·창가·체조·도화·수공·재봉·수예·농업 초보·상업 초보 등이었다. 일본어 보급을 명문화했고, 국어와 한문에 비해 수업 시간도 많이 배당하였다.

그런데 울릉도에서 설립된 최초의 학교는 '공립 보통학교'가 아니었다. 1908년 2월 군수 심능익과 유지 김광호는 도동에 사립 관어학교觀於學校를 세웠다. 최초의 학교이다. 군수가 교장을 겸했다.[34] 학생은 12~13명이었는데 학부에는 30명으로 늘려 보고했다.[35] 교사校舍는 추위를 피하기 어려울 정도였고 제대로 된 교재도 갖추지 않았으며 수업 연한도 일정하지 않았다. 교원은 일본인 요시다 스에조(吉田末藏)와 한국인 조현우趙鉉禹였고 과목은 일본어와 산술, 한문 3과목만 가르치는 정도였다. 요시다와 조현우의 급여는 월 7엔이었다. 1907년 가호당 평균 50전錢을 징수하여 489엔 11전 5리厘를 교육 자금으로 마련하고 다시 30엔의 기부금을 합해 관어학교 경비에 충당했으나 부족했다. 자금을 이식할 방법을 강구하지 않은 채 원금을 그대로 지출하는 식이어서 당연히 경비가 늘 부족했다.[36]

---

33 위의 책, 67쪽.

34 통감부는 1907년 「보통학교령」을 개정하여 교감직을 두었고 일본인 교원도 한국에서 교원 자격을 갖게 했다. 1909년 당시 관공립과 사립 보통학교 가운데 85개 학교의 교감이 모두 일본인이었고, 교장은 대부분 군수가 겸임했다.

35 『于山國民學校沿革』(1908~1967), 필사연도 미상.

36 『于山國民學校沿革』(1908~1967), 필사연도 미상.

교장 겸 감독자인 군수가 다른 곳으로 옮겨가고 후임자가 아직 부임하지 않은 1909년 10월 일본인 교사가 사직하고 한문 교사도 사직하는 바람에 휴교했다. 1910년 봄에 군수 전태흥全泰興이 새로 부임했으나[37] 관아를 정리하느라 관어학교를 돌볼 여가가 없다가 강제병합 시대로 들어갔다.[38] 군수 전태흥은 김광호 등 두 세 명의 유지와 학교의 부흥을 협의했다. 그는 보조금과 기부금으로 216엔 38전을 마련, 교명을 신명학교新明學校로 개칭하여 1910년 11월 18일[39]에 개교했다. 교사는 관어학교 자리에 그대로 하되 건물을 보수하고 외관을 정비하여 겨울에도 수업받는데 지장이 없도록 했으나 교구 등은 경비 문제로 종래 사용하던 것을 그대로 사용하게 했다.[40] 신명학교의 교장은 김광호였고[41] 교원은 다카야 레이메이(高谷靈明), 진형호陳衡浩였다. 학생은 당초에는 1년 과정의 예과 4명, 3년 과정의 본과 21명 모두 25명이[42] 응했다. 교과목은 한문·습자·일어·산술·체조 등이었다. 교과서는 보통학교에 준하도록 심상소학교의 서적을 채용했다. 수업시간은 주 23시간이었다. 교장은 무급이었고 다카야 레이메이는 월 5엔, 진형호는 월 6엔이었다. 1910년의 총 수입은 251엔 26전이었는데 3개 면의 주민들이 미역으로 얻은 이익에서 180엔을 보조했다. 학생들에게는 수업료를 징수하지 않았다.

---

37 『官報』(제4446호, 1909. 8. 4.)에 따르면, 경부 전태흥은 1909년 7월 31일자로 주임관 4등의 울도 군수에 임명되었다. 그러나 그가 실제로 울릉도에 부임한 것은 1910년 봄으로 보인다.

38 『于山國民學校沿革』(1908-1967).

39 『鬱陵郡誌』, 231쪽. 『于山國民學校沿革』에는 11월 3일 천장절에 개교한 것으로 되어 있다.

40 『于山國民學校沿革』(1908-1967).

41 김광호는 사동의 옥류서당의 훈장을 하다가 교장에 추대되었다(『鬱陵郡誌』, 231쪽). 김광호는 1906년에는 사상의소士商議所 소장을 지냈다.

42 『于山國民學校沿革』은 25명으로 『鬱陵郡誌』는 26명으로 기술했다(1989, 231쪽). 이후 5명이 새로 들어오고 4명이 퇴학한 뒤 다시 1명이 들어오는 등의 변동이 있었다. 최종적으로는 26명이 되었다.

3) '사립 울릉도보통학교'(1911)에서 '울도 공립 보통학교'(1913)로

조선총독부는 1911년 8월 23일 전문 30조로 된 제1차 「조선교육령」을 공포하여 종전의 학제를 전면 개편하여 조선인의 교육을 이에 의거하게 했다.[43] 보통학교의 수업 연한은 4년으로[44] 정했다. 다만 조선에 있는 일본인은 이 법령의 적용을 받지 않는다고 규정하여 조선인과 일본인의 분리 교육을 명시했다. 여기에는 일본인에 비해 저급한 교육을 받게 할 의도가 담겨 있다. 당시 전체적인 학제는 보통교육과 실업교육, 전문교육으로 나뉘고, 보통교육기관으로는 보통학교(4년), 고등보통학교(4년), 여자고등보통학교(3년)가 있었다.

울릉도에서는 1911년 10월 30일 보통학교 설치 건으로 인가받아 11월 3일 '사립 울릉도보통학교'로 개교했는데, 이 학교는 1910년 11월에 개교했던 신명학교의 후신이다. 학생 수는 28명이었고 교사는 다카야 레이메이와 진형호였다.[45] 1912년 4월 20일에 마노 이코(眞野威光)가 훈도 겸 교장으로 부임하여 교사를 수리하고 교사실 등을 증축했다. 은사금 이자(420엔)와 지방비 보조(380엔)를 받아 학교를 운영했다.

4) '울도 공립 보통학교'(1913)에서 '울릉도 공립 보통학교'(1929)에로

울도군은[46] 1913년 3월 13일 공립 보통학교 설치 건을 인가받아 4월 1일 수업을 개시하고 '울도 공립 보통학교鬱島公立普通學校'로 칭했다.[47] 주

---

43 칙령 제229호(1911. 8. 23.) 칙령 뒤에 '8. 24. 관보'라고 쓰여 있으나 실제로는 9월 1일 자 『官報』 제304호에 실려 있다. 조선인은 직접 인용인 경우를 제외하고는 '한국인'으로 바꾸었다.

44 지방 실정에 따라 1년을 단축할 수 있게 규정했다.

45 『于山國民學校沿革』(1908-1967).

46 홍종욱은 1912년 3월 9일에 군수에 임명되었다(『官報』 제461호, 3. 13.).

47 조선총독부 고시 제63호(1913. 3. 13. 인가, 3. 15. 고시, 『官報』 제185호, 3. 15.)

소는 경상남도 울도군 남면 도동 223번지의 1이다.[48] '사립 울릉도보통학교'(1911)에서 '울도 공립 보통학교'(1913)로 바뀐 것이다.[49] 학생 수가 72명으로 증가했고[50] 교원은 이전과 마찬가지로 마노 이코가 훈도 겸 교장이었다. 박인환朴仁煥은 부훈도, 진형호가 대용代用교원이었다. 당시는 교장으로 부임하려면 경성에서 언양과 영산의 공립 보통학교장과 함께 강습받은 뒤 다시 도청에서 지시와 훈시를 받은 뒤 부임하도록 되어 있었다.[51]

1914년 1월 17일 경상남도 서기 우에노 치쿠이쓰(上野竹逸)가 울도군을 시찰할 때 '울도 공립 보통학교'를 시찰했는데 우에노 치쿠이쓰는 경상남도 장관 사사키 도타로(佐佐木藤太郎)가 기부한 15엔과 지방비 보조금 300엔을 하사하겠다는 내용의 공문을 지참하고 왔다. 1914년 3월 울도군이 경남에서 경북 관할이 되었으므로 '울도 공립 보통학교'도 경상북도 관할의 학교가 되었다. 1916년 2월 마노 이코가 병사함에 따라 일본인 학교 '울릉도 공립 소학교'의 훈도 아카누마 인지로(赤沼允次郞)가 울도 공립 보통학교의 교장으로 부임했다.[52] 교원들이 강습을 위해 출장을 가면 임시로 다른 교원으로 대체되었고, 전근과 퇴직 등의 변동이 있었다. 1921년 당시 울도 공립 보통학교의 학급 수는 2, 교원은 2, 학생 수는 남자가 88명, 여자가 12명이었다. 수업 연한은 4년이었다.[53] 1922년까지 한국인

---

48 조선총독부 고시에는 도동으로만 기재되어 있으나 『鬱陵島行政一斑』(1933)에는 도동 223번지의 1로 되어 있다.

49 『于山國民學校沿革』. 『한국민족문화대백과』(울릉초등학교 항목)은 1911년 10월 '사립 울릉도보통학교'로 인가를 받았다가 1914년 4월 공립으로 개편하여 '울릉도공립보통학교'로 개칭했다고 기술했다. 울릉초등학교 홈페이지도 1914년 4월 1일 '울릉도 공립 보통학교'로 개칭했다고 기술했다. 그러나 '울릉도 공립 보통학교'로 개칭하기 전에 1913년 '울도 공립 보통학교'로 개칭했다가 1929년에 '울릉도 공립 보통학교'로 개칭했다.

50 『于山國民學校沿革』(1908-1967).

51 『매일신보』 1913. 5. 6.

52 『于山國民學校沿革』(1908-1967).

53 『慶尙北道敎育及宗敎一斑』, 1922, 20쪽.

교원으로서는 박인환과 진형호 외에 김영진金榮鎭, 박동화朴東和, 이순의李舜儀, 배영박裵泳璞, 배민규裵玟奎가 있었다.

5) 교명의 혼란

1913년 3월 '사립 울릉도보통학교'가 1913년 3월 '울도 공립 보통학교'로 개칭된 사실은 총독부 고시로 고지되었다. 그럼에도 이를 '울릉도 공립 보통학교'로 잘못 칭한 경우가 있다. 1989년판 『울릉군지』는 '울릉도 공립 보통학교'로,[54] 2007년판 『울릉군지』는 '울릉보통학교'로 잘못 적었다.[55]

『경상북도 통계연보』(1918)는 교명을 '울도 공립 보통학교'로 적고, 설립 연도를 1913년 4월, 소재지를 남면으로 적었고, 직원은 3명이고, 2학급이 있다고 기술했다. 1918년에 이 학교의 생도는 제1학년 모집정원 20명에 25명이 지원하여 19명이 입학했고, 2학년은 1명이 입학했다. 1학년 19명 가운데 서당을 다닌 자가 1명, 다니지 않은 자가 8명이었다.[56] 다른 지역에서는 연간 수업료(1917년 최다 56.050엔, 최저 5.9엔)를 받았지만 울릉도에서는 받지 않았다.[57]

그런데 같은 해(1918)에 조선총독부는 포상금을 하사한 교명을 울릉도 공립 보통학교로 잘못 칭했다.[58] 1923년 2월 17일자 『동아일보』는, "경북 울릉도 울도 공립 보통학교 재직 중이던 배영박 씨는…울도공보고를 사

54 『鬱陵郡誌』, 1989, 232쪽.

55 『鬱陵郡誌』, 2007, 628쪽. 『한국민족문화대백과』에 따르면, 1911년의 '사립 울릉도보통학교'가 1914년 4월 '울릉도공립보통학교'로, 1938년 4월 '도동 공립 심상소학교', 1941년 '도동 공립 국민학교', 1946년 4월 우산국민학교, 1976년 11월 울릉국민학교로 개칭되었다가 1996년 울릉초등학교로 변경된 것으로 되어 있다.

56 『경상북도 통계연보』 1918, 129쪽.

57 위의 책, 145쪽.

58 『官報』 제1701호(1918. 4. 11.)

직한 후…"라고 했다. '울도공보고'는 울도 공립 보통학교를 가리킨다. 『조선일보』도 울도 공립 보통학교 졸업생 홍순학洪順學이 진학 후 영일공립 보통학교에서 교원에 임용된 사실을 보도했다.[59] 두 신문 모두 울도 공립 보통학교라고 칭했다. 졸업생 홍순학은 경북임교강회慶北臨教講會[60]를 거친 뒤 1929년에 울릉도에 강사로 부임했지만 재직 일 수는 한 달에 불과했다. 1923년에 조선총독부가 펴낸 『조선총독부 및 소속 관서朝鮮總督府及所屬官署』에 배민규와 문보근文輔根도 울도 공립 보통학교 훈도로 나온다.

『우산국민학교 연혁』은 1923년 3월 문보근이 울도 공립 보통학교 훈도에 임명된 것으로 기술했다. 1925년에 울도 공립 보통학교의 훈도 (겸) 교장은 김만수, 훈도는 배민규와 문보근,[61] 교원 촉탁은 차영록車永祿이었다. 1926년 직원록에도 교명이 '울도보통학교'로 되어 있고 교장은 김만수金萬洙, 훈도는 이석원과 문보근이었다. 1927년과 1928년 직원록에도 '울도보통학교'로, 1929년에도 '울도보통학교'의 훈도교장[62]은 히노하라 세이(日野原精)로 되어 있다. 모두 울도 공립 보통학교를 의미한다. 그러다가 1930년의 직원록을 보면, '울릉도보통학교'의 교장은 히노하라 세이, 훈도는 문보근과 김응룡金鷹龍으로 보인다. 문보근이 1930년에는 울릉도보통학교 훈도로 보이므로 같은 학교임을 알 수 있다. 1930년은 울도 공립 보통학교에서 '울릉도 공립 보통학교'로 바뀐 뒤이므로 문보근이 울릉도보통학교 훈도로 보인 것이다. 이런 정황을 종합하면, 1918년에

---

59 『조선일보』 1923. 4. 14.

60 훈도 문보근이 경북임교양강회 출신으로 기술된 것으로 보건대, '경북임교양강회'가 맞을 듯하다.

61 1923년에 훈도였다가 1928년에 교장 사무를 취급했다가 1929년 3월 순흥공립보통학교로 전근했다. 『于山國民學校沿革』(1908~1967)

62 '훈도 겸 교장'이다.

조선총독부가 울릉도 공립 보통학교로 칭한 것은 잘못되었다.

3. 공립 보통학교와 공립 국민학교

1) 1920년대의 '울도 공립 보통학교'

1920년대에는 조선 전역에서 학교에 입학하기를 희망하는 취학 열기가 고조되었다. 그 원인 가운데 하나는 3·1 운동을 겪으며 당장 독립이 어려우니 교육으로 실력을 양성하자는 사회적 분위기가 작용했다.[63] 개인으로서도 진학이나 취직을 위해 보통학교교육의 기회가 필요했다. 울릉도도 예외는 아니었다. 조선총독부는 1922년 2월 제2차 「조선교육령」을 제정하여 학제를 개편했다. 초등교육기관으로 보통학교를, 중등교육기관으로 고등보통학교, 여자고등보통학교, 실업학교를, 고등교육기관으로 전문학교와 대학을 두도록 했고, 초등교원 양성기관으로 사범학교를 설치하도록 했다. 수업 연한은 보통학교는 4년에서 6년으로,[64] 고등보통학교는 4년에서 5년으로, 실업학교도 2~3년에서 3~5년으로 연장했다. 보통학교에는 부설 학교와 간이학교를 부설할 수 있게 했다.[65] 이는 울릉도에도 적용되었다. 한편 조선총독부는 1927년 3월 말 보통학교 규정을 개정하여 '일본 역사'를 '국사'로 바꾸었다.[66]

1927년 12월 말 기준 울릉도 인구는 9,653명인데, 1928년 4월 말 기준 공립 보통학교는 1개, 모집 정수는 남자 25명, 여자 5명, 입학 허가자

63 김광규, 2021, 앞의 책, 207쪽.

64 이 역시 지방 실정에 따라 4~5년으로 단축할 수 있고 보통학교에 2년 과정의 보습과와 고등과를 설치할 수 있게 했다.

65 김영우, 『한국 근대 학제 백년사』, 한국교육학회교육사연구회, 1995, 91~92쪽.

66 조선총독부령 제23호(1927. 3. 31, 『官報』 제73호, 3. 31 게재).

수는 남자 33명, 여자 5명 모두 38명이었다.[67] 당시 울릉도에는 일본인 531명, 중국인을 합쳐 10,194명이 있었다. 1928년 12월 말 기준 울릉도 인구는 한국인 9,930명을 포함해서 10,466명인데,[68] 1929년 4월 10일 기준 '공립 보통학교'의 모집 정수는 30명이었다. 48명이 지원하여 남자 21명, 여자 14명이 입학 허가를 받았다.[69] 1929년 12월 말 기준, 울릉도 인구는 한국인 9,973명을 포함하여 10,456명이었는데, 1930년 5월 말 기준 '공립 보통학교'는 1개, 모집 정수는 30명이었다. 정수를 초과하여 남자 48명, 여자 7명이 입학 허가를 받았다. 1930년 4월 말 기준 경상북도에서 보통학교는 161개로 증가했지만 울릉도에서는 증가하지 않았다. '공립 보통학교' 입학 희망자는 70명이었는데 남자 48명, 여자 7명이 입학했다.[70] 이렇듯 인구에 비해 학교가 많이 모자랐다.

2) 1930년대의 '울릉도 공립 보통학교'

'울도 공립 보통학교'가 1929년 5월 7일 '울릉도 공립 보통학교'로 개칭되었으므로 1930년부터는 울도 공립 보통학교라는 교명이 문헌에 더 이상 보이지 않는다. 『직원록』을 보면, 1930년과 1931년에 교명을 '울릉도 보통학교'로 기재했고, 그 이후에도 울릉도보통학교로 기재했다. '울릉도 공립 보통학교'를 '울릉도보통학교'로 약칭한 것이다. 『경상북도세 일반慶尙北道勢一班』(1928)은 교명을 명기하지 않은 채 공립 보통학교가 있는 부군도명府郡島名에서 '울릉도'를 언급했으므로 울릉도 공립 보통학교를

67 『慶尙北道勢一班』, 1928, 29쪽.
68 『慶尙北道勢一班』, 1929, 15쪽.
69 위의 책, 29쪽.
70 위의 책.

의미함을 알 수 있다

『울릉도 행정일반鬱陵島行政一斑』(1933)은 1911년 11월 3일 '사립 울릉도 보통학교'에서 1913년 3월 13일 '鬱□島公立普通學校'[71]로 바뀌었다고 했다. 鬱자와 島자 사이에 간격을 두어 애매하지만, 글자로만 보면 '鬱島公立普通學校'가 된다. 울도 공립 보통학교는 다시 1929년 5월 7일 '울릉도 공립 보통학교'로 개칭했다.[72] 1933년 울릉도 공립 보통학교의 훈도 겸 교장은 47세의 히메지마 이와오(姬島巖生)였다.[73] 훈도는 "문보근文輔根, 29세, 경북임교양강회慶北臨敎養講會 출신, 10년 1개월 근무"한 자였다. 그 외 훈도로 차경복車景福(21세)과 홍순학洪順學(28세)이 있었다. 홍순학은 1929년에 떠났다가 다시 온 듯하다. 역대 학교장은 마노 이코(眞野威光, 1913년 근무)[74] 김만수(金萬洙, 1925년 근무)[75] 아카누마 인지로(赤沼允次郎, 1928년 근무)[76] 히노 하라야스(日野原精, 1929년 근무)였다. 1932년 12월 9일에 임명된 학무위원은 배익소裵益紹,[77] 이장호李章浩, 손수관孫秀觀, 정석연

---

71 『鬱陵島行政一斑』, 1933, 32쪽. '울릉도'로 썼다가 중간에 '릉'자를 삭제한 듯하다. 『東海의 睡蓮花』는 1913년 5월 13일 '울도 공립 보통학교'로 인가받았다고 기술했다.

72 『鬱陵島行政一斑』, 1933, 33쪽. 『우산국민학교 연혁』도 1929년 5월 7일 '울릉도 공립 보통학교'로 개칭했다고 기술했다.

73 1923년 심상소학교 촉탁교원을 시작으로 여러 학교를 거쳐 1930년에 경상북도 河濱공립보통학교 훈도(『官報』 제929호 부록, 1930. 2. 8.)에, 1933년부터 1934년에 '울릉도보통학교' 훈도교장, 1936년 2월 4일에 훈8등에 서임되고 서보장瑞寶章을 받은 사실(『官報』 제2723호, 1936. 2. 13.)이 보인다.

74 『鬱陵郡誌』(1989, 125쪽)는 眞野成光으로 오기했다. 1913년 3월 27일 '공립 보통학교' 훈도에(『官報』 제197호, 1933. 3. 31), 4월 1일에 다시 훈도에 임명되었다(『官報』 제200호, 1933. 4. 4.).

75 1913년 6월 30일 6급의 녹봉을 받는 공립 보통학교 훈도에 임명된 사실(『官報』 제304호, 1913. 8. 5.)과 1923년 3월 '소학교 및 보통학교 교원 제3종 시험'에 합격한 사실(『官報』 제3196호, 1923. 4. 10.)이 관보에 보인다.

76 1915년 5월 19일 공립 소학교 훈도(『官報』 제838호, 1915. 5. 21.)로, 1928년 11월 16일 공립 보통학교 훈도 8등으로 보인다(『官報』 제926호 부록, 1930. 2. 5.). 1929년 4월 1일에도 훈8등이었다(『官報』 제721호, 1929. 5. 30.).

77 배익소는 국유임야 가운데 울릉도 성인봉의 임산물 처분 허가를 받은 것을 비롯하여 1931년까지 임산물 매각을 허가받은 자의 명단에 보인다(『官報』 제4291호, 1926. 12. 9.). 1933년에는 조선총독부로부터 관작을 받았다(『官報』 제1932호 부록, 1933. 6. 20.).

鄭鉐淵,[78] 홍재현洪在現, 박건생朴乾生이었다. 1933년 이 학교의 경비는 급료와 여비, 숙사료, 잡급雜給, 수용비需用費, 수선비, 잡비, 예비비, 기타 등은 학생 1인당 25.12엔이었다. 1932년에는 26.56엔이었으므로 크게 차이가 없다. 출석률은 남녀 학생 모두 97~98%로 비교적 높고, 연령은 10~15세가 가장 많았다. 보호자의 직업은 농업(132명)이 압도적으로 많고 상업(29명)과 광업(15명) 순이다. 1933년에 학생 수는 모두 191명이었다. 교과목은 수신, 국어, 조선어, 산술, 국사, 지리, 이과, 직업, 도서, 창가, 체조, 가사 및 재봉이었다.[79]

1934년 울릉도에는 공립 보통학교와 심상소학교가 세 곳에 있을 뿐이었다. 즉 공립 심상소학교가 2개, 공립 보통학교가 1개였다.[80] '울릉도 공립 보통학교'[81]는 교원 4명에 학생 176명이었다.[82] 훈도 겸 교장은 히메지마 이와오, 훈도는 김태현金泰鉉, 박달근朴達根, 이봉춘李逢春, 차경복車景福이었다.[83] 1934년 3월 말에 문보근은 순흥 공립 보통학교로, 김태현은 의곡 공립 보통학교로 전근했다. 울릉도는 지세가 험해서 학생들이 통학하기에 불편한 곳이다. 재력이 있는 학생은 학교 소재지에서 살면서 통학했지만 그렇지 못한 학생은 사설강습회나 서당에서 문자를 배우는 데 그쳤다.[84] 서당은 전부 5곳인데[85] 120명을 수용하고 있으며 한학만 가르

78 1924년 4월 4일에 설립·등기된 울릉도금융조합의 감사 명단에 보인다(『官報』 제3505호, 1924. 4. 23.).

79 『鬱陵島行政一斑』, 1933, 33쪽.

80 『매일신보』 1934. 2. 21.

81 『동아일보』는 '도동 공립 보통학교' 혹은 '도동공보'라고 칭했는데 '울릉도 공립 보통학교'가 도동에 있었으므로 이렇게 칭한 듯하다(1934. 12. 10.).

82 『매일신보』 1934. 2. 21.

83 『직원록』

84 『매일신보』 1934. 2. 21.

85 『동아일보』(1934. 2. 21.)는 서당을 여섯 곳으로 보도했다.

치지 않고 보통학교의 학과를 넣어 가르치려 노력했다.[86]

울릉도에서 한국인 전체 학령기 아동은 2,200명인데 서당을 포함한 모든 교육기관에 재학 중인 학생은 571명에[87] 지나지 않았다. 도동에서 멀리 떨어져 사는 학생들의 많은 수가 여전히 학교교육을 받지 못했다. 이후 도동 이외의 지역에서도 공립 보통학교가 설립되기 시작하여 1934년에는 서면 남양동에 '남양 공립 보통학교'가 설립되었고[88] 1935년에는 북면 천부동에 '천부 공립 보통학교'가 11월에 인가받아 12월에 개교했다.[89] 이렇게 해서 1930년대 중반에는 한국인을 위한 공립 보통학교가 3개로 늘어났다.

3) '울릉도 공립 보통학교'(1929) → '도동 공립 심상소학교'(1938) → '도동 공립 국민학교'(1941)

1930년대에 조선을 병참 기지화로 만들고자 민족 말살정책을 실시했던 일본은 1938년에 제3차 「조선교육령」을 개정·공포했다. 보통교육기관으로 소학교와 중학교, 고등여학교를 두고 실업교육기관으로는 실업학교와 실업 보습학교를 두며, 고등교육기관으로는 전문학교와 대학을 두게 하는 법령이었다. 보통교육을 소학교령에 따르도록 함에 따라 '보통학교'가 다시 '소학교'로 되었다. 「소학교 규정」(1938. 3. 15.)은 한국인의 철저한 일본인화를 강제하기 위한 것이었고, 그 일환으로 국어(일본어) 교육의 철저화를 기했다. '울릉도 공립 보통학교'는 1938년 4월 1일부터

86 『매일신보』 1934. 2. 21.

87 『동아일보』 1934. 2. 21.; 『조선중앙일보』(1934. 2. 6.)는 600여 명으로 보았다.

88 10월 10일 인가받았다(경상북도 고시 제93호, 『官報』 제2330호, 10. 15.).

89 경상북도 고시 제218호에 따르면, 인가받은 시기는 1935년 11월 8일이다(『官報』 제2666호, 1935. 12. 2.). 한국향토문화전자대전은 '천부초등학교' 항목에서 1935년 12월 10일 개교했다고 했다.

'도동 공립 심상소학교'로 바뀌었다.[90] 제3차 「조선교육령」도 한국인과 일본인을 함께 교육하는 이른바 공학제를 유지하도록 했다.

그런데 1941년이 되자 일본에서는 3월에 「국민학교령」을 제정하여 '소학교'를 '국민학교'로 다시 바꾸었다.[91] 일본에서 4월부터 이를 시행하자 조선총독부도 국내에서 동시 시행을 준비했고, 그 결과 1941년 3월 31일자로 「국민학교 규정」(부령 제90호)이 공포되었다.[92] 이 규정은 내선일체와 일본어 교육을 강조한 것이 특징이다. 이에 '도동 (공립) 심상소학교'는 '도동 (공립) 국민학교'로 개칭되었다. 소학교와 심상소학교를 통칭했듯이 공립 국민학교와 국민학교도 통칭했다.

이렇듯 '도동 (공립) 국민학교'는 '도동 (공립) 심상소학교'(전신은 '울릉도 공립 보통학교')에서 유래했다. 따로 '울릉도국민학교'가 보이지만 그 유래가 분명하지 않다. 1941년과 1942년의 『직원록』(〈표 1-5-1〉 참조)을 보면,[93] 울릉도국민학교와 도동국민학교, 대하국민학교 등에서 교장과 훈도명이 보이므로 울릉도국민학교는 도동국민학교와 별개의 학교로 보인다. 도동국민학교는 한국인 학교였던 울릉도 공립 보통학교에서 유래했다. 그렇다면 '울릉도국민학교'는 일본인 학교인 '울릉도 심상고등소학교'에서 유래한 듯하다. '울릉도 심상고등소학교'의 분교였던 태하동 분교는 '대하 공립 심상소학교'를 거쳐 1941년에 '대하국민학교'로 독립했으므로 '울릉도국민학교'가 대하국민학교에서 유래했다고 보기는 어렵기 때문이다.

90 『鬱陵島勢一斑』, 1938, 12쪽. 후쿠하라는 1936년 4월 1일로 보았다(2013, 앞의 책, 61쪽).

91 칙령 제148호(1941. 3. 1.). 「국민학교령 시행규칙」(1941. 3. 14. 문부성령 제4호)도 공포되었다(김광규, 2021, 앞의 책, 313쪽).

92 김광규, 위의 책, 321쪽.

93 〈표 1-5-1〉 1942년의 학교명은 울릉도국민학교, 대하국민학교, 도동국민학교, 남양국민학교, 천부국민학교, 현포국민학교이다.

1943년 3월 제4차 「조선교육령」이 공포됨으로써[94] 국민학교는 초등과 6년제와 고등과 2년제로, 중학교와 고등여학교는 4년제로 구성되었다. 1943년에 울릉도에 공립학교는 보통학교(국민학교)가 6개(울릉도, 남양, 천부, 현포, 태하, 장흥), 간이학교가 2개(죽암, 장흥) 있었고, 학생 수는 보통학교가 1,288명, 간이학교가 69명이었다.[95] 1923년 3면 1교였던 데 비하면 1930년대 후반에서 1940년대 초에 걸쳐 많이 증가했다. 이런 결과는 일본인 학생 수가 감소한 데 기인하지만, 공학제가 실시됨에 따라 일본인 전용학교로서의 의미가 퇴색하고 한국인 중심의 학교로 전환되었음을 의미한다.

4. 공립 보통학교의 운영과 재정

조선총독부는 조선에 있는 일본인 교육에 대해서는 1909년에 「학교조합령」을 제정하여 학교의 설립과 운영 방안을 마련했지만, 한국인 교육제인 공립 보통학교에 대해서는 별도의 법령이 없었다. 다만 제1차 「조선교육령」(1911. 8.)에 따라 제정된 「보통학교 규칙」(1911. 10. 20.)[96]에서 학교 인가 시에 학교의 1년 예산과 유지 방법을 포함시켜 제출하게 했다. 그러다가 「공립 보통학교 비용령公立普通學校費用令」을 제령制令 제12호[97]로 공포하여 기본 재산으로 재원을 마련하여 공립 보통학교를 운영하게 했다. 이에 따르면, 공립 보통학교 유지에 필요한 비용은 임시 은사금 이

94 칙령 제113호, 1943. 3. 8.(『官報』 제4836호, 1943. 3. 18.)

95 조선총독부 학무국, 『조선 제학교 일람』, 김광규, 92쪽에서 재인용. 김광규는 도동국민학교는 언급하지 않았다. 보통학교라고 했지만 국민학교가 되어야 맞다.

96 부령 제110호, 1911. 10. 20.

97 「公立普通學校費用令」, 1911. 10. 28.(『公文類聚』 제44편, 일본 국립공문서관, A01200190000.)

자, 향교의 재산 수입, 기본 재산 수입, 수업료, 기부금, 국고 보조금 및 지방비 보조금으로 지불하되 그 외 비용은 학교 설립 구역 안에 있는 한국인이 부담하도록 규정했다. 공립 보통학교에 간이 실업학교를 부설한 경우도 공립 보통학교가 그 비용을 지불하게 했다. 조선총독부는 「공립 보통학교 비용령 시행규칙」(10. 28. 부령 제125호)을 제정하여 재원 방안을 마련하게 했다.

조선총독부는 교원에게 지급하는 급여 외에 숙사료 등 특별급여를 유지하면서 학교를 증설하기 위한 부담이 늘어나자 이를 마련하기 위해 1919년 「공립 보통학교 비용령」 규정을 개정했다가, 1920년에 「공립 보통학교 비용령」을 폐지했다. 이어 「조선학교비령」(1920. 5. 12.)을 제정하여, 보통학교와 기타 한국인 교육에 관한 비용은 부군도府郡島에서 학교비를 만들어 지불하게 했다. 학교비에는 부과금賦課金, 사용료, 보조금, 재산 수입, 기타 학교비에 속한 수입이 이에 포함되는데, 부과금은 부군도 안에 주소를 두거나 토지 혹은 가옥을 소유한 한국인에게 부과하도록 규정했다. 이전에는 학생에게 수업료를 징수하지 않았으나 법령 개정으로 수업료를 부과할 수 있게 한 것이다. 한편 부윤, 군수 또는 도사 및 학교평의회 회원으로 학교 평의회를 조직하게 했다.[98] 울릉도는 인구 밀도가 높고 육지에 비해 경제 수준이 낮았으므로 수업료를 징수한다 하더라도 경상북도에 비해 낮았고, 울릉도 안에서도 공립 보통학교와 심상소학교 간에 차이가 있었다.[99]

98 「조선학교비령」(『公文類聚』 제44편, 일본 국립공문서관, A01200190000.)

99 울릉도의 공립보통학교에서 받는 수업료는 경북에 비해 낮았지만, 심상소학교에 비하면 높은 편이었다(김동환, 2018, 앞의 글, 100~102쪽).

5. 공립 보통학교 부설 간이학교

'공립 보통학교'에 부설된 '간이학교'[100]는 1919년 3·1운동 이후 한국인의 취학 태도가 적극적으로 바뀌어 공립 보통학교 입학 희망자가 급증했음에도 학교가 부족하여 적절히 부응하지 못한 데 대한 대응책으로 나왔다. 1928년부터 추진되다가 1934년에 의안이 확정되어, 1월 학비學秘 제2호로 「간이초등교육기관 설치에 관한 건」으로 나왔다.[101] 간이학교를 설립한 목적에는 일본어를 보급시키는 것도 있었다. 1934년 5월 「간이초등교육기관 설치요항」[102]도 발표되었다.

간이학교는 공립 보통학교에 부설된 것이지만 독립된 교육기관으로서 인정받았다. 그러므로 자체 교육과정으로 초등교육을 완성시키도록 하되 교장과 훈도는 공립 보통학교의 교장과 훈도가 겸임하도록 하였다. 수업 연한은 2년이고, 수업 시간은 1주일에 30시간 이내로 하되 보통 교과와 직업 교과는 2 : 1의 비율로 시간을 배당하여 직업 과목에 많은 비중을 두게 했다. 경상북도는 고시 제40호(1934. 4. 14)로 울릉도 공립 보통학교 부설 간이학교의 설립을 인가한 사실을 공시했다.[103] 그리하여 '울릉도 공립 보통학교 부설 현포간이학교'('현포간이학교'로 약칭)와 '울릉도 공립 보통학교 부설 장흥간이학교'('장흥간이학교'로 약칭)가 개교했다. '현포간이학교'(5. 12.)는 북면 현포동玄圃洞에[104] 개교했는데 이에 앞서 1925년

---

100 계획 초기에는 '간이국민학교'로 칭했다가 소학교와 보통학교보다 낮은 학교에 국민학교라는 명칭을 붙이는 것이 적절하지 않다는 의견이 제기되어 1934년에 간이학교로 바꾸었다(김광규, 2021, 앞의 책, 288~289쪽).

101 『한국민족문화대백과』

102 『문교의 조선』, 1934년 5월호.

103 『官報』 제2187호(1934. 4. 28.)

104 후쿠하라 유지는 1933년 4월 14일 공립 보통소학교 부설로 현포간이학교를 설립했다고 보았다(福原裕二, 2013, 앞의 책, 61쪽). 그러나 『官報』에 따르면, 교명은 울릉도공립보통학교 부설 현포간이학교이며 1934년에 설립되었다.

8월 23일 '현포 연신사숙'[105]이 설립되었고, 1927년 8월 17일 '천부 사립 신명학원'의 분교실이 되었다가, 1933년에 울릉도 공립 보통학교 부설 간이학교로 설립 인가를 받았다.[106]

현포간이학교는 1942년에 현포 공립 국민학교로 개칭되었다가 1994년 9월 1일 학생 수가 감소해서 천부국민학교의 분교장으로 편입되었다.[107] 1943년에는 죽암간이학교가 죽암 공립 국민학교(석포분교)로 개칭되었다.[108] 장흥간이학교는 남면 사동에 1934년 5월 16일 개교했다.[109] 장흥간이학교는 기존의 간령서당을 간이학교로 변경한 것인데[110] 1944년에 '장흥 공립 국민학교'로 전환되었다.[111] 간이학교가 공립 보통학교의 부설이므로 교원들은 보통학교와 간이학교 두 곳에서 근무했다. 1934년에 '울릉도 공립 보통학교' 교원이던 박달근은 1935년에 장흥간이학교 교원으로 근무하다가 1936년에 다시 울릉도 공립 보통학교로 복귀했다. 마찬가지로 1934년에 울릉도 공립 보통학교 교원이던 이봉춘도 1935년에 현포간이학교 훈도로 근무했다.

---

105 이에 대해서는 전거가 없다. 한국학중앙연구원이 구축한 향토문화전자대전의 '천부초등학교 현포분교장' 항목은 참고문헌에서 천부초등학교 교사 원영민의 인터뷰를 제시했다. 디지털 울릉문화대전의 '천부초등학교 현포분교장' 항목은 "1925년 8월 23일 현포 연신사숙으로 설립되었으며…"라고 했으나 전거를 제시하지 않았다.

106 네이버 지식백과/두산백과(https://terms.naver.com)

107 네이버 지식백과/두산백과(https://terms.naver.com)

108 후쿠하라 유지는 죽암공립국민학교로 불렀다.

109 경상북도 고시 제40호.(1934. 4. 14., 『官報』 제2187호, 4. 28.) 5월 1일 인가받았다. 『우산국민학교 연혁』에는 5월 16일 개교한 것으로 되어 있다.

110 『鬱陵郡誌』(2007, 625쪽)에는 간령서당이 1934년 6월 울릉공립보통학교 부설 장흥간이학교가 된 것으로 되어 있다.

111 『鬱陵郡誌』, 1989, 255쪽; 126쪽. 『우산국민학교 연혁』은 장흥간이학교가 1943년 4월 장흥공립국민학교로 승격된 것으로 기술했다. 차원복이 1942년에 장흥간이학교에 입학했다가 1944년에 장흥국민학교 1학년에 재입학했다고 했으므로 1944년이 맞을 듯하다(독도박물관, 『울릉도민 구술사연구 2 차원복』, 2023, 11쪽). 장흥초등학교가 제공한 연혁에 따르면, 1944년 4월 30일 장흥공립국민학교로 승격 인가받은 것으로 되어 있다.

6. 사설 학술강습회

서당 외의 대표적인 비정규 교육 시설로 사설 학술강습회를 들 수 있다. '학술 강습소' 혹은 학원으로 불렸다. 1913년 조선총독부는 「사설 학술강습회에 관한 건」(부령 제3호, 1913. 1. 15)을 제정하여 강습 목적, 기간과 장소, 강습 사항, 강습원의 자격 및 정원, 강사의 주소와 성명 및 경력, 경비 지변支辨 방법 등에 관해 도의 장관長官의 인가를 받도록 규정했다.[112] 강습회를 폐쇄할 수 있는 권한도 도의 장관에게 부여했다. 조선총독부는 강습회를 통제하기도 했지만 일본어 강습회에 대해서는 지방비를 보조하거나 행정적인 편의를 제공했으므로 사설 학술강습회가 일본어 교육 시설로 변질되기도 했다.[113] 그럼에도 취학 기회가 없던 아동들에게 글을 배울 기회를 제공했다는 점에서 일정한 기여를 했다. 1921년에는 울릉도에 '사설 학술강습회'는 없었던 대신 '국어야학회國語夜學會'가 하나 있었다. 교원은 3명이고 학생 수는 47명이었다.[114]

1932년에 사설 학술강습회로서 서면 남양동에 사문학원斯文學院(주관자는 서면장 신태익, 89명 수강), 북면 천부동에 신명학원(주관자는 북면장 서이환, 70명 수강)이 있었다. 강습 기간은 1년이고, 수업 시간은 매일 5시간이었다. 보통학교 4년 이하의 교과 과정을 강습했다. 사문학원의 강사 수는 2인, 수강료는 한 달에 70전이었고, 신명학원의 강사 수는 3인, 수강료는 60전이었다. 1934년에도 사설 학술강습회가 두 곳에 있었다고 하는 것으로 보건대[115] 사문학원과 신명학원[116]이 그대로 유지되고 있었던 듯하

112 『官報』 제135호(1913. 1. 15.).

113 김광규, 2021, 앞의 책, 170쪽.

114 『慶尙北道教育及宗教一斑』, 1922, 42쪽.

115 『동아일보』 1934. 2. 21.

116 『동아일보』는 '사립신명학교'라고 칭했다. 1934년 당시 110명이 재학중이었다(1934. 12. 10.).

다. 수강자가 증가한 것으로 보건대 공립학교가 부족해서 전부 수용하지 못하는 학령기 아동의 교육기관으로서 일정한 역할을 했다고 보인다.

Ⅲ. 한일 양국인 별학제와 공학제

1. 일본인 전용의 소학교와 '울릉도 공립 심상소학교'

일본은 1886년에 「소학교령」(4.10, 칙령 제14호)을 제정하여 조선에 거주하는 일본인을 위한 초등교육기관을 소학교(공립 소학교로도 칭함)로 칭하면서 1941년 국민학교로 전환할 때까지 교육기관의 역할을 하게 하였다. 조선총독부는 일본인 거주 지역에는 아무리 학생 수가 적더라도 학교를 설립하여 초등교육 의무교육제도를 시행했는데 울릉도는 일본인 수가 다른 지역에 비할 바가 아니었다. 울릉도에 일본인을 위한 소학교가 처음 설립된 것은 1905년 7월이지만 한 달 만에 폐교했다. 이후 1907년 4월에 다시 설립되었는데 이때의 명칭은 '공립 울릉도소학교'였다.[117] 1910년에는 수업 연한 2년의 보습과를 추가로 설치했다.

1912년의 「조선공립 소학교 규칙」[118]에 따르면, 소학교는 심상소학교와 고등소학교로 나누되 심상소학교 교과와 고등소학교 교과를 한 학교에 병치한 경우 '심상고등소학교'로 부르도록 규정했다. 1907년 4월에 설립된 '공립 울릉도소학교'는 1912년 4월[119] '울릉도 공립 심상소학교鬱陵島公立尋常小學校'로 개칭했다.[120] 소재지는 남면 도동 223-8이었다. 이어 '울

117 『鬱陵島行政一斑』, 1933, 23쪽.

118 총독부령 제44호(1912. 3. 27, 『官報』 호외, 3. 27.)

119 『鬱陵郡誌』(2007, 628쪽)는 '울릉도 공립 심상소학교'의 설립 연도를 1913년 8월 1일로 기술했다.

120 후쿠하라 유지에 따르면, 심상소학교가 학교조합이 세운 경우와 일본인회가 세운 경우로 나뉜

릉도 공립 심상소학교'는 고등소학교 교과를 병치한 1914년 5월에 '울릉도 심상고등소학교'로 개칭했다.[121]

'울릉도 공립 심상소학교'에서 '울릉도 심상고등소학교'로 된 것이므로 두 명칭은 통칭되었다. 심상소학교의 수업 연한은 다른 지역에서는 4년이고, 심상고등소학교는 보통 2~4년이었지만 울릉도에서 심상소학교의 수업 연한은 6년, 심상고등소학교의 수업 연한은 2년이었다. 소학교 다음 단계는 중학교와 고등여학교, 각종 실업학교지만 울릉도에서 중학교는 일제강점기에는 설립되지 않았다.

일본인을 위한 소학교는 통감부 시절에는 일본인회[122]가 설립을 주도했다. 1908년에 청진이사청[123]과 목포이사청[124] 외에 대구, 부산, 군산이사청 등이 일본인회 규칙을 제정하여 각 지역에 일본인회를 설립하게 하고 학교 설립을 주도했다. 부산이사청은 1909년 1월 16일 고시 제2호로 '울릉도일본인회'의 설립을 인가했다. '울릉도일본인회'의 회칙은 제1조에서 "본회는 울릉도 전도의 지역에 거주하는 일본인으로 조직하여 교육과 위생, 기타 공공公共 사무를 처리하는 것을 목적으로 한다"[125]고 규정했다. 부산이사청은 '울릉도일본인회'를 설립하기에 앞서 1908년 10월 20일 부산이사청령 제7호 「일본인회령日本人會令」[126]을 제정하여 일본인회

다. 전거가 충분하지 않으므로 후속 연구가 필요하다.

121 조선총독부 고시 제168호(1914. 5. 11, 『官報』 제532호, 5. 11.)

122 후쿠하라 유지는 1908년 2월 일본인회가 학교를 설립하여 '울릉도 심상소학교'로 개칭한 사실만 언급했다.(2013, 앞의 책, 58쪽 연표) 그러나 '일본인회령'이 1908년 10월에 나왔으므로 학교 설립과 개칭도 그 이후로 보아야 할 듯하다.

123 청령 제4호(통감부 『公報』 제45호, 1908. 3. 14.)로 일본인회 규칙을 2월 15일 공포.

124 청령 제47호(통감부 『公報』 제47호, 1908. 3. 28.)로 3월 7일 공포.

125 통감부 『公報』 제86호(1909. 1. 30.).

126 통감부 『公報』 제74호(1908. 10. 31.). 「일본인회령」은 제1조에서 "거류민단법의 시행 지역 이외에 거주하는 제국 신민은 교육과 위생, 기타 공공사무를 처리하기 위해 일본인회를 설립할

의 업무 안에 교육이 포함되어 있음을 언급했다.

이어 통감부는 1909년 12월 27일 통감부령 제71호로 「학교조합령」을 공포하여 관의 감독 아래 교육 사업을 할 목적으로 법인 학교조합으로서 일본인 학교를 설립·운영하게 했다.[127] 즉 「학교조합령」은 일본인 교육 재정의 문제와 한국인과 일본인의 별학제別學制 실시, 거류민 단체 조직의 필요성의 문제를 해결하기 위해 나온 것이었다.[128] 법인 학교조합은 재산에서 나오는 수입과 수업료, 기타 수입으로 학교 운영에 필요한 지출을 충당하되, 부족한 경비는 조합원에게 조합비를 부과하여 징수하도록 했다. 조합원은 학교조합 지구 안에 거주하는 일본인이다. 「학교조합령」에 이어 「학교조합령 시행규칙」이 이사청이 있는 각 지역(인천, 평양, 진남포, 경성, 군산, 원산)마다 청령으로 나왔다. 1912년에 설립된 '울릉도 공립 심상소학교'도 이 「학교조합령」에 따라 운영되었던 것이다. '울릉도 공립 심상소학교'를 학교조합에 의해 운영하는 방식은 1941년 국민학교로 바뀐 이후에도 마찬가지였을 것이다.[129] 일본인을 위한 교육기관은 '일본인회'가 세운 '공립 울릉도소학교'에서 법인 학교조합이 세운 '울릉도 공립 심상소학교'로 바뀌었다.

1913년 8월 1일에 개칭된 일본인 전용의 '울릉도 공립 심상소학교'는 3인의 교사가 학생 150명(3학급)을 가르쳤다. 1914년 3월에는 울릉도와 독도의 관할권이 경상남도 울도군 일원一圓에서 경상북도로 이관되었

것"을 규정했다.

127 통감부 『公報』 호외(1909. 12. 27.); 일본 국립공문서관, 『公文類聚』 제37편(A13100071800). 『鬱陵郡誌』는 1906년 2월로 오기했다.(1989, 126쪽)

128 조미은, 『일제강점기 재조선 일본인 학교와 학교조합 연구』, 성균관대학교 박사학위논문, 2010, 92쪽.

129 위의 책, 89쪽, 칙령 제148호.

다.[130] 이에 1914년 5월에는 경상북도의 '울릉도 공립 심상소학교'에 고등소학교 교과가 병치되었다.[131] 한편 '울릉도 심상고등소학교'는 일본인 거주자가 많은 태하동에 분교를 냈고,[132] 이 분교는 1915년 11월 10일 '대하 공립 심상소학교臺霞公立尋常小學校'(경상북도 울릉도 서면 대하동 소재)로 인가받았다.[133] 1926년부터 1940년까지의 직원록은 교명을 '대하 심상소학교'로 기술했다.

2. 공학제

조선총독부는 1921년 1월과 5월 두 차례에 걸쳐 '임시 교육 조사 위원회'를 열어 조선의 교육제도의 준거를 일본의 교육제도에 두기로 하고[134] 보통학교의 수업 연한도 심상소학교를 따라 6년제로[135] 하는 사항 등을 논의했다. 여기에는 "조선인과 일본인을 합동으로 교육하는 것을 방해하지 않을 것" 즉 공학제가 포함되어 있었다. 다만 "소학교, 중학교, 고등여학교는 희망에 따라 조선인을 입학시킬 수 있고, 보통학교, 고등보통학교, 여자고등보통학교에 일본인을 입학시킬 수 있는 것도 마찬가지이다"라고 결의하여 조선인 입학을 선택적으로 허용했다.[136] 이 조사 위원

---

130 조선총독부령 제111호(1913. 12. 29. 공표, 1914. 3. 1. 시행).

131 1914. 5. 8. 인가, 5. 11. 총독부 고시 제168호(『官報』 제532호, 5. 11. 게재).

132 '울릉도공립 심상고등소학교 대하동 분교장' 설립에 관해 고시했다. 조선총독부 고시 제359호(1914. 9. 11., 『官報』 제636호, 9. 14.).

133 조선총독부 고시 제294호(『官報』 제984호, 1915. 11. 13.). 후쿠하라 유지(앞의 책, 2013, 59쪽)는 台霞로 기술했다. 『鬱陵郡誌』도 台霞로 기술했다(1989, 126쪽). 두산백과의 '태하 초등학교' 항목은 "1913년 8월 1일 울릉 공립 소학교 분교장으로 개교하였으며 1914년 11월 9일 태하 소학교로 독립 개교하였다."고 기술했다.

134 『조선총독부 시정연보』의 1921년도 내용, 149~150쪽.

135 다만 보통학교는 현지 사정에 따라 5년 또는 4년으로 단축하는 것을 인정했다. 후쿠하라 유지는 6년제가 된 것은 1920년 4월이라고 했으나 전거는 밝히지 않았다(앞의 책, 2013, 60쪽).

136 조미은, 2010, 앞의 책, 159쪽(『조선총독부 시정연보』의 1921년도 내용, 149~155쪽).

회의 취지가 반영되어 1922년 2월 4일 공포된 제2차 「조선교육령」이 나왔다.[137] 「조선교육령」에 이어 「보통학교규정」(부령 제8호 2. 15, 관보 제2850호)과 「실업학교규정」(부령 제9호, 2. 15.)이 잇달아 공포되었다. 공학제는 제3차 「조선교육령」(1938. 3. 3.)에서도 유지되었다.

이른바 내선 아동공학제의 실시에 따라 '대하 공립 심상소학교'에서도 한국인 자제를 수용하여 취학시키기 시작했다. 한국인 교원도 한 명 고용하되 비용은 학교조합 및 일반 한국인의 특별 기부를 받아 충당하게 했다.[138] 『울릉군지』는 1914년에 개설된 '태하 공립 심상소학교'가 1921년에 한국인 전용의 '태하 공립 보통학교'로 개편되었다고 기술했지만[139] 그 이후에도 교명은 '태하 공립 심상소학교'였고 공학제도 그대로 유지했다. 『울릉군지』는 일본인 생도가 급격히 감소하고 학생의 대부분이 한국인이었으므로 한국인 전용 학교로 오인한 것이다.

1929년 조선총독부는 개간 지역이 제한되는 곳을 공지했는데[140] 거기에는 '울릉도 학교비學校費'와 '울릉도 학교조합'이 포함되어 있다. 학교비와 학교조합의 재산 증식을 억제하기 위해 개간 지역을 제한한 것으로 보인다. 또한 조선총독부는 1930년 12월 도제道制와 부제府制, 읍면제를 개정하면서 학교조합령과 시행규칙을 개정했다.[141] 그 결과 학교조합은 폐지되어 부에 통합되었고, 부府가 학교조합의 교육 관련 재정과 사무를 담당하게 되었다. 이때 한국인 학교를 위한 학교비도 함께 폐지되었다.

137 칙령 제19호(1922. 2. 4., 『官報』 호외, 2. 6.).

138 『鬱陵島行政一斑』, 1933, 22쪽.

139 『鬱陵郡誌』, 1989, 126쪽. '태하 공립 보통학교'라는 교명은 없다. '대하 공립 심상소학교'에서 1941년에 '대하국민학교'가 된 것이다.

140 고시 제469호(1929. 12. 4., 『官報』 제877호, 12. 4.). "삼림령 제5조의 규정에 따라 아래 개소(個所)에 대해 소화 4년 12월 14일부터 개간을 제한함"

141 1931년 4월 1일부터 실시되었다(조미은, 2010, 앞의 책, 194쪽).

1932년 경상북도는 "울릉도 학교조합회 의원議員 정 수를 정하는 표준인 조합원 수를 인정"해주었는데, 조합원 수는 486인이었다.[142]

1933년 당시 '울릉도 공립 심상소학교'의 구간에는 4,814명이 거주 중이었는데, 이 가운데 한국인은 4,379명, 일본인은 435명이었다. 재적 중인 학생 수는 심상과(심상소학교) 1학년부터 제6학년까지, 고등과(고등소학교) 제1학년과 제2학년을 합쳐 모두 77명이었다. 일본인 435명 가운데 77명이 재학중이었던 것이다. 직원은 훈도 (겸) 교장, 훈도, 촉탁 교원, 강사로 이루어졌고 모두 일본인이었다. 교장은 야마가타현 사범학교 출신의 젊은 오이시 덴노스케(大石傳之助, 34세)였고, 훈도는 미우라 요시오(三浦義雄), 촉탁교원은 가타오카(片岡) 다미, 강사는 하마다 구마쓰키(浜田熊次)였다. 역대 학교장은 고토 규조(後藤九藏), 가쓰 겐쇼(勝建劭), 요시오 하라(原良男), 다카노 류지로(高野立二郎), 나카야 기요마(中屋喜代馬)였다. 학교조합 관리자와 의원議員은 대체로 울릉도에 오래 거주하여 영향력 있는 자들로 관리자는 유라 오토지로(由浪乙治郎)였고, 의원은 이노우에 간(井上寬), 사카모토 라이지로(坂本來次郎), 다카하타 곤타로(高畑權太郎), 요시다 구마지로(吉田熊次郎), 가타오카 히코로쿠(片岡彦六), 구와모토 구니타로(桑本邦太郎) 등이었다. 일본인 학생 보호자의 직업은 대체로 공업과 상업, 관리, 광업 종사자였다.[143]

'울릉도 공립 심상소학교'의 교과목은 수신, 국어, 산술, 국사, 지리, 이과, 직업, 도서圖書, 창가, 체조, 가사 및 재봉이었다. 1933년 '울릉도 공립 심상소학교'의 경비는 급료와 여비, 숙사료, 잡급雜給, 수용비, 수선비, 잡비, 예비비, 기타 등 아동 1인당 61.70엔이었다. 출석률은 남녀 학

---

142 경상북도 고시 제28호(1932. 6. 10, 『官報』 제1631호, 6. 16).

143 『鬱陵島行政一斑』, 1933, 24~27쪽.

생 모두 98% 이상에 가까워 비교적 높았다. 일본인 학생의 연령은 한국인과 마찬가지로 10~15세가 가장 많고, 한국인의 연령은 16세 이상이 1930년에 11인, 1931년에 4인, 1932년에 8인이었다. 일본인에 비해 늦게 취학한 편이다.[144] 1934년 남면 소학교 즉 '울릉도 공립 심상소학교'의 교원은 4명, 학생은 71명이었다.[145]

3. '대하 공립 심상소학교'와 '태하 공립 심상소학교'

서면 대하동臺霞洞 511번지 17[146]에 있는 '대하 공립 심상소학교臺霞公立尋常小學校'는 본래는 '울릉도 공립 심상고등소학교 대하동 분교장臺霞洞分教場'이었다. 1914년 9월에 설립되었다가[147] 1915년 11월 10일 '대하 공립 심상소학교'[148]로 승격·개교했다.[149] 『울릉도 행정일반』[150]은 '대하 공립 심상소학교'가 '울릉도 공립 (심상) 소학교'의 분교로 1914년 8월 1일 설립된 것으로 기술했다. 『경북대감慶北大鑑』(1936)은 '대하심상소학교'로 칭하되 1914년 8월 1일에 설립된 것으로 기술했다. 그러나 '울릉도 공립 심상소학교'의 대하동 분교로 설립된 시기는 1914년 8월 1일이고, 인가받은 시

144 위의 책, 31~32쪽.

145 『매일신보』 1934. 2. 21.

146 17인지 원문이 흐려 분명하지 않다.

147 9월 11일 '울릉도 공립 심상고등소학교 대하동 분교장' 인가, 9월 14일 고시(조선총독부 고시 제359호, 『관보』 제636호, 1914. 9. 14.). 『鬱陵島行政一斑』(27쪽)은 1914년 8월 1일 설립된 것으로 기술했다.

148 『연혁부』는 1914년에 공립 태하심상소학교公立台霞尋常小學校로 개칭한 것으로 기술했다. 1923년에 이을은 '태하 공립 심상소학교台霞公立尋常小學校'로 칭했다(이을, 「동해의 일점벽인 울릉도를 찾고서」, 『개벽』 제41호, 1923. 11. 1.). 『매일신보』(1934. 2. 21.)도 '태하 공립 심상소학교'로 칭했다.

149 총독부 고시 제294호(1915. 11. 9. 인가, 11. 13. 고시, 『관보』 제984호, 11. 13 게재). 『鬱陵島鄕土誌』(71쪽)는 1913년 8월 '울릉 공립 심상소학교' 분교로 설립되었다가 1914년 11월 개교한 것으로 잘못 기술했다.

150 『鬱陵島行政一斑』, 1933, 28쪽.

기는 9월이며, '대하 공립 심상소학교'로 독립한 시기는 1915년 11월이다. 문헌에 따라 설립 시기와 인가 시기, 개교 시기에서 차이가 있다.

한편 교명에서 '臺霞대하'와 '台霞태하' 두 가지 표기가 보이는데 조선총독부 고시 제294호, 『경북대감』, 『울릉도 행정일반』, 『매일신보』는 '대하臺霞'로 칭했다. 『동아일보』와 이을은 '태하台霞'로 칭했다. 한국인 계열이 '태하'로 칭했듯이, 태하가 맞는 지명이다.[151] 일본인 계열이 '대하'로 칭한 것은 지명의 유래를 몰라 '台霞'를 대하 즉 '臺霞'로 읽었기 때문이다. 이에 조선총독부도 교명을 '대하 공립 심상소학교'로 고시했다.

1923년 이을은 울릉도에 심상소학교가 3개, 생도는 162명이라고 보았다.[152] 이을은 어업의 불황으로 일본인들이 철수하여 거의 비어 있는 곳에 공학제를 실시하고 있는 '태하台霞 공립 심상소학교'가 있고, 1,200엔이라는 적지 않은 지방 보조비를 받아 3명의 아동만을 수용하고 있는 남양 공립 소학교('남양 공립 심상소학교'를 말함)가 있음을 언급했다. 그는 울릉도에 일본인을 위한 학교는 3면 3교 즉 면마다 있는 데 비해, 한국인을 위한 학교는 3면 1교에 그치고 있음을 비판했다.

1925년에 '대하 공립 심상소학교'의 학급은 2학급으로 늘어났다. 1928년에 생도는 72명인데 한국인이 68명이고 일본인이 4명뿐이었다. 일본 생도가 급격히 줄어든 이유는 오징어가 풍어일 때 수십 호였던 가구가 오징어가 잡히지 않으면서 대부분 일본으로 돌아갔기 때문이다.[153] 1928년 당시 울릉도에는 일본인 500여 명이[154] 살고 있었는데 교육기관은 '울

151 울릉도 지명의 형성과 변천에 대해서는 유미림, 「울릉도 마을 지명의 형성 및 정착에 일본인이 미친 영향」(『역사 속의 독도와 울릉도』, 지식산업사, 2021) 참조.

152 이을, 「동해의 일점벽인 울릉도를 찾고서」, 『開闢』 제41호, 1923. 11.

153 『동아일보』 1928. 9. 7.

154 『동아일보』 1928. 9. 12.

릉도 공립 심상소학교'와 '대하 공립 심상소학교'가 있었다. 1928년에 '대하 공립 심상소학교'는 생도 72명 가운데 한국 아동이 68명이고 일본 아동은 4명뿐이었다.[155] 오징어 어업의 풍흉이 일본인 이주자의 도래에 영향을 미쳐 학생 수에까지 영향을 미치고 있었음을 알 수 있다.

1933년에는 '대하 공립 심상소학교'가 있는 지역에 일본인 25명, 한국인 1,677명이 거주했는데 학생 수는 한국인이 71명, 일본인이 5명이었다. '대하 공립 심상소학교'의 교과목은 수신, 국어, 산술, 국사, 농업, 지리, 이과, 도서, 창가, 체조, 직업과였다. '울릉도 공립 심상소학교'와 다르게 농업을 가르치고 가사 및 재봉은 가르치지 않았다. 1934년에 태하동의 소학교('대하 공립 심상소학교'를 말함)는 훈도 겸 교장 외 교원은 2명이고 학생은 73명이었다.[156] 훈도 겸 교장은 시마네현 사범학교 출신의 나가노 하루도시(永野晴敏)였다. 나가노는 1926년부터 교장이었다. 역대 교장은 고하라 마사테루(小原政照), 사카모토 이와오(坂本岩男), 기쓰타카 진스케(橘高甚助)를 거쳐 나가노 하루도시에 이르렀다. 학교조합의 관리자와 의원은 유라 오토지로이고, 그 밖 의원은 다카하타 곤타로, 이노우에 간, 사카모토 라이지로, 구와모토 구니타로, 가타오카 히코로쿠, 요시다 구마지로로 '울릉도 공립 심상소학교'와 같다. 한국인 학생이 많은 만큼 학생 보호자의 직업은 농업이 압도적으로 많다.[157] 1933년 '대하 공립 심상소학교'의 경비는 급료와 여비, 숙사료, 잡급雜給, 수용비, 수선비, 잡비, 예비비, 기타 등 아동 1인당 36.20엔이었다. '울릉도 공립 심상소학교'에 비해 경비가 현저히 낮다.

155 『동아일보』 1928. 9. 6.

156 『매일신보』 1934. 2. 21.

157 『鬱陵島行政一斑』, 1933, 27~32쪽.

4. '남양 공립 심상소학교'와 '천부 공립 심상소학교'

공립 심상소학교는 남양과 천부 지역에도 설립되었다. '남양 공립 심상소학교'는 1915년에 설립된 듯하지만[158] 분명하지 않다. 『연혁부』는 글자가 분명하지 않다.[159] 그러나 '남양 공립 심상소학교'는 1928년에 폐교되었다.[160] 그런데 『울릉도 행정일반』(1933)이 기술하지 않은 '남양 공립 심상소학교'가 1939년 『직원록』에 다시 등장한다. 이는 이 학교가 1928년에서 1939년 사이에 재개교했음을 의미하는데 언제인지는 알 수 없다.

『울릉도 향토지』는 남양 공립 보통학교가 1938년에 '남양 공립 심상소학교'로 개칭했다고 했으므로 1938년 이전에 남양 공립 보통학교가 있었음을 의미한다. 그런데 남양초등학교가 제공한 자료에 따르면, 1921년 서면장 신태익이 설립한 사문학원이 1934년에 남양 공립 보통학교로 바뀐 것으로 되어 있다. 『울릉도 행정일반』(1933)은 1932년 현재 남양동에 위치한 학술강습회 '서면 사문학원'의 주최자가 서면장 신태익으로 되어 있으나 창설 시기는 언급하지 않았다. 그런데 1934년 『동아일보』에 따르면 학술강습회가 두 곳에 있었다고 했으므로 사문학원이 1934년에 유지되고 있었음을 의미한다. 그렇다면 1934년에 사문학원이 남양 공립 보통학교로 바뀌었다는 설은 성립하지 않는다. 남양초등학교 연혁지에 사문학원을 남양초등학교의 시발로 본 이유가 남양동에 있었다는 사실 때

---

158 福原裕二, 2013, 앞의 책, 59쪽. 졸업식이 1919년에 있었다고 한다.

159 1914년 이후라고 쓴 듯하다. 후쿠하라는 1915년 2월 설립으로 보았다(2013, 59쪽).

160 '남양 공립 심상소학교' 훈도는 1918년부터 1942년까지 보였다(한국사데이터베이스, 『직원록』). 1923년의 훈도교장이었던 나가노 하루도시는 1925년에는 울릉도 공립 심상고등소학교 훈도로, 1926년부터 1934년까지 대하심상소학교 훈도로 보인다(『직원록』). 그런데 1928년에는 '조선 공립 소학교' 훈도라고 칭했다(『官報』 제929호 부록, 1930. 2. 8. 게재, 1928. 11. 16. 작성). '조선 공립 소학교'는 '대하심상소학교'를 가리키는 듯하다. 나가노 하루도시는 1935년에는 남양보통학교 훈도로 보인다.

문인지는 알 수 없다. 이 부분은 더 검증될 필요가 있다. 어쨌든 1934년의 남양 공립 보통학교는 1938년에 '남양 공립 심상소학교'로 개칭했고, 1941년에 남양국민학교로 개칭했다.

1935년 11월 '천부 공립 보통학교'[161]가 인가를 받아 12월 10일에 개교했다. 당시 취학 연령에 달한 일본인 생도 가운데 남학생의 97.80%, 여학생의 100%가 교육을 받고 있었다. 이 학교는 내선 공학제가 실시된 이후 개교했고 일본인의 숫자가 적었으므로 한국인도 재학했을 것으로 보이지만 관련 기록이 별로 없다. '천부 공립 보통학교'는 1938년에 '천부 공립 심상소학교'로 개칭되었다가 1941년에 '천부 공립 국민학교'로 개칭되었다. 공학제가 실시된 후에는 더 이상 일본인 전용 교육기관으로 존속하지 않았다.

Ⅳ. 맺음말

근대식 교육기관으로서 울릉도에서 개교한 초등교육기관은 한국인 전용의 공립 보통학교, 일본인 전용의 심상소학교, 그리고 공학제 이후의 심상소학교와 공립 보통학교로 구분된다. 이 가운데 한국인을 위한 초등교육기관은 소학교 제도에서 시작하여 보통학교, 다시 소학교(심상소학교) 제도를 거쳐 1941년에 국민학교로 변천했다. 국민학교가 초등학교로 명칭이 바뀐 것은 1996년이다.

울릉도에서 보통학교가 개교하기 전 최초의 학교는 사립 관어학교(1908)였고, 관어학교의 후신으로 한일 병합 후 사립 신명학교(1910)가 개

161 1939년 4월부터 학제를 6년으로 연장했다고 보았다(福原裕二, 2013, 앞의 책, 61쪽).

교했다. 관어학교는 가호에서 징수한 금액과 기부금으로 운영되었고, 신명학교는 주민들의 보조금과 기부금으로 운영되었다. 학생들에게 수업료를 징수하지 않았으므로 늘 경비가 부족했다. 신명학교는 일본인 학교인 심상소학교의 교재를 사용했다. 조선총독부가 1911년 제1차 「조선교육령」을 공포하여 한국인 교육을 보통학교 학제를 따르게 함에 따라 신명학교의 후신으로 1911년 11월 '사립 울릉도보통학교'가 개교했다. 사립 울릉도보통학교는 1913년 3월 '울도 공립 보통학교'로 개칭했다. 1921년 조선총독부는 조선의 교육제도를 일본을 따르도록 하여 보통학교 수업 연한을 심상소학교와 마찬가지로 6년제로 했다. 또한 한국인과 일본인을 분리시켜 교육하던 별학제에서 함께 교육하는 공학제를 허용했다. 1922년 2월 조선총독부는 제2차 「조선교육령」을 공포하여 초등교육기관으로 보통학교를 설치하도록 함에 따라 수업 연한은 6년제로 하되 공립 보통학교에 부설 학교와 간이학교를 부설할 수 있게 했다. 1927년에는 다시 보통학교 규정을 개정하여 일본 역사를 국사로 가르치게 했다. 1928년 말 울릉도 인구는 만 명을 넘었고 1930년에 한국인 입학 희망자는 70여 명에 달했으나 공립 보통학교의 입학 정원은 30여 명에 불과하여 학교가 크게 모자랐다.

울도 공립 보통학교는 1929년 5월 다시 '울릉도 공립 보통학교'로 개칭되었다. 1933년 학생 수가 191명으로 증가했고 교사도 4명으로 증원되었다. 그럼에도 여전히 학생을 수용하기에는 학교가 부족했고, 교통이 불편한 지역의 학생들은 사설 학술강습회나 서당에서 교육받아야 했다. 1934년 학령기 한국인 아동은 2,200명이었는데 서당을 포함한 교육기관에 재학 중인 학생은 570여 명에 지나지 않았다. 이에 남면 도동에서 멀리 떨어져 사는 학생들을 교육하기 위해 서면 남양과 북면 천부에도 공립 보통학교가 설립되었다. 1938년에 제3차 「조선교육령」이 공포됨에 따라 '보통학교'가 '소학교'로 개편되었고 공학제를 유지하도록 했다. 이에 1938년 '울릉도 공립 보통학교'가 '도동 공립 심상소학교'로 바뀌었다. 조선총독부가 1941년 3월 심상소학교를 국민학교로 바꾸도록 함에 따라 '도동 공립 심상소학교'는 '도동 공립 국민학교'로 개칭되었다. 이것이 우산 공립 국민학교(1946)를 거쳐 울릉국민학교(1976), 현재의 울릉초등학교(1996)가 되었다.

한편 1929년부터는 보통학교의 부설로서 간이학교를 설치할 수 있게 했으므로 1934년에는 울릉도 공립 보통학교의 부설로 현포간이학교와 장흥간이학교가 개교했다. 장흥간이학교는 사동 3동 중령 마을의 구 한문 서당을 수리하여 교실로 사용했다. 현포간이학교는 1942년에 '현포 공립 국민학교'로, 장흥간이학교는 1944년 4월 30일에 '장흥 공립 국민학교'로 승격되었다. 5월 18일에 2학급을 편성하여 개교했다. 서당 외의 대표적인 비정규 교육 시설인 사설 학술강습회는 1932년에 서면과 북면에 각각 하나씩 있었는데 보통학교 4년 이하의 교과 과정을 강습했다. 1934년에도 사설 학술강습회는 온존했다. 그리하여 일제강점기 말기인 1943년경 울릉도에는 한국인 교육기관으로서 국민학교가 6개, 간이학교가 2개가 되었다. 학생 수는 보통학교에 1,288명, 간이학교에 69명이 있었다.

일본인을 위한 교육기관으로는 1905년 7월에 설립된 공립 소학교가 한 달 만에 폐교되었다가 1907년 4월에 다시 개교했고, 이 학교는 1912년 '울릉도 공립 심상소학교'로 개칭했다. 1914년에는 심상소학교에 고등소학교를 병치하여 '울릉도 심상고등소학교'가 되었다. 조선총독부는 일본인들이 필요로 하는 태하에 '울릉도 심상고등소학교' 분교를 세웠고,

남양과 천부에도 심상소학교를 설립했다. 태하에 세워진 분교는 1915년에 '대하 공립 심상소학교'로 독립했다.

조선총독부는 1921년부터 일본인 학교에 한국인을 입학시키는 공학제를 실시했는데 이는 오징어 어업의 풍흉에 따라 일본인의 전출입에 크게 차이가 나서 일본인 입학생이 대폭 감소한 데 따른 어쩔 수 없는 선택이었다. 특히 '대하 공립 심상소학교'는 한국인 학생 수가 일본인 학생 수보다 훨씬 많았다. 1941년부터 국민학교제가 시행되면서 '대하국민학교'로 개칭되었고 개칭된 후에는 한국인 공학제를 유지했다. 1942년 4월 '울릉도 (공립) 국민학교'는 '죽암간이학교'를 개설했고, 죽암간이학교는 1943년에 '죽암 공립 국민학교'로 개교했다.[162] 1941년 단계에 울릉도 심상소학교에 일본인은 없는데 한국인은 17명이었고, '대하심상소학교'에 일본인은 12명인데 한국인은 86명이었다.[163]

마지막으로 중학교에 대해 간단히 기술하고자 한다. 초등교육기관의 일부가 해방 후 중학교로 전환되었기 때문이다. 본래 울릉도는 육지로 유학하기가 쉽지 않은 특성상 졸업 후에 다시 한문 서당에 입학해서 한문을 배우는 일이 있었고[164] 중학교는 해방 이전까지 설립되지 않았다.

『울릉도 향토지』에 따르면, 1946년 3월 1일 일본인 소학교를 이용하여 사설강습회 우산중학원(초대 원장이자 설립자에 서이환 취임-원주)을 설립했다가 11월에 '공립 우산초급중학교' 인가를 얻어 개교했다고 되어 있다.[165] 그런데 『울릉군지』에 따르면, 중학교는 해방 후인 1946년 3

162 福原裕二, 2013, 앞의 책, 62쪽.
163 김동환, 2018, 앞의 글, 93쪽.
164 『동아일보』 1920. 2. 20.
165 『鬱陵島鄕土誌』, 1963, 65쪽.

월 일본인 전용 학교인 '울릉도 공립 심상소학교'를 인수하여 임시 사립 중학교로 개교했다가[166] 11월 (공립) 우산중학교로 승격했다. 그러나 그 해에 화재로 교사가 전소되었으므로 1948년 5월 신축했고, 이후 1952년 12월 (공립) 울릉중학교로 개교했다는 것이다.[167] 한편 현재의 울릉중학교가 제공한 연혁에 따르면, 광복 후 일본인 소학교 겸 고등소학교 부지와 교사를 활용하기로 하고 도사 서이환과 이용필이 주동하고 지방 유지와 협력하여 1946년 3월 사설 우산중학교를 설립하여 개교했다가 1946년 11월 5일 공립 우산중학교 6학급을 인가 받아 개교한 것이 중학교 교육의 시작이라고 했다. 이후 1946년 11월 화재로 교사가 소실되어 1948년 5월 교사를 새로 준공했고 1948년 7월에 제1회 졸업식을 거행했으며 1952년 12월 울릉중학교로 개칭했다가 1954년 5월 울릉수산고등학교와 병합했다고 했다. 학교 소재지는 도동 233번지다.

세 문헌이 명칭에서 약간 차이가 있으나 개교한 연도가 같으므로 같은 학교를 가리키는 듯하다. 이로써 중학교가 일본인 심상소학교 겸 고등소학교 부지에 세워졌고, '울릉도 공립 심상소학교'에서 임시 사립 중학교 혹은 사설 우산중학교를 거쳐 공립 우산중학교로 변천한 것으로 보인다. '임시 사립 중학교'를 교명으로 볼 수 있을지는 의문인데 '우산중학원'이라는 설도 있으므로 이를 일러 우산중학교로 부른 듯하다. 이 부분은 자료가 부족하여 명확히 하기가 어렵다.

'울릉도 (공립) 심상고등소학교'[168]는 1941년에 '울릉도국민학교'로 바뀌

166 『鬱陵郡誌』, 2007, 629쪽.

167 『鬱陵郡誌』, 1989, 233쪽. 울릉도민 차원복(1934-)은 1950년에 우산중학교에 입학하여 1953년에 졸업했다고 한다. 제5회 졸업생으로 되어 있다. 1953년은 울릉중학교로 개명했을 때이다(독도박물관, 『울릉도민 구술사 연구: 차원복』, 울릉군 독도박물관, 2023, 11쪽: 64~65쪽).

168 『부산일보』 1936년 6월 20일자 기사는 1919년에 신축되었던 울릉심상고등소학교를 다시 150

었다. 본래 '울릉도 (공립) 심상고등소학교'는 '울릉도 (공립) 심상소학교'와 '울릉도 (공립) 고등소학교'를 통합한 호칭이다.[169] 그러므로 중학교가 된 '울릉도 심상소학교'를 제외하면, 국민학교가 된 것은 '울릉도 고등소학교'이다. 이 학교가 국민학교로 전환했다는 것은 학생을 유지하고 있었음을 의미한다. 이에 비해 '울릉도 심상소학교'는 학생은 없고 교사校舍만 남아 있었기에 중학교로 전환될 수 있었던 것이 아닌가 한다.

울릉도의 교육제도에 관해서는 미진한 부분이 적지 않을 듯하다. 질정과 후속 연구를 기대한다. 아래 〈표 1-5-1〉과 〈표 1-5-2〉는 문헌에 기술된 학교 연혁을 망라한 것이다. 연도 등에 오류가 많아 이를 참고하여 바로잡는 데 도움이 되게 할 목적에서 다소 길지만 전부 나열했다.

이상 검토한 바에 따라 현재의 울릉초등학교와 당시의 우산중학교(1952년의 울릉중학교) 교명의 연혁을 정리해보면 아래와 같다.

*관어학교(1908.2.) → 신명학교(1910.11.) → (사립) 울릉도보통학교(1911.11.) → 울도 공립 보통학교(1913.3.) → 울릉도 공립 보통학교(1929.5.) → 도동 공립 심상소학교(1938.4.) → 도동 공립 국민학교(1941.4.) → 우산 공립 국민학교(1946.4.) → 울릉국민학교(1976.11.) → 울릉초등학교(1996.3.)

평 규모로 신축하는 상량식을 거행했다는 보도이다. 이로써 '울릉도 심상소학교' 외에 울릉도 심상고등소학교 교사가 따로 있었음을 알 수 있다. 위치는 도동 223-8번지이다(『鬱陵島行政一斑』, 1933, 23쪽).

169 본래 관어학교 부지가 남면 도동 223-1번지인데(『鬱陵島行政一斑』, 1933, 32쪽), 일본인 심상소학교 겸 고등소학교 위치도 남면 도동 223번지이다(학교 제공 자료). 그렇다면 하나는 국민학교로, 다른 하나는 중학교로 전환된 것으로 보인다. 현재 울릉초등학교의 주소는 도동리 232-11번지이고, 울릉중학교의 주소는 사동리 323번지이다.

*일본인 소학교(1905.7.) → 공립 울릉도소학교(1907.4.) → 울릉도 공립 심상소학교(1912.4.) → 울릉도 공립 국민학교(1941.4.) → 이 학교 부지에 우산중학교 설립 → 사립 우산중학교(사설강습회 우산중학원)(1946.3.) → (공립) 우산중학교 6학급(1946.11.5.) → 1948년 공립 우산중학교 제1회 졸업식 → 울릉중학교로 개명(1952.12.) → 울릉수산고등학교와 병합(1954.5.) → 울릉중학교(1955.12.) → 울릉 종합 고등학교와 분리(1975.3.) → 폐교 후 신설 울릉중학교로 통폐합(2020.2.)

〈표 1-5-1〉 심상소학교에서 국민학교로의 변천

1940년 교명	훈도 교장	1941년 교명	훈도 교장	1942년 교명	훈도 교장	비고
울릉도 심상고등소학교	眞野重光[170]	울릉도 국민학교	眞野重光	울릉도 국민학교	眞野重光	울릉도 국민학교
대하 심상소학교	廣澤久治	대하 국민학교	佐藤忠重	대하 국민학교	小西卯之吉	대하 국민학교
도동 심상소학교	玉川堅	도동 국민학교	玉川堅	도동 국민학교	玉川堅[171]	도동 국민학교
남양 심상소학교	宮岡菊男	남양 국민학교	眞野龍彦	남양 국민학교	眞野龍彦	남양 국민학교
천부 심상소학교	井上平八郎	천부 국민학교	井上平八郎	천부 국민학교	井上平八郎	천부 국민학교
		장흥 간이학교	大井載翊			장흥 국민학교 (1943년)
		현포 간이학교	金岡德積	현포 국민학교	井上平八郎	현포 국민학교

170 1937년부터 1940년까지 울릉도 심상고등소학교 훈도로, 1941년에는 울릉도국민학교 훈도로 보인다. 1937년에 고니시 우노스케(小西卯之吉)와 요시노(吉野) 키메가 함께 근무했다(『직원록』). 1940년에 울릉도 심상고등소학교 교장이었으므로 '울릉도 공립보통학교'(1929) 교장을 거쳐 울릉도 심상고등소학교 교장으로 전근한 것으로 보인다.

171 『官報』(제4980호, 1943. 9. 7.)에 다마가와 겐(玉川堅)이 "경상북도 공립국민학교 훈도를 명함"(7월 1일 서임)이라고 한 명단에 들어 있으나 학교명은 명기되어 있지 않다.

〈표 1-5-2〉 한국인 교육기관의 변천

시기	내용	법령	출전	구분
1895. 7. 17.	학부, 「소학교령」 공포, 소학교에 심상과와 고등과 설치, 심상과 3개년, 고등과 2-3개년	칙령 제145호	관보 제119호 (7. 22.)	
1895. 7. 19.	소학교 심상과 5년, 소학교 고등과 2~3년		『울릉군지』, 224쪽	심상과 수업 연한 오기
1900. 6. 3.	내부, 울릉도에 학교 설립을 고시		「울도기鬱島記」	
1901. 2.	군수 배계주, 학부에 학교 설립 인가 신청		황성신문 (1901. 2. 27.)	
1906. 8. 27.	「소학교령」 폐지, 「보통학교령」 공포 (4년제)	칙령 제44호	관보 제3546호 (8. 31.)	
1908. 2. 17	(사립)관어학교 설립, 교장 심능익 군수		『동해의 수련화』	
1908. 8. 26.	「사립학교령」 공포	칙령 제62호	관보 4165호(9. 1.)	
1908. 8. 28.	「서당 관리상 요항 건」 제정	학부훈령 제3호	관보 4165호(9. 1.)	
1909	관어학교 폐교			
1910. 11. 18	관어학교 → (사립) 신명학교로 개칭		『울릉도 행정일반』	
1911. 8. 23.	제1차 「조선교육령」, 소학교 4년제	칙령 제229호	관보 304호(9. 1.)[172]	
1911. 10. 30.	사립 울릉도보통학교 인가, 11월 3일 개교		『동해의 수련화』	
1911.10.20.	「사립학교규칙」 제정	부령 제114호 호외		
1911. 11.[173]	신명학교 → 사립 울릉도보통학교로 개칭		『울릉도 행정일반』	
1913. 3. 13.	(사립) 울릉도보통학교 → 울도 공립 보통학교로 개칭	총독부 고시 제63호 (3. 15.)		
1913. 3. 13.	사립 울릉도보통학교 → 울□도 공립 보통학교라 칭함		『울릉도 행정일반』	□는 공란

172 9월 1일자 『官報』에 실려 있지만, 칙령 아래에 '8월 24일 관보'라고 기재되어 있다.

173 『한국민족문화대백과』는 10월로 기술했다. 『鬱陵島行政一斑』(1933)에는 11월 3일로 되어 있다.

시기	내용	법령	출전	구분
1913. 4.	울도 공립 보통학교 창립		『慶尙北道敎育及宗敎一斑』	
1913. 3. 13.	울릉 공립 보통학교 개교		『울릉도향토지』(1963, 69쪽)	교명 오기
1913. 3. 12.	울릉도 공립 보통학교 설립		『울릉군지』, 126쪽; 『경북대감』, 1320쪽	교명 오기
1913. 5. 13.	울도 공립 보통학교 5. 13[174] 인가, 4.1 개교		『동해의 수련화』	인가 일자 오기
1914. 4.	(사립) 울릉도보통학교 → 울릉도 공립 보통학교로 개칭		『한국민족문화대백과』	교명과 연도 오기 (4. 1. 학교연혁지)
1914. 4. 1.	(도동 공립 심상소학교)[175]		학교 연혁지	
1918. 4.	울릉도 공립 보통학교 직원과 생도에게 기부금으로 포상금 5엔 지급	관보 제1701호 (4. 11.)		교명 오기
1920. 11. 9.	「조선교육령」 부분 개정, 보통학교 6년제로 연장 (5년이나 4년제도 인정)	칙령 제529호	관보 제2477호 (11. 12.)	
1921. 5. 1.	태하 공립 심상소학교, 한국인 입학 허용		후쿠하라, 60쪽	공학제
1922. 2. 4.	제2차 「조선교육령」 공포, 보통학교 6년제로 하되 5년이나 4년제도 인정	칙령 제19호	관보 호외 (2. 6.)	
1927. 3. 31.	보통학교 규정 개정, 일본 역사를 국사로 한다(제13조).	부령 제23호	관보 제73호 (3. 31.)	일본사 교육 강화
1928-1929	울도보통학교 훈도 문보근		『직원록』	울도 공립 보통학교
1929. 5. 7.	울도 공립 보통학교 → 울릉도 공립 보통학교로 개칭		『울릉도 행정일반』	
1930.	울릉도보통학교 훈도 문보근		『직원록』	
1934. 4. 14.[176]	울릉도 공립 보통학교 부설 현포간이학교 설립	경상북도 고시 제40호	『경북대감』, 1320; 1321쪽	
	울릉도 공립 보통학교 부설 장흥간이학교 인가			1934. 5. 1. (학교 연혁)

174 4월 1일 개교인데 인가가 5월인 것은 맞지 않으므로 3월의 오기인 듯하다.

175 울릉초등학교가 제공한 연혁에 따르면, 1914년 4월 울릉도 공립 보통학교에 '도동 공립 심상소학교'를 병기했고, 1939년에 '도동 공립 심상소학교'로 개칭한 것으로 되어 있다. 그러나 울릉도공립보통학교에서 '도동 공립 심상소학교'로 개칭된 것은 1938년이다.

176 『鬱陵島鄕土誌』(1969, 58쪽)는 1933년 4월 1일 울릉도 공립 보통학교 부설 현포간이학교 설립을 인가받았다고 기술했다. 장흥국민학교는 1934년 5월 1일 인가받았다. 장흥초등학교가 제공

시기	내용	법령	출전	구분
1934. 10. 10.	남양 공립 보통학교 설립 인가, 10. 25 개교	경상북도 고시 제93호	『경북대감』, 1320쪽	
1935. 11. 8.	천부 공립 보통학교 설립 인가	경상북도 고시 제218호	후쿠하라, 61쪽	
1938. 3. 3.	제3차 「조선교육령」, 보통학교를 「소학교령」에 의거, 심상소학교로 개칭	칙령 제103호	관보 호외 (3. 4.)	
1936. 4. 1.[177]	울릉도 공립 보통학교 → 도동 공립 심상소학교로 개칭		『울릉도 향토지』 (1963, 69쪽)	연도 오기 (1938년이 맞음)
1938. 4.	울릉도 공립 보통학교를 도동 공립 심상소학교로 개칭		『한국민족문화대백과』	
1939. 4. 1.	울릉도 공립 보통학교 → 도동 공립 심상소학교로 개칭		학교 연혁지	연도 오기 (1938년이 맞음)
1937. 4. 12.	천부 공립 보통학교 부설 현포간이학교 설립		『우산국민학교연혁』	
1937. 4. 1.	천부 공립 심상소학교 부설 현포간이학교로 개칭		학교 연혁지	천부 공립 심상소학교로 오기
1938. 4. 1.	남양 공립 보통학교 → 남양 공립 심상소학교로 개칭 천부 공립 보통학교 → 천부 공립 심상소학교로 개칭		『울릉도향토지』 (1963, 71쪽)	
1939. 4. 1.	천부 공립 심상소학교, 6년제로 연장		후쿠하라, 61쪽	
1941. 2. 28.	「소학교령」 개정, 국민학교로 개칭	칙령 제148호	관보 제4254호 (3. 31.)	
1941. 4. 1.	도동 공립 심상소학교 → 도동 공립 국민학교로 개칭		『우산국민학교연혁』	
1941. 4.[178]	울릉도 공립 보통학교 → 도동 공립 국민학교로 개칭		후쿠하라, 62쪽	교명 오기
1941.	남양심상소학교와 천부심상소학교를 남양·천부 공립 국민학교로 개칭		『직원록』	

한 연혁에 따르면, 1934년 5월 1일 장흥간이학교로 인가받았고, 1944년 4월 30일 장흥 공립 국민학교로 승격 인가받아 5월 18일 개교했다.

177 『于山國民學校沿革』에는 1939년 4월 1일로 되어 있다. 1938년이 맞는 듯하다.

178 『于山國民學校沿革』에는 1941년 4월 조선국민학교령에 의거 '도동 공립 심상소학교'를 도동 공립 국민학교로 개칭한 것으로 되어 있다. 후쿠하라는 1936년 4월 1일로 기술했다(61쪽).

시기	내용	법령	출전	구분
1941.	대하심상소학교 → 대하 공립 국민학교로 개칭		『직원록』	
1942. 4.	울릉도 공립 국민학교[179] 부설 죽암간이학교 설립[180]		후쿠하라, 62쪽	
1942. 4. 30.	울릉도 공립 보통학교 부설 현포간이학교 → 현포 공립 보통학교로 개칭(5. 18. 개교)[181]		『울릉군지』, 126쪽	교명 오기
1942. 4. 30.	울릉도 공립 국민학교 부설 현포간이학교 → 현포(玄圃) 공립 국민학교로 개칭		『울릉도향토지 (1963, 72쪽)	
1943.	죽암간이학교 → 죽암 공립 보통학교(석포분교)로 개칭		『울릉군지』, 126쪽	교명 오기
1943. 5. 1.	죽암간이학교 → 죽암 공립 국민학교로 개칭		후쿠하라, 62쪽	5. 1. (학교 연혁)
1943. 3. 8.	제4차 「조선교육령」 공포	칙령 제113호	관보 제4836호 (3. 18.)	
1943. 4.	장흥간이학교 → 장흥 공립 국민학교로 승격		『우산국민학교연혁』	1944년을 오기
1944. 4. 30.	장흥간이학교 → 장흥 공립 국민학교로 개칭 (5. 18. 개교)		후쿠하라, 62쪽: 연혁 자료	승격 인가
1945. 12. 13.	구암동에 남양국민학교 분교장 설치[182] (1967년 8월 구암국민학교로 승격)		『울릉군지』, 126쪽; 232쪽	
1945. 11. 6.	남양국민학교가 구암분교장 인가 받음		학교 연혁지	
1948. 11. 6.	남양국민학교 구암 분교로 승인, 동사무소를 임시 교사로 사용		학교 연혁지	
1946. 3.	죽암 (공립) 초등학교 → 석포 (공립) 국민학교로 개칭		『울릉군지』, 126쪽[183]	학교 연혁은 4월 1일 개교로 기재

179 후쿠하라 유지는 '울릉도 공립 국민학교'로 칭했지만 '도동 공립 국민학교'를 가리키는 듯하다.

180 『鬱陵島鄕土誌』(1969, 59쪽) 죽암간이학교가 1946년 3월 29일 石浦국민학교로 개칭된 것으로 기술했다.

181 천부초등학교에서 제공한 연혁에 따르면, 1942년 4월 30일 현포 공립 보통학교를 설립한 것으로 되어 있으나 현포 공립 국민학교가 맞다.

182 『鬱陵郡誌』(1989)는 구암국민학교의 전신인 남양국민학교 분교장이 1945년에 설립되었다가 1967년에 구암국민학교가 된 것으로 기술했다. 하지만 구암국민학교가 제공한 정보에 따르면, 구암분교는 1948년에 세워진 것으로 되어 있다. 연도가 일치하지 않는다.

183 『鬱陵郡誌』(1989, 232쪽)는 석포국민학교로 개칭한 연도를 1945년 10월 2일로 기술했는데 오류인 듯하다. 『석포 개척지』(1973, 28~29쪽)는, 1947년 천부국민학교 석포분교장으로 인가받았고,

시기	내용	법령	출전	구분
1946. 4. 1.[184]	도동 공립 초등학교 → 우산 공립 국민학교로 개칭		『우산국민학교연혁』	
1946. 4.	저동에 설립한 울릉국민학교[185] 분교장을 1948년 4월 저동국민학교로 독립		『울릉군지』, 126쪽; 232쪽	우산국민학교의 오기
1948. 11. 6.	남양국민학교 구암(龜岩) 분교장을 1967년 11월 5일 구암국민학교로 설립 인가		『울릉도향토지』 (1963, 71쪽)	
1949.6.	학포동에 태하국민학교의 분교장(학포 분교장) 설립		『울릉도향토지』 (1963, 71쪽); 『울릉군지』, 126쪽; 232쪽	
1949.10. 1.	남양국민학교 통구미 출장 분교장 설치		학교 연혁지-1	
1950. 5. 20.	남양국민학교 통구미 분교장 인가		학교 연혁지-2	
1950. 5. 20.	통구미동에 남양국민학교 분교장 설립 → 1959년 4월 통구미국민학교로 인가		『울릉도향토지』 (1963, 71쪽); 『울릉군지』 (126쪽; 232쪽)	
1976. 11.	우산 (공립) 국민학교를 울릉국민학교로 개칭			
1996. 3.	울릉국민학교를 울릉초등학교로 개칭			

※ '학교 연혁지'(필사본)는 2024년에 각 학교가 제공한 연혁 자료를 의미함

1948년 4월 1일 정식으로 석포국민학교로 승격되었다고 기술했다. 이 역시 검증이 필요하다.

184 『鬱陵島鄕土誌』(1969, 57쪽)에는 1945년 4월 1일로 되어 있다.

185 '울릉초등학교'가 '울릉도국민학교'를 가리키는 것인지가 명확하지 않다. 울릉도국민학교는 울릉도 (공립) 심상고등소학교에서 왔다. 울릉국민학교가 울릉도 공립 보통학교를 가리키는 것이라면 이 교명은 1941년에 도동 공립 국민학교로 개칭되었으므로 분교를 저동에 세웠다는 것은 자연스럽지 않다. 저동초등학교가 제공한 연혁(2024. 8. 26.)에 따르면, 1946년 4월에 우산국민학교 저동분교장 설립 인가를 받았고 1948년 저동국민학교로 개교한 것으로 되어 있다. 도동공립국민학교를 우산국민학교로 개칭한 1946년 이후 저동 분교를 세웠다고 보는 것이 맞을 듯하다.

〈표 1-5-3〉 일본인 교육기관의 변천(1921년부터 공학제)

시기	내용	법령	출전	
1886. 4. 10.	일본, 「소학교령」	칙령 제14호		
1905. 7.	일본인 소학교 개교, 8월 폐교		후쿠하라, 58쪽	
1907. 4. 1.	울릉도 심상고등소학교 설립		『경북대감』, 1320쪽	
1907. 4 .1.	공립 울릉도소학교 개교		『울릉도 행정일반』	
1909. 1. 16.	통감부, 울릉도 일본인회 설립 인가	부산 이사청 고시 제2호		
1909.4.	'울릉도 공립 심상고등소학교' 창립		『慶尙北道敎育及宗敎一斑』	연도 오기
1909. 12. 27.	「학교조합령」 공포	통감부령 제71호	『공보』 호외 (1909.12.27)	
1910.8.	일본인회가 세운 울릉도 심상소학교 → 학교조합이 세운 울릉도 심상소학교로		후쿠하라, 58쪽	
1912. 3. 27.	「조선공립소학교 규칙」 제정	총독부령 제44호		
1912. 4.	공립 울릉도소학교 → 울릉도 공립 심상소학교로 개칭		『울릉도 행정일반』	
1913. 8. 1.	울릉도 공립 심상소학교를 개설, 태하동에 분교장 설치		『울릉군지』, 232쪽	
1914. 8. 1.	臺霞 공립 심상소학교 설립		『울릉도 행정일반』	
1913. 8. 1.	울릉도 공립 심상소학교 분교실 개설		후쿠하라, 59쪽	
1914. 5. 8.	울릉도 공립 심상소학교에 고등소학교 교과(고등과) 병치 인가	총독부 고시 제 168호	『울릉도 행정일반』	
1914. 9. 11.	울릉도 공립 심상고등소학교의 태하동 분교장 설치		후쿠하라, 59쪽	
1914. 11. 9	울릉도 공립 심상소학교의 태하 분교가 태하 공립 심상소학교로 독립		『울릉도향토지』 (1963, 71쪽); 『울릉군지』, 126쪽; 232쪽	1915년의 오기

시기	내용	법령	출전	
1915. 2. 24.	남양 공립 심상소학교 신설		후쿠하라, 59쪽	
1915. 11. 10.	울릉도 공립 심상고등소학교 태하동 분교를 대하 공립 심상소학교로 인가	총독부 고시 제294호		
1917. 4.	남양 공립 심상소학교[186] 창립		『慶尙北道敎育及宗敎一斑』	1915년의 오기
1921. 5. 1.	태하 공립 심상소학교, 한국인 입학 허용		후쿠하라, 60쪽	공학제
1925. 4. 1.	남양 공립 심상소학교 폐교		후쿠하라, 60쪽	1928년설도 있음
1940	대하·도동·남양·천부심상소학교 존속		『직원록』	
1941. 3. 1.	「국민학교령」, 소학교를 국민학교로 개칭	칙령 제148호	관보(3. 1.)	
1941. 4.	울릉도 (공립) 심상고등소학교를 울릉도 (공립) 국민학교로 개칭			추정
1943. 4. 16.	울릉도 공립 국민학교로 우에노 훈도 전근		『우산국민학교연혁』	
1946.	4월, 울릉도 공립 심상소학교를 임시 사립중학교로 개교, 11월 공립 우산중학교[187]로 개칭		『울릉군지』, 233쪽	

186 1921년의 학교장은 永野晴敏이었다(『慶尙北道敎育及宗敎一斑』, 1922, 12쪽).

187 『대구시보』(1946. 11. 4.)에 '우산 공립 중학교'(교장 이용필)가 동해판 발간을 축하한 내용이 보인다. 1952년 『직원록』에는 '우산중학교'로 보인다.

2부

울릉도·독도 어업사

울릉도·독도 어업사

Ⅰ. 머리말

1. 문제 제기

울릉도와 독도에 관한 가장 자세하고 종합적인 정보를 담고 있는 문헌은 『울릉군지』일 것이다. 어업에 관한 내용도 마찬가지다. 『울릉군지』는 두 번에 걸쳐 간행되었다. 1989년에 편찬된 『울릉군지』에 따르면, 개척 당시부터 이주민들은 울릉도에 해산물이 많다는 사실을 인지했음에도 농업을 전업으로 하고 어업을 천시하는 경향이 있어 주로 일본인들이 어획하다가 1904년경부터 일본 돗토리현과 시마네현 등지에서 입도한 자들이 근거어업과 통조(通操)를 시작했다고 기술했다.[1] 또한 『울릉군지』는 어업령[2]이 공포되고 1914년에 어업조합이 설립된 이후 제품이 개량되고 판로도 개척되어 1937년부터 1942년 사이에는 고등어 연승어업이 매우 성하여 통조림 공장까지 설립되는 호황을 보였으나 고등어 어업의 미끼인 정어리가 종적을 감추면서 고등어 어업도 쇠퇴하고 이후에는 오징어 채낚기에만 의존해왔다고 기술했다.[3]

울릉군은 『울릉군지』를 간행하던 1989년 당시는 고등어와 정어리, 이명수(임연수-필자주), 방어, 복어 등이 무진장하지만 고가인 오징어 어업에만 힘쓰고 있어 이들에 대한 재개척이 시급하며, 다량 생산되던 질좋은 해조류가 한때 감량되었으나 해저의 잡초를 제거하여 현재는 호황을 보이고 있다고 기술했다. 『울릉군지』에서 거론한 울릉도 어류는[4] 고등어, 전복, 복어, 오징어, 이명수, 정어리, 방어, 꽁치, 미역, 김, 해삼, 소라고둥, 성게, 우뭇가사리(天草), 돔, 다랑어, 인수연어[5], 송어, 은행초(草), 대황, 진저리, 홍합이다.

2007년에 편찬된 『울릉군지』는 개척기 이주민들은 전라도 어선을 타고 이주해왔고, 나선은 음력 3월에 입도하여 7~8월에 어로를 마치고 출

1 『鬱陵郡誌』, 1989, 194쪽. 근거어업과 통조의 의미가 명확하지 않다.

2 「어업령」은 1908년의 「어업법」을 보완하여 1911년 6월 제령 제6호로 공포된 법령이다. 이로써 조선 연해의 어업은 면허어업과 허가어업 및 신고어업으로 재편되었는데 면허어업을 허용할 때 일본인에게 유리하게 처리했다. 1929년 「조선어업령」(제령 제1호)을 공포하여 어업제도를 정비하고 어업조합의 기능을 확대하고자 했다(최병택·이영학·류창호, 『일제의 임업 및 수산업 정책』, 일제침탈사 연구총서 20, 2023, 동북아역사재단, 2024, 188쪽; 240~242쪽).

3 위의 글.

4 『鬱陵郡誌』, 1989, 194~195쪽.

5 인수연어는 임연수어를 오기한 듯한데 '이명수'를 따로 언급했으므로 무엇을 가리키는지가 분명하지 않다.

항했으며 이주민들은 대부분 농업으로 생계를 유지했다고 기술했다. 이주민들은 식량 대용에 필요한 해조류를 따 먹는 정도였는데 떼배를 이용하여 미역과 다시마, 김, 곰피, 모자반 등을 채취했다는 것이다. 또한 울릉도민이 본격적으로 어업을 시작한 것은 1904년 일본인이 어업기술을 전해주면서부터이고 이후 일본인들의 울릉도 이주와 어로도 본격화했다고 기술했다. 이후부터 해방 이전까지의 어업에 관한 내용은 1989년판과 유사하다. 다만 2007년판은 어종이 해조류와 고등어, 정어리, 오징어, 문어에 불과하다.

이를 종합하면, 개척기 이주민들은 전라도 출신이며 이들이 본격적으로 어업을 시작한 시기가 1904년경부터이고 일본인들도 이즈음부터 울릉도 이주와 어로를 본격화했다는 것이다. 그러나 전라도인들은 이주가 본격화하기 전부터 울릉도를 왕래했고, 이주민들은 대체로 강원도와 경상도사람들이었다. 울릉도의 일본인들은 1897년경부터 울릉도 해산물을 일본으로 수출할 정도였으므로 일찍부터 와서 어로하고 있었다.

이렇듯 울릉도 어업사에 관해서도 정리된 통설이 있는 것이 아니므로 이 책에서는 관련 기록을 검토하여 전근대와 근대기의 울릉도·독도 어업사를 정리하고자 한다. 울릉도·독도의 수산물 종류와 명칭에 관해서도 제대로 밝혀진 적이 없으므로 이 부분을 정리하고자 한다. 이 책에서 다루는 연구범위는 울릉도와 독도를 중심으로 하되 두 섬을 관할하던 울진현을 포괄하기도 하며, 시기적으로는 1945년 해방 이전까지이다.

2. 선행 연구

한국 어업 혹은 어업사에 관한 연구는 그 주제와 연구범위에 따라 몇 가지로 분류할 수 있다. 첫째 통사적인 한국 어업사 혹은 수산업사에 관한 연구이다. 박구병[6]의 연구가 이에 해당한다. 둘째 조선 후기와 근대기에 한국인의 어업 및 일본인의 어업 침투 그리고 이에 대한 한국 어민의 대응 양태를 다룬 연구가 있다. 이영학[7]과 김수희[8]의 연구가 이에 해당한다. 셋째 울릉도와 독도의 어업을 독도 영유권의 관점에서 다룬 연구가 있다. 박병섭[9]과 김수희[10]의 연구가 이에 해당한다. 또한 어업 관련 자료를 분석하여 독도 영유권 입증에 활용한 윤소영[11]의 연구가 있다. 어업권과는 무관하게 수산지 자체를 검토한 이근우[12]의 연구도 있다. 오키 어민의 울릉도행을 다룬 고지마 슌페이(兒島俊平)의 연구,[13] 울릉도의 오징어 어업과 오키도와의 관계를 다룬 모리스 가즈오(森須和男)의 연구[14]도 있다. 이들 연구는 한국 어업 전반을 다루거나 울릉도와 독도를 다루더라도 시기를 한정하고 있으므로 울릉도와 독도 어업사를 통사적으로 고찰한 것은 아니다. 박병섭의 연구가 울릉도와 독도의 어업을 가장 심층적으로

---

6 박구병, 『한국 수산업사』, 태화출판사, 1967; 박구병, 『한국 어업사』, 정음사, 1975.

7 이영학, 「개항 이후 일제의 어업 침투와 조선 어민의 대응」, 『역사와 현실』 18, 1995; 이영학, 「조선 후기 어업에 대한 연구」, 『역사와 현실』 35, 2000; 이영학, 「19세기 후반 일본 어민의 동해 밀어와 조선인의 대응: 울릉도·독도를 중심으로」, 『역사문화연구』 53, 한국외국어대학교 역사문화연구소, 2015.

8 김수희, 「조선 후기 멸치어업 성립과 개항 후의 어업변화과정」, 『한국민족문화』 30, 부산대학교 한국민족문화연구소, 2007.

9 박병섭, 「메이지시대의 울릉도 어업과 죽도=독도문제 1, 2」, 『북동아시아문화연구』 31, 32, 돗토리단기대학 북동아시아문화종합연구소, 2010.

10 김수희, 「나카이 요사부로와 독도어업」, 『인문연구』 58, 영남대학교 인문과학연구소, 2010; 김수희, 「일본의 독도 영토편입과 오키도(隱岐島)어민들의 독도 진출」, 『한일관계사연구』 51집, 한일관계사학회, 2015.

11 윤소영, 「1900년대 초 일본 측 조선어업 조사자료에 보이는 독도」, 『한국독립운동사연구』 41, 독립기념관 한국독립운동사연구소, 2012.

12 이근우, 「『韓國水産誌』의 수산물 명칭과 번역의 문제」, 『동북아문화연구』 21, 동북아시아문화학회, 2009; 이근우, 「『韓國水産誌』의 編纂과 그 目的에 대하여」, 『동북아문화연구』 27, 동북아시아문화학회, 2011.

13 兒島俊平, 「隱岐漁民의 竹島(鬱陵島)行」, 『鄕土石見』 21호, 石見鄕土研究懇談會, 1988.

14 森須和男, 「근대기의 울릉도의 鯣(스루메) 산업과 오키도」, 『북동아시아연구』 25, 시마네현립대학 동아시아지역연구센터, 2014.

다루고 있는데, 시기를 1870년부터 1910년까지로 한정하였다.

일제강점기 어명은 대부분 일본어와 한자로 표기하여 우리말 어명과 다른 경우가 많다. 이에 표기 방침을 「일러두기」에서 밝혔다. 수산물은 통상적으로 바다나 강에서 나는 산물을 의미하고, 해산물은 바다에서 나는 동식물을 가리키는 것으로 구분된다. 그러므로 울릉도와 독도의 산물은 해산물이라고 해야 맞지만, 수산가공품을 포함할 경우는 수산물이라고 해야 맞으므로 문맥에 따라 두 용어를 혼용했다. 어종의 원문을 표기하되 반복적으로 표기한 경우가 있는데 이는 동일 어종에 대한 표기가 문헌마다 달라 이를 나타내기 위해서다.(번역어가 없는 어명은 「부록」 참조)

Ⅱ. 양국 문헌에 기술된 울릉도·독도의 해산물

1. 전근대 한국 문헌에 기술된 울릉도·독도의 해산물

1) 울진현의 해산물

울릉도와 독도의 해산물에 관한 기록물은 두 섬을 관할하는 행정체계가 성립한 뒤에 나타나기 시작했을 것이다. 울릉도의 최초 명칭은 우산국이었으므로 해산물 관련 기록도 우산국 관련 기록에서 찾아볼 수밖에 없다. '우산국'을 가장 먼저 기록한 사료는 『삼국사기』다. 그러나 이 문헌에는 해산물에 관한 내용이 없다. 『고려사』에는 충선왕 2년(1310) 12월 11일 원나라에 해채와 건어乾魚, 건포乾脯를 황태후에게 바쳤다는 기사가 보인다.[15] 고려 시대에 울릉도는 '동계東界'에 속한 25개 현의 하나

15 『高麗史』, 「世家」 권33. "甲寅 遣使如元 獻海菜·乾魚·乾脯等物于皇太后 贊成事裵挻 以王旨

인 울진현[16]의 부속도서였다. 울진현은 고구려 시대에는 '우진야현'이었다가 신라 경덕왕 16년(757) 울진군蔚珍郡이 되었고, 고려 시대에는 다시 울진현蔚珍縣으로 강등되었다. 『고려사』는 울진현 동쪽에 '울릉도'가 있다고 기술한 내용이 전부이므로 울진현에서 울릉도가 차지하는 비중을 알 수 있다. 『고려사』는 울진현의 산물을 기술하지 않는 대신 무릉도(울릉도)에서 "시호柴胡와 고본藁本, 석남초石南草가 많이 난다."라고 기술했다. 무릉도 외에 따로 우산도를 언급했으나[17] 울릉도의 해산물은 기술하지 않았다.

조선 초기에 편찬된 『세종실록』 「지리지」는 '강원도/삼척도호부/울진현'에서 무릉도(울릉도)와 우산도에 관해 기술하되, 『고려사』와 마찬가지로 무릉도에 "시호와 고본, 석남초가 많이 난다."라고 기술하고, 태조 때 파견된 안무사 김인우의 보고를 인용하여 대나무와 쥐, 복숭아씨를 언급했다.[18] 울릉도와 우산도의 해산물에 관해서는 기록하지 않았지만 울진현의 해산물을 기록하고 있어 울릉도와 우산도의 해산물을 미루어 짐작할 수 있다. 이에 따르면, 울진현에 270가구, 1,483명이 살고 있었으며 주민은 해산물 채취를 생업으로 하고 있었다. 해산물은 대구(大口魚)·문어文魚·숭어(水魚)·전복(全鮑)·홍합紅蛤이다. 울릉도와 독도의 해산물도 이 범주를 크게 벗어나지 않을 것이다. 울릉도와 우산도의 해산물을 처음 언급한 시기는 세조 연간이다. 강릉사람의 말을 빌려 김(海衣)·전복(鰒魚)[19]·문어文魚·해달海獺을 언급했다.[20] 이 가운데 세종 연간의 울진현의

如元 獻畫佛"(1310. 12. 11.)

16 『高麗史』 권58, 「志」 제12, 「地理」 3, 東界/蔚珍縣.

17 "일설에는 우산도와 무릉도가 본래 두 개의 섬으로 서로의 거리가 멀지 않아 날씨가 맑으면 바라볼 수 있다고 한다(一云于山·武陵 本二島 相距不遠 風日淸明 則可望見)."

18 『世宗實錄』 권153, 「지리지」, 강원도/삼척도호부/울진현.

19 한국과 일본 사료에서 전복은 鰒, 鰒魚, 大鰒魚, 大鰒, 鮑, 全鮑, 大鮑 등 여러 가지로 보인다. 한국 사료에서 복·복어는 태(鮐), 태어(鮐魚), 하돈(河豚)으로 표기되어 있다.

20 강릉사람의 말을 빌려 기록했다(『世祖實錄』 세조 3년 4월 16일).

해산물과 중복되는 것은 문어뿐이다. 성종 연간에는 1471년에 삼봉도를 찾기 위해 파견된 경차관 박종원이 삼봉도에 가지 못한 대신 울릉도에서 대나무와 전복을 가지고 돌아왔다.[21] 이듬해인 1472년(성종 3) 5월 28일 박종원은 또다시 삼봉도를 찾아 떠났으나 큰바람을 만나 표류했고, 함께 간 곽영강 등이 탄 3척의 배가 29일 무릉도에 이르러 3일을 머물다 돌아왔는데 대나무만 가지고 돌아왔다.[22] 1471년에 언급했던 전복이 없다. 박종원의 일을 기록한 『신증 동국여지승람』의 내용은 이후 『만기요람』[23], 『연려실기술』[24], 『오주연문장전산고』[25] 등에 계술되었다.

『신증 동국여지승람』은 울진현의 토산물을 열거했는데 이 가운데 해산물은 황어黃魚 · 문어 · 연어鰱魚 · 대구 · 은구어(銀口魚) · 방어魴魚 · 광어廣魚 · 고등어(古刀魚) · 적어赤魚 · 송어松魚 · 은어銀魚[26] · 전복(鰒) · 꽃게(紫蟹) · 홍합 · 미역(藿) · 김(海衣) · 해삼이다. 해삼을 제외하면 1481년 『동국여지승람』 편찬 당시에 파악된 것들이다. 이들 기록대로라면 조선 시대에 사람들이 울릉도에서 획득하려 한 것은 주로 대나무와 전복이었다. 크고 질이 좋았기 때문이다. 따라서 16세기까지 울릉도의 해산물이라고 할 만한 것은 전복, 문어, 김, 해달 정도이다. 그런데 조선 후기에는 '해달'은 보이지 않고 '가지어'로 보이므로 가지어 즉 강치를 일러 조선 초기에 해달로 표기한 것인지는 알 수 없다.

『신증 동국여지승람』(1531)에 기술된 울진현의 산물은 17세기 중엽에

---

21 『新增東國輿地勝覽』(1531) 제45권, 강원도/울진현

22 『成宗實錄』, 3년(1472) 6월 12일.

23 『萬機要覽』, 「軍政編」 4 「海防」 '東海'.

24 『燃藜室記述』., 「別集」 제17권, 「변어전고(邊圉典故)」 '제도(諸島)'. 여기에는 박원종으로 되어 있다.

25 『五洲衍文長箋散稿』, 「經史編」 5, 論史類 1, 「울릉도 사적에 대한 변증설(鬱陵島事實辨證說)」. 여기에도 박원종으로 되어 있다.

26 통상 銀口魚를 은어로, 銀魚를 도루묵으로 번역한다.

편찬된 『동국여지지東國輿地志』(1656)[27]에서도 계술되었다. 『동국여지지』의 '강원도 울진현'조를 보면, 울진현사람들이 농상(農桑)에 힘쓰는 풍속을 지녔다고 했다. 앞서 세종 연간에는 해산물 채취를 생업으로 했다고 기술했었는데 효종 연간에 오면 농상을 생업으로 한다는 내용으로 바뀐 것이다. 『동국여지지』는 울진현의 해산물로 황어·문어·연어·대구·은구어(銀口魚)·방어魴魚·광어廣魚·고등어(古刀魚)·적어赤魚·송어松魚·은어銀魚·전복(鰒)·꽃게(紫蟹)·홍합·미역(藿)·김(海衣)·해삼을 거론했다.[28] 이는 『신증 동국여지승람』에 기술된 어종과 거의 같으며 이는 19세기 중엽까지 계술되었다. 다만 『동국여지지』는 울진현의 산물로 전복을 언급하고 울릉도의 산물로 큰 전복(大鰒魚)을 따로 언급했다. 전복이 일찍이 울릉도의 특산물로 알려져 있었음을 보여주는 대목이다.

2) 울릉도의 해산물

조선 초기에는 울릉도의 해산물로 전복과 문어, 김, 해달이 거론되었으나 17세기 '울릉도 쟁계'를 겪은 후로는 전복과 가지어가 주목을 받았다. 1882년 이규원의 조사가 있기 전까지 울릉도와 독도의 해산물로 사료에 보인 것은 주로 전복과 가지어였다. 1693년에 울릉도 쟁계가 발생하기 전 울릉도로 어채하러 가던 자는 주로 경상도의 동래와 울산사람이었다. 전복을 채포할 목적으로 갔다. 이들은 가지어도 목격했지만 포획하지 않았다. 가지어의 포획은 후에 수토관들이 자신의 수토 사실을 입

27 『東國輿地志』는 통상적으로 유형원(1622~1673)이 펴낸 지리지로 알려져 있다. 그러나 저자가 표기 되어 있지 않은 데다 서문과 발문(跋文) 및 간기(刊記)가 없어 그의 저작인지가 분명하지 않다. 이 글은 통설을 따랐다.

28 『東國輿地志』 권7, 강원도/울진현.

증할 필요가 있을 때 이뤄졌다. 수토관은 가지어를 포획하여 가죽을 조정에 바쳐야 했다. 17세기에 일본 돗토리번 요나고의 오야 집안과 무라카와 집안에 고용된 어부들도 전복과 강치(미치, 海驢)를 목적으로 울릉도에 왔다. 조선 정부는 해금정책을 취하고 있었으므로 육지에서 멀리 떨어진 울릉도로 어채하러 가는 것은 불법이었다. 그럼에도 좌의정 목래선이 "어채를 생업으로 삼는 백성들을 일절 금단하게 하기는 어려울지라도 저들이 이미 규정을 엄히 세워 금단하고 있다고 하니, 우리도 도리상 금령을 신칙하는 조치가 없어서는 안 될 것입니다."[29]라고 했듯이 사실상 울릉도 도해는 근절되지 않았다.

'울릉도 쟁계'는 조선 정부로 하여금 일본인들이 관심을 보여온 울릉도를 자세히 조사할 필요성을 인식하게 했다. 이에 1694년 9월 삼척첨사 장한상張漢相에게 울릉도와 주변 도서를 자세히 조사할 것을 명했다. 장한상은 배가 준비되기를 기다리는 동안 군관 최세철을 먼저 들여보내 사전 답사를 하도록 했다. 장한상과 최세철이 언급한 울릉도의 해산물은 전복과 가지어였다. 장한상은 울릉도의 전복에 관해 "간간이 생복이 물속 바위에 붙어 있는데 몸체는 작고 맛은 없었습니다."[30]라고 했다. 울릉도 전복은 맛이 좋고 질이 좋기로 유명한데 장한상이 왜 이렇게 보고했는지는 알 수 없다. 조선 시대 문인들은 대체로 제주도 전복을 가장 크고 맛이 좋은 것으로 기술하고[31] 울릉도 전복에 대해서는 기술한 바가 거의 없다. 경상도 어부들이 제주도에 비해 울릉도가 접근하기 좋은 데다 전

29 『承政院日記』 숙종 19년(1693) 11월 13일.

30 장한상, 「蔚陵島事蹟」. "間有生鰒付諸岸磧者 體小味薄"

31 '大鰒魚'에 대하여 "제주에서 나는 것이 가장 크다. 맛은 작은 것보다는 못하지만 중국사람들이 매우 귀히 여긴다."라고 했다(『惺所覆瓿藁』 26권, 「說部」 5, 「屠門大嚼」).

복의 질이 좋아 자주 채포하러 갔을 뿐이다.

1696년에 안용복은 일본에 다시 갈 때 말린 전복을 준비해 가 오키의 오히사촌(大久村)의 촌장과 조사자들에게 주었다. 이들은 전복을 받지 않고 되돌려 보냈지만, 만일 전복의 질이 좋지 않았다면 안용복이 선물용으로 준비해가지 않았을 것이다. 일본인들이 전복을 채포하러 울릉도에 온 이유도 질이 좋았기 때문이다. 숙종 연간 울릉도에 전복을 채취하러 간 사람들은 주로 울산사람이었다. 1693년과 1696년에 안용복이 울릉도로 갈 때 함께 간 사람 중에도 울산사람이 다수 있었다. 울산어민들은 울릉도에 들어갈 때 병영兵營의 채복공문採鰒公文[32]을 지참하고 갔는데 이는 울릉도 전복이 그만큼 큰 이원利原이었음을 의미한다.

3) 울릉도의 가지어

'가지어' 이전에는 주로 수달과 해달, 해구신으로 기록되었다.[33] 『세종실록』「지리지」는 평해군의 토산으로 해달 가죽(海獺皮)과 올눌제膃肭臍, 해구海狗를 언급했다. 실학자 홍만선은 해달피海獺皮[34]에 관하여 "수달피와 비슷하며 크기는 개만한데 털은 물이 묻어도 젖지 않는다. 바닷속에서 산다."[35]라고 기술하여 해달과 수달을 구분했다. 1457년에 언급되었던 해달海獺이[36] 수달인지 물개인지 아니면 강치인지는 알 수 없다. 울릉

32 『大典通編』「공전(工典)」 주거(舟車) [諸宮家各衙門船隻]조에 충청도의 채복선(採鰒船)과 통영(統營)의 채복선을 규정하고 있다.

33 『新增東國輿地勝覽』은 수달과 해달로 따로 기술했다. 『조선왕조실록』에도 달, 수달, 해달이 따로 보인다. 하지만 연구자들이 海獺을 해달과 수달, 물개로, 獺과 水獺을 수달로 혼용하여 번역한 경우가 있다.

34 한국고전번역원은 '바닷반달피'로 번역했다.

35 『山林經濟』 제3권, 구급(救急)/제어독(諸魚毒). "似獺 大如犬 毛着水不濡 生海中"

36 『世祖實錄』 3년(1457) 4월 16일.

도 산물로 기록에 보인 것은 전복과 문어, 김, 가지어였다. 가지어는 동해 쪽에서의 명칭이고 강치는 북해 즉 함경도 쪽에서의 명칭임을 이규경이 지적한 바 있다. 조선 시대 문헌에는 대부분 '가지어'로 기술되어 있다. 다만 한자 표기는 다양하다.

가지어는 울릉도가 무인도일 때는 서식하다가 개척되어 사람들이 살게 된 후로는 또다른 무인도인 독도로 옮겨갔다. 조선 시대 사료에는 가지어가 울릉도의 해수로서 자주 등장한다. '가지어'에 관해서는 1694년 군관 최세철의 보고서에 처음 보였다. 그 이전에는 '해달', '해구'로 기록되어 있었으나 이 역시 '가지어'일 확률이 높다. 최세철은 1694년 8월 16일부터 9월 1일에 걸쳐 조사했는데 울릉도의 해수를 '가지어'라고 부르며 다음과 같이 언급했다.

> "바위틈에서 가지어可支魚가 졸고 있기도 하고 (원문 누락) 하고 있으므로 사람들이 두 마리를 몽둥이로 때려서 죽인 뒤 가지고 왔습니다."[37]

최세철의 사전 조사 후 장한상은 9월 19일 삼척 장오리진의 대풍소에서 울릉도로 출발하여 20일 저녁에 도착한 뒤 10월 3일까지 머무르며 조사했다. 10월 6일에 삼척으로 돌아온 장한상은 10월 9일에 군관 최세철을 시켜 보고서와 지도를 비변사에 제출하게 해다. 장한상도 보고서에서[38] 울릉도의 수목과 조류, 동물을 기술했는데, 어류에 관해서는 다음과 같이 기술했다.[39]

---

37 박세당, 「鬱陵島」. "巖穴之間 可支魚或睡或□□ 故諸人持杖搏殺二口以來爲有旀"

38 현존하는 장한상의 「蔚陵島事蹟」은 비변사에 제출하기 위한 보고서의 초고로 보인다. 같은 내용이 박세당의 「鬱陵島」에도 기술되어 있다. 그런데 최세철이 보고한 내용은 「蔚陵島事蹟」에는 없고 박세당의 「鬱陵島」에만 보인다.

39 장한상, 「蔚陵島事蹟」.

> "어류로는 문어鮫魚만 있는데, 해변의 돌무더기에 열 마리 혹은 백 마리씩 무리 지어 혈거하고 있으며, 큰 것은 망아지나 송아지만하고, 작은 것은 개나 돼지만합니다."[40]

장한상은 최세철이 '가지어'라고 기록한 해수를 어류 '문어'[41]로 기록했다. 장한상은 최세철이 언급한 '가지어'에 관해 다음과 같이 평했다.

> "(최세철이-필자주) 때려 죽여서 가지고 왔다는 가지어는 (1, 2자 원문 결락) 발이 달려 있으니, 이는 해구海狗나 점박이물범(班獺)과 같은 종류로 이름만 다른 것입니다. 평해와 통천 등지에 이런 종류가 많이 있다고 하니, 원래 희귀한 동물이 아닙니다."[42]

위에서 보았듯이 최세철과 장한상이 언급한 해수가 다르다. 장한상은 문어와 가지어를 언급한 반면, 최세철은 가지어만 언급했다. 두 사람의 보고서를 다 인용한 박세당은 '가지어'를 언급했다. 장한상은 '문어'로 기술했는데 최세철이 잡아온 것을 '가지어'라고 하며 이를 설명하면서 문어鮫魚를 운운한 것은 논리적으로 성립하지 않는다. 장한상이 '문어'라고 적은 것은 전사傳寫하다가 오기한 것이 아닌가 한다. 장한상은 '가지어'가 강원도 해안에 흔한 물개(海狗)나 점박이물범(斑獺)과 같은 종류라고 했다. 가지어가 물개나 점박이물범처럼 흔한 동물이라면 굳이 이름을 다르게 붙일 필요가 없다. 이름을 달리 붙였음은 다른 종류로 보았음을 의

---

40 장한상, 「蔚陵島事蹟」. "水族則只有鮫魚 而沿邊石堆處 或十或百 成群穴居 大如駒犢 少如犬豕". 박세당의 「鬱陵島」에는 '少如犬豕' 뒤로 '是乎旀' 세 글자가 더 있다.

41 같은 내용을 기술한 박세당은 「鬱陵島」에서 가지어可支魚로 표기했다.

42 박세당, 「鬱陵島」. "且見所謂殺得以來之可支魚 則□有足 與海狗斑獺同類而異名者也 平海通川等地多有其種云 元非稀貴之物是齊.". 이 내용이 장한상의 「蔚陵島事蹟」에는 없다.

미한다. 사료에는 가지(可之, 嘉支), 가지어(可支魚, 可之魚, 嘉支魚) 등 여러 가지로 표기되었지만 이는 울릉도 방언 '가제'에서 왔다. '가제'를 문헌에 표기하기 위해 '가지', '가지어'로 음차표기한 것이다. '가지'에 '어'를 붙여 어류임을 나타내고자 했으나 엄밀히 말하면 해수海獸이다.

'가지어'의 학술적인 명칭은 바다사자(Sea Lion)다. 바다사자가 17세기 숙종 연간 동해 지역에서는 '가지어'로 불리다가 19세기 후반 함경도 지역에서는 '강치'로 불렸다. 바다사자는 식육목 기각아목 바다사자과(Otariidae)에 속한다. 바다사자과는 다시 바다사자아과(Otariinae)와 물개아과(Arctocephalinae)로 구분한다. 바다사자아과에 속한 것이 바다사자와 큰바다사자이고, 물개아과에 속한 것이 물개이다.[43] 그러므로 바다사자는 바다사자아과에 속하는 해수인데, 다시 분포 지역에 따라 3개 종으로 나뉜다. 우리나라와 일본 연안의 바다사자, 캘리포니아 바다사자, 갈라파고스 바다사자이다. 현재 우리나라 독도와 일본 홋카이도, 혼슈, 규슈, 시코쿠 연안의 바다사자는 세계자연보호연맹(International Union for Conversation of Nature, IUCN)이 절멸종으로 분류했다.[44] 바다사자과에 속한 해수가 한국에서는 물개(海狗)와 바다사자로 구분되지만, 일본에서는 물개, 바다사자, 큰바다사자로 구분된다. 일본은 물개를 오토세이, 바다사자를 아시카(海驢), 큰바다사자는 토도 혹은 미치로 부른다. 다만 전근대기에 양국의 사료는 이를 엄밀히 구분하지 않아 표기할 때 '물개'와 '가지

43 정문기는 울릉도에서 많이 나는 것을 물개로 보았다. 그에 따르면, 바다사자에는 남미, 북양, 뉴질랜드 강치 등 여러 종류가 있으나 북양바다사자가 가장 강대하며, 일본어로는 아시카라고 한다. 오징어와 문어를 제일 좋아한다. 물개처럼 먼 대양을 회유하지 않고 경계심이 강하다. 일부다처이고 10개월간 포유한다. 주산지는 홋카이도와 독도이다(정문기, 『물고기의 세계 –어류박물지 개제』, 일지사, 1997, 300쪽; 309~313쪽). 이대로라면 울릉도의 주요 산물은 물개이고 독도의 주요 산물은 바다사자인 것처럼 보이지만, 둘다 바다사자로 추정된다.

44 독도사전편찬위원회 편, 『독도사전』, 한국해양수산개발원, 2019.

어'뿐만 아니라 '海獺', '海馬', '海豹', '海鹿', '海驢', '토도'를 섞어 쓴 경우가 많다. 이 글에서는 원문대로 표기하되 통칭할 때는 '강치'로 표기했다.

수토관들은 울릉도의 해수와 해산물에 관해 지속적으로 기록했다. 수토제가 정식이 된 후 숙종 25년(1699)에 첫 수토관으로 파견된 사람은 월송포만호 전회일이다. 그는 수토 후 울릉도 토산인 황죽篁竹[45]과 향나무, 토석土石 등 여러 물품을 조정에 진상했다. 숙종 28년(1702)에 수토관으로 파견된 삼척영장 이준명은 울릉도에서 돌아와 어피魚皮를 제출했는데[46] 강치 가죽으로 추정된다. 정조 10년(1786) 월송포만호 김창윤도 수토관으로 파견되었는데 4월 19일 평해의 구미진을 떠나 4월 28일 울릉도에 도착한 뒤 29일 저전동(저동)에 닻을 풀었다. 김창윤은 "가지구미可支仇味로 나아가니, 산허리에 석굴 두 개가 있었는데 그 깊이를 헤아리기 어려웠습니다. 가지어可支魚가 놀라 뛰쳐나왔다가 물로 뛰어들 때 포수가 일제히 총을 쏘아 두 마리를 잡았습니다."[47]라고 보고했다. 그가 말한 가지구미는 추암을 지나 굴이 있는 곳이므로 황토구미를 가리키는 듯하다. 김창윤은 울릉도 해산물로 미역, 전복(鰒魚), '가지어'가 있다고 보고하고 수토 증거로 가지어가죽 2령令, 청죽靑竹 3개, 자단향 2토막, 석간주石間朱[48] 5되를 제출했다.

정조 18년(1794)에 월송포만호 한창국도 수토관으로 울릉도에 입도했는데, 4월 21일에 출발하여 울릉도에 도착한 뒤 30일에 울릉도를 출항

45 임학자 홍성천은 황죽이 왕대속의 일종이므로 솜대(*Phyllostachys nigra var. henonis* (Mitford) Stapf ex Rendle)로 번역할 것을 제안했다.

46 『肅宗實錄』, 28년(1702) 5월 28일.

47 『日省錄』 정조 10년(1786) 6월 4일. "前進可支仇味 則山腰有兩石窟 其深難測 可支魚驚出投水之際 砲手齊放 捉得二首"

48 산화철을 많이 함유하여 빛이 붉은 흙을 가리킨다. 석회암이나 혈암血巖 따위가 분해된 곳에서 나며, 산수화나 도자기의 안료로 쓰인다.

해서 5월 8일에 삼척진으로 돌아왔다. 대략 10일간 울릉도에 체재하며 조사한 셈이다. 그는 4월 22일 황토구미진, 24일 통구미진, 25일에 장작지포와 저전동을 거치면서 방패도와 죽도, 옹도 세 섬을 보았고, 26일에 가지도可支島로 가서 너댓 마리의 가지어가 뛰쳐나오는 것을 목격했다. 그런데 그는 가지어의 모습이 물소와 같았다고 했다. 포수가 총을 쏘아 가지어 두 마리를 잡았고[49] 한창국은 가지어가죽을 비변사에 제출했다. 그런데 한창국이 가지어를 목격했다는 가지도는 독도가 아니다. 그가 "거기서 잤다."라고 했을 때의 '거기'는 울릉도를 가리키는데 울릉도에서 자고 다른 날에 가지도로 갔다고 했고 그날로 다른 일정을 마친 것으로 되어 있어 독도로 보기 어렵기 때문이다.[50] 가지도가 독도가 되려면 26일의 가지도 다음 일정이 4월 27일 이후가 되어야 하는데 26일 같은 날 죽암, 후포암, 공암, 추산, 통구미 등 인근 지역으로 이동한 것으로 되어 있다. 울릉도에서 독도까지 가는 데 하루가 걸리고 독도에서 울릉도로 오는 데 또 하루가 걸리므로 4월 26일 가지도에 갔다가 돌아와서 다른 곳을 하루에 모두 돌아본다는 것은 불가능하다. 가지도를 울릉도 안의 와달리로 보는 경우가 있다.[51]

김창윤이 황토구미 근처에서 가지어를 잡았듯이 한창국도 방패도(현재의 관음도) 근처에서 가지어를 목격하고 포획했으므로 당시 가지어의 서

49 『正祖實錄』, 18년(1794) 6월 3일; 『日省錄』, 정조 18년(1794) 6월 3일.

50 김기혁은 김창윤과 한창국의 수토기에 보이는 가지도를 지금의 와달리 일대로 보고 있고, 이규원의 「울릉도 외도」에 나오는 가지도는 다른 지명으로 보았다(김기혁, 「조선 후기 울릉도의 수토 기록에서 나타난 부속도서 지명 연구」, 『문화역사지리』 23권 2호, 한국문화역사지리학회, 2011, 128쪽). 1786년 김창국이 언급한 '가지구미可支仇味'는 울릉도 근처를 가리킨다고 할 수 있지만, 한창국은 방패도와 죽도, 옹도를 따로 언급했으므로 한창국이 말한 가지도는 별개의 섬으로 보는 것이 타당할 듯하다.

51 김기혁·윤용출, 「조선 –일제강점기 울릉도 지명의 생성과 변화」, 『문화역사지리』 18권 1호, 한국문화역사지리학회, 2006.

식지는 주로 울릉도였음을 알 수 있다. 가지어가죽은 수토관들이 비변사에 제출하는 울릉도 특산품 가운데 하나였다. 사료에 가지어 가죽은 어피魚皮 혹은 가지어피로 기록되어 있다. 장한상의 조사로 울릉도에 가지어가 있음이 드러났고 이후 수토관들도 지속적으로 이를 기록했으므로 그 존재가 널리 알려졌다.

이에 실학자 이익과 신경준, 이긍익 등도 '가지어'를 기록했다. 이들의 '가지어' 기술은 장한상과 박세당의 기록에 연유하지만 그 내용이 약간 다르다. 이를 정리하면 〈표 2-1〉과 같다.

〈표 2-1〉 '가지어'에 대한 기술 비교 (번역은 각주 참고)

문헌(저자)	내용
울릉도 사적 (장한상)	水族則只有鮫魚 而沿邊石堆處 或十或百 成群穴居 大如駒犢 少如犬豕 間有生鰒付諸岸磧者 體小味薄[52]
울릉도 (박세당)	..巖穴之間 可支魚或睡或□□ 故諸人持杖搏殺二口以來爲有旀[53](최세철의 보고) 且見所謂殺得以來之可支魚 則□有足 與海狗斑獺同類而異名者也 平海通川等地多有其種云 元非稀貴之物是齊[54](장한상의 보고)
울릉도 (박세당)	水族則只有可支魚 而沿邊石堆處 或十或百 成群穴居 大如駒犢 小如犬豕是乎旀 間有生鰒之附諸岩磧者 體小而味薄是齊[55]
성호사설 (이익)	水族有嘉支魚 穴居巖磧 無鱗有尾 魚身四足 而後足甚短 陸不能善走 水行如飛 聲如嬰兒 脂可以燃燈云[56]

52 "어류로는 문어만 있는데, 해변의 돌무더기에 열 마리 혹은 백 마리씩 무리 지어 혈거穴居하고 있으며, 큰 것은 망아지나 송아지만하고 작은 것은 개나 돼지만합니다. 간간이 생전복이 물속 바위에 붙어 있는데 몸체는 작고 맛은 없었습니다."

53 "바위틈에서 가지어可支魚가 졸고 있기도 하고 (원문 빠짐) 하고 있으므로 사람들이 두 마리를 몽둥이로 때려 죽여 가지고 왔습니다."

54 "그리고 때려 죽여 가지고 왔다는 가지어는 (1~2자 원문 빠짐) 발이 달려 있으니, 이는 해구海狗나 점박이 물범(班獺)과 같은 종류로 이름만 다른 것입니다. 평해와 통천 등지에 이런 종류가 많이 있다고 하니, 원래 희귀한 동물이 아닙니다."

55 "어류로는 가지어可支魚만 있는데 해변가 돌무더기에 열 마리 혹은 백 마리씩 무리 지어 혈거하고 있으며, 큰 것은 망아지나 송아지만하고 작은 것은 개나 돼지만합니다. 간간이 생전복이 물속 바위에 붙어 있는데 몸체는 작고 맛은 없었습니다."

56 "어류로는 가지어嘉支魚가 있는데, 바위틈에 서식하며 비늘은 없고 꼬리가 있습니다. 몸체는 물고기와 같고 다리가 넷이 있는데, 뒷다리는 아주 짧으며, 육지에서는 빨리 달리지 못하나 물

문헌(저자)	내용
강계고(신경준)	海中有大獸 牛形赤眸無角 群臥海岸 見人獨行害之 遇人多走入水 名可之[57]
연려실기술(이긍익)	海中有大獸 牛形赤眸無角 群臥海岸 見人獨行害之 遇人多走入水 名可之

장한상과 박세당의 기술은 내용이 거의 같은데 이익과 신경준의 기술은 약간 변형되어 있다. 신경준 이후의 후학은 대부분 신경준의 기술을 따랐다. 〈표 2-2〉에서 보듯이 성해응과 이규경, 이유원은 신경준의 기술을 따른 예에 속한다.

〈표 2-2〉 신경준 계통 문헌의 '가지어' 기술 비교

문헌(저자)	내용
연경재전집(성해응)	海中有大獸 牛形赤眸無角 群臥海岸 見人獨行害之 遇人多走入水 名可之[58]
오주연문장전산고(이규경)	水族有嘉支魚 穴居巖礦 無鱗有尾 魚身四足 而後足甚短 陸不能善走 水行如飛 聲如嬰兒 脂可以燃燈 (文獻備考 海中有獸 牛形 赤眸無角 群臥海岸 見人獨行害之 遇人多走入水 名可之 按其皮不染水 可作鞍韂靴鞋-원주)
임하필기(이유원)	海中有大獸 牛形赤眸無角 群卧海岸 見人獨行害之 遇人多走入水 名可之[59]

성해응은 성대중의 아들이다. 성대중은 『청성잡기』에서 안용복의 행적을 간략히 기술했고, 『일본록』의 「부안용복사附安龍福事」에서도 관련 기록을 남겼다. 성해응은 부친의 학문을 이어 안용복의 행적을 더 자세히 기술했다. 그는 1788년 정조에 의해 규장각 검서관檢書官에 발탁되면서 각

에서는 나는 듯이 빠르고 소리는 어린아이와 같으며 그 기름은 등불에 사용한다고 합니다."

57 "바다 가운데 큰 짐승이 있는데 모양은 소 같고 눈동자가 붉으며 뿔이 없다. 떼를 지어 해안에 누워 있다가 사람이 혼자 가는 것을 보면 해치고, 많은 사람을 만나면 달아나 물속으로 들어가 버린다. 이름은 가지可之라고 한다."

58 『研經齋全集』, 「外集」 권45, 「地理類」, 「菀陵島志」.

59 『林下筆記』 권13, 文獻指掌編, 「欝陵島」. 『林下筆記』는 이유원이 관직에 있으면서 다양한 분야에 걸쳐 수의隨意·수록隨錄한 것을 모아 놓은 것이다. 39권 33책의 필사본으로 1871년에 책으로 엮었다.

종 편찬사업에 종사한 바 있고, 순조 15년(1815) 벼슬을 그만두고 포천에 내려온 뒤로는 학문 연구와 저술 활동에 주력했는데 「울릉도지菀陵島志」[60]와 「제안용복전후題安龍福傳後」[61]를 남겼다. 성해응은 울릉도에 대해서도 선학을 계술하여, 성종 2년 박종원이 울릉도에서 큰 대나무와 큰 전복을 가지고 돌아온 사실을 기술했다. 가지어에 대한 내용도 "海中有牛 赤眸無角 羣卧海岸 見人獨行害之 遇人多走入水 名可之"라고 하여 신경준의 기술을 계술했다.

이규경은 이익이 기술한 내용을 본문에서 기술하되 신경준이 기술한 내용을 분주分註로 삽입하는 형식으로 선학을 계승했다. 또한 이규경은 이 내용에 자설 "按其皮不染水 可作鞍韀靴鞋"[62]를 추가했다. 이규경은 이 내용을 장한상의 별단에서 인용했음을 밝힌 뒤 "水族有嘉支魚 穴居巖磧無鱗有尾 魚身四足 而後足甚短 陸不能善走 水行如飛 聲如嬰兒 脂可以燃燈"[63]이라고 기술했다. 그렇다면 이 내용이 장한상의 보고서에서 연유한 것으로 볼 수 있지만, 장한상의 「울릉도 사적」에는 이런 내용이 없다. 오히려 이규경이 인용한 내용은 이익의 『성호사설』[64]에 보인다. 장한상의 보고서를 이익이 아들 이맹휴[65]를 통해 입수하여 기술한 것인지는 알 수 없다.

이규경은 『동국문헌비고』를 인용하여 울릉도 산물로 시호와 고본, 석

---

60 『研經齋全集』「外集」 권45, 「地理類」, 「菀陵島志」

61 『研經齋全集』「續集」 책11, 문(文)3, 「題安龍福傳後」.

62 "내가 보기에 가지어의 가죽은 물에 젖지 않아 말안장과 신을 만들 만하다."

63 『五洲衍文長箋散稿』「經史編」 5, 「논사류」, 「鬱陵島事實辨證說」. "張漢相探視後別單 木有冬柏紫檀側柏黃蘗槐椵桑楡 無桃李松橡 禽獸有烏鵲猫鼠 水族有嘉支魚 穴居巖磧 無鱗有尾 魚身四足 而後足甚短 陸不能善走 水行如飛 聲如嬰兒 脂可以燃燈"

64 『星湖僿說』 제3권, 「天地門」, 「鬱陵島」. "水族則只有嘉支魚 穴居巖磧 無鱗有尾 魚身四足 而後足甚短 陸不能善走 水行如疲 聲如嬰兒 脂可以燃燈云"

65 예조 관리인 이맹휴가 「안용복전」을 썼는데 아버지인 이익은 이를 참조하여 안용복의 행적을 기술했다. 이맹휴가 기술한 내용은 신경준에게도 전해져 『동국문헌비고』를 저술할 때 참고되었다.

남등초石楠藤草, 향나무, 노죽蘆竹, 자단향, 주토朱土, 가지어가죽(可之皮)[66] 등을 열거하고, 수토관들이 이 가운데 특산물 자단향과 노죽, 주토, 가지어가죽을 비변사에 제출한다는 사실을 밝혔다.[67] 『동국문헌비고』는 일본인뿐만 아니라 전라도 사람들이 몰래 울릉도에 와서 소나무를 벌채하여 배를 만들며, 노죽을 베어내고 전복이나 미역, 물고기 등을 채취하는 것을 수토관이 적발한다는 사실도 기술했다.[68] 이렇듯 전라도사람들은 일찍이 울릉도에 와서 전복과 미역 등을 가져가고 있었던 것이다. 『동국문헌비고』는 성종 연간 박종원이 대죽大竹과 큰 전복(大鰒魚)을 가져온 사실도 기술했으나[69] 이규경은 이를 언급하지 않았다. 그 대신 그는 울릉도에 큰 전복(大鮑)과 해대海帶가 많다고 들은 사실을 기술했다. 『동국문헌비고』는 전복을 '大鰒魚대복어'로 표기했는데 이규경은 '大鮑대포'로 표기했다. 『동국문헌비고』는 미역을 '藿곽'으로 표기했는데 이규경은 '海帶해대'로 표기했다. 이규경 이전에는 전복, 미역, 김, 문어, 가지어를 기술했다면, 이규경 시대에는 미역과 전복, 가지可之, 가지어 가죽, 해대를 기술했다. 김과 문어 대신 해대가 포함되었다. 전라도 사람들이 울릉도로 미역을 채취하러 오고 있었음이 『동국문헌비고』에 기술되었고 이규경이 이를 계승했으므로 해대는 미역을 가리킨다고 보아야 할 것이다.

한편 이규경은 가지·가지어와 강치, 해마를 검증했다. 그는 동해의 해수로서 가지를 제시하고 가지와 강치, 해마가 형상은 비슷하지만 명칭

66 『東國文獻備考』에는 '可之'로 되어 있다.

67 『五洲衍文長箋散稿』「經史編」 5, 「論史類」, 「鬱陵島事實辨證說」.

68 『五洲衍文長箋散稿』「天地編」, 「地理類」, 「八路利病 辨證說」. "鬱陵島 直三陟府 方百許里 古于山國也 竹大如椽 海藿尤美 鰒蛤絕大 更多松杉 有似鄧林 而倭舶潛來 斫松采鰒而去 我之湖南海氓 亦入伐松爲舶 采藿撈鰒及竹材葛藟 滿船以出"

69 『東國文獻備考』 권17, 「輿地考」, 「關防」 '海防'.

에서 차이가 있음을 밝혔다.[70] 이규경은 '嘉支'는 '可之'를 전사하다가 표기가 달려졌다고 보았다. 그는 '가지'를 동해에서의 호칭으로, '강치'를 북해에서의 호칭으로 구분하고, 북해 즉 함경도 지방에서는 강치를 '海馬해마'라고도 부른다는 사실을 지적했다. 그러나 강치와 해마는 다른 것이다. '가지' 혹은 '가지어'는 목격자들이 기록한 명칭이지만, '강치'는 이규경의 저술에서만 보인 명칭이다. 따라서 강치라는 명칭이 언제 생성되었고 어디서 주로 불렸는지는 알 수 없다. 다만 강치强治가 갈치葛治, 준치俊治, 멸치蔑治 등과 마찬가지로 우리말을 음차 표기한 것이라는 사실로 미루어볼 때 문헌상의 표기를 속명으로 표기하기 시작한 조선 후기에 성립했다고 보인다. 가지어와 강치에 관한 이규경의 변증을 정리하면 〈표 2-3〉과 같다.

〈표 2-3〉 '가지어'에 대한 이규경의 변증

구분	鬱陵島事實辨證說	嘉支强治海馬䱐鱅辨證說
명칭	嘉支魚	嘉支魚
신체 특징	穴居巖磧 無鱗有尾 魚身四足 而後足甚短	穴居巖磧 無鱗有尾 魚身四足 而後足甚短
특성 1	陸不能善走 水行如飛	陸不能善走 水行如飛
특성 2	聲如嬰兒	聲如嬰兒
특성 3	脂可以燃燈	脂可燃燈
명칭		强治 혹은 海馬
변증		其狀如牛似馬 有尾鬐 毛短黑褐色 不染水 名强治 或稱海馬 慶源慶興兩海津社海澨民放丸捕取 其皮極厚 頭大如牛 而頭尾之內 甚輭脆 牛皮煎 味甚腥膻 取油亦多 可作鞍韉鞋紙 此物乃鬱島所産嘉支 而北海人則呼之以强治 又稱海馬者也 稱以可之 嘉支者 傳寫有異也

가지어에 관한 내용은 사찬서뿐만 아니라 관찬서에서도 계술되었다.

70 『五洲衍文長箋散稿』「萬物編」「蟲魚類」,「蟲/嘉支强治海馬䱐鱅辨證說」

신경준은 장한상의 보고서와 이익의 저술을 통해 가지어를 인지했는데, 그가 관찬서인 『동국문헌비고』의 「여지고」 부분을 집필함에 따라 가지어 관련 내용도 계술했다. 『동국문헌비고』에 기술된 내용은 다음 〈표 2-4〉와 같이 『만기요람』과 『증보문헌비고』에서도 계술되었다.

〈표 2-4〉 관찬서의 '가지어' 기술 비교

문헌	내용
동국문헌비고(1770)	海中有獸 牛形赤眸無角 群臥海岸 見人獨行害之 遇人多走入水 名可之
만기요람(1808)	海中有獸 牛形赤眸無角 群臥海岸 見人獨行害之 遇人多走入水 名可之
증보문헌비고(1908)	海中有大獸 牛形赤眸無角 羣臥海岸 見人獨行害之 遇人多走入水 名可之

울릉도의 해산물에 관한 기록을 보면, 후대로 올수록 그 종류가 증가했음에도 18세기 중반 이후 편찬된 지리지는 이런 변화를 반영하지 않은 채 이전 내용을 답습한 경우가 많다. 『여지도서輿地圖書』는 영조 연간인 1757년부터 1765년 사이에 펴낸 지리지로 울릉도가 강원도/강릉진관의 속현 삼척부에 속한 도서로 되어 있다. 삼척부의 물산 30여 가지 가운데 해산물은 김(海衣)·미역(藿)·전복(鰒)·홍합紅蛤·문어文魚·방어方魚·연어連魚·송어松魚·대구(大口魚)·숭어秀魚·황어黃魚·고등어(古刀魚)·은구어銀口魚·광어廣魚·적어赤魚·해삼海蔘이다. 이는 『신증 동국여지승람』에 보인 종류와 유사하다. 이를 비교하면 다음 〈표 2-5〉와 같다.

〈표 2-5〉 울진현·삼척부의 해산물 기록 비교 (편의상 세 개의 범주로 구분함)

문헌	해산물 1	해산물 2	해산물 3
신증 동국여지승람	黃魚·文魚·鰱魚·大口魚·銀口魚	魴魚·廣魚·古刀魚·赤魚·松魚·銀魚	鰒·紫蟹·紅蛤·藿·海衣·海參
동국여지지	黃魚·文魚·鰱魚·大口魚·銀口魚	魴魚·廣魚·古刀魚·赤魚·松魚·銀魚	鰒·紫蟹·紅蛤·藿·海衣·海參
여지도서	黃魚·文魚·連魚·大口魚·銀口魚	方魚·廣魚·古刀魚·赤魚·松魚·秀魚	鰒·紅蛤·藿·海衣·海蔘

위의 〈표 2-5〉에서 보듯이 어종이 거의 비슷하지만, 『여지도서』는 은어銀魚 대신 숭어를 언급했고, 다른 문헌은 꽃게를 언급했는데 『여지도서』는 이를 거론하지 않았다. 이들은 울진현과 삼척부의 해산물이다. 울진현과 울릉도의 해산물을 구분해보면 〈표 2-6〉과 같다.

〈표 2-6〉 울진현과 울릉도의 해산물 기록 비교

문헌	울진현	울릉도	비고
세종실록(1454)	大口魚 · 文魚 · 水魚 · 全鮑 · 紅蛤		
세조실록 (1457)		海衣 · 鰒魚 · 文魚 · 海獺	海獺
성종실록 (1471)		大鰒魚	
신증 동국여지승람 (1531)	黃魚 · 文魚 · 鰱魚 · 大口魚 · 銀口魚 · 魴魚 · 廣魚 · 古刀魚 · 赤魚 · 松魚 · 銀魚 · 鰒 · 紫蟹 · 紅蛤 · 藿 · 海衣 · 海參	鰒	
동국여지지 (1656)	黃魚 · 文魚 · 鰱魚 · 大口魚 · 銀口魚 · 魴魚 · 廣魚 · 古刀魚 · 赤魚 · 松魚 · 銀魚 · 鰒 · 紫蟹 · 紅蛤 · 藿 · 海衣 · 海參	大鰒魚	
울릉도 사적 (1694)		生鰒 · 可支魚	可支魚 추가
김창윤 보고서 (1786)		甘藿 · 鰒魚 · 可支魚	甘藿 추가
이규경 (1788-1863)		藿 · 鰒 · 可之, 可之皮 · 大鮑, 海帶	海帶 추가

위의 표로 알 수 있듯이 울릉도의 해산물을 따로 기술하기 시작한 것은 세조 연간이다. 김과 전복, 문어, 해달인데 이 가운데 전복은 이후로도 계속 보였다. '해달'은 후에 '가지어'로 바뀌어 있다. '김'은 세조 연간부터 보였지만 김창윤과 이규경의 단계에 오면 김 대신 미역이 보인다. 해달이 가지어를 가리킨다면 해달은 세조 연간부터 문헌에 기록되기 시작했고 가지어는 조선 후기까지 줄곧 기록되었으므로 가지어가 일찍부터 울릉도의 해수였음을 알 수 있다.

2. 근대기 한국 지리지에 기술된 울릉도의 해산물

일본이 메이지 유신 이후 신도新島 개척에 박차를 가하면서 울릉도로의 내도來島도 증가했다. 1881년 5월 강원도 관찰사 임한수는 수토관 남준희의 보고에 따라 울릉도에서 일본인의 무단 벌목이 심하다는 사실을 정부에 보고했다. 정부는 일본 외무성에 서계를 보내 항의하는 한편, 울릉도의 개척 가능성을 알아보기 위해 부호군 이규원을 울릉도 검찰사에 임명하여 파견했다. 다만 고종은 1882년 봄 이규원을 보내기에 앞서 군관 이명우를 비밀리에 먼저 보내 조사하게 했다. 이명우는 3월 16일에 길을 떠나 4월 16일부터 22일까지 섬을 조사했다.

이명우는 조사 후 울릉도에 해산물로는 미역(海藿)과 전복이 가장 많고 가지어수可支魚獸가 있을 뿐이라고 보고했다.[71] 그는 가지어에 대해 기술하기를, 이 해수가 귀는 작고 눈은 빨간데, 큰 것은 소만하다, 그리고 뱃사람들이 가지어를 만나면 죽여서 고기는 먹고 가죽은 이용한다는 사실을 덧붙였다. 다만 그는 가지어를 직접 보았다기보다는 전문傳聞을 기록한 듯하다.

이명우와 달리 조정에서 공개적으로 논의된 뒤에 임명된 이규원은 울릉도를 조사한 후 해수를 언급했는데, 가지어 대신 해구海狗와 수우水牛를 언급했다. 이규원은 1882년 4월 30일 울릉도에 도착하여 5월 11일까지 11박 12일간 머무르며 조사했는데, 6박 7일은 내륙을, 1박 2일은 해안을 조사했다.[72] 이규원에 따르면, 울릉도 연안 포구의 굴에서 해구[73]

71 그의 「欝陵島記」에 따르면, 1882년 5월 8일 복명했다. 보고서는 현전하지 않는다.

72 이혜은·이형근, 『만은 이규원의 「울릉도 검찰일기」』, 한국해양수산개발원, 2006.

73 「울릉도 검찰일기」에는 海狗로, 「계초본」에는 水牛로 되어 있다(「울릉도 검찰일기」 "周回之各浦沿邊 有九窟 海狗水片之産育處 而入島造船之海民 以網以銃捕捉食肉矣"). 이혜은·이형근

와 수우가 새끼를 낳아 길렀는데 섬에 들어와 배를 만드는 백성이 이들을 잡아 고기를 먹었고, 해산물로는 미역(甘藿), 전복全鰒, 해삼, 홍합 등이 있다고 했다.[74] 그는 해구와 수우 두 가지를 언급했는데, 해구는 사료에서 올눌제膃肭臍와 함께 많이 보이는 해수이다. 그런데 이규원은 따로 '수우'를 거론하여 수우와 '해구'가 다른 것인 듯 기술했다. '수우'가 물소를 의미하는 것이라면, 울릉도에는 물소가 서식하지 않으므로 해우海牛를 수우水牛로 잘못 썼다고 보인다. 그가 언급한 해구와 해우 가운데 강치에 해당하는 것은 해구일 것이다.[75] 이명우는 해삼과 홍합을 언급하지 않았지만, 이규원은 이를 언급했다. 해삼은 본래 울진현의 해산물로 보였는데 이규원은 울릉도의 해산물로 언급했다. 이규원은 미역 외에 따로 해대海帶를 기술했으므로 이때의 해대는 미역이 아닐 것이다.

이규원은 조사 후 고종에게 복명했는데, 고종은 우리나라 사람들이 울릉도에서 어떤 일을 하고 있는지를 물었다. 이규원은 "호남인이 제일 많은데 전부 배를 만들거나 미역과 전복을 따고 있었으며 그 밖의 다른 도의 사람은 모두 약재 캐는 일을 주로 하고 있었습니다."[76]라고 답변했다. 조선 후기 경상도 연해의 사람들이 전복을 채포하러 왔다면, 근대기에는 전라도 사람들이 미역을 채취하러 왔음을 알 수 있다.

그런데 이 시기에 편찬된 지리지는 이명우와 이규원이 목격한 바와 다르게 기술되어 있다. 1893년에 오횡묵吳宖默이 저술한 『여재촬요輿載撮要』

은 "물개(海狗)와 해우(海牛)가 새끼를 낳아 길렀다."라고 번역했는데 원문은 水牛이다. 水片은 水牛를 잘못 쓴 것으로 보고 해우로 번역한 듯하다.

74 이혜은 · 이형근, 앞의 책, 2006, 178쪽.

75 이혜은은 『울릉도 검찰일기』의 해구만 언급했으나, 인용하지 않은 다른 필사본에는 가지어可支魚가 언급되어 있다.

76 『承政院日記』 고종 19년(1882) 6월 5일.

는 세계와 우리나라 지리를 모두 포함한, 개화기 지리 교과서의 효시로 알려져 있지만 내용은 소략하다. 서명대로 군지·현지·부지府誌 등을 촬요撮要하는 데 그쳤다. 강원도 울진현의 산천으로 우산도于山島와 울릉도 蔚陵島를 거론했으나 울진현의 토산으로 옻과 꿀, 승전升箭, 인삼, 복령을 거론했을 뿐 해산물은 거론하지 않았다. 1895년 학부學部는 국한문 혼용이자 최초의 한국 지리 교과서 『조선지지朝鮮地誌』를 간행했는데 체재는 『신증 동국여지승람』과 비슷하나 내용은 간략하다. 인구와 명승, 토산, 인물을 기술했지만 '울릉도'에 관한 내용은 없다.

대한제국기에 들어와서도 지리지는 계속 편찬되었다. 관료이자 역사학자인 현채玄采는 앞서 나온 학부의 지지가 소략하다고 여겨 1899년에 국한문 혼용체의 『대한지지大韓地誌』를 간행했다. 그는 양항良港 중 가장 큰 섬으로 제주도, 거제도, 남해, 진도, 강화도 교동, 안민도(안면도–필자 주)와 함께 울릉도를 거론했다. 그는 울릉도 중앙에 중봉中峰이 있고 수림이 울창하며 규목과 향목 등이 유명하다고 기술했지만 해산물은 따로 기술하지 않았다.

같은 해에 『울진읍지蔚珍邑誌』(1899)가 나왔다. 울진군수 김상일金相一이 1899년 정월 이후 펴낸 것으로 보이는데 책머리에 울진군 채색 지도가 첨부되어 있다. 체재는 기존의 지리지와 유사하지만, 읍선생안邑先生案·현령선생안縣令先生案 항목과 형승제영形勝題詠 항목을 비중있게 다루었다.[77] 울진읍 토산으로 언급한 것은 궁간상弓幹桑·송이버섯(松蕈)·잣(海松子)·오미자五味子·자초紫草·봉밀蜂蜜·인삼人蔘·지황地黃·복령茯苓·산무애뱀(白花

77 1871년의 『關東邑誌』에 실린 「蔚珍縣邑誌」를 저본으로 하여 작성하되 항목 구성이나 호구 수치는 다르다(장서각 서지사항 참조).

蛇)·죽전竹箭[78]·문어(八梢魚)·황어黃魚·연어鰱魚·대구(大口魚)·은어(銀口魚)·방어魴魚·광어廣魚·적어赤魚·송어松魚·고등어(古刀魚)·상어(沙魚)·전복全鰒·홍합紅蛤·해삼海蔘·미역(甘藿)·기어幾魚이다.

〈표 2-7〉 울진현의 해산물 비교(편의상 세 개의 범주로 구분함)

문헌	해산물 1	해산물 2	해산물 3	비고
세종실록지리지 (1454)	大口魚·文魚·水魚		全鮑·紅蛤	
신증 동국여지승람 (1531)	黃魚·文魚·鰱魚·大口魚·銀口魚	魴魚·廣魚·古刀魚·赤魚·松魚·銀魚	鰒·紫蟹·紅蛤·藿·海衣·海參	
동국여지지 (1656)	黃魚·文魚·連魚·大口魚·銀口魚	魴魚·廣魚·古刀魚·赤魚·松魚·銀魚	鰒·紫蟹·紅蛤·藿·海衣·海參	
여지도서 (1757–1765)	黃魚·文魚·連魚·大口魚·銀口魚	方魚·廣魚·古刀魚·赤魚·松魚·秀魚	鰒·紅蛤·藿·海衣·海蔘	紫蟹 누락 秀魚 추가
울진읍지 (1899)	黃魚·鰱魚·大口魚·銀口魚	魴魚·廣魚·古刀魚·赤魚·松魚·八梢魚·沙魚·幾魚	全鰒·紅蛤·甘藿·海蔘	文魚·海衣 누락 八梢魚·沙魚·幾魚 추가

진공품으로는 인삼·복신茯神·천궁川芎·대왕풀(白芨)·백작약白芍藥·청밀淸蜜·시호柴胡·강활羌活·복령茯苓·마황麻黃·목단피木丹皮·모향茅香·말린 문어(乾文魚)·생문어生文魚·말린 대구(乾大口, 乾大口魚)·생대구(生大口, 生大口魚)·연어鰱魚·해삼·말린 광어(乾廣魚)·생송어生松魚·홍합·대구·옛생복(古之生鰒)·연어알(鰱卵)·조곽早藿[79]을 제시하여 기존의 읍지를 답습했다. 어명이 중복된다. 1899년에 진공進貢제도는 폐지되었다. 이 가운데 해산물을 뽑아 이전 지리지와 비교하면 〈표 2-7〉과 같다.

장지연은 1907년에 지리교과서 『대한 신지지大韓新地誌』를 펴냈는데 경상남도나 강원도에서 울릉도를 다루지 않았다. 수산업을 기술한 부분에

78 전죽箭竹의 오기로 보인다. 조릿대를 말한다.

79 일찍 따서 말린 미역을 말한다.

서도 울릉도와 관련된 내용이 없다. 다만 장지연은 5대 어업을 소개하고 어종을 한자와 한글 두 가지로 표기했다. 그는 함경도의 명태어明太魚, 강원도의 鰮(鰯, 방언 멸치-원주), 전라도와 경상도의 鯛(도미), 鱶(상어), 石首魚(조기)가 가장 중요한 5대 어업이라고 했다.[80] 그가 기술한 어종을 보면, 당시의 주요 어종을 일본과 한국이 각각 어떻게 불렀는지를 알 수 있다. 비교를 위해 기술하면 다음과 같다. ([ ]는 원문에 병기된 내용이다.)

> 明太漁業 一曰北魚, 鯛魚[一曰道味], 鰮魚[一曰滅吳], 鱶魚[一曰鯌魚], 鰊魚[一名古刀魚], 魴魚業[一曰鰤魚], 民魚業[一曰鮸魚], 魛魚,[81] 鮟鱇魚,[82] 鯕魚,[83] 鯔魚,[84] 鰈魚[85][比目魚], 章魚[86][八稍魚], 青魚[一曰鰊], 鰱魚[鮭魚], 海鰻鱺,[87] 海鼠[即海蔘], 鰒[一名鮑]

장지연은 일본 명칭을 주로 쓰고 [ ]에 우리말 명칭을 기입했는데 반대로 쓴 경우도 있다.[88] 일례로 '鰊魚[一名古刀魚]'는 고등어를 가리키지만 일본은 고등어를 鯖으로 표기하고, 우리는 古刀魚로 표기한다. 鰊魚는 청어에 대한 일본식 표기이다. 1908년에 울진군수 유한용劉漢容은 『강원도 울진군 여지약론江原道蔚珍郡輿地略論』[89]을 펴냈다. 여기에 『울진군 읍지』가 실

80 장지연, 『大韓新地誌』, 한양서관, 1907, 90쪽.

81 누군가 이 글자 옆에 수기로 '칼치'라고 써 넣었다. 갈치의 일본식 명칭은 太刀魚이다.

82 누군가 이 글자 옆에 수기로 '병어'라고 써 넣었다. 통상 아귀를 가리킨다.

83 鯕魚인 듯하다.

84 누군가 이 글자 옆에 수기로 '숭어'라고 써 넣었다. 한국 사료에는 통상 秀魚라고 쓰여 있다.

85 누군가 이 글자 옆에 수기로 '가재미'라고 써 넣었다.

86 누군가 이 글자 옆에 수기로 '文魚'라고 써 넣었다.

87 누군가 이 글자 옆에 수기로 '뱀당우'라고 써 넣었다. 뱀장어를 의미한다.

88 민어, 방어 표기가 이에 해당한다.

89 표제는 『江原道蔚珍郡輿地略論』이고, 내용은 『江原道蔚珍郡輿地略論』, 『蔚珍郡邑誌』, 『蔚珍郡郡誌地圖及邑先生 人物風俗所産臺榭寺刹修正成册』 세 부분으로 이루어져 있다. 『江原道蔚珍

려 있는데, 1773년 윤5월 10일에 이상성李相成과 원경보元卿甫가 쓴 것으로 되어 있다. 토산은 黃魚·八梢魚·連魚·大口魚魚·銀口魚·魴魚·廣魚·古同魚·赤魚·松魚·魦魚魚·全鰒·紅蛤·海蔘·甘藿·幾魚이다. 이에 더해 1908년 현재 파악된 울진군의 해산물은 즉 幾魚·魴魚·鯛·全鰒·海蔘·甘藿·長藿·海衣이다. 감곽甘藿은 미역인데 장곽長藿을 따로 기술했으므로 다시마를 가리키는지는 알 수 없다. 1908년 당시 울릉도는 강원도 울진군 관할이 아니라 경상남도 울도군으로 독립해 있었는데 『강원도 울진군 여지약론』에는 1899년 『울진읍지』[90]에 기술된 토산물[91]이 그대로 실려 있다. 울진현의 산물을 보면 울릉도의 산물을 추정할 수 있다.

이상 한국 측 기록을 종합하면, 14세기부터 19세기 후반까지 사료에 기술된 울릉도의 해산물은 주로 전복과 미역, 김, 홍합, 해삼, 해대海帶, 가지어이다. 이는 일본 사료에 기록된 것과는 차이가 있다. 아래서는 이를 고찰한다.

3. 일본 문헌에 기술된 울릉도·독도의 해산물

1) 에도 시대 문헌에 기술된 울릉도·독도의 해산물

한국 사료에서 울릉도에 관한 기록은 512년 우산국 기록이 보인 이래 지속적으로 나타난 반면, 일본 사료에서는 임진란 이후 한반도로의 도해

郡輿地略論』에 해산물이, 『蔚珍郡邑誌』에 토산이 기술되어 있다. 국한문 혼용체의 필사본으로 규장각에 소장되어 있다.

90 이 읍지의 저본은 1871년 『關東邑誌』 第1册에 실린 「蔚珍縣邑誌」이다(장서각 해제 참조).

91 토산물은 다음과 같다. 弓幹桑·松篁·海松子·五味子·紫草·蜂蜜·人蔘·地黃·茯苓·白花蛇·竹箭·八梢魚·黃魚·鰱魚·大口魚·銀口魚·魴魚·廣魚·赤魚·松魚·古刀魚·沙魚·全鰒·紅蛤·海蔘·甘藿·幾魚.

가 본격화한 이후부터 보이기 시작한다. 일본 사료[92]에서 울릉도의 산물로 가장 먼저 보인 것은 '이소타키인삼'이다. 일본인들이 울릉도를 '다케시마(竹島)'라고 했듯이 대나무를 기본적인 산물로 인식했었는데 1592년에 '이소타키인삼'[93]이 등장한 것이다. 그러나 이를 기록한 사료에 해산물에 관한 언급은 없다.

에도 시대에 일본인들은 조선 영토인 울릉도의 자원을 틈틈이 탐내고 있었다. 일본 정부가 1614년에 '이소타케시마(礒竹島)'를 탐시하겠다고 조선 정부에 알려왔을 때 울릉도의 자원을 언급하지는 않았지만 그 목적이 자원에 있었음은 뒤이어 돗토리번이 어로를 위한 도해 면허를 막부에 신청한 것으로 알 수 있다. 일본인들이 도해한 시기를 특정할 수 없지만 돗토리번이 막부로부터 도해면허를 획득한 시기는 1618년 혹은 1625년이다.[94] 돗토리번이 "호키국 요나고에서 다케시마(竹島)로 예전에 배를 냈다고 합니다. 이번에도 도해하고 싶다는 것을 요나고사람 무라카와 이치베(村川市兵衛)와 오야 진키치(大屋甚吉)가 아뢰어"[95]라는 내용의 도해 면허를 신청했으므로 그 이전부터 왕래하고 있었음을 알 수 있다. 다만 돗토리번은 다케시마(울릉도)의 산물을 명기하지는 않았다. 도해면허를 받은 일본인들은 울릉도의 전복을 오래도록 막부에 공물로 헌상했다.[96] 무라카

92 이 글에서는 간행지가 한국이라도 저자(편찬자)가 일본인이면 일본 사료로 간주했다.

93 덴쇼(天正) 20년(1592) 5월 19일조 『다몬인 일기(多聞院日記)』 38, 간본 4.

94 가와카미 겐조(川上健三), 『竹島の歴史地理學的研究』, 古今書院, 1966, 71~72쪽. 가와카미는 면허를 받은 시기에 대해 오야 규에몬 집안의 문서에 台德院(秀忠, 1605~1623 재직)시대로 혹은 大猷院(家光, 1623~1651 재직) 시대로 각각 나와 있다고 설명했다. 台德院 시대로 보면 1618년이고 大猷院 시대로 본다면, 1625년에 면허를 받은 것이 된다. 권정은 「죽도도해유래기발서공」에 의거, 오야가 기록에는 1617년에 울릉도에 표착한 후 돌아와 새로운 섬을 바치겠다고 막부에 주장했다고 했다(「안용복의 울릉도 도해의 배후」, 『일본어문학』 55, 한국일본어문학회, 2011, 507쪽).

95 『礒竹嶋覺書』(1875).

96 윤유숙, 『죽도기사 본말-울릉도 독도 일본 사료집-』(동북아역사자료총서 42), 동북아역사재단, 2012, 157쪽.

와와 오야 가문은 막부의 쇼군과 노중을 알현할 때 전복 꼬치(鮑串) 각각 500개, 와카도시요리(若年寄, 노중 다음의 중직)에게 300개를 바치는 것이 관례였다. 이때 바친 전복이 바로 울릉도 전복이다.

1638년 무라카와와 오야 가문은 니시마루(西丸)서원의 마루에 필요한 목재를 상납하라는 막부의 명을 받아 울릉도의 전단栴檀을 베어 에도에 상납했다. 1645년에도 무라카와 가문은 전단 판재와 오동나무 두 그루를 에도에 헌상했다.[97] 이후에도 막부의 목재 주문은 계속되었다. 1660년 6월 2일 막부의 가메야마 이야자에몬(龜山厭左衛門)이 무라카와에게 보낸 서한에는 다음과 같은 울릉도의 물품이 열거되어 있다. 백합초, 마늘, 오동나무, 전단, 인삼초 등이다. 가와카미는 이 산물 외에 전복과 강치를 언급하고 '백합'과 '오동나무'는 울릉도가 원산지임을 언급했다.[98] 가와카미의 기술은 1638년과 1645년에 두 가문이 목재를 상납할 당시 막부 관계자들에게 전복과 강치가 울릉도의 특산물이라는 인식이 전제되어 있었음을 보여준다. 1660년 7월 30일 막부의 오쿠보 이즈미노카미(大久保和泉守)는 오야 규에몬에게 서한을 보내 백합초와 강치의 간(海鹿の胆)을 바칠 것을 요구했다.[99]

그런데 마쓰시마(松島) 즉 독도에 대한 도해 면허를 1660년[100]에 획득한 것으로 기록한 오야 가문의 문서를 접한 가와카미는 '다케시마 도해면허'

97 川上健三, 1966, 앞의 책, 89~90쪽.

98 위의 책, 90쪽.

99 「竹島渡海由来記拔書控」(川上健三, 앞의 책, 79쪽에서 재인용)

100 가와카미는 아베 곤파치로 마사시게(阿部權八郎政重)와 가메야마 이야자에몬(龜山厭左衛門)이 오야 규에몬에게 보낸 서간(1660. 9. 5.)에 "내년 귀하가 선박으로 다케시마로 도항하고 마쓰시마에도 처음으로 건너가려 한다는 취지를 무라카미와 함께 상신한 것을 받았으며…."라고 한 사실에 의거하여 마쓰시마에는 1661년부터 도항하기 시작했다고 보았다(川上健三, 1966, 앞의 책, 73~79쪽). 그러나 최근에는 마쓰시마도해면허가 따로 없었다고 보는 설이 자리잡고 있다.

를 얻은 지 40년이나 지난 뒤에 '마쓰시마 도해 면허'를 얻었다는 사실에 의문을 표했다. 그가 보기에 마쓰시마는 다케시마로 향하는 도중에 있어 항해시의 목표로서 그리고 선박의 경유지로서 최적의 위치에 있으며 강치와 전복의 채취지로서도 상당히 주목할 만한 섬이었기 때문이다.[101] 다른 한편, 이는 오야와 무라카와 가문이 울릉도에 도해하기 시작했을 때부터 독도의 산물도 함께 가져왔음을 의미한다.

1667년에 마쓰에번의 번사로서 오키 지역을 순시한 사이토 도요노부(齋藤豊宣)는 『인슈시청합기隱州視聽合紀(記)』에서 울릉도에 "대나무와 물고기, 강치(海鹿)가 많다."라고 기술했다. 이렇듯 양국인이 1692년에 울릉도에서 충돌하기 전부터 일본인들은 울릉도와 독도의 산물을 파악하고 있었고, 해산물로 파악된 것은 전복과 강치였다. 일본인들은 1693년 이전에는 강치를 '海鹿해록'으로 표기했다. 1692년 울릉도에서 조선인과 일본인이 만났을 때 조선인들은 울릉도에 온 목적이 전복 때문임을 일본인에게 밝혔다. 일본인들도 어렵 때문에 왔다. 1695년 돗토리번은 막부의 질의(12. 24.)에 대한 답변서에서 요나고 어민들이 울릉도에서 전복과 강치어렵을 하기 위해 매년 2~3월 경 요나고에서 출항한다는 사실을 밝혔기 때문이다. 아울러 울릉도에서 돌아오는 길에 독도에서도 전복을 채포했음을 밝혔다.[102]

1693년 5월 돗토리번은 막부의 감정두勘定頭 마쓰다이라 미노노카미(松平美濃守)에게 제출한 답변서에서 무라카와 이치베와 오야 규에몬이 에도에서 쇼군을 알현할 때 울릉도의 전복을 헌상했는데 이 전복에는 운상運

101 위의 책, 79쪽.

102 「1724년(享保 9) 윤4월 16일 막부에 제출하신 문서의 부본」(『竹嶋之書附』, 1724)

上[103]이 없다고 했다. 그리고 울릉도에서 강치(미치)를 잡아 현지에서 기름을 짜서 돌아와 팔지만 이 기름에도 운상이 없다고 했다.[104] 돗토리번은 1696년 도해가 금지된 후에는 꼬지전복(串鮑)만 막부에 보냈고 "다케시마에 인삼이 있다거나 여타 상품이 있다는 얘기는 전복이나 강치 기름 외에는 일찌기 들어본 바가 없습니다"[105]라고 답변했다.

도해가 금지된 후 1724년 5월 돗토리번이 막부에 제출한 답변서에는 이전에 울릉도에 도해했던 선두船頭와 수부水夫들에게 듣고 기록해놓은 울릉도의 수목과 조수, 해수 등이 적혀 있다.[106] 수목으로는 일본에 있는 것과 같은 것으로 잣나무, 황벽나무, 동백, 솔송나무, 느티나무, 오동나무, 대나무를 제시했고, 그 외에 전단, 마노다케 등을 제시했다. 해수로는 강치(미치)가, 해산물로는 전복이 있다고 밝혔다. 에도 시대 문헌에 기술된 울릉도와 독도의 해산물이 강치와 전복에 불과했음은 1696년 도해 금지령을 전후해서도 마찬가지다. 일본인들은 '어렵'이라고 표현하여 전복과 강치 포획이 동시에 이뤄졌음을 드러냈다. 미치는 본디 큰바다사자를 가리킨다.

〈표 2-8〉 양국 문헌에 기술된 강치 형상

한국 문헌	일본 문헌
해변의 돌무더기에 열 마리 혹은 백 마리씩 무리 지어 혈거(穴居)하고 있으며, 큰 것은 망아지나 송아지만하고 작은 것은 개나 돼지만 하다(「울릉도 사적」)	강치는 머리가 사슴과 같으며 양쪽 이빨이 길고, 꼬리는 화살촉처럼 생겼고, 다리가 붙어 있다. 전체적으로 털이 덮여 있으며, 털 색깔은 사슴털과 비슷하다. 큰 강치는 말만 하다(1740, 『독도관계 일본 고문서 4』)

103 연공 이외 소물성(小物成)의 일종으로, 영업세를 가리킨다.

104 6월 27일, 마쓰다이라 미노노카미에게 제출한 문서. 답변서의 일자는 5월 22일이다(『竹嶋之書附』, 1724).

105 「다케시마도해 비망록(竹嶋渡海之覚)」(1722. 11.)(『竹嶋之書附』, 1724)

106 「1724(享保 9) 갑진년 5월의 비망록(覺)」(『竹嶋之書附』, 1724)

한국 문헌	일본 문헌
비늘은 없고 꼬리가 있다. 몸체는 물고기와 같고 다리가 넷이 있는데, 뒷다리는 아주 짧으며, 육지에서는 빨리 달리지 못하나 물에서는 나는 듯이 빠르고 소리는 어린아이와 같다.(『성호사설』)	
모습은 소 같고 눈동자가 붉으며 뿔이 없다. 떼를 지어 해안에 누워 있다가 사람이 혼자 가는 것을 보면 해치고, 많은 사람을 만나면 달아나 물속으로 들어가 버린다.(『강계고』)	
모습은 소 같은데, 말과도 비슷하다. 꼬리와 갈기가 있다. 털은 짧고 흑갈색인데 물에 잘 젖지 않는다. 强治라고 하고 海馬라고도 한다. 가죽은 매우 두껍고, 머리는 소만하다. 껍질을 끓이면 매우 비린 맛이 나고 기름이 매우 많다.(『오주연문장전산고』)	

1696년 막부가 도해금지령을 내린 후 생계 수단이 없어진 오야 규에몬과 무라카와 이치베 가문은 1740년 4월 오사카 미곡 운송 사업과 나가사키 건어물 운송 사업에 참여할 수 있게 해달라고 막부에 탄원한 적이 있다. 이에 4월 18일 4명의 사사봉행寺社奉行들은 오야 규에몬을 불러 여러 가지를 질문했는데, 오야는 생선과 조류의 도매 수수료를 받는 일을 해서 살아왔다고 답변했다. 같은 처지인 무라카와는 요나고성으로 들어오는 소금 도매 수수료를 받는 일을 해서 살아왔다고 답변했다. 이때 한 사사봉행은 회도繪圖에 그려져 있는 울릉도의 대나무와 나무, 풀, 금수, 조류 등이 일본과 다른지를 묻고[107] 강치(海馬)가 어떻게 생겼는지를 물었다. 이에 오야는 "강치는 머리가 사슴과 같으며 양쪽 이빨이 길고, 꼬리는 화살촉처럼 생겼고, 다리가 붙어 있으며, 전체적으로 털이 덮여 있으며, 털의 색깔은 사슴 털과 비슷합니다. 큰 강치는 크기가 말 만하다고 선장과 선원들이 말하고 있으며, 또 섬 고양이는 모두 검은 털로 꼬리 끝이 갈라져 있다고 합니다"[108]라고 답변했다. 이때의 강치는 울릉도

107 『독도관계 일본 고문서 4』, 경상북도 사료연구회, 2017, 249~256쪽.

108 위의 책, 257쪽.

강치를 말하는데 한국 사료에 기술된 형상과는 약간 다르다. 양국 사료에 기술된 강치의 형상을 비교하면 〈표 2-8〉과 같다.

요나고의 두 가문은 이후 청원하여 허락받은 사업을 영위했고, 막부도 울릉도 도해를 허용하지 않았으므로 일본인들은 18세기 중반부터 19세기까지는 울릉도로 도해할 수 없었다. 따라서 해산물에 관해서도 더 이상 진전되지 않았다고 보인다. 그러던 가운데 19세기 중엽에 하마다번의 운송업자가 울릉도 도해를 시도한, 이른바 '덴포(天保) 다케시마 일건'이 있었다. 덴포 연간(1830-1843) 하마다번의 운송업자 이마즈야 하치에몬은 울릉도 도해가 금지되어 있다는 사실을 알고 있었으면서도 관리들의 협력을 얻어 울릉도에 도해했다. 그러나 이 일은 막부에 의해 발각되었다. 그 결과 하치에몬과 그를 도왔던 하마다번의 관리들은 처벌되었다. 사건 후 막부의 최고사법기관 평정소는 관련 기록『조선 다케시마 도항시말기(朝鮮竹島渡航始末記)』를 남겼는데 그 안에는 울릉도의 산물로 목재, 초근, 인삼, 전복, 물고기가 언급되어 있다. 이렇듯 근대 이전 일본인들이 기록한 울릉도와 독도의 산물 가운데 해산물은 주로 전복과 강치에 불과했다. 이런 경향은 1905년 이전까지 크게 바뀌지 않았다.

2) 근대기 수로지와 지리지에 기술된 울릉도·독도 산물

일본은 1858년 미국과 통상조약을 체결함으로써 개국을 시작했다. 1868년에는 메이지유신을 단행하여 근대 국가로의 전환을 시작했다. 그 일환으로 내무성은 전국의 지적地籍 편찬 사업을 새로이 계획했다. 1871년에 창설된 병부성 해군부 수로국은 여러 번 부서의 변천을 겪으며 1888년에 수로부로 독립하는 동안 조선 동해안을 조사하고 수로지를 편찬했다. 한편에서 일본은 1874년을 전후해서 조선 관련 지리지를 펴내기 시작했다. 이들 수로지와 지리지는 울릉도와 독도 관련 내용 그리고 해산물에 관해 기록하고 있다.

1880년 해군성은 각국과 도지圖誌를 교환, 3월부터 세계 각국의 수로지 번역에 착수하기 시작하여 『환영 수로지寰瀛水路誌』(1886), 『조선 수로지』(1894), 『일본 수로지』(1897)를 잇따라 펴냈다. 수로지는 선박의 항해와 정박에 필요한 항로·항만·연안의 상황, 해상의 기상 등을 기재하는 것이므로 당연히 울릉도와 독도 수역에 대해서도 기재했다. 『환영 수로지』(1886)는 전라도인이 통어기에 울릉도에 와서 개충介蟲을 채집해 말린다고 기술했다. 1899년 『조선 수로지』(제2판)도 '鬱陵島(일명 松島)'에서 봄과 여름 두 계절에 조선인들이 이 섬에 와서 조선형 선박을 만들어 본토로 보내고 다량의 개충을 채집하여 말린다고 기술했다. 두 계절에 온 조선인들은 전라도에서 울릉도로 온 사람을 말한다. 개충은 전복과 미역 등의 해조류를 가리킨다. 1907년 『조선 수로지』는 독도를 '竹島(Liancourt rocks)'라고 칭하고 본방 어부는 '리앙코도島'라고 한다는 사실을 기술했다. 그리고 (이 섬에) "매년 여름이면 '토도' 사냥을 위해 울릉도에서 도래하는 자가 수십 명에 달한 적도 있으며 그들은 섬 위에 작은 가옥을 짓고 매회 약 10일 동안 임시로 거주했다고 한다."고 기술했다. 강치를 '토도'로 불러 앞에 나온 '미치'와 다르게 불렀다. 『조선 수로지』는 울릉도의 수출품으로 말린 전복과 강치 가죽, 강치 기름, 강치 찌꺼기를 언급했다.

이 내용은 1911년 『일본 수로지』에서도 답습되어 '울릉도 일명 마쓰시마(Dagelet island)'라고 부르며 울릉도의 농산물과 해산물을 기재했는데 해산물로는 말린 오징어(鯣)와 전복(鮑)을 거론하고 울릉도 수출품에 포함시켰다. 전복은 말린 전복(乾鮑) 형태였다. 독도를 '竹島(Liancourt rocks)'라고 부르며 1907년『조선 수로지』의 기술을 답습, 매년 여름이면 '海驢(토도)'사냥을 위해 울릉도에서 도래하는 자가 수십 명에 이른다고 했다. 1907년『조선 수로지』에서 '토도'라고 했던 것이 1911년에는 '海驢'라고 쓰고 위에 '토도'를 병기했다.

1911년『일본 수로지』에서 강치를 '토도'라고 부르다가 '아시카'로 부른 것은 1920년에 와서이다. 하지만, 언론에서는 이미 1894년에 아시카로 부르고 있었다.『산인신문』은 1893년 6월 오키에서 울릉도로 출어했던 마쓰에의 사토 교스이(佐藤狂水)가 투고한 글을 소개하기를, 사토가 리랑코도島 즉 독도에 강치(海驢) 수백 마리가 서식하고 있으며 근해에는 고래 무리가 떼지어 헤엄치고 있음을 목격했는데 고래 종류가 큰고래나 향유고래일 것으로 추정했다는 것이다.[109] 사토는 이 섬에서 30여 리 떨어진 곳에 있는 울릉도의 수산물에 관해서는 "수산물은 크게 기대할 만하다. 주된 어종은 정어리(鰮), 방어(鰤), 고등어(鯖), 가다랭이(鰹) 등이며, 조개류는 전복(鮑)과 홍합(貼貝),[110] 굴(牡蠣) 등이다. 해조류는 미역(和布), 우뭇가사리(天草), 대황(아라메), 가지메,[111] 가사리(海蘿), 김(海苔) 등이다. 그 중에서도 전복 같은 것은 매우 번식하므로 수년 전부터 규슈 지방에서 전복을 채취하러 와서 큰 이윤을 얻고 돌아간다고 한다. 또한 고래가 내유한다"[112]고 했다. 사토는 울릉도의 어업 전망을 높이 평가해서 다른 지방에 빼앗기지 않고 활발히 종사한다면 국가 경제에도 크게 이익이 될 것이라고 전망했다. 수산업자이므로 다른 사람보다 어종을 비교적 자세히

109 『山陰新聞』,「조선 다케시마 탐험(朝鮮竹島探檢)」, 1894. 2. 18.(박병섭,『한말 울릉도 독도어업』, 한국해양수산개발원, 2009, 97쪽에서 재인용)

110 이가히(貽貝)라면 홍합을 의미한다.

111 가지메(搗布)라면 감태를 의미한다.

112 위 책의 원문에 의거하여 필자가 윤문했다.

기술할 수 있었던 것이다.

1920년의 『일본 수로지』도 1911년의 수로지와 마찬가지로 '竹島(Liancourt rocks)'의 산물로 '海驢'를 쓰고 그 위에 '토도'를 병기했다. 울릉도 옆에 죽도竹島라는 섬이 따로 있으므로 이를 구분하기 위해 '다케'를 위에 써주고, '아시카(海驢)'가 토도임을 병기한 것이다. 엄밀히 구분하면, 아시카는 바다사자이고, 토도는 큰바다사자이다. 이렇듯 수로지와 지리지, 언론 등에서 강치의 표기가 다른데, 두 해수의 차이를 인식하여 의도적으로 구분했을 것 같지는 않다.

근대기 지리지에서 울릉도와 독도에 관한 내용은 관할 구역, 경위도에 관한 기술, 지명, 산물 등에서 차이가 있다. 울릉도와 독도의 산물을 위주로 고찰하면, 1875년부터 1910년 사이의 조선 지리지는 대부분 조선의 위치 즉 경위도와 사방 경계를 첫머리에서 기술하고, 자연지리를 기술하는 가운데 산물을 기술했다. 『조선기문朝鮮紀聞』(1885)[113]은 「지리」의 '8도의 도서'에서 '울릉도'를 일명 우산국 또는 이소타케(弓嵩)라고도 부르는 강원도의 섬으로 소개했다. 그리고 전라도사람들이 어업하러 와서 배를 만들어 가지고 돌아가며, 섬에는 인삼, 전복, 해삼(海鼠) 등이 난다고 기술했다.

오타 사이지로(大田才次郎)가 지은 『신찬 조선지리지新撰朝鮮地理誌』(1894)는 제2편 '강원도'에서 도서로 울릉도와 우산도를 언급했지만, 울릉도의 산물을 따로 다루지는 않았다. 강원도 각 지역의 산물이 기술되어 있는데, 울진의 산물로는 사금砂金 · 궁간목弓幹木 · 칠漆 · 잣 · 오미자 · 자초紫

113 스즈키 노부히토(鈴木信仁)가 편술했다. 청일전쟁 개전의 이유와 전쟁 시작 후의 추세를 알기 위해 조선의 역사, 지리, 제도, 풍속, 산업의 형세 등을 자세히 알아야 한다는 인식에서 저술되었다. 주한공사 오토리 게이스케(大鳥圭介)의 교열을 거쳤다.

草·꿀·인삼·지황地黃·복령茯苓·산무애뱀(白花蛇)·송석고松石藁·전죽箭竹·은어(銀口魚)·황어黃魚·게(蟹)·해물海物·해삼이 열거되어 있다. 이 가운데 해산물은 은어·황어·게·해물[114]·해삼인데, 이는 앞서 한국 사료에 기술된 울진현의 산물과 대략 비슷하다. 따라서 이는 오타 사이지로가 한국 지리지를 참고했음을 의미한다.

3) 근대기의 울릉도·독도 현지조사 보고서(1899~1905)

일본이 청일전쟁에서 승리한 뒤 1890년대 후반이 되면 울릉도에서 일본인들이 200명 내외를 유지할 정도로 세력이 강해졌다. 일본인들은 자국의 세력 강화에 힘입어 울릉도의 자원을 무단 반출하는 일이 잦아졌고, 그로 말미암아 도감 및 주민들과 마찰을 빚었다. 도감 배계주는 일본인들의 무단 벌목과 밀반출을 상부에 보고하고 일본에 가서 소송을 제기했다. 1898년과 1899년에 일본에서 소송을 제기하고 돌아온 배계주는 1898년 마쓰에소송에서 목재를 되찾아온 공으로 1899년 5월에 도감에 재임명되었다. 그가 울릉도에 입도하기 위해 부산에 머물고 있던 중 부산해관 세무사 서리 라포르트와 함께 울릉도의 진상을 조사하라는 정부의 지시를 받았다. 라포르트는 6월 29~30일에 걸쳐 조사한 뒤 7월 6일자 보고서를 해관 총세무사 브라운에게 제출했다. 라포르트는 울릉도의 지세와 인구, 생활상, 산업과 교역, 생산물, 일본인의 밀수와 벌목, 세금 관련 내용 등을 기술했는데[115] 울릉도의 해산물에 관해 "물고기들이 풍부하지 않고 수심이 너무 깊어서 잠수부들이 해채(海菜, sea-weed-원문)

114 海衣로 보인다. 즉 김을 가리킨다.

115 홍성근, 「라포르트의 울릉도 조사보고서와 1899년 울릉도현황」, 『영토해양연구』 6, 동북아역사재단, 2013.

나 패류(貝類, shell fish-원문)를 채취하기가 매우 어렵다. 매년 2,000 피컬(piculs) 이상의 해채를 여전히 수출한다고 한다."[116]라고 기술하고 해채 즉 미역에 관리가 10%의 세금을 부과한다는 사실을 기술했다.

1900년에도 일본인의 침탈이 단절되지 않자 대한제국 정부는 내부의 시찰관 우용정을 보내 조사하기로 결정했다. 1899년에 조사했던 라포르트는 입회인 자격으로 1900년 조사에도 참여했다. 우용정은 동래감리서 주사 김면수, 부산해관의 라포르트, 부산영사관보(부영사) 아카쓰카 쇼스케 및 경관들과 함께 입도했다.[117] 이 조사로 울릉도의 벌목 현황과 재류 일본인에 의한 도민의 피해상황, 개척현황 등이 파악되었다. 아카쓰카의 보고서[118]에 따르면, 울릉도 해산물은 미역(若布), 우뭇가사리(天草), 전복(鮑魚)류이고, 산출량은 많지 않으며, 해저가 깊고 암석이 많아 어업 전망은 좋지 않다고 했다. 그가 작성한 '수출입 통계표'(1900)에 따르면, 울릉도에서 1897년부터 3년 간의 평균 수출고가 전복은 2,960엔, 우뭇가사리는 1,200엔인데 일본인이 채취해서 일본으로 수출했다. 수출 품목에 미역이 없는 것은 한국인의 전용 채취 품목이기 때문이다.

일본의 『지학잡지地學雜誌』[119]는 1901년 4월 중순 도쿄의 각 신문들이 일본해 가운데 한 섬 '양코'를 발견했다고 보도한 사실을 소개했다. 기사에 따르면, 이 섬은 1~2년 전에 규슈의 한 잠수기선이 어족을 쫓아 멀리 바다로 나아가서 발견한 뒤로 이 섬을 근거지로 하여 사방을 다니면서 어로했는데 수백 마리의 해마海馬 때문에 잠수기 어업이 방해받았다

116 위의 글, 114쪽.

117 5월 29일 입도한 것으로 되어 있다(우용정, 「鬱島記」, 1900).

118 『駐韓日本公使館記錄』 14권 「各領事館 機密來信」 「鬱陵島 調査概況 및 山林調査概況 報告의 件」에 첨부된 별지 1. 「鬱陵島調査概況」.

119 『地學雜誌』 제13집 제149호(1901).

는 것이다. 해마는 강치를 가리킨다. 그러나 수산물 제조장으로서 양코의 가치는 낮게 평가했다. 『지학잡지』는 신문에서 소개한 섬의 위치로 볼 때 '양코'가 바로 'Liancourt rocks'에 부합한다고 보고, 『조선 수로지』 제2판(1899년)의 '리앙코토도島' 관련 기사를 발췌하여 실음으로써 참조하게 했다. 이 『조선 수로지』 항목의 제목은 '리앙코루토 열암列岩'이다. 일본에서는 독도를 '양코'와 'Liancourt rocks', '리앙코토도島', '리앙코루토 열암' 등 여러 가지로 부르고 있었다.

대한제국 내각의 보좌관이던 쓰네야 모리후쿠(恒屋盛服)는 『조선 개화사朝鮮開化史』(1901)[120] 제4장 '강원도'에서 울릉도와 해산물을 언급했다. 이에 따르면, 울릉도에 수십 년 전부터 선장船匠과 상고商賈 및 어부와 농부들이 잇달아 와서 거주하게 되었으나 해수가 너무 깊어 어산魚産이 많지 않으나 해채海菜의 운반이 해마다 2천 짐(荷)을 넘는다는 것이다. 해채는 주로 전라도 사람들이 채포했다고 했으므로 미역을 가리킨다. 이에 덧붙여 쓰네야는 일본인들이 벌목 및 밀무역에 종사하고 있으며 화물 매각 시 구전의 100분의 2를 관에 바치고 목재에는 선박 한 척 당 100냥을 바치는 형태로 공공연히 밀무역이 이뤄지고 있다고 기술하여 어업보다는 벌목과 밀무역 위주로 기술했다.

일본인들이 울릉도와 독도의 산물을 자세히 파악하게 되는 계기는 울릉도 진출이 활발해진 상황과 관계가 깊다. 1901년 8월 스미스는 라포르트에 이어 울릉도의 현황을 조사했다.[121] 1900년 6월에 우용정이 일본

---

120 쓰네야 모리후쿠는 1894년 8월부터 조선에 거주하다가 1895년 일본 공사 이노우에 가오루(井上馨)의 권고를 받아들여 내각 보좌관으로서 기록편찬관보 사무를 감독했다.

121 보고서는 1901년 8월 2일 작성되었다. 『皇城新聞』(1902. 4. 29.)은 별보 「스미스의 울릉도 시찰 보고」로 보도했고, 『山陰新聞』(1902. 5. 14.)도 「울릉도의 일본인」이라는 제목으로 보도했다.

인으로부터 "다시는 침어侵魚하지 않겠다"는 자복을 받아냈지만[122] 이후에도 일본인의 침탈이 그치지 않았으므로 부산해관이 1901년에 스미스로 하여금 다시 조사하게 한 것이다. 스미스는 보고서에서 울릉도 일본인의 어업 현황을 기술했고 일본인들이 각종 수출입 업무에 종사하고 있음을 확인했음을 기술했다. 수출품은 말린 전복과 해삼, 황두黃豆 300석 및 끈끈이 등이었다. 수출품에 해삼이 새로 추가되었지만 오징어는 포함되어 있지 않다.

일본은 1902년 2월 울릉도의 일본인을 보호한다는 명목으로 경찰서를 신설하고 부산의 니시무라 게이조 경위와 순사 3명을 울릉도에 주재시켰다. 그러자 일본인들은 본국의 비호를 받아 더욱더 침탈 행위를 자행했다. 4월 28일에 부임한 니시무라는 울릉도와 독도의 현황을 자세히 조사했다. 그는 부산영사관의 시데하라 기주로(幣原喜重郎) 영사에게 보고서를 제출했는데 작성일자가 1902년 5월 30일이므로 부임하자마자 조사에 착수했음을 알 수 있다. 이는 한편으로 울릉도 현황이 그 전에 다 파악되어 있었음을 의미한다.[123] 니시무라는 보고서에서 울릉도의 지세와 한국인의 상황, 선박 정박장, 일본 재류민의 개황, 상업과 어업 현황, 교통과 기후, 전염병 등에 관해 기술하고 (일상)조합의 규약도 함께 실었다. 그는 울릉도의 해산물로 전복(鮑), 말린 오징어(鯣), 김(海苔), 우뭇가사리(天草), 미역(甘藿)을 언급했고, 독도의 해산물로 전복을 언급했으나 강치는 언급하지 않았다.

122 『江原道來去案』 1901년 9월 일 보고서 제1호.

123 『釜山領事館報告書 2』, 「韓國鬱陵島事情」. 『通商彙纂』 제234호, 1902. 10. 16 발행. 『通商彙纂』은 외무성 통상국이 각지의 영사로부터 보고서를 받아 간행한 것이다. 『釜山領事館報告書 2』에 실린 내용이 전부 『通商彙纂』에 실린 것은 아니어서 니시무라가 보고한 내용의 일부가 『通商彙纂』에서는 삭제된 부분이 있다.

조선해통어조합의 순라시찰원으로서 조선 연해를 시찰했던 구즈우 슈스케는 『한해통어지침韓海通漁指針』(1903)을 간행했다. 그는 강원도 항목에서 '○鬱陵島'와 '△ヤンコ島'에 대해 기술하여 두 섬을 하나의 범주로 다루었다. 그는 울릉도에 어류와 전복, 해삼(海鼠)류가 적지 않으나 어채가 활발하지 않으며, 우뭇가사리(石花菜)는 질이 좋고 양도 많아 일본으로 수출한다고 기술했다. ヤンコ島(양코도) 즉 독도의 해산물로는 강치(海馬)가 많이 서식하고 근해에는 전복과 해삼, 우뭇가사리 등이 풍부하며 상어도 있다고 기술했다. 강치를 제외하면 울릉도와 독도의 해산물이 거의 같은 셈이다.

다부치 도모히코(田淵友彦)가 지은 『한국 신지리韓國新地理』(1905)도 강원도 울릉도에 관해 "연해에서 나는 우뭇가사리(石花菜)는 종류가 양호하고 생산량도 매우 많다…본방 거류자는 대체로 돗토리현에서 직접 도항한 자로 목재와 대두 및 우뭇가사리 수출 혹은 잡화 일용품을 판매하며 순전히 일본인 촌락을 이루고 있다…"라고 기술했다. 다부치는 울릉도에서 동남방으로 약 30리里 떨어진 섬 양코도島에 강치가 많이 서식하고 있고 해산도 풍부하다고 기술했으므로 『한해통어지침』과 유사하다.

부산영사관의 아리요시 아키라(有吉明) 영사는 외무대신 고무라 주타로(小村壽太郎)에게 1904년 5월 9일자로 울릉도에 관한 보고서를 제출했다.[124] 이 보고서는 울릉도주재소에서 경관으로 근무하다가 4월 초순에 부산으로 돌아온 경관이 1903년 10월부터 1904년 3월까지의 울릉도 정황을 기록한 내용이다. 이에 따르면, 1903년 말 울릉도의 주요 수출품은 대두이고 해산물은 오징어와 김이었다. 1902년 보고서에는 오징어와 김 외에 전복과 우뭇가사리, 미역이 있었는데 이 보고서에는 두 가지만 언급되어 있으나 오징어가 새로 들어 있다.

124 『釜山領事館報告書 2』「江原道鬱陵島情況報告」(1904. 5. 9. 보고)

1905년 7월 말 작성한 부산영사관의 보고서 「울릉도 현황」에 따르면,[125] 1904년 울릉도 수출품 가운데 해산물은 말린 전복과 강치(토도) 가죽, 강치 기름이었다. 이 외에도 해산물이 더 있었겠지만 수출품 이외에는 명기하지 않았다. 비슷한 시기 『지학잡지』가 소개한 울릉도 해산물은 오징어와 해삼, 김이었다.[126] 1905년 12월 6일 부산영사관의 스즈키 에이사쿠가 외무대신에게 제출한 보고서에[127] 기술된 1905년의 울릉도 해산물은 수출 품목과 거의 일치한다. 그리하여 말린 전복(乾鮑)과 말린 오징어(鯣), 김(海苔), 미역(若布), 강치 가죽, 강치 기름, 강치 절임, 강치 찌꺼기, 전복 통조림(鮑罐詰)이 포함되어 있다. 강치 관련 제품이 수출 품목으로 자리잡은 것이다.

이렇듯 근대기에 일본인들이 파악한 울릉도와 독도의 해산물은 경제적 가치를 위주로 어획한 전복과 강치, 오징어가 주종을 이루고 있다. 김과 미역은 한국인들의 전유 품목이었으나 점차 일본인도 한국인과 함께 김을 채취했다.

4) 1906년 시마네현 시찰단의 울릉도·독도 조사 기록

일본이 울릉도와 독도의 해산물을 자세히 기록하기 시작한 것은 1905년 2월 22일 독도를 시마네현에 불법으로 편입한 뒤이다. 일본 정부는 1906년 3월 시마네현 관리와 민간인으로 구성된 45명의 관민시찰단을 보내 독도를 시찰한 뒤 울릉도를 조사하게 했다. 관리가 울도군수를 만나 인구와 토지, 군의 예산 등을 물었다. 교사이자 향토사학자인 오쿠하

125 『通商彙纂』 제50호(1905. 9. 3. 발행, 『관보』 9. 18. 게재), 「鬱陵島現況」(1905. 7. 31. 보고).
126 『地學雜誌』 210호, 「鬱陵島本邦人狀況」, 1905, 424쪽.
127 『釜山領事館報告書 2』 「欝陵島ノ現況ニ關スル報告書」(1905. 12. 6.)

라 헤키운은 직접 조사한 내용과 시찰원의 출장복명서, 오키도청의 문서, 나카이 요자부로에게 들은 이야기 등을 참조하여 『다케시마와 울릉도(竹島及鬱陵島)』를 완성시켰다. 이 책은 근대기에 일본이 울릉도와 독도를 실지 조사하여 완성한 지리지이다. 오쿠하라는 "원래 지리에 관한 사항은 실제로 그곳을 답사하지 않으면 정확성이 결여되기 쉽다"[128]는 인식을 지니고 조사했다. 그는 독도의 지리, 생물, 어업, 생활 상황, 연혁을 기술하고 울릉도는 이들 항목 외에 경제 상황과 정치 제도, 주민과 일본인 관련 내용을 추가했다.

오쿠하라가 기술한 울릉도의 해산물은 다음과 같다. 필자가 임의로 크게 세 종류로 구분했다. 번역어가 없는 경우 원문대로 표기했다.

(1) 어류: 큰다랑어·오징어·방어·정어리·상어·만새기·메지카·사우즈·고등어·날치·가오리·볼락·쥐노래미·도미·문어·가자미·쓰쓰리·공치·복어
(2) 해수(海獸): 고래·마이루카·가마이루카·범고래·강치
(3) 해조류: 김(海苔)·미역(和布)

독도의 해산물은 다음과 같다.

(1) 실견한 것: 강치·거북손[129]·굴·굴등·전복·삿갓조개·홍합·인긴챠크·쏨뱅이

128 『竹島及鬱陵島』 오쿠하라의 서문.

129 울릉도사람들은 거북손으로 부르기보다 전라도 방언인 보찰로 불렀다. 거북손은 일본어 가메노테의 번역어이다. 전경수는 울릉도는 토속명칭을 보존하고 있는 반면 일본 오키섬에서는 그렇지 않은 것에서 주민들의 역사적 경험을 파악할 수 있다는 논리를 폈다(전경수, 『울릉도 오딧세이』, 2021, 눌민, 153~154쪽).

(2) 전문에 따른 것: 아나·날치·구즈다히[130]·가자미·넙치·방어 새끼·소라·다슬기·해파리

오쿠하라는 독도의 해산물을 다음과 같이 다시 네 종류로 구분했다.

(1) 해수: 강치·고래·참돌고래·범고래·낫돌고래
(2) 어류: 상어·정어리·고등어·오징어·만새기·문어·큰다랑어·날치·볼락·쓰쓰리 등
(3) 해조류: 미역·김·모자반·쇠미역·우뭇가사리·파래 등
(4) 패류: 삿갓조개·소리·거북손·전복·고둥 류 등

오쿠하라가 기술한 울릉도·독도의 해산물은 그 이전의 기록에 비해 가장 자세하다. 비슷한 시기에 『조선 수로지』(1907)가 나왔지만 전복과 토도를 언급하는 데 그쳤다. 『일본 수로지』(1907)는 해표海豹를 언급하는 데 그쳤다. 같은 수로지이지만 강치에 대한 표기가 '토도'와 '해표'로 각각 다르다. 이즈음 다케시마어렵합자회사 대표사원 나카이 요자부로도 어업조합 규약을 만들면서 조합이 향유할 수 있는 어업권에 속한 어종을 다음과 같이 열거했다.

아시카(海驢)·전복·소라·문어·고둥·우쓰에·조가비·낙지·오징어·해록海鹿·가자미·광어·홍합·김·미역·삿갓조개·쏨뱅이·쥐노래미·구지(조기)·야기리·날치·상어·큰 상어·범고래·고등어·전갱이·정어리·도미·볼락·벤자리·아카

130 원문은 'クヅダヒ'로 되어 있는데, 平凡社 발행의 『世界大百科事典』은 '屑(役に立たない)の鯛(たい)'라고 기술했다. 도미과의 한 종류인 듯하다.

에[131]·공公[132]·복어·이카케[133]·새우·게·가나[134]·구로아이·봇카[135]·감성돔·연어·굴·흑채黑菜·우뭇가사리·오키우도·모즈쿠·하바·아카미즈·비료조肥料藻

5)『한국 수산지』의 수산 관련 기술

1908년에 편찬하기 시작하여 1911년에『한국 수산지韓國水産誌』를 간행했는데, 통감부와 조선총독부 농상공부 수산국이 펴냈다. 1907년부터 전국을 14구역으로 나눠 조사한 뒤 편찬했는데 농상공부 수산과장 이하라 분이치(庵原文一)가 1년에 걸쳐 총괄했다. 그는 1908년 2월부터 11월까지 각도의 조사를 완료하여 제1집을 간행했다. 1909년에는 따로 제2집과 제3집을 간행할 예정이라고 했으므로 제2집에 수록된 울릉도 관련 내용은 1909년경에 편찬작업이 이뤄졌을 법하지만 1909년 통계도 실려 있으므로 그 이후에 간행한 듯하다.『한국 수산지』에는 수산업 개발을 위한 각종 조사와 통계자료가 수록되어 있는데, 울릉도에 관한 행정 정보는 2집 3장 '경상도'의 남도 '울도군'에 수록되어 있다. 경상남도 중앙부와 부속 도서는 통감부 기수技手 기무라 고자부로(木村廣三郎)가, 경상남도 동부와 경상북도는 통감부 기사技師 하야시 고마오(林駒生)가 조사했다.[136] 이에 따르면, 울릉도 주민은 대부분 농업을 위주로 하고 어업은 채조採藻에 그치지만 최근에는 일본 거주자에게 배워서 중등 이하의 농민은 오징

131 아카우오(赤魚) 즉 적어 혹은 붉돔으로 보인다.

132 公魚인지 알 수 없다.『韓國水産誌』는 일본 명칭 '와카사키'에 대하여 한국어 미상이라고 했다. 이근우는 빙어로 보되 시샤모와는 다른 종으로 보았다(이근우,「『韓國水産誌』의 수산물 명칭과 번역의 문제」,『동북아문화연구』 21, 동북아시아문화학회, 2009, 27쪽).

133 이가히 즉 홍합을 가리키는 듯하다.

134 가나가시라(金頭)를 말하는 듯하다. 달강어이다.

135 '홋케'라면 임연수어를 의미한다.

136『韓國水産誌』,「본서의 유래」, 1908. 12.

어를 잡기에 이르렀으며 일본인들은 정어리(鰮)와 우뭇가사리(天草) 등의 채포에 종사한다. 울릉도 해산물로는 오징어(烏賊)가 제일 많고, 김(海苔), 미역(和布), 우뭇가사리(天草, 石花菜), 전복이 있다. 이 외에도 재주자의 말에 따르면, 가사리(海蘿)가 착생하는 것을 볼 수 있으며, 도미(鯛)는 회유하지만 매우 적고, 삼치(鰆)는 아직 시험 어로중이라고 했다.

『한국 수산지』는 어명을 적고 한일 양국의 명칭을 병기했는데, 실제로 부르는 명칭과 다르게 적은 경우가 있다. 당시 통감부가 울릉도 해산물로 파악한 것은 정어리, 오징어, 전복, 미역, 김, 우뭇가사리, 가사리, 도미, 삼치 정도였다. 『한국 수산지』는 독도의 강치를 기술하지 않았는데 그 이유는 1905년의 편입 이후 다케시마어렵합자회사가 포획을 전유하고 있었기 때문일 것이다.

4. 일제강점기 문헌의 울릉도·독도의 수산 관련 기술(1911~1936)

일제강점기에도 조선 관련 지리지와 수로지 간행은 계속되었다. 요시다 히데사부로(吉田英三郎)는 1911년에 『조선지朝鮮誌』를 펴냈는데, 자신이 조선총독부 취조取調국원으로서 한국병합 1주년 기념일에 서문을 쓰고 지리지의 내용이 직접 조사하여 쓴 것임을 밝혔다. 일반적인 지리지의 구성과 같아 제33장에 '수산업'이라는 편목을 두었고, 제43장 경상남도에서 울도군을 다루었다. 연안의 중요한 어업근거지로서 울릉도를 언급했지만 여전히 강원도에 속한 섬으로 다루었다.[137] 『조선지』는 한국 전체에 100종이 넘는 어류가 있으나 울릉도는 말린 오징어(鯣)가 주이며 전복(鮑)과 미역(和布) 등이 있다고 기술했다.

137 吉田英三郎, 『朝鮮誌』, 경성: 町田文林堂, 1911, 162쪽.

같은 해에 간행된 『일본 수로지』(1911)도 울릉도의 수산물로 말린 오징어(鯣)와 전복을 제시하고 그 채취량도 밝혔다. 독도의 해수로는 '海驢(토도)'를 언급했다. 일본이 독도를 편입한 뒤이므로 『일본 수로지』에서 독도를 언급한 것이다. 1907년 『조선 수로지』는 '토도'로 표기했었는데 여기서는 '海驢'와 '토도'를 병기했다. 1916년의 『일본 수로지』도 1911년판과 거의 같으나 강치를 '海豹'로 표기한 것이 다르다. 『시마네현지(島根縣誌)』(1923)는 독도가 해표海豹와 해려海驢군의 서식지라고 기술했다. 1933년의 『조선연안 수로지』는 海驢라고 했으므로 모두 강치를 가리킨다. 수로지마다 강치 포획을 위해 도해한 어부들의 생활상이나 음료수 부분은 기존의 수로지를 답습했지만, 그 표기는 각각 다르다.

『최신 조선지지最新朝鮮地誌』(1912)는 조선이 병합되자마자 단독으로 된 조선 지리지의 필요성을 느껴 간행한 것이다. 수산업 부분에서는 어업 현황을 개괄하고 어종을 세분했다. 해수가 6종, 어류가 60종, 패류가 19종, 해조류가 9종, 기타 10종으로 분류되었는데, 다시 한국인과 일본인 통어자가 채포하는 것으로 분류되었다. 한국인[138]이 채포하는 주요 어종은 명태·조기·청어·대구[139]이고, 일본인 통어자가 채포하는 주요 어종은 도미·정어리·삼치·조기·해삼·전복[140]이다. 중국인의 주요 어종은 갈치[141]·준치·火魚[142]·조기·새우라고 소개했다.[143] 고래와 명태, 도미, 정

138 원문은 조선인인데 1910년 이후 문헌의 조선인을 이 글에서는 한국인으로 바꿔 표기했다.
139 원문은 明太魚, 石首魚, 鰊, 鱈이다.
140 원문은 鯛, 鰮, 鰆, 石首魚, 海鼠, 鮑이다.
141 원문은 大刀魚이다.
142 加火魚(가오리)를 오기한 것으로 보인다.
143 일한서방 편, 『最新朝鮮地誌』, 경성: 일한서방, 254쪽.

어리, 대구, 새우, 오징어에 대해서는 따로 자세히 기술했다.[144] '이카(烏賊)'는 다시 마이카, 스루메이카, 야리이카, 미즈이카 4종류로 구분했다. 스루메이카는 강원도와 남해에서 난다고 하고, 스루메이카와 야리이카 모두 거문도와 추자도, 제주도 등이 주산지라고 했을 뿐 울릉도의 오징어는 따로 언급하지 않았다.

『최신 조선지지最新朝鮮地誌』(1918)[145]는 경상북도 '울릉도'의 해산물로 오징어(烏賊)가 제일이고, 김(海苔)과 우뭇가사리(天草), 전복(鮑)이 있다고 기술했다.[146] 1918년에는 경상북도 통계연보도 나오기 시작하여 울릉도 어업 인구 통계를 실었지만 어종에 관해서는 기술하지 않았다. 『경북 산업지慶北産業誌』(1920)에는 1918년 각 수산물의 어획고와 수산가공품 종류, 일본에서 오는 통어자들과 선박 숫자, 승조원 등의 숫자 등이 밝혀져 있다. 경상북도 어종으로 파악된 것은 50여 종이다. 하지만 울릉도 어업에 관해 오징어 낚시어업이 유일한 어업이라고 할 만하다고 기술하고, 말린 오징어(鯣)는 울릉도 특산물로 양국인 모두 종사하는 사람이 많다고 기술했다.[147] 이 밖에 울릉도 근해에 고등어(鯖), 정어리(鰮), 방어(鰤), 꽁치(秋刀魚) 등 회유종이 자못 많은데도 아직 이들 어획에 종사하는 자가 없지만 장래 유망한 어업지가 될 것이라고 기술했다. 따라서 당시 울릉도에서 발견된 주 어종은 오징어와 고등어, 정어리, 방어, 꽁치였음을 알 수 있다.

---

144 원문은 다음과 같이 병기했다. 구지라[鯨], 스케도우다라[明太], 다이[鯛], 이와시[鰮], 다라[大口魚], 에비[鰕], 이카[烏賊].

145 조선급만주사 편, 『最新朝鮮地誌』, 경성: 조선급만주사, 1918.

146 위의 책, 140쪽.

147 『慶北産業誌』, 1920, 369쪽.

히다카 유시로(日高友四郎)는 『신편 조선지지新編朝鮮地誌』(1924)[148]도 울릉도 근해의 해산물로 오징어(柔魚)를 들었다. 경상북도 24절 '울릉도'에서는 '오적'이 제일이고 그 외에 김, 우뭇가사리(天草), 전복 등이 있다고 하여 『최신 조선지지』(1918)의 기술과 유사하다. 주민 대부분은 농업에 종사하며 근래 내지인 거주자에게 배워 중등 이하의 농민은 모두 오적어를 잡기에 이르렀다고 기술했는데,[149] 이는 『최신 조선지지』의 기술과 유사하다. 『한국 수산지』에 기술된 내용이 이후 계속 답습되고 있다. 하나의 문헌에서 오징어에 대한 표기가 柔魚와 烏賊, 烏賊魚 세 가지가 보인다. 柔魚는 한국에서는 주로 살오징어를, 烏賊과 烏賊魚는 갑오징어를 가리킨다. 『오키도지(隱岐島誌)』(1933)는 시마네현 고시 이후에 간행된 것이므로 다케시마(독도)를 자국 영토로 다루었다. 독도의 위치와 지세, 기후, 생물, 어업, 연혁, 독도 탐험 등에 대해 기술했다. 독도에 육산 동물은 드물지만 해산 동물은 많다며 그 종류를 열거했는데 다음과 같이 실견한 것과 전문에 따른 것으로 구분했다.[150]

(1) 실견한 해산물: 강치·거북손·굴·굴등·전복·삿갓조개·홍합·인긴챠크·쏨뱅이
(2) 전문(傳聞)에 따른 것: 아나·날치·홍합·가자미·넙치·방어새끼·소라·다슬기·해파리

위 내용은 오쿠하라가 1906년에 조사한 내용과 거의 같다. 해수와 어

148 日高友四郎, 『新編朝鮮地誌』, 경성: 홍문사, 1924.
149 위의 책, 608쪽.
150 『隱岐島誌』, 1933, 248쪽.

류, 패류, 조류로 구분한 것도 오쿠하라의 방식과 유사하다. 일제강점기에 조선총독부는 해산물의 종류를 자세히 파악하는 데 중점을 두기보다는 어획량을 기준으로 한 어종 파악에 중점을 두었던 듯하다. 이 때문에 조사도 1906년 오쿠하라 당시의 수준을 넘어서지 못했다. 그런데 『오키도지』는 4장 '어업'에서 독도 근해에 서식하는 어획물의 종류를 따로 명기했는데, 다음은 주요하다고 제시한 것이다. 모두 24종이다.

(1) 해수: 강치·고래·참돌고래·범고래·낫돌고래 등
(2) 어류: 상어·정어리·고등어·오징어·만새기·큰다랑어·날치·볼락·쓰쓰리 등
(3) 패류: 삿갓조개·소라·전복·고둥류 등
(4) 해조: 미역·김·모자반·쇠미역?·우뭇가사리·파래 등

이 가운데 유망한 것은 강치(海驢)잡이이고, 전복의 잠수기 포획도 다소 유망하다고 했다. 김과 미역은 섬 전체에 군생하지만 겨울에는 파랑이 높아 도항하여 채집할 길이 없고, 상어는 여름에 군집하는 일이 있지만 아직 포획방법을 강구하지 못했다. 낚시는 출어자의 식량에 약간 보탬이 될 뿐이다.[151] 요컨대 섬에 음료수가 없고 어항이 없으므로 강치 포획자들이 여름 몇 달 동안 도항하여 어업하는 것 외에 거의 촉망받는 어업은 없다는 것이다. 또한 『오키도지』는 강치포획이 다케시마어렵합자회사의 허가어업으로 경영 중에 있음을 기술했다.

필사본 『울릉도 행정일반』(1933)은 일제강점기 울릉도의 행정 일반을 다룬 것으로 내용이 매우 자세하다. '수산' 관련 내용도 자세해서 어장의

151 이들 내용은 오쿠하라의 기술과 같다.

위치와 해황海況, 어항, 어업, 자금 수용需用 상황, 어업조합을 기술했다. 1932년 현재 울릉도 어업은 어로와 제조, 양식 각 방면에서 현저하게 발달했다고 자평했다. 어업 형태를 보면, 울릉도의 해산물 종류를 알 수 있다. 근해에서는 주로 정어리·고등어·꽁치·날치·광어·방어·큰다랑어·상어 같은 난수성 어족이 특히 많고,[152] 냉수성 어족으로는 겨우 '鯡'와 '鱅'[153]이 있을 뿐이라고 했다. 기타 전복·해삼·소라·미역·우뭇가사리·磯草·김·대황 [154] 등이 풍부하며 이들의 채포는 낚시와 잡어업을 따라 행해지고 있다고 기술했다. 이 때문에 일반적으로 어법이 간단하다고 했다. 수산제조품으로는 말린 전복과 말린 문어를 제시했으므로 문어도 울릉도 해산물에 포함시켰음을 알 수 있다.

쓰지 스테조(逵捨藏)가 펴낸『경북대감慶北大鑑』(1936)은 경상북도 24군의 하나로 울릉도를 다루었다. 25장 '울릉도 폐견瞥見'은 섬의 연혁, 지세와 지질, 행정, 토지와 호구, 관공서, 교육기관, 위생시설, 교통과 통신, 산업을 다루었는데 산업의 하나로 '수산'을 다루되 어획고와 수산제조고를 주로 다루었다. 어종은 날치·정어리·상어·고등어·방어·김·오징어·임연수어·전복·문어·미역·가자미·볼락·해삼·우뭇가사리이다.[155] 이는 어획고 순이기도 하다. 1935년 울릉도의 수산제조고는 청절鯖節·말린 오징어(鯣)·염장 고등어(鹽鯖)·상어 지느러미(鱶鰭)·염장 상어(鹽鱶)·고등어 통조림(鯖罐詰)·미역·김 순이다. 이를 토대로 울릉도의 주요 어종을 추정하면 정어리와 고등어, 오징어, 상어, 미역, 김이다.

---

152 원문은 다음과 같다. 鰮·鯖·柔魚·秋刀魚·飛魚·平素魚·鰤·鮪·鱶.

153 둘 다 미상이다. 울릉도의 냉수성 어종으로는 명태, 대구가 있었다고 한다.

154 원문은 다음과 같다. 鮑·海鼠·榮螺·和布·石花菜·磯草·海苔·荒布.

155 원문은 다음과 같다. 도비우오·이와시·후카·사바·부리·노리·이카·이민스·아와비·타코·와카메·가레이·메바루·나마코·텐구사.

울릉도에서 펴낸 『울릉도세 일반鬱陵島勢一斑』(1938)[156]의 제7장 '산업' 가운데 '수산' 편목에 보인 어종을 어획고로 추정해보면, 고등어와 미역, 오징어, 전복, 우뭇가사리, 해삼, 돌김, 정어리(마이와시)이다. 미역과 김, 돌김 등 해조류가 어획고에서 차지하는 비중이 증가했다. 해산물에 관한 기록은 『울릉도세 일반』 이후로 잘 보이지 않는다. 그렇다면 이상이 해방 이전 한일 양국 사료에서 울릉도와 독도의 해산물을 기록한 전부라고 볼 수 있다.

해방되고 1947년 신석호는 독도를 조사한 뒤 "동굴과 부근 암서에는 가제(可支) 속칭 옷도세이(海驢)가 군서하고 해저 무수한 암면岩面에는 다시마·점복[157]·소라·해삼·구싱이(雲丹)[158]가 무진장으로 번식하고 부근 해중에는 오징어·고등어·광어·기타 어류가 많이 있다."[159]고 했다. 이전에 비해서는 많은 어종을 파악했지만 일본인이 파악한 어종에 비하면 적은 편이다. 한국 사료에 기술된 울릉도 어종으로 오래 전부터 파악된 것은 전복과 강치, 미역이다. 하지만 가장 오래도록 언급된 것은 이들과 함께 고등어와 정어리, 오징어였다.

1951년 8월 시마네현 지사는 외무대신 요시다 시게루(吉田茂)에게 「시마네현 영토 다케시마(레잉코토島)의 재확인에 대하여」라는 문서를 제출했는데[160] 그 안에 명기된 독도의 어획물은 다음과 같다.

---

156 『昭和十三年 島勢一斑』로 되어 있으나 내지 표제는 『鬱陵島勢一斑』으로 되어 있으므로 이를 따랐다.

157 전복을 오기한 듯하다.

158 雲丹는 우니 즉 성게를 가리킨다.

159 신석호, 「독도 소속에 대하여」, 『史海』 창간호, 1948. 12., 90쪽. 조사한 해는 1947년이다.

160 『昭和26年度 涉外關係綴』, 시마네현, 1951.

(1) 강치·고래·참돌고래·범고래·낫돌고래

(2) 상어·정어리·고등어·오징어·만새기·다랑어·참치·날치·볼락·쓰쓰리

(3) 미역·김·모자반·스지모·우뭇가사리·파래

(4) 삿갓조개·소라·거북손·전복·고둥

이는 『오키도지』(1933)에 기술된, 독도 근해의 어획물 종류와 거의 같다. 시마네현 지사는 『오키도지』에 없던 참치를 추가했다.

Ⅲ. 일제강점기 이전 한·일 양국인의 울릉도·독도 어업

1. 조선 시대 이전의 울릉도·독도 이용

울릉도에 관한 기록이 최초로 보인 『삼국사기』에 따르면, 512년(지증왕 13)에 우산국(울릉도) 사람들이 신라에 항복한 뒤로 토산물을 해마다 바치기로 했다고 되어 있다.[161] 이 토산물에 해산물이 포함되어 있는지를 이 기록으로는 알 수 없다. 다만 우산국에 사람이 살고 있었으므로 해산물을 채취하며 살았을 것임을 알 수 있다. 고려 시대에도 930년(태조 13)에 우산국 사람들이 고려 조정에 방물을 바쳤다고 했으므로[162] 이 역시 울릉도에 사람이 살면서 해산물을 채취하고 있었음을 방증한다. 1032년(덕종 1)에도 우릉성주(울릉도 성주)가 고려 조정에 토산물을 바쳤다는 기록이 있으므로 주민이 거주했음을 알 수 있다.

1141년(인종 19)에 강릉 지역을 다스리는 관리가 울릉도 산물을 조정에

161 『三國史記』 권4, 「신라본기」 4, 지증마립간 13년조.

162 『高麗史』 권58, 「志」 제12, 「地理」 3, 東界/蔚珍縣.

바쳤으나[163] 1157년(의종 11)에 파견된 관리는 주민이 거주하기 어렵다고 보고했다.[164] 이 기록만으로 보면 울릉도에 사람이 살고 있지 않았음을 의미하지만 사실 여부는 알 수 없다. 이후 울릉도가 땅이 비옥하고 해산물이 많다는 사실이 조정에 보고되었고 1243년에 조정에서는 주민을 이주시킬 계획을 실행했으나 가는 길에 익사자가 많아 중단할 수밖에 없었다.[165] 이때 울릉도에 파견되었던 관리는 진기한 나무와 해산물을 가져와 바쳤다고 하나 어떤 해산물인지는 알 수 없다.

한편 일본인들이 울릉도에 와서 머물다 가기도 했으므로[166] 이들도 해산물을 채포하여 가져갔을 것이다. 울릉도에 거주민이 없었던 것은 일시적이었고 사람들의 입도가 완전히 단절된 것도 아니어서 조선 초기에 태종은 왜구의 침입에 대응한다는 차원에서 거주민을 쇄환하도록 명했고, 대마도 사람들도 울릉도에 와서 살기를 청한 바 있다. 이 역시 울릉도에 해산물을 비롯한 자원이 풍부했음을 방증한다.

2. 조선 시대의 울릉도·독도 이용

1) '울릉도 쟁계' 당시 양국인의 울릉도·독도 어로

조선 정부는 초기부터 해금정책을 시행하고 있었으므로 원칙적으로 주민의 울릉도 거주를 금지했고, 안무사를 파견하여 거주민이 있으면 적

---

163 『高麗史』, 「世家」 5, 인종 19년 7월 3일.

164 『高麗史』, 「世家」 18, 의종 11년 5월 12일.

165 『高麗史』 권129, 「列傳」, 「叛逆」 3, 崔怡. 『新增東國輿地勝覽』에 최충헌이 헌의한 것으로 되어 있지만 『高麗史』, 「列傳」에는 최이가 사람을 보낸 것으로 되어 있다. 최이는 최충헌의 뒤를 이어 권력을 잡은 자이다.

166 『高麗史』 권134, 「列傳」 47, 辛禑 5년 7월조.

발하여 쇄환하는 정책을 시행했다. 한편에서 울릉도 토지의 비옥함을 들어 백성의 이주를 허락해야 한다는 강원도 관찰사의 제안이 있을 정도였으므로 강원도 사람들도 울릉도로의 도항을 단념하지 않았다. 1457년(세조 3) 강릉사람들이 우산도와 울릉도에 산물이 풍부하니 읍을 설치할 만하다고 건의했으나 조정은 수로가 험해 왕래하기 멀다는 이유를 들어 거부했다.[167] 설읍을 건의했다는 것은 이미 그 전부터 섬을 왕래하여 파악하고 있었음을 의미한다. 울릉도 거주가 허락되지 않았어도 육지에서 어채하러 왔을 것으로 보이지만 이에 대한 기록은 없다. 어채했더라도 그 사실이 드러나면 안 되므로 기록할 수 없었을 뿐만 아니라 어부들은 대부분 문맹이어서 기록할 수도 없었을 것이다. 그러므로 조선 시대에 울릉도에 왕래한 사실과 어로 활동에 대해서는 수토관의 기록으로만 남아 있다. 일본 측에도 어부를 고용한 가문에서 이를 기록했을 뿐이다.

일본인들이 울릉도로 건너온 사실은 『숙종실록』과 『춘관지』, 『통문관지』, 『동문휘고』[168] 등 관찬 사료에 기술되어 있다. 1614년에 대마도 사람들이 이소타케시마(礒竹島) 탐지를 목적으로 도해하려 한 적이 있었다. 돗토리번 요나고인의 어채에 관한 기록이 보인 시기는 1635년이 가장 빠르다. 1635년 요나고[169] 무라카와 이치베의 인부가 물고기를 잡아 기름을 채취하기 위해 3월 9일 울릉도에 왔고, 6월 29일 울릉도를 떠나 본국으로 향하다가 역풍을 만나 표류하여 울산부에 이르렀던 적이 있다.[170] 여기서 말한 물고기는 강치를 말한다. 1666년에도 마찬가지 일이 있었

167 『世祖實錄』 3년(1457) 4월 16일.

168 『增正交隣志』, 「울릉도 의죽도 변정전말(鬱陵島礒竹島辨正顚末)」에서도 언급하고 있다.

169 원문에는 木于村으로 되어 있는데 米子村의 오기인 듯하다.

170 「伯耆州木于村市兵衛家丁 爲捉漁取油 三月初九日來到竹島 六月二十九日 自本島發向本國 逢逆風 漂流至此云」(『同文彙考』 「附編」 권35, 漂風 七 日本國人, 「[乙亥]禮曹參議押還漂倭書」).

으므로 요나고인들이 울릉도에서 어채하다 표풍 때문에 다른 곳으로 표류하게 되었음을 알 수 있다.

오야 규에몬 가쓰오키(大谷九右衛門勝意)가 집안 소장의 문서에서 발췌하여 작성한 『다케시마도해유래기 발서(竹島渡海由来記拔書)』(1818)에 따르면, 1618년에 울릉도를 배령한 이래 벌목과 어렵을 하다가 1656~1657년에 독도(마쓰시마)도 배령한 이후 울릉도를 오가면서 잠시 이 섬에 머물며 강치 기름을 채취했다고 한다. 그러나 원주에서 "메이레키 연간인지는 불명확하다"[171]고 적었으므로 사실 여부는 알 수 없다. 독도배령에 대해서는 그 성립 여부를 떠나, 시기만 놓고 볼 때 3대 쇼군 이에미쓰(家光)시대(재위 1623-1651)로 보거나 4대 쇼군 이에쓰나(家綱) 시대(재위 1656-1657)로 보는가 하면, 1661년부터 1678년 사이에 막부 노중이 오야 규에몬 앞으로 보낸 서간에 "다케시마와 마쓰시마에 건너가"라는 구절이 있다[172]고 한 사실이 있으므로 독도에서 어로한 시기가 분명하지 않다.

한국인의 어로 활동과 관련된 기록이 본격적으로 양국 사료에 보이기 시작한 것은 조선의 숙종 연간, 일본의 겐로쿠 연간이다. 1692년 2월 11일 무라카와 가문이 고용한 어부 21명은 요나고에서 오키로 와서 3월 24일 후쿠우라를 출발하여 3월 26일 울릉도에 닿았다. 이들은 울릉도에서 누군가 전복을 대량으로 채취한 흔적을 감지했으며[173] 다음 날에는 울릉도 하마다포구(濱田浦)라는 곳에서 조선인 30여 명이 두 척의 배로 어로하고 있는 장면을 목격했다. 이들은 30명 가운데 두 명을 남기고 나머

171 김선희, 『다무라 세이자브로의 「시마네현 다케시마의 신연구」 번역 및 해제』, 한국해양수산개발원, 2010, 4쪽에서 재인용. 메이레키 연간은 1655~1657년을 말한다.

172 위의 책, 6~8쪽.

173 이 내용은 1724년 돗토리번이 막부에 제출한 문서에 보인다(「1724년(교호 9) 윤4월 16일 막부에 제출하신 문서의 부본」, 『竹嶋之書附』).

지는 오사카포구라는 곳으로 돌아가게 했다. 이어 두 사람 중 한 사람이 말이 통하기에 물어보니, 조선의 가와텐가와쿠(國村) 사람으로 이 섬보다 북쪽에 있는 섬에 전복을 채취하러 오는데 국주國主의 허가를 받아 3년에 한번씩 온다고 했다. 조선인들은 당초 11척으로 출발했으나 난풍을 만나 돌아가고 현재는 5척의 배에 53명이 남았다는 말도 했다.[174] 이에 일본인들은 조선인보다 수가 적어 어로를 포기하고 일본으로 돌아갔다.

일본이 기록한 가와텐가와쿠가 어디인지는 확실하지 않다. 울릉도 안의 이가섬이나 하마다포구, 오사카포구(大坂浦) 등은 일본인이 붙인 지명이다. 이 외에도 마노시마(間ノ嶋) 후루오사카우라(古大坂浦) 기타우라(北浦) 등이 있다. 지명이 많다는 것은 그만큼 자주 왔었음을 의미한다. 조선인의 왕래가 증가함에 따라 조선인이 붙인 지명도 점차 증가했다. 조선인은 일본인에게 3년에 한번 울릉도에 왔다고 했지만 이듬해인 1693년에도 나타났으므로 1692년의 말은 거짓말일 가능성이 크다. 일본 오야 가의 선박은 조선인들이 3척의 선박에 42명이 와 있는 것을 목격했다.[175] 1692년에 조선인들이 국주가 울릉도의 전복을 바치라고 명했다고 말한 것도 사실로 보기 어렵다. 도해를 금지시킨 섬에서 전복을 채취해 바치라고 했다는 것은 이치에 맞지 않기 때문이다. 통상적으로 전복은 채복 공문을 지닌 통영에서 채복선을 운영하여 공물로 바치도록 되어 있었다. 그러므로 경상도 사람들이 울릉도로 가서 전복을 채포한 것은 그들의 경제적인 이익 때문이었고, 부산 사람 안용복이 울릉도에 온 이유도 동래왜관에 가져다 팔기 위해서였다.

---

174 「1692년(겐로쿠 5) 임신년 제1호」『竹嶋之書附』, 1724)

175 「1724년(享保 9) 윤4월 16일 막부에 제출하신 문서의 부본」『竹嶋之書附』, 1724)

1693년 4월 20일 오키 대관의 번소에서 안용복과 박어둔을 조사한 관리는 「조선인 구술서」에서 "삼계의 상관으로부터 전복을 잡아 바치라는 명령을 받았으나, 장소에 대한 지시는 없어 작년에 온 자가 竹島에 가자고 말하여 竹島에서 미역과 전복을 채취한 것입니다"라고 기술했다.[176] 안용복과 박어둔은 오키에 이어 요나고에서도 취조받았다. 이 기록이 『오야가 구기(大谷氏舊記)』에 남아 있는데 이른바 4월 28일자 「안용복 구상서」이다. 이에 따르면, "…이번에 섬에 건너간 것은 삼계의 샤쿠완이 전복을 따라고 명령했기 때문이 아니다. 제각각 장사를 하여 돈을 벌기 위해 전복을 채취한 것으로…"[177]라고 했다. 이에 대하여 권정은 첫 번째 구상서와 두 번째 구상서에서 다른 부분은 안용복이 섬에서의 어로 활동이 개인적인 것으로 삼계의 샤쿠완과는 아무 상관이 없다고 진술한 부분이라고 보았다. 권정은 이 삼계의 샤쿠완이 바로 위에서 말한 국주와 동일 조직이라고 보았다. 안용복의 진술이 이렇게 달라진 이유는 권정에 따르면, 첫 번째 진술과 달리 첫 번째 취조 후 시간이 흐른 뒤 상황을 파악할 여유를 찾은 안용복이 조직적으로 선단이 개입된 사실이 알려지면 자신의 어렵을 후원하는 배후 세력과 다른 선원들에게 폐를 끼치게 된다고 여겼기 때문이다.[178] 그러나 권정은 안용복이 진술을 번복했지만 울산에서 선임船賃을 치렀다고 한 것으로 알 수 있듯이 그의 도해에 '삼계의

176 『岡嶋正義 古文書』(권오엽 편주, 선인출판사, 2011, 195쪽). 권정, 「안용복의 울릉도 도해의 배후 – 동래부사와 부산첨사」, 『일본어문학』, 55, 한국일본어문학회, 2011, 514쪽에서 재인용. 권정은 이 조사서가 이와미 대관을 통해 막부에 제출되었고, 돗토리번에도 회송되었으며 이나바 기록인 『인푸역년 대잡집(因府歷年大雜集)』에 수록되었다고 보았다(515쪽). 1693년 5월 28일조에 실려 있다. 『因府歷年大雜集』은 돗토리번 오카지마 가문의 7대로서 고증사가로 알려진 오카지마 마사요시(岡嶋正義, 1784–1859)가 펴낸 것이다.

177 『大谷氏舊記 2』, 동경대 사료편찬소, 겐로쿠 6년 4월 28일(권정, 2011, 위의 글, 514쪽에서 재인용)

178 위의 글, 515~516쪽.

샤쿠완(國主)'의 지원이 뒷받침되었다고 해석했다.

권정은 오카지마 마사요시가 『죽도고』에서 '산카이(三界)의 샤쿠한'의 산카이는 명확하지 않아 후산카이(釜山浦)라고 한 것을 산카이로 잘못 들은 것이고, 샤쿠한은 상관上官 또는 장군일 것이라고 추정한 사실을 인용했다. 따라서 삼계와 산카이, 샤쿠한의 정확한 의미는 알 수 없다. 권정이 제시한 『인푸역년 대잡집(因府歷年大雜集)』은 2차 문헌으로서 많은 부분이 부정확하므로 1차 사료를 전사傳寫하는 과정에서 오기했을 가능성도 있다. 그럴 경우 이를 안용복의 진술이 바뀐 것이라고 보기도 어렵다. 그렇다면 안용복이 처음부터 '상관'을 운운하지 않았을 가능성도 있다.

안용복 진술의 사실 여부가 어떠하든 1693년에 어로하러 갔던 40여 명 가운데 안용복과 박어둔이 연행되었다가 송환된 이른바 '울릉도 쟁계'는 경상도 지역민들이 울릉도에 자주 어로하러 갔었음을 방증한다. 그런데 이 사건 후 안용복은 2년 도년형徒年刑에 처해졌고 1696년에 다시 도해했으므로 그 사이에는 울릉도에 가지 못했을 것이다. 그러나 다른 사람들은 여전히 울릉도로 건너갔을 것이다. 1695년 돗토리번이 막부에 보고한 바에 따르면, 1694년에는 난풍을 만나 자신들은 다케시마에 착안하지 못했고,[179] 1695년에 도해했지만 조선인이 많아서 착안하지 못했다고 했다. 그래서 돌아오는 길에 마쓰시마에서 전복을 조금 채포했다고 했다.[180] 돗토리번은 1695년에는 울릉도에 조선인이 30명 혹은 50명이 있다고 기록했다.[181] 이로써 본다면 1694년에도 조선인들의 어로가 지속

179 다른 보고에는 1694년에도 도해했지만 조선인이 많아 어렵을 하지 못한 채 귀항했다고 되어 있다(「1693년, 1694년 제4호」, 『竹嶋之書附』, 1724).

180 「1724년(교호 9) 윤4월 16일 막부에 제출하신 문서의 부본」, 『竹嶋之書附』, 1724.

181 「1724년 5월 1일 비망록」, 『竹嶋之書附』, 1724.

되고 있었음을 알 수 있다.

1696년 3월 안용복은 80석들이 배 한 척에 10명을 규합하여 18일 조선에서[182] 아침을 먹고 울릉도로 향하여 그날 저녁에 도착해서 저녁을 먹었다. 이후 안용복은 일본인들이 나타나기를 기다렸다가 그들과 함께 오키섬으로 들어갔다. 5월 중순의 일이다. 5월 18일 안용복이 오키에서 진술한 바에 따르면,[183] 울릉도에 간 배는 모두 13척이고, 1척에 9인, 10인, 11인, 12~3인, 15인 정도씩 타고 갔다는 것이다. 그런데 안용복에게 사람 수를 물으니 단번에 대답하지 못했다고 했다. 다른 사료에는 같은 사람의 진술을 기록하되 32척의 배가 울릉도에 왔는데 자신은 11명이 탄 배로 온 것으로 되어 있다.[184] 이로써 본다면 안용복이 운운한 13척과 다른 사람이 운운한 32척은 사실이 아닐 가능성이 크다. 안용복은 13척 가운데 12척은 미역과 전복을 따고 대나무를 베기 위해 왔다고 진술했으므로 도항의 주 목적이 미역과 전복 채포에 있었음을 알 수 있다. 상승 뇌헌이 안용복의 울릉도행에 동행한 것도 전복 때문이었다. 안용복은 뇌헌에게 울릉도에 해산물이 많다며 같이 갈 것을 유인했는데 해산물은 전복을 가리킨다.

안용복이 울릉도에서 일본인을 기다리던 1696년 봄은 그해 1월에 내려진 도해금지령으로 말미암아 일본인들이 울릉도에 도해하지 않았다는 것이 현재 일본 정부의 주장이다. 그러나 도해금지령이 돗토리번 요나고 두 가문에 전해진 것은 그해 8월이므로 이해 봄에도 예년과 마찬가지로

182 『元禄九丙子年朝鮮舟着岸一巻之覚書』, 1696. 울산을 오기한 듯하다.

183 『元禄九丙子年朝鮮舟着岸一巻之覚書』, 1696.

184 "1696년 5월, 오키국에 조선 배 한 척이 착안하여 대관 고토 가쿠에몬의 수대(手代) 나카세 단에몬과 야마모토 세이에몬이 심문해보니, 이번에 조선인의 배 32척이 다케시마에 도해했는데 그 중 한 척에 11명이 타고 온 것이었습니다."(『竹嶋之書附』, 1724)

도해했을 가능성이 크다. 조선 측 사료에는 1696년에 안용복이 울릉도에서 일본인을 만난 것으로 기록되어 있지만, 일본 측 사료에는 일본인이 울릉도로 도해한 사실이 기록되어 있지 않다.

일본 측 사료에 따르면, 1693년에서 1695년 사이 일본인은 울릉도로 건너갈 때 총포 8~9정을 소지하고 갔다. 강치를 포획하기 위해서다. 두 척의 배로 20명 내외의 인원이 갔다. 일본이 획득하려 한 해산물은 강치와 전복인데 어느 것이 주 목적이었는지는 밝혀져 있지 않다. 일본에서 1696년에 도해금지령을 내고 조선에서는 수토정책을 시행함에 따라 양국인의 울릉도 도해는 당분간 중지되었다. 도해가 금지된 후 일본인들은 막부에 꼬지전복(串鮑)만을 헌상했다. 돗토리번은 "다케시마에 인삼이 있다거나 여타 상품이 있다고 하는데 전복이나 강치기름 외에는 일찌기 들어본 바가 없습니다."[185]라고 막부에 보고했다. 요나고 사람들이 울릉도 인삼이나 다른 산품을 인지하지 못하고 있었다면, 울릉도에 상륙하지 않고 해상활동만 했어야 하지만 이들은 일찍이 울릉도의 인삼과 목재를 막부에 헌상해왔다. 따라서 위 보고는 사실로 보기 어렵다.

2) 수토관이 파악한 조선인의 울릉도 어로 실태

18세기에도 수토정책이 지속되고 있었지만 울릉도로의 왕래는 끊이지 않았다. 울산 사람들은 울릉도로 건너가 전복을 채포하여 돌아오다가 삼척포구나 울산포구에서 적발되었을 때에만 처벌되었다.[186] 그런데 이들이 병영의 채복 공문을 지참하고 있었으므로 이들에게 공문을 건네준 병

185 1722년 11월의 회답이다(『竹嶋之書附』, 1724).

186 『正祖實錄』 11년(1787) 7월 25일.

사와 부사도 처벌되었다. 본래 정부가 발급하는 채복 공문은 전복을 진상받기 위한 것으로 통영이나 제주 등지에 내린 것인데, 울산사람들이 이 공문을 지니고 있다가 처벌되었다면 이는 지방관들이 공물을 충당하거나 착복하기 위해 불법으로 발급했음을 의미하기 때문이다.

영·정조 연간에 수토관들이 울릉도에서 어채하던 사람들을 적발하여 단속한 예는 드물고, 도리어 어민의 어채를 방조하거나 지원한 사실이 보인다. "선상船商들이 어곽魚藿을 채취하고 황죽篁竹을 마구 벌목하여 배를 만들고 인삼을 몰래 채취한 자취가 낭자하다"[187]는 강원감사의 보고에 대해 비변사는 금령을 범한 자를 조사하여 엄중히 다스리라는 공문을 경상도와 전라도, 함경도에 보냈다. 정조는 강원도의 지방관도 아울러 논죄할 것을 요구했다. 전복과 미역을 목적으로 한 선상船商들이 많았음에도 수토관을 비롯한 지방관들이 그 감시를 느슨히 한 책임이 있다고 보았기 때문이다.

정조 11년(1787) 울산 어부들이 격군 14명을 데리고 울릉도에 들어가 60일 가까이 머물면서 전복과 대나무, 향나무를 가지고 나오다가 삼척 포구에서 적발된 일이 있다.[188] 격군 14명을 동원할 정도라면 그 규모가 작지 않았을 것이다. 이들은 주범과 종범으로 구분되어 치죄되었다. 정조 18년(1794)에 월송만호 한창국은 4척의 배와 80여 명의 수행원 및 왜학을 대동하고 수토하러 울릉도에 들어갔다. 그는 황토구미진에 도착한 뒤로 울릉도 곳곳을 수토했고 울릉도 앞에 있는 세 개의 섬(방패도, 죽도, 옹도)을 목격했다. 또한 그는 가지어를 목격한 뒤 포수로 하여금 두

187 강원감사 이병정(李秉鼎)의 보고이다(『日省錄』 정조 19년〈1795〉 8월 21일).

188 『備邊司謄錄』 정조 11년(1787) 7월 24일; 『정조실록』 정조 11년 정미(1787) 7월 25일; 『日省錄』 정조 11년(1787) 7월 25일.

마리를 잡게 했다. 사람들이 살던 집터도 발견했으나 주민이나 어로하는 사람을 목격하지 못했는지 이에 관한 보고는 없다. 해산물로는 가지어 외에 미역과 전복을 거론하는 데 그쳤다.[189]

정조 23년(1799) 경상감사 신기는 좌병사 이보한의 첩정牒呈을 비변사에 보고했는데[190] 첩정의 내용은 울산의 사공 두 사람이 몰래 울릉도에 들어가 전복을 채취하여 육지에서 매매한 사실을 조사한 것이었다. 그런데 두 사공은 공문을 제출하고 장표掌標[191]를 받아 제주에서 전복을 채취하려 했는데 바람 때문에 표류하여 울릉도에 도달한 듯이 진술했다. 울릉도에 파견되어 있던 수토관은 이들의 말이 사실이라고 보고했다. 그러나 좌병사는 이들이 수토관과 한통속이 되어 말을 맞추었다고 보아 수토관 월송만호 노인소와 사공의 처벌을 요청했다.[192] 이는 전복 때문에 울릉도를 왕래한 자들이 이른바 제주에서의 채복을 빌미로 갔음을 말해준다. 이들은 적발에 대비하여 제주행 채복 공문을 준비했고 수토관에게 적발된 뒤에는 표류를 운운하며 모면하려 했던 것이다. 수토관은 이들의 어채 행위를 눈감아 주었다. 이는 상호 이익의 공유가 있었음을 의미한다. 조사 받은 자는 사공 두 사람이지만 노인소는 배 안에 울산 어민 20명이 있었다고 했다.[193]

비변사는 애초에 (채복)공문을 만들어준 것이 잘못이라고 정조에게 간언했다. 또한 비변사는 경상 좌병사가 감사에게 격식을 갖춰 장계로 보

189 『正祖實錄』 정조 18년(1794) 6월 3일.

190 『承政院日記』 정조 23년(1799) 10월 2일; 『日省錄』·『備邊司謄錄』 정조 23년(1799) 10월 2일.

191 장표掌標: 균역법 시행 이후 어염선세를 거두기 위하여 발행한 일종의 등록 증명서 혹은 영업 허가증.

192 『日省錄』 정조 23년(1799) 11월 11일.

193 위의 문서.

고하지 않았음을 지적하고 좌병사 이보한도 추고할 것을 간언했다. 울산 부사 이정인도 치죄되었다. 이렇듯 정조는 울릉도로의 왕래와 어채를 엄히 금지했고 이들의 행위를 방조한 수토관도 치죄했다. 어부들이 표류한 경우는 어쩔 수 없지만 전복과 향나무·대나무 등을 가지고 나오는 것은 금지되었다. 그럼에도 어민들은 전복뿐만 아니라 청죽靑竹과 향목香木 등을 가지고 나왔다. 당시 정조는 "울도鬱島 수토는 법의 뜻이 매우 엄한데 간민奸民이 난입한 것을 본 뒤에도 감추고 숨겨서 보고하지 않았을 뿐만 아니라, 도리어 머물면서 대나무를 베고 전복을 채취하게 한 다음 자신이 먼저 나왔으니, 그 죄범을 논하자면 너무나 통탄스럽고 놀라지 않을 수 없다."[194]며 수토관의 죄를 성토했다.

순조 7년(1807) 3월 26일 월송만호 이태근은 왜학 이복상과 원역 및 사격 모두 72명과 함께 4척의 배에 나누어 타고 울릉도 수토를 위해 떠났다. 이태근은 당시 14척의 배가 울릉도에서 어채하고 있던 현장을 적발했으므로 14명의 선주를 포박해서 데려오려 했다. 그런데 동래의 왜학 이복상과 다른 사격들이 선주들을 보호하려 했고, 14척의 배로 온 150여 명도 항의하는 바람에 선주를 포박하는 데 실패했다. 이때 왜학 이복상은 선주들로부터 돈 10냥과 전복 20첩貼의 뇌물을 받았고, 11명의 원역들도 전복 5첩 5관串을 뇌물로 받았으므로 선주를 포박하는 데 비협조적이었던 것이다. 수토관 이태근은 이복상과 원역들이 받은 뇌물을 압류했고, 14명 선주들의 성명, 나이, 거주지를 기록한 성책成冊, 그리고 가지어 가죽 2벌을 포함한 울릉도 특산물과 도형을 비변사에 제출했다.[195] 이

194 『承政院日記』 정조 23년(1799) 11월 12일.

195 『日省錄』 순조 7년(1807) 5월 12일.

때 울릉도에 몰래 들어온 선박들은 대체로 전라도 흥양과 장흥, 순천 등지에서 온 것이었다. 잠입한 선주들의 불법을 묵인해주려던 왜학 이복상은 앞서 정조 18년(1794) 월송만호 한창국이 수토할 때도 동행했던 자이다. 그는 동래 왜학으로서 월송만호가 수토관으로 파견될 때마다 동행했던 것으로 보인다. 수토관과 동행한 왜학은 동래 출신이지만 사격들은 주로 울산과 울진 출신이었다고 보인다.

강원감사는 수토관이 선주들의 숫자가 많다는 핑계를 들어 대적하지 못했음을 들어 곤장을 쳤다. 또한 강원감사는 1803년에도 흥양과 순천, 장흥 등에서 12석의 선박이 울릉도에 와서 어채한 사실이 있었음을 밝혔다. 전라도인들의 울릉도 왕래가 오래 전부터 있었던 것이다. 1803년의 수토관은 월송만호 박수빈이었다.[196] 그가 수토할 당시 흥양과 장흥, 순천 등지에서 온 사선 12척이 울릉도에 잠입하여 한 달을 머물며 어채하다 적발되었는데, 박수빈은 이들을 잡았으나 원역의 사주로 말미암아 석방했다. 이때 동행한 왜학은 서성신이었는데 그 역시 선격船格들로부터 뇌물을 받은 정상이 드러났다. 강원감사는 수토관이 이런 형상을 보고도 숨기고 보고하지 않았을 뿐만 아니라 뇌물을 받고 풀어주었다고 해서 그를 치죄했다. 비변사는 강원감사는 강원도에서 일어난 일인 이상 전라도 사람들이라 하더라도 전라도에 공문을 보내 취초取招한 뒤 보고했어야 하는데 그러지 않아 비변사에서 번거롭게 관문을 보내게 했으니 종중추고從重推考해야 한다고 국왕에게 간했다. 비변사는 순천과 장흥, 흥양 3읍의 수령도 함께 추고할 것을 간했다.

비변사는 “근래 어선을 표실漂失하는 재난이 자주 있는 것은 외양에

196 『備邊司謄錄』 순조 3년(1803) 5월 22일.

나가는 것을 금하는 법이 전혀 실효가 없음을 엿볼 수 있는데 지금 이렇게 많은 배가 어려움 없이 몰래 고기잡이를 하는 것은 국법이 없어지다시피 한 것이니 더욱 말할 것이 없습니다."[197]라고 했다. 그러니 더욱더 신칙하여 뱃놈뿐만 아니라 지방 수령도 엄중히 처벌할 것을 간했다. 이는 수토정책이 실효가 없음을 자인한 것이다. 순조 27년(1827) 삼척영장 하시명은 4월 16일 왜학 최갑문과 수행원, 사격 등 80명과 배 4척에 나누어 타고 4월 23일 울릉도에 도착했다. 그는 사흘 동안 수토했는데 해산물로는 미역, 전복, 잡어雜魚를 거론했다.[198] 또한 그는 "또 가지어可支魚굴에 도착하니 가지어 7~8마리가 놀라서 바다에 들어갈 때 총으로 쏘고 붙들어서 2마리를 잡았습니다."라고 했다. 가지어굴은 울릉도의 황토굴을 가리키는 듯하나 확실하지는 않다. 그 역시 다른 수토관들과 마찬가지로 자단향과 청죽, 석간주 그리고 가지어 가죽 2벌을 수토의 증거로 비변사에 제출했다.

순조 31년(1831) 4월 8일 삼척영장 이경정도 전례대로 울릉도 황토구미에 도착하여 수토를 시작했다. 그는 황토구미를 지나 병풍석, 황토굴, 이어 현석구미玄石龜尾로 향해 가다가 거기서 가지어 백 수십 마리가 무리를 이루어 소처럼 울고 있는 모습을 목격했다. 그는 포를 쏘거나 막대기로 내려쳐서 2마리를 잡았다. 수토 후 다른 특산물과 함께 가지어 가죽 두 벌을 비변사에 제출했다.[199] 그는 백 마리가 넘는 가지어를 울릉도에서 목격한 것이다. 수토관들은 가지어가 아무리 많아도 비변사에 제출할 두 마리만을 포획했다.

---

197 위의 문서.

198 『日省錄』 순조 27년(1827) 5월 19일.

199 『日省錄』 순조 31년(1831) 5월 14일.

헌종 7년(1841) 강원감사의 조회에 따르면,[200] 월송만호 오인현은 수토 당시 잠선潛船 9척을 적발, 선주와 사공 등 15명을 체포하고 격군 등 75명은 석방했다. 오인현은 뇌물을 받았고 왜학은 이를 묵인했다. 동래 왜학이 관련된 문제인지라 그의 처벌을 요청하는 공문이 경상도 관찰사에게 갔다. 선주와 사공 등의 인적 사항은 밝혀지지 않았다. 헌종 15년(1849) 수토관 월송만호 이규상의 보고에 따르면, 4월 18일 울릉도 황토구미에 도착해서 전라도 배 14척과 경상도 배 2척, 강원도 배 2척 등 총 18척이 있는 것을 보고 놀랐으며 선주들을 구치했다. 선주들은 모두 표류해서 울릉도에 오게 되었다고 진술했다. 이들을 4척의 배로는 모두 태울 수 없어 18명의 선주만 4척의 배에 나누어 타게 하고 윤4월 4일에 진으로 돌아왔다. 경상도 선박 2척 가운데 1척의 선주는 통영에서 이양선異樣船을 조사하는 일로 공문을 가져왔다고 진술했다.[201] 전라도 선박 14척은 미역 채취를 목적으로 온 것이다. 이양선에 관한 기록을 보면, 1849년 3월 초 영해에 사는 정금준과 정응진이 주문진에 갔다가 풍랑을 만나 표류하여 울릉도 북쪽에서 이양선을 만나 구조된 적이 있다.[202] 이즈음 동해에 포경을 위해 서양의 이양선 출몰이 빈번했지만 수토관이 고래를 목격한 사실을 기록한 적은 없다.

1857년에도 수토관은 울릉도에서 가지어를 목격했다.[203] 월송만호 지희상은 4척의 배로 4월 11일 월송포를 출발하여 평해의 구산진 후풍소에서 바람을 기다렸다가 5월 8일 떠나 대풍구미에 도착했다. 그는 황토굴

200 『刑房來報關錄』 제1책, 1841년 6월 22일.

201 『日省錄』 헌종 15년(1849) 5월 4일. 이양선에 대해서도 搜討라는 표현을 하고 있다(『嶺左兵營啓錄』 1책, 1849년 8월 9일).

202 『嶺左兵營啓錄』 1책, 1849년 3월 30일.

203 『江原監營啓錄』 2책, 1857년 윤5월 15일.

옆의 병풍석에서 전임 수토관 이준명과 석충선의 이름이 각석된 것을 보았고, 10일에는 통구미에서 가지굴에 가지어 10여 마리가 있다가 바다로 뛰어드는 장면을 목격했다. 그는 총과 몽둥이를 사용하여 겨우 진상할 수량만 잡았다. 그는 가지어가 모양은 두더지와 같았고 발은 물개와 같았다고 묘사했다. 그 역시 해산물은 미역과 전복뿐이라고 기술했다. 가지어와 물개를 따로 썼으므로 강치와 물개를 구분하고 있었음을 알 수 있다.

여러 수토관의 보고로 알 수 있는 것은 정조 연간까지는 주로 경상도 연해의 사람들이 울릉도에 왔다면, 순조 연간부터는 전라도 사람들이 오기 시작했다는 사실이다. 수토관으로는 강원도 월송포와 삼척진의 무관이 번갈아 파견되었고 원역은 흥해와 울진 등지에서 온 사람들이었다. 이 때문에 울릉도 산물을 둘러싼 이해 관계가 복잡하게 얽혀 전개된 듯하다. 수토관들은 수토 증거로 가지어 가죽 두 벌을 비변사에 제출했는데 이들이 가지어의 군집을 목격하거나 포획한 곳은 독도가 아니라 울릉도였다. 전라도 사람들은 1882년 개척령이 나오기 전부터 울릉도를 왕래하고 있었고 이들은 개척 이후 1890년대까지도 미역을 목적으로 자주 왔다. 본래 미역은 세금을 납부해야 하는 품목이었다. 정부는 선전관 혹은 검찰관의 명목으로 관리를 파견하여 미역세 상납을 감시하도록 지시했고, 파견된 선전관은 월송만호의 비리를 적발하여 미역을 압류하기도 했다. 이렇듯 19세기 중반까지 조선인의 울릉도행은 전복과 미역 채포가 주 목적이었다.

3) 울릉도 도해금지령 이후 일본인의 울릉도·독도 도해

일본인들은 1696년 울릉도 도해금지령이 내려진 후로 상당 기간 도해하지 않은 듯하지만 언제까지인지는 알 수 없다. 1696년의 도해금지령 이후 막부가 두 섬에 관심을 다시 표명한 시기는 1720년대에 들어와서다. 1724년 4월 28일 막부의 감정봉행勘定奉行 가케이 하리마노카미(筧播磨守)는 돗토리번에 다케시마(울릉도) 관련 문서와 회도를 제출할 것을 요구했다.[204] 막부는 겐로쿠 연간에 요나고에서 도해한 사람들의 숫자와 선박 수, 무기 소지 여부도 질문했다. 1720년대만 해도 겐로쿠 연간에 울릉도에 도해했던 사람들이 생존해 있었다. 이에 돗토리번은 1690년대에 도해했던 생존자들을 찾아 과거의 기억을 더듬게 하고 수목과 조수, 강치에 대해서도 조사하여 보고했다. 돗토리번은 다케시마와 마쓰시마 두 섬과 일본에서의 거리관계, 선두와 수부의 숫자(대략 20여 명), 조선인 숫자(30명에서 50명), 일본 선박은 200석 규모에 두 척, 그리고 강치를 잡기 위해 총포 8~9정을 소지한다는 내용 등을 막부에 보고하고, 1724년 윤4월에는 두 섬을 그린 회도繪圖 사본도 제출했다. 이 회도[205]에는 울릉도와 독도가 그려져 있고 양국에서의 거리 등이 자세히 나타나 있다. 막부는 1724년 5월 돗토리번에 과거 울릉도에 도해했던 사실과 관련된 문서를 다시 제출할 것을 요구했다. 이에 돗토리번은 회도를 재작성하여 제출하고 직접 답변했다. 이런 정황은 돗토리번 요나고 사람들이 적어도 도해금지령 이후 1720년대까지 공식적으로는 울릉도에 도해하지 않았음을 의미한다.

---

204 「다케시마에 관한 질의서(御尋之書付)」(1724. 5. 1.)(『竹嶋之書附』, 1724)

205 「고타니 이헤가 바친 다케시마 회도를 필사한 회도」. 고타니 이헤(小谷伊兵衛)는 1689년에서부터 1700년에 걸쳐 돗토리번의 에도 유수거(留守居)였다.

1740년에서 1744년 사이 오야 가는 막부의 사사봉행에게 도해금지령이 내려진 후로부터 생계에 곤란을 겪고 있던 정황을 호소하며 대책을 요청한 바 있다. 1740년 4월 8일 오야 규에몬은 사사봉행 마키노 엣츄노카미(牧野越中守)에게 불려가 답변했다. 이 사실은 돗토리번 에도번저에도 보고되었다. 사사봉행은 "다케시마(竹嶋)·마쓰시마(松嶋) 두 섬에 대한 도해금지령이 내려진 이후 요나고 성주의 도움으로 살아왔다는 것은 녹봉을 받은 것을 의미하는 것인지"를 물었다. 이에 오야는 생선과 조류의 도매수수료를 받는 일을 해서 살아왔다고 답변했다. 이에 사사봉행은 에도의 나가사키봉행에게 청원서를 제출하도록 했다.

1741년 6월 10일 오야 규에몬은 다시 나가사키봉행을 방문하여[206] "겐로쿠 연간 다케시마 마쓰시마 두 섬의 도해가 금지된 이후"의 상황을 언급했다. 이는 오야·무라카와 두 집안은 물론이고 막부도 1696년의 도해금지령을 '다케시마·마쓰시마 도해금지령'으로 받아들이고 있었음을 의미한다. 그렇다면 1724년 혹은 1740년 이전까지 일본인은 울릉도와 독도에서 어로하지 않았고 조선인의 어로만 행해졌음을 알 수 있다.

일본인들의 울릉도 도해를 다시 막부가 적발한 것은 1836년에 와서다. 1699년부터 1830년대 사이 일본인들이 울릉도와 독도에서 공개적으로 어로한 형적에 관해서는 기록이 없다. 『다케시마도설(竹島圖說)』(1751~1763)도 1724년에 돗토리번이 막부에 보고한 내용을 인용했으므로 18세기 중반까지도 요나고 사람들이 울릉도에 도해하지 않았음을 알 수 있다. 1823년에 간행된 『오키고기집(隱岐古記集)』은 울릉도를 일러 대나무가 울창하고 큰 섬이라고 기술하고, "이곳에서 조선을 바라보면 인슈에

206 「大谷九右衛門 江戸表ニ於テ願一件」, 54–55丁(『村川家文書』, 요나고시립도서관 소장)(池内敏, 「'國境'未滿」, 『日本史研究』 630호, 日本史研究會, 2015, 17쪽에 원문 수록)

서 운슈를 바라보는 것보다 가깝다고 하는데 지금은 조선인들이 와서 산다고 한다."라고 기술했다. 이는 1820년대를 전후하여 울릉도에 사람이 살고 있었음을 보여주는 대목이며, 이를 기술했음은 일본인도 은밀히 도해하여 조선인의 존재를 확인했음을 의미한다.

19세기에 울릉도 도해 사실이 발각된 자들은 돗토리번 사람이 아니라 하마다번 사람이었다. 덴포 연간에 도해했다가 적발된 사건이므로 '덴포 다케시마 일건'이라고 한다. 울릉도 도해는 1833년에서 1836년 사이에 있었고, 1836년에 발각되었다. 1833년 7월에 이마즈야 하치에몬은 울릉도로 도해하여 한 달간 머무르며 벌목과 어로 활동을 했다. 이 사건은 하치에몬과 그를 도와준 하마다번의 관리를 사형에 처하고, 중신들이 조사받기 전에 할복하는 것으로 마무리되었다. 이 외에도 연루자 전원에게는 각각의 죄에 맞게 관직 박탈, 중추방, 연금軟禁, 무거운 질책, 벌금 등의 형벌이 내려졌다. 막부는 이 사건 이후인 1837년 2월 전국적으로 '다케시마 도해금지령'을 냈다.

그런데 막부는 도해금지령을 내기 전인 1836년 7월, 쓰시마번에 두 섬의 소속에 관해 물은 적이 있다. 이에 대하여 쓰시마번은 다케시마 근처에 마쓰시마가 있어 일본인들이 어로했다고 회답했다. 어로한 곳은 마쓰시마 즉 독도가 되고 어로한 사람은 돗토리번 사람이 된다. 이 사건은 이전에는 하치에몬이 도검 등을 싣고 울릉도에 가서 (조선인과) 밀무역을 한 사건으로 간주했었으나 목재와 인삼 등을 싣고 왔지만 외국인과 교통한 사실은 없었다는 사실이 새로이 밝혀졌다. 하치에몬은 다케시마(울릉도)라는 공도空島에 초목이 무성하고 전복 외에도 물고기가 많다는 사실을 알고 있었다고 자백했다.[207] 그러나 19세기 전반 하치에몬을 비롯

207 『竹島渡海一件記』

한 일본인들의 활동은 목재와 인삼 등의 수송에 한정된 듯하다. 하치에몬은 전복과 강치를 수송해오지 않은 것으로 보인다. 그는 어업을 본위로 하는 사람이 아니라 운송업자였기 때문이다.

3. 근대기 한·일 양국인의 울릉도·독도 이용

1) 1900년 이전 양국인의 울릉도·독도 이용

일본은 1868년 메이지유신을 단행하여 천황 친정체제로 전환하는 한편 근대 국가로의 전환을 추진했다. 이즈음 나가사키에서 블라디보스토크를 왕래하다가 울릉도를 목격한 자들이 새로운 섬을 발견했다며 이 섬을 개척하고 싶다는 청원서를 제출했다. 이들은 울릉도를 마쓰시마로 칭했다. 시마네현 방면에서도 신도新島 개척원을 제출했는데 이들은 울릉도를 다케시마로 칭했다. 동일한 섬을 부르는 호칭이 지역민에 따라 다르자 1880년 9월 해군성은 아마기함을 울릉도로 보내 조사하게 했고, 마쓰시마가 울릉도라고 결론내렸다. 그러나 이후에도 호칭 혼란은 계속되었고, 신도 개척원과 별개로 시마네현과 야마구치현 등지의 사람들은 여전히 조선으로 출어했다.

근대기에 일본인들이 조선의 어장으로 진출한 시기는 1800년경부터로 보기도 하지만 문헌에는 1879년에 울릉도에 출어한 것으로 되어 있고[208] 이런 사실이 조선 정부에 보고되기 시작한 것은 1881년경이다.[209] 야

208 1878년에 에노모토(榎本) 공사가 울릉도의 존재를 처제에게 알려주자 몇 명이 울릉도에 갔다가 일단 귀국하였고 그 다음 해에 벌목과 어로에 종사한 것으로 되어 있다(야마모토 오사미(山本修身), 『복명서』 안의 「메이지 17년 울릉도 일건록」. 박병섭, 『한말 울릉도·독도 어업』, 2009, 부록 93쪽 참조).

209 일본 어민의 제주 연안 침투는 1883년 이전부터이다. 한국은 제주와 아울러 울릉도도 통어권

마구치현에는 오우라(大浦)의 해녀들이 1879~1880년경부터 울릉도까지 가서 전복을 채취했다는 이야기가 전해져 오고 있다.[210] 1883년 야마구치현 관리 야마모토 오사미(山本修身)의 복명서에 따르면, 도쿄사람 치카마쓰 마쓰지로(近松松二郎)가 울릉도에서 전복을 채취한 것은 1880년경이다.[211] 이즈음 일본 해군은 울릉도 벌목을 위해 인부들을 군함으로 운송하는 등 전면적인 지원을 했는데 이때 울릉도에 간 사람들은 벌목 외에 전복 채취에도 종사했고 그 수는 400여 명에 달했다.[212] 그런데 거의 같은 시기에 미역을 채취하러 오는 조선인의 숫자도 300명을 헤아렸다.[213] 1882년 5월에 울릉도를 조사한 이규원은 자신이 만난 140명의 조선인 중 80%가 전라도 사람이었고 일본인이 78명이라고 했다. 전라도인은 벌목하며 배를 만드는 동안 미역을 따거나 전복을 캐서 가져갔고, 일본인들도 벌목을 하는 동안 전복 채포를 함께 했다. 본래 일본인들의 조선 출어는 경상도와 전라도를 중심으로 한 남해안과 제주도 어장이 주였으므로 울릉도 진출은 활발하지 않았었다. 그런데 제주도에서의 어로가 금지되자 전복을 찾아 울릉도로 옮겨 오거나 일본에서 직접 울릉도로 온 것이다.

조선 정부가 일본인의 도항과 벌목을 항의하자 일본 태정대신은 1883년 3월 각 지방 장관에게 유달諭達을 내려 과거에 내린 도해금지령을 다시한번 주지시킬 것을 내무경에게 지시한 바 있다. 그런데 일본 정부가

밖에 둘 것을 일본 측에 제안했으나 일본은 제주도가 4도에 속하지 않는다는 조선 측 주장을 받아들이지 않았다(『日案 1』 문서번호 253, 『구한국 외교문서(舊韓國外交文書)』 제1권). 한우근, 「개항 후 일본어민의 침투」, 『동양학』 1, 1971, 7-8쪽에서 재인용).

210 吉田敬市, 『朝鮮水産開發史』, 朝水會, 1954, 201쪽.

211 야마모토 오사미, 『복명서』(박병섭, 2009, 부록 1, 95쪽).

212 박병섭, 2009, 위의 책, 12쪽.

213 1882년 검찰사 이규원이 일본인과 응대할 때 밝힌 내용이다(위의 책, 95쪽).

이것이 제대로 시행되고 있는지 파악되기 전에 1883년 봄[214]부터 후쿠오카현 하야세 간페이(早瀨岩平)[215]가 수십 명을 이끌고 울릉도로 도항하고 있다는 사실이 원산영사관의 보고로 전해졌다. 고베의 상인 오니시 우헤(大西宇兵衛)의 선박으로 후쿠오카현과 야마구치현 사람 80여 명을 울릉도에 실어다 주었다는 소문이 돌고 있었다. 이들은 울릉도에 잠입하여 수목과 어류를 채취했다. 그 후에도 일본인 수백 명이 울릉도에 들어와 어로를 했다.[216]

1883년 10월 내무성 소서기관 히가키 나오에가 자국민을 쇄환하기 위해 울릉도에 왔을 때 울릉도에는 255명 혹은 266명이 있었다.[217] 야마구치현 사람이 147명으로 가장 많고 그 다음이 후쿠오카현 34명, 시마네현 22명 순이었다. 주로 벌목을 목적으로 왔지만 어로도 함께 했고 전복을 채포하여 가공하는 일을 했다.[218] 1883년 「재조선국 일본인 통상장정在朝鮮國日本人通商章程」이 체결된 후부터는 일본인들의 조선 출어가 본격화했다. 전복[219]을 목적으로 도항한 일본인들은 해녀를 고용하여 제주도

---

214 그해 봄에 처음 왔다는 의미가 아니라 3월에 갔다가 9월경까지 있다가 돌아가고 있었다. 그 전부터 도항하고 있었다는 의미이다.

215 1883년 조사 「마쓰시마 정황서」에 보인다(하야세 조는 총원 약 70명으로, 중요한 인물은 본현 아카마가세키 거주 하야세 간페이임).

216 송병기, 『울릉도와 독도 그 역사적 검증』, 역사공간, 2010, 173쪽.

217 박병섭, 「한말 일본인의 제3차 울릉도 침입」, 『한일관계사연구』 35, 한일관계사학회, 2010, 217쪽. 기록에 따라 다르기 때문이다.

218 1883년 10월 17일 야마구치현 사람 모리시게 요스케의 진술에 따르면, 처음에는 사족에게 고용되어 마쓰시마 즉 울릉도에서 전복 가공에 종사했으나 후에 직접 직공과 인부 25명을 고용하여 벌목과 어업에 종사했다고 한다(『조선국 울릉도에 불법 도항한 일본인을 데리고 온 일에 대한 처분 건(朝鮮国蔚陵島へ犯禁渡航ノ日本人ヲ引戻処分一件)』(경상북도 독도사료연구회, 『독도 관계 일본 고문서 5』, 2018)).

219 조선인의 전통어업의 어획물은 명태, 조기, 새우, 멸치, 청어, 대구 등이었고 전복은 해삼과 함께 주로 일본인의 어획물이었다. 조선인이 채취한 우뭇가사리도 일본으로 수출되었는데(강재순, 「『韓國水産誌』 편찬단계(1908년)의 전통어업과 일본인 어업」, 『동북아문화연구』 27집, 동북아시아문화학회, 2011, 130쪽), 울릉도에서는 일본인이 채취했다.

에 이어 울릉도로 와서 통어했다. 이들은 전복을 채취해서 말려야 했으므로 섬 안에 건조장이 필요했고 이를 위해 울릉도민에게 필요한 물품을 교역하는 형태로 접촉하여 건조장을 마련했다.

일본 잠수기업자들이 조선으로 눈을 돌리게 된 데는 일본에서 남획하여 자원이 고갈될 우려가 있어 일본 각지에서 규제가 심해졌기 때문이다. 이들은 조선에서도 초기에는 남해 쪽에서 어획했는데 업자가 많이 몰려 남획하여 전복의 크기가 작아지자 새로운 어장을 찾아 강원도와 함경도 연해로 북상, 1888년경에는 울릉도에까지 진출했다.[220] 일본의 잠수기어업이 조선 어장으로 진출한 시기에 대해서는 이견이 있지만,[221] 기록상으로는 울릉도에서 전복을 채취한 시기가 1888년 4월부터이다.[222] 이즈음 전라도인들도 통어기에 울릉도에 와서 개충을 채집해 말려서 가지고 돌아갔다.[223]

1888년 후루야 리쇼(古屋利涉)[224]가 운영하던 잠수기회사의 사원 히메노 하치로지(姬野八郎次)와 미야케 가즈야(三宅數矢)는 7월 6일 4척의 선박에 2개의 잠수기를 싣고 전복 채포를 위해 울릉도에 들어왔다. 울릉도장 서경수는 이 사실을 상부에 보고하고 전복 1250근과 잠수기, 잠수복 두 벌을 몰수했다. 일본인들이 귀국 후 일본 정부에 배상금을 요구하자, 일본 대리공사 곤도 신스케(近藤眞鋤)는 「통상장정」 제41조를 들어, 울릉도 거

220 박병섭, 2009, 앞의 책, 18쪽.

221 가와카미 겐조는 구마모토현 사람의 증언을 인용하여 1883년으로 보았는데, 이들은 귀로에 독도에도 들러 전복과 강치를 잡은 것으로 되어 있다.

222 『各司謄錄』 1888년 4월 8일.

223 『寰瀛水路誌』, 1886.

224 대마도 잠수기 선단이던 후루야는 1884년 서귀포에서 조업하려다 제주목사의 저지를 당하자 귀향했다가 다시 잠수기회사를 차려 울릉도에 들어왔다. 그러나 다시 조업이 금지되자 통어권을 주장하며 2만 8천 엔의 배상을 요구했다. 이 회사의 직원이 1888년에 울릉도에 나타난 것이다(박찬식, 「개항 이후(1876~1910) 일본 어업의 제주도 진출」, 『역사와 경계』 68, 부산경남사학회, 2008, 155쪽).

주는 규정 위반이지만 통어권은 정당하다고 주장했다.[225] 「통상장정」에서 조선의 4개도 근해에서의 일본인의 어로를 인정한 것은 맞지만, 교역은 허락하지 않았으므로 조선 정부는 위반자의 물품을 몰수할 수 있었다.[226] 일본인들이 울릉도에서 어로 행위만 한 것이 아니라 전복을 말리기 위해 축실築室을 하고 교역 행위를 했기 때문이다. 그럼에도 조선은 이들 범법자를 처벌하지 못했다. 일본인에게 치외 법권이 있는 데다 울릉도에서 부산영사관으로 인도하는 일 자체가 거의 불가능했기 때문이다. 결국 조선 정부는 일본인에게 압수한 전복과 물품을 반환해야 했다.

1889년 3월 중순경 일본인 선단이 울릉도에 왔다. 6월 월송포만호 겸 울릉도장 서경수는 미야케 가즈야(三宅數矢)와 히사이 도모노스케(久井友之助)를 포함한 186명이 24척의 배로 울릉도 왜포倭浦[227]에 정박, 사기그릇 등을 가져와 콩과 교환한 것은 「통상장정」 위반이 확실하므로 물화는 몰수하고 벌금 50만 문을 징수하도록 공사관에 알린 뒤 이후에도 이런 폐단이 없게 해줄 것을 상부에 요청했다. 통리교섭통상사무아문은 이 내용을 일본 공사관에 조회했다.[228] 그럼에도 이후 일본인들은 울릉도민이 재배한 옥수수까지 훔쳐갔다.[229] 이때의 기록을 보면, 조선 정부는 일본 선박이 부산항 면허를 지녔는지를 부산항 감리에게 조회한 것으로 보이지만 이들의 전복을 몰수한 흔적은 보이지 않는다.

1889년 11월 「조선 일본 양국 통어장정朝鮮日本兩國通漁章程」이 체결되었

225 『各司謄錄』 1888년 12월 24일; 『日案 1』 문서번호 1229(『舊韓國外交文書』 제1권).

226 『朝鮮通漁事情』 부록 159쪽; 여박동, 「근대 한일관계와 거문도 어업이민」, 『경영경제』 26집 2호, 계명대 산업경영연구소, 1993, 233쪽.

227 왜선창을 가리키는 듯하다.

228 『統署日記』 20책, 고종 26년 6월 28일 조(한우근, 「개항 후 일본어민의 침투」, 『동양학』 1, 단국대학교 동양학연구원, 1971, 18쪽에서 재인용); 『일제의 독도·울릉도 침탈 자료집(1)-통서일기(1883-1895)』, 1889년 9월 19일(동북아역사재단, 『일제의 독도·울릉도 침탈 자료집(1)』 349-350쪽).

229 위의 문서.

다.[230] 이로써 어업 허가증을 소지한 일본인이 조선의 연안 3해리 이내에서 어업을 할 수 있게 되었다. 세금 관련 조항도 구비되어 어업면허세는 1년으로 하되 선원 수를 기준으로 세금을 매겼다. 그러나 어업세가 지나치게 적게 책정되었고 처벌 규정도 너무 관대했다.[231] 그럼에도 울릉도에 온 일본 선박은 대부분 무면허로 왔고 어업세도 납부하지 않았다. 1893년 6월 사토 교스이는 원양 어업의 일환으로 어부와 선원 11명과 함께 오키에서 울릉도로 왔고 이 일이 『산인신문』에 실렸다.[232] 이에 따르면, 울릉도민은 농업을 주로 하고 어업은 미역 채취뿐이며 내륙으로 수출하고 비싸서 세금을 대신한다고 했다. 아울러 규슈 사람들이 전복을 채취하여 큰 이윤을 얻는다는 사실, 리랑코도(Liancourt Rocks)가 강치(海驢) 서식지로 수백 마리를 헤아린다는 사실, 리랑코도 근해는 유망한 고래잡이 어장이라는 사실을 소개했다. 그러나 그는 리랑코도 어장에 대해서는 더 이상 조사하지 않았다.

1894년에 간행된 지리지 『조선 기문朝鮮紀聞』은 전라도 사람들이 어업 때문에 울릉도로 건너와 배를 만들어 돌아가는데 섬에는 인삼과 전복, 해삼이 난다고 기술했다. 가와카미는, 1897년에 오키 고카촌의 이시바시 마쓰타로(石橋松太郎)와 시로 하루이치(代春一)가 다케시마(독도)에 출어하여 강치를 잡았다고 기술했다.[233] 1898년 전후[234] 오키 어민들이 울릉도[235]에서 난파한 선박을 수색하기 위해 울릉도로 오던 도중 량코 섬(독도)에 강

230 주요 내용은 어업면허세 건, 포경 특허건, 탈세자 처분 및 어민 단속에 관한 건으로 이 규칙은 조인일로부터 2년간 시행된다. 「조일 양국통어규칙」이라고도 한다.

231 여박동, 1993, 앞의 글, 234쪽.

232 『山陰新聞』「朝鮮竹島探檢」 1894. 2. 18.(박병섭, 2009, 앞의 책, 97~100쪽에서 재인용)

233 가와카미 겐조도 1897년이라고 했다(川上健三, 1966, 앞의 책, 202쪽). 박병섭(2009, 앞의 책, 50~51쪽)은 오키어민이 난파선을 수색하던 시기와 일치한다고 하여 동일인으로 보았다.

234 오쿠하라 헤키운은 1906년에 쓴 글에서 지금부터 8~9년 전이라고 했다. 다무라는 1897년이라고 기술했다(김선희, 앞의 책, 2010, 121쪽).

235 독도 근처이다(유미림, 『「독도와 울릉도」 번역 및 해제』, 한국해양수산개발원, 2009, 20쪽).

치가 무리지어 있는 것을 보고 50~60마리를 잡아 일본으로 보낸 적이 있다고도 했다.[236] 가와카미가 말한 오키의 이시바시 등의 강치포획은 이를 말하는 듯하다. 1899년 규슈 오이타현의 어선은 1899년 3~4월에 울릉도를 기지로 하여 상어를 쫓다가 독도를 발견했다. 오이타현의 어부들은 1900년 봄까지 독도에서 2~3회 상어잡이를 했는데 1회당 몇 개월이 걸렸다.[237]

이렇듯 일본인의 울릉도 출어가 잦아지는 한편 울릉도에 거주하는 일본인들이 자원을 자주 반출하자 한국인과 마찰을 빚게 되었다. 이에 대한제국 정부는 배계주로 하여금 부산해관의 라포르트와 함께 진상을 조사하게 했다. 1899년 6월에 울릉도를 조사한 라포르트는 해채세와 조선세,[238] 중개 수수료를 언급했다. 해채세는 전라도인이 가져가는 미역에 부과하는 10%의 세금을 가리킨다. 해채가 김이나 우뭇가사리를 의미할 때가 있지만 우뭇가사리는 수출 화물이었으므로 해채세가 적용되는 품목이 아니었다. 1890년대 초기까지도 울릉도민은 미역에 대한 세금을 중앙 정부에 상납했다.[239] 1899년 6월경 내부가 배계주를 다시 도감에 임명할 때 규칙[240]을 지시했는데, "어곽魚藿에 관한 세금은 사실대로 조사하여 본부에 상납할 것"을 규정했다. '어곽'이라고 했지만 미역에 대한 세금을 의미한다. 당시 라포르트가 파악한 울릉도 가구는 500호, 3,000명

236 위의 책, 18쪽.

237 박병섭, 2009, 앞의 책, 47쪽.

238 선박 건조에 사용된 나무에 대한 세금은 선박 한 척당 부과되는 것인데 그것은 기록에 따라 10,000원, 엽 100냥, 4원으로 나온다. 조선造船용 목재에 대해서는 파把를 기준으로 세금이 부과되었다.

239 조선 후기 해세는 주로 어염세이다. 1899년에는 지방관에게 해세 관할권이 귀속되었다가 1901년에는 관할권이 탁지부에서 궁내부로 이속되었고 1903년에는 다시 내장원으로 이속, 다시 탁지부로 환속되었다(박성준, 「1901~1910년 해세 징수체계의 변화」, 『역사문화연구』 31, 한국외국어대학교 역사문화연구소, 2008, 34쪽).

240 모두 7개조로 되어 있다(『皇城新聞』 「仍任裵監」 1899. 6. 15.).

이었는데[241] 개척 초기부터 정부가 면세를 약속했으므로 세금은 부과되지 않았고 전라도인에게만 해채세가 부과되었다. 라포르트는 조사를 통해 도감이 일본인에게 징세하고 있던 정황을 파악했고 이를 부산해관에도 보고했다.[242] 도감이 일본인에게 부과한 세금은 2%의 수출세였다. 개항장에서의 수출입 관세는 표준이 5%의 종가세였다.[243] 따라서 2%라는 낮은 세율은 도감이 불법 행위를 묵인해주는 데 대한 쌍방 합의의 거래였다. 오성일이 도감직을 대행할 때도 일본인에게 징세했는데 일본인의 수출 품목이 무엇이었는지는 밝혀져 있지 않다. 하지만, 대對일본 수출품에 울릉도 규목과 곡물 및 전복과 우뭇가사리가 있었으므로 해산물도 수출품이었음을 알 수 있다.

1900년 6월 내부의 시찰관 우용정과 부산영사관의 부영사 아카쓰카 쇼스케는 함께 울릉도를 조사했는데 1899년에 조사했던 부산해관의 라포르트도 입회자로서 참여했다. 이 조사에서도 일본인이 관행적으로 납세해왔던 정황이 드러났다. 아카쓰카는 일본인이 수출한 해산물 통계를 본국에 보고했는데, 해산물은 1897년에 전복 6,000근 우뭇가사리 8,000근, 1898년에는 전복 6,000근, 우뭇가사리 8,000근, 1899년에는 전복 800근, 우뭇가사리 2,000근을 수출했다.[244] 당시 오징어잡이도 병행되었다고 하는데 오키사람들이 와서 어획한 것을 가리킨다. 수출품 가

---

241 『독립신문』 기사는 1,133명으로 보도했으나 당시 인구가 가구당 5~6명이었을 것임을 감안하면 397호에 1,133명은 적은 숫자이다.

242 『海關案 2』 문서번호 1231, 「鬱陵島 調査報告書 送呈의 件」(1899. 7. 30.)(『舊韓國外交關係附屬文書』 제2권)

243 해관세칙에 의하면, 수입세는 5%에서 35%까지로 다양하지만 수출세는 대체로 5%로 균일했다. 김순덕, 「1876~1905년 관세정책과 관세의 운용」, 『한국사론』 15, 1986, 271-273쪽; 윤광운·김재승, 『근대 조선 해관연구』, 부경대 출판부, 2007.

244 『鬱陵島における伐木關係雜件』(明治16~32) 「울릉도 조사개황 및 산림조사개황 보고 건」.

운데 울릉도의 일본인이 전적으로 채취해서 수출한 해산물은 전복과 우뭇가사리였다. 당시 어선들의 대부분은 독도에도 갔다.[245] 그러므로 독도 해산물도 울릉도 수출품에 포함됐을 것이다. 더구나 생복은 건조가 필요했으므로 독도산 전복을 울릉도로 수송해서 건조시킨 후에 수출했을 것이다.

일본인들은 자발적으로 도감에게 납세를 자원했으나 자국의 세력이 강대해지자 2%의 세금마저 회피하려 했고, 적발당했을 때만 어쩔 수 없이 납세했다. 징세하는 측이나 납세하는 측 모두 불법행위였으므로 징세자 도감은 영수증을 발급하거나 미납자를 징계할 수 없었다. 당시 대한제국 정부의 입장은 비개항장에서의 징세는 허락하지 않는다는 것이었다. 하지만 1900년 6월 우용정의 보고 후 정책이 급변하여 군수의 과세권을 합법화해주는 방향으로 선회했다. 그 결과가 칙령 제41호(1900. 10. 25.)이고, 칙령의 후속조치로 나온 세칙이 「울도군 절목」(1902. 4.)이다. 「울도군 절목」은 1900년에 우용정이 이전에 전라도인의 청원으로 5%로 줄였던 미역세를 다시 10%로 환원시켰다. 우용정이 조사할 때 울릉도민과 일본인이 합동으로 포경捕鯨을 하고 있다는 사실도 드러났으므로 고래도 어획물 중의 하나였다고 보인다. 우용정의 보고 직후까지도 외부대신 박제순은 일본이 말하는 수출세 2%가 터무니없이 적어 벌금에 해당하므로 수출세로 인정하기 어렵다는 입장을 취했다.[246] 이는 하야시 공사가 대일 수출품에 관세를 징수하고 현상을 유지하는 것이 서로에게 이득이 된다며 권유하는[247] 것을 거부하려는 논리였다. 그러나 울릉도 재류

245 川上健三, 1966, 앞의 책, 207쪽.

246 『日案 5』, 문서번호 5905(1900. 9. 7.) 조복 64호(『舊韓國外交文書』 제5권)

247 『日案 5』, 문서번호 5901(1900. 9. 5.)(『舊韓國外交文書』 제5권)

일본인의 퇴거가 점점 요원해지자 과세권을 적극 행사하는 방향으로 선회한 것이다. 1902년에 세율이 2%에서 1%로 줄어든 것은 그만큼 일본인의 저항이 거세졌음을 의미하지만 그럼에도 정부는 군수의 과세권을 폐지하지 않고 도리어 세율까지 명기하여 존속시켰다.

1900년 아카쓰카 부영사가 조사한 바에 따르면, 울릉도에 있던 일본인 67명은 대부분 시마네현 출신이고 이 가운데 어업 관계자는 돗토리현 사람이 1명, 시마네현 사람이 3명, 오이타현 사람이 2명이었다. 이들은 대부분 2~3년간 울릉도에 머물며 영구 거주를 꾀하고 있던 자들로서 1904년에는 독도에서 강치를 잡았다. 아카쓰카가 하야시 공사에게 보고한 울릉도 수출품은 콩, 보리, 전복, 우뭇가사리, 끈끈이 등이고 미역은 포함되어 있지 않다.[248] 일본인들이 전복과 우뭇가사리를 지속적으로 채포하고 있었음을 알 수 있다. 아카쓰카에 따르면, 울릉도 수출화물 중 곡물은 '한국인이 산출한 것'인 반면, 해산물은 '일본인이 직접 채취하여 가져가는 것'이었다. 즉 1904년 당시 해산물의 어획과 수출은 일본인의 전유 활동이었던 것이다. 울릉도와 독도의 해산물은 울릉도에서 가공되어 사카이항으로 직수출되었다.

2) 1900년 이후 울릉도 재주 일본인의 울릉도·독도 어로

칙령 제41호의 공포 이후 울릉도에서의 어업활동에 관해서는 1901년 8월 초에 울릉도를 시찰한 부산해관의 스미스의 일본인 어업 현황에 관한 보고서로 알 수 있다. 이 보고서에 따르면, 해마다 3~6월 사이에 300~400명의 일본인이 사카이에서 와서 어렵 혹은 벌목에 종사하며,

248 『鬱陵島における伐木關係雜件』(明治16-32) 「울릉도 조사개황 및 산림조사개황 보고 건」

일부는 목재와 콩, 보리, 감자, 마 등을 실어 운송하는 일에 종사한다. 이들은 허가받지 않은 채 불법으로 벌목했으며, 각종 수출입품에도 세금을 내지 않았다. 수출품은 말린 전복과 해삼, 황두 300석 및 끈끈이 등이고, 수입품은 쌀과 소금, 장, 술, 식품과 기타 포목 등이었다. 울릉도에서의 주된 어로는 전복과 해삼 채포였고 오징어 어업은 아직 시작되지 않았다.

울릉도의 오징어를 가장 먼저 잡은 자들은 오키사람들이었다. 오키 도젠의 어민들이 와서 1887년부터 잡기 시작했다.[249] 메이지 초기에 벌목을 목적으로 도해했던 자들이 오징어를 발견한 뒤 어선 등을 갖추고 어획을 시작했고, 이후 개량 어선이 보급됨에 따라 1897년 이후부터는 오키의 도젠과 도고에서 오징어 어로를 위해 울릉도로 오는 것이 붐을 이루었다. 특히 생활이 어려운 도젠사람들은 일확천금을 노리고 울릉도로 출가出稼했는데 그 중에는 어획물 제조를 위해 가족을 데리고 도항한 경우도 있었다.[250] 1897년 약 반년 간의 오징어잡이를 마치고 오키로 향하던 십 수 척의 선단이 리랑코도(독도) 근처에서 폭풍우를 만나 조난당했던 일도[251] 오키사람들이 그 이전부터 오징어잡이를 해왔음을 방증한다.

구즈우 슈스케(葛生修亮)는 울릉도의 일본인들이 수목 벌채 및 대두와

249 김수희는 고지마 슌페이(兒島俊平)의 논문을 근거로, 1887년경 오키섬 지부리군 우라고촌 어민들이 벌목 노동자로 고용되어 와서 울릉도 연안에 오징어가 많다는 사실을 알았지만 오징어 어업을 할 수 없었다고 했다(김수희, 「일본식 오징어어업의 전파과정을 통해서 본 울릉도 사회의 변화과정」, 『대구사학』 115, 대구사학회, 2014, 5쪽). 그러나 고지마는 오키사람들이 울릉도에 오징어가 많다는 것을 알게 된 것은 메이지 초기부터이고 1887년은 처음으로 오징어잡이에 나설 수 있게 된 해이며 그 후 개량선의 보급으로 활발해졌다고 기술했다(兒島俊平, 「隱岐漁民의 竹島(鬱陵島)行」, 『鄕土石見』 21호, 石見鄕土研究懇談會, 1988, 43쪽).

250 위의 글, 43~45쪽.

251 박병섭, 2009, 앞의 책, 31쪽.

우뭇가사리 수출에 종사한다고 했다.[252] 그는 수출품으로 우뭇가사리만을 제시했지만, '양코도' 즉 독도 근해에 전복과 해삼, 우뭇가사리, 강치(海馬)가 무수하고 상어잡이가 유망하다고 했으므로 이들도 어획했을 것으로 보인다. 그 시기는 『한해통어지침』(1903)을 쓴 해로부터 수년 전이므로 일본인들이 독도에서 전복을 채취한 시기는 1900년 전후일 것이다. 1901년의 울릉도 수출품에 우뭇가사리와 말린 전복, 해삼은 있지만, 강치와 오징어, 상어는 들어 있지 않다. 구즈우 슈스케가 말한 상어잡이는 울릉도 재류자가 아니라 오이타현이나 야마구치현의 원양 어업자들이 와서 어획했으므로 수출품에 없다. 오징어도 아직 울릉도 어민들이 어획하던 단계가 아니었다.

1902년 내부는 「울도군 절목鬱島郡節目」을 울도군수에게 내렸다. 일본인의 울릉도 침탈과 그로 인한 섬의 황폐화를 더 이상 방치하기 어렵다고 판단한 데 따른 조치였다. 절목의 서두에 "본 군(울도군)이 승격된 지 이미 2년이 지났는데도 전도全島의 서무庶務가 아직 초창함이 많은 가운데…"라고 하여 칙령 제41호의 연장선상에서 나온 것임을 밝혔으므로 '석도'나 '독도'를 명기하지 않았더라도 군수의 관할 지역에 석도(독도)가 포함된다. 「울도군 절목」에서 울릉도 해산물에 관계되는 조목은 "각도 상선商船으로 울릉도에 와서 물고기를 잡거나 미역을 채취하는 사람에게는 사람마다 10분의 1세를 거두고, 그 밖에 출입하는 화물은 물건값에 따라 물건마다 100분의 1세를 거둬 경비에 보탤 것"이라고 한 것이다.[253] '물고기와 미역' 두 가지를 언급했지만 주로 미역세를 가리키며 내

252 葛生修亮, 『韓海通漁指針』, 흑룡회출판부, 1903, 121~123쪽.

253 "各道商船 來泊本島 捕採魚藿人等處 每十分抽一收稅 外他出入貨物 從價金每百抽一 以補經費事"

국세이다. 이에 비해 '출입하는 화물에 대한 100분의 1세'는 우용정이 화물에 대한 '수출세'임을 밝힌 바 있고 이것이 칙령의 과세권 규정과 「울도군 절목」으로 이어졌으므로 일본인에게 적용되는 세금이다.[254]

수출 화물은 주로 콩과 보리, 목재, 해산물이었는데, 곡물도 조선 본토보다 일본으로 수출된 양이 더 많았다. 1890년대 말 2%였던 세율이 1902년에는 1%로 낮아졌다. 일본인들이 조직한 일상조합은 규약[255]에서 "조합 유지비로 화물 주인에게서 수출세의 5/1000를 징수한다."[256]고 규정했다. 이 조합이 1906년에도 유지되고 있었으므로 일본인은 1905년 수출품 강치에 대해서도 수출세를 납부한 것으로 볼 수 있다.

「울도군 절목」이 울릉도에 전해질 즈음 부산영사관에 근무하던 니시무라 게이조가 울릉도에 부임했다. 그는 4월에 부임하자마자 보고서 작성에 착수하여 5월 30일자로 부산영사관의 시데하라 기주로(幣原喜重郎)에게 제출했다.[257] 이 보고서는 '(제7) 어업의 상황'에 대하여 다음과 같이 기술했다. 이 섬에서 어업하는 계절은 보통 3월부터 9월까지이고 수확물은 전복, 오징어, 우뭇가사리, 김, 미역 등 몇 종류에 지나자 않는다. 어업자는 구마모토(熊本)의 아마쿠사(天草), 시마네의 오키, 미에(三重)의 시마(志摩) 지방에서 온다. 한국인 어부는 전무한 듯한데 매년 전라도 삼도 지방에서 다수의 어부 등이 도래하여 해안에 만생한 미역을 채취한

254 울릉도에서 반입 반출되는 화물에 대한 세금 명목은 구문, 화물출항세, 수출(입)세, 화물세, 관세 등으로 다양하다. 일본 외무성은 관세임을 강조하기 위해 '수출세'라고 불렀다.

255 『通商彙纂』 제234호(1902. 10. 16. 발행)의 「韓國鬱陵島事情」에도 '조합규약'이 실려 있는데 1901년 8월 8일로 되어 있다. 오쿠하라는 이 규약을 초록한 것으로 보인다. 다만 『通商彙纂』에 실린 '조합규약'에는 수출세 언급이 없다.

256 유미림, 2009, 앞의 책, 75쪽.

257 『釜山領事館報告書 2』에는 표제가 「울릉도 상황」으로 되어 있다(1902. 9. 3. 발행). 『통상휘찬』에는 「韓國鬱陵島事情」(1902. 5. 30.)으로 되어 있다(『通商彙纂』 10책 제234호, 1902. 10. 16. 발행).

다. 올해는 아마쿠사와 오키의 어업자 모두 잠수기선 8척이 도동을 본거지로 정했고, 또한 시마의 해녀의 배 2척, 아마쿠사의 잠수부의 배 1척은 저동에 임시로 작은 가옥을 짓고 섬의 온 해안을 돌며 어획했지만 올해는 작년에 비해 흉어이므로 이윤이 많지 않을 전망이라고 했다. 또한 니시무라는 울릉도의 정동쪽 50해리 떨어진 곳에 일본인이 마쓰시마라고 부르는 '리양코섬'이 있는데 이 섬에 전복이 있어 울릉도에서 전복을 캐러 가는 자가 있으나 마실 물이 없어 4~5일 지나면 울릉도로 돌아온다고 했다. 1902년에 울릉도의 일본인이 독도로 전복을 채포하러 가던 정황을 언급한 것이다.

니시무라의 조사에 따르면, 556가구 3,340명의 한국인은 농업에만 종사하며 어업 종사자는 전무하고, 전라도 삼도 지방에서 20척 안팎의 선박이 와서 해안에 자라고 있는 미역을 채취해가고 있을 뿐이었다. 울릉도 물산 가운데 어류로 제시한 것은 전복, 말린 오징어(鯣), 우뭇가사리(天草), 김(海苔), 미역(甘藿)이다. 이때 오징어가 처음 등장했다. 니시무라가 오징어를 언급하고 『조선휘보』도 울릉도의 일본인들이 오징어를 어획하기 시작한 시기를 1902~1903년경으로 보았으며[258] 1903년 수출품에 오징어가 포함되어 있으므로 1902년 전후부터 오징어를 어획하기 시작했음을 알 수 있다. 미역은 한국인이 채포를 전유하는 품목이고 나머지는 일본인이 어획했다. 일본인들은 보통 3월부터 9월까지 어획했고, 해산물을 목재와 함께 일본으로 수출했다.

위에서 니시무라가 언급한, 독도에서 채포된 전복과 우뭇가사리도 울릉도 수출품에 포함되었다면 이 역시 「울도군 절목」에 따라 100분의 1세

258 『朝鮮彙報』 1915년 3월 1일, 81쪽.

를 납부한 뒤 수출했다고 보인다. 1903년의 수출품에는 오징어와 김이 추가되었다. 니시무라의 보고에 따르면,[259] 1903년 10월부터 12월 사이 울릉도 수출품 가운데 말린 오징어는 10관목貫目이다. 1904년 1월부터 3월까지는 김을 86관 300목 수출했다.[260] 1903년에 선업船業을 전업으로 하는 일본인은 58명이었고, 1904년에 어업을 본업으로 하는 일본인은 12명이었다. 어업을 본업으로 하는 일본인이 많은 것은 아니지만 이들은 울릉도와 독도에서 전복과 우뭇가사리, 해삼, 오징어, 김 등을 어획하고 점차 어종을 늘려갔다.

1905년 7월 31일 부산영사관의 스즈키 에이사쿠는 「울릉도 현황에 관한 보고서」를 외무대신에게 제출했다. 보고서에는 1904~1905년의 울릉도 현황이 담겨 있는데 해산물에 관한 내용도 포함되어 있다. 이에 따르면, '량코도' 즉 독도의 강치(토도)잡이는 1904년경 4월부터 9월까지 6개월간 울릉도민[261]이 잡기 시작했고 어선 한 조에 엽수와 수부 등 10명의 어부가 하루 평균 5마리를 잡았으며, 30인이 종사하고 있다. 1904년에 독도에서의 어로자는 모두 5조였는데 시마네현에서 온 사람이 4조이고 울릉도에서는 이와사키(岩崎)조가 왔다. 이와사키 조는 1905년 3월에도 한국인 7명, 일본인 3명이 2척의 배로 한 달에 약 200여 마리의 강치를

259 「江原道鬱陵島 情況報告」(1904. 5. 9.) 니시무라가 부산영사관보 스즈키 에이사쿠(鈴木榮作)에게 제출했다. 부산영사 아리요시 아키라(有吉明)는 외무대신 고무라 주타로(小村壽太郎)에게 5월 9일자 보고서(「江原道鬱陵島 情況」)로 보고했다(외무성, 『釜山領事館報告書 2』 1902–1905).

260 김은 1관목에 2엔이었다.

261 본방인이라고 하지 않고 울릉도민이라고 한 것으로 보아 한국인을 가리킬 가능성이 크다. 일본인의 주도하에 선박과 자금을, 한국인이 포획을 주로 담당한 것으로 보인다. 포획법은 총살, 그물, 작살, 때려잡기를 이용했다. 1905년에 출어한 3조 30여 명 중 한국인은 19명, 일본인은 13명이었다.

포획했다. 1905년에 독도에 온 울릉도 재류자는 모두 3조[262]로 늘어났다. 당시 강치 한 마리당 시가는 평균 3엔이었다.[263] 이에 울릉도 수출품에는 오징어와 김, 미역 외에 말린 전복(乾鮑)과 강치 가죽, 강치 기름이 들어 있었다. 김과 미역은 한국인이, 오징어와 전복은 일본인이 전적으로 어획하는 해산물이다. 전복은 1904년에 50관貫이 산출되어 50근斤이 수출되었다. 건조하면서 부피가 줄어들었기 때문이다.

스즈키 에이사쿠는 1905년 12월에도 외무성에 보고서를 제출했는데, 여기에도 울릉도 수출품 통계가 들어 있다. 1905년 12월의 수출품에는 1904년의 수출품 외에 강치 절임과 강치 찌꺼기, 전복 통조림이 추가되었다. 스즈키는 일본인 대부분이 도동에 거주하면서 수출입과 어업에 종사한다고 보고하고[264] 일상조합과 일본인의 상행위에 대해서도 보고했다. 일본인의 직업은 잠수업이 1905년 6월에 2명, 어부는 15, 27, 31명이고, 잠수부는 5월이 32명, 6월이 32명, 선승船乘은 5월이 31명이고 6월이 31명이었다.[265] 스즈키가 보고한 울릉도 해산물의 수출품 통계는 〈표 2-9〉와 같다.[266]

스즈키에 따르면, 오징어(五賊)는 울릉도 중요 수출품의 하나로 일본인이 전적으로 어로하는데, 5월부터 7월까지의 어획물을 하기 오징어, 8

262 일본인과 한국인 모두 8조, 70(65)여 명인데, 이 중 이와사키 조와 와키타 조, 우라고 조에 한국인이 포함되어 있다. 와키타는 와키타 쇼자부로(脇田庄三郎) 혹은 와키타 쇼타로(脇田庄太郎)로 나온다. 우라고 조는 앞에서 나온 가도 만타로를 가리킨다.

263 『通商彙纂』 제50호(1905. 9. 3. 발행, 『관보』 9. 18. 게재), 「鬱陵島現況」(1905. 7. 31. 보고).

264 1905년 12월 조사 당시 일본인 95가호, 인구 302명 가운데 51호, 180명이 도동에 거주한다. 이 가운데 수입상 13명, 수출상 9명, 중개인 9명, 어부가 24명이다. 한국인은 남양동(90호), 천부동(76호), 저동(62호), 사동(53호), 태하동(40호) 순으로 거주했다(『釜山領事館報告書 2』, 「鬱陵島現況」). 1905년 6월 조사 당시는 110가호, 인구 366명이었다(『通商彙纂』 제50호, 1905. 9. 3. 발행, 관보 9. 18. 게재).

265 『通商彙纂』 제50호(1905. 9. 3. 발행, 『官報』 9. 18. 게재) 「鬱陵島現況」(1905. 7. 31. 보고)

266 『釜山領事館報告書 2』 「欝陵島ノ現況ニ關スル報告書」(1905. 12. 6.)

월부터 9월까지의 어획물을 동기 오징어(혹은 가을 오징어)라고 불렀다. 하기오징어는 크기가 작은 반면 동기 오징어는 하기 오징어보다 두 배 더 크며 가격도 배 이상이다. 어업자와 비어업자의 구분없이 말린 상태로 수출하며, 수출액도 해마다 증가하고 있었다. 전복도 일본인이 전적으로 채취했는데 시마 지방의 기계선 2~3척과 해녀 30명이 매년 5월부터 9월까지 와서 채취하여 1905년에도 좋은 결과를 얻었다고 한다. 울릉도의 일본인은 독도에서도 전복을 채포했는데 전복은 대개 2~3길 전후의 얕은 바다에 부착되어 있고 심해에는 거의 서식하지 않으므로 잠수기를 사용할 필요가 없었다.[267] 당연히 독도 전복도 울릉도 수출품에 포함되었다.

〈표 2-9〉 1904~1905년 울릉도의 해산물 수출통계

품목/수량	1904년수량	1904년 가격	1905년 수량	1905년 가격	증감 비교
말린 전복	50관	187엔	9,100관	8,050엔	7,863엔 증가
말린 오징어	1,707관	1,707엔	1,479관[268]	1,529엔	178엔 감소
김	138관	414엔	174관	524엔	110엔 증가
미역	110,570파	1,383엔	53파	74엔	1,309엔 감소
강치 가죽	800관	600엔	1,275관	1,275엔	675엔 증가
강치기름	2석	26엔	49석	730엔	704엔 증가
전복 통조림	–	–	35통	343엔	343엔 증가
강치찌꺼기	–	–	950관	190엔	190엔 증가

김(海苔)은 매년 11월부터 다음해 3월까지 섬의 모든 연안에서 나는데 부녀자가 채취하여 해마다 그 채취량이 증가하지만 채취방법이 불완전하고 제조방법도 조잡해서 천연의 좋은 맛을 해친다고 했다. 그러나 방법을 개량한다면 장래 수출품으로서 유망할 것으로 전망했다.

267 『竹嶋貸下海驢漁業書類』(明治 38-41年) 「諸官署雜書類」 중 「東島司執事侍史」(1906. 4. 2.)

268 『朝鮮彙報』(1915년 3월호)에는 1905년 오징어(柔魚) 수출량이 2천 관이고, 가격은 2천 엔으로 되어 있다(『경상북도 울릉도 수산상황』, 80~81쪽).

미역(若布)은 섬 전체에서 나지만 한국인이 독점하는데 만일 하루아침에 일본인이 채취하게 된다면 한국인의 채취방법이 유치해서 일본인에게 재원을 탈취당할 것이라고 보았다. 그럴 경우 양국인 사이에 큰 문제가 될 것이 분명하다고 했으므로 1905년 단계에 미역은 일본인이 채취하지 않았음을 알 수 있다.

스즈키는 어업에 종사하는 한국인은 없고 어구도 불완전해서 전 도민島民의 수요를 만족시키지 못한다고 했다. 또한 그는 일본인 어부들도 양국인의 수요에 응하느라 수출하는 데까지는 이르지는 못하지만 축재蓄財를 해서 여유가 있는 듯하다고 보고했다. 1905년 당시 일본인은 96가구에 302명이 있었다. 스즈키가 1905년까지 한국인의 어업 종사를 인정하지 않은 것으로 보건대 한국인이 오징어 어업에 직접 종사하기 시작한 것은 1907년경으로[269] 추정된다. 1902년경부터 오징어 어업에 종사해오던 일본인이 한국인에게 어로법을 가르쳐준 뒤에 잡기 시작한 것이다.

스즈키는 독도강치에 대해서도 보고했다. 본래 강치는 독도에서 집중적으로 포획하기 전에는 울릉도에서 포획하던 것이었다. 에도 시대에 요나고 어부들은 "다케시마에서 강치(미치)를 잡아 그 자리에서 기름을 짜 돌아와 장사를 합니다. 기름에 대한 운상運上은 없습니다"[270]라고 했다. 한편 에도 시대에 독도에서도 강치를 잡았다는 기록이 있다. "1656년 요나고의 오야 규에몬(大谷九右衛門)이 울릉도에 왕복하던 도중 (독도에) 숙

269 오쿠하라는 1906년 조사 당시 한국인은 김과 미역 채취에만 종사한다고 했다. (사) 한국지역인문자원연구소 편, 『울릉도 · 독도 백과사전』(2020)은 울릉도에 이주한 일본인들이 1902년 무렵부터 오징어 조업을 시작했고 개척민은 1907년 무렵부터 조업에 참여하기 시작한 것으로 기술했다(667쪽, 집필자 김윤배).

270 『竹嶋之書附』(1724) 「1693년 5월 23일 覺」.

박하였고, 강치(海驢)를 사냥하여 약간의 어유魚油를 채취했다."[271]라고 했기 때문이다. 1696년에 안용복이 강치기름을 달이고 있던 일본인을 쫓아낸 곳도 '자산도' 즉 독도였다.[272] 그러므로 근대 이전에 강치는 울릉도와 독도 두 곳에서 포획되었으나 주로 무인도였던 울릉도 근해에서 더 많이 목격되고, 포획되었을 것이다. 조선인들도 17세기에 울릉도와 독도에서 가지어를 목격했지만 대량 포획하는 대신 수토관이 보고용으로 두세 마리만 포획했다.[273]

울릉도에서 생식하던 강치는 20세기 초엽에는 주로 독도에서만 서식하는, 이른바 '다케시마강치'가 되었다.[274] 강치는 생식을 위해 조용한 곳이 필요한데, 울릉도가 더이상 무인도가 아니었기 때문이다. 『군함 니타카 전시일지(軍艦新高戰時日誌)』(1904. 9. 25.)는 울릉도에서 독도로 출어한 상황을 묘사했다.[275] 어렵자가 한국인인지 일본인인지 명시하지 않았지만, 독도에서 40~50명의 인원이 열흘 동안 체재하면서 어획했다고 하므로 이때의 어렵은 강치어렵을 가리킨다. 1906년에 오쿠하라가 독도에서 수 천 마리의 강치를 목격한 것도 강치들이 생식을 위해 와 있을 때였다. "다케시마 강치(아시카)는 생식을 방해받고 위해를 심하게 느낄 때는 절멸"한다. "강치는 매우 민첩하여 멀리서 선박의 모습을 바라보면서

---

271 『涉外關係綴』(1953) 「竹島漁業の變遷」.

272 『肅宗實錄』 22년(1696) 9월 25일.

273 19세기 후반 이명우는 고종의 밀명으로 울릉도를 조사한 적이 있는데 「鬱陵島記」(규장각 古3428-207)에서 "뱃사람들이 가지어를 만나면 죽여 고기는 먹고 가죽은 이용한다."라고 적었다.

274 다케시마강치와 치시마강치는 종이 다른 것으로 기록하고 있다(中渡瀨仁助 구술서, 「竹島漁業の變遷」, 『昭和26年度 涉外關係綴』, 1951). 『백문백답』 11항에도 '강치'에 대한 언급이 나오는데, '니혼아시카' 즉 일본강치가 20세기에 들어와 울릉도에서는 모습을 감추었고 독도가 최후의 번식지라고 했다.

275 "마쓰시마(울릉도)에서 해마다 어렵하러 오는 사람은 60~70석적(石積)의 일본배를 사용한 듯하다. 섬 위에 임시 소옥을 짓고 10일간 체재하여 많은 수확이 있다고 한다. 그 인원도 때때로 40~50명을 초과하는 일도 있지만 담수가 부족하다고 보고된 바는 없다."

조금이라도 사람 냄새를 맡으면 재빨리 도망"[276]친다. 따라서 1905년의 독도 편입 후 다케시마어렵합자회사원들이 독도에서 어렵할 때도 매우 조심스레 행동했다. "(강치의) 성질은 굼뜨고 둔하지만 항상 바위 위에서 숙면을 취한"다.[277] 그러나 "강치는 머리를 맞추지 못하면 죽지 않는" 특성을 지녔다. 강치는 총살과 박살의 방법으로 포획할 수 있으나 총살은 육상에 올라와 있을 때만 가능하고 명중하지 않으면 잃을 가능성이 컸으므로 여러 방법을 혼용하여 포획했을 것이다.

스즈키 에이사쿠가 말한 1905년 독도 출어자 30인과[278] 니타카 호가 기술한 40~50명에는 한국인과 일본인이 다 포함되어 있다. 일본인들이 선박과 자금을 제공하며 한국인을 고용해서 갔기 때문이다. 한국인에게는 선박이 없었으므로 단독 출어 자체가 불가능했다. 스즈키가 '랑코도'의 강치잡이라고 하여 독도의 강치임을 드러냈고 이를 울릉도 수출품에 포함시켰다. 1904년과 1905년의 독도강치 포획에는 양국인이 모두 동원되었다. 1905년에는 1904년에 갔던 이와사키 조 외에 2개 조[279] 즉 와키타 조와 우라고 조(가도 만타로)[280]도 갔는데 이들은 오랜 울릉도 거주자들이다.[281] 와키타는 1899년의 약조문과 1900년 우용정의 조사에 등장한

276 『竹嶋貸下海驢漁業書類』「諸官署雑書類」 중 「東島司執事侍史」(1906. 4. 2.).

277 유미림, 2009, 앞의 책, 24쪽.

278 『通商彙纂』 제50호(1905. 9. 3. 발행, 『官報』 9. 18. 게재) 「鬱陵島現況」(1905. 7. 31. 보고)

279 일본인과 한국인 모두 8조, 70(65)여 명인데, 이 가운데 이와사키 조와 와키타 조, 우라고 조에 한국인이 포함되어 있다. 와키타는 와키타 쇼자부로(脇田庄三郎) 혹은 와키타 쇼타로(脇田庄太郎)로 나온다. 우라고 조는 앞에서 나온 가도 만타로를 가리킨다.

280 와키타와 가도 만타로는 1901년 8월 울릉도에서 조직된 일상조합 명단에도 들어가 있다. 가도 만타로는 1899년 5월 16일자 『皇城新聞』에는 요시오 만타로(吉尾萬太郎)로 나오며, 『釜山領事館報告書 2』(1902. 5. 30.)에도 요시오 만타로로 나온다. 동일 인물로 보인다.

281 이에 대해서는 유미림, 2013, 앞의 책, 226쪽 참조.

인물로서 1901년 일상조합[282]의 의원 명단[283]에도 들어 있다. 그는 일본 오키에도 거주지를 두고 부산과 오키를 왕래했으므로 부산과 일본 현지 사정에도 두루 밝았다. 따라서 그는 당시 울릉도에서 행해지고 있던 과세 규정에 대해서도 잘 인지하고 있었을 것이다. 1905년에 강치 수출통계가 보인 것은 일본이 독도를 편입한 뒤에도 울릉도의 일본인들은 독도로 출어했음을 의미한다. 일본이 강치 어업을 허가제로 하여 다케시마어렵합자회사에게 포획권을 준 시기는 1905년 6월이다. 그러므로 그 이전까지는 울릉도에서의 독도 출어가 가능했다. 1906년부터는 강치가 울릉도 수출 품목에 더 이상 포함되지 않고 오징어, 김, 전복, 미역만 포함되었다.[284]

3) 1906년경 울릉도 재주 일본인의 어업 현황

1906년 3월 시마네현의 관민 시찰단은 울릉도의 현황을 조사했는데, 시찰단의 일원인 오쿠하라는 1904~1905년 울릉도의 수산활동과 통계를 밝혔다. 그는 오징어의 어획 총량은 모른다고 하고, 수출 통계만 밝혔다. 오징어는 말린 오징어로 수출하는데 1904년에는 1,700관목에 가격은 2,219엔(圓)이었고, 1905년에는 1,479관목에 가격은 2,069엔이었던 것으로 파악했다. 오징어 어획법은 오키에서와 같다고 보았다. 오쿠하라가 기술한 통계는 부산영사관의 스즈키가 보고한 통계(〈표 2-9〉 참조)와 약간 차이가 있다.

오쿠하라는 울릉도 어종으로 정어리를 처음 거론했다. 정어리(鰮魚)는

---

282 울릉도민은 사상의소를, 일본인은 일상조합을 만들어 상거래를 협의하고 있었다. 와키타를 포함한 재류자들은 조합원 혹은 중개인 역할을 했던 것으로 보인다.

283 『通商彙纂』 제234호(1902. 10. 16. 발행) 「韓國鬱陵島事情」

284 『大日本水産會報』 282호(1906. 2. 10.) 「한국 울릉도의 수산」.

천적에게 쫓겨 해안에 몰려올 때 보조 그물로 건져 잡는다는 것이다. 오쿠하라는 후릿그물(地曳網)은 해안에 암석이 많고 연해에 암초가 많아 사용할 수 없다고 하고 정어리 산출량은 기술하지 않았다. 전복(鮑魚)은 5월부터 9월 사이에 잠수기를 사용하거나 해녀가 잠수하여 캐내는데 잠수기업자는 나가사키와 오키에서 오고, 해녀는 시마 지방에서 출어한다고 했다. 오쿠하라가 파악한 바에 따르면, 말린 전복은 1904년에 50관목에 가액은 187엔, 1905년에는 9,100관목에 가액은 8,050엔이었다. 이 통계는 스즈키가 보고한 통계와 같다.

김(海苔)은 시마네현에서 하는 방법과 같이 대형 판에 떠서 만들어 일본으로 운송하는데 1904년에는 138관목에 가액은 414엔, 1905년에는 174관목에 가액은 524엔이라고 했다. 이 통계도 스즈키의 통계와 같다. 미역(和布)은 한국인의 독점 품목이고 한국 육지로 운송하는데 1904년에는 11,570파把에 1,383엔, 1905년에는 53파에 74엔의 산출량이 있었다고 했다. 이 역시 스즈키의 통계와 같다. 1903년에 비해 산출량이 급감했음을 알 수 있다. 오쿠하라는 1906년 당시 울릉도의 한국인은 미역과 김 채취에만 종사하고 다른 어업에 종사하는 자는 없다고 보았다. 이에 비해 일본인은 농업과 어업을 겸하는 자가 40인 정도라고 했다. 이 역시 1906년까지도 오징어 어업에 종사하는 한국인이 없었음을 방증한다. 그는 앞으로 울릉도에서 다랑어 연승어업(鮪延繩), 다랑어 유승어업(鮪流繩), 오징어 채낚기(柔魚釣)어업이 대형 어선으로 경영할 경우 유망하고, 소규모 어업으로는 날치 자망(飛魚網), 방어 자망(鰤兒網)이 유망하다고 전망했다.

오쿠하라는 해산물의 종류는 울릉도보다 독도가 더 많다고 보았다. 그는 독도에서 나는 어획물을 열거한 뒤 이 섬의 유망한 어업을 몇 가지 제시했다. 그것은 강치와 전복, 김, 미역, 상어이다. 이 가운데 가장 유망한 어렵은 강치이고, 전복도 다소 유망하다고 보았다. 다만 전복은 섬이 작아서 2~3일 지나면 더 이상 채취할 곳이 없는 것이 문제였다. 김은 섬 전체에서 나지만 채취하는 자가 없으니 강치 어획기보다 한 달 앞서 와서 김을 채취한다면 상당한 수익이 있을 것이라고 전망했다. 미역도 마찬가지로 채취하는 자가 없다고 했다. 김과 미역을 채포하러 가기에는 독도까지 가는 해상이 위험하다. 상어는 해마다 여름에 군집해서 강치를 습격하는데 해저가 깊고 조류가 급해 저연승底延繩은 거의 쓸모가 없으니 자망을 이용하면 상당한 수익이 있을 것이라고 전망했다. 오쿠하라를 따른다면, 독도에서는 강치 포획이 가장 유망한 어업이다. 나카이 요자부로도 독도에서 강치 어업만이 유망하다고 진단했다.

4) 독도 편입 이전 오키인의 독도 어로

울릉도의 일본인과 한국인이 독도로 강치 포획하러 간 시기에 일본 시마네현에서도 나카이 요자부로를 비롯한 어업자들이 강치포획을 위해 독도에 왔다. 시마네현 사람들은 오키에서 강치를 포획했었으나 강치들이 생식을 위해 무인도인 독도로 옮겨 오자 포획지를 독도로 옮긴 것이다. 오키강치에 관한 통계는 1890년대 중반부터 1903년까지 보이다가 일본 측에서는 더 이상 보이지 않고, 오히려 1904년부터는 '울릉도 수출통계'에서 독도강치 통계가 보인다.1904년부터 오키강치에 관한 통계가 없음은 더 이상 오키에서 강치를 포획하지 않았음을 의미한다. 나카이 요자부로[285]를 비롯한 어업가들이 1904년과 1905년에 독도에서 포획한 강치 숫자는 오키사람들이 오키에서 포획한 숫자보다 훨씬 많았다.

285 나카이는 1909년 기록에서 이전부터 오키 도젠의 미다베에서 강치를 생포했었음을 언급했다.

강치가 생식지를 독도로 옮겨 옴에 따라 강치를 잡는 자들은 두 부류였다. 하나는 오키에서 건너간 사람들이고 다른 하나는 울릉도에서 건너간 사람들이다. 오키에서 건너간 자들은 나카이 요자부로 외에 이구치 류타(井口龍太)와 이시바시 쇼타로(石橋松太郎), 가토 주조(加藤重藏, 重造)조이다.[286] 나카이 요자부로가 1903년에 강치잡이를 시도했지만 이구치를 비롯한 오키사람들은 그보다 먼저 시작했다.[287] 나카이가 독도어장에 진출하게 된 배경에 대해서는, 1892년에 블라디보스토크에서 잠수기업에 종사하다가 1893년 러시아 정부가 잠수기어업을 금지하자 귀국한 후 1890년대 후반부터 1902년까지 시마네현과 돗토리현, 울릉도와 독도 등 한국 연해를 왕래하며 잠수기어업을 했으며 오키에 체류하다가 독도 어장에서의 물개를 알게 되었다고 보는 경우가 있다.[288] 이런 기술은 나카이가 한국 연해를 왕래할 때부터 울릉도와 독도도 함께 왕래했던 것처럼 오인하게 할 우려가 있다.

그러나 나카이가 1910년경 전후 작성하여 오키도청에 제출한 것으로 보이는 이력서에 따르면, 그는 1893년에 오카야마현과 쓰시마, 전라도와 경상도 연해에서 해삼과 전복 채취업에 종사했고 1894년경에는 돗토리현과 시마네현 연해에서 전복과 해삼 어업[289]에 종사했다. 그러다가 1903년에 처음으로 독도 어장에서 강치(海馬) 사냥을 시도했다. 그가 울

286 『竹嶋貸下海驢漁業書類』(明治 38–41年) 「메이지 37년 중 조사」.

287 1903년 이전부터 하시오카 도모지로와 백부 이케다 요시타로 및 구미 사람들이 독도로 출어하여 강치와 해산물을 채포해온 것으로 되어 있으나(『昭和26年度 涉外關係綴』 「다케시마의 조사에 대해」) 다무라 세이자부로는 1903년으로 보았다(김선희, 2010, 앞의 책, 121쪽).

288 김수희, 「나카이 요사부로와 독도어업」, 『인문연구』 58, 영남대학교 인문과학연구소, 2010, 133~134쪽. 김수희는 물개로 표현했는데 원문은 해마海馬이다. 강치를 가리킨다.

289 나카이가 채포한 海鼠를 海驢로 오독하여 강치로 잘못 번역한 경우가 있다(정영미, 「나카이 요자부로의 이력서」, 『영토해양연구』 25, 동북아역사재단, 2023, 190쪽). 해서海鼠는 해삼을 의미한다.

릉도를 왕래하다가 독도에 기항했을 때 강치가 많이 서식하는 것을 보았기 때문이다. 하시오카와 이구치 등 14명은 1903년 5월 19일 2척의 배를 타고 독도에 도항하여 강치 326마리를 잡아 말린 가죽과 기름, 찌꺼기 등을 만들어 모두 2,049엔의 수입을 얻은 바 있다. 나카이가 독도에 온 것은 5월 16일로 하시오카 등보다 먼저 왔지만[290] 840엔 13전의 수입을 얻는 데 그쳤다. 사냥법과 제조 방법이 서툴렀기 때문에 나카이는 1903년의 어렵에 실패했다.

1904년부터 나카이는 모든 잠수기어업을 접고 독도에서의 강치 어렵에만 매진했다. 그가 강치 어렵이 유망하다고 본 이유는 "가죽을 소금에 절이면 소가죽 대용이 되어 제법 수요가 많아지고, 신선한 지방에서 채취한 기름은 품질과 가격 모두 고래 기름에 뒤지지 않습니다. 찌꺼기는 충분히 짜면 아교의 원료가 될 수 있고 고기는 가루로 만들면 뼈와 함께 귀중한 비료가 될 수 있"[291]기 때문이다. 그는 독도에 강치 이외 다른 해산물도 많이 있을 것으로 전망했다. 1904년 5월 1일 다시 독도에 도착한 나카이는 4월 중순에 온 하시오카와 이구치 등이 어로하고 있는 것을 목격했다. 이때 하시오카는 11명의 조업으로 4,235엔의 수입을 얻은 반면, 나카이는 17명의 조업으로 2,723엔을 얻었다.[292] 나카이를 비롯한 어업자들은 6척의 배로 강치를 잡았는데 나카이는 2,760마리를 잡아 염장한 가죽 7,690관을 얻었다.[293]

나카이는 강치가 4~5월에 모여 생식한 뒤 7~8월경에 흩어지므로 이

290 『다케시마 대여와 강치 어업 서류』(메이지 38~41년), 「永海寛市와 加藤重造 강치 어업」.

291 「리양코 섬 영토편입 및 대하원(リヤンコ島領土編入並ニ貸下願)」(1904. 9. 29.)

292 김수희, 2010, 앞의 글, 136쪽.

293 『「秘」 竹島』「리양코 섬 영토 편입과 대여 요청 설명서」.

기간 중에만 포획할 수 있으나 어획량을 제한하여 번식을 적당히 보호하지 않으면 순식간에 절멸할 것으로 판단했다.[294] 그래서 그는 다음과 같은 강치 보호안을 제시했다. 8척 이상의 수컷이 아니면 포획하지 말 것, 한 철에 500마리 이상을 포획하지 말 것, 사수는 엽정 1척 이상을 사용하지 말 것, 포획을 금지하는 보호 장소를 설치할 것, 한창 분만 중일 때는 포획을 멈출 것, 독도 주변의 해조류를 베지 말 것 등이다.[295] 나카이에 따르면, 강치의 천적은 돌고래와 상어류이다.

강치 포획이 사업성이 있어 여러 사람과 경쟁 관계에 놓이게 되자 나카이는 강치를 보호하기 위해서도 자신이 10년간 독점적인 권리를 획득하는 것이 필요하다고 판단, 1904년 9월 29일자로 「리양코도島 영토편입 및 대하원」을 제출, 독도를 일본 영토로 편입한 뒤 자신에게 대여해줄 것을 요청했다. 이것이 일본 정부로 하여금 독도를 편입하게 하는 계기를 마련, 1905년 1월 28일 각의결정을 통해 독도를 '다케시마'로 명명하고 자국 영토로 불법 편입하는 결과를 초래했다.

5) 독도 편입 이후 오키인의 독도 어로와 강치

일본 시마네현이 1905년 2월 22일 독도를 자국령으로 편입했음을 고시한 뒤 오키도사는 나카이 요자부로가 제출한 10년 대여 신청서와 도면을 지사에게 제출했다. 2월 26일 나카이가 강치 어업 허가원을 제출하자 다른 사람들도 잇따라 제출하기 시작했다. 3월 3일에는 오키국 스키군 사이고정에 거주하는 나미 간이치(永海寬市)가, 3월 5일에는 오키국 오

294 위의 문서.
295 위의 문서.

치군 고카촌에 거주하는 하시오카 도모지로(橋岡友次郎)가 허가원을 제출했다. 이들은 허가원에서 '다케시마'와 '리양코도'를 병칭했다. 나카이는 포획 제한이 없을 경우의 남획을 우려했고[296] 1904년에 독도에 출어한 바 있는 가토 주조도 이를 인식하고 있었다.[297] 독도 출어의 유래를 잘 아는 오키도사 히가시 분스케는 「어업단속규칙」을 개정하더라도 청원자를 선정하는 일은 충분한 심의가 필요하다는 사실을 시마네현 지사 마쓰나가 다케요시에게 내신했다.[298] 시마네현 내무부장 호리 신지(堀信次)는 청원자들의 경영 공로와 사업계획의 충실성 여부를 조사해 줄 것을 오키도사에게 요청했고(4. 11.),[299] 오키도사는 신청자가 11명으로 경쟁이 과열되고 남획이 우려된다며 4명의 공동어업 형태로 허가할 것을 상신했고(5. 6.), 현은 이를 승인했다(5. 10.).

이어 현은 (다케시마가) "영토에 편입되어 이름만 있을 뿐 아직 지적地籍도 정해지지 않았으며 면적 등도 확실하지 않으니, 해당 규정에 따라 처리하기가 어렵"[300]다는 인식을 인정, '다케시마'를 오키국 4군(스키·오치·아마·치부군)의 관유지 대장에 등재했다(5. 17.).[301] 4명의 출원자는 공동 어업으로 하기로 규약을 맺고 3개년간[302] 강치 어업을 허가해줄 것을 시마네현 지사에게 청원했다(1905. 5. 20.). 5월 22일, 오키도사는 시마

296 『竹島貸下·海驢漁業書類』(明治 38–41년) 「副申案(中井養三郎이 대여를 청원) 2월 26일의 신청서에 대하여」

297 『竹島貸下·海驢漁業書類』(明治 38–41년) 「다케시마 대여 청원, 가토 주조의 청원」

298 『「秘」竹島』 「다케시마 출어 요청에 대한 내신內申 사본」(1905. 3. 7.)

299 『「秘」竹島』 「다케시마 강치어업 관련 종래 경영자 조사 조회」 농(農) 제487호.

300 『竹島貸下·海驢漁業書類』, 「副申案(中井養三郎가 대여를 청원)」 甲農 제13호(1905. 2. 27.).

301 1940년 8월 공용이 폐지되었다.

302 1905년 4월의 '어업단속규칙' 제2조에는 강치 어업의 허가 기간이 3년으로 되어 있다.

네현에 허가를 요청했고,[303] 현 지사는 6월 3일 허가를 통지한 뒤 6월 5일 어업감찰 1매를 교부했다.[304] 4명 이외의 사람들에게는 '강치 어업 불허 통지'가 내려졌다. 허가받은 4명의 어업자는 나카이 요자부로, 이구치 류타, 하시오카 도모지로, 가토 주조이다. 이들은 「어업법 시행규칙」(1902) 제18조에 의거, 다케시마해려합자회사[305] 업무집행사원 나카이 요자부로를 대표자로 하여 6월 8일 시마네현에 신고서를 제출했고, 6월 13일 '다케시마어렵합자회사'로 정식 등록했다. 그런데 나카이 등은 관유지 사용 허가가 내려진 5월 27일에서 9월 21일 사이에 독도에 출어하여 강치 1,003마리, 절인 가죽 3,750관, 기름 3,200관(320상자)을 획득했다.[306] 포획된 강치는 오키로 운반되어 오사카로 수출되었다. 다무라는 1905년 4월경부터 6월 8일 사이에 모두 8개조 70여 명의 인부가 10척의 배로 독도에서 1,800마리를 포획했다고 기술했다.[307]

울릉도의 일본인들은 독도강치를 포함한 수출품에 대해 군수에게 수출세를 납부한 뒤 수출해야 했지만 시마네현의 나카이 등은 독도강치에 대한 세금을 현에 납부한 사실이 없다. 과세와 관련된 법령이 아직 구비

---

303 나카이가 100분의 40(1200엔)으로 가장 많은 부분을 차지하고 있고, 하시오카와 이구치는 23%(690엔)로 동일하며, 가토가 14%(420엔)로 가장 낮다(『「秘」 竹島』 「나카이 외 3명 공동 어업 요청서 허가 통지 사본」 乙農 제805호〈1905. 5. 22.〉).

304 5월 20일을 '어업허가권(어업감찰권)'이 발급된 날로 보는 경우도 있지만(김수희, 2010, 앞의 글, 140쪽), 이 날은 허가를 신청한 날이다.

305 『竹島貸下 · 海驢漁業書類』를 보면, 원문이 '다케시마해려합자회사'로 되어 있고, '다케시마어렵합자회사'로 되어 있는 것도 있다.

306 「'리양코'섬 영토 편입과 대여 요청 설명서」, 『竹島一件書類』 및 『昭和28年度 涉外關係綴』(1953) 중 「竹島어업의 변천」에 수록된 「다케시마 강치어업 성적도成績圖」, 『竹島一件書類』에 수록된 「38년도 다케시마어렵합자회사 영업보고서」(박병섭, "竹島＝独島漁業の歴史と誤解(1)" 『北東アジア文化研究』 第33号, 2011)에는 금액을 2559엔, 현재 쌀값으로 998만 엔으로 적었다. 1906년부터 1909년 사이의 포획한 숫자는 같으나 금액은 5,437엔, 5,940엔, 5,878엔으로 각각 다르다.

307 김선희, 2010, 앞의 책, 123쪽.

되지 않았기 때문이다. 1906년 3월, 시마네현은 '현세부과규칙'(현령 제8호)의 '어업채조' 부분을 개정하여 '고래 어업(鯨漁)'과 '강치 어업(海驢漁)'에 대한 과목과액을 추가함으로써 비로소 강치에 대한 과세규정을 마련했다. 외해外海의 강치(海驢)와 고래 어업에 대해 어획고의 1000분의 15(15/1000)[308]를 잡종세로 부과하라는 규정이다. 시마네현이 관련 규칙을 개정하여 과세 관련 법령을 구비한 시기는 독도를 편입한 다음 해인 1906년 3월이므로 독도 편입 이전에는 현민들이 포획한 독도강치에 과세하는 법령이 없었음을 알 수 있다.

1903년에서 1905년 사이 오키사람들은 독도강치를 포획했으나 1905년에 시마네현이 강치 포획지를 '오키국 다케시마'로 규정하기 전까지는 섬의 이름을 '양코도' 혹은 '리양코도'로 부르고 있었다. 이 섬이 '다케시마'라는 것은 편입 이후 인위적으로 결정된 것이었다. 시마네현은 2월에 편입하고 4월에 강치 포획지가 '오키국 다케시마에 속한다'는 사실을 밝혔음에도 1년이 다 된 1906년 3월에야 독도강치에 대한 과세 규정을 구비한 것이다.

1905년 6월 다케시마어렵합자회사가 공동어업을 허가받은 뒤 허가받지 못한 이른바 밀렵자들은 경찰의 퇴거 명령에 따라 다케시마어렵합자회사에 어사와 어구를 팔고 해산해야 했다. 1906년 6월 합자회사 대표 나카이는 하시오카 도모지로, 가토 주조, 이구치 류타를 어업조합 발기인으로 하여 '다케시마어업조합 설치 건'을 신청하고 어업조합 규약도 만들었다(6. 20.). 어업조합의 구역은 "시마네현 오키섬 소속 다케시마 구역"으로 정했고 "가주소를 가진 자는 조합원이 될 수 있게" 했다. 어업권

308 원문은 "年稅金上リ高千分の十五"이다. 시마네현 소장 행정문서 1, 2011, 『竹島關係資料集 제2집』에도 실려 있다.

에는 독도강치뿐만 아니라 전복, 고래, 우뭇가사리 등 해산물과 해조류에 대한 권리가 포함되어 있다.[309] 조합원 각자 또는 공동으로 어업할 수 있게 하되 김과 미역, 우뭇가사리, 오키우도[310]는 날을 정해 일정한 시기에 채취하되 그 날짜를 이사가 조합원에게 통지하도록 규정했다.[311] 그러나 시마네현은 이들이 5~6개월 출어하는 동안에만 체재한 가주소를 주소지라고 보기 어렵다고 판단, 어업법 제18조[312]에 따라 어업조합을 설치할 수 없음을 통지했고[313] 결국 나카이의 조합설치 신청은 기각당했다.

다케시마어렵합자회사는 1906년 5월 27일부터 9월 21일 사이에 총 1,385마리를 포획하여 1,433엔의 수익금을 획득했다.[314] 다무라는 1906년 6월 9일부터 9월 8일 사이에 강치 1,004마리를 포획했고 강치 가죽은 3,750관을 획득했다고 기술하여 약간 다르다.[315] 1907년[316]의 강치 포획량은 기록에 따라 다르지만, 오키 도청에 보고한 숫자와 회사 장부(괄호 안의 숫자)의 숫자가 일치하지 않는다. 제한 숫자를 초과해서 남획한 것을 숨기기 위해 이중 장부를 만든 것이다. 1906년 3월 이후부

309 해면 전용어업, 수면 전용어업, 지선수면 전용어업 등 원문 용어가 일정하지 않다. 필자는 해면 전용어업과 수면 전용어업을 같은 의미로 보았다. 당시는 수심이 아니라 거리를 기준으로 했음을 알 수 있다.

310 미상.

311 『竹嶋貸下海驢漁業書類』(明治 38-41年) 「다케시마 어업조합 규약」

312 일본에서 어업법안이 처음 제출된 것은 1893년이지만, 법안이 최종 통과된 것은 1901년이고, 시행은 1902년 7월 1일부터이다(羽原又吉, 『日本近代漁業經濟史』, 岩波書店, 1952, 104~123쪽). 어업법 18조의 내용은 "일정 구역 안에 주소를 지닌 어업자는 행정관청의 인가를 얻어 어업조합을 설치할 수 있다."이다.

313 『竹島貸下 · 海驢漁業書類』 「다케시마 어업조합 설치 신청 건 불허 통첩」(1906. 10. 20.)

314 『昭和28年度 涉外關係綴』 「竹島어업의 변천」 '나카이 요자부로의 38년도 회사영업 보고서'

315 김선희, 2010, 앞의 책, 123쪽.

316 『다케시마 대여와 강치 어업 서류』에는 771마리를 포획한 것으로 되어 있다(「메이지 40년 강치 포획 종류와 수량(보고)」). 井上貴央는 2,094마리로 기록했다(井上貴央, 「日本海竹島のニホンアシカ 2 捕獲頭数の変遷," 『海洋と生物』 96, vol.17 no.1, 生物研究研究社, 1995, 42쪽).

터는 과세 관련 법령이 구비되었으므로 합자회사는 '현세부과규칙'대로 1906~1911년 간의 어획고에 대해 납세했어야 한다. 하지만 1906년도의 '대차대조표'를 보면, 자본금과 인건비 등은 자세히 명시되어 있으나 세금 관련 내용은 없고 도리어 손실금이 적혀 있다. 손실금이 1905년에는 1,500엔, 1906년에는 336엔이었다.[317] 다케시마어렵합자회사 장부는 관유지 사용료에 대해서도 명기한 바가 없다.[318] 합자회사가 1906년 6월에 받은 어업감찰의 허가 기간은 3년이므로 나카이는 "허가해주신 기간이 오는 1908년 5월로 일단 만기가 되어 신고를 하"니, 다시 허가 기간을 '1908년 6월부터 1911년 5월까지 3년간'으로 해줄 것을 요청했다.

한편 어업조합들도 독도에서 강치 포획 외에 해면 전용어업을 할 수 있게 해달라고 신청하기 시작했다. 나카이는 1907년[319] 4월에 섬의 해면 전용 어업면허를 진정했으나 시마네현은 1908년 6월 30일 어업 단속 규칙의 일부를 개정하는 형태로 실현해주었다. 1907년 5월 13일 오키국 스키군 사이고정 니시마치어업조합은 다케시마를 지선으로 편입하는 건을 신청하고[320] 5월 20일에는 오치군 고카촌 구미어업조합이 같은 건을 신청했다. 구미어업조합[321]은 다케시마 해면 전용 어업면허까지 청원하되 농상무성에도 청원했다. 그러나 시마네현은 다케시마가 어업조합의 지구 안에 편입할 수 있는 곳이 못 된다며 허락하지 않았고, 이들의 해면

317 『竹島貸下 · 海驢漁業書類』 「메이지 39년도 업무 집행 전말」; 「메이지 39년도 계산서」.

318 기록상으로는 1925년에서 1941년까지 관유물 대여료와 토지사용료를 오키 지청에 납부한 것으로 되어 있다. 금액은 도서 면적 23정 3반(反) 3묘보(畝步)에 대해 연액(각 연도 4월부터 3월까지) 4엔 700전으로 나와 있다(『昭和28年度 涉外關係綴』 중 참고자료 「국세 외 제 수입 징수원장 오키지청」). 도서 면적이 토지대장 상으로는 69,990평(1945년 기준)으로 나온다.

319 다무라는 1906년으로 기술했는데(김선희, 2010, 앞의 책, 106쪽), 오류인 듯하다.

320 신청자는 조합 이사 마쓰자키 미지로이다. 이때 사이고정 니시마치어업조합은 다케시마를 사이고정에 편입시켜 줄 것을 청원하기도 했다. 나카이는 상신서(1907. 5. 22.)를 올려 반대했다.

321 신청자는 이사 이케다 요시타로이다.

전용 어업면허 청원도 기각했다.[322] 이들이 신청한 해면 전용 어업면허의 기간은 1907년 5월부터 1927년 4월까지의 약 20년간이었다. 이들이 면허해주기를 청원한 어획물은 전복, 우뭇가사리, 오징어, 볼락, 고등어, 상어, 범고래 등이다.

1907년 8월 3일, 오키도사는 나카이가 4월에 제출한 해면 전용어업 관련 신청서를 시마네현 지사에게 상신했다.[323] 나카이가 앞서 관련 신청서와 진정서를 도사[324]에게 제출했으므로 도사가 이를 지사에게 상신한 것이다. 나카이는 신청서에서 "본사가 다케시마에서 강치(海馬) 어업권과 토지 사용권을 허락받았을 뿐, 아직 해면 전용에 대한 면허를 받지 않은 점을 노려, 근래 강치 이외의 수산물 채취를 표방하면서 다케시마로 도항하려는 사람이 있는데…"[325]라고 하며 다른 어업자의 도항을 경계했다. 그는 다른 수산업자들이 독도로 도항할 경우 강치가 남획될 것을 염려했다. 오키도사도 다케시마어업은 강치 외에 그다지 두드러진 어업상의 이익이 없는데 해면어업면허를 취득하려는 것은 그 목적이 어패류의 어획에 있기보다는 강치에 있으므로 강치 어업자를 방해하려는 데 있다고 보았다.[326] 이에 그는 어업조합 이사들이 청원한 해면 전용 어업면허 신청건을 각하해줄 것을 지사에게 요청하고 이어 독도강치 이외의 모든 어업을 금지한다는 조항을 추가해줄 것을 지사에게 상신했다.[327]

---

322 『竹島貸下 · 海驢漁業書類』「다케시마 편입 관련 신청서 제출 지시 전달」 수(水) 제19호(1907. 8. 14.)

323 『竹島貸下 · 海驢漁業書類』「다케시마어렵합자회사의 해면전용 건」 갑농(甲農) 제91호(1907. 8. 3.)

324 제출처가 오키도사에서 시마네현 지사로 바뀌어 있다. 『竹島貸下 · 海驢漁業書類』「다케시마 해면전용 관련 신청서」(1907. 4. 17.)

325 『竹島貸下 · 海驢漁業書類』「다케시마 해면전용 관련 신청서」(1907. 4. 17.)

326 『竹島貸下 · 海驢漁業書類』「다케시마 본도 지선(地先)편입, 해면전용면허 신청」(1907. 8. 1.)

327 『竹島貸下 · 海驢漁業書類』「다케시마어렵합자회사의 해면전용 건」 갑농(甲農) 제91호(1907. 8. 3.)

그리하여 개정된 「어업단속규칙」에서는 강치 어업의 허가 구역을 '다케시마와 지선 20정'으로 제한했다. 오키도사가 나카이의 진정서를 접수한 것은 1907년이지만, 「어업단속규칙」은 1908년에 개정되었다. 「현세부과규칙」의 일부도 1907년에 개정되었는데[328] 강치 어업에 관한 내용은 개정되지 않았다. 1908년 6월 30일, 「어업단속규칙」이 개정되었는데 강치 어업을 다케시마로 한정하고 지사의 인가를 받도록 규정하되, 다케시마 주변에서[329] 강치 어업 이외의 어업을 금지했다. 나카이가 이력서에 기술한 독도강치 포획량을 보면, 1905년에 1,003마리, 1906년에 1,385마리,[330] 1907년에 1,600마리(2094),[331] 1908년에 1,681마리,[332] 1909년에 1,152마리,[333] 1910년에 679마리[334]였다. 일본인들은 매년 4월에서 9월 사이에 주로 해륙海陸에서 그물, 작살, 박살撲殺, 총살 등의 방법으로 포획했다. 조업에 동원된 인원은 적게는 18명에서부터 많게는 37명에 달했다.[335] 1907년 7월까지는 770마리 정도를 포획했는데 이것도 제한 숫자를 초과한 것이므로 이구치 류타가 제한 숫자의 해제를 요청했다. 나카이는 독도에 모이는 강치의 수가 만을 헤아리는데 한 철에 2~3천 마리를 포획하므로 포획 숫자를 늘리더라도 번식에 크게 영향을 줄 정도는

---

328 1907년 2월 22일, 3월 26일, 4월 15일 '현세부과규칙'의 일부가 여러 번 개정된 바 있다.

329 "다케시마 및 그 지선(地先) 20정(丁) 이내에서의 강치 어업 이외의 어업을 금함"

330 회사측 기록에는 1,919마리로 되어 있다(김선희, 2010, 앞의 책, 136쪽).

331 김수희의 통계(2010, 146쪽)는 다무라 세이자부로의 『島根縣竹島의 硏究』(1953) 및 다케시마어렵합자회사의 「自38年原書兼指令 『竹島關係綴』(1953) 『昭和28年度 涉外關係綴』에 근거한 것으로, 괄호 안 숫자는 어렵합자회사 내부 자료의 숫자이다. 그런데 다무라는 2,192마리로 적었다.

332 「1909년 6월 7일 오키 도청의 질의에 대한 답신」(農 제377호, 『昭和28年度 涉外關係綴』 수록)에는 1,680마리로 되어 있다. 다무라는 회사 측 기록에는 1,890마리로 되어 있다고 기술했다(김선희, 2010, 앞의 책, 137쪽).

333 다무라는 1,153마리라고 했다(위의 책, 138쪽).

334 다무라는 796마리라고 했다(위의 책, 138쪽).

335 김수희, 2010, 앞의 글, 146쪽.

아니라고 보았다. 이에 나카이는 이미 포획한 초과량을 불문에 부치기로 하고, 포획 한도 600마리를 1,500마리 이내로 변경할 것을 총회에서 결의했다.[336] 이로써 강치 남획의 길이 열렸다. 다케시마어렵합자회사의 어로는 결국 이익은 보지 못한 채 독도강치의 멸절만 초래한 셈이다.[337] 시마네현은 다시 1908년 6월 30일 어업단속규칙을 개정하여[338] 다케시마(독도)에서 강치 어업 이외의 어업을 금지한다고 규정했지만, 이 규칙은 1911년 12월에 폐지되었다. 이에 강치 어업권자가 해조류와 조개류를 채취할 수 있는 길이 열렸다.[339]

6) 일제강점기 이전 울릉도 재주 일본인의 울릉도 어로 현황

1908년 11월 7일 통감부는 「어업법」을 공포했다. 주요 내용은 궁내부가 소유하거나 한국인이 소유하지 않은 어장을 먼저 신청한 어민에게 어업권을 부여한다는 것이다. 이 법을 제정한 의도에는 일본어민에게 어업권을 부여하기 위한 목적이 들어 있었다.[340] 일제강점기에 접어들기 전 울릉도의 수산현황을 자세히 기술한 것으로는 『한국 수산지』가 있다. 이 책의 제2집(1910) 제3장 경상남도, 제15절 울도군에 기술된 현황을 보면,

---

336 『昭和 28年度 涉外關係綴』 「답신 오키 도청(1907. 7. 12.)의 질문에 대한 나카이의 답신」(1907. 7. 15.)

337 1911년에 독도가 금어구역으로 지정된 데다 1920년대에 소유권 양도 등의 복잡한 상황이 있어 강치포획 관련 보고는 더 이상 보이지 않는다. 이후 하시오카가 생포한 강치를 서커스단에 판 기록이 보이긴 하지만, 이후 어획에 관한 보고서가 나오기 시작한 것은 하시오카가 1933년 부정기 출어를 하고부터이다. 1933년 하시오카는 강치를 생포하여 팔았으나 1242엔의 손실을 보았고, 1934년에는 210엔의 손실을 보았다. 1935년부터 1700엔의 이익을 내기 시작하여 이후 1939년까지 이익을 냈다고 한다(김선희, 2010, 앞의 책, 147~149쪽).

338 1902년 11월의 현령 제130호 어업단속규칙을 개정한 것이다.

339 김선희, 2010, 앞의 책, 107쪽.

340 이영학, 『일제강점기 수산업 정책』, 동북아역사재단, 230~232쪽.

1909년 말 울릉도의 인구는 902호, 4,995인이었다.[341] 통감부는 1904년 말 가호가 85호에서 902호로 증가한 것이 이 섬의 물산이 풍부하다는 것을 보여주는 증거라고 했다. 주민의 대부분은 농업을 하고 어업은 채조採藻에 불과했으나 중등 이하의 농민은 최근에[342] 일본인들에게 오징어 잡는 법을 배워 어업을 겸하는 자가 480호, 2,095인에 달한다고 했다.[343] 주민의 과반수가 오징어 어업을 겸업으로 한 셈이다. 오징어 어업의 어기는 5월부터 11월까지 7개월 동안이지만 성어기는 6월경부터 9~10월 사이이다.

1909년 말 울릉도 재주 일본인은 224호, 768인이었다. 대부분 시마네현 사람이고 그 가운데 오키사람이 가장 많았다. 이들이 파악한 해산물은 오징어(烏賊魚)가 제일 많고, 김과 미역, 우뭇가사리, 전복이 있었다. 김과 미역은 예전에는 한국인이 채취했으나 1909년경에는 일본인도 채취하되 한국인과 공동으로 할 뿐 단독으로 종사하는 자는 없었다. 우뭇가사리와 전복은 일본인이 한국인을 고용하여 채포하거나 일본인이 잠수기로 채포했다. 잠수기는 예년에는 부산에서 빌려오고 종전에는 해마다 2대 또는 3~4대를 사용했으나 점차 수확이 감소하여 한 대를 사용하는 데 그쳤다. 전복과 우뭇가사리 등의 해산물은 재주 일본인이 호키와 사카이로 보내 판매했고, 김은 한국인들이 부산으로 보냈는데 수량은 매우 적었다. 당시 통감부가 파악한 울릉도의 어선은 한국인 소유의 보통 범선은 30척, 해조류 채취에 사용하는 작은 배는 200척, 일본인 소유의 보통 어선은 120척으로 모두 350척이 있었다.

---

341 『韓國水產誌』 2집, 710쪽.

342 가와카미 겐조는 『한국 수산지』를 인용하여 일본인이 1903년에 오징어 어획을 시작한 이래 도민에게 전수한 것이 지금부터 3년 전이라고 했다. 『한국 수산지』 2집이 편찬된 1910년을 기준으로 3년 전이면 1907년경이다.

343 『韓國水產誌』 2집, 710~711쪽.

울릉도의 일본인들이 울릉도에 오징어가 많다는 사실을 인지한 시기는 1902년경이다. 이후 러일전쟁을 겪으면서 일본인 재주자가 급증하자 일상조합을 폐지하고 일본인회를 조직했다. 1907년 일본인회 회원은 450명이었다. 울릉도의 이원은 종전에 삼림이던 것에서 해산물로 옮겨왔고, 일본인이 이원을 거의 독점했다. 울릉도의 오랜 거주자 가타오카 모 씨[344]가 조사한 해산물 수출 통계는 〈표 2-10〉과 같다.

〈표 2-10〉 1910년 이전 울릉도의 해산물 수출 통계

연도 / 품목	1908		1907		1904	
	수량	가액	수량	가액	수량	가액
말린 오징어	10,035,100관	26,046엔	13,186,400	39,824엔	1,173,000관	1,173엔
김	863,150관	1,726엔	523,000	1,046엔	1,383,000	3,872엔
우뭇가사리	1,076,300	646엔	620,000	31엔	-	-
말린 전복	476근	3,808엔	3,305근	1,652엔	190근	114엔
미역	1,323속	2,644	2,268	4,536엔	747	1,868엔
전복 통조림	35	350엔	-	-	-	-
합계		35,220엔		47,090엔		7,027엔

이로써 오징어 어획이 1904년에 비해 급증했으며 우뭇가사리와 말린 전복도 가액이 증가했음을 알 수 있다. 수출가액은 말린 오징어가 압도적으로 많다. 김은 1904년에 비해 1908년에는 감소했다. 재주자들은 울릉도에 가사리(海蘿)가 착생하는 것을 확인했고, 도미와 삼치는 아직 본격적으로 어획할 상황이 아니었다. 이즈음 울릉도민의 식탁에 가장 많이 올라온 해물은 오징어였다.

344 가타오카 기치베를 가리키는 듯하다(『韓國水産誌』 2집, 716쪽).

Ⅳ. 일제강점기 한·일 양국인의 울릉도·독도 어업

1. 1910년대의 울릉도 어업 현황

일본이 대한제국을 병합한 이듬해에 요시다 히데사부로(吉田英三郎)가 『조선지朝鮮誌』(1911)를 펴냈다. 어업에 관한 내용은 다음과 같다. 울릉도는 어업이 매우 유망해서 섬 전체가 어업을 경영할 만한데 특히 도동이 중요하다. 일본인은 300여 호에 1,100여 명이 살고 있는데 이 가운데 130호, 650여 명이 도동에 거주하면서 어업에 종사하고 있다. 일본인의 어획고는 약 15~16만 엔에 이르렀는데 말린 오징어가 주 수입원이고, 전복(鮑)과 미역(和布)도 수입원의 하나였다. 같은 해에 펴낸 『일본 수로지』(1911)도 울릉도의 주요 수출품은 대두와 규목 및 말린 오징어와 말린 전복이라고 기술했다. 최근 1년간 총 수출액이 8만여 엔이고 수입액은 3만 8천여 엔이라고 했으므로 수출품이 압도적으로 많았음을 알 수 있다. 1910년에 한국인은 5,140인, 일본인은 768인이라고 했으므로 『조선지』의 기술과는 차이가 있다.

이즈음 오키의 일본인들도 오징어를 잡기 위해 울릉도로 도해했다. 1911년 오키에서 약 100척의 선박과 600인이 울릉도로 도해하여 오징어를 잡았는데 과반수가 오키 도젠의 어민들이었다.[345] 오키 이외 본토에서도 80척의 선박과 300여 명의 어민이 도해하여 오징어를 잡았다. 이들은 어획 후 울릉도의 중령과 사동, 태하동, 우복동 등에 오징어 말릴 곳을 구하여 분산해 있었다.[346]

345 兒島俊平, 1988, 앞의 글, 45쪽.

346 위의 글, 49쪽.

1913년 『매일신보』 보도에 따르면, 울릉도의 주요 해산물은 오징어(烏賊)와 은어(鮎),[347] 해삼(海鼠) 등이었다. 산출가격은 12만 6,134엔 정도였는데 오징어가 13만 엔으로 가장 많다.[348] 그 다음이 鮎으로 3,744엔이다.[349] 두 해산물의 가격 차가 너무 크다. 해조류로는 김(海苔), 미역(和布), 대황(荒布)이 있다.[350] 수출품은 말린 오징어, 전복 통조림,[351] 말린 전복, 해삼,[352] 김, 미역, 대황[353] 등으로 가액은 13만 9,233엔이었다. 그런데 오징어가 몇 년 전만 해도 해안에서 3~4정町 되는 가까운 곳에서 잡혔지만 어선이 증가해서 5~6리里의 원거리로 나가야만 잡히는 상황이 되었다고 신문은 보도했다.[354] 1915년에도 말린 오징어가 울릉도에서 수위를 차지하고 미역과 전복 통조림이 그 다음이지만 오징어에 비할 바가 아니었다.[355]

1917년 5월의 경상북도 어획고는 총 65,137엔인데 경주군이 33,350엔이고, 영덕군은 9,954엔, 울릉도는 716엔이었다.[356] 경상북도에서 차지하는 비율은 미약한 편이다. 울릉도가 경상남도 소속에서 1914년 경상북도로 이속된 뒤 간행된 『최신 조선지지』(1918)에 따르면, 주민의 대부분

---

347 이덕무(『靑莊館全書』, 64권 「청령국지」)는 鮎을 일러 통속 피라미를 뜻한다고 했다. 은어 혹은 메기로 번역한다.

348 이 기사로는 무엇을 가리키는지를 알기 어렵다. 오징어가 13만 엔인데 전체 가격이 13만 엔 이하인 것은 맞지 않으므로 오류가 있는 듯하다. 『朝鮮彙報』에 따르면, 1912년에는 13만 엔, 1913년에는 13만 6,052엔이다. 따라서 『매일신보』가 오징어를 13만 엔으로 보도한 것은 맞다고 보인다.

349 『매일신보』 1913. 8. 12.

350 위의 기사

351 원문은 鮑, 罐詰로 나뉘어 있으나 '鮑罐詰'를 가리키는 듯하다.

352 원문은 金海鼠로 되어 있다.

353 다시마목 감태과이므로 다시마로 추정된다.

354 『매일신보』 1913. 8. 12.

355 『朝鮮彙報』, 1915. 3. 1., 82쪽

356 『매일신보』 1917. 6. 20.

은 여전히 농업을 주로 하고 어업은 겨우 채조에 머물지만 최근 일본인 거주자에게 배워 중등 이하의 농민이 모두 오징어를 잡게 되었다고 기술했다. 이는 앞서 『한국 수산지』에 보였던 내용이다. 해산물 가운데는 오징어가 가장 많고, 김, 우뭇가사리, 전복도 있다고 했다. 1917년 10월 전복 채포권의 임대가 어업조합에 낙찰되었는데 낙찰가는 1,491엔이고 낙찰자는 오쿠무라 헤이타로와 에시마 신조였다. 1916년의 낙찰가는 800엔이었다. 전복 채포가 많았고 통조림으로도 수출해서 예상 외의 이익을 얻었는데 앞으로 호황일 것으로 전망했다.[357]

경상북도는 1917년 통계에서 어구와 어획물별 통계, 어종, 일본인 통어자 등을 밝혔고, 울릉도에 있는 선박의 가격 견적도 밝혔지만 수산현황은 다루지 않았다.[358] 『경상북도세 일반慶尙北道勢一斑』(1919)도 마찬가지다. 경상북도의 어획 통계를 실었지만 울릉도 통계는 싣지 않았다. 1917년에 울릉도에서 어업을 전업으로 한 한국인은 616명이고 일본인은 759명으로 파악되었다. 어업 인구가 급격히 증가했다. 농업과 어업을 겸한 한국인은 1,820명이고, 일본인은 156명이었다.[359] 한국인 가운데 30명은 수산제조업을 겸했고, 8명은 수산판매업을 전업으로 하거나 28명이 겸업을 했다.[360] 수산제조업은 일본인이 독점했으므로 이를 전업으로 하는 한국인은 없었다.

1917년의 울릉도의 해산물 총액은 14~15만 엔인데, 오징어, 魮,[361] 방어(鰤), 도미(鯛), 전복, 해삼, 미역, 우뭇가사리(石花菜), 감태(搗布)가 주

357 『매일신보』 1917. 11. 20.

358 『慶尙北道統計年報』, 1918.

359 『朝鮮總督府慶尙北道統計年報』, 1918, 290쪽.

360 위의 책, 290쪽.

361 鮪 즉 다랑어인지는 알 수 없다. 오징어를 언급했으므로 오징어로 보기는 어렵다.

를 이룬다. 이 가운데 오징어 생산액이 가장 많아 매년 10만 엔에 이르렀다.[362] 1917년에 조사한 수산 기사 이하라(庵原)[363]는 조선인과 일본인 모두 어업 경험자가 매우 적다고 했다. 이 역시 실제와 맞지 않는다. 이하라의 진단에 따르면, 일본인은 본래 벌목꾼과 목수, 상인으로 이주해온 사람들이다. 이들이 어업에 손을 댄 것은 오징어잡이가 어법이 쉽고 이익이 많다는 것을 알고 나서다. 그래서 규모가 크고 복잡한 어업은 하지 않으려는 경향이 있었다. 이하라는 1917년의 총액 14~15만 엔은 어획이라기보다는 채집에 가까우니 적절한 어구와 어법을 써서 제대로 어획한다면 40~50만 엔 이상의 산출고를 올릴 수 있을 것으로 전망했다.[364] 그는 어류가 풍부하다는 의미로 울릉도를 '어도魚島'라고 불렀다. 또한 그는 1917년 2~3월부터 11~12월까지 어획 가능한 어종은 고등어(鯖), 대·중·소 다랑어(大中小鮪), 가다랑어(鰹), 상어(鱶), 鰯(멸치), 꽁치(秋刀魚), 날치(飛魚), 오징어(柔魚), 방어 등인데 계절별로 회유하므로 계속 어획할 수 있다고 전망했다.

『경북 산업지慶北産業誌』(1920)는 1918년의 경상북도 어획고 통계를 실었는데 울릉도에 관해서는 제한된 내용을 실었다.[365] 그리하여 울릉도가 고등어 어장이며, 오징어 어업은 이 섬에서 유일한 어업으로 해마다 상당한 어획고를 올리고 있다고 기술했다. 또한 특산물인 말린 오징어를 제조하는 곳에 한국인과 일본인 모두 종사자가 많다고 기술했다. 오징어 어업의 연간 산출액이 13만 엔 내외로 되어 있다. 성어기에 오징어

362 『매일신보』 1917. 8. 26.
363 『朝鮮彙報』(1916. 4.)에 이하라 분이치(庵原文一)가 보이므로 동일인을 가리키는 듯하다.
364 위의 기사.
365 『慶北産業誌』, 1920, 365~374쪽.

어업을 위해 도동항을 근거지로 해서 종사하는 선박이 1천 척 내외라고 했는데 이는 오키에서 직접 도해한 선박을 포함한 숫자일 것이다. 울릉도 근해에 고등어, 정어리(鰮), 방어, 꽁치 등 회유종이 자못 많음에도 이들 어획에 종사하는 자가 없지만 장래 유망한 어업지가 될 것으로 전망했다.[366] 이하라가 전망한 어종과는 약간 차이가 있다. 『매일신보』에 따르면, 1918년 1월의 경상북도 어획고는 44만 9,299엔인데, 울릉도 어획고는 1만 2,056엔[367]이었다.

경상북도에서는 울릉도민에게 지방비를 보조하여 어민의 어구와 어선 준비를 도왔고, 오징어 어업만 하던 어민들에게 고등어, 鰯, 꽁치 등 다른 어종도 어획하게 했다.[368] 이에 고등어어업을 시도하는 자도 있었지만 성적은 좋지 않았다. 오징어 회유는 끊이지 않아 이를 목적으로 일본에서 울릉도로 도항하는 자가 많을 때는 3~4천 명에 달했다고 한다.[369] 수산제품은 1918년 7월 1일부터 세관과 검사소에서 검사받도록 했다. 검사소의 위치는 총독부 관보로 고시했는데 울릉도는 남면에 부산세관과 검사소가 있었고, 검사소는 상설이 아니라 세관장이 인정하는 기간에 한해 검사하는 것이었다.[370] 조선총독부는 수산업의 지도 및 조사시험을 위해 수산 기수를 각 지역에 배치했는데 울릉도에는 1917년에 수산 기수 2명을 배치했고, 1920년에는 수산 조수 1명을 배치했다.[371] 1925년 5월에는

366 위의 책, 374쪽.

367 『매일신보』 1918. 2. 17.

368 『매일신보』 1920. 4. 9.

369 『독립신문』 1922. 8. 1.

370 『매일신보』 1918년 5월 22일. 부산세관 울릉도출장소가 설치되는 것은 1924년이다. 후쿠하라는 부산세관 도동출장소의 설치 시기를 1925년 4월로 보았다. 울릉도출장소는 다시 대구지점 울릉도출장소로 개칭되었다(2013, 앞의 책, 60쪽).

371 『慶北の水産』, 1934, 56쪽.

경상북도 수산 울릉도 출장소가 설치되었고, 도청에 수산 기수가 배치됨으로써 수산업이 주 산업으로 확립되었다.[372]

2. 1920년대의 울릉도 어업 현황

1922년 6월 4일자 『매일신보』는 도민의 9할 이상이 오징어 어업에 매달리던 울릉도에서 1919년부터 오징어 생산이 감소하여 많은 사람들이 떠나자 어업조합이 새로이 고등어 유망과 기타 잡어 어구를 만들어 도민에게 제공했다고 보도했다. 그러던 가운데 종전에 없던 '鯟魚(高等魚)'[373]가 수만 마리씩 떼를 지어 매일 아침 나타난다는 보고가 있어 이에 대한 어구 준비와 판로 연구에 분주하다고 보도했다. 이 기사대로라면 울릉도에서 고등어 어획이 시작된 것은 1920년대에 와서인 듯하지만 실제로는 이보다 먼저 시작되었다.

『신편 조선지지新編朝鮮地誌』(1924)는 울릉도 오징어(柔魚)가 경상북도 산물이고 그 밖에 김과 우뭇가사리, 전복 등이 있다고 기술했으므로 이전 지리지와 크게 다르지 않다. 인구는 한국인이 1,446호 8,225인이고, 일본인이 176호 631인, 중국인이 1호 4인이 있다고 기술했다. 1909년에 한국인이 4,995인이던 것과 비교하면 많이 증가했다. 당시 오징어는 매매가격을 잘 받기 위해 어업조합을 중심으로 말린 오징어를 공동 판매했다. 말린 오징어는 10관(貫)에 16엔 18전을 받고 100상자(梱) 내외를 판매하는데 부산을 거쳐 일본으로 수송했다. 이 해에도 어로기에 100척이

372 福原裕二, 「植民地 朝鮮期の鬱陵島日本人社會」, 『綜合政策論叢』 25호, 시마네현립대학 종합정책학회, 2013, 32쪽.

373 '청어(고등어)'로 번역되지만, 실제로는 고등어를 가리키는 듯하다.

넘는 어선이 도동항에 몰려들었다.[374]

1924년의 울릉도 해산물 총액은 8만 천 엔을 넘었는데, 오징어가 2만 6천 엔, 미역이 2만 3천 엔, 김이 1만 3천 엔, 기타가 수 만 엔이었다. 오징어(烏賊魚)와 김, 기타 통조림 등 가공품은 주로 만주와 일본으로 수출되었는데 약 5만 엔에 달했다.[375] 오징어와 미역, 김이 큰 비중을 차지하고 있다. 울릉도사가 경상북도 권업과에 보고한 1924년 5월의 어황漁況에 따르면, 고등어와 정어리, 꽁치, 기타 잡어의 어획은 일반적으로 어기가 지연되고 있고 먹이도 좋지 않은 데다 날씨가 안 좋아 어업가가 활동할 수 없는 상태인데 미역만 드물게 풍요롭다고 했다. 미역은 채취 일수가 적은 데 비해 채취량은 작년에 비해 호황이지만 날씨가 안 좋아 품질이 불량해서 대체적으로 불황이라고 했다. 5월의 어획고는 鮍魚[376]가 640관목, 날치[377]가 145관, 전복이 368관, 해삼이 699관, 鰯魚가 273관, 꽁치가 52관, 고등어가 840관, 미역이 1만 3,500관으로 합계 16,517관에 불과했다.[378] 오징어가 풍어인지라 12월 중순까지 날씨와 해황에 큰 이상이 없으면 하루에 오징어 10만 마리 이상을 어획하여 총 어획고 20만 엔 이상을 돌파할 것으로 예상했다.[379]

도리이 류조에 따르면,[380] 울릉도 바다에는 고래와 오징어, 다랑어(鮪), 도미(鯛), 문어(章魚) 등이 있으나 일본인들이 오징어잡이만으로 편안히

374 『매일신보』 1923. 1. 26.
375 『매일신보』 1924. 3. 25.
376 문맥상 오징어인 듯하나 명확하지 않다.
377 飛魚의 오기로 보인다.
378 『매일신보』 1924. 6. 16.
379 『동아일보』 1925. 12. 9.
380 鳥居龍藏, 「인종고고학에서 본 울릉도」, 『日本周邊民族の原始宗教』(岡書院, 1924년 3월 서문), 168쪽.

생활할 수 있을 정도로 오징어가 풍부해서 이를 직업으로 하는 사람이 많다고 했다. 그는 해삼과 패류도 많으며 미역은 옛날부터 유명했다고 했다. 도리이에 따르면, 현재[381] 한국인은 9,159인이고 일본인은 1,519인이다. 촌락은 10여 군데 있으나 일본인의 세력이 매우 강해서 한국인은 주로 계곡 상류나 산 위에 살며 화전을 일궈 농사를 짓는다. 일본인은 농업을 많이 하지 않으며 해안가에 집을 짓고 주로 오징어 어업을 하는데 오징어가 풍부해서 2~3시간 만에 10~20엔을 벌 정도였다.

3. 1930년대의 울릉도 어업 현황

울릉도에서 오징어 어획량은 꾸준히 증가하여 1930년에는 중국으로 여름 오징어 137상자, 가을 오징어 77상자, 일본 도쿄로 다복오징어(多福鯣)[382] 132상자를 수출할 정도였다. 다복오징어는 100근들이 한 상자에 51엔을 받는 고가의 상품이었다.[383] 그러나 하루에 오징어를 7천 마리 이상을 잡아 가격이 하락하자 고등어 연승어업으로 전환하는 어민이 속출했다.[384] 오징어 풍어로 수입이 감소하여 매년 5만 엔 이상의 수입을 올리던 것이 1934년에는 1만 엔 정도에 그쳤다.[385] 1934년 여름 오징어 어획량은 배 한 척당 최고가 250드럼(連)(3천 마리)이고 최저가 30드럼(600마리)에 달해 온 마을이 추석을 앞두고 오징어 말리기에 분주했다고 한다.

어업조합은 명령 항로인 대동호(大東丸)로 오징어를 운송하다가 지체

381 시기가 언제인지 분명하지 않다. 「인종고고학에서 본 울릉도」를 쓴 시기인 1924년경으로 보인다.
382 상호인지 명확하지 않다.
383 『매일신보』 1930. 10. 13.
384 『매일신보』 1931. 7. 11.
385 『매일신보』 1934. 2. 19.; 『동아일보』 1934. 2. 21.

되어 화물이 쌓이면 가격이 폭락할까 우려하여 임시로 적재할 선박을 교섭했다. 그 덕분에 오징어 가격이 10관에 18엔을 밑돌지 않았다. 하루의 제품량은 1,600관, 가격은 2,880엔이었다.[386] 당시 어업조합장은 가타오카 기치베였고 이사는 만토(萬藤)[387]였다. 1935년에도 오징어가 풍어여서 어선 한 척에 1,400~1,500마리를 잡았으나 교통이 불편하여 제때 수송하지 못해 부패했다.[388] 1935년에 어획된 주요 산물은, 고등어가 39,712엔, 말린 고등어가 29,922엔, 오징어가 37,440엔, 멸치가 3,566엔, 전복이 1,438엔, 해삼이 1,056엔, 미역이 449엔 순이었다.[389] 1937년초에는 하루에 오징어 4만 마리를 잡았다고 한다.[390]

고등어어업은 1918년만 해도 성적이 좋지 않았으나 1928년에는 울릉도 근해에서 하루에 5만 마리 이상을 잡아 염장해서 일본으로 수출할 정도로 성적이 좋았다.[391] 1928년 6월 상순까지 8만 마리 이상을 잡아 5만엔 이상의 수출고를 기록했으나[392] 1931년에는 울릉도 부근에서 시험적으로 초등다랑어(小鮪) 어업과 연승어업을 장려하여 매일 어선 100척이 출어했다. 초등다랑어와 오징어를 합해서 매일 천 관이 넘는 어획량을 기록했고, 시모노세키 등지에 1관에 45~46전을 받고 수출했다.[393] 1931년 6월 초순까지 고등어 어획량은 34만 2,545관에 달했지만, 불황이 심

386 『매일신보』 1934. 8. 30.; 『동아일보』 1934. 9. 2.

387 『동아일보』 1934. 8. 30. 1934년 울릉도 수산제품 검사소 기수로 萬藤隆寬이 보이는데 동일인인지는 알 수 없다(『직원록』).

388 『매일신보』 1935. 7. 28.

389 『慶北大鑑』, 1936, 1326쪽.

390 『동아일보』 1937. 1. 26.

391 『동아일보』 1928. 6. 17.

392 『동아일보』 1928. 6. 25.; 『매일신보』 1928. 6. 26.

393 『매일신보』 1931. 10. 11.

해 구매하러 들어오는 배가 없었다.[394] 10관에 1엔을 받는 헐값인데도 팔리지 않았다고 한다.

1932년에는 울릉도 연안의 고등어 어획량이 배 한 척에 1,600마리 혹은 350관, 총 어획고 1만여 관에[395] 달했고, 시모노세키 방면으로 수출되었다.[396] 고등어는 1933년에도 풍부해서 성어기에는 하루에만 15만 마리의 어획이 있을 정도였다. 발동기선[397] 한 척의 고등어 어획고가 최고 2,800마리, 최저 1,300마리였다. 범선으로는 최고 1,700마리, 최저 300마리를 잡았고, 한 마리 당 시세는 평균 2전錢 5리厘였다.[398]

울릉도 근해의 어종은 정어리(鰮), 고등어, 오징어(柔漁), 꽁치(秋刀漁), 날치, 가자미(平素漁), 다랑어(鮪) 등이다. 대부분 난수성 어족이다. 냉수성 어족으로는 대구(鱈) 등이 있고, 기타 연안 어업(磯付魚)으로 전복과 해삼, 소라(榮螺), 미역, 우뭇가사리, 해조류(磯草), 김, 대황 등이 풍부했다.[399] 방어는 1920년대에는 어획되지 않았고 어획하게 된 후에도 어로방법을 잘 몰라 연간 어획고가 1~2천 엔에 그쳤다. 1935년에 어업조합이 미끼를 뿌려 어획하는 방법을 시도하여 대량 어획을 계획하기에 이르렀다.[400] 기술원도 초빙하여 어민에게 어로법을 가르치고자 계획했다.[401] 꽁치는 1944년부터 어획되었으나 판로가 여의치 않아 본격화하지 않다

394 『동아일보』 1931. 6. 18.

395 판매 시가는 1관에 1엔 34전이다. 한 마리에 一錢 三厘에 거래된다는 보도(『매일신보』 1932. 6. 21.)도 있다.

396 『매일신보』 1932. 5. 26.; 1932. 6. 21.

397 발동기선은 1932년에 72척에서 1942년 145척으로 증가했다(김수희, 2014, 앞의 글, 19쪽). 떼배를 포함하면 446척에 달한다.

398 『매일신보』 1933. 5. 31.

399 『동아일보』 1933. 9. 17.

400 『동아일보』 1935. 7. 21.

401 위의 기사.

가 해방 후 통조림 제조가 시작된 뒤 본격적으로 조업했다고 한다.[402] 그렇다면 1924년에 꽁치 어획량이 통계로 잡힌 것은 손꽁치잡이로 어획된 꽁치를 말하는 듯하다. 동해에서 꽁치 유자망어업이 시작된 것은 1938년 이후부터이고 그 전에는 손으로 잡는 방식이었으므로[403] 울릉도의 꽁치어획은 손꽁치잡이가 먼저 행해지고 있었다고 보인다.

이로써 1930년대 초반 울릉도의 주요 어종이 오징어,[404] 고등어, 정어리 순으로 바뀌었음을 알 수 있다. 어로법과 양식의 발전은 정어리와 날치 유자망어업, 고등어와 가자미 연승어업을 가능하게 했다.[405] 그러나 어업자의 대부분은 자영자급을 하는 사람이었고 자본가적 대규모 어업자는 없었다. 점차 어법과 어선이 개량되어 어구가 확장되고 신규 어업이 장려되었다. 어업조합원들은 어구의 구입과 수선을 대부분 저금으로 충당하거나 금융조합에서 그 일부를 빌려 마련했다.[406] 어업조합도 어업조합연합회에서 빚을 내어 조합원에게 대출해주었는데 대출금은 공동판매대금에서 회수했다. 그러나 자금 대출 등의 금융사업은 사실상 "살찌는 사람은 고리대금업자와 특수계급뿐이오 대부분의 도민은 이에 보통 四분五분의 놀랄 만한 고리의 채무에서 허덕였다."[407]라고 했듯이, 한국 어민을 위한 것이 아니었다.

---

402 『鬱陵島鄕土誌』, 1963, 53쪽.

403 강제윤, 『날마다 섬 밥상』, 어른의 시간, 2023, 256쪽.

404 1915년경 남획으로 인해 연안 어장에서 오징어가 사라져 일본인 상인들은 울릉도를 떠났고 조선인이 기하급수적으로 늘어나 포화상태가 되어 울릉도가 빈민굴로 변했고, 이에 총독부가 이들을 강제 이주시켰다는 견해가 있다(김수희, 2014, 앞의 글, 24쪽). 그러나 조선인의 빈곤은 인구 과잉에다 일본인에게 고용되어 고리대금업에 의존한 상태로 살아야 했기 때문이다. 오징어 어업은 시기에 따른 부침이 있었을 뿐 울릉도의 주요 어업으로 지속되었다.

405 『동아일보』 1933. 9. 17.

406 『鬱陵島行政一斑』, 1933, 68쪽.

407 『동아일보』 1934. 2. 21.

낚시어업으로 하던 고등어 어업은 연승어업으로 개량된 뒤[408] 수익이 5만 엔을 밑돌지 않아 울릉도 수산계의 대종이 되었다. 어획된 고등어는 주로 선어 혹은 염장으로 판매되는데, 운반관계상 선어로 판매되는 것은 매우 적었다. 고등어는 청절鯖節형태로 가공되었는데, 울릉도에서는 1932년에 청절 제조를 시작, 50여 개소 공장에서 제조되어 1만여 관貫에 달했다. 청절 제품은 오사카 후쿠야마(福山) 방면의 삭절削節공장에서 거래되었다.[409] 1933년에는 57개소 공장에서 청절 제조가 이루어져 제조고가 2만 관에 달했는데 대부분 가내수공업적인 시설에서 가공되었고 도동에서 집단적으로 제조되었다. 제품은 이후 어업조합의 위탁판매에 부쳐져 히로시마현과 가가와현 및 오사카 지방의 삭절제조업자에게 판매되었다.[410]

해조류로는 미역과 김, 해초 등의 제조가 성했으며 제품도 개선되었다.[411] 특히 김 양식이 1920년대 중반 이후 활발해져 김 세멘트 양식이 울릉도에서 가장 유망한 부업이 되었다. 통조림 제조도 활발했으나[412] 전복과 소라 두 종류에 불과하고 연간 산액은 적었다.[413] 1933년경의 어업 형태는 낚시어업, 그물어업(流刺網, 手繰網, 鰮刺網, 鯖延繩), 연승어업, 발동기어업 등 다양했다.[414] 그물 어업에는 모두 78척의 어선이 종사하고 있었

408 후쿠하라 유지는 그 시기를 1928년부터로 보았는데 『조선민보』 1929년 5월 30일자 기사를 전거로 제시했다.

409 柳川勉, 『朝鮮十三道誌』, 경성: 내외사정사, 1934.

410 경상북도어업조합연합회, 『慶北の水産』, 대구, 1934, 43쪽.

411 『鬱陵島行政一斑』, 1933, 67쪽.

412 『동아일보』 1933. 9. 17.; 『鬱陵島行政一斑』, 1933, 66쪽. 兒島俊平은 오키에 통조림 기술이 도입된 것은 1895년이라고 했다(1988, 46쪽).

413 위의 책.

414 경상북도어업조합연합회, 『慶北の水産』, 1934, 85쪽.

다.[415] 수산제품 검사를 위한 임시 출장소가 울릉도에도 세워져 중요한 수이출품을 검사했으며, 정어리(마이와시) 처리와 김의 생리에 관해서도 시험이 이뤄졌다.

1932년 울릉도의 수산업은 종래의 업태에 비해 많이 바뀌었는데, 오징어 외줄낚시어업, 정어리(鰮)와 날치(飛魚) 유자망어업, 고등어(鯖), 鮀魚,[416] 방어(鰤), 넙치(鮃素魚) 연승어업, 주요 개조류介藻類의 채조어업 등이 그러하다. 특히 고등어 어업은 외줄낚시(一本釣)어업에서 연승어업으로 개량함으로써 어가(漁價)가 추락하지 않게 했다. 외줄낚시어업은 울릉도에서 가장 성한 어업 가운데 하나였다. 7~8월이 어기인 방어, 넙치(平素魚)는 울릉도 수산물 중 제2위를 차지했고 오히려 오징어 어업이 부진했다. 망網어업은 유자망流刺網과 수조망手繰網 두 종류가 있었는데 정어리 자망어업이 고등어 연승어업과 함께 성했다. 연승어업은 고등어, 鮀魚, 방어, 광어, 상어, 기타 연해의 잡어雜魚를 어획할 때 사용하는 어법인데, 특히 고등어 연승어업이 놀라운 발전을 이뤄 산출액도 울릉도 수산물 중 주요 위치를 차지했다.

1930년대에는 다랑어와 상어 연승어업도 유망하다고 전망되었다. 발동기를 부착한 어업도 발달해서 70여 척이 발동선으로 조업을 할 정도가 되었다. 수산 양식업으로서 김 세멘트 양식은 1926년부터 국비와 지방비를 보조받아 시설을 만들어 가장 현저한 실적을 올리고 있었다. 이즈음 파악된 울릉도의 수산제조 현황을 보면, 수산제조업자가 전복 통조림을 제조하거나 건어물(素乾品)을 제조하여 매년 5만 엔 이상의 실적을

415 『慶北の水産』, 1934, 85쪽.

416 오징어가 앞에 나오므로 다른 어종인 듯한데 알 수 없다. 다랑어(鮪)로 추정된다. 이하도 마찬가지다.

올리다가 1932년에는 오징어 어획이 부진해서 1만 1천 엔을 올리는 데 그쳤다. 말린 오징어는 미공尾孔 혹은 어다복於多福 오징어 형태로[417] 일본과 조선 각지에 반출되었다. 이 외에 말린 전복과 말린 문어(乾章魚)도 있지만 산출액은 매우 적었다.

1933년에도 오징어 어업이 부진해서 산출량은 35,924kg(瓩), 가액은 15,677엔으로 종전에 비해 3분의 1로 떨어졌으나[418] 이런 현상을 일시적이라고 보았다. 그리하여 여전히 오징어가 울릉도의 특산으로서 섬의 어업 경제를 좌우할 만큼 중요하다고 여겼다.[419] 그런데 울릉도의 행정 및 여러 현황을 조사하여 펴낸『울릉도 행정일반』(1933)은 울릉도의 고등어 어장이 조선 제1위를 차지할 정도였다고 기술했다. 어획물은 선어 혹은 염장 형태로 위탁판매되었는데 운반 관계 때문에 선어보다는 염장 형태로 판매되었고, 청절 제조를 장려했다. 1931~1933년 사이에 위탁판매고가 높은 수산물은 연도에 따라 차이는 있지만 대체로 고등어와 상어가 가장 많고, 그 다음이 말린 오징어와 청절, 미역, 김, 우뭇가사리 순이었다. 울릉도 어업 경제에서 차지하는 비중이 오징어에서 고등어로 바뀐 듯하지만 이는 일시적으로 보인다.

울릉도에서 어획된 제품은 통상 어업조합이 위탁받아 판매했다. 그러므로 어업조합의 역할이 중요한데, 조합은 위탁판매, 자금 대출 등의 금융 사업, 소형 동력선의 건조建造 장려, 고등어 연승어업 장려, 이료餌料 공급을 위한 자망어업 장려, 청절제조 장려, 200인 수용 규모의 출어자

417 尾孔 혹은 於多福오징어가 브랜드명인지는 알 수 없다. 於多福오징어가 다른 기록에는 多福오징어로 보인다.

418 『慶北の水産』, 1934, 42쪽.

419 위의 책, 42쪽.

공동 숙박소 설치 및 보조, 보관창고와 선어처리장 설치, 도동 해안가에 선거장船据場 설비 시설 구비, 등대 설비 경비로 연간 5백 엔 내외를 보조, 김 세멘트 증식 사업의 보조, 판로 조사를 위한 조사원의 육지 파견 등을 주로 했다.[420]

울릉도에서 어업조합은 1912년에 공포된 「어업조합규칙」에 따라[421] 1914년 2월 23일[422] 어업자 600명으로 남면 도동에서 조직하여 울릉도청 안에 사무소를 둔 것으로 활동을 시작했다. 초대 조합장은 가타오카 기치베였고,[423] 이사와 감사 등도 일본인이었다. 이후 1939년 12월 마루이 마쓰타로(丸井松太郎)가, 1944년 5월 니시노 세이(西野盛)가 조합장에 취임했다. 한국인 최흥욱은 해방 후인 1946년 2월에 처음으로 취임했다.[424] 어업조합은 위탁판매를 잘한 공적을 인정받아 1932년에 경북 지사로부터 표창받았다.[425]

1933년 어업조합원의 어획고는 고등어 연승, 오징어 외줄낚시, 미역, 우뭇가사리 순이다. 위탁판매고는 고등어와 상어가 가장 많고, 그 다음이 말린 오징어, 청절, 미역, 김, 우뭇가사리, 기타 순이다.[426] 상어가 말린 오징어보다 위탁판매고가 높은 것이 눈에 띈다. 1934년경 어업조합에 속한 어선의 총 수는 400여 척이고 그 가운데 소형 발동선은 72척이

---

420 「울릉도의 어업조합」(『慶北の水産』, 1934, 85~90쪽)

421 부령 제14호(『官報』 제445호, 1912. 2. 23.).

422 1914년 2월은 어업협동조합의 창립 인가를 받은 시기이고, 1915년 2월 24일은 어업조합이 설립된 시기로 보는 견해도 있다(福原裕二, 2013, 앞의 글, 59쪽). 그러나 내용을 보면 어업협동조합은 어업조합을 의미한다(32쪽).

423 1939년 4월까지 재임했다(『欝陵島鄕土誌』, 1963, 93쪽).

424 『鬱陵郡誌』, 1989, 198쪽.

425 『慶北の水産』, 1934, 86쪽.

426 위의 책, 92쪽.

었다.[427] 『경북대감慶北大鑑』(1936)에 따르면, 1935년도[428] 울릉도 어획고는 다음 〈표 2-11〉과 같다. (강조는 인용자)

〈표 2-11〉 1935년의 울릉도 어획고

종별	수량(瓩)	금액(엔)	종별	수량(瓩)	금액(엔)
날치	14,625	390	문어	4,927	297
이와시	258,926	**3,566**	미역	17,364	446
상어	7,959	312	가자미	3,685	547
고등어	975,765	**39,712**	볼락	4,563	641
방어	2,834	354	해삼	9,867	**1,056**
김	527	58	우뭇가사리	7,373	219
오징어	554,112	**37,440**	기타	4,671	499
임연수(이민즈)	9,306	876	합계	1,881,821	87,851
전복	5,317	1,438			

어획고의 가액은 고등어, 오징어, 이와시 순이지만 격차가 크다. 이에 비해 수산제조고는 다음 〈표 2-12〉와 같다.[429]

〈표 2-12〉 1935년의 수산제조고

종별	수량(瓩)	금액(엔)	종별	수량(瓩)	금액(엔)
鯖節	14,354	4,704	고등어통조림	4,987	29,922
말린 오징어(鯣)	276,760	119,800	미역(和布)	52,096	8,919
염장 고등어(鹽鯖)	338,252	27,425	김(海苔)	22,216	5,860
상어지느러미(鱶鰭)	742	176	기타	17,041	831
염장 상어(鹽鱶)	6,825	645	합계	733,273	198,282

수산제조품은 가장 높은 가액을 기록한 것이 말린 오징어이고, 고등어 통조림, 염장 고등어, 미역, 김 순이다. 오징어일 때는 37,440엔이었는

427 위의 책, 85쪽.

428 통계 연도가 나와 있지 않아 1935년으로 보았다(逵捨藏, 『慶北大鑑』, 1936, 1326쪽).

429 逵捨藏, 『慶北大鑑』, 1936, 1327쪽.

데 말린 오징어로 제조되었을 때는 119,800엔이 되므로 가공품의 가격이 훨씬 더 높다. 그런데 고등어는 가공품 가격이 더 낮다. 고등어 어획고는 39,712엔인데 통조림으로 가공하면 29,922엔, 염장하면 27,425엔으로 낮아졌다. 1935년 6월 고등어 어획고는 1만 3천 엔에서 1만 5천 엔 사이의 호황이었지만, 곧 종어기終漁期에 접어들었다.[430]

1936년의 수산물은 고등어가 103,037엔, 오징어가 97,728엔, 미역이 11,578엔, 돌김이 6,458엔,멸치가 5,493엔, 방어가 4,500엔, 가자미가 1,850엔, 해삼이 1,360엔, 전복이 1,034엔 순이다.[431] 1936년 여름 고등어 어획고는 23만 엔[432]을 넘어 대어 축하회까지 개최할 정도였다고 한다.[433] 1937년에는 매르치(멸치), 고등어, 오징어(烏賊) 3가지가 대풍어였는데 12월에 오징어 떼가 덮쳐서 하루 어획량이 2천 연(1연은 20마리) 4만 마리가 될 정도였다. 1936년 멸치잡이도 1937년 11월까지의 어획고가 4만 엔에 달했다는 기사가 보이므로[434] 멸치는 오징어, 고등어와 함께 울릉도의 3대 풍어였음을 알 수 있다. 멸치라고 하지만 이와시라고도 했으므로 멸치인지 정어리인지는 알 수 없다.

1937년 말에 조사된 울릉도의 어업 인구는 조선인이 622명, 일본인이 38명이었다. 그런데 수산제조업에 종사한 한국인은 한 명도 없었고, 일본인은 3명이 종사했다.[435] 1937년 울릉도의 어획고는 고등어(224,302엔),

---

430 『조선중앙일보』 1936. 7. 4.

431 도봉섭·심학진, 「1936년도 현재 본도산업통계표」(1938. 3. 31.: 81), 전경수, 『울릉도 오딧세이』, 눌민, 2021, 135~136쪽에서 재인용. 그런데 「1936년도 현재 본도산업통계표」를 검색했으나 찾지 못했다. 멸치라고 한 것이 이와시인지 확인이 필요하다.

432 원문은 원이라고 했으나 엔(圓)을 의미한다.

433 『동아일보』 1937. 12. 6.

434 『동아일보』 1937. 12. 6. 원문은 4만 원이라고 했으나 엔을 의미한다.

435 『昭和十三年 島勢一斑』(내지 표제 『鬱陵島勢一斑』으로 통일함), 1938, 20쪽.

미역(19,162엔), 말린 오징어(9,094엔), 전복(4,500엔), 우뭇가사리(3,927엔), 해삼(3,404엔), 돌김(2,149엔) 순이다.[436] 1935년에는 고등어, 오징어, 이와시 순이었는데 1937년에는 이와시가 빠지고 미역이 오징어의 어획고를 능가했다.

김 세멘트 양식이 활발했다고 하는데 김은 수산제조품인 반면, 돌김은 자연산이므로 돌김의 어획고가 높았던 듯하다. 이에 비해 수산제조품 가운데 가액이 높은 것은 미역(23,952엔), 말린 오징어(11,365엔), 고등어 통조림(10,137엔) 순이다.[437] 1937년 울릉도에서 수산제조 수량이 가장 많은 것은 고등어, 미역, 말린 전복, 말린 오징어 순이고, 수산제조 금액이 가장 큰 것은 미역, 가공 고등어, 염장 정어리 순이다.[438]

1937년부터 1942년 사이에는 고등어 연승어업이 활발하여 도동, 저동, 태하에 통조림 공장[439]이 설립되었다. 그러나 고등어잡이의 미끼가 되는 정어리가 종적을 감춘 뒤로는 고등어 연승어업도 쇠퇴했고, 그 후로는 오징어 외줄낚시어업에 의존해 왔다.[440] 고등어를 잡기 위한 미끼로는 멸치일 것이다. 울릉도에서 어획된 어류에 멸치와 정어리가 둘 다 보여 무엇을 가리키는지가 애매하다. 멸치의 어획 통계는 1924년에 보였고, 정어리의 어획 통계는 1906년에 오쿠하라가 언급한 바 있지만 본격적인 통계는 1935년부터 보였다. 다만 울릉도에서 이들 어종을 파악한 시기는 어획 시기보다 훨씬 앞선다. 경상북도는 1918년에 울릉도에서 정어리 어획에 종사하는 자는 없다고 판단한 바 있다.

---

436 『鬱陵島勢一斑』, 1938, 22쪽.
437 위의 책, 23쪽.
438 위의 책, 22쪽.
439 현재 울릉도 주민 가운데는 정어리통조림공장을 가리킨다고 말하는 경우가 있다.
440 『東海의 睡蓮花』, 1981, 115쪽; 『鬱陵郡誌』, 1989, 194쪽.

울릉도에서 1918년에는 鰯, 1924년에도 鰯魚, 1933년에는 鰮, 1937년에는 '매르치', 멸치잡이가 거론되었다. 『조선수산통계』는 1935년과 1936년에는 '마이와시'와 '鰮(이와시, 멸치)'라고 구분해서 적었다. 정어리를 이와시와 마이와시 두 가지로 불렀다. 『조선수산통계』는 1937년부터 1941년 사이에는 '마이와시'[441]와 '鰮(이와시, 정어리)'로 표기했다. 이렇듯 鰯과 鰮, '이와시'와 '마이와시', '멸치'와 '정어리'가 보이되 鰮을 멸치라고 했다가 정어리라고도 해서 명확히 구분하기가 어렵다. 당시 신문도 '小靑魚', '鰯魚', '鰮魚' 등으로 섞어서 보도했다. 통상적으로 한국에서는 정어리와 눈퉁멸, 멸치로 구분한다. 일본에서는 정어리를 '이와시', '마이와시(眞鰮)'로, 멸치를 '이와시', '가타구치이와시(片口鰯)'로 부르는데, 정어리와 멸치를 모두 '이와시'라고 불러 한국과 마찬가지로 구분하기가 어렵다. 눈퉁멸은 '우루메이와시'라고 한다. 다만 울릉도·독도의 어종으로 거론된 것은 둘 가운데 鰮 즉 정어리에 대한 언급이 많다. 1935년에는 이와시 어획고가 보이다가 1936년에는 멸치, 1937년에도 '매르치', 멸치잡이를 거론했다. 따라서 '메르치'라고 하거나 '약鰯' 혹은 '약어鰯魚'라고 한 경우, 멸치인지 정어리인지가 애매하다.

4. 독도 어업권의 양도와 울릉도 재주 일본인의 독도 어로

다케시마어렵합자회사는 해면어업도 함께 허가받아 해조류와 조개류를 함께 채취했으나 강치 포획량이 감소하면서 홋카이도 치시마 어업으로 눈을 돌리기 시작했다. 1916년(1914년 설도 있음)부터는 나카이 요자부로는 강치 어업 허가원 출원자의 명의를 아들 요이치로 변경했다. 4명

441 '鰯토마토漬'이 속해 있어 마이와시를 멸치로 볼 수 있지만, 정어리라고 표기한 경우도 있다.

이던 다케시마어렵합자회사 대표는 1925년 8월(허가 기간은 1926년 6월부터 1931년 5월까지)부터 나카이 요이치와 하시오카 다다시게 두 명이었다.[442] 한편 나카이 요이치는 어업권을 담보로 하시오카 다다시게에게 대출을 받았으므로 1920년대[443] 중반에 어업권이 하시오카에게 양도(혹은 매각)[444] 되었다. 이를 근거로 하시오카 다다시게는 1925(1924)[445]에 울릉도의 오쿠무라 헤이타로에게 전복과 미역, 소라 등의 근부 어업권을 3년 단위로 매각했다.[446] 이로써 울릉도 재주 일본인이 독도에서 어로할 수 있는 길이 열렸다. 어업권에 관해 양도인지 매각인지, 누구에게 양도했는지에 대해 설이 일정하지 않지만, 야하타 조시로는 1928년경 나카이 요이치가 시코쿠 다카마쓰시의 야노서커스단과 독도강치 매매 계약을 맺었음을 알게 되자 5,000엔을 지불하고 어업 감찰의 명의를 자신 외 두 명으로 바꾸었다.[447] 이로써 실질적인 어업권을 야하타가 지니게 된 셈이다.

그런데 하시오카 다다시게는 1933년부터 1941년까지 봄 가을로 독도에 출어했다고 했다가 1924년부터 1932년까지 오쿠무라에게 근부 어업

442 김선희, 2010, 앞의 책, 144쪽.

443 어업권의 양도 시기에 대해서는 기록에 따라 엇갈려, 1925년 설과 1928년 설이 있다. 양도가 아니라 매각했다는 설도 있다.

444 나카이 요자부로와 하시오카 다다시게가 어업권을 처분한 사실을 대부분 '양도·매각'(김수희, 2016, 80쪽)이라고 하여 애매하게 처리하고 있다. 다무라는 나카이가 하시오카에게는 양도를, 하시오카가 오쿠무라에게는 어업권을 매각한 듯이 표현했으나 하시오카가 부정기로 출어했다고 기술했으므로 매각의 의미와는 맞지 않다(김선희, 2010, 앞의 책, 145~148쪽). 이 부분은 좀 더 밝혀질 필요가 있다.

445 1921년으로 보는 경우가 있지만(김수희, 2010, 앞의 글, 149쪽), 외무성의 구술기록에는, 요이치가 어업권을 담보로 하시오카 다다시게, 이케다 고이치, 야하타 조시로에게 5,000엔의 융자를 받은 시기가 1924년 11월 24일로 되어 있다(나카이 요이치 구술서, 하시오카 다다시게 보고서 수록 계약서). 이후 요이치가 변제를 하지 못해 명의는 둔 채 실질적인 소유권이 채권자에게 양도되었다.

446 이 부분도 하시오카가 1924년경부터 6년간 강치 포획을 중지하고 다른 해산물만 채취하며 동시에 오쿠무라에게 강치 번식 상황을 감시해줄 것을 부탁했다고 하는 등 설이 일정하지 않다.

447 총후(總厚) 제1652호(1961. 10. 16.), 「오키 지청장이 하시오카 다다시게에게 청취한 상황 보고」 『昭和26年度 涉外關係綴』.

권을 매각하고 동시에 강치보호 번식을 의뢰했다고 말을 바꾸었다.[448] 그러나 야하타 조시로가 다케시마관유지 사용료를 1929년 이후부터 1934년까지 납부했고, 1936년부터 1941년까지는 하시오카 다다시게[449]가 납부했다. 그렇다면 1936년 이후부터는 하시오카 다다시게가 어업권을 지녔다고 볼 수 있다. 하시오카는 1938년에 오쿠무라 헤이타로가 죽고 아들 오쿠무라 료(奧村亮)[450]가 어업하는 1945년까지 대리인을 보내 계약금을 받아갔다.

한편 하시오카는 1933년부터 1941년까지 매년 봄·가을에 독도로 출렵出獵하는 한편 울릉도에서는 통조림 공장을 경영했다고 증언했다. 그는 독도에서 잡은 강치를 동물원과 서커스단 등에 판매했다. 서커스단에 판매한 강치는 20마리 내외, 마리당 가격은 100~200엔 사이였다. 1940년에는 21마리를 잡아 한 마리 당 140엔을 받고 나카다 다다이치(仲田忠一)에게 팔았다. 1941년에도 16마리의 강치를 나카다에게 매각했다.[451]

하시오카 다다시게는 1941년 12월, 태평양전쟁이 발발하자 독도 출어를 정지하였다. 그는 독도 임대료를 연 4엔 70전씩 야하타 조시로의 대리인 자격으로 국고에 납입했다고 구술했다. 그 후에는 야하타 조시로가 권리를 행사했다. 하시오카 다다시게는 독도 어렵을 적극적으로 수행한 듯이 증언했지만 다른 사람들은 대부분 그가 독도에 거주한 바 없고 2회

448 김선희, 2010, 앞의 책, 147쪽.

449 하시오카 다다시게는 1933년부터 1941년까지 실제로 독도에 출어했다고 증언했다. 그는 야하타의 대리인으로서 연 4엔 70전씩 사용료를 납부했다고 했다(외무성 아시아국 제2과〈1953. 8.〉 2. 참고자료 중 (ㄷ) 하시오카 다다시게(53세) 구술서〈1953. 7. 9.〉, 『昭和28年度 涉外關係綴』).

450 오쿠무라 헤이타로는 1938년부터 연간 1500엔에 계약했는데 이후 아들이 이어받아 1942년까지 어업을 했고, 1941년에는 제주 해녀도 고용했다(외무성 아시아국 제2과〈1953. 8〉 2. 참고자료 중 (ㄹ) 오쿠무라 료 구술서, 『昭和28年度 涉外關係綴』).

451 위의 문서.

만 출렵했을 뿐 대부분은 방관했다고 증언했다. 따라서 그가 포획했다는 강치 숫자는 다른 기록과의 대조가 필요하다. 독도는 1940년 8월 17일 공용을 폐지하고, 해군 재산으로 현縣에서 마이즈루 진수부(舞鶴鎮守府)로 인계되었다. 1941년 11월 28일 마이즈루 진수부 장관은 야하타 조시로에게 해군용지인 독도 사용을 허가했다. 이후 일본은 독도를 1945년 11월 1일 국유재산법 시행령 제2조에 따라 대장성 소관 국유재산으로 삼았다.

이렇듯 일제강점기에는 어렵합자회사 내부의 사정에 따라 회사 대표와 회사원 간에 어업권 양도를 둘러싼 이해관계가 복잡하게 얽켜 있고, 그 와중에 울릉도의 오쿠무라에게 어업권을 양도하기도 했다. 이 시기 독도에서의 어로 상황이나 어획물에 대한 통계도 밝혀진 바가 별로 없다. 그런데 '다케시마문제연구회'는 2015년 3기 최종 보고서에[452] 오키 동 사무소 직원인 인베 마사히데(忌部正英)가 오키 주민을 상대로 2013~14년 탐문해서 조사한 내용을 실었다. 이 조사를 통해 일제강점기 독도에서의 어로활동을 일부 엿볼 수 있다. 인베는 어업권 소지자의 후손 30여 명을 만나 독도에서의 어로 활동에 관한 증언을 채록했다. 이에 따르면, 나카이 요자부로가 하시오카 다다시게에게 1924년에 어업권을 양도하고, 1929년에 완전히 매각했으며, 1930년대부터는 하시오카와 이케다, 야하타 3인이 어업권을 공동 소유했다고 한다. 그러나 인베의 조사는 일제강점기로부터 한참 지난 뒤 후손의 증언을 따른 것이므로 사실관계가 명확하지 않음을 감안하고 볼 필요가 있다. 오히려 외무성이 1953년에 조사한 구술서가 시기적으로 일제강점기에 가까우므로 이를 함께 참고할 필요가 있다.

452 忌部正英, 「昭和初期における竹島漁業의 實態: 關係者への聞き取り調査を通じ」, 『제3기 竹島문제에 관한 조사연구 보고서』, 2015.

1930년대 독도 어업에 관한 인베의 조사에 따르면, 오키의 야하타 이사부로(八幡伊三郎)는 1933년부터 1941년 사이에 독도에 출어하여 전복과 소라를 채취하고 강치 어업을 한 것으로 되어 있다. 야하타는 1936년부터 1938년에 걸쳐 네 번 출어한 것으로 일지에 기록했다. 1936년 6월에 전복 600kg, 9월에 전복 427kg, 1937년에 전복 1,470kg, 1938년에 전복 564kg과 소라 1,417kg을 채포했다. 또한 야하타는 1938년 5월 말부터는 인부들과 함께 강치(도도)어렵을 시작했으며 미역도 채취했다.[453] 인베는 야하타가 1941년까지 출어했다고 했지만, 야하타의 일지에는 1936년부터 1938년까지만 기록되어 있다.

이에 비해 울릉도 재주 일본인의 독도 어로가 시작된 시기는 대체로 1920년대 중반이다. 1918년과 1919년에 울릉도에 거주하던 일본인 3명이 한국인 10여 명을 데리고 독도에 가서 전복 등을 채취했다가 나카이 요자부로의 아들 나카이 요이치에게 몰수당했다.[454] 나카이 요이치가 1916년부터 다케시마어렵합자회사의 대표 사원이었기 때문이다.[455] 나카이 요이치가 1916년부터 1929년까지 독도에 출어하여 강치를 포획했다고 이력서에서 밝혔듯이, 그가 울릉도 거주자의 전복을 몰수했음은 독도 출어 중이었음을 방증한다.

오쿠무라 헤이타로는 울릉도에서 대규모의 통조림 공장을 경영하고 있었다. 그는 다이쇼 초기인 1910년대 초기 독도 부근에 표류했던 선박이 독도에 전복·미역·소라 등이 많은 것을 목격하고 돌아왔다는 이야기

453 『제3기 竹島문제에 관한 조사연구 보고서』, 75~76쪽.

454 위의 글. 김수희는 일본인 가운데 한 명이 오쿠무라 헤이타로의 수하 미쓰이 아라카사(三井新笠)라고 했는데, 전거를 밝히지 않았다(김수희, 「1930년대 오키(隱岐)어민의 독도강치 어렵과 그 실태」, 『독도연구』 제20호, 영남대학교 독도연구소, 2016).

455 나카이 요이치는 명의만 계승했을 뿐 미성년자였으므로 나카이 요자부로가 친권을 행사했다. 대표사원 명의는 1928년까지 나카이 요자부로였다.

를 들은 뒤로부터 독도 어로를 기도하고 있었다. 오쿠무라는 1921년 다수의 한국인을 데리고 독도로 출어하여 전복과 소라 등을 불법으로 채포했다. 그 후로도 도항의 기회를 엿보던 오쿠무라는 1925년경 야하타 조시로에게서 독도에서 강치를 제외한 어업을 할 수 있는 권리를 3년 간 1,600엔에 매입했다.

이에 대해서는 그가 1925년에 하시오카 다다시게로부터 근부 어업권을 3년 단위로 1,000~3,000엔 사이에 지불하고 권리를 획득하게 되었다는 설이 있다. 이로써 1920년대 중반 울릉도 재주자 오쿠무라의 독도 출어가 가능해졌음은 분명하다. 오쿠무라는 1928년부터는 2년간 무계약으로 독도에 출어하기도 했다가 다시 3년간 이용료를 1,600엔에 매입했다. 그는 1933년부터 1938년까지는 무계약으로 출어하였다. 그동안의 출어에서 잠수기 2척(1척에 7인 승선, 합계 14명. 그 가운데 2명의 잠수부가 일본인이며, 나머지 12명은 조선인-원주)을 5톤의 발동기선이 예인했다. 발동기선의 승조원은 5명이며, 모두 19명(일본인 3명, 나머지는 한국인)이 동원되었다. 출어 기간은 4월 하순부터 7월 하순까지이며, 하루의 어획량은 잠수기 2척으로 전복 약 600관 정도였다. 강치 포획은 하지 않았다.[456]

1938년에 오쿠무라 헤이타로가 사망하자 장남 오쿠무라 료(奧村亮)가 승계했다. 오쿠무라 료는 야하타 조시로와 1년마다 계약을 체결하면서 1942년에 이르렀다. 1년간의 계약금은 1,500엔이었다. 그 후에는 계약을 맺지 않은 채 1945년까지 출어했는데, 그 사이에 하시오카 다다시게의 대리인이 울릉도로 건너가 계약금으로 1,000엔을 요구했기 때문에 오쿠무라 료가 이를 지불했다. 오쿠무라 료는 1938~1940년 사이에 90

456 외무성 아시아국 제2과(1953. 8.) 2. 참고자료 중 (ㄹ) 오쿠무라 료 구술서, 『昭和28年度 涉外關係綴』.

톤과 20톤의 모선母船 2척과 운반선을 독도에 보내 어로했다. 잠수기 2척과 소형 선박 5척으로 약 40명의 승무원이 어로작업을 했다.이 가운데 감독관은 일본인 2~3명이었고 나머지는 한국인이었다.[457] 그는 1941년에는 제주도의 해녀 16명을 데리고 성게를 채취하러 독도(랑코도-원문)로 갔지만 성공하지 못했다. 1938년 이후 1년의 순이익은 네 번의 항해로 1만 엔 정도를 얻었다고 한다. 오쿠무라 료는 1938년부터 1945년까지 채포한 독도 전복을 쓰루가와 시모노세키 상점 등에 판매하였다.[458] 강치는 식용으로 새끼만 잡았을 뿐 큰 것은 포획하지 않았다.

태평양전쟁 패전으로 오쿠무라 료가 독도 어로를 중지하자 오쿠무라에게 고용되었던 윤상십尹相辻과 어선 감독자 김무생金戊生 외에 김기수金基守 모두 3명의 한국인이 사업을 계승하여 미역을 채취하였다.[459] 오쿠무라가 어업권을 가지고 있는 동안 울릉도의 한국인은 고용된 형태로만 독도 어로에 참여했었다.

V. 맺음말

이상을 정리하면 다음과 같다. 울릉도와 독도의 해산물에 관해 조선 초기 세종 연간까지는 기록하지 않다가 세조 연간에 처음으로 전복과 김, 문어, 해달을 기록한 사실이 보인다. 이후 16세기까지 울릉도의 해산물로 보인 것은 주로 전복이고, 김과 문어, 해달도 계속해서 문헌에 보였다. 울릉도 해산물의 종류는 적지만, 울릉도를 관할하는 울진현의

457 위의 문서.

458 위의 문서.

459 위의 문서.

해산물 종류는 많다. 『신증 동국여지승람』은 위에서 거론한 어종 외에 대구와 황어, 연어, 은구어, 방어, 광어, 고등어, 적어, 송어, 은어, 꽃게, 미역, 해삼, 홍합 등을 거론했는데, 이는 『동국여지지』에 계술되었고 이후 19세기 중엽까지 답습되었다.

울릉도와 독도의 해산물로서 전복과 김, 문어, 해달이 보였지만, 1882년 이규원의 조사가 있기 전까지 문헌에서 빠지지 않고 기록된 것은 전복과 가지어(강치)였다. 조선 초기에 보였던 해달 대신 후기에 '가지어'가 등장했으므로 해달도 강치일 가능성이 크다. 조선 후기 울릉도 쟁계를 거치면서 조선인은 울릉도의 전복을, 일본인은 울릉도의 전복과 강치를 어획하기 위해 도해한 사실이 드러났다. 당시 전복을 채포하러 온 자들은 주로 경상도 울산 지역민이었으나 18세기 후반에는 전라도 사람들도 전복과 미역을 채포하러 왔다. 조선인들은 주로 전복을 채포한 반면, 이들을 쇄출하러 온 수토관은 증빙용으로 강치 두 마리를 포획하는 데 그쳤다. 일본인들은 전복을 채포했지만 강치도 포획하여 기름을 만들어 판매할 목적에서 울릉도에 왔다. 강치를 의미하는 양국의 명칭은 달랐지만 전 근대기에 울릉도와 독도에 이 해수가 있었음을 기록한 것은 공통된다. 울릉도의 어종을 상세히 파악하게 되는 것은 근대기 일본인에 의해서이다. 1882년에 울릉도를 조사한 이명우와 이규원은 이전에 파악된 어종과 크게 다르지 않아 전복과 미역, 강치 외에 해삼과 홍합을 추가하는 정도였다.

근대기에 들어와 일본인들은 이른바 「조일통어장정朝日通漁章程」(1889)에 의거하여 합법적으로 어업자원을 침탈할 수 있게 되자, 수산업자들이 본격적으로 어종을 조사했다. 일본인이 1905년 이전에 파악한 울릉도와 독도의 어종은 오징어, 가자미, 정어리, 방어, 고등어, 고래, 상어,

해삼, 전복, 굴, 미역, 우뭇가사리, 대황, 김, 조개류였다. 일부 일본인들은 오키에서 울릉도로 직접 와서 고래와 상어, 전복, 오징어, 해삼을 어획해서 일본으로 가져갔다. 울릉도에 거주하는 일본인들은 울릉도 근해에서는 전복과 우뭇가사리, 해삼, 김을 채포하고, 독도 근해에서는 강치를 포획했다. 울릉도의 일본인들은 한국인의 전유 품목이던 미역과 김도 점차 채포 품목에 포함시켰다. 김과 미역을 제외한 해산물은 울릉도에서 일본으로 수출되었는데 일본인들이 1902년경부터는 오징어잡이를 시작하여 1903년에는 말린 오징어로 수출하기에 이르렀다. 일본인에게 오징어 어로법을 전수받은 한국인이 직접 오징어 어획을 시작한 시기는 1907년경부터이다. 1906년에 울릉도와 독도를 시찰한 오쿠하라가 파악한 울릉도와 독도의 어종은 각각 약 26종이다. 이 가운데 오쿠하라가 목격한 독도 해산물은 9종, 전해들은 것은 9종이다. 비슷한 시기에 나카이 요자부로가 기록한 독도의 해산물은 약 49종이다.[460]

울릉도의 일본인들은 목재와 곡물 위주로 수출하다가 1890년대 말부터는 우뭇가사리와 해삼도 수출하기 시작했고, 전복, 강치, 오징어로 품목을 확대했다. 울릉도의 일본인들은 독도 해산물 즉 전복과 우뭇가사리, 강치를 울릉도로 가져와 가공해서 다시 일본으로 수출했는데 강치는 독도 산물임이 확실하다. 1905년경까지 일본으로 수출한 해산물은 우뭇가사리와 말린 전복, 말린 오징어, 김, 미역, 강치였다. 전복은 통조림 형태로 수출되었고, 강치도 여러 형태로 가공되어 수출되었다. 강치 포획은 두 부류에 의해 이뤄졌다. 하나는 울릉도에서 독도로 간 사람에 의해서이

460 현재 동해안에 서식하는 어종은 총 450여 종인데 울릉도 연안에는 약 59종이, 독도 연안에는 100~200종이 있는 것으로 확인되었다(한국지역인문자원연구소 편, 『울릉도·독도 백과사전』, 휴먼 앤 북스, 2020, 508쪽, '울릉도 독도의 어류' 항목).

고, 다른 하나는 오키에서 독도로 간 사람에 의해서다. 울릉도의 일본인은 한국인을 고용해서 독도로 갔다. 1905년 전반기까지 울릉도 수출 품목이던 강치가 후반기부터는 수출 품목에 보이지 않는다. 일본이 독도를 편입한 후 다케시마어렵합자회사에 독점권을 부여했기 때문이다.

1907년과 1908년 울릉도 수출품 가운데 가장 많은 가액을 차지한 것은 말린 오징어였다. 김과 우뭇가사리, 말린 전복, 미역 등은 오징어 가액의 10%에도 미치지 못할 때가 많았다. 1909년경에는 어업을 겸업으로 하는 한국인이 증가하여 과반수 이상이 오징어 어업에 종사할 정도가 되었다. 이는 오징어 어업이 급속도로 확산되었음을 의미하는데 그만큼 오징어 어업이 커다란 이원利原이었음을 의미하는 것이다. 일본인들이 김과 미역 채취에 참여하게 되는 것은 1909년경부터이고, 한국인을 고용해서 채포했다.

1910년 대한제국이 일본에 의해 침탈되기 전 울릉도의 어획 어종으로 도미나 삼치가 새로 등장했지만 어종 파악 혹은 시험 어로에 머무는 수준이었다. 한국인이 오징어 어업을 겸했다고 하더라도 식민지 시기에도 대부분의 한국인은 여전히 농업을 위주로 하고 해조류 채포에 머무는 수준이었다. 1910년대 후반 어업을 전업으로 하는 한국인이 증가하여 600명이 넘었지만 수산제조업을 전업으로 하는 한국인은 한 명도 없었다. 부가가치가 높은 수산제조업은 여전히 일본인이 독점했다.

1917년 조선총독부 수산 기사 이하라가 어획 가능한 어종으로 파악한 것은 고등어, 다랑어, 가다랑어, 상어, 이와시(鰯), 꽁치, 날치, 오징어, 방어 등이다. 새로운 어종의 어획 전망이 밝음에 따라 경상북도는 오징어 어업 외에 고등어와 이와시, 꽁치 등 다른 어종도 어획하게 했으나 성적은 좋지 않았다. 오징어 회유는 끊이지 않아 오징어 어업이 성행했고,

이를 위해 일본에서 도항해오는 자도 많았다. 1920년대에는 고등어, 이와시, 방어, 꽁치 등의 회유종이 유망한 어업으로 전망되었고 1930년대에는 날치, 멸치 혹은 정어리, 상어, 고등어, 방어, 김, 오징어, 임연수, 전복, 문어, 미역, 가자미, 볼락, 해삼, 우뭇가사리 등으로 어종이 증가했다. 나아가 고등어와 오징어, 상어, 전복, 김 등은 가공 혹은 제조품으로 만드는 일이 성행했다. 미역과 김 등 해조류가 어획고에서 차지하는 비중도 증가했다.

1920년대에 오징어 어획량이 감소하자 어업조합은 고등어 어획을 권유했다. 1924년 해산물 총액 가운데 고등어 통계는 눈에 띄지 않는데, 이해 5월의 어황 통계에 따르면, 鰯과 꽁치보다는 많지만 그리 높은 편은 아니었다. 1930년대에 다시 오징어 어획이 증가하고 수출물량이 많아져 가격이 폭락하자 고등어어업으로 전환하는 자가 이어졌다. 다만 이 시기 통계는 어획량과 수출고 둘 다 밝힌 경우가 드물어 전체 수출고에서 고등어가 차지하는 비중을 정확히 알기 어렵다. 고등어는 연승어업으로 개량된 뒤부터 울릉도의 주요 수산물이 되었다. 방어는 1920년대 이후 어획을 시작한 만큼 어획고도 적었다. 꽁치는 1920년대까지 손꽁치잡이를 하다가 유자망으로 잡기 시작했다고 하는데, 언제부터인지 정확히 알기가 어렵다. 1944년부터 꽁치를 어획했다고 기록한 자료는 1차 사료가 아니라 『울릉도 향토지鬱陵島鄕土誌』이므로 좀 더 고증이 필요하다. 울릉도 해조류 가운데 미역과 김의 질이 좋은데 1920년대 중반부터는 김 세멘트 양식이 활발해져서 유망한 부업이 되었다. 통조림 종류도 전복과 소라 두 가지로 늘어났으나 연간 생산액은 적었다.

1933년의 위탁판매고는 고등어와 상어, 오징어, 미역, 김, 우뭇가사리 순이므로 상어가 새로이 부상했음을 알 수 있지만, 1935년의 어획고는 매우 낮다. 1935년에는 고등어 어획고가 가장 높고 그 다음이 오징어와 이와시이며 전복과 해삼이 그 뒤를 이었다. 하지만 이와시 어획고는 고등어와 오징어에 비하면 가액이 10%에 불과할 정도였다. 가액은 미미하지만 1930년대 울릉도에서 주 어종은 대체로 오징어와 고등어, 이와시였다. 어법을 개량하여 고등어어업을 연승어업으로 전환했지만 대부분은 자급자족의 소규모였으므로 어업조합원들이 신규 어업을 하거나 어구를 구입하려면 조합으로부터 대출을 받아야 했고 고리대금을 감당해야 했다. 따라서 이는 한국인에게 실질적인 도움이 되지 못했다. 오징어 어업은 시기에 따라 부침이 있어 1935년에는 고등어어업에 제1위를 내주었고, 1937년에도 고등어어획고가 2만 2천 엔이 넘을 정도로 높았다. 이에 비해 말린 오징어는 어획고 가액이 9천 엔에 불과할 정도였으며 이 해에는 이와시어획고도 없었다.

고등어 연승어업은 1930년대 후반에서 1940년대 초반에 활발해서 여러 곳에 통조림 공장이 세워졌지만 다시 쇠퇴했다. 그리하여 이후에는 다시 오징어 어업에 의존해야 했다. 수산제조품으로서 말린 오징어는 다른 어종에 비해 가액이 더 높았다. 고등어는 염장보다 통조림의 가액이 높은 편이었지만 오징어 가공품에 비하면 훨씬 낮았다. 울릉도 오징어 어업은 시기에 따른 부침은 있었지만 일제강점기 내내 주 어업이었음은 분명하다.

한편 일제강점기 다케시마어렵합자회사의 독도 어로현황을 보면, 합자회사가 1905년부터 1910년 사이에 제한 숫자를 초과해서 강치를 남획한 탓에 포획량은 급격히 감소했다. 그러자 합자회사의 대표사원 나카이 요자부로는 치시마어업으로 눈을 돌리는 한편, 해면 전용 어업권을 신청했다. 강치 어업 허가를 받지 못한 다른 어업조합원들도 해면 전용 어업권을 신청했지만 시마네현은 이들의 신청을 받아들이지 않았다. 시마네현은 강치포획을 허용하던 초기에는 독도에서 강치 어업 이외의 어획을 금지했으나 1911년에는 「어업단속규칙」을 폐지하고 해조류와 패류의 채취를 허용했다. 그런데 강치 어업으로 이익을 보지 못한 나카이 요자부로와 어업감찰 명의의 보유자이자 나카이의 아들인 나카이 요이치는 자금난을 견디지 못해 합자회사의 동료로부터 융자를 받았고, 결국 변제하지 못했다. 이에 독도 어업권은 1925년경 합자회사 사원이던 하시오카 다다시게와 야하타 조시로, 이케다 고이치에게 넘어갔다. 어업감찰 명의도 1928년에는 나카이 요이치에서 야하타 조시로로 변경되었다. 이런 변동이 있었으므로 1910년부터 1928년 사이 독도에서의 어로 활동이 실질적으로는 활발하지 않았다고 보인다.

1925년경 하시오카 다다시게는 울릉도의 오쿠무라 헤이타로에게 근부 어업권을 3년 단위로 양도하는 한편, 1933년부터 1941년까지 독도로 직접 출어했으나 소극적이었다. 하시오카는 독도강치를 잡아 서커스단에게 판매했다고 하는데, 오쿠무라가 전복 채포를 위주로 했기 때문에 가능했다. 하시오카 등 3인이 어업권을 공동 소유한 1930년경부터는 독도 출어도 활발하지 않았다고 보인다. 야하타 이사부로가 3년 동안 네 번 출어한 것이 전부라고 말했기 때문이다. 다케시마어렵합자회사의 독도 출어는 실질적으로 이익을 얻지 못했고, 일제강점기 동안에도 강치의 가공판매만으로는 이익을 얻지 못했다. 오히려 강치를 생포하여 판매하는 것이 더 큰 이익이 되었다. 결국 합자회사의 강치 어로는 사업상 이익을 보지 못한 채 강치 남획이라는 오명만 남기고 철수한 셈이다.

이렇듯 울릉도와 독도의 어업은 근대 이전에는 전복과 미역, 강치 어획에 불과했지만 근대기에는 이들 외에 김, 우뭇가사리, 해삼, 오징어,

고등어, 정어리, 방어 등이 추가되어 어획되었음을 알 수 있다. 근대기에 울릉도에 온 일본인들은 벌목을 하면서 동시에 전복 채포와 가공에도 종사했다. 이들은 사실상 한국인 이주민과 비슷한 시기에 실질적인 어로를 하고 있었다고 보인다. 그 점에서 본다면, 『울릉군지』(2007)에 일본인들의 울릉도 이주와 어로가 1904년 이후 본격화했다고 기술한 것은 타당하지 않다. 일부 일본인은 전복 채포에서 더 나아가 1890년대 후반부터는 해산물을 수출할 정도가 되었다. 그러므로 울릉도와 독도의 어업사를 논할 때 일본인을 배제한 채 논의하기는 어렵다. 한국인들은 개척 단계에서부터 일본인들과 공조하지 않고서는 일상용품의 조달과 육지로의 운송 등이 어려웠다. 이 때문에 양국인의 공서관계는 일정 기간 지속될 수밖에 없었다. 일본이 한국을 강탈한 뒤로는 울릉도에서 양국인의 힘의 균형이 무너졌다. 어업을 천시해온 한국인으로서는 어선과 어구를 제대로 갖추지 못한 상태에서 일본인에게 어획자원의 침탈을 허용할 수밖에 없었다. 어업 기술도 일본인에게 전수받아야 했다. 한국인이 어업을 하게 된 뒤에도 일본인에 고용된 형태였으므로 일본인의 침탈을 돕는 인력에 불과했다. 어로기에 한국인은 일본인에게 품삯을 받는 형태로 고용되었지만 흉어기에는 수입이 없어 일본인에게 돈을 빌려야 했다. 고리의 채무는 한국인이 빌린 돈을 변제하기 위해 다시 일본인에게 돈을 빌려야 하는 악순환이 반복되었다.[461] 결과적으로 울릉도에서 어획물을 독점한 자는 일본인이었고, 그 수익을 전유한 자도 일본인일 수밖에 없는 구조가 일제강점기 동안 온존했다.

461 『鬱陵島行政一斑』(1933, 22쪽)에 따르면, 1933년 현재 금융조합원은 일본인이 91명, 한국인이 881명이다. 예금총액은 비조합원 구좌를 포함하여 77,164엔 54전이고, 대부금 총액은 920명이 대출한 것으로 모두 147,998엔이다. 따라서 한국인의 대출 비중이 크다는 것을 알 수 있다.

〈부록〉 울릉도 · 독도의 수산물에 관한 양국 명칭 비교

한국 한자	번역어	이명	일본명	비고
嫁笠(일)	삿갓조개		요메가사라, 요메가카사	
可支魚	강치, 바다사자	海狗	海鹿, 海馬, 海驢, 아시카, 미치, 토도	
加火魚, 鱧	가오리, 가물치, 홍어	鱝魚, 加不魚, 加火魚, 玄鱧, 海鷂魚	에이, 아카에이, 鱝, 鱝魚	가부리(사)
甘藿	미역	藿, 海帶, 裙帶菜	와카메(和布), 若布	
	거북손		가메노테(亀の手)	
蜷(일)	다슬기		니나	
鯨	고래	鯨魚 · 高來魚	구지라(鯨)	
	굴등, 따개비		후지쯔보(富士壺 · 藤壺, fujitsubo)	
乾廣魚	말린넙치, 가자미	加佐味	平素漁	
鰹(일)	가다랭이, 가다랑어, 강고둥어(방), 다랭이(방)	鰹, 견어, 고등어	가쓰오(鰹), 마가쓰오	사전
古刀魚	고등어	古道魚, 古刀魚, 碧紋魚, 高登魚	鯖, 사바	고도리(사)
昆布	다시마, 곤포	多絲亇, 多士麻, 塔士麻	곤부	
廣魚	넙치, 광어	鰈魚, 華臍魚	히라메	
鎌海豚(일)	낫돌고래		가마이루카	
幾魚				
大口魚	대구	大口	鱈, 鱈魚, 다라	
道味	도미, 돔	强項魚, 大鯛, 道尾魚, 刀味魚	鯛, 鯛魚, 다이	黑鯛(감성돔), 黑魚(자리돔)
搗布(일)	감태		搗布, 가지메, 아라메	
螺	고둥, 고동, 소라[海螺]	海螺	니시	긴뿔고등(사), 나가니시(사)
絡蹄	낙지, 낙제	石距, 絡締, 蛸, 小八稍魚	章魚, 타코	
文魚	물문어, 물낙지	章魚, 八梢魚, 八大魚, 章魚, 大八梢魚	타코(문어), 미즈타코, 章魚	
鱸魚	농어		스즈키	
鹿角菜	톳		히지키, 鹿尾菜	
笠子	쏨뱅이, 수염어		가사고	
明太漁	명태	明太, 北魚	멘타이	
目張魚(일)	볼락(甫鮥), 천징어	甫魚, 乶犖魚	메바루, 眼張､眼張魚	
馬尾藻(일)	모자반		혼다와라, 혼다하라	
民魚	鮸魚	개우치, 홍치(사)	鮸魚, 니베	
魴魚	방어, 명어	方魚, 魾	鰤, 鰤魚,부리 마나가쓰오	
兵魚	병어	扁魚, 아귀, 鮟鱇魚	안코우	

한국 한자	번역어	이명	일본명	비고
鰺(일)	전갱이		아지	
飛魚	날치(訥治)		飛魚, 도비우오	
牡蠣	굴, 굴조개	蠔, 石花, 石華	가키	
沙魚	상어	魦魚, 鯊魚, 鱶魚, 鱛魚, 鮫魚, 床魚	鱶, 후카	
			사와즈(サワヅ)	
鼠魚	쥐노래미		아부라메, 아이나메	
	쇠미역 ?		스지모	
石首魚	조기(曹機, 曹基)	石魚, 踏水魚	구지(クチ), 이시모치	
鰣	만새기, 민어	壽魚, 鰣	시이라, 鰣(시이라)	
石花菜	우뭇가사리	牛毛加士里, 牛毛		
松魚	송어	鱒	마스(鱒)	
水母	해파리		구라게	
秀魚	숭어	水魚, 首魚, 鯔魚	鯔	
鰣魚	준치(俊治)	眞魚	히라	
	해초		磯草	
鹽鯖(일)	간고등어		시오사바	
烏賊魚	오징어, 갑오징어(鰇魚)	烏賊, 墨魚, 黑魚	이카	
柔魚	오징어, 살오징어, 호독기, 꼴독기	鰇魚, 高祿魚 (골독, 꼴뚜기)	이카	
羽魚	청새치			
鮪	다랑어, 참치(해방 후 명명), 다랭이, 큰다랑어	참다랑어, 상어 다랑어(鱣)	마구로(鮪), 구로마구로, 시비(기하타마구로의 방언)	tuna
鯣(일)	말린 오징어		쓰루메, 쓰루메이카	
鰱魚	연어	連魚, 年魚, 季魚	鮭, 메지카, 사케	
榮螺	소라(小螺)	蠑螺	사자에	
鱶鰭(일)	상어지느러미		후카히레	
鰮魚	멸치(蔑治), 멧, 멸, 멧치, 메르치, 정어리, 행어	鱴魚, 釘魚, 滅吳, 蔑魚, 行魚, 鰯魚, 眞鰮, 鮧鰌, 鰝魚	鰮, 이와시(鰯) 가타구치 이와시 (片口鰯)	히시코 이와시(사) 鰮은 주로 정어리
鰯(일)	정어리, 눈치, 순봉이	大鱴, 鰯魚, 鰮魚 曾蘗魚	마이와시	
銀口魚	은어, 은조어	銀魚, 은광어, 열광어, 年魚, 鮎	아유, 鮎	
銀魚	도루묵, 도로묵어(함경도)		아유, 가미나리우오	
臨淵水魚	이민스, 임연수 林延壽魚	새치, 청새치	홋케	
紫蟹	꽃게		가니	
赤魚	적어, 붉버리, 붉돔	강성어	아카우오, 아코우	
全鰒	전복, 까막전복	鮑, 鮑魚, 鰒魚, 생전복(生鮑)	鮑, 아와비	
眞海豚(일)	참돌고래		마이루카	

한국 한자	번역어	이명	일본명	비고
鰈魚	가자미, 넙치, 넙치가자미	比目魚, 廣魚, 小鰈, 加魚	比目魚	가레이
天草	우뭇가사리	石花菜	덴구사	
靑魚	청어, 비웃, 동어	鯡(사)	鰊, 니싱	
鯖節(일)			사바부시	
刀魚	갈치(葛治)	葛魚, 鮆, 裙帶魚	太刀魚, 다치우오	
麻魚	삼치	磨魚, 古里麻	사와라(鰆)	
	파래	靑海苔	아요사, 아오노리	
八梢魚	팔초어, 문어	文魚, 章魚	타코(蛸), 章魚	
平目	넙치	比目魚	히라메(鮃), 平素魚	
鱵魚	공치, 꽁치, 학꽁치	貢魚	사요리, 細魚, 針魚	
貢魚	공치, 공멸	昆雉, 細魚, 工魚, 公魚, 貢侈魚	삼마, 秋刀魚	
河豚	복		후구	
海狗	膃訥, 물개	膃肭獸	오토세이	
		해구신(膃肭臍)		
海蘿	가사리, 참가사리(細毛)	黑菜, 청각채?	후노리	
海螺	소라		사자에(榮螺)	
海鰻鱺	장어		우나기(鰻)	
海膽	성게, 구싱이		雲丹(우니)	
海蔘	해삼	海男子	海鼠, 나마코, 마나마코	
海衣	김, 짐	海苔, 紫菜, 海菜, 甘苔	海苔(노리)	土肉(사)
鯱(일)	범고래		시야치	
好獨魚	꼴뚜기		이이다코(飯蛸)	
洪魚	홍어	紅魚	洪魚	
紅蛤	홍합	淡菜, 貽貝	이가이, 구즈다히	동해부인(사)
火魚	달강어	達江魚	가나가시라(金頭)	
石首魚	조기, 曹基, 曹機	石魚	이시모치(石持)	
黃石首魚	참조기		이시모치(石持), 구치	
黃魚	황어		우구이, 아카하라	
荒布(일)	대황	大荒	아라메(荒布)	
	새끼방어	魬	마래미, 하마치	
	큰실말		모즈쿠(モヅク), 水雲·海蘊·海雲	
	가오리, 노랑가오리		아카에(赤エー)	이카케(イカケ)
			아카미즈(赤ミヅ)	
			오키우도(ヲキウド)	
			쓰쓰리	
			야기리(ヤギリ)	
			우쓰에(ウツエ)	

한국 한자	번역어	이명	일본명	비고
			인긴챠크	
			하바(ハゞ)	

※ (일)은 한국 문헌에 없는 일본식 한자, (방)은 방언을, (사)는 『(한영일)수산동식물명사전』을 의미함. 『신증 동국여지승람』(1531), 『우해이어보牛海異魚譜』(1803), 『자산어보慈山魚譜』(1814), 『전어지佃漁志』, 『한국수산지韓國水産誌』, 『(한영일)수산동식물명사전』(현대해양사, 1988) 등을 참조하여 작성

3부

울릉도 관련 향토 사료

제1장

향토 사료 일람

향토지란 그 지역의 역사와 문화를 중심으로 서술한 것으로 역사뿐만 아니라 지리·풍속·문학·행정 등 지역에 관한 모든 내용을 서술한다. 향토지가 전 근대기에는 각 군현 단위의 읍지와 지리지 형식으로 편찬되었다면, 현대에는 군지郡誌 형식으로 편찬되고 있다. 작성 주체에 따라 관찬 향토지와 민간 향토지로 구분되는데 울릉도 향토지 역시 두 종류 다 있다.

국가에서 정식으로 울릉도 거주를 허락한 시기는 고종 연간이므로 그 이전에는 거주민의 풍속, 문화, 행정은 있지 않고 국가 강역의 일부로서의 역사가 있을 뿐이다. 비공식적으로 입도한 자들이 있었다 하더라도 이들이 남긴 기록은 없다. 17세기 후반 숙종 연간 울릉도를 왕래한 자들도 기록을 남기지 않았다. 입도가 금지된 섬에 간 사실을 기록할 수 없어서이지만, 이들은 문맹자이기도 했다. 이들에 관해 기록을 남긴 자는 이들을 쇄환하러 들어간 관리들이지만 거주민의 존재를 확인했다 하더라도 거주 현황을 공식적으로 보고하지 않고 과거에 사람이 살았던 흔적에 대해서만 보고했다. 주민의 거주를 확인했을 경우 관리는 쇄환 임무를 수행하고 그에 대한 보고가 뒤따랐어야 하기 때문이다. 조선 후기에 파견된 수토관搜討官들은 대부분 선주나 잠상과 결탁하여 그들의 체류를 묵인해주고 상부에는 울릉도 거주민이 없는 것으로 보고했다.

이에 울릉도민에 의해 역사가 형성되고 도민이 직접 이를 기록하게 되기까지는 1883년의 입도 이후 일정한 세월이 필요했다. 이주민이 향토지를 기술하기 시작한 것은 1950년대이고, 울릉군이 향토지를 간행하기 시작한 것은 1963년부터다. 이후 관찬 향토지가 이어지는데 울릉군은 1969년과 1983년에 향토지를 간행했다. 이후부터는 울릉군지 형식으로 간행하여 1989년과 2007년 두 번에 걸쳐『울릉군지』가 간행되었다.

이렇듯 울릉도민이나 울릉군 차원에서 향토지가 나오는 한편, 울릉도와 관련된 사람들도 울릉도의 민속과 전설, 유물을 기술하기 시작하여『울릉도』,『울릉도의 전설·민요』 등의 저술을 남겼다.『울릉도』는 국립중앙박물관의 김원룡이 기술한, 울릉도의 고적과 유물에 관한 조사 보고서인데 1963년에 간행된『울릉도 향토지鬱陵島鄕土誌』와 비슷한 시기에 나왔다. 두 저술에 인용된 자료를 비교해보면 어떤 사료가 주로 참고자료로 이용되었는지를 알 수 있다.『울릉도의 전설·민요』는 울릉도에 근무했던 교사 여영택이 1971년에 1년 동안 수집한 전설과 민요를 수록한 것이다. 그러므로 이들 향토지를 개관해보면 현전하는 용어와 전설이 어디에서 연원하는 것인지를 밝히는 데 도움이 될 것이다.

위의 향토지 범주에 속하지는 않지만 『(울릉도우편소) 연혁부』라는 것이 현전하고 있다. 이는 1904년에 우편소가 설치된 이래 우편소의 변천사뿐만 아니라 울릉도의 가호와 인구, 관공서와 학교·회사 연혁, 토지형세 등을 기술하고 있어 향토지의 일단을 보여준다. 그러므로 1부에서는 이들 문헌을 개관하고, 2부에서는 이들 문헌에 기술된 전설 가운데 현전하는 대표적인 전설을 검토하여 그 원류를 추적해보기로 한다. 현전하는 향토지 목록을 일람하면 〈표 3-1-1〉과 같다.

〈표 3-1-1〉 울릉도 향토지 및 관련 저술 목록(서명은 원문대로임)

	서명	작성자	편찬 연도	비고
1	島誌	손순섭	1950년경	원본은 묵서(손순섭) 재필사(이종렬)
2	欝陵島鄕土誌	울릉군	1963. 3.	
2-1	鬱陵島鄕土誌	울릉군	1969. 3.	
3	鬱陵島	김원룡	1963. 12.	
4	석포 개척지	석포 주민	1973	필사본
5	(鬱陵島郵便所)沿革簿	우편소 직원들	1975. 9. 정리	1904-1956. 7(필사본)
6	울릉도의 傳說·民謠	여영택	1978. 2.	1971-1972년 조사
7	東海의 睡蓮花	문보근	1981	1978년 초고(3권의 타자본) 1981년 본은 1권의 필사본
8	開拓百年 鬱陵島	울릉군	1983. 2	편찬위원은 이종렬과 홍순칠 외
9	鄕土史料年表	미상	미상	1787-1953년 연표
10	鬱陵郡誌	울릉군	1989	집필자는 손태수 외, 감수자는 이종렬
11	鬱陵郡誌	울릉군	2007	

1. 『島誌』(손순섭, 1950년경)

『도지島誌』는 울릉도 개척민의 한 사람인 운강雲岡 손순섭孫純燮이 남긴 기록이다. 붓으로 쓴 83쪽 분량의 국한문 혼용체이다. 울릉도의 연혁과 역사를 기술하되 1950년 6월 25일 남북대사변이 일어났다고 기술한 뒤 "경인년(1950) 7월 7일 초고를 쓰다."로 마무리했으므로 1950년경에 초고를 쓴 듯하다. 원본의 표지에는 『도지島誌』로 되어 있고, 본문의 제목은 『울릉도史』로 되어 있다. 원본은 손순섭의 증손자로서 울릉문화원장을 지낸 손영규가 소장하고 있다. 손영규는 2016년에 필자에게 번역을 의뢰할 때 원본 이미지를 제공한 바 있다.[1] 울릉도 교사 출신 이종렬[2]이 1970년대 초반에 손순섭의 원본을 필사했고, 울릉군은 이 필사본을 연구자들에게 제공해왔다. 한편 이종렬은 1977년에 울릉도를 방문한 국사편찬위원회 조사단에게 필사본을 제공한 바 있다.[3] 필사본의 제목은 『도지島誌: 欝陵島史』[4]로 되어 있다. 이 책에서는 『도지』로 칭했다.

운강 손순섭은 1880년생이고 1973년에 사망했다.[5] 그는 12세에 부모와 함께 울릉도에 입도入島했으므로 1892년 전후로 보인다. 운강의 부친이 처자식과 함께 울릉도로 온 이유는 다가올 난을 피하기 위해서였다는

---

1 유미림, 『島誌: 울릉도사』, 울릉문화원, 2016. 원문 이미지를 실었다.

2 이종렬 옹은 1932년에 울릉도에서 출생했다. 울릉도 중고등 교사를 거쳐, 교장, 장학관, 장학사, 교육장을 역임했다. 1986년 9월부터 1991년 2월까지 울릉교육청 교육장으로 재직한 바 있으며 현재 대구에 거주하고 있다. 『개척 백년 울릉도』(1983) 편찬위원으로, 『欝陵郡誌』(1989) 감수자로서 참여한 바 있다.

3 이종렬 옹은 『島誌』 외에 장한상의 「울릉도 사적(蔚陵島事蹟)」도 함께 국사편찬위원회에 제공했지만 언제인지 정확한 연도는 기억나지 않는다고 했다(2016년 11월 7일 통화). 국사편찬위원회가 울릉도·독도 학술조사사업을 수행하기 위해 울릉도를 방문한 시기는 1977년 10월이다.

4 『島誌』라고 쓰고, 한 줄 아래에 欝陵島史라고 썼다.

5 손순섭의 가계에 대한 내용은 2016년 9월 26일 대구에서 손영규 선생을 만나 직접 들은 것이다.

데, 난이란 동학난을 가리키는 듯하다. 손영규에 따르면, 증조부 운강은 한학漢學을 수학하여 『주역』까지 습득했으므로 농사를 지으며 저동苧洞에서 서당 훈장을 하다가 중저中苧로 옮겼다고 한다. 저동과 중저는 모두 저동 일대를 가리킨다. 운강은 증손 손영규(1949-)[6]와 함께 살았고, 운강의 아들이 손자보다 먼저 사망했다. 운강의 손자는 손영규의 부친 손태수(1928-2004)이다. 손태수는 울릉교육청 관리과장을 역임했고, 『울릉군지』(1989)의 집필·편집위원으로 참여한 바 있다.

『도지』는 내용을 크게 세 부분으로 구분할 수 있다. 하나는 울릉도의 위치와 지세, 산물에 관한 내용을 적은 것이다. 두 번째는 우산국 시대로부터 시작하여 고려조와 조선조에 이르기까지의 울릉도 역사와 숙종 연간의 울릉도 쟁계 및 안용복 행적, 수토제에 관한 내용을 적은 부분이다. 세 번째는 고종 20년(1883)부터 일제강점기와 해방 및 1950년 한국전쟁의 발발에 이르기까지의 근현대사를 적은 부분이다.

첫 번째와 두 번째 내용은 1차 사료나 문헌에 의거한 내용인데 손순섭이 직접 1차 사료를 보고 집필했을 것 같지는 않다. 손순섭 당시 발표된 글로는 1948년에 신석호가 발표한 글이 있었고, 그에 앞서 장지연의 『일사유사逸士遺事』(1918)의 '안용복', 1923년 이을이 『개벽』에 발표한 글, 1928년 『동아일보』 기사[7] 및 1934년 『동아일보』 기사[8] 등이 있었다. 1923년에 이을이 울릉도를 답사한 사실과 그의 글을 손순섭이 접했는지는 알 수 없다. 1934년의 『동아일보』 기사는 사료에 의거해서 쓴 듯하며 매우

6 울릉국민학교장을 지냈고 퇴직 후 울릉문화원장을 지냈다. 22세에 증조부가 사망했는데 중학교 때까지 증조부와 동거했다고 한다.

7 『동아일보』(1928. 9. 1.~12.), 이길용, 「도서순례 –울릉도 방면(1~11)」.

8 김상기의 「외방에 끼친 선인의 자취 11 功業編, 5 –안용복과 울릉도」 기사가 있다(『동아일보』 1934. 12. 16.~17.).

자세하다.[9] 한편 일제강점기에 일본인 학자가 쓴 글이 있지만 손순섭이 이를 접했을 것으로 보이지는 않는다.

세 번째는 손순섭이 전문傳聞하거나 경험한 바에 따라 집필했을 듯한데 연도나 인명 등에서 틀린 내용이 많다. 특히 그가 입도한 1892년 이전의 개척사 관련 내용에서 오류가 많다. 김옥균 관련 내용이나 개척령을 내기까지의 경위, 대원군 관련 기술에서 사실관계가 맞지 않지만, 대원군의 구휼 관련 내용은 『도지』에서 처음 보였다. 배계주와 그의 딸에 관한 일화도 공문서에서는 기록하지 않은 내용이다. 손순섭은 배상삼과 배계주에 관해서도 자세히 기술했다. 그가 기술한 배상삼 관련 내용은 다음과 같다. 평해군수가 겸직하는 도장이 겨울에는 울릉도에 없었으므로 배상삼에게 도수라는 직함을 주어 대리시켰는데, 배상삼이 부자들에게 재물을 빼앗아 가난한 자들의 굶주림을 구제한 탓에 부자들로부터 원한을 샀다. 부자들은 배상삼을 모함하는 글을 써서 돌렸고 그를 죽이자는 의논까지 나와 결국 1896년 2월[10] 서낭당 제사일에 태하동 관사에 사람들이 모였을 때 죽임을 당했다. 사람들은 배상삼의 처와 3남 1녀까지 죽이려 했으나 이일조와 손병찬의 도움으로 살 수 있었고, 이후 북면에 사는 이 아무개가 잠시 도장으로 추대되었다가 배계주가 1896년에 군수로 오게 되었다.

손순섭은 배계주를 군수라고 칭했지만 배계주는 1895년 9월에 도감에 임명되었고 1896년 5월에[11] 울릉도에 부임했다. 배계주를 일러 "군수로

9 『조선왕조실록』은 1929~1932년 사이 경성제대에서 영인본 30부를 제작한 것이 최초이므로 (윤소영, 앞의 글, 2016, 42쪽). 김상기 기자는 실록을 제외한 다른 문헌 즉 『지봉유설』과 『성호사설』, 『만기요람』, 『증보문헌비고』를 보았을 가능성이 있다.

10 『鬱陵郡誌』(1989, 458쪽)에는 1895년으로 되어 있다. 1895년 1월 말에 전임 도장제를 실시했다가 8월에 도감제로 바꾸었으므로 1896년은 오류로 보아야 할 것이다.

11 우용정, 「鬱島記」, 1900.

오게 되었다."라고 하면 울릉도 사람이 아닌 듯하지만 그는 그 이전부터 울릉도에서 살고 있었음이 여러 문서로 확인된다.[12] 그가 1896년 5월에 부임했다고 한 것은 잠시 본토로 나갔다가 다시 입도했기 때문으로 보인다. 배계주에 관한 오류는 1896년 당시 손순섭이 17세였으므로 전해 들은 바를 기록했기 때문으로 보인다.

『도지』는 배계주의 행적을 기술했으나 그가 소송하러 도일한 사실이나 일본인에게 세금을 징수한 내용 등은 기술하지 않았다. 배계주가 배값 변제 문제로 섬사람들과 갈등을 겪은 사실을 기술했지만 도민島民의 입장에서 배계주의 행적을 비판적으로 기술했다. 한편『도지』에 따르면, 도민 전재항의 보고로 말미암아 정부가 사검관 강 주사를 파견했고, 강 주사는 배계주의 집에 머물면서 조사한 내용을 정부에 보고했다고 했다. 그 결과 배계주가 군수직에서 파면되었다고 기술했다.『도지』에서 강 주사라고 하고 이어 "사검관 강 주사는 울릉도 군수로 오게 되어 장기 포구에서 바람을 기다리다가 다른 군으로 이직되었다."라고 했으므로 강 주사는 바로 2대 군수 강영우를 가리키는 것처럼 보인다. 그런데 강영우는 울릉도에 온 적이 없다. 강영우는 1901년 8월에 울도군수에 임명되었지만 1902년 2월까지 부임하지 않아 정부에서는 그를 면직하고 전 군수 배계주를 다시 임명했다. 그러므로 그를 배계주의 집에 머물게 하면서 파면되도록 했다는 사실은 맥락이 맞지 않는다. 이 밖에도『도지』는 1910년 이후의 삭발령, 조선어 폐지령, 창씨개명, 곡물 징수령, 이주정책, 보국대 징용 등 일제강점기 울릉도민의 상황을 간략히 서술했다.

12 1883년 개척 당시 문서에 배계주가 보이지 않으므로 그가 개척민인지 논란이 있을 수 있지만 초기 입도자임은『皇城新聞』(1905. 9. 27.)이 '당저 20년(當宁二十年)' 즉 1883년에 입도한 자로 보도한 것으로 알 수 있다. 경부 니시무라는 배계주가 1902년 기준 21년 전 즉 1881년에 강원도에서 입도한 것으로 기술했다. 그럴 경우 배계주는 개척령 이전에 입도한 이주민이 된다.

『도지』에 기술된 배상삼 및 배계주와 그의 딸 이야기는 태하의 성황당 이야기와 함께 후일 향토지마다 답습하고 있지만 약간 차이가 있다. 이는 전설의 원류를 추적할 때 자세히 다룬다. 『도지』는 울릉도 산물을 기술했는데 그 가운데 깍새에 관한 내용이 다른 문헌과 비교된다. 1882년에 이규원은 '霍鳥곽조'와 '藿鳥곽조'로, 「정처사 술회가」(1892)에서는 '깍새'(옛글자)로, 1900년에 우용정은 학조鶴鳥로, 김면수는 학鶴으로 명기했다. 곽조와 학조 등의 한자는 우리말 '깍새'를 한자로 표기한 것이다. 『도지』는 '깍새(山鷭 혹은 假鷄라고도 한다.)'[13]라고 하고, '假雉가치'라고도 했다. 1928년에 이길용은 '깍새'라는 명칭이 깍깍 짖는다고 해서 붙여진 것이라고 어원을 설명했다.[14] 문헌에 보인 곽조와 학조는 '깍새'의 음과 훈을 차용·표기한 것으로 보인다.

또한 『도지』는 '가제' 즉 강치에 관해서도 언급했다. 1694년 장한상이 '가지어可支魚'를 언급한 바 있고, 18세기의 수토관들도 대부분 '가지어'를 언급했는데, 표기는 '可支魚', '嘉支魚', '可之', '可之魚' 등으로 다양하다. 1882년에 이규원은 해우海牛와 가지어可支魚로 표기했다. 『도지』는 "수우피水牛皮[15] 등의 물품을 바쳤는데, 수우피를 후대인들은 가저假猪라고 하니, 해안의 암석사이에 많으므로 수우피라고 한다."라고 기술했다. '가저'는 '가지어'보다 '가제'라는 음에 더 가까우므로 둘 다 방언 '가제'에 대한 음차 표기임을 알 수 있다.

『도지』는 울릉도 현지인에 의해 집필된 최초의 향토지이다. 『도지』는

---

13 깍새는 문헌에는 학조鶴鳥, 곽조霍鳥, 곽조郭鳥 등으로 표기되어 있다. 가계假鷄도 깍새를 음차와 훈차 표기한 것인 듯하나 확실한 것은 알 수 없다. 깍새는 황새목 슴새과에 속하는 슴새를 가리킨다.

14 (사) 한국지역인문자원연구소 편, 『울릉도·독도 백과사전』, 휴먼 앤 북스, 2020, 139쪽.

15 『太宗實錄』(17년 2월 5일)에는 '水牛皮'로, 『肅宗實錄』과 『增補文獻備考』에는 모두 '魚皮'로 되어 있다.

『강원도 관초江原道關草』 등 한국 측 관찬 문서에 없는 내용, 이를테면 농무회農務會나 상무회商務會에 관해 언급했다. 일본인들이 1901년에 일상조합日商組合을 만들자 이에 대응하여 한국인들은 '사상의소士商議所'를 만든 바 있다. 1906년 울릉도를 시찰한 오쿠하라 헤키운은 이들 단체를 목격하고 기록했다. 농무회와 상무회는 일상조합에 맞서 만들어졌으나 오래 존속하지 못한 단체로 보인다. 그런데 『도지』는 한국인들이 일본인들의 농간에 이용당해 서로 반목했다고 했고, 「향토사료연표」는 1904년 김광호의 상무회가 농무회와 대립한 듯 기술했다. 1905년 스즈키 에이사쿠는 한국인이 조직한 농무소農務所가 해산한 상태라고 상부에 보고했으므로 농무소 혹은 농무회, 상무소 혹은 상무회 등이 실재했음은 분명하고, 『도지』도 이를 뒷받침하고 있다. 한편 『도지』에는 와키타라는 인명이 보이는데 이 자는 1901년 일상조합 의원 명단에 보인 와키타 쇼타로와 동일인이다. 울릉도 개척사를 기록한 현지인의 저술로는 『도지』를 제외하면 거의 없으므로 그런 의미에서 『도지』는 사료적 가치가 있다. 다만 『도지』에 기술된 내용이 관찬 기록과 다른 경우가 더러 있으므로 여러 기록과 교차 검토가 필요하다.

2. 『鬱陵島鄕土誌』 (울릉군, 1963. 3.)

『울릉도 향토지鬱陵島鄕土誌』[16]는 울릉군이 간행한 향토지로 1963년과 1969년 두 번 간행되었다. 1963년판은 맨 앞에 「울릉군 관할도」를 싣고 '독도 전경' 사진을 게재했다. 연혁, 지세, 기상, 행정 구역, 인구 추세,[17]

---

16 맨 뒤의 서지사항에는 『鬱陵島鄕土誌』로 되어 있다.

17 1962년의 울릉도 인구가 19,025명이라고 기술했다.

농업, 임업, 수산, 축산, 교통, 통신, 보건 위생, 교육, 종교, 각 기관 연혁, 고적 및 유물, 전설, 민요, 천연 기념물 순으로 기술했는데, 내용은 소략하다.

연혁은 신라 지증왕 13년(512)부터 고종 21년(1885) 개척령 이후까지의 울릉도 역사를 간략히 기술했다. 특기할 만한 내용 위주로 보면, '농업'항목에서 '깍새'를 언급했다. 1900년에 우용정은 茗荑草라고 적은 풀을 향토지는 '萮苡草', '萮以'로 표기했다. 또한 1910년 이후 일본인이 와서 농잠업에 종사하는 자가 적지 않았다는 사실과 1918년 산균량 및 특용작물과 농가 부업에 관해서도 기술했다. '수산' 항목에서는 1953년부터 1962년까지의 어획고와 위탁판매고를 기술했는데 어획고가 가장 높은 어종은 오징어, 명태, 꽁치, 미역 순이다. '각 기관 연혁'은 행정 연혁과 군수 및 도사명에서 더러 오류가 있다. 기관으로 울릉경찰서, 울릉도 농업협동조합, 울릉도 무선전신국, 울릉도측우소, 어업협동조합, 대구지방법원 울릉도등기소, 울릉도전매서, 포항세무서 울릉도지서, 재건국민운동 울릉군지부, 서울 영림서 울릉관리소, 대구방송국 울릉도중계소, 울릉도우체국, 남면 수력발전소를 언급했는데 연혁이 소략하고 간혹 오류가 있다.

'고적 및 유물'에서는 1936년 도동항 축항 공사장에서 두 개의 각석문이 발견되었음을 기술했는데, 하나는 1711년 수토관 박석창의 각석문이고, 다른 하나는 1735년 수토관 구억의 각석문이다. 이 외에 1882년 검찰사 이규원과 관련된 각석문도 소개했다. '전설'에서는 태하의 성황당과 관련된 이야기를 처음 소개했다. '독도'에 대해 2페이지에 걸쳐 기술했는데 1953년 7월 12일 일본 경비선과 울릉도경찰서 최헌식 경사와의 해상충돌을 처음으로 기술했다. 당시 통역한 울릉중학교 교사를 기왕비奇王

碑[18]로 표기했다.

1969년판 『울릉도 향토지鬱陵島鄕土誌』[19]는 기본적인 구성은 1963년판과 같으나 내용에서 약간의 차이가 있다. 1963년판은 맨 앞에 지도를 싣고 「울릉도 관할도」라고 이름붙였는데 1969년판은 「울릉도 관광안내도」라고 이름붙였다. 1963년판은 '독도'라고 표기하고 두 섬을 나타냈다면, 1969년판은 두 섬을 각각 '동도'와 '서도'로 분리·표기했다. 역사 부분에서 1969년판은 1963년판에 없던, 1895년 이후의 상황을 기술하고 전체적으로 1963년판보다 자세하다. 다만 1969년판은 "…光武五年(1901)에는 鬱陵郡으로 昇格 郡廳을 臺霞洞에 두었다."라고 하거나 "…隆熙元年(1907) 地方行政改政時 從來의 所屬인 江原道에서 分離 慶北으로 移屬하여 現在의 鬱陵島로 繼續되고 있다."라고 기술하여 연도와 내용 등에서 오류가 있다.[20]

1969년판은 「서장」에서 「독도의 지세와 산물」을 추가하여 기술하고 "바위 위에는 가제(海驢)가 棲息하고 있다가 가제는 울릉도 사람이 웃도세이를 가리켜 말하는 것으로 우리나라 古記錄에는 可支魚라 記錄되어 있다."라고 기술했다. 강치의 명칭이 가제(海驢), 海驢, 웃도세이, 可支魚로 다양하다. 1968년 당시 울릉도 인구는 22,179명이었다. 「농업」은 1963년판과 1969년판이 유사하지만 '산채'에 '마늘'을 추가하고 그 생산고를 기술한 차이가 있다. 「임업」 역시 1963년판과 유사하지만 1969년판은 1965년에 국유림 관리 사무가 울릉군에 이관된 사실을 추가했으며 국유림과 사유림 총면적의 통계도 다르다. '조류 조사'에서는 두 판 모두

18 『東海의 睡蓮花』(1981)는 奇玉碑로 보이고, 『독도문제개론』(1955)에는 奇王石으로 보인다.

19 1963년판과 '울'자가 다르다. '鬱'자가 대표자이다. '欝'은 鬱의 이형자이다.

20 『鬱陵島鄕土誌』, 1969, 13~14쪽.

깍새를 '곽새'로 표기했다.

「수산」 항목을 보면, 1963년판은 1953년부터 1962년까지의 어획고를 밝혔으나 1969년판은 1968년의 어종별 어획고를 밝히는 데 그쳤고 어류와 패류, 해조류, 기타로 구분해서 실었다. 어류에는 명태와 꽁치, 방어, 잡어가 포함되고, 패류에는 전복이, 해조류에는 미역과 돌김, 천초(天草)가 포함되며, 기타에 오징어와 해삼, 문어, 성게가 포함되어 있다. 어획고의 금액은 기타와 어류, 해조류, 패류 순이다. 오징어가 어획금액이 높다는 사실을 알 수 있다. 또한 1969년판은 오징어와 함께 명태와 돌김이 특산물로 호평받고 있다고 기술했다.

축산과 교통, 통신에 관한 기술은 1963년판과 1969년판이 거의 같으며, 통신은 도리어 1963년판이 더 자세하다. 1969년판은 1967년에 섬 일주 전화가 가설되었고 군청에 경북도청과 TT시설[21]을 완비한 사실을 추가하여 기술했다. '보건위생'은 1963년판은 1962년에 보건소가 설립되고 보건소장에 전석봉이 발령된 사실을 기술했지만, 1969년판은 1965년에 군립 종합병원이 개원했음을 추가 기술하여 새로이 획득한 정보를 기술했다.

「교육」 항목은 1963년판과 1969년판이 거의 같지만, 1969년판은 1948년에 남양국민학교 구암분교장으로 설립된 것이[22] 1967년 11월에 구암국민학교로 인가받은 것임을 추가했다. 그러나 학교의 연혁에서는 사실과 맞지 않는 내용이 더러 있다. 이를테면 1963년판과 1969년판 모두 우산국민학교 연혁에서 1911년 11월에 '울릉보통학교'로 설립된 것이

21 미상. 전화 설비와 관련된 용어인 듯하다.

22 『鬱陵郡誌』(126쪽; 232쪽)는 1945년 12월에 구암동에 설치된 남양국민학교 분교장이 1967년에 구암국민학교로 승격된 것으로 기술했다.

1913년 3월 '울릉 공립 보통학교'로 개교했다고 기술했는데, 변경된 교명은 '울도 공립 보통학교'이다. 1969년판 『울릉도 향토지』는 1968년 3월 현재 울릉도에 국민학교가 10개, 중학교가 3개, 실업고등학교가 한 개 있다고 기술했다. '종교' 항목의 내용은 1963년판과 거의 같다.

1969년판도 1963년판과 마찬가지로 '각 기관 연혁'항목에서 기술한 행정 연혁과 군수 및 도사명에 오류가 더러 있다. 군수에 관해서는 1963년 향토지 간행 당시 군수였던 박창규 이후 1964년에 군수였던 이태화, 송동섭, 신경균을 추가하고 1969년 간행 당시의 군수 한정석도 추가했다. 1969년판은 울릉경찰서를 기술하되 1967년까지의 역대 서장 이름을 명기했다. 그 외에 1963년판에 기술되었던 항목 이를테면, 울릉도농업협동조합, 울릉도무선전신국, 울릉도측우소, 어업협동조합 등의 연혁은 기술하지 않았는데 1963년 이후 큰 변동이 없기 때문으로 보인다.

「고적 및 유물」과 「전설」, 「민요」는 1963년판과 1969년판이 거의 같다. 「천연기념물」은 1963년판에서는 5개의 천연기념물을 소개했는데 1963년 이후 한 개가 추가된 상황을 반영하여 기술했다. 「독도」에 대한 기술도 1963년판과 같다. 『울릉도 향토지』는 내용이 소략하고 오류가 있긴 하지만, 해방 후 처음으로 관이 주도하여 울릉도의 행정기구 및 연혁을 소개한 것인 점에서 의미가 있다.

3. 『鬱陵島』 (김원룡, 1963. 12.)

이 자료는 향토사료는 아니지만 울릉도를 주제로 한 최초의 종합적인 보고서이므로 같은 해에 나온 『울릉도 향토지』와 비교하기 위해 함께 다루었다. 『울릉도 –부 영암군 내동리 옹관묘(鬱陵島 –附 靈巖郡內洞里甕棺

墓)』는 국립박물관의 주관 아래 1947년부터 1963년까지 5차에 걸쳐 수행한, 울릉도에 대한 고고학적 조사보고서와 1960년에 발굴한 '영암군 내동리 옹관묘'에 관한 보고서를 합한 자료이다. 『국립박물관 고적조사보고 제4책』에 속한다. 김원룡이 집필한 울릉도 본문 및 울릉도 각 지구의 분묘에 대한 국립박물관 학예관의 조사보고서를 수록했는데, 김원룡은 "울릉도에 대한 최초의 종합적인 고적 조사보고서"[23]로 자평했다. 김원룡은 1947년 조선산악회가 주최한 울릉도학술조사대에 참여한 바 있고[24] 1952년 한국산악회가 주최한 울릉도·독도 학술조사단에도 참여했으나 독도 폭격사건의 재발로 말미암아 조사를 중지한 바 있다. 이후 그는 1957년에 다시 유적을 조사 발굴했고 1963년 6월과 9월에도 현지조사를 한 바 있다. 김원룡은 「서장」에서 울릉도의 자연과 인문, 역사를 기술하고 이어 서기 1세기경부터 1901년[25] 울릉군으로 승격한 시기까지의 중요 사건을 연대기적으로 기술했다.

그에 따르면, 울릉도는 문헌상으로는 서기 1세기 이후부터 사람이 살기 시작하여 우산국을 건립하고 있다가 512년 신라의 속국이 되었고, 이후 고려에 공물을 보내며 존립하다가 11세기 후반에 여진 해적 때문에 멸망하여 12세기의 100년 동안은 완전한 공도였다. 13세기 초 최충헌에 의해[26] 소규모 이민이 실시된 이래 왜구의 침입을 받으며 단속적으로 주민이 살았지만, 조선 태종과 세종 연간 수차례에 걸쳐 쇄출하여 점차 공도가 되었다. 이후 일본과 분쟁이 있었으나 1880년대부터 정식 이민이

23 『鬱陵島』의 김원룡의 머리말(1963. 10. 6.).

24 『동아일보』(1947. 8. 9.), 『경향신문』(8. 22.), 『자유신문』(8. 29.) 등 언론에서는 '울릉도학술조사대'로 칭했다.

25 1900년을 오기한 것이다.

26 이 내용은 『新增東國輿地勝覽』을 따른 것으로 보인다.

시작되어 현재에 이르고 있다.[27]

그런데 김원룡은 「결어」에서 울릉도가 문헌적 자료에 따르면, 서기 3세기 초에 사람이 살고 있었던 것 같으며 6세기 초에는 우산국이란 이름으로 신라에 복속되었다고 했다. 한편 김원룡은 이 섬의 유적과 유물에 의거하건대 서기 7세기 이전에 사람이 있었다는 증거를 볼 수 없다고 기술했다. 그가 목격한 바는 7세기 이후 10세 초까지 즉 통일신라기에 많은 사람들이 신라의 토기를 가져다 쓰고 있었다는 사실이라는 것이다. 주로 낙동강 동안 지방의 주민들이 울릉도에 와서 생활하며 명목이나마 우산국이라는 나라를 가지고 있다가 여진족에 의해 멸망했다가 이후에도 역대 왕조의 소극적인 정책으로 거의 공도화되어 있었다는 것이다.[28] 울릉도에 사람이 살기 시작한 시기를 1세기 이후와 3세기 초라고 기술하는가 하면, 실제로 사람이 거주한 시기는 6세기 초로 보고 있어 의미가 명확하지 않다.

김원룡은 보고서가 인쇄되는 동안 다른 자료의 존재를 알게 되었음을 「보기補記」에서 언급했다. 이선근의 「근세 울릉도 문제와 검찰사 이규원의 탐험성과」(대동문화연구 제1집)이니[29] 참고해줄 것과 아울러 신석호의 「독도의 소속문제」(사해 1집)[30]라는 논고도 있음을 언급했다. 이로써 그는 이선근의 글은 보지 못했고 신석호의 글은 본 것으로 추정된다. 김원룡은 그

27 김원룡, 『鬱陵島』, 1963, 11쪽.

28 위의 책, 80~82쪽.

29 이선근이 『대동문화연구』에 게재한 글(「근세 울릉도 문제와 검찰사 이규원의 탐험성과: 그의 검찰일기를 중심으로 한 약간의 고찰」)은 1963년 8월에 발표되었고, 이는 다시 1965년 『독도』(77~148쪽)에 「울릉도 및 독도 탐험 소고 –근세사를 중심으로」로 수록되었다.

30 신석호 논문의 정확한 제목은 「獨島所屬에 對하여」이다. 『史海』 창간호(1948)에 실려 있다. 이 외에 신석호는 「독도의 내력」(『사상계』, 1960, 『독도』, 1965에 수록)과 「독도의 사적 유래와 연혁」(1962, 『신석호 전집』 상, 1996에 수록)을 남겼다.

외에 여러 자료를 참고했는데, 『삼국지』 위지 동이전, 『삼국사기』, 『신증동국여지승람』, 『고려사』, 『고려사』의 지리지 부분, 『조선왕조실록』, 『동국여지승람』, 『경북대관慶北大觀』(1959), 『국사 대사전』(이홍직 편), 다보하시 기요시(田保橋潔)[31]와 이케우치 히로시(池內宏)[32]를 언급했다. 울릉도 연혁에 참고한 자료를 이로써 알 수 있다. 『울릉도 향토지』는 김원룡의 보고서보다 조금 이른 시기에 간행되었으므로 두 문헌이 참고한 자료를 비교해볼 수 있다. 『울릉도 향토지』가 거론한 참고자료는 『동국통감』, 『삼국사기』, 『세종실록』 「지리지」, 『동국여지승람』 등이다. 주로 한국 사료이다. 이에 비해 김원룡은 일본 측 문헌도 거론했다. 일본 측 자료는 앞서 신석호가 『사해』(1948)에서 제시한 바 있는데, 나카이 다케노신(中井猛之進)의 「울릉도鬱陵島」(『역사지리歷史地理』 제38권 제3호, 1921)[33]와 다보하시 기요시,[34] 쓰보이 구메조(坪井九馬三)[35]의 글이다.

울릉도를 언급한 최초의 사료는 『삼국지』 「위지」 '동이전'인데 김원룡은 이케우치 히로시(池內宏)의 글(1926)[36]에 언급된 이 자료를 인용했다. 이케우치가 인용한 『삼국지』의 내용은, (현토 태수) 왕기王頎가 군대를 파견하여 궁宮을 추격하여 동쪽 경계 끝에 가서 그곳 노인에게 바다 동쪽에 사람이 살고 있는지를 물으니, 노인은 자기네 나라 사람이 어느 날 언

---

31 田保橋潔, 「鬱陵島その発見と領有」, 『靑丘學叢』 제3호, 靑丘學會, 1931. 김원룡은 각주 1에서 다보하시가 인용한 『지봉유설』을 재인용했다.

32 김원룡은 池內宏의 글의 출전을 「刀伊の賊」, 『滿鮮史硏究』 中世 제1책(1933)으로 제시했다. 같은 글이 「刀伊の賊-日本海に於ける海賊の橫行-」, 『史林』 제11권 제4호(사학연구회, 1926)에도 실려 있다.

33 「鬱陵島」의 저자는 쓰보이 구메조인데 신석호는 나카이 다케노신으로 오기했다. 쓰보이의 글은 『歷史地理』 38-3(1921)에 실려 있다.

34 田保橋潔, 「鬱陵島名稱について」, 『靑丘學叢』 제4호, 靑丘學會, 1931.

35 坪井九馬三, 「竹島について」, 『歷史地理』 56권 제1호, 1930.

36 池內宏, 「刀伊の賊-日本海に於ける海賊の橫行-」, 『史林』 제11권 제4호, 사학연구회, 1926, 515쪽.

젠가 배를 타고 고기를 잡다가 풍랑을 만나 수 십일 표류하다 동쪽의 어느 섬에 이르렀는데 사람이 살고 있었으나 언어가 통하지 않았고 그들은 해마다 7월이면 동녀童女를 바다에 집어넣는데 남자는 없고 여자만 있다고 말했다는 것이다. 『삼국지』는 노인이 말한 그 지역이 옥저의 동쪽 큰 바다 가운데 있다고 기술했다.[37] 이 이야기는 고구려 동천왕 20년(246) 위魏의 모구검毋丘儉이 고구려를 정벌한 뒤 함남 지방의 남옥저로 도주한 동천왕 궁을 현토 태수 왕기로 하여금 토벌하게 한 것을 가리킨다.[38] 이케우치는 『삼국지』에서 말한 동쪽의 어느 섬이 울릉도를 가리키며, 이를 울릉도에 관한 최고最古의 기록으로 보았다.[39]

김원룡은 동쪽 섬의 사람들이 함경도에서 온 사람들과 언어가 통하지 않았다는 사실에서 이들을 강원도와 경상도 지방에서 이주한 사람으로 추정하고, 실제 이주는 246년 이후에 있었을 것으로 보았다. 이들이 우산국으로 본토 신라에까지 알려졌으므로 신라에 항복할 수 있었으며, 그 후에도 우산국은 소멸되지 않고 독립국으로 존립하다가 역사서에서 400년간 자취를 감추었으나 10세기 초에 다시 나타났다는 것이다.[40] 김원룡은 그 예로 고려 태조 13년(930)에 우릉도에서 백길과 토두를 보내 공물을 바친 사실을 제시했다.

또한 김원룡은 『국사 대사전』 등을 참고했음을 밝혔는데, 『국사 대사전』(이홍직, 1963)의 「울릉도」 항목은 다음의 내용을 포함하고 있다. 즉 511년[41] 신라의 우산국 정복, 1159년(의종 13) 김유립 파견, 최충헌 집권 시의

37 『三國志』「魏書」東夷傳, 東沃沮.

38 김원룡, 1963, 앞의 책, 4쪽.

39 池内宏, 『史林』, 515쪽.

40 김원룡, 1963, 앞의 책, 4~5쪽.

41 512년이 맞다.

이주정책 시도와 중단, 조선 태종 16년(1416)과 태종 17년(1417) 안무사 김인우 파견, 세종 20년(1438) 남호 파견과 김환 등 70여 명 쇄환, 1693년 안용복의 납치, 1694년 장한상의 경비, 1697년 일본의 조선 영토권 인정, 1702년 이준명과 최재홍의 울릉도 답사, 메이지 유신 후 일본이 울릉도를 松島라 하고 독도를 竹島라 하며 침탈하고 이에 대한 고종의 항의와 울릉도 이민 장려, 1895년 도감 설치와 이규원 검찰사 임명[42] 1905년 일본의 독도 편입, 1914년 경상북도로의 이속과 도사 설치,[43] 1949년 군으로의 승격, 1987년(정조 11)[44] 5월 27일 프랑스 함대 다젤레 교수의 울릉도 발견과 다젤레 섬 명명, 1854년 러시아의 독도 실측, 1849년 프랑스 배 리앙꾸르의 독도 발견과 리앙꾸르 섬 명명, 1855년 호네트호의 독도 실측이다. 이 사전에 제시된 참고문헌은 삼국사기, 숙종실록, 지봉유설, 신증 동국여지승람, 증보문헌비고이고 일부 내용에 오류가 있는데 김원룡은 그 일부를 바로잡았다.

이케우치 히로시(1926)는 강원도와 함경도 이남에 살다가 이주한 예족을 우산국 사람으로 추정하고 이들이 삼국 시대에 독립된 세력이 되어 오래도록 형세를 유지하다가 신라에 의해 정벌된 것으로 보았다. 이들은 이후 고려 시대에 여진의 침구를 당했는데 女眞을 일러 '刀伊(toi-nom)의 해적'이라고 했다.[45] 이케우치는 한국어에서 外夷를 toi-nom이라고 하는데, nom은 비칭이고 夷狄이라는 뜻은 toi에 있다고 했다. 즉 toi의 음역이 刀伊로 여진을 가리키는 호칭이라는 것이다. 그는 도이족이 울릉도

42 이규원이 검찰사에 임명된 것은 1882년이다.
43 도사제가 시행된 해는 1915년이다.
44 1787년의 오기이다.
45 池内宏, 1926, 앞의 글, 515~517쪽.

의 우산국과 일본의 서륭西隆을 참혹하게 침략했다고 기술했다.[46] 이케우치의 이런 주장이 『국사정해』와 『울릉도』, 『석포 개척지』 등에 반영된 것이다. 여진이 1018년에 우산국을 침구한 사실은 『고려사』에도 보인다. 이는 한국에서 처음 울릉도와 독도에 관해 연구할 때 이케우치 히로시 등 일본인의 연구를 참조했음을 보여주는데, 앞으로 이에 대한 검증작업도 필요하다.

한일 간에 독도 영유권 문제가 본격화하자 대한공론사는 여러 사람의 글을 모아 『독도』(1965)를 간행했다. 한국은 독도 조사를 할 때 울릉도 조사를 부수적으로 함께 했으나 1960년대 후반부터 독자적인 울릉도 조사가 이뤄지기 시작했다.[47]

4. 『석포 개척지』 (석포 주민, 1973)

『석포 개척지』는 1973년 세모에 북면 석포동 주민 이영석과 이병한이 집필한 필사본이다. 울릉도 안의 석포를 다루되 국민교육헌장, 석포지역도, 머리말을 비롯하여 석포동의 연혁, 석포동명의 유래, 제당의 유래, 고장의 민요, 서당의 창설, 서당의 사장師長이었던 분들, 학교 창건, 역대 동장과 그들의 업적, 어촌계 발족과 역대 어촌계장, 역대 이동농업협동조합장과 그 업적 등을 기술했다. 부록으로 울릉도 연혁, 우산국과 간산도, 전설, 명승지, 천연기념보호물, 특산식물류 등을 실었다. '석포지역도'라는 지도에는 삼선암, 죽암, 관음도, 섬목, 죽도 등 바위와 주변 도서

46 池内宏, 1926, 앞의 글, 514쪽; 517쪽.

47 1967년 국어학자 서원섭은 울릉도의 지명과 민요를 조사했다. 그는 이때 정래기(鄭來驥, 1835-1896)의 순한글 가사집 「鄭處士述懷歌」도 입수했다.

가 명기되어 있다. 관음도에는 '깍새섬'을, 죽도에는 '대섬'을 병기했다.

관음도와 깍새섬을 병기한 것은 이 기록이 최초이다. 1950년에 손순섭이 깍새를 언급했지만 관음도와는 연계짓지 않았다. 1883년에 히가키 나오에가 '觀音島(觀音崎 · 觀音浦)'를 언급했고 그 이전에 한국 사료에 보인 지명은 1786년에 보인 방패도防牌島였다. 1794년에도 방패도로 불리다가 1880년대에 관음도와 관음기觀音崎 · 관음갑觀音岬 · 관음포觀音浦로도 불리다가 1917년에 「조선지형도」에서 '관음도觀音島'로 표기하면서 차츰 관음도가 정착했다. 따라서 관음도는 일본인이 붙인 지명이다.

1961년 국토지리정보원 지도와 『경상북도 울릉군 지명조사철』의 조사표는 '관음도(깍세섬)'을 병기했다. 이로써 처음으로 관음도에 대한 우리말 명칭이 처음 등장했다. 『석포 개척지』는 '깍세섬' 대신 '깍새섬'으로 표기하여 이를 관음도와 병기했다. 그런데 『한국지명총람』(1979)에서는 다시 '깍세섬'으로, 『개척 백년 울릉도』(1983)에서는 '깍새섬(觀音島)'으로 기술되었다. 이후에도 깍세섬과 깍새섬을 반복하다가 현재는 '깍새섬'으로 정착했다. 하지만, 관음도와 깍새섬 가운데 어느 것이 주칭이고 이칭인지가 분명하지 않다. 현재의 지형도도 '觀音島(깍새섬)'과 '깍새섬(관음도)'으로 표기하여 이 역시 분명하지 않다.

석포동은 1973년 당시 행정구역상 천부 4동이었다. 1972년 12월 석포동의 인구는 514명, 학생 수는 국민학생이 111명, 중고생이 17명이며, 주업은 농업 인구가 18, 어업이 12, 겸업이 50, 기타가 5가구임이 밝혀져 있다. 『석포 개척지』는 1891년부터 1969년까지의 석포 연혁을 다루었다. 이에 따르면, 1891년 3월 경북 영일군 사람 김경하가 처음 들어와 석포 지역에 정착했고, 전라도 지방에서 미역 채포를 위해 왕래하던 상선으로 입도한 사람들이 정착하여 마을을 이루었는데 정야포라 불렀다.

이어 1892년에도 사람들이 들어와 서당을 차리고 1895년에는 서당을 크게 세웠으며, 1898년에는 백운동이 개척되었고 1902년에는 현재의 죽암에 살던 사람들이 오징어잡이를 시작했다. 1905년에는 러일전쟁에서 승리한 일본이 그 기념 및 방어 전초진으로 석포에 해군보루를 설치했다. 1908년에는 석포, 죽암, 와달리臥達里가 하나의 동으로 합쳐져 정야포가 석포로 개칭되었다는 것이다. 석포와 정야포, 백운동, 죽암 등의 지명을 거론하고 이를 아우르는 지명으로 석포를 제시했는데 그 전개가 매끄럽지 않아 현 지명에 맞춰 유래를 기술한 감이 없지 않다. 1910년경 석포에는 40가구가 살고 있었다고 했다.

『석포 개척지』를 한글로 표기했으나 현재 지명은 石圃라고 표기했다. 석포라는 동명의 유래에 대해서는 '쟁반포', '정야포', '정들포', '정돌포'라 불리다가 많은 사람이 왕래함에 따라 가장 알기 쉽게 해변에 바위가 많다는 데서 '석포'로 바뀌었지만 실제로는 "돌이 귀하고 자갈도 아주 귀해 "돌없는 석포라고 볼 수 있다"[48]고 기술했다. 이렇듯 石圃라는 지명이 지역의 특성과 맞지 않는 것은 와전되었기 때문이다. 즉 석포는 정야포에서 개칭된 것이 아니라 '정돌포(石浦)'에서 왔고, 따라서 石圃가 아니라 石浦가 되어야 맞다. '정돌포(石浦)'로 불리던 것이 '정들포'로 와전되어 亭野圃로 표기되다가 『석포 개척지』를 집필하던 1973년경에는 石圃로 와전된 것이 정착한 것이다. 그러므로 쟁반포, 정야포·정들포, 석포石圃로 변전했다는 설명은 맞지 않다. 정돌(石)포浦였다가 정들(亭野)포(圃)로 되었고 다시 정돌(石)포(圃)가 되었다는 것은 그 근거가 미약하다. 정돌 → 정들 → 정돌로의 변전 과정도 이상하지만, 浦–圃로의 변전

48 『석포 개척지』, 18쪽.

도 근거가 미약하다.

『석포 개척지』는 산마늘을 '명이命伊'로 병기했고, 1926년 일본 상선 이견환의 침몰에 따른 화물 하선작업과 파선 복구작업이 결국 선창을 만들게 되었다고 기술했다. 1934년에 석포와 죽암, 와달리가 각각의 행정구역으로 나뉜 사실, 일제가 많은 보루시설을 설치한 사실, 해방 후 일본군의 잔유 유물을 보존하고 안전 질서를 유지하기 위해 지방 상비대를 조직했다가 1948년에 민보단을 구성한 사실을 기술한 부분이 특기할 만하다.

『석포 개척지』는 석포의 서당은 1932년에 폐지되었고, 학교는 1932년 농촌진흥회관을 임시 강습소로 정해 강습하다가 1933년에 강습소를 죽암으로 옮겨 간이학교로 승인받았다고 기술했다. 이후 간이학교가 전쟁준비를 위한 육군보루 설치지가 되었다가 해방 후 농촌진흥회장이 보루병사兵舍를 교사校舍로 만들고자 노력하여 1947년 천부국민학교 석포분교장으로 인가받았고, 1948년 4월 1일 정식으로 석포국민학교로 승격되었다는 것이다.[49]

그 외에 1913년 이후 구장區長[50]제도가 있던 사실, 1934년에 석포와 죽암이 분리되어 각 구로 된 사실, 1966년에 어촌계가 발족한 사실을 기술했다. 『석포 개척지』는 고려 태조 연간의 연혁에서부터 1949년 4월 군제

49 『鬱陵郡誌』(1989)는 1943년에 죽암간이학교에서 죽암공립보통학교(석포분교)로 개칭했다가 1946년에 석포국민학교로 개칭했다고 하는 반면, 1945년 10월 2일 석포국민학교로 개칭했다고 기술했다(232쪽). 후쿠후라 유지는 1942년 4월 울릉도공립국민학교(도동공립국민학교의 오기-인용자) 부설 '죽암간이학교'로 설립되었다가 1943년에 '죽암공립국민학교'로 개교했다고 기술했다(2013, 62쪽). 이렇게 되면 죽암국민학교와 석포국민학교가 별개로 있었던 것이 되므로 맞지 않다. 이에 대해서는 이 책의 '5. 일제강점기 울릉도의 초등교육기관' 참조.

50 구장은 1917년 10월 제령(制令) 제1호<면제 및 면제시행규칙>이 시행되면서 면을 지정면과 보통면으로 나누되 지정면에는 동리장洞里長을 폐하고 구장區長을 두며, 면 조합을 설치할 수 있게 했다. 이에 동리장 대신 구장을 둔 것이다(국사편찬위원회, 『신편 한국사』 48, 2002). 그렇다면 구장은 1917년에 두어진 것이 된다.

로 환원되기까지의 역사를 울릉군 통계연보와 박봉석의 『국사정해』(1952)에 의거하여 기술했음을 밝혔다. 또한 '우산국과 간산도' 항목에서는 『국사정해』의 '우산국'을 다음과 같이 재인용했다.[51]

> "삼국 시대 이전부터 예족이 동해중(울릉도)에 들어가서 세운 나라로 도민이 지세가 험준함을 믿고 신라에 복속하지 아니하므로 제22대 지증왕 13년(서기 512년)에 하슬라주(지금의 강릉)의 군주 이사부를 보내어 항복받았다. 우산국은 그후 고려 시대에 이르러서도 대신 또는 왕자를 보내고 조공朝貢을 바치드니 고려 제八代 현종 때에 동여진東女眞…도이刀伊의 침구侵寇로 인하여 멸망하였다."

『석포 개척지』는 개척 당시 행정관할이 강원도 삼척에 속해, 삼척 영장의 명으로 지부를 두었고, 영장이 한번 왕래하게 되면 선황당을 만들어 그곳에서 영장을 대접했다는 사실을 개척 당시 원로에게서 들었다고 했다. 이는 태하의 성황당 이야기와도 관계된다. 태하의 성황당의 연혁에 관해서는 뒤에서 다시 다룬다. 도수島首로는 최 씨, 배 씨(배상섬 씨-원주), 김 씨를 언급했는데 배상섬은 배상삼을 오기한 것이다. 도감으로는 전 씨, 김 씨, 배 씨를 언급했는데, 역사적으로 실재한 도감은 배계주뿐이다. 전 씨는 도장 전석규를 가리키는 듯하다. 군수는 1900년부터, 도사는 1916년부터, 군수는 1949년부터 두어져 현재에 이른다고 기술했으나, 도사제가 실시된 해는 1915년이다.

---

51 『석포 개척지』, 64쪽. 그런데 『국사정해』는 "三國時代以前부터 濊族이 東海中(今鬱陵島)에 들어가서 세운 나라로 島民이 地勢가 험준함을 믿고 新羅에 服屬하지 아니하므로 第22代 智證王 13年(2845)에 何瑟羅州(今江陵)의 軍主異斯夫를 보내어 항복받았다. 그후 高麗時代에 이르러서도 大臣 혹은 王子등을 보내어 朝貢하더니 高麗顯宗 때에 東女眞(刀伊)의 侵寇로 인하여 滅亡하였다"(박봉석, 『國史精解』, 4286년, 59쪽)라고 했다. 『석포 개척지』는 '동여진(도이)'을 붙여 쓴 것이 『국사정해』와 다른 점이다.

'우산국과 간산도'에 대해서는, 지금도 가산도란 말을 흔히 듣지만 우산, 간산, 가산 등에 얽힌 옛 이야기로 미루어보면 于우와 干간의 한자를 잘못 읽은 데서 만들어진 착오라고 보았다. 이는 앞에서 "于와 干의 한자를 잘못 읽는 데서 만들어진 착오가 아닌가 생각되며 가산도도 변음이 아닌가 생각한다."라고 한 내용과 유사하다. 그러나 이로써 간산도에 대한 설명은 성립하지만 가산도는 성립하지 않는다. '간'과 '가'는 한자가 유사하지 않기 때문이다. '가산도'는 사료에도 잘 보이지 않는다. 『석포개척지』는 울릉도 안에 여러 마을이 있고 그 가운데 하나인 석포가 다른 지역에 비해 특기할 만한 역사적 사실이 있는 것이 아님에도 처음으로 해당 지역의 주민이 펴낸 향토지라는 점에서 의미가 있다.

5. 『(鬱陵島郵便所) 沿革簿』(1956년 엮음, 1975년 정리)

『(울릉도우편소) 연혁부』는 서지사항이 명확하지 않다. 우편소가 설치된 1904년 6월부터의 업무 내용을 간단히 적어 놓았는데 여러 필체가 섞여 있으므로 각 시대의 직원이 그때마다 기술한 것을 합쳐서 엮은 것으로 보인다. 표지에는 『연혁부沿革簿』로만 적혀 있고 울릉도우편소가 작성한 것으로 되어 있는데, 후대에 엮은 자가 『(울릉도우편소) 연혁부』라고 서명을 붙였다. 엮은이에 대해서는 알 수 없다. 엮은이는 간년刊年을 '1956년 7월 현재'로, 정리한 해를 1975년 9월로 적었다. 일제강점기의 내용은 일본어로 적혀 있고, 해방 이후의 내용은 본문은 한자로, 조사는 한글로 적혀 있다.

「색인」에는 모두 12개 항목이 제시되어 있는데, 1. (우편소) 위치 2. 사무 개시의 연혁 3. 집배구획 및 집배도수集配度數의 연혁 4. 체송遞送 선로의 연혁 5. 소장所長 연혁 6. 사무원 이하 소속인의 연혁 7. 경비의 연혁 8. 호수戶數 인구 9. 관공서와 학교·회사의 연혁 10. 토지의 형세 11. 운수교통의 관계 12. 잡사 순이다. 표지에는 64장 분량이라고 적혀 있으나 실제 내용은 20장 정도 더 많다. 색인 순으로 정리되어 있지 않으며 서체도 알아보기 힘든 글자가 많다.

제1「위치」에서는 우편소가 설치된 위치의 연혁을 기술했다. 우편소는 1904년 6월 1일 남면 도동 80번지에 설치되었다가 1906년 7월에 전신사무를 개시하면서 도동 81번지로 개축·이전했고, 10월에는 울도군이 경상남도 소관이 된 사실을 기술했다. 1928년에 다시 개축·이전했고, 1930년대에 다시 한번 이전한 사실을 기술했는데 1934년인지 글자가 분명하지 않다.

제2「사무개시의 연혁」에서는, 1904년 우편사무를 개시한 뒤 우편저금, 우편대체사무, 대체저금에로 확대되었고, 1906년에 전신사무를 개시한 이래 '울릉도우편전신수취소'로 개칭했음을 기술했다. 1907년에 '울릉도우편소'로 개칭되었고 1949년에 '울릉군우체국'으로 개칭되기까지의 연혁을 기술했다. 제3「집배구획 및 집배도수의 연혁」에서는 1904년 6월 도동과 저동, 사동을 집배구로 정해 선편이 도착할 때마다 배달한 사실, 한 달에 1회 배달하다가 4회로 늘린 사실, 사카이와 울릉도 간 항송航送편이 폐지된 사실(1913), 조선우선 주식회사의 선편이 죽변과 구룡포, 영덕, 영해 등지를 수체국受遞局으로 추가한 사실(1913~1914)을 기술했다. 제4「체송 선로의 연혁」에서는 1904년 울릉도와 부산 사이를 화선和船편으로 우송을 개시한 사실, 1907년 울릉도와 사카이 사이를 화선편으로 월 1회 혹은 3회 우송한 사실, 1909년 울릉도와 부산 사이의 선편이 포항에 기항한 사실을 1953년까지 기록했으나 알아보기 어려운 글자가 많다.

제5 「소장所長의 연혁」은 1904년에 우편수취소가 설립될 당시 가타오카 기치베가 소장이었는데 그가 통감부 우편소장을 거쳐 1917년 2월 조선총독부 우편소장이 된 사실, 뒤이어 가타오카 히코로쿠 등으로 이어진 연혁을 기록했다. 1945년 11월 27일 조선총독부 특정우편국장에 홍순엽洪淳曄이 임명되었고[52] 군정 시대에도 그가 우편국장이었던 사실을 기술했다.

제6 「사무원 이하 소속인의 연혁」에서는 단기 4278년(1945) 11월 27일부터 4280년(1947) 6월 2일까지는 홍순엽이,[53] 4279년(1946) 11월 20일부터 4282년(1949) 5월 30일까지는 홍순칠이 사무원으로 재직한 사실을 기술했다. 홍순엽은 홍순칠의 사촌형이다. 직원은 집배수(집배원)와 사무원으로 구분되어 있다. 제7 「경비 연혁」에서는 1904년 1인 사무원의 호봉(4급) 및 경비에서부터 1937년까지의 사무원과 배달료, 집배비 등이 적혀 있다. 사무원은 2~3인이었고 우편소장의 호봉은 4급이었다. 제8 「가호와 인구」에서는 울릉도를 보통구와 특별구로 분리하되 이를 다시 한국인과 일본인의 가호 및 인구로 분리하여 기록했다. 보통구와 특별구의 구분 기준이 무엇인지 모르겠지만, 1920년대 이후에는 일본인 거주 지역의 집배 횟수를 보통구로 바꾸고 보통구에는 집배 전담자를 배치했다

52 홍순엽은 교육계 종사자로서 후에 울릉도 교육장을 지냈다. 1945년 9월 14일 미국인 체신국장 허리히가 취임한 이후 미 군정의 체신업무가 시작되었으므로 조선총독부로 명기한 것은 오류인 듯하다. 미 군정 시대에도 체신업무는 조선총독부의 체신기구를 답습했으나 1946년 4월 8일 체신국이 체신부로 바뀌었을 뿐이다. 1948년 정부 수립 이후에는 미 군정 체신부에서 대한민국 체신부로 바뀌었고, 우편국에서 우체국으로 명칭이 바뀌었다(부산체신청, 『釜山遞信廳 90年史』, 부산체신청 90년사 편집위원회, 1996, 95~97쪽).

53 『鬱陵郡誌』(1989, 309쪽)는 홍순엽이 1945년 11월 27일에 취임했고, 홍순조(洪淳祚)가 1949년 6월 1일 취임한 것으로 기술했다. 이는 홍순엽이 1949년 5월 30일까지 우편국장이었음을 의미하는데 홍순칠도 이때까지 재직했다.

는 자료가 있으나[54] 한국인도 1920년 이전부터 보통구와 특별구가 보이므로 이 설명은 맞지 않아 보인다. 1930년 9월 현황까지 나와 있다.

제9 「관공서와 학교·회사의 연혁」에서는 울릉도 행정 편제의 변천, 울릉도어업조합, 학교, 울릉도금융조합, 울릉도경찰서의 연혁을 간단히 기술했으나 알아보기 어려운 글자가 많다. 제10 「토지의 형세」에서도 울릉도의 지세를 간단히 기술했으나 알아보기 어려운 글자가 많다. 제11 「운수교통의 관계」에서는 선편과 운항 횟수를 언급했는데 1904년 초기에는 부산–포항 구간을 한 달에 한 번 혹은 석 달에 한 번, 호키–사카이 구간은 한 달 혹은 석 달에 한 번 혹은 두 번 운항했다고 기술했다. 선박 수가 증가하여 1908년에는 울릉도와 본토 간 운항 선박이 10여 척에 이르렀다고 기술했다. 이 자료는 울릉도우편소를 자세히 다룬 기록으로서 유일하다는 점에서 의미가 있다. 12. 잡사는 색인에는 있으나 내용은 따로 기술되어 있지 않다.

6. 『울릉도의 傳說·民謠』 (여영택 편, 1971~1972년 조사, 1978년 간행)

『울릉도의 전설·민요』는 울릉북중학교 교사였던 여영택이 1971년 3월부터 1972년 2월까지 수집한 민요와 설화를 펴낸 것이다. 여영택에 따르면, 울릉도에서 전설은 지명을 제외하고도 80가지나 되지만 대부분 신개척기 이후의 것이다. 어떤 것은 최근 10년 혹은 20년밖에 안 된 것도 있으며, '자비굴 이야기'나 '배 성삼 이야기'는 실화로 극히 최근 것이라고 했다.

54 부산체신청, 1996, 앞의 책, 90쪽.

그는 「울릉도 안내」에서 역사와 지리 등을 다루었지만 다른 향토지에 비해 내용이 소략하다. 그가 참고한 것은 『울릉도 향토지』이다(〈표 3-1-2〉 참고). 역사와 지리 외에 기후, 인문, 교통, 통신, 동식물, 산업, 유람 코스에 대해서도 간단히 기술했는데 대략 다음과 같다. 관음도의 별칭은 '까끼섬'이다. 울릉도 인구는 2만 5천 명(1971) 정도지만 오징어철이면 두 배 넘게 불었다가 어기가 지나면 다시 2만 5천 명 정도로 정착한다. 울릉도에는 고등학교가 1개, 중학교가 5개 있다. 포항에서 울릉도까지 가는 데 10시간이 걸렸고 날씨가 나쁠 때는 13-14시간 걸리기도 했다. 자전거는 다닐 수 없으며 자동차도 다닐 가망이 없다. 전화가 개통되어 있었고 속초를 중계소로 하여 TV도 중계되고 있었다. 썰매를 '발구'라고 불렀다. 주민들의 주업은 오징어잡이이며, 명태와 꽁치, 방어와 문어, 전복과 미역, 김도 잡히거나 생산되었다. 농사는 감자와 옥수수가 주이며, 마늘과 벼, 고추, 산채, 약초가 생산된다. 연탄은 본토에서 가져왔다. 평지로 된 마당이 귀해 오징어 말리는 장소로 세를 놓기도 했다. 독도로 가려면 명태잡이 배나 오징어잡이 배를 만나야만 갈 수 있다.

여영택은 지명의 유래를 밝혔는데 역사적인 유래와 다른 경우가 있다. 이는 그가 조사할 당시 이미 많은 지명이 본래의 의미를 벗어나 와전된 상태로 정착했음을 의미한다. 그가 밝힌 지명 유래는 후에 문보근이 거의 답습했다. 여영택의 저술 이전에 간행된 향토지와 여영택의 저술에 기술된 기사의 전승 관계를 보기 위해 키워드 중심으로 정리해보면 〈표 3-1-2〉와 같다.

〈표 3-1-2〉 각 향토지의 울릉도 연혁에 기술된 기사 비교[55]

울릉도 향토지 (1963)	울릉도 (1963, 김원룡)	울릉도의 전설·민요 (1978)	비고 (필자)
전거: 동국통감, 삼국사기, 세종실록 지리지, 동국여지승람	전거: 池內宏, 신증 동국여지승람, 田保橋潔, 이선근, 경북대관(1959), 국사 대사전(이홍직)	전거: 울릉도 향토지	
	울릉도 이름 유래: 우산, 울뫼,		
	(삼국지) 위지 동이전 옥저 조(246년)	위지 동이전 옥저 조	
신라 지증왕 13년 우산국 귀복	지증왕 13년(512) 6월조, 이사부 원정	지증왕 13년(512년)6월조	13년(512)
지증왕(33),[56] 우산국 정복 (사적)			
고려 태조 13년, 백길 토두	고려 태조 13년(930), 백길 토두 來貢	고려 태조 13(930) 백길 토두	
고려 현종 연간, 여진 침략 때문에 본국으로 도피(1011-1031)	현종 9년(1018), 농기구 하사	1018년, 농기구 하사	현종 9(1018)
	현종 13년(1022), 도망온 울릉도인을 영해에 이주시킴	1022년, 도망온 울릉도인을 영해로 이주시킴	현종 13(1022) 7월, 예주(영덕)에 거주하게 함
고려 덕종, 울릉도 토주 아들 夫於乃多를 신라에 보내옴	덕종 원년, 1032, 우릉성주, 토산물 고려에 바침	1032년 우릉성주가 조공 바침	덕종 1(1032) 부어잉다랑
	(1032~12세기 초까지 공도 추정)		
고려 인종 17년, 강원도 순무사 이양실 입도, 과실 바침	인종 19년(1141) 명주도감창사 이양실을 울릉도에 파견, 과실 바침, 공도인 듯한 인상	1141년 명주 관리가 과실 바침	인종 19(1141) 명주도감창사 이양실
인종, 강원 순무사 이양실 입도(1123-1034)[57] (사적)			
고려 의종 13년(1059) 명주 감창사 김유립 조사	의종 11년(1157), 김유립 조사, 거주 불가로 보고, 공도	1157년 의종 11, 이주 논의	의종 11(1157), 김유립 조사
	고려사 지리지 울진조	고려사 지리지 울진조	
고려 의종 연간 최충헌, 이주정책 폈다가 중지	13세기 초, 최충헌 헌의로 이민 실시, 즉시 철수함		고종 30(1243) 최이, 이주정책 중지
	1380년 왜구가 8개월간 있다 감		우왕 5(1379), 왜가 15일간 체재

55 『鬱陵島鄕土誌』는 본문에서 '연혁'을 기술하고 이 뒤에 '참고문헌'을 부기했는데 '史記根據'와 '事蹟年代'를 덧붙였다. 그런데 여기에 기술된 내용이 본문과 중복되거나 서로 맞지 않는 경우가 있다.

56 33은 13의 오기인 듯하다.

57 연도가 맞지 않는다.

울릉도 향토지 (1963)	울릉도 (1963, 김원룡)	울릉도의 전설·민요 (1978)	비고 (필자)
고려 말엽 반신 이추가 원나라에 가서 무고, 벌목 납공			
이조, 태조 김인우 거주 불허(1392)(사적)	김인우의 보고		태조 1(1392), 김인우 기사 없음
이조 태종(1137) 김인우에게 쇄환케 하고 거주 불허			1137년은 고려 시대
	태종 3년(1403), 강원감사의 헌의로 거주민 출륙		태종 3(1403)
	태종 13년(1413) 백가물, 60여 명 운운		태종 12(1412) 유산국도 백가물
	태종 16년 박습 건의로 김인우 파견 계획 → 17년에 실행, 육지로 쇄출		태종 16(1416) 김인우를 안무사에 임명, 쇄환 임무
	1425년, 김인우가 다시 20여 인 쇄출, 우산무릉 등처 안무사(16년에도)[58]	1425년 20명, 1438년에 66명, 1441년에 70명을 철수	세종 7(1425), 김인우가 거주민 쇄출
세종 20(1438), 金丸賊의 소굴이 된 울릉도에 울진현 만호 남호를 보내 70여 인을 쇄환	세종 20년(1438), 남회와 조민이 도민 66명을 쇄출		실록은 세종 20(1438), 남회와 조민이 66명 쇄환(승람은 南顥)
	세종 23년(1441), 만호 남호가 70여 인 捕還, 이후 공도		세종 22(1440), 남호가 김환 등 70명 쇄환
성종 2(1470), 박원종 시찰케, 일행이 산물 바침, 이후 폐도	성종 2(1471), 사람 파견, 공도로 보고	1471년 공도화	성종 3(1472), 박종원 파견, 삼봉도 조사(실록)
성종 3(1472) 박원종 조사			
선조, 대마도주 통해 일본 비위를 논책(1568~1608)(사적)	임란 이후 일본인 진출, 자국영토라고 주장		
광해 7(1616), 일본 배 2척 옴, 박경업 파견하여 질책			숙종 21년으로부터 82년 전(실록 1695. 6.20.)
광해 7(1615), 일본이 지도 작성 운운해서 박경업에게 통고하게 함(사적)			광해 7(1615)
숙종 19(1694) 대마도주가 표류민 2인과 문서 동래부에 보내옴, 조선 홍중하가 문책			숙종 19(1693)
숙종 19(1694) 대마도주 조선인 2명 포래, 조선이 부당성 변박(사적)			숙종 19(1693), 2명 연행
	1693년 안용복 귀국		숙종 19(1693)
	숙종 20(1694)부터 정기 순찰 실시	1664(숙종 20), 정기 순찰	1699년부터 정기 수토

58 우산도는 박습이 말한 울릉도 옆의 소도로 보인다고 김원룡은 기술했다.

울릉도 향토지 (1963)	울릉도 (1963, 김원룡)	울릉도의 전설·민요 (1978)	비고 (필자)
숙종 21, 대마도주가 동래에 울릉도 설문 4조(1696)(사적)			숙종 21(1695) 4월 힐문 4개조
숙종 22, 왜인 6명이 래조하여 논쟁(1697)(사적)			
숙종 23, 안용복 활동		1693년 안용복 활동	1693~1696년 안용복 활동
숙종 22(1696), 안용복 이인성 등 10여 인 일본인 추방, 감찰사라 칭하며 일본에서 담판	1696년 막부로 하여금 조선영토임을 확인케 함	1696년 일본이 우리 영토 확인	숙종 22(1696), 일본의 도해금지령과 안용복의 울릉자산양도감세장(실록)
숙종 28, 영장 이준명 입도, 도형 등 바침, 이이명의 관동지도 서문(사적)	1702년 이준명 답사, 도형 그림		숙종 28(1702), 이준명 수토
정조 11(1788), 佛人 페루스 울릉도 발견, 따줄레로 지음	1787년 다주레島 명명	1787년 다킬레(프랑스 선원)가 울릉도 발견	정조 11(1787) 라페루즈의 부솔호, 다줄레섬 명명
헌종 15(1849), 佛船리앙클이 독도를 리앙클이라고 해도에 표기		1864년 리랑코라고도 함, 일인은 울릉도를 松島, 독도를 竹島라 함	헌종 15(1849), 리앙쿠르락스라 함
헌종 15(1850), 佛船 독도 발견(사적)			
고종 12(1876), 김옥균이 대마도에서 목재 발견, 조정에 상주, 울릉도 개척 건의			
고종 15(1879) 개척령 발포 (사적)			
이후 개척령 발포, 全士一[59]을 도장에 임명	1880년대부터 공도정책 폐기하고 이민 장려		고종 19(1882) 개척령, 전석규
고종 18(1881) 수토관이 일본인 벌목 보고			고종 18(1881) 수토관 남준희
고종 19(1882), 검찰사 李圭遠 검찰		1883(고종 20), 김옥균	고종 19(1882), 李奎遠 울릉도 검찰사
동남제도 개척사 겸 관포사(管捕事)[60] 김옥균을 삼았으나 갑신정변으로 좌절			고종 20(1883), 김옥균 동남제도 개척사
고종 18(1882) 입주 시작(사적)		1883년 7월 16호 54명 이주	고종 20(1883) 2회에 걸쳐 16호, 54명 입도
고종 21, 조선영토임을 재확인하고 일본인 쇄출(사적)			고종 20(1883), 10월 일인 255명 쇄환
고종 21(1885), 만리환 사건 발생, 담판 결과 일인 500인 쇄출, 관선 島長에게 島務 관장케 함			고종 22(1885), 만리환 사건

59 도민 가운데 전사능田士能이라는 자가 있으나 도장인 적은 없다. 全錫圭를 의미한다.

60 김옥균을 "동남제도 개척사로 삼고 포경의 일을 겸하게 했다(爲東南諸道開拓使兼捕鯨等事)"고 해석하는 것이 맞다. 조정은 김옥균을 1883년 3월 16일 동남제도 개척사(東南諸島開拓使)에 임명하기로 하여 3월 17일 단독으로 추천되었다(『承政院日記』).

울릉도 향토지 (1963)	울릉도 (1963, 김원룡)	울릉도의 전설·민요 (1978)	비고 (필자)
	고종 32년(1895) 도감 임명	1895년 도감 설치	고종 32(1895) 배계주 도감에 임명
	광무 5(1901) 울릉군으로 승격, 군청 臺霞洞에	1901(광무 5) 울릉군으로 승격, 군청 소재지는 台霞	광무 4(1900) 울도군 승격, 台霞
	광무 7(1903) 도동으로 옮김	1903년 군청을 도동으로 옮김	광무 7(1903), 도동으로 이전
	융희 원년(1907) 강원도에서 경북으로 이속	1907년 강원도에서 경북으로 편입	광무 10(1906), 경남으로 이속
			1914년 경북으로 이속

※ (사적)은 '연혁'에 덧붙인 참고문헌에서 기술한 '事蹟年代'를 약칭한 것임

위의 〈표 3-1-2〉에서 보듯이 세 향토지는 울릉도 역사를 기술하되 연도나 내용이 틀린 경우가 많다. 김원룡은 신석호의 글과『국사 대사전』을 참고했다고 밝혔으므로 그가 잘못 기술한 내용 가운데 신석호의 글과 일치하는 내용이 있다면 그 오류는 신석호에게서 말미암은 것이다. 이를 알기 위해 신석호와 김원룡의 글을 비교해보면 〈표 3-1-3〉과 같다. 참고를 위해 1차 사료 기사를 맨 앞에 제시했다.

〈표 3-1-3〉 신석호와 김원룡이 인용한 기사 비교

1차 사료	신석호(1948)	김원룡(1963)
세종실록 지리지, 신증 동국여지승람		
전거	숙종실록, 통문관지, 동문휘고, 조선통교대기, 外交誌稿, 桶畑雪湖	池内宏, 신증 동국여지승람, 田保橋潔, 이선근, 경북대관(1959), 국사 대사전(이홍직)
울진현-우산과 무릉(세) 울진현-우산과 울릉(신)		울릉도 이름 유래: 우산, 울뫼,
신라 때 우산국 또는울릉도(세)		최초 이주는 1세기 이후 (삼국지) 위지 동이전 옥저 조(246년)
지증왕 13년 이사부 정복(신-지증왕 12년)(세, 신)	삼국 시대 우산국	지증왕 13년(512년) 6월조, 이사부 원정
고려 태조 13년, 백길 토두가 방물 헌납(세, 신)	고려 시대 울릉도, 우릉도, 무릉도	고려 태조 13년(930), 백길 토두 來貢
	고려 현종조 여진 침구로 인해 내륙으로 이주	현종 9년(1018), 농기구 하사
현종 13(1022)		현종 13년(1022), 도망온 울릉도인을 영해에 이주시킴

1차 사료	신석호(1948)	김원룡(1963)
덕종 1(1032)		덕종 원년, 1032, 우릉성주, 토산물 고려에 바침
고려 의종 13년 심찰사 김유립의 조사 후 보고(세, 신)		
		인종 19년(1141) 명주도감창사 이양실을 울릉도에 파견, 과실 바침, 공도인 듯한 인상
의종 11(1157)		의종 11년(1157), 김유립 조사, 거주 불가로 보고, 공도
고려사 지리지 울진조		고려사 지리지 울진조
최충헌 헌의로 이주민, 풍파로 사망자가 많아져 거민을 돌아오게 함 (신)		13세기 초, 최충헌 헌의로 이민 실시, 즉시 철수함
우왕 5(1379)		1380년 왜구가 8개월간 있다 감
이조 태조 김인우 안무사로 삼아 조사, 쇄출(세)		김인우의 보고
태종 3(1403)		태종 3년(1403), 강원감사의 헌의로 거주민 출륙
태종 12(1412)		태종 13년(1413) 백가물, 60여 명 운운
태종 때 김인우 안무사에 임명, 쇄출(신)	태종 17(1417) 김인우 울릉도안무사 임명, 80여 명 쇄환	태종 16년 박습 건의로 김인우 파견-계획 → 17년에 실행, 육지로 쇄출
	세종 7(1425) 김인우 파견, 거민 쇄환	1425년, 김인우가 다시 20여 명 쇄출, 우산무릉 등처 안무사(16년에도)[61]
세종 20년 만호 남호 파견, 70여 명 쇄환(신)	세종 20(1438) 호군 남회 파견, 60여 명 쇄환	세종 20년(1438), 남회와 조민이 도민 66명을 쇄출
		세종 23년(1441), 만호 남호가 70여 명 捕還, 이후 공도
성종 2년, 박종원 삼봉도 조사, 다른 배가 울릉도 산물 지참, 빈 섬임을 보고(신)	성종 2-12년(1471-1481) 사이 삼봉도 기사	성종 2(1471), 사람 파견, 공도로 보고
		임란 이후 일본인 진출, 자국영토라고 주장
숙종 19(1693)	숙종 19(1693), 안용복 일행과 일인 충돌, 울릉도 소속문제 발생	1693년 안용복 귀국
숙종 25(1699)부터 정기순찰		숙종 20(1694)부터 정기 순찰 실시
숙종 22(1696)	숙종 23(1697) 2월 막부가 죽도 즉 울릉도를 조선 영토로 승인	1696년 막부에 조선 영토임을 확인케 함
숙종 28(1702)		1702년 이준명 답사, 도형 그림
정조 11(1787)		1787년 다주레島 命名
1836년 사형	일본인 이마즈야 사형	

61 김원룡은 우산도는 박습이 말한 울릉도 옆의 소도로 보인다고 기술했다.

1차 사료	신석호(1948)	김원룡(1963)
	격년으로 거민 유무 조사, 울릉도 산물과 가제(可支魚) 포획	
1881년 임명	일본인의 울릉도(松島) 진출, 1881년 일본에 항의, 이규원 임명	
1883년 도장 설치	'울릉도 개척령' 발포하고 이듬해 도장을 설치	1880년대부터 공도정책 폐기하고 이민 장려
1895년 도감제 실시		고종 32년(1895) 도감 임명
광무 4(1900) 칙령 제41호	광무 5(1901) 도장을 군수로 승격하여 행정을 맡게 함	광무 5(1901) 울릉군으로 승격, 군청을 臺霞洞에 두었다
광무 7(1903) 도동 이전		광무 7(1903) 도동으로 옮김
	강릉에서 이주한 85세의 고로 洪在現과 崔興昱, 崔鶴穆의 증언-독도 망견	
	가제 목적의 출어, 홍재현도 10여 차례 왕복했다고 증언	
	일본연안수로지:1904년에 울릉도 어민이 海驢 즉 가제잡이, 10여 일간 체재를 기술	
1906년 심흥택 보고서	심흥택 보고서	
1905년 영토 편입	영토 편입, 수로 고시, 竹島(Linacourt rocks)	
1906년 경남으로 이속		융희 원년(1907) 강원도에서 경북으로 이속

※'세'는 『세종실록』「지리지」를, '신'은 『신증 동국여지승람』을 말함

위의 〈표 3-1-3〉에서 알 수 있듯이 김원룡은 신석호가 언급하지 않은 사료를 많이 추가하여 기술했다. 이는 김원룡이 다른 자료 이를테면 『국사 대사전』에서 인용했음을 의미한다. 하지만 그는 한편으로는 『국사 대사전』의 오류를 바로잡고 『국사 대사전』에서 기술하지 않은 내용도 추가하여 기술했다. 또한 그는 신석호가 기술한 내용을 답습하되 일부는 신석호가 기술하지 않은 내용을 기술했다. 이를테면, "광무 5년(1901) 울릉군으로 승격, 군청을 臺霞洞에 두었다."라고 하고, "융희 원년(1907) 지방 행정 개정 시 종래의 소속인 강원도에서 분리 경북으로 이속하였다."라고 추가 기술한 것이 그러하다. 김원룡은 이 내용을 이홍직의 『국사 대사전』과 『경북대관慶北大觀』(1959)을 참고하여 파악했다고 하나 『국사 대사

전』에는 '1901년 울릉군 승격' 관련 내용이 없다. 1901년을 운운한 것은 『울릉도 행정일반』(1933)과 『경북대감慶北大鑑』(1936), 『경북대관』(1958)[62]이다. 신석호도 "광무 5년(서기 1901년)에 도장을 군수로 승격하여 도내 행정을 맡아보게 하였다"[63]고 기술하여 둘다 1900년을 1901년으로, 울도군을 울릉군으로 오기했다. 신석호는 울릉도 관할이 강원도에서 경상남도로 이속된 사실은 기술하지 않았다. 따라서 1901년에 울릉군으로 승격되었다고 잘못 기술한 내용의 시초는 『울릉도 행정일반』이다. 뒤이어 『경북대감』이 이를 답습하자 신석호도 이를 답습했고, 이후 『경북대관』과 김원룡의 저술, 『울릉도 향토지』에로 이어졌다.

1969년판 『울릉도 향토지』도 "光武五年(1901)에는 鬱島郡으로 昇格 郡廳을 臺霞洞에 두었다."라고 기술하고, "隆熙元年(1907) 地方行政改政時 從來의 所屬인 江原道에서 分離 慶北으로 移屬하여 現在의 鬱陵島로 繼續되고 있다."라고 기술했다. 따라서 울도군 승격 및 관할체계의 변동을 기술한 계통을 보기 위해 정리해보면 〈표 3-1-4〉와 같다.

〈표 3-1-4〉 행정구역 변동에 대한 기술 비교

출전(연도, 쪽)	내용
울릉도 행정일반 (1933)	광무 5년(1901) 봄 도장제를 폐지하고 울릉군으로 하고 군수를 두게 되었다. 광무 7년(1903) 군청을 서면 대하동에서 현재의 남면 도동으로 이전했다. 융희 원년(1907)에 강원도 관할에서 경상남도 소관으로 옮기고 남·서·북 3면으로 나누었다....대정 3년(1914) 부군 폐합에 따라 다시 경상북도로 이속했다.
경북대감 (1936, 1314쪽)	광무 5년(1901) 봄 도장제를 폐지하고 울릉도를 울릉군으로 하고 군수를 두고...융희 원년(1907) 강원도 관할에서 경상남도 소관으로 이속, 대정 3년(1914) 부군 폐합에 따라 다시 본도를 경상북도로 이속했다.

62 김원룡은 1959년으로 적었으나 책에는 단기 4291년으로 적혀 있다. 단기 4291년은 1958년이다.

63 신석호, 「독도 소속에 대하여」, 『史海』, 1948, 95쪽.

출전(연도, 쪽)	내용
신석호 (1948, 95쪽)	광무 5년(서기 1901)에 도장을 군수로 승격하여 도내 행정을 맡아보게 하였다.
경북대관 (1958, 1411-1412쪽)	광무 5년(1901) 도장제를 폐지하고 울릉군으로 승격하여 군수를 두게 되었고 광무 7년(1903) 군청을 서면 태하동台霞洞에서 남면동으로 이전, 융희 원년 강원도 직할에서 경상남도로 옮기고, 전도를 남·서·북 3면으로 갈랐으며 4247년(1914) 경상북도로 다시 이속되었다.
국사 대사전 (1963, 하, 992쪽)	1914년 일본은 울릉도만을 경상북도에 소속시키고 도사(島司)를 두었으며…
울릉도 (1963, 10~11쪽)	광무 5년(1901년)에는 울릉군으로 승격, 군청을 臺霞洞에 두었다.
울릉도 향토지 (1969, 13쪽)	광무 5년(1901)에는 울릉군鬱陵郡으로 승격, 군청을 臺霞洞에 두었다.
울릉도 (1963, 11쪽)	융희 원년(1907년) 지방 행정 개정改正 시 종래의 소속인 강원도에서 분리 경북으로 이속하였다.
울릉도 향토지 (1969, 13쪽)	융희 원년(1907년) 지방 행정 개정改政 시 종래의 소속인 강원도에서 분리 경북으로 이속移屬하여 현재의 울릉도로 계속되고 있다.

대부분 1900년 울도군 승격을 1901년 울릉군 승격으로 적었고, 『울릉도 행정일반』은 1907년 경상남도로 이속되었다고 기술한 반면, 다른 자료들은 1907년 경상북도로 이속되었다고 기술했다. 또한 울릉도가 3면으로 구분된 시기가 1907년이라고 기술했지만, 1903년에 『황성신문』이 이미 3면을 언급한 바가 있다. 한편 1900년 울도군으로 승격된 사실은 대한제국 칙령 제41호를 가리키지만 1969년의 『울릉도 향토지』에 이르기까지 아무도 이를 언급하지 않았다. 칙령 제41호의 내용 전체가 세상에 알려진 것은 1968년이다.

그 밖에 신석호가 '竹島(Liancourt rocks)'를 언급하고 김원룡이 '1787년 다주레島 명명'을 언급한 것은 히바타 셋코(樋畑雪湖, 1930)와 다보하시 기요시(1931), 『국사 대사전』의 영향으로 보인다. 여영택은 17세기 이전의 역사는 주로 『울릉도 향토지』에 의거한 듯하며 근대기 역사는 김원룡의 『울릉도』에 의거하여 기술한 듯하지만, 모든 내용이 동일하지는 않다.

7. 『東海의 睡蓮花 -「于山國鬱陵郡誌」』(문보근, 1978년 초고, 1981년 필사)

『동해의 수련화東海의 睡蓮花 -「우산국 울릉군지于山國鬱陵郡誌」』(『동해의 수련화』로 약칭)는 울릉도 출신의 교사 문보근文輔根이 집필한 필사본이다. 문보근(1905-1981)은 울릉도에서 태어나 1923년에 울릉국민학교 교사로 부임하여 1938년에 다른 학교로 전근했다가 1970년에 퇴직했다. 그는 30대에 『울릉도지鬱陵島誌』를 쓴 적이 있으나 왜정倭政 때라 마음에 있는 것을 쓰지 못해 마음 한구석에만 두고 이루지 못했다고 했다. 평소 자료를 모아왔던 문보근은 70세 이후 울릉도를 여러 번 답사하면서 글을 쓰기 시작, (1978년에) 원고를 완성시켜 사위에게 타자본 3권을 만들게 했으나 잃어버렸다. 그런 가운데 울릉도 개척 100주년 기념으로 구고舊稿로 출판하려다= 시일이 지체되었고 결국 (1981년에) 한 권의 필사본을 만들었다. 그가 이 원고를 사위들에게 넘긴 것은 사망하기 전인 1981년 8월이다. 유고는 11월 사위들에 의해 공개되었는데 사위가 쓴 간행사만 인쇄체이고 나머지는 세필의 필사본이다. 그러므로 현전하는 것은 문보근이 당초에 쓴 구고보다 많은 내용이 생략되었을 것으로 보인다. 타자본 3권의 머리말은 1978년 첫여름에 썼지만, 한 권으로 된「울릉도 개척 백년에 부친다」의 서문은 1981년 8월에 썼다.

『동해의 수련화』는 울릉도라는 이름의 유래와 지형, 연혁, 도민 현황, 산업과 교통·통신, 교육, 종교, 제 기관, 명승고적, 전설 등 많은 주제를 포괄하여 기술했다. 부록으로「삼봉도 수토기三峯島搜討記」,「간산도 탐사기干山島探査記」,「안용복 장군전安龍福將軍傳」을 실었다. 문보근은 울릉도 이름의 유래와 지형에서 울릉도의 속도로 방패도防牌島, 죽도竹島, 독도獨

島를 거론했다. 방패도는 관음도를 가리킨다. 방패도라는 지명은 1786년에 처음 보였고 1794년까지 보였다가 한동안 보이지 않고 관음도로 대체되었는데, 180년이 지나 다시 방패도가 언급된 것이다.

울릉도의 연혁은 사료에 기술된 내용과 크게 차이가 없으나 향토지와 비교하여 더 자세하고 오류도 적다. 문보근은 제1차와 제2차 '안용복 교섭 사건'에 대해서도 구체적으로 다루었다. 문보근은 수토관 한창국이 언급한 가지도可支島에 관해 "본도에는 가재굴이 9개소 있다. 그 하나가 竹浦의 苧洞 사이에 있다. 출구가 둘이다. 이 가재굴을 可支島로 오기한 것 같다."라고 하여 가지도를 섬이 아닌 굴로 보았다. 또한 그는 "1849년(헌종 15년)에 불난서배 「리양크루」가 독도를 발견하고 「리양크루」라 해도상에 나타나게 되었다."고 하여 리앙쿠르호의 독도 발견도 기술했는데 이는 최남선의 청원서를 인용한 것이다. 문보근은 다보하시 기요시와 기타자와 마사나리(北澤正誠)의 저작을 인용했고, 1882년 이규원과 고종 간의 대화, 울릉도 검찰보고서[64] 계초본을 전문 인용했다. 이규원의 보고서는 1963년에 이선근이 처음 세상에 알렸고, 송병기가 이선근의 연구를 1978년에 다시 언급하면서 널리 알려졌다.

문보근은 1883년 조일 양국의 외교교섭, 일본 외무성의 유시와 사법성의 내훈內訓을 인용했고, 울릉도 개척 및 도장 전석규와 서경수의 행적, 1893년(1895년의 오기-필자주)의 도감제, 1896년 배상삼의 타살, 1896년 배계주가 도감이 되고 1897년 배계주의 18세 딸이 일본인에게 희롱당한 일, 1900년 이성팔의 개운호 구입과 침몰, 이어진 우용정의 조사, 10월 울도군으로의 승격, 1901년 강 주사의 래도, 배 도감의 파면, 1903

---

64 그동안 이를 『울릉도 검찰일기 계초본』으로 칭해왔는데, 이규원이 남긴 기록은 「울릉도 검찰일기」로, 보고서의 초본은 「계초본」으로 구분해야 할 것이다.

년 군청 이전, 1905년 러일전쟁과 망루 설치, 1907년 경상북도로의 이속 등을 기술했다. 1907년 경상북도로 이속된 것으로 잘못 기술한 것은 『울릉도 향토지』(1969)와 같다. 배상삼에 대해 손순섭은 배상삼, 『석포 개척지』는 배상섬, 여영택은 '배성삼', 문보근은 배상삼으로 표기했다. 이렇듯 배상삼의 이름이 문헌마다 다른데 이는 많은 부분이 본래의 의미에서 달라졌을 가능성이 크다는 것을 시사한다.

문보근은 배계주의 딸이 일본인에게 희롱당한 해를 1897년으로 기술했으나 『도지』는 1896년으로, 『울릉군지』(1989)는 1894년으로 기술했다. 배상삼의 처와 자식들을 죽음에서 구해준 사람 가운데 한 사람은 손순섭의 선고先考 즉 『도지』에 언급된 손병찬孫秉燦을 가리킨다. 그런데 문보근은 '燦'자를 '燻'자로 오인하여 손병훈孫秉燻으로 잘못 기술했다

문보근은 "돍섬(石島)이 독섬(瓮島)이 되고 독섬(獨島)이 된 것이다. 즉 돍섬이라는 우리말을 한자로 표기하자니 石島, 瓮島, 獨島로 된 것으로 보인다."라고 했다. 앞서 문보근은 1794년 한창국의 수토 보고서를 인용하며 '독섬(獨島)'과 '동쪽의 瓮島(獨島)'를 언급하고 "이 독섬(瓮島)는 독섬(獨島)이 틀림없다."라고 하였다. 즉 독섬(獨島)과 독섬(瓮島), 瓮島(獨島)를 혼용했는데, 그 인과관계가 애매하다. 돌로서의 '독'과 항아리로서의 '독'은 그 의미가 다르기 때문이다. 돍섬(石島)과 독섬, 瓮島를 모두 독도(獨島)와 연관시킬 의도에서 함께 언급한 듯하다.

문보근은 1904년 나카이 요자부로의 독도 편입 흉계에 대해서도 기술했다. 그는 "鬱陵島와 獨島가 그 명칭의 유래상 本屬 또는 母子 관계에 있음이 분명하다."라고 했고, "日本이 鬱陵島가 한국 영토라는 사실을 인정하는 이상 그의 속도인 獨島는 당연이 한국 소유다."라고 했다. 울릉도와 독도 관계를 본속 혹은 모자 관계로 보고 있는 것이다.

문보근은 해방 후 독도 조난 위령비의 설치, 일본인의 침범, 1953년 4월부터 이뤄진 홍순칠의 독도 수비, 7월 13일 울릉경찰서 최헌식 경사와 일본인과의 시비, 8월 영토비의 건립, 그리고 1954년 4월 울릉도경찰서의 독도 경비 인수 등을 언급했다. 홍순칠의 독도 수비가 1953년 4월부터 있었고 7월 13일 울릉경찰서가 일본인을 물리쳤으며 1954년에 경찰이 인수했다고 기술한 것은 일부만 역사적 사실에 부합한다.

문보근은 '도민의 이주 상황'을 기술했는데 1904년과 1909년, 1911년, 1912년, 1913년의 인구 및 일본인 거주 현황을 기술했다. 1938년 당시 울릉도 거주자 현황을 지역별로 기술했는데 도동, 사동, 옥천동, 중령, 간령, 저동, 남양동, 통구미, 태하동, 학포, 천부동, 현포, 나리동이다. 그는 '동명고洞名考'에서 각 마을 지명의 유래에 대해 기술했는데, 이는 지명의 유래를 파악하는 데 유용하다. '울릉도의 산업' 즉 농업과 임업, 축산, 수산에 대해서도 간단히 기술했다. '울릉도의 교통'에 대해서는 1900년 개운호의 구입에서부터 1912년 서일본기선 주식회사의 항로 취항, 해방 후의 정기취항 상태를 기술하고 1979년 쾌속선의 운항까지를 언급했다. 육상교통은 1918년 군내 일주도로의 개선에서부터 1979년 일주도로의 개설까지를 간단히 언급했다. 통신은 1906년 원산-마쓰에 사이의 전신선 개통, 1945년 울릉도 무선전신국 설치, 1962년 시내전화 가설, 1965년 서울과의 통화에 대해 언급했으나 내용은 소략하다. '울릉도의 교육'은 1908년 관어학교의 개교, 1910년 신명학교의 개교, 1911년 '사립 울릉도보통학교' 개교, 1913년 울도 공립 보통학교 개교에 대해 간단히 기술했다. 문보근이 집필할 당시 울릉도에는 11개의 국민학교, 5개의 중학교, 1개의 고등학교가 있었다.

문보근은 '유적' 부분에서 러시아함정 돈스코이함에 있던 주전자를 언급했다. 함정이 자폭할 때 "노함은 부상병을 해변에 내려 놓고 구경하든 우리나라 사람에게는 그릇 등 물건을 주더라 한다. 그 당시에 얻은 동제 주전자가 홍재현(洪在現) 씨 댁에 있었다."라고 기술했다. 러시아전함의 침몰에 대해서는 1928년에 울릉도에서 소문이 파다했다. 이때 울릉도를 답사한 『동아일보』 기자 이길용에 따르면, 발틱 함대의 도미토리 돈스코이호의 함장 로제 스토빈스키[65]는 도고(東鄕)함대에 추격당해 자침自沈하게 될 상황에 놓이자 배 안의 귀중품을 울릉도의 조선인에게 주라고 했다. 조선인들이 겁이 나서 받지 않자 화가 나서 바다에 던졌고, 이에 일본 해군성은 후쿠이(福井) 소장에게 이를 끌어올릴 방법을 연구하게 했다는 것이다.[66]

그런데 이 내용이 문보근에 오면 러시아병사가 조선인에게 자발적으로 물건을 준 것으로 바뀌었고, 홍순칠에 오면 조부 홍재현이 울릉도 앞바다에서 배를 저어 러시아군함 쪽으로 가서 부상당한 병사 50~60명을 육지로 옮겨 구출해준 대가로 주전자를 선물 받은 것으로 바뀌었다. 홍재현은 당시 함장이 직접 자신에게 와서 주전자를 주고 가라앉는 군함과 함께 자신도 서서히 물속으로 자침한 것으로 손자 홍순칠에게 말했다.[67] 이는 당시 『황성신문』의 보도[68]와도 다르다. 1928년에 『동아일보』가 와전된 내용을 보도한 것이다. 문보근은 모두 8개의 각석문을 언급했는데, 수토관 삼척영장 구억(1735), 삼척영장 겸 첨절제사 박석창(1771), 영장 정

---

65 함장 이름은 이반 레베데프였다. 그는 선박이 자침한 다음날 체포되었고 일본 병원에서 사망했다.

66 『동아일보』 1928. 9. 9.

67 홍순칠, 『이 땅이 뉘 땅인데!』, 혜안, 1997, 24~25쪽.

68 『皇城新聞』은 군수 심능익이 러시아인들이 항복한 뒤 일본 군함이 저동에서 이들을 태우고 간 장면을 목격한 사실만을 언급했다(1905. 8. 10.).

재천,[69] 영장 이경정(1831), 영장 신영호,[70] 검찰사 이규원(1882), 평해군수 겸 울릉도 첨사 심의완(1885), 평해군수 겸 울릉도 첨사 조종성(1890) 관련 각석문이다.

문보근은 울릉도에 유배왔던 자를 언급했는데 백영엽과 손중선이다. 모두 홍재현의 집에 거주 제한이 되어 있었다고 기술했는데, 이 내용은 『동해의 수련화』에 처음 보였는데 후에 『울릉군지』[71]가 답습했다. 부록 「삼봉도 수토기」는 실록에 보인 삼봉도 관련 기사를 소개한 것인데 1438년 요도 기사로부터 시작하여 1481년 기사, 1728년 삼봉도 기사에 이르기까지 삼봉도를 언급한 실록의 기사를 소개했다. 「간산도 탐사기」는 개척 당시 간산도干山島라는 이상향을 찾아나섰으나 두 번에 걸친 탐사가 실패했음을 기술한 것이다. 문보근은 "울릉도를 찾아온 사람들 중에는 干山島설에 현혹된 사람이 많았다."라고 하고, "진짜 干山島를 찾아 북간도로 간 분도 많다."라고 했다. 문보근은 앞에서 우산도于山島를 여러 번 언급했으므로 간산도가 우산도를 오독한 것임을 모르지 않았을 텐데 간산도가 따로 있는 듯이 기술했다.

문보근은 「안용복 장군전」을 기술했다. 본래 안용복의 행적은 손순섭에서부터 『울릉도 향토지』에 이르기까지 대부분의 문헌이 기술했으나 문보근의 기술이 더 자세하고 소설적 요소가 가미되어 있다. 그 내용을 요약하면, 안용복은 같은 마을에 살던 첫사랑의 여인 유유柳柳가 대마도로 팔려가는 바람에 이모가 있는 울산에서 산적을 소탕하다가 포로를 대마도로 보내 교환, 유유와 결혼에 이르렀다. 이어 그가 노군의 총관이 되

69 1847년의 수토관이다(『承政院日記』 헌종 12년 7월 11일).

70 1880년 격군 신영호가 보이지만 울릉도 수토와는 무관하다(『各司謄錄』 고종 17년(1880) 7월 28일).

71 『鬱陵郡誌』, 1989, 468쪽.

어 남해 해적을 물리치자, 박어둔과 박이연 등의 총관이 되었다. 안용복은 이들이 독도에서 왜적을 만나 울릉도에 연행되었다는 소식을 듣고 1693년 여름 수군을 거느리고 포항을 떠나 독도로 향했는데 울릉도에서 고기를 잡다가 박어둔과 함께 일본인에게 잡혀 오랑도로 들어갔다는 것이다. 이후 일본에서의 행적과 동래부에 수감되었다가 석방된 일은 다른 문헌에 기술된 내용과 유사하다.

또한 문보근은 안용복이 울릉도와 독도를 지켜야 한다는 생각에 1696년 3월 초순 다시 유유와 함께 울산으로 향했고 거기서 순천 송광사에[72] 적을 둔 상선의 선주 뇌헌 스님을 만나 울릉도와 독도에 해삼이 많다고 유인하여 모두 14명이 울릉도로 갔다고 기술했다. 문보근이 기술한 안용복의 행적은 울릉도로 가기 전 상황과 2차 도일, 그리고 14명과 유유부인을 언급하고 있어 다른 문헌과 약간 다르다. 이들 내용을 기술한 뒤 문보근은 "안용복은 독도와 울릉도 문재를 고군분투하여 해결한 희세의 은인으로 모셔야 한다는 데 아무도 이의를 갖지 못할 것이니 하물며 오늘 같은 문재 중의 독도에랴. 一九六四년 甲辰 九월에 영남 선비들이 찬양회를 결성하고 민족의 이름으로 將軍 칭호를 올리고 鬱陵君에 봉하였다."는 것으로 마무리했다.

유유부인은 다른 사료에서는 보이지 않았는데, 문보근은 어떻게 이를 기술하게 되었을까? 문보근에 앞서 육군본부 전사관 한찬석[73]이 1962년 2월 『동아일보』에 4회(2. 17~2. 20.)에 걸쳐 「獨島秘史-安龍福小傳-」[74]

72 『오백년 기담일화』(1965)에는 永川의 銀河寺로 되어 있다.(김화진, 「동래부사의 야욕과 애국자 안용복,」『五百年 奇譚逸話』, 1965, 375쪽). 신석호는 순천 중으로 기술했다(신석호, 「안용복」, 『人物韓國史 Ⅳ』, 1965, 268쪽). 『肅宗實錄』(22년 8월 29일)에는 순천승(順天僧)으로 보인다.

73 『동아일보』는 한찬석을 육군본부 전사관으로 소개했다.

74 대한공론사가 펴낸 『獨島』(1965, 297~312쪽)에도 수록되어 있다.

을 연재한 바 있는데 여기에 유유부인이 나온다. 문보근은 이 기사를 접한 것으로 보인다. 한찬석에 앞서 안용복의 행적을 본격적으로 대중에게 소개한 자는 장지연[75]과 신석호[76]지만, 두 사람은 유유부인을 언급한 바가 없다. 1965년에 김화진도 안용복에 관해 글을 썼지만 유유부인을 언급하지 않았다.[77]

한찬석은 문보근보다 안용복의 행적을 더 극적으로 묘사했었다. 이를테면 박어둔과 박이연이 해적에 납치되어 일본에 연행되었다가 송환되어 울릉도에 착륙하는 순간 하늘에서 장대같은 우박이 내려 일본인들이 놀랐지만 두 사람을 토굴에 가두었고, 사흘 만에 왜적들의 인가에 불이나 사람들이 타죽자 왜적들은 겁을 먹고 두 사람을 석방했는데, 이는 사실 두 사람과 조선 여인 3명이 미리 내통하여 몰래 불을 놓은 행위였다고 기술한 것이 그러하다. 또한 한찬석은 안용복이 1693년 독도에서 박어둔과 함께 고기 잡다가 大谷이라 부르는, 7척 선박으로 온 일행에게 잡혀 오랑도로 들어갔는데 오랑도주가 두 사람의 침실에 미녀까지 보내 환심을 사려 했으나 안용복이 울릉도에서 독도까지는 하룻길인데 일본에서는 5일 길이라며 조선 영토인 근거를 대고 강경히 항의했다고 기술했다. 우박이 내리고 미녀를 보낸 일, 유유부인과 함께 2차로 도일했다고 한 내용은 역사적 사실이 아니다. 하지만, 오야 가문과 5일 길을 운운한 것은 사료에 보인다. 해삼이라고 한 것은 전복을 잘못 기술한 것으로 보인다.

---

75 장지연, 「안용복」, 『逸士遺事』, 1918.

76 신석호, 1965, 앞의 글.

77 김화진, 「동래부사의 야욕과 애국자 안용복」, 『五百年 奇譚逸話』, 1965. 김화진은 『문헌비고』 地界考에서 인용한 것으로 밝혔는데 「地界考」는 없다. 『만기요람』이 『문헌비고』를 인용했으므로 이를 가리키는 듯하다.

한찬석은 상승商僧을 운운한 부분에서 원문을 인용했고[78] 남구만의 문집도 인용했으나[79] 이들 내용은 『춘관지』에 보였다. 한찬석은 또한 『문헌비고』에 왜가 지금까지 울릉도와 독도를 가리켜 일본 땅이라고 하지 못하는 것은 모두 안용복의 공이라고 기술했음을 인용했는데[80] 이 역시 『춘관지』에 보였다. 한찬석은 "안용복은 실로 독도와 울릉도 문제를 고군으로 분투하여 해결한 희세의 은인으로 모셔야 한다는데 아무도 異義를 갖지 못할 것이니 하물며 오늘 같은 문제 중의 독도임에랴."로 끝맺었다. 이에 비해 문보근은 "안용복은 독도와 울릉도 문재를 고군분투하여 해결한 희세의 은인으로 모셔야 한다는 데 아무도 이의를 갖지 못할 것이니 하물며 오늘 같은 문재 중의 독도에랴. 一九六四년 甲辰 九월에 영남 선비들이 찬양회를 결성하고 민족의 이름으로 將軍 칭호를 올리고 鬱陵君에 봉하였다."라고 했다. "一九六四년 甲辰" 이후의 내용을 제외하면 한찬석의 글과 같으므로 문보근이 한찬석을 답습한 듯하다.

『동해의 수련화』의 맨 뒤에는 1964년에 이은상이 지은 「안용복 장군 충혼비문安龍福將軍忠魂碑文」이 인용되어 있다. 1964년에 부산기념사업회가 안용복을 장군으로 칭하고 울릉군에 봉했으므로 문보근이 이를 언급한 것이다.

『동해의 수련화』는 1981년에 세상에 처음 알려졌고, 1983년에 울릉군은 『개척 백년 울릉도』를 펴냈다. 『개척 백년 울릉도』 편찬위원에 교육청

78 「蔚山海邊 有商僧…三晝夜泊鬱陵島」

79 "倭舶自至龍福目...倭大警走." 『춘관지春官志』는 "倭舶自東至 龍福目諸船人縛之 船人慟不發 龍福獨前憤罵 何故犯 境 倭對日 本向松島 固當去也 卽去 龍福追至松島 又罵曰 松島卽芋山島 爾不聞芋山亦我境乎 麾杖碎其釜 倭大警走"로 기술했다.

80 한찬석은 "倭至今不復指欝陵 獨島爲日本地 民皆龍福功也"로 기술했는데 『춘관지』에는 "倭至今不復指欝陵 爲日本地 皆龍福功也"로 되어 있어 '독도' 두 글자가 없다. '독도'는 한찬석이 추가한 것이다.

학무과장 이종렬과 전 독도의용수비대장 홍순칠이 포함되어 있다. 이 책의 서문을 작성한 시기가 1982년 12월이므로 『동해의 수련화』의 집필 시기와 크게 차이가 나지 않는다. 울릉도에서 근무하던 문보근(1905년생)은 1938년에 전근했으므로 해방 후의 울릉도 상황을 직접 목격한 것은 아니다. 그래서인지 그는 1950년대 초의 독도의용수비대 행적을 기술하는데 1974년의 『동아일보』 기사를 인용했다. 한편 『개척 백년 울릉도』를 펴낸 이종렬(1932년생)과 홍순칠(1929년생)은 연배가 비슷하다. 따라서 두 사람은 문보근의 저술을 참고하여 『개척 백년 울릉도』를 편찬했을 가능성이 크다.

8. 『開拓百年 鬱陵島』 (울릉군, 1983)

『개척 백년 울릉도』[81]는 울릉군이 펴낸 향토지이다. 『(울릉도우편소) 연혁부』(1975년 정리), 『도지』(1950년경), 『울릉도 향토지』(1963; 1969), 『동해의 수련화』(1981)에 이어 나온 향토지이다. 『개척 백년 울릉도』는 서기 1세기경에 사람들이 울릉도로 이주한 사실과 245년과 512년으로부터 1915년까지의 울릉도 역사 및 1949년에 군제로 환원되어[82] '울릉도'에서 '울릉군'으로 바뀐 역사를 기술했다. 도감제 및 군제로의 승격, 경상남도 관할과 경상북도 관할 등에 관한 기술은 이전 향토지에 비해 오류가 적다. 행정과 교육, 교통의 변천사를 다루고 부록에서 '독도'와 '역대 군수 명단'을 실었는데 이 역시 이전 향토지와 다른 부분이다.

81 맨 뒤 표지에는 『開拓百年 鬱陵郡』으로 오기되어 있다. 1984년 7월 재판을 간행했다.

82 『官報』 호외 4282년 7월 4일자 법률 제32호 '지방자치법' 제145조에 "단 울릉도는 울릉군으로 개칭한다."라고 한 내용이 보인다.

『개척 백년 울릉도』에 이어 『울릉군지』(1989)가 간행되었는데, 『울릉군지』는 앞서 나온 향토지와 『개척 백년 울릉도』를 아우르는 한편, 이규원의 검찰 보고서 및 장한상과 한창국의 수토 보고서를 실어 양적으로 풍부해졌다. 2007년 개정판은 1989년판보다 더 양적으로 풍부하지만, 검증된 내용을 실었다기보다 양적인 팽창에 주력한 느낌이다.

이상으로 울릉도 관련 향토지와 저술을 검토해보았다. 향토지는 사찬과 관찬을 불문하고 시대를 내려올수록 그 내용이 풍부해진 차이는 있으나 역사와 연혁 및 안용복의 행적을 기술한 점은 공통된다. 개척기 이전의 역사 기술은 동일 사료에 의거하고 있으므로 내용이 대체로 유사하지만, 개척기 이후의 역사 기술은 개척민의 기억에 따라 차이가 있다. 울릉도 개척사의 전체상을 보기 위해 키워드를 정리해보면, 〈표 3-1-5〉와 같다.

〈표 3-1-5〉 개척 이후 향토지의 수록 내용 비교

문헌 / 키워드	도지 (1950)	향토지 (1963)	동해의 수련화 (1981)	개척 백년 울릉도 (1983)	울릉군지(1989)
이규원	(언급 없음)	이규원 언급	이규원의 검찰보고서	(언급 없음)	이규원, 울릉도 검찰일기
개척령	개척기 상황	(언급 없음)	개척기 상황	1882년 개척령	1882년 개척령
도감제	(언급 없음)	(언급 없음)	(언급 없음)	1895년 도감제	1895년 도감제
배상삼	도수 배상삼	(언급 없음)	1896년 배상삼	태하의 배상삼, 일본인과 내통, 독립국 운운, 고춧가루 뿌려 살해	배상삼기, 손순섭과 배상삼의 두 아들, 손태수에게 오류 정정 부탁
배계주 딸	1896년 배계주와 그의 딸, 일본인 행패, 항복문서	(언급 없음)	1897년 배계주의 딸,일본인 행패, 항복문서	(언급 없음)	1894 배계주 부임, 18세 딸, 일본인 행패, 항복문서
개운호	1900년 이성팔, 개운호	(언급 없음)	1900년 개운호	(언급 없음)	(언급 없음)
우용정	(언급 없음)	(언급 없음)	1900년 우용정 조사와 칙령 제41호	칙령 제41호	우용정의 『울릉기』
강영우	1901년 사검관 강주사	(언급 없음)	1901년 강 주사, 이성팔 도주	(언급 없음)	(언급 없음)

문헌 키워드	도지 (1950)	향토지 (1963)	동해의 수련화 (1981)	개척 백년 울릉도 (1983)	울릉군지(1989)
러시아 함대	1905년 러시아 함대	(언급 없음)	1905년 망루 설치	(언급 없음)	망루, 함장 포로, 함대 자침,홍순칠 의 인양 시도
1953년 독도 침범	(언급 없음)	(언급 없음)	독도, 최남선 청원서, 1953년 일본의 침범, 홍순칠	(언급 없음)	(언급 없음)
독도	(언급 없음)	독도(1953년 까지 역사)	독도 명칭고	독도(부록)	부속도와 암: 독도
삼봉도	(언급 없음)	(언급 없음)	삼봉도 수토기	(언급 없음)	삼봉도 수토기
간산도	(언급 없음)	(언급 없음)	간산도 탐사기	(언급 없음)	(언급 없음)
안용복	(언급 없음)	(언급 없음)	안용복 장군전	(언급 없음)	(언급 없음)
안용복 충혼비	(언급 없음)	(언급 없음)	安龍福 將軍 忠魂 碑文(이은상)	安龍福 將軍 忠魂 碑(이은상)	安龍福 將軍 忠魂 碑(이은상)
일본인 침범	(언급 없음)	(언급 없음)	(언급 없음)	(언급 없음)	1870년 岩崎八太 郞, 1882년 이규원 과 표목 발견
김두원	(언급 없음)	(언급 없음)	(언급 없음)	(언급 없음)	염상 김두원 사건
각석문	(언급 없음)	(언급 없음)	각석문(8개)	역대 군수 명단 (1945 .12.~1970. 3.) (부록)	각석문(5개)
장한상 보고서	(언급 없음)	(언급 없음)	(언급 없음)	(언급 없음)	장한상, 울릉도 사적
한창국 보고서	(언급 없음)	(언급 없음)	(언급 없음)	(언급 없음)	한창국 보고서

위의 〈표 3-1-5〉에서 보듯이 개척령과 이규원에 대해 1963년 향토지는 간단히 언급했지만 『울릉군지』는 새로 확보한 『울릉도 검찰일기』를 추가했다. 배상삼에 대해서도 『도지』는 이름만 언급했다면, 1963년 『향토지』는 언급이 없었다가 이후의 문헌은 이전에 잘못 기술된 사실을 지적할 정도로 구체적이다. 1900년 우용정의 조사와 보고서에 관해서는 『동해의 수련화』가 처음으로 언급했다. 『울릉군지』는 우용정의 「울도기」를 「울릉도기」로 잘못 표기했다. 또한 『울릉군지』는 1981년에 홍순칠이 1905년 러일전쟁 관련 유물을 인양하려 했음을 기술했다. 1981년은 홍순칠이 생존했을 때이므로 이 부분이 그에게서 비롯되었을 가능성이 있다. 그러나 실제로는 이 해에 인양이 시도되지 않았다.

이렇듯 향토지는 시대를 내려올수록 항목과 내용이 증가하는데 가장 많이 증가한 부분은 명승지와 지명 항목이다. 특히 2007년판『울릉군지』에서 비약적으로 증가했다. 〈표 3-1-6〉은 명승지와 전설 항목이 후대로 오면서 얼마나 증가했는지를 보여준다.

〈표 3-1-6〉 향토지에 기술된 울릉도 명승지와 전설 항목

문헌 구분	개척 백년 울릉도(1983)	울릉군지(1989)	울릉군지(2007)
명승과 경관	성인봉/도동약수터/봉래폭포/남양항의 사자암/국수산, 일명 비파산/공암/삼선암		성인봉/사동리 가두봉 용암/나리분지와 알봉/나리(추산)용출소/현포리 노인봉/송곳산/현포리 코끼리바위/남서리 태하령/남양 주상절리/거북바위/황토굴/저동리 봉래복포/저동리 풍혈
읍면별 전설	도동약수터/촛대바위/와달리 용굴/성인봉/성인봉 장군터(울릉읍)	도동약수터/촛대바위/와달리 용굴/성인봉/성인봉 장군터(울릉읍)	도동약수터/촛대바위/와달리 용굴/성인봉/성인봉 장군터/댓섬(죽도)의 신비/독도/독도의 강치/대섬(竹島) 앞바다 문어(울릉읍)
	성하신당/태하의 배상삼/열녀비/사자바위/비파산과학포/학포와 학의 머리/황토구미/대풍령/너도밤나무(서면)	성하신당/사자바위/비파산과 학포/학포와 학의 머리/황토구미/대풍령/(서면)	성하신당 2개/사자바위 2개/비파산과 학포/학포와 학의 머리/황토구미/대풍령/미륵산/남근봉우리와 처녀봉/돌굴/태하의 배상삼 2개/나팔봉과 투구봉/투구산과 남양/진수식 전설/절받는 나무/점치는 집/미륵굴(서면)
읍면별 전설	용녀/산신령이야기/추산의 지네/ 추산 수원지(북면)	용녀/산신령이야기/추산의 지네/(북면)	용녀/황토구덩이/산신령이야기/추산 수원지의 지네/玄圃/將軍樹/구멍바위/추산장군과 평리장군 싸움/울릉도 심청이/12층 굴/자비굴/축지법/머루와 지네/가오리/초봉산의 굴/삼선암/노인봉/송곳산2개/풍혈/노인봉과 작지봉/코끼리바위의 유령
공통된 전설	호박엿/동백꽃 사연/명이/성인봉 산삼/산삼캐는 자들/솔개와 노인/하늘사람/노서아군함에 붙은 지네/하늘로 간 용/댓섬의 신비 가산도/고려장이야기(공통편)	호박엿/동백꽃 사연/茗荑/ 성인봉 산삼/산삼캐는 자들/솔개와 노인/하늘사람/하늘로 간 용/假山島(于山島)의 신비/곰(熊)노릇한 鬱陵島司/산삼에 관한 전설 (공통편)	호박엿/동백꽃 사연/명이/ 성인봉 산삼/산삼캐는 자들/솔개와 노인/하늘사람/하늘로 간 용/가산도(우산도)의 신비/곰노릇한 울릉도사/산삼에 대한 전설/고려장/개척 당시 항해/러시아군함에 붙은 지네/헛것/개구리와 뱀과 지네/고양이각시/노총각과 물뱀/우해왕과 풍미녀/효녀와 약수/효자샘/살아있는 주검/갈미봉/너도밤나무 (공통편)

위의 〈표 3-1-6〉에서 보듯이『개척 백년 울릉도』에 기술된 명승지는 7개였는데 2007년판『울릉군지』에서는 13개로 증가했다. 각 읍면에 전

해 오는 전설 항목도 2007년판 『울릉군지』에서 크게 증가했는데 특히 북면 지역에서 많이 증가했다. 공통 전설도 2007년판 『울릉군지』에서 크게 증가했다. 2007년판 『울릉군지』가 1989년판을 답습한 것임에 비춰볼 때 2007년판에서 전설이 특별히 크게 증가해야 할 이유는 없다. 지명과 관련된 전설이 새로 추가되었는데, 그 발원지를 추적해보면 1971년에 여영택이 수집한 전설이다. 여영택은 지명을 제외하고도 80여 개의 전설이 남아 있다고 했는데, 2007년판 『울릉군지』에 소개된 전설은 86개 가량이므로 여영택의 조사를 대부분 전재했다고 보인다. 그러나 여영택이 전한 전설은 중복되거나 역사적 근거가 빈약한 내용이 많다.

〈표 3-1-7〉 울릉도의 지명

<table>
<tr><td>동해의 수련화(1981)</td><td colspan="3">苧洞, 苧浦/줄멘등/내수전,內水淀/감은개,玄浦,黑浦/通九味,桶丘尾/남양동,골개,谷浦,洞浦/小黃土丘尾,鶴浦/大黃土丘尾,台霞洞/待風㟓/黑斫支,玄圃, 감은작지/平里/錐山/道洞,道方廳/竹浦,杏南/沙洞,아룩사/새각단,新村/玉泉洞, 愚伏洞/新里,새마을/中嶺/間嶺/長斫支浦,긴작지/龜岩(窟岩)/沙汰丘尾/삼막골,蔘幕谷/水層洞,물칭칭이/臥達里,雄達丘尾/觀音窟/三仙岩/船艙浦/羅里洞/倭船艙,天府洞/竹岩,대바우/石圃,정돌圃/千年浦</td></tr>
<tr><td>개척 백년 울릉도(1983)</td><td>울릉읍: 도동/살구남/깍개등/빙구골/모시개(苧洞)/주사골(朱砂谷)/줄맨등/대섬(竹島)/내수전內水田/와달리臥達里/사동沙洞 일명 아룩사/옥천동玉泉洞/안평전安平田/신리新里/왜막골倭幕谷/중령中嶺/간령間嶺</td><td>서면: 골계(谷溪)/석문동石門洞/지통골(紙桶谷)/통구미通九味/굴바위(龜岩)/사태구미/물칭칭(水層)/황토구미(台霞洞)/서달/향나무재(香木嶺)/학포鶴圃/삼막蔘幕/가문개/대풍령待風嶺</td><td>북면: 천부天府일명예선창/본천부本天府/대바우(竹岩)/석포石圃정들포/섬목/깍새섬(觀音島)/삼선암三仙岩)/백운동白雲洞/홍문동紅門洞/천년포(千年布 추정)/제당골(祭堂谷)/송곳산(錐山)/나리羅里/신포구新浦口/웅포熊浦/살강터</td></tr>
<tr><td>울릉군지(1989)</td><td>울릉읍:道洞,道方廳/杏南(살구남)/깍개등,깍새등/沙洞,아록사, 臥玉沙,臥鹿沙/玉泉洞(牛伏洞)/中平田/안平田(內平田)/新里/倭幕골(谷)/中嶺,竹嶺,長興洞/間嶺(갓령)/새각단(新村)/苧洞(苧浦)모시개/大苧/中苧/內水田,苧田浦/朱沙골(朱沙谷)/줄맨등,줄맨당/깍개등,깍새등/와다리, 臥達里</td><td>서면: 南陽洞, 골계(谷溪),谷浦/돌문골(石門谷),石門洞/紙桶谷(골)/通九味桶邱尾,桶龜味/가물개,가문개,玄圃/南西洞/굴바우,굴암(窟岩),龜岩/물칭칭,水層/祭堂골(谷), 祭堂村/沙汰邱尾, 沙土邱尾, 나발등, 나팔등/台霞洞,大黃土邱尾/小黃土邱尾,鶴圃/西達,西達嶺/蔘幕골(谷),山幕골(谷)/향나무재,香木嶺,香木邱尾,말바우,馬岩,가문개</td><td>북면: 天府洞,옛船艙,倭船艙/本天府/대바우,竹岩/정들깨,정들포,石圃/섬목,島項/白雲洞/홍살메기,紅門洞/船艙/지계골(谷)/千年浦/羅里洞,나릿골(谷),알봉(卵峯)/송곳산,錐山洞/玄圃洞,가문작지,黑斫支,玄斫支,玄圃/新浦口/웅통개,雄通邱尾,雄浦/살강태,살강터/口岩,光岩/紙桶골(谷)</td></tr>
</table>

9. 「鄕土史料年表」 (필사자 및 작성 연도 미상)

「향토 사료 연표鄕土史料年表」는 울릉도 역사를 연표 형식으로 기술한 것이다. 필체가 『(울릉도우편소) 연혁부』 표지의 필체와 동일하므로 1975년에 동일인이 함께 정리한 듯하다. 1787년부터 1953년까지의 역사를 사건 위주로 간단히 기술했는데 연도와 사실 등에서 약간의 오류가 있다. '참고'에 다른 내용을 기술했는데 마찬가지로 오류가 있다. 내용은 〈표 3-1-8〉과 같다.

〈표 3-1-8〉 「향토 사료 연표」 (( )는 원주, □는 원문 미상, 일본어는 음독 표기함)

서기	연호	울릉도 사건	국내 중요사건	참고
1787	정조 11	불(佛) 탐험선 천문학자 Dagelet		
1882	고종 19	◦ 5.30. 이규원 도착, 6.11. 이도(離島) ◦ 6.5. 개척 결정 지시 내각회의[83] ◦ 8.20. 도장 전석규 임명(행정적 조처)		
1883	명치 17	◦ 7. 첫 개척민 16호 54명 4척 입도, ◦ 일본 관리, 일선(日船) 들어와 일본인 254명 철수	◦ 3. 김옥균 종사관 백춘배 임명	◦ 1.2. 日 자국민 도해금지령 □달[84]
1884	(고종 21)	◦ 3. 개척관수(開拓官守)를 첨사(僉使)[85]라 칭함		
1885	(고종 22)	◦ 일본 범선 만리환 목재 반출 발각(4월) ◦ 전권대신 서상우 멘델돌프 → 동경 벌금징수(六堂, p.385)[86]		
1888	무자 (고종 25)	◦ 2. 평해 월송만호로써 도장 서경수 ◦ 영의정 심순택 휼미 300石[87]		월송만호 겸 도장

83 내각회의가 아니라 조사하고 돌아온 이규원을 고종이 보고받는 자리이다. 고종은 이 자리에서 울릉도를 속히 개척하도록 하교했다(『고종실록』, 19년 6월 5일).

84 1883년 3월 1일 일본 태정대신은 일본인의 울릉도 도항금지에 관한 유달을 내무경과 사법경에게 내렸으므로 유달諭達로 추정된다.

85 1884년 초 전석규가 파면된 뒤 평해군수가 울릉도 첨사를 겸했다.

86 (六堂, p.385)는 무엇을 의미하는지를 알 수 없다. 육당 최남선의 글은 1953년 서울신문에 연재한 "울릉도와 독도"가 있다(고대 아세아문제연구소 편, 『육당 최남선 전집 2』, 한국사 2, 1973, 현암사, 696~697쪽).

87 손순섭의 『島誌』는 "정부에서 첨사(僉使) 심(沈) 아무개를 특사로 보내 구휼미 백 석(石)을 나눠" 준 것으로 기술했다.

서기	연호	울릉도 사건	국내 중요사건	참고
1892	29 임진	◦ 선전관 겸 방어사 윤시전(尹是轉)[88] 휼미 200석		
1893	30	◦ 조(趙) 첨사[89] 入		
1894	31 갑오		동학란, 갑오경장	청일전쟁
1895	32	◦ 8월 島監 設 오상일(吳相鎰)[90]		
1896	건양 원년, 병신	◦ 9월 로인 뿌리너에게 울릉도 벌목권 부여 ◦ 2월 배상삼 살(殺) ◦ 5월 배계주 도감 ◦ 이후 일인 입주(일상조합 조직, 일본인회 전신)		배 도감 여식 문제로 일인과 충돌
1897	광무 원년	◦ 도감과 일인 간 금전문제로 분쟁 발생		화선 매입 회의 이성팔 도일
1898	광무 2	◦ 배 도감, 송강(松江)재판소 송사 300원 징수[91] ◦ 러시아벌목□到 일인 격감 350□		
1899	광무 3	◦ 고웅(高雄)서기 入	◦ 러공사 마튜□이 우리 정부에 일인 벌목□□퇴거 요구	□
1900	광무 4	◦ 우용정 조사단 입도(6.1~) ◦ 10월 군제(매천야록에 記) (1901으로 김원룡)[92]		이성팔 개운환 來, 회사선 구암에서 □,[93] 배 도감□
1901	광무 5	◦ 은기환(隱岐丸) 취항 ◦ 日本釜 철도용으로 입도, 산림 남벌(梅泉) ◦ □□...		2월 16일 개운환價문제로□..강영우入[94]
1902	광무 6	◦ 5월 경찰관주재소 신설(西村銈象 주재관) (부산거류지 경찰서 소속) 경부 이하 3인		

88 윤시병(尹始炳)을 오기한 듯하다. 사료에는 검찰관 혹은 선전관으로 보인다. 『東海의 睡蓮花』에는 윤시전으로 되어 있다.

89 평해군수 조종성을 가리킨다.

90 기록에 따라 吳相鎰, 吳性鎰(聖一) 등으로 나온다. 배계주가 1895년에 초대 도감에 임명되어 1896년에 부임했으므로 오상일을 일러 도감이라고 할 수 없다. 1898년경 배계주가 도일했을 때 그의 업무를 대리한 자로 오상일이 보인다.

91 배계주가 송사 비용을 징수한 것이 아니라 승소하여 되찾은 규목 판재 32매를 300원에 팔아 소송 비용으로 충당한 것을 가리킨다.

92 김원룡은 군제로 바뀐 해를 1901년으로 기술했음을 부기한 것이다. 김원룡은 『울릉도』에서 광무 5년(1901년)에 울릉군으로 승격, 군청을 대하동에 두었고, 광무 7년에 도동으로 옮겼으며 1907년에 강원도에서 경북으로 이속되었다고 기술했다(1963, 10~11쪽). 광무 5년은 4년(1900)이 맞고, 울릉군이 아니라 울도군이 맞으며 1906년에 경상남도로 이속되었다고 기술해야 맞다.

93 선박이 침몰한 일을 가리키는 듯하다.

94 『島誌』에도 이 내용이 보인다. 강영우가 울릉도 사검관으로서 와서 배계주 집에 머문 것으로 되어 있으나 강영우는 후일 울도군수에 임명된 바 있지만 부임하지 않았다.

서기	연호	울릉도 사건	국내 중요사건	참고
1903	(광무 7)	◦ 군(郡) 청사 건립 ◦ 오징어 서식 발견(일인 격증) 어선		◦ 심흥택 군수 부임 (?) ◦ 9.29. 나카이 요자부로 독도 영토 편입 및 □신청[95] ◦ 계묘년 麥□大凶
1904	明治 37 (광무 8)	◦ 6.1. 울릉도우편수취소 설치 ◦ □末 현재 85호 260인 ◦ 일본 對馬号, 독도 조사		김광호 상무회 對 농무회 爭 러일전쟁(2월)
1905	(광무 9, 明治 38)	일인□沒, 8월 폭풍, 生 14명 □□ 현재 110호 366인[96]		◦ 5월 드미트리 돈스코이호 침몰. ◦ 2.22. 도근현(島根縣) 고시 제40호
1906	광무 10 明治 39	◦ 7.20. 국내외 전신 개통 ◦ 3.5일자 심흥택 보고(本郡所屬獨島) 강원 → 경상남도 관할(지방구역개정)[97] 1907(김원룡)[98]		
1907	(융희 1, 明治 40)	◦ 4월 전보 취급(韓國水産誌) ◦ 末, 일본인회 조직 450명		
1908	隆熙 2	◦ 2.17. 관어학교 設(생도 13), 심능익 군수□		
1909	(융희 3)	◦ 12월 말 현재 902호 4995인(남 2742, 여 2253) 일인 224호, 768인(남 410, 여 358)[99]		원산 김두원□...
1910	明治 43	◦ 春, 군수 전태흥(全泰興) 부임 ◦ 11.18. 觀於 → 新明敎(생도 24명) ◦ 境 → 울릉 간 은기환(隱岐丸) 취항		◦ 8.22. 합방 조인 ◦ 中川가 주사로 옴
1911	갑인 (明治 44)	◦ 11.3. 사립 울릉도보통학교로 改(師2, 生28)		
1912	(大正 1)	◦ 조선우편회사[100]의 迎日丸 월 3회 운항(풍범선)		
1913	大正 2	◦ 3.13. 공립보통학교 인가[101] 4.1 수업 개시 ◦ 영일환(迎日丸) 정기선 취항(5. 27.) ◦ 일인학교[102] 준공		

95 1904년 9월 29일이 되어야 맞다.

96 일본인의 가호와 인구를 말한다.

97 우체국 연혁에 의거한 것임을 밝히고 있다.

98 김원룡이 1907년으로 기술했음을 부기한 것으로 보인다.

99 이 숫자는 『韓國水産誌』에 기술된 숫자이다(『한국 수산지』, 제2집 제3장 경상남도, 제15절 울도군).

100 조선우선 주식회사를 오기한 것이다.

101 울도 공립 보통학교를 가리킨다.

102 1907년에 설립된 공립 울릉도소학교가 1913년에 울릉도 공립 심상소학교로 개칭된 것을 가리킨다.

서기	연호	울릉도 사건	국내 중요사건	참고
1914	大正 3	◦ 경남 → 경북 관할(3월 1일) ◦ 울릉경찰서로 승격. 서장 산본귀부(山本龜夫) 경부(3. 1.) ◦ 태하동(台霞洞) 순사주재소 신설 ◦ 10.23. 경찰서 청사 준공 ◦ 5.12. 일인 □□신설, 태하분교장設[103]		◦ 2월. □設 세부측량
1915	(大正 4)	◦ 5.1. 도제(島制) 실시 ◦ 차곡영치랑(茶谷榮治郎) 도사 겸 서장 ◦ 등기소 설립		
1916	(大正 5)	◦ 7.1. 도동 교사 신축 준공		
1918	戊午			오징어 大兇
1921	大正 10			8.2. 조선총독부 식산국 울릉도출장소?
1922	大正 11	◦ 일본과 □□석양환(石洋丸)[104] 취항		
1924	大正 13	◦ 온성환(穩城丸) 취항		◦ 4.1.부산세관 도동 출장소 ◦ 남양소학교 폐교 ◦ 4.1.□□
1932	昭和 7	◦ 울릉도 정기선 경성환(鏡城丸) 취항		
1933	(昭和 8)	10월. 부울간(釜盍間) 경성환(鏡城丸) 대체 태동환(太東丸) 취항		
1934	(昭和 9)			4.14.현포간이교 개교 5.16. 장흥개교[105](40.4. 장흥국교), □□..
1936	(昭和 11)			◦ 4.1. 도동공립 심상소학교[106]
1938	昭和 13	◦ 8.10. 인천관측소 울릉도출장소 신설 ◦ 태동환 → 보성환(寶城丸)[107] 취항		
1939	(昭和 14)	◦ 1.1. 울릉도무선전신소 설치 ◦ 寶城丸 → 장안환(長安丸) 취항		
1940	(昭和 15)	◦ 長安丸 → 太東丸		
1941	(昭和 16)	◦ 9월 太東丸 → 鏡城丸 → 10월 寶城丸 11월 昊和丸		
1942	(昭和 17)	◦ 호화환(昊和丸) → 寶城丸		
1946		11월 춘혜환(春穗丸),[108] 영복환(榮福丸)		

103 울릉도 공립 심상고등학교 태하 분교가 설치되었다가 11월에 台霞公立尋常小學校로 독립했다.

104 문헌에 석양환石洋丸은 보이지 않고, 1931년에 사카이미나토와 울릉도 사이를 왕복한 선박으로 현양환玄洋丸이 보인다(『동아일보』 1931. 2. 25.).

105 장흥간이학교를 가리킨다.

106 1938년이 되어야 맞다.

107 보성환寶城丸이 아니라 금성환金城丸으로 적은 문헌도 있다(『동아일보』 1935. 5. 21.).

108 서호환으로 보는 경우도 있다(문화유산국민신탁, 『만경창파 동해 구백리 뱃길』, 2020).

서기	연호	울릉도 사건	국내 중요사건	참고
1948		여주호 취항, 월 4회		
1953		◦ 7.12. 독도의용대, 일 해상 순시선에 발포[109] ◦ 금파호(錦波号) 취항		

※ 참고는 울릉도와 관계된 내용 위주로 발췌함. 문장은 인용자가 일부를 윤문함. 원문이 명확하지 않은 경우 추정함. □는 미상. 연호에서 괄호는 인용자 삽입. 내용이 없는 연도는 생략함

연표에서 사실관계를 잘못 기술한 내용에 대해서는 각주에서 밝혔다. 연표는 내용이 간략하고 일본인 위주로 가호를 기술했으며, 학교와 경찰서, 정기선의 취항을 위주로 기술한 것이 특징이다. 연표는 해방 후 1953년 7월 독도의용대가 일본 순시선에 발포한 내용을 기술하는 것으로 마무리했다. 그러나 1953년 7월 12일 독도의용대는 일본 순시선에 발포한 바가 없다. 울릉경찰서의 경관들이 순시선 선원과 시비를 가린 바가 있다. 이 내용은 1963년의『울릉도 향토지』에도 기술되어 있다. 따라서 연표에 위 내용이 기술되어 있음은『울릉도 향토지』이후 작성하되 독도의용대 관련자가 위 내용을 삽입했음을 시사한다. '독도의용수비대'가 아닌 '독도의용대'로 칭하고 있음도 특기할 만하다.

109 1953년 7월 12일 일본 경비정과 마주한 자는 울릉도경찰서 소속 최헌식 경사 등이다.

제2장

전설의 원류를 찾아서

현재 울릉도에는 많은 전설이 전해지고 있다. 전설이란 생성 초기에는 역사적 사건을 반영하거나 모티브로 하여 생성되지만, 많은 부분에서 허구인 경우가 있다. 역사성을 띤 전설이라 하더라도 전승되는 동안 각색과 윤색이 가해져 본령에서 벗어나는 경우가 많다. 더구나 울릉도는 개척된 지 얼마 되지 않은 섬이므로 역사성을 띤 전설이 만들어지기 어려운 지역이다.[1] 그럼에도 울릉도에는 많은 전설이 전해지고 있다. 이 가운

1 1928년에 『동아일보』 기자 이길용은 울릉도의 노인들을 찾아 전설을 듣고자 했지만 태하동의 성하신당 전설 외에는 듣지 못했다(『울릉도·독도 백과사전』, 2020, 688쪽).

데 대표적인 전설 네 가지를 뽑아 그것이 어디에서 비롯되었는지를 추적해 보고자 한다. 네 가지 전설은 1. 배상삼 이야기 2. 배계주 딸과 관련된 일화 3. 태하 성황당 이야기 4. 우해왕과 풍미녀 이야기이다.

배상삼 이야기와 배계주의 딸 이야기를 가장 먼저 소개한 것은 손순섭의 『도지』(1950)이다. 『도지』는 두 이야기를 역사적 사실로서 기술했고, 『동해의 수련화』(1981)도 이를 '울릉도의 연혁'에서 다루었다. 여영택(1978)은 배상삼 이야기를 '태하의 배성삼'으로 소개했으나, 배계주의 딸 이야기는 소개하지 않았다. 『울릉군지』(1989)도 배상삼 이야기를 「배상삼기裵尙三記」로 다루었으나 배계주의 딸 이야기는 다루지 않았다. 태하의 성황당 이야기는 『울릉도 향토지』(1963)에서 처음으로 전설로서 다루었다. 『동해의 수련화』는 성황당이 아니라 선왕당이라 칭하고 '전설'로 다루는 한편, 법화당과 유배인 이야기도 전설로서 다루었다. 법화당과 유배인 이야기를 전설로 다룬 것은 의아하다.

위의 네 가지 이야기를 전설의 범주에 넣어 기술한 자는 1971년에 전설과 민요를 조사한 여영택이다. 그는 민간에 전해지는 많은 이야기를 전설로서 소개했는데, 이를 다시 신령·위인편, 효도·열녀편, 민속·신앙편, 장군·도둑편, 애정편, 공포·유령편, 개척기편, 지명 유래편으로 세분했다. 태하동의 성황당 이야기는 민속·신앙편에서 다루었는데 두 가지를 소개했다. 『울릉군지』도 '전설' 항목에서 '성하신당'으로 소개했다. '우해왕과 풍미녀 이야기'는 여영택이 처음 소개한 전설이다. 『울릉군지』도 이를 소개했고 현재 '디지털 울릉문화대전'도 이를 소개하고 있다. 과연 이들 전설은 언제 어떻게 만들어져서 전승되고 있는가? 아래서는 그 유래를 추적하기로 한다.

1. 배상삼 이야기

배상삼裵尙三을 처음 소개한 향토지는 손순섭의 『도지』이다. 손순섭은 1893년경 도장[2]이 부재 시 감독할 사람으로 배상삼[3]을 도수島首[4]에 임명한 사실과 그의 행적을 기술했다. 이에 따르면, 홀아비로 울릉도에 들어온 대구사람 배상삼은 큰 흉년을 당하자 부자들에게 재물을 억지로 빼앗아 300가호의 아사를 막았다. 이에 원한을 품은 부자들이 정체불명의 투서를 퍼뜨려 결국 그를 죽이자는 의논이 나오게 되었다. 투서의 내용은 배상삼이 일본인과 내통하여 남자는 다 죽이고 여자는 일본인들의 처첩으로 삼을 것이라는 것이었다. 1896년 2월, 서낭당 제사일에 사람들이 태하동 관사에 모였을 때 배상삼을 죽이고 그의 가옥과 재물을 모두 파괴했다. 배상삼의 처와 3남 1녀까지 죽이려 했으나 두 노인(李一祚와 孫秉燦)이 극력 저지하여 가족은 겨우 죽음을 면했다. 이후 이 아무개를 도장으로 추대했는데 이해에 배계주(裵季周, 1851-1918)가 울릉도 군수[5]로 오게 되었다는 것이다.

「향토 사료 연표」도 배상삼에 관해 간단히 기술했다. 1896년(고종 32년 을미-원주)[6] 2월 배상삼이 죽임을 당하고 5월에 배계주가 도감이 되

2 당시 도장은 평해군수 조종성趙鍾成이었다. 평해군수가 울릉도 첨사를 겸하여 검찰하고, 월송포만호가 도장을 겸해 다스리던 체제였지만 사검관까지 파견되어 복잡한 양상을 띠었다. 군수 겸 첨사, 만호 겸 도장이라는 두 가지 체제가 번갈아가며 수검搜檢했다.

3 裵尙三(『江原道關草』 1894. 1. 7.)으로 된 기록이 있으며, 『독립신문』(1897. 4. 8.)에는 배성준으로 되어 있다. 『鬱陵郡誌』는 배영준에서 배상삼으로 개명한 자로 기술했다.

4 『島誌』의 필자 손순섭은 배상삼을 島首로 칭했는데, 이를 필사한 이종렬은 '島守'로 썼다(『各司謄錄』 근대편, 『所志謄錄』 1, 原情, 1893년 9월 20일 기사에는 島首로 되어 있다.). 『鬱陵郡誌』(1989) 부록 「裵尙三記」에도 '島首'로 되어 있다.

5 배계주는 도감島監이었다가 군수로 승격되었다.

6 고종 32년 을미년은 1895년이다.

었다고 기술했다. 이는『도지』에 1896년이라고 기술한 것을 따른 듯하지만, 배계주가 도감이 된 해는 을미년 즉 1895년 9월이고 울릉도에 부임한 시기는 1896년 5월이다.

『울릉도 향토지』는 배상삼에 대해 언급하지 않았다.『석포 개척지』는 도수島首의 성을 언급하면서 배 씨(배상섬 씨-원주)라고 간단히 언급했다.『동해의 수련화』는 1890년 첨사 조종성의 추천으로 배상삼裵祥三이 도수로서 도정을 대리하며 1차 구휼이 있었는데, 1896년 2월 태하동 관사에서 성황당 재일齋日을 기해 타살되었다고 기술했다.『도지』는 조종성을 도장으로,『동해의 수련화』는 첨사로 기술했다. 그러나 조종성은 평해군수로서 울릉도 첨사를 겸해 1893년에 울릉도를 검찰한 바 있다.[7]

『동해의 수련화』는 배상삼이 대구사람으로 일본인에게는 호랑이 노릇을 했지만 도민에게는 선정을 베풀었다고 기술했다. 다만 그가 여색을 좋아해서 안동 김씨 집안의 과부를 탈취하자 사람들이 성황당 제삿날에 모여 회의 도중 그의 눈에 고춧가루를 뿌려 앞을 못보게 한 뒤 죽였다는 것이다. 마을사람이 배상삼의 자식을 구했다고 한 것은『도지』와 같으나 투서 내용을 일설로 다루고, 배상삼의 눈에 고춧가루를 뿌렸다는 사실을 추가하여 기술했다. 문보근은 일본인들의 간계 때문에 배상삼이 타살된 듯한 견해를 밝혔다. 앞서 손순섭은 배상삼이 섬에 들어와 홀아비를 면했다고만 기술했는데, 문보근은 그가 여색을 좋아하여 과부를 취했다는 이야기를 덧붙였다.

여영택도 '태하의 배 성삼'이라는 제목으로 기술했다.[8] 이에 따르면,

7 『江原道關草』 1892년 12월 9일.

8 여영택, 『울릉도의 傳說·民謠』, 정음사, 1978, 110~114쪽.

배성삼은 개척 당시 전라도에서 이주해 온 자로 배 장군, 태하 장군으로 불렸는데 사람들의 재물을 탈취하고 부녀자를 희롱하는 일을 일삼는 무법자였으며, 일본 군사 수 만 명을 보내주면 울릉도에 독립국을 세우고 자신이 왕이 되겠다며 일본 배와 내통한 사람이다. 일본 배는 파선되었으나 문서의 내용이 울릉도에 알려졌고 주민들은 잔치 명목으로 배 장군을 초청했다. 배성삼은 부인의 만류를 뿌리치고 갔고, 술이 취하자 사람들이 그의 눈에 고춧가루를 뿌리고 수 십명이 몽둥이질을 해서 결국 죽게 했다. 그의 부인은 기절했고, 이 일이 있은 뒤 도둑과 횡포를 부리는 자가 없어졌다는 것이다. 여영택은 이 이야기를 1971년에 천부에서 들었다.

여영택이 들은 이야기는 이전에 전해지던 이야기와는 전혀 다르다. 즉 대구 사람이 전라도 사람으로, 배상삼이 배성삼으로, 일본인과 내통하여 군사 수 만 명을 요청한 자로 바뀌어 있다. 배상삼이 선정을 베풀었다는 이야기가 재물을 탈취한 자로 바뀌었다. 3남 1녀에 대해서도 언급이 없다. 여영택이 들은 대로라면, 배상삼의 죽음을 애석해할 이유도, 전설적인 인물로 기억해야 할 이유도 없다. 이런 내용이 『울릉군지』에서는 다시 달라진다.

『울릉군지』는 「배상삼기」를 매우 자세히 기술하고 '여담 1'과 '여담 2'를 덧붙였다.[9] 그 내용은 다음과 같다. 대구사람 배영준은 동학란에 연루되어 울진의 전재항 집에 피신해 있다가 이들이 울릉도로 이주하자 함께 들어와 배상삼으로 개명했다. 활달하고 힘이 천하장사인 홀아비 배상삼은 울릉도에서 안동 김씨 집안의 과부를 보쌈했고 대장간 일을 하며 지내다가 평해군수 겸 울릉도 첨사 조종성의 추천으로 도수(島首)가 되어

9 『鬱陵郡誌』, 1989, 456~461쪽.

선정을 베풀었다. 그는 일본인의 무단벌목과 불법어로를 저지했다. 반면에 『울릉군지』는 배상삼이 마을 효부에게 성찬을 차려주도록 한 일과 옥수수를 심은 집앞 도로를 지나가는 자와 실랑이를 벌인 일 등 앞에서 선정을 베푸는 자로서 기술한 이미지와는 반대의 모습을 기술했다.

또한 『울릉군지』는 1894년에 큰 흉년이 들었을 때 배상삼이 부유한 농가에게 기아자들을 구휼하게 했다가 거부당하자 부유한 농주農主 몇몇으로부터 잉여곡물 수 십석을 모아 수백 명에게 균등하게 분배하여 기아에서 구제했다고 기술했다. 그러자 피해를 입은 자들이 배상삼을 원수로 여겼고, 일본인들과 상행위를 자유로이 못하게 되자 그를 제거할 모의를 하기 시작했다. 이에 1895년 겨울 배상삼을 시기하던 3인(3인의 자손이 현존하므로 성명은 생략한다고 군지는 부기했다.)이 모의하고 5인의 찬동자를 모아, 배상삼이 일본인과 내통하여 남자는 다 죽이고 여자는 왜인들의 처첩으로 삼을 것이라는 유언비어를 담은 위조편지를 만들어 퍼지게 해서 결국 그로부터 구휼받았던 개척민들도 그를 원수로 여겼다. 8인은 이 기회를 틈타 1896년 2월 28일 태하동 관사에서의 성황당 제일祭日을 기해 거사를 하기로 약속했다.

배상삼도 이런 모의를 대략 알고 보검과 단도를 차고 가려 했다가 부인의 만류로 단도만 차고 갔고, 8인 중 한 명이 배상삼의 눈에 고춧가루를 뿌렸다. 이때 모의자들은 배상삼의 머리를 방망이로 후려치고 가지고 있던 목침을 던졌다. 결국 배상삼은 실신했고 8인은 다시 몽둥이로 때려 죽인 뒤 시체에 덕석을 덮어두고 술을 마시고 있을 때 배상삼이 평소 친하던 홍재유를 부르며 물을 달라고 하자 8인 중 1인이 오줌통을 주었다. 오줌을 물로 알고 마신 배상삼은 홍재유의 은혜에 감읍했으나 재차 몽둥이질을 당하고 결국 사망했다. 8인은 다시 배상삼의 처와 2남 1녀를 죽이려 했으나 이일조와 손병찬이 극력 만류했다. 당시 배상삼의 처는 임신중이었고 후일 유복자를 출생했다. 배상삼의 처와 자식들은 육지로 추방되었다. 이후 일본인의 도벌과 행패는 극심해졌고 8인은 일본인에게 아부하며 밀상密商을 성하게 했다. 그러나 결국 8인 모두 제명에 못죽었다. 한 사람만 종신終身했는데 그도 90여 세까지 살면서 천둥번개가 치는 날이면 정한수를 떠 놓고 빌면서 살았다.

이는 1896년의 배상삼 제거에 관계된 3인의 후손이 생존해 있던 1989년에 간행된 『울릉군지』의 내용이다. 그런데 『울릉군지』는 배상삼에 관한 평가가 엇갈린 사실을 의식해서인지 여담과 후일담을 덧붙였다. 〈여담 1〉은 『울릉군지』 집필위원이던 손태수의 조부 손순섭[10]이 해방 직후 포항의 한 여인숙에서 배상삼의 두 아들과 한 방을 쓰게 된 일화이다. 즉 배상삼의 두 아들이 아버지의 복수를 위해 울릉도에 가려 했으나 손순섭이 만류했다는 것이다. 그 이유는 배상삼을 죽이는 데 앞장섰던 8인 중 두 세 사람이 1945년경 아직 살아 있는 데다 그들의 후손도 살아 있었기 때문이다. 손순섭은 배상삼의 처와 아들을 구해준 2인 중 한 사람이 자신의 선고라고 했으므로 위에서 말한 손병찬은 손순섭의 부친이 된다.

손태수는 〈여담 1〉을 기술한 후 "배 도수에 대해서는 지금까지 포악하고 여색을 좋아하는 사람이므로 죽였다고 잘못 전해지고 있으나 할아버지(손순섭-필자주)가 울릉도지를 집필하실 때 필자(손태수-필자주)가 '배 도수의 행적을 바로잡아 주어야 한다'고 말씀드리자, 할아버지는 '아직 그 당시 8인 중 2~3인이 생존하고 있으며 그 자손이 모두 울릉도에 살고 있는데 너에게 구전하니 후일을 기하여 네가 바로잡아라'고 하신 말씀이

10 손순섭이 직접 배상삼을 만났다는 사실에 대하여, 이종렬은 손순섭이 직접 만난 것이 아닐 가능성을 제기했다. 다른 사람이 만난 이야기를 전해 들었을 것이라는 것이다.

계셨다. 다행히 울릉군지 발간 집필위원으로 위임받아 이를 밝히는 바이다"라는 내용을 덧붙였다.

이로써 손태수가 배상삼에 관한 이야기를 조부 손순섭에게서 직접 들었음을 알 수 있다. 그러므로 손태수가 집필한 『울릉군지』의 배상삼 이야기는 매우 자세하다. 『도지』가 집필되던 당시(1950년경)로부터 30년이나 지났으므로 손자인 손태수가 보다 자유로운 상황에서 사실을 밝혔다고 보이지만 내용은 이전에 비해 많이 윤색되어 있다.

〈여담 2〉는 배상삼은 본명이 영준(永俊)이고 상삼尙三은 호인데 피신 후에 '尙三'을 본명으로 사용하다가 입도 후에 '祥三'으로 개명했음을 밝혔다. 그가 죽임을 당한 후 그의 형제들이 원수를 갚기 위해 미역선을 빌려 울릉도로 들어오다 표류하여 1년 만에 귀환했고, 2년 후 다시 오려 했지만 실패했다는 것이다. 형제들이 실패하지 않고 입도했다면 수십 명의 인명 피해가 있었을 것이라고 배상삼의 손자 배용수裵鎔壽가 말했다. 다만 『울릉군지』는 이런 이야기가 누구에게서 비롯된 것인지를 밝히지 않았다. 이렇듯 배상삼에 관한 이야기는 문헌마다 다르게 기술하고 있다. 이를 비교하면 〈표 3-2-1〉과 같다.

〈표 3-2-1〉 배상삼에 관한 향토지의 기술

구분＼문헌	도지	동해의 수련화	여영택의 전설	울릉군지(1989)
이름	裵祥三	裵祥三	배성삼	裵尙三
사망일	1896.2 祭日	1896.2 祭日		1896.2.28. 祭日
출신지	대구	대구	전라도	대구, 배영준[11]에서 개명
신상	홀아비로 입도 후 면환免鰥	입도 후 면환, 안동 김씨 과부 보쌈	재물탈취 무법자, 일본인과 내통	홀아비, 안동 김씨 과부 보쌈, 괴팍한 성격

11 1896년에 배성준이라는 자가 울릉도에서 도감을 자칭하며 장사배에 세금을 매기고 백성에게 돈을 걷었다는 『독립신문』의 보도(「외방 통신」, 1897. 4. 8.)가 있다. 동일인이 아닌 듯하다.

구분＼문헌	도지	동해의 수련화	여영택의 전설	울릉군지(1989)
치적	300가호 아사 저지	선정과 도민 구휼		1894년의 기아 구휼, 일본인의 불법 행동 저지
가족 관계	처와 3남 1녀			처와 3남 1녀(유복자 포함)
사망 경위		눈에 고춧가루 뿌려 죽임	부인 만류, 고춧가루 뿌려 죽임, 수 십 명의 몽둥이질	3인에 5인 더해 8인 모의, 유언비어, 단도만 소지, 고춧가루, 8인의 몽둥이질, 오줌물
				8인의 최후, 1인은 90세 생존
				주모자 3인의 후손 생존
여담 1				『울릉군지』 집필위원 손태수의 조부 손순섭이 배상삼 아들과 조우
여담 1				순순섭이 손태수에게 후일 정정 부탁, 『울릉군지』에 반영됨
여담 2				개명 이야기, 형제들의 복수 실패, 배상삼의 손자 배용수의 증언

〈표 3-2-1〉로 알 수 있듯이 초기 문헌인 『도지』의 기술은 매우 간단하다. 『울릉도 향토지』는 아예 언급하지 않았다. 『동해의 수련화』에서는 과부를 보쌈했다는 내용과 배상삼의 눈에 고춧가루를 뿌렸다는 내용이 추가되었고, 『울릉군지』에서는 훨씬 더 내용이 풍부해졌다. 사망연도나 출신지, 치적에 관한 기술은 각 향토지가 유사하지만, 여영택이 수집한 전설은 이와 다르다. 이는 여영택이 들은 전설이 사실과 거리가 있음을 시사한다. 한편 『울릉군지』는 당시 사건의 목격자인 손병찬의 아들 손순섭이 손자 손태수에게 훗날 바로잡을 것을 권유하여 1989년에 바로잡히게 된 정황을 기술했다.

그럼에도 이들 기술은 일관성이 없으므로 몇 가지 의문점이 있다. 『도지』는 배상삼의 처와 3남 1녀까지 죽이려 했다고 했으므로 죽임을 당하기 전에 홀아비를 면하고 있었고 3남 1녀를 두고 있었음을 의미한다. 『동해의 수련화』는 울진에서도 한 사람을 데려왔다고 했으므로 과부를 보쌈하기 전에 이미 다른 여성이 있었다는 것이 된다. 그럼에도 『도지』 이후의 문헌은 배상삼이 과부를 보쌈했다고 하는가 하면, 3남 1녀를 두었는데 한 명은 유복자라고 했다. 또한 『울릉군지』는 그가 동학란에 연루되어 있다가 울릉도 개척령이 내리자 피난한 전재항 일가와 함께 울릉도에 입도했다고 기술했는데, 개척령이 내려진 시기는 1882년이고 동학란이 발발한 시기는 1894년이므로 선후가 맞지 않는다. 동학란을 피해 들어왔다고 하더라도 들어오자마자 1894년의 흉년에서 구제해주었다는 것도 성립하기 어렵다. 따라서 배상삼 이야기는 많은 부분이 윤색되었다고 보인다.

한편 공문서에 배상삼은 외국인(일본인)과 통하여 사사로이 곡물을 외국으로 반출하려던 인물로 기록되어 있다.[12] 그런 자가 부자의 재산을 탈취하여 도민들의 아사를 구제했다는 것도 논리가 맞지 않는다. 공문서의 기록이 맞다면 『도지』가 틀리고 여영택이 전한 내용이 맞게 된다. 그러나 손순섭이 배상삼을 의도적으로 비판할 이유를 찾기 어렵다. 또한 선정을 베푼 자가 아닌 악행을 한 자가 도민 사이에 회자된다는 것도 자연스럽지 않으므로 『도지』의 기술이 맞을 듯하다.

현재 '디지털 울릉문화대전'은 2007년판 『울릉군지』의 '배상삼 이야기'를 실은 것임을 밝히고 전재했다. 이 『울릉군지』는 두 가지 이야기를 소개했다. 출처가 하나는 2002년 울릉문화원에서 간행한 『울릉문화』이고, 다른 하나는 1989년판 『울릉군지』이다. 그런데 『울릉문화』의 내용은 여영택이 기술한 내용과 거의 같다. 여영택은 '태하의 배 성삼'이라는 제목으로 "성은 배씨이며 이름은 성삼이었다고들 전한다."라고 기술했는데, 『울릉문화』는 '태하의 배상삼裵尙三'이라는 제목으로 소개하되 "성은 배씨이며 이름은 배상삼이었다고 전한다."라고 하여 이름만 바꾸었다.

12 『江原道關草』 1894년 1월 7일.

1989년판 『울릉군지』는 위에서 언급한 대로이고, 2007년판 『울릉군지』는 두 가지 내용을 전재한 뒤 〈후일담 1〉에서부터 〈후일담 4〉까지를 추가했다. 〈후일담 1〉은 1989년 『울릉군지』의 〈여담 1〉과 같고, 〈후일담 2〉는 1989년 『울릉군지』의 〈여담 2〉와 같다. 〈후일담 3〉은 배 도수 가족이 울진에 살다가 대구로 이사했으며 3남은 요절하고 다른 두 아들은 장수하고 번성했다는 이야기다. 〈후일담 4〉는 1989년 『울릉군지』에서 〈여담 1〉에 부기된 내용 즉 손순섭이 『울릉군지』를 집필하는 손태수에게 배 도수에 대해 잘못 알려진 사실을 바로잡으라고 부탁한 내용이다. 이렇듯 배상삼에 관한 이야기가 기록마다 달라서인지 '디지털 울릉문화대전'은 전설을 소개한 뒤 '모티프 분석'에서 다음과 같이 기술했다.

> "「배상삼 이야기」의 두 가지 이야기는 매우 대조적이다. 배상삼은 울릉도 본토의 인물이 아니고 다른 지역에서 이주해 온 인물로, 같은 인물에 대해 하나는 역적의 모습으로, 다른 하나는 영웅적인 모습으로 전개하였다. 그러나 두 이야기의 결말은 비극적으로 끝을 맺게 된다. 두 이야기 중에서 먼저 발생한 이야기를 찾는다면 두 번째 이야기이고, 첫 번째 이야기는 배상삼의 이야기가 와전되어 역적으로 표현된 것으로 보인다."

'디지털 울릉문화대전'은 두 번째 이야기 즉 1989년 『울릉군지』에 기술된, 치적을 평가한 이야기가 먼저 발생했으므로 이를 사실로 추정하고 다른 이야기는 와전되었다고 보았다. 이렇듯 전승된 이야기가 많이 와전되었을 경우 가장 먼저 소개한 것을 기준으로 삼는 것이 통상적이라면 『도지』의 기술을 따르는 것이 맞을 것이다.

2. 배계주 딸과 관련된 일화

배계주 딸과 관계된 일화를 최초로 소개한 향토지는 『도지』이다. 배계주의 18살 딸이[13] 집앞 냇가에서 쌀을 씻다가 일본인 두 사람에게 희롱과 구타를 당하자 마을사람들이 소총과 화약을 준비한 뒤 두 사람을 보내도록 일본인에게 편지를 보냈고 일본인들은 두 사람을 보내는 대신 항복문서를 보내왔다. 마을사람들은 항복문서를 오위장 집에 맡겼는데 수십 명의 일본인들이 무기를 소지하고 쳐들어와 폭행과 폭설을 일삼고 결국 그 문서를 되찾아갔다는 것이다.

『울릉도 향토지』와 『개척 백년 울릉도』는 이 일화를 기술하지 않았지만, 『동해의 수련화』와 『울릉군지』는 기술했다. 『도지』[14]와 『동해의 수련화』는 1897년, 『울릉군지』는 1894년 이후의 일로 기술했다. 『도지』와 『동해의 수련화』, 『울릉군지』 모두 딸의 나이를 18세로 기술했다. 그렇다면 이 사건은 역사적인 사실인가? 이와 유사한 이야기가 실린 문서가 있다. 1900년 동래감리서의 김면수가 보고서에 첨부한 「후록」이다. 그 내용은 1899년 4월 울릉도민 가운데 혼기가 찬 처자가 냇가에 물을 길러 나왔을 때 여러 명의 일본인이 갑자기 나타나 희롱했고, 마을사람들이 이를 항의하자 일본인들이 각서를 써주며 반성하는 기미를 보이는 듯하더니 그 후 총칼을 들고 와서 각서를 도로 찾아갔다는 것이다. 김면수는 1899년 4월의 일로 기록했다. 그런데 이를 뒷받침하는 것이 라포르트 보고서이다. 1899년 6월에 울릉도를 조사한 라포르트에 따르면, 4월에 일본

---

13 1899년의 일로 본다면 배계주가 30살 즈음에 딸을 낳은 것이 된다. 이 역시 배계주 딸의 일로 보기 어렵게 한다.

14 배계주가 부임한 것은 1896년인데 이해 가을에 배계주가 상경했고 그 몇 달 뒤에 일어난 일로 기술했으므로 1897년 초로 추정했다.

인 몇 명이 한국인 여성 한 명을 폭행해서 한국인이 배상을 요구하자 일본인들이 총칼로 무장하고 한국인들을 내쫓았으므로 도감의 대리인이 일본인들을 진정시키기 위해 할수없이 벌목 허가장을 발급했다는 것이다.[15] 1899년 4월은 도감 배계주가 소송 문제로 도일하여 대리인이 도정을 대리하고 있을 때였다. 김면수가 말한 1899년 4월은 라포르트가 말한 시기와 일치하므로 향토지에 전해지는 것은 김면수의 기록에서 비롯되었다고 보인다.

김면수는 울릉도민의 처자라고 했고 라포르트도 한국인이라고 했다. 『도지』는 배계주의 딸이라고 했지만 다른 내용은 김면수 보고서와 거의 유사하다. 그러므로 이 이야기는 배계주의 딸이 아니라 도민의 이야기가 딸의 일로 와전된 듯하다. 라포르트는 1899년 6월 말 배계주와 함께 조사한 사람이므로 사건에 관계된 여성이 배계주의 딸이 분명하다면 이를 밝혔을 것이다. 그러나 라포르트는 배계주의 딸을 언급하지 않았다. 『도지』에 기술한 사건이 1897년에 발생된 것임이 입증되지 않는 한, 배계주의 딸 이야기는 김면수와 라포르트가 기술한 1899년 4월에 일어난 한국인 여성의 이야기가 와전된 것이라고 볼 수 있을 것이다. 『울릉군지』는 1894년 이후의 일이라고 하고 배계주가 공무로 상경한 뒤라고 했으므로 1896년 가을로 추정된다. 다만 이해 가을에 배계주가 상경했는지는 확인되지 않는다. 그가 소송 때문에 도일한 시기는 1898년 가을이고, 여러 번 도일했다가 1899년 5월 중순에는 부산에 체재하고 있었다. 그는 라포르트와 함께 들어가 조사하라는 정부의 명을 받고 1899년 6월에 입도했다. 그러므로 이 일은 김면수와 라포르트가 기술했듯이 1899년 4월

15 홍성근, 「라포르트의 울릉도 조사보고서와 1899년 울릉도현황」, 『영토해양연구』 6, 동북아역사재단, 2013, 124쪽.

즉 배계주가 부재중일 때 일어난 일로 보인다.

3. 태하신당 이야기

태하에 전해지는 전설은 『도지』를 제외한 모든 향토지가 언급했다. 『울릉도 향토지』가 소개한 내용은 다음과 같다. 선조宣祖 때의 순회사[16] 일행이(석각문 기타 행적에는 搜討使 李圭遠으로 알려지고 있음[17]–원주) 태하에 도착하여 순찰하고 귀일하기 전날 (순회사가) 꿈을 꾸었는데, 해신이 나타나 일행 중 동남동녀를 두고 가라고 했다. 순회사는 이를 무시하고 떠났다가 풍랑으로 못가게 되자 결국 꿈에서 일러준 대로 동남동녀에게 담뱃대 심부름을 시켜 섬에 남겨 둔 뒤에야 무사히 떠날 수 있었다. 순회사가 이듬해에 울릉도에 다시 와보니 남녀는 백골이 되어 있었기에 사당을 마련하여 제사 지내고 귀국했다. 그후 개척된 뒤 매년 3월 3일과 9월 9일에 제사지내며 풍년과 해상의 안전을 기도한다는 것이다.

1971년에 여영택도 태하 성황당의 전설을 두 군데서 들었으므로 '태하의 신'과 '또 다른 이야기'라는 두 가지 제목으로 소개했다.[18] 첫 번째 '태하의 신' 이야기는 다음과 같다. 여영택은 현포에 사는 박성수에게서 다음과 같은 이야기를 들었다. 조선 시대에 울릉도에 공도정책을 쓰고 3년에 한번씩 관리들이 와서 조사하여 사람이 살고 있으면 잡아갔는데, 어느날 조사하러 온 강원도 원님이 사람을 발견하지 못했다. 돌아가기 위

16 조선 시대에 순회사라는 직함은 보이지 않는다.

17 1881년에 임명된 이규원의 직함은 '울릉도 검찰사鬱陵島檢察使'였다. 조선 후기 정부가 임명한 관리는 수토사가 아니라 수토관搜討官이다. 한자도 李奎遠이 되어야 맞다.

18 여영택, 『울릉도의 傳說 · 民謠』, 정음사, 1978.

해 태하에 머물고 있었는데 파도가 세서 배를 띄울 수 없는 상황이 한 달 여 계속되었다. 어느날 낮잠을 자다가 노인이 동남동녀를 두고 가라고 말하는 꿈을 꾸었다. 사흘째 같은 꿈을 꾸자 처녀와 총각 한 사람 씩을 지명하여 두고 온 담뱃대를 찾아오게 하고 그 사이에 태하를 떠났다. 3년 뒤에 다시 오겠다는 쪽지를 남기고 갔고, 3년 뒤에 다시 와서 보니 두 사람은 해골이 되어 있었다. 사또는 제사를 지냈고, 이후 이 섬을 오가는 사람은 이 사당(성황당)에 제사 지내는 것이 중요한 관습이 되었다는 이야기이다.

'또 다른 이야기'는 여영택이 천부에 사는 도성복에게서 들은 이야기이다. 안무사가 해안가를 순찰하기 위해 기생을 배에 태우고 흥을 돋구며 다녔는데 해신이 노해 풍파를 일으켰다. 배가 울릉도에 도착했을 때는 돛이 부러지고 양식도 떨어져 황토를 파먹고 지내야 했다. 안무사의 꿈에 성인봉의 산신령이라는 노인이 나타나 배를 서쪽으로 몰되 일행 중 남자와 여자 한 사람씩을 남겨 두고 가라고 했다. 안무사 일행은 배를 서쪽으로 몰고 갔으나 풍파 때문에 다시 섬으로 돌아왔고, 그날 밤 꿈에서 산신령이 안무사가 약속을 어긴 사실을 질책했다. 이튿날 다시 배를 몰고 가려던 안무사는 담뱃대를 바위 위에 두고 왔다며 남녀 한 쌍을 보냈고, 그 사이에 무사히 떠났다. 다음 해에 안무사가 다시 와보니 골짜기에서 남녀가 옷만 남긴 채 죽어 있기에 그 자리에 사당을 짓고 그들이 입었던 옷을 모셨다. 이후 새로 울릉도로 이주해 온 자들은 이 사당을 극진히 섬기게 되었다는 이야기이다.

『동해의 수련화』[19]도 유사한 이야기를 소개했는데, 그 내용은 다음과

19 문보근,『東海의 睡蓮花 –「于山國 鬱陵郡誌」』.

같다. 세종 20년 수토사 남호南顥[20]가 입도하여 태하동에 머물며 순찰을 마치고 다음날 출항하려고 잠자리에 들어 꿈을 꾸었는데, 해신이라는 백발의 노인이 수토사에게 무사히 돌아가려면 일행 중 동남동녀 한 사람씩을 이곳에 두고 가라고 했다. 수토관은 의아하게 여겼지만 □[21]일 출발했다. 그러나 풍파 때문에 떠나지 못하고 진정되기를 기다리다가 점점 심해져 꿈대로 전원을 모은 다음 동남동녀에게 "담배대를 잊고 왔으니 빨리 달려가서 가져오라"고 한 뒤야 순풍으로 떠날 수 있었다. 다음해에 수토사가 다시 울릉도에 와보니 남녀가 백골이 되어 있기에 사당을 짓고 제사를 지냈다는 것이다. 『동해의 수련화』는 해안 지방에서 해신제를 지내는 풍속이 이 이야기에서 비롯되었다고 보고, (『삼국지』) 위지에 7일에 동녀를 제물로 해서 해신제를 지냈다는 이야기가 이 이야기로 변모한 것으로 추정했다. 「위지」에는 7월로 되어 있는데 문보근이 7일로 잘못 기술한 것이다. 또한 그는 수토관과 수토사를 혼용했다.

『개척 백년 울릉도』도 이와 유사하다. 서면의 '성하신당聖霞神堂'으로 칭하고, 태하동에 있는 성하신당이 당시의 성황당이라고 했다. 이로써 본다면 성황당에서 성하신당이 된 것이다. 전설은 다음과 같다. 이조 선조 연간 평해에서 입도한 순회사 일행이 태하동을 유숙지로 하고 순찰한 뒤 출항하기 전날 꿈을 꾸었는데, 해신이 나타나 일행 중 동남동녀 한 명씩을 두고 가라고 했지만 그대로 출항했다. 풍파 때문에 수 일을 지체

20 문보근은 '울릉도의 연혁'에서는 "『여지승람輿地勝覽』에는 세종 20년에 만호 남호(南顥)로 하여금 김환(金丸)(『輿地圖書』에는 김환생) 등 70여 명을 잡아 왔다고 되어 있으나, 이는 『세종실록』의 남회(南薈)와 동일인 듯하다."라고 기술한 반면, 선왕당 전설에서는 "옛날 세종 20년에 수토사 남호(南顥)(실록에는 20년 南薈로 되어 있다)가 입도하여…"라고 기술했다. 그런데 『世宗實錄』(세종 20년 4월 21일)에는 전 호군 남회南薈로, 『新增東國輿地勝覽』 『萬機要覽』 『春官志』에는 만호 남호南顥로 되어 있다.

21 미상. 원고가 잘렸다.

하다 결국 동남동녀에게 유숙하던 곳으로 가서 담뱃대를 가져오게 한 뒤 무사히 떠날 수 있었다. 결국 배를 놓친 동남동녀는 죽었고, 다음해에 다시 온 순회사는 백골이 된 남녀를 발견하고 그곳에 사당을 지어 제사 지내고 귀임했다. 그후 개척이 시작된 뒤로 3월 3일과 9월 9일에 제사를 지내며 농작과 어업의 풍작 및 해상의 안전을 기원했다는 것이다. 이는 『울릉도 향토지』의 내용과 유사하다.

『울릉군지』(1989)도 태하동에 있는 '성하신당聖霞神堂, 당시의 城隍堂'으로 칭하고 서면의 전설을 소개했다. 『개척 백년 울릉도』를 따른 것이다. 내용은 다음과 같다. 1137년 태종 연간 안무사 김인우가 울릉도 거주민을 쇄환하기 위해 병선 2척으로 와서 태하동을 유숙지로 정하고 순찰을 마친 후 출항하려던 전날 해신이 현몽하여 일행 중 동남동녀를 두고 가라고 했지만, 그대로 출항했다. 풍파가 멎지 않자 수 일을 지체하다 동남동녀에게 유숙지로 가서 필묵을 가져오게 한 뒤 그 틈에 떠나 무사히 돌아왔다. 결국 배를 놓친 동남동녀는 죽었고, 수년 뒤에 다시 울릉도에 온 안무사는 백골이 된 남녀를 발견하고 그곳에 사당을 지어 제사지내고 귀임했다. 이후 매년 음력 2월 28일에 정기적으로 제사를 지내며 농작과 어업의 풍작, 해상의 안전을 기원한다는 것이다. 『울릉군지』는 이 전설을 소개한 뒤에, 『울릉도지』에는 안무사가 동남동녀에게 담뱃대를 가지고 오라고 했지만 우리나라에 담배가 들어온 것은 선조 25년(1592) 이후이므로 필묵의 오전誤傳이라는 내용을 부기했다. 군지는 『울릉도지』라고 했지만 손순섭의 『도지』에는 그런 내용이 없다. 따라서 『울릉도 향토지』를 가리키는 듯하지만 순회사가 안무사 김인우로, 선조가 태종으로, 3월 3일과 9월 9일이 2월 28일로 바뀌어 있어 『울릉도 향토지』와도 다르다.

이렇듯 태하에 사당이 건립된 배경에 대한 기술은 향토지에 따라 약간씩 차이가 있다. 그런데 이와 비슷한 이야기가 1928년 『동아일보』 기사에 보인다.[22] 그 내용은 다음과 같다. 약 70년 전 월송만호(지금 평해의 남명-원주)가 명을 받아 이 섬을 시찰하고 돌아가기 전날 꾼 꿈에 신령이라는 백발노인이 나타나 만호가 데리고 온 기생과 통인通引(하인)을 두고 가지 않으면 큰일을 당한다고 했다. 만호는 이튿날 범선을 띄워 떠났으나 풍랑이 심해 갈 수 없게 되자 결국 기생 두 명을 풀어놓고서야 떠날 수 있었다. 남은 두 기생은 손을 마주잡고 죽었고, 그후 사람들이 이 자리에 성황당을 짓고 제사지냈다는 것이다. 『동아일보』가 보도한 1928년을 기준으로 70년 전이면 1858년경이 된다. 이즈음 월송만호가 시찰 후에 꿈에서 일러준 대로 기생 두 사람을 두고 간 뒤에야 무사히 떠날 수 있었다는 것이다. 그런데 이 신문기사와 유사한 이야기가 1882년에 울릉도를 조사하러 들어간 군관 이명우의 글에 보인다. 이명우는 1882년 고종의 밀명을 받고 이규원에 앞서 울릉도에 들어가 조사한 사람이다.[23] 그는 다음과 같이 기술했다.[24]

> "황토구의 신당神堂에 치성致誠했다. 이 신당은 몇 년도였는지는 모르지만 삼척영장이 수토할 때 통인通引과 기생을 싣고 들어가 돌아올 즈음 아직 배가 출발하지 않았을 때 풍랑이 크게 일어나자 부득이 통인과 기생을 내려놓아 이 섬의 혼이 되게 하였고, 이때부터 공

22 『동아일보』의 이길용 기자가 1928년 8월 20일부터 27일까지 울릉도를 기행한 뒤 신문에 연재했다(1928. 9. 1.~12.).

23 이명우가 길을 떠난 시기는 1882년 3월 16일이고, 이규원이 길을 떠난 시기는 1882년 4월 10일이다. 이규원은 4월 30일 울릉도 서쪽 소황토구미에 도착하여 조사했고 서울에 돌아와 고종에게 복명한 시기는 6월 5일이다.

24 「鬱陵島記」(『墨吾遺稿』, 1917, 국립중앙도서관 소장)

무로 입도하는 자마다 남녀의 의상을 지어 치성을 드리고 나서야 무사했다고 한다."

위 이야기는 이명우가 섬에서 들은 이야기를 적은 것이므로 신당의 전설은 그 이전에 형성되어 있었을 것이다. 1882년 이전 삼척영장이 수토할 때라면 이명우 시대와 멀지 않은 시대이다. 1900년에 우용정도 태하의 산신당에 치성을 드렸다고 했다. 이명우와 우용정에 이르는 시기까지는 주로 신당, 산신당으로 불렸던 것이다.

『석포 개척지』는 개척 당시 삼척영장이 울릉도를 왕래할 때 선황당을 만들어 영장을 대접했다는 이야기를 1970년대 초 노인에게서 들었다고 기술했다. 따라서 향토지가 기술한 내용은 『동아일보』 기사에서 유래하고, 『동아일보』의 기사는 이명우의 기록에서 유래한 것임을 알 수 있다. 『동아일보』 기사와 향토지 등에 기술된 내용을 비교하면 〈표 3-2-2〉와 같다.

〈표 3-2-2〉 태하의 성황당 이야기 기술 비교

출전	태하 성황당 이야기
이명우 (1882)	"황토구의 신당(神堂)에 치성(致誠)했다. 이 신당은 몇 년도였는지는 모르지만 삼척영장이 수토할 때 通引과 기생을 싣고 들어가 돌아올 즈음 아직 배가 출발하지 않았을 때 풍랑이 크게 일어나자 부득이 통인과 기생을 내려놓아 이들을 이 섬의 혼이 되게 하였고, 이때부터 공무로 입도하는 자마다 남녀의 의상을 지어 치성을 드리고 나서야 무사했다고 한다."
『동아일보』 (1928)	약 70년 전 월송만호(지금 평해의 남명-원주)가 시찰하고 돌아가기 전날 꿈에 백발노인이 만호의 일행 중 여기(女妓)와 통인을 두고 가라 함. 무시하고 떠났다가 풍랑이 심해 갈 수 없자, 기생 두 명을 풀어놓은 뒤 떠남. 남은 두 명은 사망. 그후 사람들이 성황당을 짓고 제사 지냄
울릉도 향토지 (1963)	**성황당 전설** 선조(宣祖) 때 순회사 일행이(석각문 기타 행적에는 수토사 이규원으로 알려지고 있음-원주) 태하 도착, 순찰 후 귀일 전날 꿈, 일행 중 동남동녀를 두고 가라 함, 풍랑으로 못 가자 동남동녀에게 담뱃대 심부름을 시키고 떠남, 이듬해 가보니 백골, 사당 짓고 제사 지냄, 개척 이후 매년 3월 3일과 9월 9일 제사
여영택 1 (1978)	**태하의 신** 3년에 한번 오는 관리가 태하에서 한달 넘게 풍랑 때문에 귀로에 오르지 못함, 꿈에 노인이 동남동녀를 두고 가라 함, 결국 처녀와 총각에게 담뱃대 심부름 시킨 뒤 두고 떠남, 3년 뒤 온다는 쪽지 남김, 사또가 3년 뒤 와서 제사 지내고 이것이 관습이 됨

출전	태하 성황당 이야기
여영택 (1978)	**또 다른 이야기**: 안무사가 기생을 끼고 해안을 순찰하는데 해신이 노해서 풍파가 임. 울릉도에 도착 후 황토로 연명하다가 남녀 한 사람씩을 두고 가라는 꿈. 무시하고 가다 풍파가 일자 남녀 한 쌍에게 담뱃대 찾아오게 한 뒤 떠남. 다음 해에 와보니 남녀가 옷만 남기고 사망했기에 그 자리에 사당 짓고 제사 지냄
동해의 수련화 (1981)	**선왕당 전설** 세종 20년(1438) 남호가 꾼 꿈으로 인해 동남동녀를 희생시킨 이야기는 위와 같음. 담뱃대 심부름. 삼국지의 해신제 이야기가 변용된 것으로 해석
개척 백년 울릉도 (1983)	**성하신당** 선조 연간 순회사의 꿈과 동남동녀의 담뱃대 심부름. 사당 건립. 이후 3월 3일과 9월 9일 제사
울릉군지 (1989)	**성하신당** 1137년 태종 연간 안무사 김인우의 꿈. 동남동녀의 희생. 필묵 심부름. 사당 건립. 음력 2월 28일 제사. 『울릉도지』에서 담뱃대라고 한 것은 필묵의 오전(誤傳)임을 밝힘
울릉군지 (2007)	1987년 군지를 답습. 『울릉도지』에서 담뱃대라고 한 것은 필묵의 오전임을 밝힘

〈표 3-2-2〉에서 보듯이 태하신당의 전설은 명칭에서부터 관리의 직함과 파견된 시기, 희생자의 신분과 연령, 성별, 가지러 간 물건, 제사일 등이 문헌마다 다르다. 파견된 관리를 이명우는 삼척영장으로, 신문기사는 월송만호로, 『울릉도 향토지』는 순회사와 수토사 이규원으로, 여영택은 수토관과 안무사로, 『동해의 수련화』는 남호로, 『개척 백년 울릉도』는 순회사로, 『울릉군지』는 안무사로 다르게 기술했다. 파견 시기도 1928년 기준 70년 전, 선조 연간, 세종 20년, 1137년 태종 연간으로 다르다. 이명우가 말한 시기는 수토제가 시행되던 때이다. 그러므로 『울릉도 향토지』에 기술된, 선조 연간의 순회사나 수토사 이규원이라는 직함은 성립하지 않는다. 이규원은 검찰사였다. 안무사는 조선 초기에 파견된 관리의 직명이고, 수토관은 조선 후기에 파견된 관리의 직명이다. 1137년 태종 연간 안무사 김인우라는 것도 성립하지 않는다. 1137년은 고려 인종 15년이기 때문이다.

이명우는 희생된 자가 기생과 통인이라고 하여 남녀로 기술했고, 『동아일보』는 기생 두 명으로 기술했다. 대부분의 향토지는 일행 중의 동남동녀라고 했다. 여영택은 '처녀와 총각 한 사람'이라고 했다. 수토하러 가는데 동남동녀를 데리고 갔을 가능성은 적다. 또한 대부분의 향토지는 관리가 남녀에게 담뱃대를 가져오라고 한 것으로 기술했지만, 담뱃대가 수입된 것은 선조 연간 이후이므로 『울릉군지』는 이런 오류를 지적하고 '필묵'으로 고쳤다. 제사를 지낸 날도 대부분의 향토지는 3월 3일과 9월 9일로 기술했으나, 『울릉군지』는 2월 28일로 기술했다. 그 근거는 알 수 없다.

위의 표로 알 수 있는 사실은 후대로 올수록 이야기의 연대가 상향되고 내용이 윤색되었다는 것이다. 즉 처음에는 개척되기 직전에 발생한 사건으로 전해졌으나 후대로 오면서 태종 연간으로 연대가 올라갔고, 희생자도 통인과 기생 즉 성인 남녀를 가리키던 것에서 '동남동녀'로 와전되었다. 나아가 백골을 운운하여 좀더 극적으로 윤색되었다. 1928년에 『동아일보』에 소개된 전설이 다시 소개된 것은 『울릉도 향토지』이다. 다만 1928년 기준 약 70년 전 월송만호 남명이던 것이 (1882년의) 수토사 이규원으로 바뀌었고, 여자기생과 하인은 '동남동녀'로 바뀌었다. 『동아일보』 기자는 팔순 노인에게서 도동에 성황당이 있었다고 들었음을 보도하고, 기사의 소제목을 '백발노인의 현몽 성황당의 이야기'[25]로 붙였지만 태하는 언급하지 않았다. 그렇다면 도동의 성황당 이야기가 오늘날 태하동의 성하신당으로 바뀐 것일 수도 있다.

현재 '디지털 울릉문화대전'에 소개된 '성하신당 이야기'는 2007년판 『울릉군지』에 수록된 것에 근거했다고 밝히고 있다. 그런데 2007년판 『울릉군지』는 『울릉문화』에 근거한 것임을 밝혔다. 『울릉문화』는 태종(1137)

25 『동아일보』 1928. 9. 7.

때 삼척인 김인우가 안무사로서 태하동 순찰 후 출항 전에 꾼 꿈이야기와 동남동녀에게 필묵 심부름을 시킨 이야기, 수년 후 다시 입도한 후 두 사람을 위해 사당을 지어 제사 지냈고, 이후 매년 음력 2월 28일에 정기적으로 제사지냈다는 내용을 기술했다. '디지털 울릉문화대전'은 『울릉문화』가 1137년으로 적은 오류를 태종 17년(1417)으로 수정한 것을 제외하면, 2007년판 『울릉군지』의 내용과 거의 같다. 2007년판 『울릉군지』는 1989년판 『울릉군지』로 거슬러 올라가므로 『울릉문화』는 1989년판 『울릉군지』에서 비롯된 것임을 알 수 있다. 결국 '디지털 울릉문화대전'에 실린 이야기의 원류는 1989년판 『울릉군지』가 된다. 하지만 1989년판 『울릉군지』는 다른 향토지와도 일치하지 않는다. 그러므로 현전하는 '디지털 울릉문화대전'에 수록된 '성하신당 이야기'는 본래의 유래와는 거리가 있다. 『울릉도·독도 백과사전』(2020)도 태종 16년(1416) 안무사의 순찰 당시의 일로 기술했는데, 1989년판 『울릉군지』에 1137년의 일로 기술한 것을 제외하면 다른 내용은 거의 같으므로 이 군지에 의거했다고 보인다.

'디지털 울릉문화대전'의 '태하리 성하신당' 항목은 매년 음력 3월 1일, 또는 2일 문화제 형식의 성하신당제를 올려 울릉도 전체의 안녕을 기원한다고 기술하는 한편, 1969년 3월에 전설 속에 등장하던 동남동녀를 혼인시키는 행사를 올렸다고 기술했다. 그런데 『삼국지』「위지」'동이전'은 매년 7월에 동녀를 희생으로 바쳤다고 기록했으므로 이와도 일치하지 않는다.

한편 신당의 명칭을 보면, 성황당, 선왕당, 성하신당 등으로 다양하다. 문보근은 '선왕당天王堂'이라고 쓰고 "이름을 성황당이라 하나 실은 선왕당인 것이다."라고 하거나, "성황당은 중국명칭인데 우리나라의 선왕당(천왕당)을 말하는 것이다."라고 했다. 또한 그는 "해안 지방에서는 선황당(天王 또는 天皇)이라 쓴 것도 있다."라고 했다. 다른 향토지도 '태하의 신' 성하신당聖霞神堂, 성황당, 성황당 전설, '선왕당(天王堂)' 선왕당 전설, 서낭당 등으로 다양하게 적었다. 이후 성황당, 성왕당, 선왕당, 서낭당으로 변천했다. 그런데 이와 다르게 태하에서는 '성하신당'으로 불리고 있다. 이 용어는 언제 어떻게 등장했을까?

『울릉도·독도 백과사전』에 따르면, 1934년에 신당의 위치가 옮겨질 때 '성하지남신위聖霞之男神位'와 '성하지신여신위聖霞之神女神位'라는 위패를 새로 모셨고, 지금의 '성하신당'이라는 현판은 1984년경 세운 것이라고 했다.[26] 여기서 '성하聖霞'라는 단어가 처음 보이는데, 전거가 없다. 이를 성하신당의 유래로 삼을 경우 앞서 언급한 성황당의 전설과 연관성이 없어진다.

또한 『울릉도·독도 백과사전』은 1978년에 울릉군수 박종휴가 지은 글에 "무릉에는 본래 성황당이 없었고 사람들은 성신묘聖神廟라 불렀다."라고 한 내용을 인용했다. 그러나 이는 성하신당으로 불린 이후 지어진 글이므로 이를 성하신당의 유래로 삼기는 어렵다. 『개척 백년 울릉도』는 이를 답습했다.

성하신당은 결국 성황당城隍堂과 성신묘聖神廟, 성신당聖神堂 등에서 파생했다고 볼 수 있다. 1934년 위패에 등장한 성하聖霞는 '성신聖神'에서 '聖'자를 취하고 '태하台霞'에서 '霞'자를 취해 '聖霞성하'로 칭한 듯하다. 하지만 신당이 본래 성황당城隍堂에서 출발했고 태하台霞지역에서 만들어졌으므로 城과 霞를 취해 '성하신당'을 '城霞神堂'으로 표기할 수는 있지만, '聖霞神堂'으로 표기하는 것은 전설과도 동떨어져 있다. 본래의 유래를

26 『울릉도·독도 백과사전』, 휴먼 앤 북스, 2020, 268쪽.

따른다면, '태하의 성황당 이야기' 또는 '태하의 서낭당 이야기'로 부르는 것이 타당할 것이다.

4. 우해왕과 풍미녀 이야기

'우해왕과 풍미녀' 이야기는 1971년에 여영택이 통구미에 사는 최태식에게서 수집한 설화이다. 비교적 늦게 형성된 이야기다. 신라시대에 우산국 즉 울릉도가 왕성했을 때 바다를 주름잡던 우해왕于海王은 가끔 노략질을 하러 오는 왜구의 본거지 대마도로 가서 왕을 만나 담판짓고 항서를 받아냈는데 떠나기 전날 대마도 왕의 셋째 딸 풍미녀가 우해왕을 따라가고 싶어한다고 제안해서 함께 귀국했다. 우해왕은 풍미녀를 왕후로 삼았고 풍미녀가 원하는 것은 무엇이든 들어주기 위해 신라에까지 신하를 보내 노략질을 하게 했다. 우해왕이 우산국 신하와 백성들의 항의를 막았으므로 풍미녀는 더욱 사치했고, 결국 이 때문에 우산국이 망했다는 이야기다.

그런데 『동해의 수련화』는 이 이야기를 언급하지 않았다. 『개척 백년 울릉도』는 '사자바위' 항목에서 이 이야기를 실었는데, 우산국 우해왕이 대마도에서 풍미녀를 데려와 딸 별님을 낳았고, 왕은 왕후의 사치를 감당하느라 신라에까지 가서 노략질하여 신라에서 이사부를 보내 토벌했다. 처음에는 이사부가 패했으나 다시 와서 우해왕에게 항복을 권유했지만 듣지 않아 신라가 목사자를 실은 군선을 가져와 우산국을 멸망시키고 해마다 공물을 바치게 했다는 것이다. 그때의 목사자가 지금의 사자바위이고, 우해왕이 벗어던진 투구가 지금의 투구봉으로 전해진다는 사실도 기술했다.

『개척 백년 울릉도』는 '비파산과 학포' 항목에서 우해왕 관련 전설을 소개했는데, 풍미녀가 죽은 뒤 왕비가 사랑하던 학이 100일 후 지금의 학포鶴圃 쪽으로 날아간 데서 학포로 부르게 되었고, 비파를 뜯던 곳을 비파산으로 부르게 되었다고 소개했다. 『울릉군지』에도 이 이야기가 실려 '사자바위'와 '비파산과 학포'라는 제목의 전설에서 우해왕과 풍미녀가 단편적으로 언급되었다. 『울릉군지』는 『개척 백년 울릉도』를 답습했다.

'우산국-우해왕과 풍미녀 이야기'는 '디지털 울릉문화대전'도 답습했다. '디지털 울릉문화대전'에서 이 전설을 인용한 김호동은 "「우해왕과 풍미녀의 전설」은 전해지는 과정에서 많은 윤색이 가해졌을 것으로 보이나, 문헌 사료에 보이지 않는 우산국의 실체를 전해 주는 이야기의 하나라고 할 수 있다."고 했다. 그는 우해왕과 풍미녀의 전설을 소개한 뒤 우해왕이 동해안의 해상권을 장악한 사실이 신라에 위기감을 주어 이사부의 정벌로 이어졌을 것으로 보았다. 그는 『삼국사기』에 "우산국이 귀복하여 해마다 토산물을 바치기로 하였다."라고 했으므로 우해왕은 전사하지 않았고, 멸망하지 않은 상태에서 신라와 연합 동맹을 구축했다고 보는 것이 타당하다고 해석했다.

그러나 우산국은 512년에 신라의 속국이 되었으므로 위의 설화가 사실이라면 그 이전의 이야기가 되어야 한다. 사료에는 지증왕 대의 우산국 정복 기사 외에 고려 전기까지 우산국과 관련된 내용이 보이지 않는다. 대마도의 왕과 혼인한 사실, 우산국 신하와 백성들의 항의를 운운한 것도 기록에는 없는, 검증되지 않은 내용이다. 그러므로 이 설화는 우산국 기사 이전에 보였다는 점에서는 의미가 있지만, 역사적 사실로 보기는 어렵다. 그럼에도 이 설화는 우해왕과 풍미녀의 이야기로서뿐만 아니라 '사자바위'와 '비파산과 학포'이야기로 확대 재생산되어 전해지고 있다.

현재 울릉도에 전해지는 전설은 대부분 1960년대 울릉도 개발의 본격화와 궤를 같이하며 형성되었다고 보인다. 1971~1972년에 여영택이 수집할 때 전설의 숫자가 급증한 것이 이를 말해준다. 전설은 형성되는 과정에서 많은 윤색이 가해져 전해지고 있다. 전설을 계승하는 것도 중요하지만 그 유래를 제대로 인지하고 있는 것도 중요하다. 현재 울릉도에는 전설과 지명의 유래를 기술한 안내판이 여러 곳에 설치되어 있는데 잘못 기술한 것이 적지 않다. 유래만이라도 제대로 알려줄 필요가 있다.

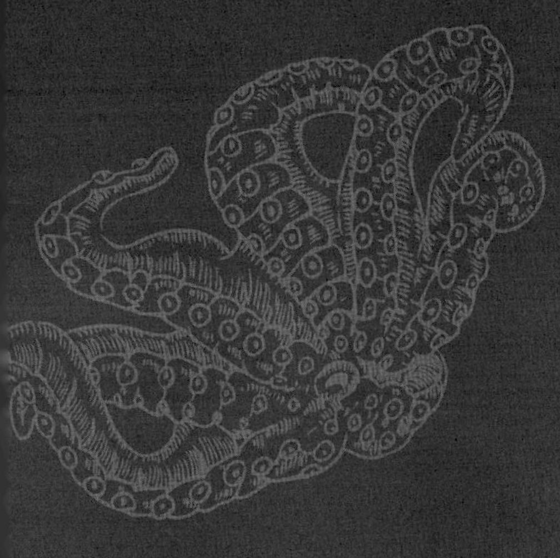

4부

사료 소개

1900년 한일 공동조사단의 울릉도 조사 기록

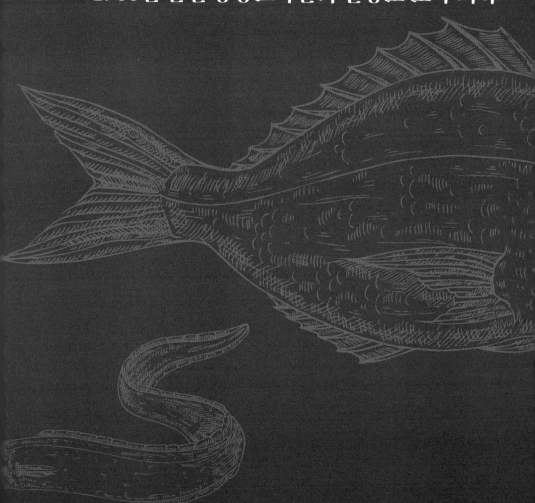

4부는 1900년 6월 한일 양국이 울릉도를 공동조사한 내용이다. 내부에서 파견한 시찰관 우용정과 동래감리서의 주사 김면수는 조사 후 각각 자신의 상관에게 보고서를 제출했으므로 그 보고서 및 관련 문서를 소개하고자 한다. 앞서 필자가 「울도기」를 비롯한 관련 문서를 소개한 바 있지만* 미진한 부분이 있어 이번에 보완했다. 이들 문서는 1900년 당시 일본의 침탈 상황을 여실히 기술하고 있으므로 칙령 제41호의 제정 배경을 이해하는 데 도움이 될 것이다.

* 신용하의 『독도 영유권 자료의 탐구』 3권(『독도연구총서』 3, 독도연구보전협회, 2000), 69~113쪽에서 원문을 싣고 일부만 번역했는데 오역이 적지 않다. 유미림의 『개화기 울릉도·독도 관련사료 연구』(한국해양수산개발원, 2008)에 번역문이 실려 있으나 더러 오역이 있다. 김영수의 『제국의 이중성』(동북아역사재단, 2019)에서도 「우용정의 울릉도 조사와 한일공동조사단의 활동」(294~328쪽)에서 관련 내용을 다루었다.

제1장

사료 번역

1. 우용정의 「울도기欝島記」[1](순한문)

울도欝島는 옛날에는 우산국于山國이라고 했다. 신라 때 어느 대에 세워졌는지 모르겠지만 증빙할 만한 문헌이 없어 상고할 수도 없다. 지증왕 때에 난도亂徒가 몰래 점거하고는 험한 지형을 믿고 복종하지 않자, (지증왕이) 수신帥臣 이사부에게 명하여 나무 사자를 배에 싣고 우산국으로 가서 그들을 속여 말하기를, "너희가 만일 복종하지 않으면 이 짐

1 원문은 '鬱'자의 이형자인 '欝'자로 되어 있다. 원문대로 썼다.

승들을 많이 풀어놓아 물어뜯어 죽이게 하겠다."라고 말하게 했다. 이에 우산국 사람들이 크게 두려워해서 결국 항복했다고 한다. 이는 야사에 전해지는 바로 국사에는 기재된 바가 없다. 이후 그 땅을 몇 백년 동안 비워두었으나 역사서에 전해지는 바가 없다. 우리 왕조에서 임진란 때 삼척의 정 씨 성을 가진 몇 사람이 난리를 피해 이곳 울도로 왔다.

숙종 조에 김환金丸 등 70여 명을 찾아내 쫓아낸 사실이[2] 역사책에 기재되어 있다. 이후로는 삼척 부사[3]와 월송 만호에게 3년 간격[4]으로 수토搜討하도록 명하여 사람들을 살지 못하게 했다. 이는 절도絕島에 무뢰배들이 무리를 이루는 일이 있으면 혹여 화근이 될까 염려해서였다. 옛적에 황상皇上이 등극하심에 성덕이 거룩하시어 원근을 가릴 것 없이 일체가 되어 어느 곳이든 왕의 백성이 아닌 곳이 없었다.[5] 지난 임오년(1882)에 수신 이규원李奎遠을 개척사로 삼아 전에 몰래 건너온 일본인 1,500여 명[6]을 모두 철수하여 돌아가게 했다. 그 뒤 관동關東 사람 7~8가구가 먼저 들어왔고 영남 사람 10여 가구가 뒤이어 들어와 바위 위에 집을 짓고 불을 놓아 밭을 일구었다. 이때부터 팔도의 사람들이 조금씩 이주해 와서 점차 촌락을 이루었다. 그런데 쥐로 인한 피해가 너무 심해 남아나는

2 이 일은 세종 20년의 일이다. 『세종실록』(1438년 4월 21일)은 전 호군 남회南薈와 전 부사직 조민曹敏을 무릉도에 파견하여 조사한 내용을 기술했으나 김환은 언급하지 않았다. 김환을 언급한 것은 『신증 동국여지승람』으로 다음과 같이 기술했다. "세종 20년에 울진현 사람 만호萬戶 남호南顥를 보내 수백 사람을 데리고 가서 도망해 가 있는 백성들을 수색하여 김환 등 70여 명을 잡아가지고 돌아오니 그곳 땅이 비었다."

3 삼척 영장 혹은 삼척 첨사가 되어야 맞다.

4 2년 간격이 맞다. 2년 간격은 3년마다 파견되었음을 의미한다.

5 이는 『시경詩經』에서 온 말이다. 「소아小雅」 「북산北山」에 "하늘 아래 모든 곳이 왕의 땅 아님이 없으며, 땅의 모든 물가에 이르기까지 왕의 신하 아님이 없다[普天之下 莫非王土 率土之濱 莫非王臣]."라고 기술되어 있다.

6 1,500여 명이 철수된 적은 없다. 그 근거를 알 수 없다.

곡식이 없었다. 당시 도장島長 서경수徐敬秀[7]가 정부에 장계를 올리자 영의정 심순택이 임금에게 아뢰어 삼척과 울진, 평해 세 읍의 환곡 가운데서 300석을 나눠주어 도민島民을 구휼하게 했다. 이로부터 인구가 날로 많아지고 토지가 점차 개간되어 엄연히 하나의 도회都會를 이루었다.

그러나 최근에 일본인이 살금살금 몰래 넘어와 거주민을 침학侵虐하고 목재를 마구 베어가므로 도감 배계주가 병신년(1896)에 부임한 이후로 금지시켰으나 잘 되지 않자 이런 사실을 여러 번 내부에 보고하였다. 내부대신 이건하가 폐단의 원인을 깊이 염려하여 작년 9월에 본부(내부)의 시찰관을 조사위원으로 삼아 그로 하여금 미리 가서 그 섬의 정황을 자세히 살피게 하라는 뜻으로 상주上奏하여 재가받았는데, 재주 없는 내가 외람되이 이 명을 받들었다.

그리고 (나는) 일본 공사와 외부에서 만나 주선하여 올해 5월 25일에 인천항으로 출발하였다. (5월) 27일에 일본 경부보 와타나베 간지로와 함께 기소가와호(木曾川丸)에 탑승하고 부산항으로 바로 향하였다. 29일 오후에 부산항에 이르러 정박한 뒤, 감리서監理署 주사主事 김면수金冕秀, 해관 세무사 프랑스인 라포르트(羅保得), 해관의 방판 김성원, 일본 부영사 아카쓰카 마사스케(赤塚正輔),[8] 경부 와타나베 간지로, 우리나라 보호순검 신태현申泰炫과 김형욱金亨郁, 일본 보호 순검 두 사람을 만나 모두 본국의 창룡호에 함께 탑승하였다.

5월 30일 울도를 향해 출발했다. 다음 날(31일) 오전 8시에 멀리 울도의 묏부리가 나라히 있는 것이 보였는데 안개가 자욱하였다. 오후 한 시

7 월송만호 서경수는 1888년 봄에 도장을 겸했다가 1889년 8월에 파면되었고, 이후 다시 직임을 맡았다.

8 영사관보로 기술한 기록도 있다.

가 되어서야 도동포구에 정박하였다. 여기가 바로 울도 도감島監의 사실私室이 있는 곳이다. 그 다음날인 6월 1일, 일본 영사[9]와 만나 조사했는데 세무사는 옆에서 함께 들었다. 연이어 3일 동안 일본인과 도감을 사문査問했는데, 진술하는 바가 상반되었다. 대체로 일본인은 본시 몰래 넘어와 법을 어겨놓고는 한결같이 말을 꾸며대 변명하는지라 더 이상 사문할 게 없었다.

다음 날(4일) 회동하여 다시 윤선을 타고 섬 전체를 순찰했는데, 윤선을 대고 육지에 내리니, 천부동天府洞의 고선포古仙浦,[10] 현포동玄圃洞, 태하동台霞洞 세 동이었다. 태하동은 골짜기가 둥글게 열려 있고 지세가 편평해서 관사 8칸이 있는데, 여기에도 이전 사람이 써놓은 이름이 있었다. 구례舊例대로 산신당에 치성을 드리고 동민洞民을 효유曉諭하니 해가 이미 서녘으로 기울고 있기에 바삐 섬으로 돌아왔다.

5일에 각 동민의 등장等狀[11]을 품목稟目으로 만들어 고소告訴하고, 돌아와 이리저리 응대하느라 조금의 틈도 없었다. 게다가 윤선은 여러 날 정박해 있을 수가 없고 석탄도 부족하다고 하니, 섬사람들이 만류하고 싶어했지만 사정이 어찌할 수가 없었다.

6일 오전 10시에 대강 장부를 조사하고 이어 윤선에 탑승하여 배의 노를 돌렸다. 본도本島의 산천과 형승形勝, 토산, 풍속은 비록 자세히 알 수는 없었지만 닷새동안 머물며 공무를 보는 여가에 각 동의 부로父老를 불러들여 개척 이후의 일들을 자세히 논하는 사이 기이한 이야기를 들은

---

9 우용정은 일본 영사와 부영사, 경부보와 경부를 혼용했다.

10 왜선창을 가리킨다. 본래는 왜선창인데 이것이 예선창 → 구선창 → 고선포로 와전된 것이다.

11 등장이란 여러 사람이 연명하여 관사에 어떠한 요구를 소원하는 일을 말한다. 소장의 머리에 "누구 누구 등은 아룁니다."고 한 데서 온 용어이다.

것도 있었다.

대체로 섬 전체의 길이는 70리가 되고, 넓이는 40리[12]가 되며, 둘레도 140~50리[13]는 됨직하다. 임오년과 계미년(1883)에 개척한 후로 지금까지 거주민은 400여 가구, 남녀 모두 1,700여 명,[14] 개간한 화전은 7,700여[15] 두락斗落인데, 땅이 기름져서 종자를 뿌리면 풍년이 든다. 심는 것은 보리와 밀, 황두, 감자(甘藷)[16]로 집집마다 양식이 풍족하였다.[17]

물에서는 미역 채취를 주로 했고, 면화와 삼베, 종이류 등은 외부에서 들여오지 않아도 자족할 수 있다. 간혹 흉년이 들면 다행히 학조鶴鳥와 명이풀(茗荑草)이 있어 기아를 면할 수 있었으니 이는 살리기를 좋아하는 하늘이 뜻이 있어 이 땅에 이런 물산이 자라나게 하는 것이 아니겠는가. 학조는 매의 부리에 오리 발 모양을 하고 있고, 털은 하얗고 크기는 비둘기만한 새이다. 한낮에는 바다의 수면 위로 날면서 물고기류를 쪼아 먹고, 날이 어두워지면 산간으로 돌아와 동굴에서 산다. 사람들이 그 새를 잡으려 산속에서 불을 켜면 밝은 곳을 향해 모여든다. 그 틈을 타서 잡으면 전혀 힘들이지 않고 잡을 수 있다. 맛은 오리 고기랑 비슷하지만 더 맛있다. 명이는 줄기가 하나에 이파리가 둘이다. 줄기는 달래 이삭(蒜穗) 같고, 이파리는 옥잠화 같다. 명이꽃은 파 이삭의 종류와 같은데 맛

---

12 우용정의 보고 후 이건하가 10월 22일 올린 청의서에는 가로 50리, 세로 80리로 되어 있다.

13 아카쓰카는 「울릉도 산림조사 개황」에서는 둘레를 20리(200리)로, 「울릉도 조사 개황」에서는 100리로 보고했다. 예상 면적은 9331町 2反步로 보았다(「울릉도 산림조사 개황」).

14 김면수는 1,641명으로 기록했고 아카쓰카는 2,500명으로 기록했다.

15 이건하의 청의서에는 만여 두락으로 되어 있다.

16 甘藷는 감자와 고구마 두 가지로 번역되는데 여기서는 감자로 번역했다. 울릉도의 주식은 감자였다는 기록이 더 많기 때문이다.

17 이건하의 청의서에는 보리가 2만여 포, 밀이 5천 포, 황두가 1만여 포로 되어 있다. 아카쓰카는 대두가 5,000석이 산출된다고 보고했다.

도 그와 같다. 대체로 이 학조와 명이풀로 해를 넘기도록 먹으며 지내도 사람들에게 굶주린 기색이 없으니 매우 기이한 일이다.

산세는 층층이 늘어선 산봉우리들이 우뚝하게 푸르고 기암괴석은 마치 사람이 서 있거나 짐승이 웅크려 있는 듯해서 그 천태만상을 묘사하기 어렵다. 수목은 하늘을 찌를 듯한데 이를테면 규목槻木, 자단紫檀, 백자栢子, 감탕목(甘湯) 등이 있는데, 모두 단단하고 결이 촘촘해서 진기한 그릇을 만드는 데 쓰일 만하다. 더욱 신기한 것은 산세가 이렇게 깊은데도 호랑이와 표범, 뱀, 살무사(虎豹蛇虺) 등의 해가 없고, 수목이 이렇게 무성한데도 가시에 찔리는 괴로움이 없으니, 영기靈氣가 모여 사람에게 해를 끼치는 것을 모두 제거해주기 때문인 듯하다. 섬사람들이 소금강小金剛이라 일컫는 것이 당연하고 괜한 칭찬이 아니다. 다만 한스러운 것은 왕명을 받들고 이곳에 와서 공무로 바빠 이런 좋은 경치를 대하고도 그윽한 심사를 한번 펴보지 못한 것이다. 이번 생에 다시 볼 수 없는 것이 매우 안타까운데, 산신령에게도 비웃음을 당할 것이다.

'울릉도를 순시하던 날, 절구 한 수를 읊다'

바다 가운데 있다는 울도, 이름 들어본 지는 오래됐네
우뚝 솟은 기이한 봉우리들, 속정(世情)을 벗어났네
천년의 맑은 기운이 모인지라
산에는 뱀이나 범이 없고, 나무에는 가시가 없구나

2. 고시와 훈령

1) 「고시告示」 6월 1일 (국한문)

지금 본관이 황명皇命을 받들고 본부 대신의 훈령을 받들어 이 섬 인민의 질고疾苦와 개척이 진행된 형편 및 외국인이 침학한 정황을 자세히 조사하기 위해 외부에서 파견한 관원[18]과 함께 이곳에 왔다. 일본 관원 두 명[19]도 일본 상인이 출몰하며 폐단을 일으킨 정황을 조사하러 함께 왔으니, 각 마을의 백성 가운데 사정을 잘 아는 사람 두세 명씩 즉각 와서 전후의 폐막弊瘼을 숨기지 말고 모두 진술해야 할 것이다.

2) (내부의) 「고시告示」 6월 3일 (국한문)

본관이 이 섬에 온 뒤 본부의 고시告示를 선포했으니, 너희 백성들도 조정에서 지성껏 돌보아주시는 본지本旨에 감복할 것이다. 대저 본도本島는 바다 가운데 홀로 있는 곳으로 개척한 지 십수 년에 불과하지만, 너희 백성들은 고향을 떠나 친척을 버리고 위험을 무릅쓰고 멀리 바다를 건너와 식산殖産에 힘써왔다. 이에 인구가 날로 늘어나고 토지가 점차 개간되어 엄연히 하나의 도회都會를 이루었으니, 백성과 나라에 복됨이 이보다 큰 것이 없을 것이다. 그러나 모든 제도가 전혀 구비되지 않아 도감島監은 관리라는 허울만 있고 백성은 국가의 원적原籍에서 누락되었으며, 행정·법률과 교육·경영 등에서 제반 규칙이 하나도 제대로 보급된 것이 없을 뿐만 아니라 최근에는 일본인이 몰래 넘어와 침학하여 너희 백성들

---

18 동래감리서 주사 김면수를 말한다.

19 부산영사관의 부영사 아카쓰카 마사스케와 경부 와타나베 간지로를 말한다.

이 동요되어 안정되지 못할 지경이다. 이는 정부가 백성을 보호할 방략方略에서 아직은 겨를이 없다고 할 수 있을 것이다. 그러나 그 원인을 따져보면 뱃길이 너무 멀어 소식이 (제대로) 전달되지 않았기 때문이니 어찌 안타깝지 않겠는가.

이에 본부로서는 일본 공사에게 알리고 논박하기를 이미 여러 번 한 결과, 본관을 특별히 파견하게 된 것이다. 본관이 일본 영사와 만나 조사하여 자세히 보고하면 실로 정부의 대책이 있을 것이다. 긴급한 사안을 먼저 조목조목 아래에 적었으니, 너희들은 잘 따르고 거행하여 실효를 거두도록 해야 할 것이다.

본관이 회항回航하는 일이 급해 일 처리에 미진함이 많을 것이다. 너희들도 방략을 충분히 상의하여 정리해서 올리면, 내가 돌아가 본부에 보고해서 사체事體에 타당하고 백성에게 편리한 사안은 하나하나 잘 시행하여 이 섬의 백성으로 하여금 인자하신 성상의 은총을 한몸에 젖어들게 할 것이니, 너희는 모두 이 점을 잘 알아야 할 것이다.

(고시한 조목-인용자)

-. 관민 간에 체통을 엄히 세우고 금령을 잘 준수하여 어기는 일이 없을 것

-. 삼림은 국가에서 벌채를 금하는 것이니 마을마다 힘을 다해 지키고 기르되, 농작農作을 위해 밭에 불을 놓더라도 아름드리나무까지 태우지는 말 것

-. 법을 지키지 않는 백성이 있어 일본인과 결탁하여 규목槻木을 몰래 베는 자가 있으면, 그 목재는 모두 관官에 귀속시키고 그 백성은 바로 축출할 것

-. 이미 개간한 밭에서 나오는 수확량과 실제 가구 및 인구를 일일이

조사하여 매년 본부에 보고할 것

-. 풍범선을 사두어 뱃길에 편리하게 하고 토산물을 운반하여 무역할 것

-. 울릉도에 배를 사둔 뒤에는 섬의 물산을 본도의 선박으로 드나들며 무역하되, 만일 외국선박에 적재하는 경우 해당 물화物貨는 모두 본도의 회사에 속공屬公할 것

-. 염전 장비를 준비하여 소금 만드는 일을 급선무로 할 것

-. 본국인과 외국인을 막론하고 나무를 베어 배를 만드는 것을 일체 엄금할 것

-. 학교를 세워 백성을 교육할 것

-. 혹여 무도한 백성이 어른을 업신여기거나 음주잡기로 동규洞規를 어지럽히는 자가 있으면 법률을 정하여 엄히 금단할 것

3) 「개운회사에 내린 훈령(訓令開運會社中)」 (국한문)

본도가 동해에 있어 수로가 멀고 험한 곳인데 아직도 이용하는 배가 없으니, 왕래하다가 표몰漂沒될 염려가 있고 물산을 교역하고 유통할 때 구애되는 바가 많다. 뿐만 아니라 소식이 전해지지 않아 정부의 명령을 받들어 따르기가 어렵다. 그러니 각 동의 대표가 충분히 상의하여 공개적으로 논의하여 특별히 개운호 한 척을 마련하고 회사를 따로 설립하되, 세납稅納의 다소와 장정 조약章程條約은 다시금 본부(내부)의 지휘를 기다려야 할 것이다.

본사本社에 속한 속전贖錢 400금과 각자 몰래 베어낸 규목槻木은 각 동민洞民으로 하여금 빨리 취렴聚斂하여 개운환 구입비를 기한 내 갚을 수 있게 해야 한다. 각항各項의 사안과 수입화물에 대한 세금은 일체 도감島監과의 약속을 따라야 할 것이다.

4) 「13동에 내린 훈령(訓令十三洞)」 (국한문)

본관이 이곳에 와서 며칠 동안 섬 안의 전후 사실을 자세히 조사해보니, 일본인이 장정章程을 위반한 것과 주민을 침학한 사실은 더 논할 게 없지만, 도민島民이 일본인과 부화뇌동하여 결탁하거나 거짓말을 하고 농간을 부려 초래된 바도 없지 않다. 생각이 여기에 미치니 더욱더 통탄스럽다.

이에 영칙令飭을 내리니, 앞으로 도민 중에 부화뇌동하여 나무를 몰래 베거나, 사람들을 선동하여 싸움을 일으키거나, 일본인의 사환使喚이 되어 톱질을 하고 나무를 운반하는 등 고용된 단서가 있으면, 일체 본도의 도감이 지적하여 보고한 대로 곧바로 부산경무서로 이송하여 수감한 뒤 등급을 나눠 엄히 징벌하여 조금도 용서하지 않을 것이니, 명심하고 거행하여 죄를 짓는 데 이르지 않아야 할 것이다.

다시 이 영칙을 각 동의 대표가 각 동민들에게 일일이 효유曉諭하여 한 사람도 듣지 못해 알지 못하는 폐단이 없도록 해야 할 것이다.

3. 우용정의 보고서와 후록

1) 「보고서報告書」 (국한문)

본부本部의 제1호 훈령을 받들어보니, 울도를 시찰하고 담판할 일로 저를 특별히 파견하니 해당되는 두 건의 사항을 편의한 대로 관장하되, 될 수 있는 대로 자세히 파악하여 일마다 바로잡고, 본도本島의 전후 형편 및 마음대로 결정하기 어려운 일은 보고 들은 대로 기재하여 책자로 만들어 본부에 직접 아뢰라는 내용이었습니다.

이달(5월) 25일에 인천항으로 떠나 27일에 일본 경부 한 사람과 기소가와호에 탑승하였습니다. 이어 부산항에 도착하여 감리서 주사 김면수와 해관 세무사 라포르트(羅保得), 해관의 방판 김성원, 부산항 주재 일본 영사관의 부영사 아카쓰카 마사스케, 경부 와타나베 간지로와 함께 30일에 창룡호에 탑승하였고, 다음날(31일) 하오 울도에 도착하여 뭍에 내렸습니다.

이달(6월) 1일 여러 번 계속 회동·조사하여 그 내용을 아래에 조목마다 상세히 진달하였습니다. 섬에 있는 5일 동안 섬의 정황을 두루 조사하여 도민이 보전하기 어려운 상황과 전후 사실도 「후록」에서 항목별로 자세히 진달했으니 사조查照해보시기 바랍니다.

광무 4년(1900) 6월 일

내부 시찰관 울도시찰위원 우용정

의정부 찬정 내부대신 이건하 각하

2) 「후록後錄」 (순한문)

一. 본도의 지형은 석벽이 대부분인데, 길이는 70리, 넓이는 40리이고 둘레는 140~50리를 밑돌지 않습니다. 이 사실도 주민이 말하는 바입니다. 각종 수목은 아름드리가 빽빽이 늘어서 있는데 규목, 자단, 백자, 감탕목 같은 것입니다. 암석이 있는 곳의 바깥쪽은 드문드문 개간되었는데, 토양이 비옥해서 거름이나 관개시설이 없어도 곡식을 심으면 풍년이 듭니다. 파종한 것은 보리와 밀, 황두, 감자인데 각 가정에서 양식으로 이어대고도 남아서 수출하여 팔고 있습니다. 그동안 개간된 토지는

7,700여 두락이고, 주민은 400여 가구, 인구는 모두 1,700여 명입니다. 이들은 산골짜기에 흩어져 살거나 바닷가를 따라 살면서 화전을 일구고 미역을 채취하며 사는데 생활이 풍족합니다. 면화와 삼베, 종이류 등의 물품도 외지로부터의 공급을 기다리지 않아도 됩니다. 간혹 흉년이 들면 학조라는 새와 명이라는 풀로 충분히 구황救荒하여 기아를 면할 수 있습니다. 또한 첩첩산중에서 호랑이와 표범, 뱀과 살무사 등에 물리는 해가 없고, 수목이 무성한데도 가시에 찔리는 괴로움이 없으니 명승지라고 할 만합니다. 다만 부족한 것은 섬의 지세가 너무 경사져 있어 논농사를 짓지 못하는 것뿐입니다.

一. 일본인으로서 각 마을에 흩어져 살고 있는 사람은 모두 57칸(間)[20] 이고 인구는 모두 144명입니다.[21] 섬에 정박해 있는 선박은 모두 11척이지만, 왕래하는 상선商船은 수를 정하기가 어렵습니다. 모두 바닷가마을의 입구에 초막을 짓고 사는데 대부분 규목으로 판자를 만들어 지붕을 덮고 벽을 둘렀으니, 이들이 과거에 함부로 베어낸 나무는 이루 다 기록할 수가 없습니다. 일본인들이 작년부터 몰래 벤 규목이 71그루나 되고 그 밖에 향나무와 잡목을 베어 그릇을 만든 것도 일일이 열거할 수가 없습니다. 1년 동안 감탕나무 껍질을 벗겨 즙을 짜내 운반해 내간 것도 천여 통이 됩니다. 만일 그들이 몇 년만 더 거주한다면 온 산의 수목이 분명 민둥산이 되고 나서야 멈출 것입니다.

---

20 김면수는 "바닷가에서 살고 있는 집은 57칸이다. 모두 규목으로 판재를 만들어 지붕을 덮고 벽을 둘렀다."라고 기술했다. 사람을 칸으로 보기는 어려우므로 김면수의 기록이 맞을 듯하다. 여러 가구의 집 크기를 합쳐 57칸으로 기술한 것은 이상하지만 집을 지은 형상을 기술했으므로 김면수의 글이 맥락은 통한다. 우용정이 기술한 부분을 "일본인으로서 각 마을에 흩어져 살고 있는 사람은 모두 57가구이고 남녀 모두 144명이다."라고 해석한다면 의미는 통하지만, 57가구가 144명에 그칠 것 같지는 않다. 따라서 우용정의 기술에는 착오가 있는 듯하다.

21 부영사 아카쓰카는 일본인을 100명 안팎이며 주로 시마네현 사람으로 보았다.

또 일본인들은 공연히 일을 만들어 싸움을 일으켜 문제를 만들었습니다. 그리고 그럴 때면 반드시 규목 몇 그루의 벌목을 허가하는 증표를 얻고 나서야 그만두었습니다. 이는 곧 저들이 전후로 몰래 베어낸 나무를 모두 이것으로 둘러댈 심산에서입니다. 심지어는 함께 고래를 잡기로 약속하고는 고래고기와 기름을 나누지 않았고, 더러는 규수를 희롱하기도 했으며, 갑자기 남의 집안으로 쳐들어가 우리 백성들을 능멸하고 침학하여 못하는 짓이 없었습니다. 그러나 도감은 단신單身에 맨손인지라 (일본인의 비행을) 금지시키고 싶어도 할 수가 없었습니다.

일본인이 와서 울릉도에서 머물고 있는데 그들이 하루를 더 살면 하루만큼의 피해가 있고 이틀을 머물면 이틀만큼의 피해가 있습니다. 이번에 조사할 때도 저들은 모두 이렇듯 둘러대는 말로 변명을 하다가, 말이 막히면 물러가겠다고 대답하였습니다. 원래 약장約章과 관계된 것이 아니라면 가능한 한 빨리 만나 담판 지어 바로 철수시킨 뒤에야 도민을 보호하고 삼림도 지킬 수 있을 것입니다.

섬을 순시하던 날, 윤선輪船을 정박시키고 뭍에 내리니 천부동과 현포동, 태하동이었는데, 태하동에는 올봄에 수리한 8칸짜리 관사가 있습니다. 골짜기는 둥글게 열려 있고 지세는 평탄하여 보리밭이 육지에 못지 않았습니다. 마을 사람들을 불러 위무해주고 고충을 물은 뒤 다시 윤선에 올랐습니다. 배로 섬을 돌 때 마침 일본 상선 4척이 또 섬으로 들어오는 것을 보았습니다. 다음날 탐문해보니, 벌목공 40명은 도끼와 톱을 싣고 있었고 그 외에 다른 공장工匠 등을 합쳐 모두 70여 명이 내렸다고 했습니다. 그러므로 다시 일본 영사에게 잘못을 따지면서, 일본인에게 엄히 신칙하여 나무를 함부로 베지 못하도록 하라는 뜻으로 (영사에게) 누누이 말했습니다. 내가 돌아간 후 어떤 침포侵暴가 있을지 몰라 두렵지만, 지금 철수를 언급하지 않을 수 없습니다.

一. 본도가 망망한 바다에 고립되어 있으므로 배가 없으면 소식이 통하지 않습니다. 수년 전부터 일본인이 몰래 건너와 살면서 제멋대로 횡포를 부리고 있는데 막지 못하는 것은 정령政令이 통하지 않아서입니다. 도민이 이들을 제때 고소하지 못한 이유는 (선박이 없어서이니) 제일 급선무가 오직 선박을 준비하는 일입니다. 마침 도민이 바야흐로 개운호라는 이름의 풍범선 한 척을 구매하고 싶었지만, 배값을 변통할 방책이 도저히 없었습니다. 그러므로 내가 섬에서 조사할 적에, 각 동에 엄히 신칙하여 우리 백성이 몰래 벌목한 나무가 106그루임을 알아냈습니다. 또한 과거에 몰래 벌목한 사람이 있는 곳을 찾아 징벌하여 속전贖錢을 징수한 것도 400금金이 됩니다. 그러므로 금칙하지 못한 이 섬의 도감을 아무리 엄하게 질책하더라도 베어낸 나무는 다시 소생시킬 수 없을 것입니다. 이에 다시 도민으로 하여금 회사를 공개적으로 논의하게 하고 위의 규목 및 속금贖金을 모두 개운회사에 부치고 나무를 내다 팔아 개운호 한 척을 사게 했습니다. 본관이 본부의 지시를 기다리지 않고 먼저 임의로 처리한 것은 매우 황송하지만, 만일 이 기회를 놓친다면 개운호를 살 수 없고 섬의 형편과 운항이 급하기에 부득이 직접 아뢰지 못하고 급히 배를 사도록 허락하였습니다.

一. 개국 504년(1895) 9월, 본부에서 비로소 본도에 도감을 두어 전도全島의 사무를 관할하게 했지만, 도감의 수하에 서기나 사환이 하나 없고, 월급이나 농사 대신 받는 늠료廩料도 없었습니다. 그러니 도민 중에 불법행위를 하는 자가 있다 한들 도감이 어떻게 영令이 행해지게 지휘할 수 있겠습니까. 도민의 입장에서 보면, 이들은 모두 육지에서 옮겨온 백성이니 관장官長의 체통을 어찌 두려워하겠습니까. 저들 일본인과 우리 백성을 막론하고 날뛰며 범법행위를 하는 것도 관장을 업신여기기 때문입니다. 지금 본도의 관제 개편에 관한 청의서請議書가 의정부의 재결裁決을 기다리고 있는 중입니다. 재결 후에는 감무監務 이하의 월급 및 서기와 사환 등의 급료를 반드시 섬 안에서 경비를 마련하되, 경비를 마련하는 방책은 이 섬의 가호가 이미 400여 호이니 호마다 여름에는 보리 두 말, 겨울에는 황두 두 말씩 거두어, 보리와 콩을 합하면 80석은 됩니다. 이로써 등급을 나눠 급료를 정하는 일이 쉽지 않을 듯하지만, 이 또한 본부에서 어떻게 처리하는가에 달려 있을 뿐입니다.

一. 본도의 과세는 미역세가 주인데 미역(甘藿)은 100엔[22]마다 5엔円을 세금으로 거둡니다. 전라남도 사람들은 평소 물에 익숙한지라 와서 미역을 채취하는데 매년 이들에게 거두는 세금이 500~600엔을 밑돌지 않습니다. 본래는 100에 10을 부과했었는데, 최근에 도감이 전라도 사람들의 청원을 받아들여 감세하여 100에 5를 부과했습니다. 그러나 도민들은 모두 이 세금이 너무 가볍다고 하며, 100에 10을 거두더라도 가벼운 세금이라고들 합니다. 그러니 지금부터 다시 정해 100에 10을 거두기로 정한다면 1년에 거두는 세금이 1,000엔은 넘을 것입니다. 그러면 이는 본도의 경비를 마련할 때 적지 않은 도움이 됩니다. 조선세造船稅는 1파把마다 5냥(兩)의 세금을 매기는데 매년 전라도사람들이 와서 10척 내외의 배를 만든다고 합니다. 봉산封山은 벌채를 금하고 나무를 길러야 하는 곳이니 그대로 내버려 두면 안 됩니다. 그러므로 지금부터는 다시 배를 만들어서는 안 된다는 뜻으로 정식定式을 만들어야 할 것입니다.

一. 일본인이 납세하는 조목은, 도감이 새로 도임한 초기인 병신년(1896)과 정유년(1897) 두 해에는 간혹 벌금을 바치라고 질책하거나 화물

22 원문은 엔(円)으로 되어 있으나 元을 오기한 듯하다. 이하 마찬가지다.

을 살펴 100분의 2세를 징수했었는데, 몇 년 전부터 도감이 통상하지 않는 비개항장에서 추세抽稅해서는 안 된다는 사실을 인지하게 되었습니다. 그러자 일본인의 멸시도 날이 갈수록 심해져 사실대로 납세하려 하지 않고 있습니다. 이에 그대로 놔두고 거두지 않는 것뿐입니다.

一. 작년 10월 1일, 러시아군함 한 척이 남양동 포구에 와서 정박하였습니다. 장관將官 한 명, 통사通事 한 명, 병정 7명이 배에서 내려 산천을 두루 돌아보고 도형圖形도 만들었습니다. 그리고 바로 규목 한 그루를 일본인에게서 75냥을 주고 샀습니다. 러시아인들은 8일 동안 머물러 있었으나 별다른 움직임은 없었고, 내년 3월에 다시 오겠다는 약속을 하고 떠났다고 합니다.

호구에 관한 성책成冊 1건

개간에 관한 성책 1건

초막을 짓고 사는 일본인 가구에 관한 성책 1건

일본인이 함부로 벤 규목에 관한 성책 1건

본도인이 함부로 벤 나무에 관한 성책 1건

감무監務의 보고 1건

본도의 등장等狀 2건

일본인에 관한 사실事實 1건

4. 일본인 조사 요령[23]

1) 「울도 재류 일본인 조사 요령 –양국인을 다른 날 심문」 (국한문)

○ 조사 사항 1

一. 항산恒産이 없는 일본인 수백 명이 울릉도의 한 구역을 멋대로 점거하고 자연스레 촌락을 이루어, 배를 운항하면서 목재를 함부로 베고 화물을 몰래 운반하며 도민들을 침학侵虐하고 있습니다. 일본인들은 주민들이 자기들 뜻을 조금이라도 거스르면 멋대로 난동을 부리고 병기를 휘두르며 전혀 거리낌이 없는데도 지방 관리가 이를 금지시킬 수가 없습니다.

이는 광무 3년(1899) 9월 16일 외부대신이 조회照會에서 기술한 내용입니다.

그런데 작년 9월에 다카오(高雄)[24] 서기생이 그 섬에 가서 거주 중인 일본인들에게 퇴거를 명하자, 그들이 항의하기를, "우리나라 사람이 전부터 이 섬에 와서 벌목한 것은 도감의 허가를 받아 그에 상응하는 벌목료를 납부했으니 실은 도벌이 아닙니다."라고 하였습니다. 그렇다면 그 사실과 외부대신의 조회가 서로 매우 다릅니다.

---

23 제목은 「鬱島在留日本人調査要領– 韓日人分日査問–」 등으로 되어 있지만, 조사할 사항을 먼저 제시한 뒤 조사한 내용을 날짜별로 기술하는 형식으로 되어 있다. 조사할 사항과 조사한 내용을 구분하기 위해 필자가 ○(조사 사항)과 ◎(조사 내용)을 임의로 넣었다.

24 다카오: 다카오 겐조(高雄謙三)를 말한다.

◎ 조사 내용 1

6월 1일, 한일 조사위원이 회동하여 일본인 후쿠마(福間) 등을 심문하기를,

"너희가 언제 이곳에 왔으며 위 사항을 어긴 일들을 사항별로 진술하라."고 하자,

일본인 후쿠마 효노스케, 가타오카 히로치카, 마쓰모토 시게요시 등이 고하기를,

"저희가 3년 전에 이 섬에 와 머물면서 수목을 함부로 베거나 병기를 사용한 적이 없습니다. 그리고 화물을 수출할 때 도감이 매번 사람을 보내 적발하여 100분의 2를 세금으로 납부했으니 이는 화물을 몰래 운반해간 것이 아닙니다. 또한 (우리는-원주) 거리낌 없이 행동한 적도 전혀 없고, 관리가 금지하는 명령도 듣지 못했습니다. 전 도감 오상일吳相鎰이 재임할 때 나무값 500냥을 선납하게 하고 그루 수는 정하지 않았으니 이를 어찌 도벌이라 할 수 있습니까?"라고 하였습니다.

6월 2일 (조사위원이) 도감 배계주에게 묻기를,

"어제 일본인들이 말한 내용이 도감이 전에 보고한 내용과 아주 상반되는 것은 어째서입니까?"라고 하자,

(도감이) 답하기를,

"본 도감이 병신년(1896-원주) 5월 본도에 부임해보니 이미 일본인 수백 명이 와서 체류하고 있었는데 도민들이 일본인의 폐해가 많다고 호소하기에, 제가 일본인에게 본도는 통상을 하는 항구가 아닌데 너희들이 어찌하여 이곳에 왔느냐고 물었습니다. 그리고 상선商船의 물표物標[25]를

25 원문은 物表로 되어 있다. 物標가 되어야 맞다.

조사해보니, 부산항으로 향하는 물표를 지니고 있었습니다. 그들은 스스로 (자신들의 행위가) 이치에 맞지 않는다는 걸 알고 벌금표 6장을 바쳤는데, 10원元짜리 벌금표가 하나, 30원짜리 벌금표가 하나, 50원짜리 벌금표가 하나, 300원짜리 벌금표가 셋이었습니다. 또 사무장인 이노우에 다이소(井上帶莊)가 납세 책자 한 권을 바치고, 수출화물에 100분의 2를 세금으로 내기를 자원했습니다. 병신년과 정유년 두 해에는 수출화물에 100분의 2 구문口文만 바쳤으니 이는 봉세捧稅[26]와는 차이가 있습니다. 해당 일본인들이 벌금표만 바치고 끝내 벌금은 납부하지 않은 채 몰래 도주한 증거 문적文蹟이 있습니다."라고 하였습니다.

영사가 묻기를,

"우리나라 사람이 콩으로 납세한 적이 있다고 하는데, 과연 이런 일이 있었습니까?"라고 하자,

도감이 답하기를,

"금년(1900-원주) 정월에 일본인들에게 세금으로 납부할 콩이 현재 얼마나 되는가를 물어보니, 일본인은 현재 40말(斗)이 있다고 답하였습니다. 섬의 일본인들이 콩으로 납부하기를 원했지만 제가 수출화물이 그렇게 많은데 40말의 콩으로 납부하는 것은 너무 보잘것없지 않느냐고 질책하고, 끝내 납세를 허락하지 않았습니다. 병기兵器를 사용한 일은, 일본인에게서 빼앗아온 칼 한 자루가 있으며, 일본인이 소란을 일으킨 날을 기록해둔 책자도 있습니다. 벌목료를 내고 벌목했다는 일은, 일본인이 무리를 지어 위협하며 전 도감 오상일이 허락하여 규목 한 그루에 50원을 쳐주었고, 박 충朴仲이 허락하여 규목 한 그루에 500냥을 주고

26 이는 원래 바쳐야 할 세금 즉 「조일통상장정」에서 정한 종가從價 5%의 수출세를 말한다.

산 일을 말합니다. 규목 두 그루의 값을 쳐준 일을 빙자하여 그루 수는 정하지 않았다며 온 산의 규목을 다 베가려 하니, 이것이 말이 되는 이야기입니까?"라고 하였습니다.

○ 조사 사항 2

-. 일본인은 아직 물러갈 뜻이 없고, 규목을 함부로 베는 것이 갈수록 심해지니 도감은 이치에 맞지 않는 그들의 행동을 좌시할 수 없었습니다. 이에 곧바로 배를 타고 한성으로 달려가 사실을 고하려 했는데 저 일본인들이 나루마다 입구를 지키고 우리 사람으로 하여금 건너가지 못하게 하였습니다.

◎ 조사 내용 2

6월 1일, 일본인 후쿠마(福間) 등에게 묻기를,

"위 사항을 어긴 일이 실제로 있었는가?"라고 하자,

일본인이 고하기를,

"작년 9월에 다카오 서기생이 체류 일본인에게 퇴거를 명했을 때 바로 퇴거했어야 하지만, 마침 전사능田士能이 농상공부의 훈령을 지니고 규목 80그루를 베려 했습니다. 그런데 배 도감이 벌목에 사람을 고용하지 못하게 만류했으므로 저희가 바로 퇴거하지 못했습니다. 나루 입구를 지키고 건너가지 못하게 했다는 일은, 애당초 도감이 언제 상경하는지를 들은 적이 없는데 어떻게 나루를 지키는 일이 있을 수 있었겠습니까?"라고 하였습니다.

6월 2일, 배계주에게 묻기를,

“이 일본인들이 고한 바를 들어보니, 도감이 전에 보고한 것과 서로 모순되는 것은 어째서입니까?”라고 물으니,

배계주가 답하기를,

“일본인이 아직 퇴거하지 않은 일은, 섬 안의 주민에게 주어야 할 콩이 수 만 말이니 이 콩을 내주면 바로 퇴거할 수 있습니다. 그리고 전 도감 오상일에게 허락받은 규목 28그루를 판자로 만들 때 제가 압류했습니다. 그들은 성표成標를 발급해준 뒤에야 목재를 싣고 물러갈 수 있다고 하니, 이를 핑계로 눌러 앉을 심산입니다. 김용원金庸爰이 규목 80그루를 베어 판자로 만든 일은, 전사능이 일본인과 함께 농상공부의 훈령을 빙자하여 죽을 각오로 나무를 베었기 때문에 그대로 내버려둔 것입니다. 일본인이 조선인을 고용하여 벌목하는 일을 제가 만류할 이치가 어디에 있겠습니까”라고 하였습니다.

또 (배계주에게) 묻기를,

“어제 일본인 후쿠마 등 세 사람이 벌목하는 일에서 두령頭領이 되었습니까? 벌금표 6장에 대해 후쿠마 등 세 사람도 그 속사정을 압니까?”라고 하자,

(배계주가) 답하기를,

“이 세 사람이 벌목과는 상관이 없지만, 섬에 있는 일본인들의 두령이기 때문에 간섭하지 않는 일이 없습니다. 벌금표에 대해 이 세 사람은 애초에 모릅니다.”라고 하였습니다.

(조사위원이) 배계주에게 묻기를,

“이 일본인 세 사람이 벌목, 벌금 등의 일과 무관하다면 어째서 도감과 재판을 하는 것입니까?”라고 하자,

영사가 대신 답하기를,

"과거에 벌목과 관계있던 일본인은 대부분 떠나갔고 더러는 각지에 흩어져 살고 있는데, 이번에 대질한 세 사람은 섬에 있는 일본인 가운데 두령으로 모든 일을 익히 알고 있으므로 이 세 사람이 도감과 재판을 하는 것입니다."라고 하였습니다.

배계주가 고하기를,

"일본인이 나루 입구를 지킨 것은 제가 육지로 가는 일을 저지하기 위해서입니다. 제가 부산항 세무사 및 김 방판幫辦[27]에게 보내는 편지를 지닌 부산통사 한익삼韓益三이 배에 올랐을 때, 일본인이 그 편지를 빼앗아 찢어버린 일을 같은 배를 탄 이경언이 목격했습니다. 편지를 찢어버린 일 하나만 보더라도 나루 입구를 지켜 제가 건너가지 못하게 저지했다는 것을 알 수 있습니다."라고 했습니다.

○ 조사 사항 3

一. 벌목에 관한 사안으로 도감이 일본재판소에 가서 소송하여 조사를 거쳐 배상을 요구한 것은 몇 년이나 지난 일인데, 일본은 그때의 재판비용이 수만 원元이 된다는 것을 빙자하여 도감에게 보상하라고 갖은 수단으로 위협하고 협박하였습니다. 이에 도민들이 두려워서 대신 비용을 마련하기 위해 산물을 팔았지만 필요한 액수를 충당할 방법이 없어 현재 곤란한 상황입니다.

◎ 조사 내용 3

6월 1일, 후쿠마 등에게 위 사항의 일에 대하여 사실대로 진술하라고

27 김성원을 가리킨다.

하자,

후쿠마 등이 고하기를,

“재판 비용을 요구한 일은, 배 도감이 저희들이 규목 95판을 몰래 운반했다고 여겨 일본 마쓰에(松江)에 재판하여 저희를 재판소에 가두어 한 달이 넘도록 고생시켰는데, 저희가 끝내 해명을 해서 그때 운반해간 규목 95판은 도민이 매매를 허락한 것이요 몰래 운반한 것이 아니라는 일로 판결받아 승소하였으니, 도감을 법에 비춰보면 반대로 처벌받는 것이 이치에 합당합니다. 말이 도감에 미쳐 누차 서로 힐난하다가, 옆에 있던 일본인과 한국인 황두표가 개인적으로 화해하기를 서로 권하기에, (도감이) 콩 400말로 비용을 내기로 타협했습니다.”라고 하였습니다.

6월 2일, 배계주에게 묻기를,

“지금 이 일본인이 말한 내용이 도감이 전에 보고한 바와 다른 것은 어째서입니까?”라고 하자,

(배계주가) 답하기를,

“작년 9월에 일본인 후쿠마가 일본인 수십 명을 거느리고 갑자기 관청으로 쳐들어와 으르고 협박하면서 말하기를, ‘우리들이 이번에는 재판에서 이겼으니 전의 소송비용 수천 원을 즉시 배상하라’고 하기에, 제가 답하기를, ‘재판의 법의法意는 양쪽이 대질한 후에 승부를 가르는 것이 당연한 법의인데, 너는 어찌 혼자 재판에 갔다 와서 송사에 이겼으니 비용을 내라고 하니, 이 무슨 근거 없는 말이냐?’고 하였습니다. 그러자 후쿠마 등이 화가 나서 저의 수족에 차꼬를 단단히 채우고 말하기를, ‘네가 만일 소송비용을 배상하지 않으면 결박해서 배에 태워 일본으로 보낼 것이다.’라고 하면서 너무 심하게 공갈협박했습니다. 일본인 와키타(脇田)가 옆에서 화해를 권하며 콩 400말로 배상하여 타협해서 무사한 것이

좋을 듯하다고 하기에, 부득이 응락했습니다. 그랬더니 후쿠마가 통사通事 정술갑을 보내 빨리 콩으로 상환하라고 재촉하였습니다. 이에 가옥과 전토田土를 도민에게 전당典當잡히고 콩 400말을 후쿠마에게 주었는데, 후쿠마가 콩을 받았다는 영수증을 아직까지 보내오지 않고 있습니다. 물건만 받고 영수증을 주지 않는 것도 법에 저촉됩니다."라고 하였습니다.

○ 조사 사항 4

一. 일본인이 한국인 김용원에게 돈을 주고, 벌목에 대한 약조가 있었으니 (도감이) 금벌禁伐을 요구하려면 반드시 돈으로 배상해야 한다는 등의 말을 증언하게 하였습니다. 도민들이 규목을 생명처럼 여기므로 그 금액 3천여 냥을 모두 배상할 것이라고 하였습니다.

◎ 조사 내용 4

6월 2일. 일본인이 김용원에게 돈을 지급한 일의 전말顚末을 아는지를 배계주에게 물었습니다.

(배계주가) 답하기를,

"일본인 오노 게이지(大野桂治)가 동래에 사는 김희언, 윤장오에게 3천 33냥을 주고 두 사람의 전답 문권文券과 수표手票를 전당잡은 것이 있습니다. 김(김희언)과 윤(윤장오) 등이 규목을 베는 일로 농상공부의 훈령을 얻어 사검査檢 김용원과 일본인 오노(大野)를 본도에 들여보내 벌목하려 했습니다. 제가 금지시키자, 김용원과 일본인 오노가 벌목을 허락하지 않으려면 위에서 말한 돈 3천 33냥을 바로 지급하라고 날로 독촉하기에 제가 부득이 응락했습니다"라고 하였습니다. 이에 1,500냥은 콩으로 시가를 계산하여 먼저 갚고, 나머지 돈은 이자를 붙여 1,700냥을 부산영사관에 갚으라는 뜻으로 본 시찰관이 타협안을 담당하였습니다.

2) 6월 3일 재차 심문 -배계주 및 일본인 후쿠마 등을 대질함

(일본인)영사가 (시찰)위원에게 묻기를,

"배 도감에게 우리 백성이 납세했는데 도감이 영수증을 발급하지 않은 것은 어째서입니까? 처음에는 세금을 받았다가 끝에는 세금을 받지 않은 것은 어째서입니까?"라고 하자,

위원이 답하기를,

"도감의 말이, 영수증을 발급하면 나중에 탄로가 나서 정부의 문책이 있을까봐 영수증을 주지 않았고, 또 통상하지 않는 항구에서 세금을 거두는 것은 폐지하는 것이 옳으므로 처음에는 구문口文이라는 명색으로 받았으나 결국은 받지 않았다고 합니다."라고 하였습니다.

영사가 묻기를,

"정부로부터 훈령이 있어 철폐한 것입니까?"라고 하기에,

(시찰위원이) 답하기를,

"정부의 신칙이 있어 철폐하였습니다."라고 하였습니다.

영사가 일본인 등이 지참한 영수증 4장을 내보였는데, 오 도감이 일본인에게 준 납세 약조표가 하나요, 배 도감이 써준 콩 30말 납세표가 하나요, 오 도감이 써준 콩 140말 납세표가 하나요, 오 도감이 일본인의 규목 운반을 허락하고 금지하지 않는다는 표기가 하나였습니다.

위원이 영사에게 묻기를,

"귀국의 백성 후쿠마가 오 도감에게 규목을 살 때 규목값으로 500냥

을 주고 그루 수는 정한 것이 없다고 한 것은 너무 이치에 맞지 않습니다. 후쿠마 등이 '오 도감의 표기票記가 있다'고 하기에 그 표기를 살펴보니, 표의 겉면에 '하나의 규목(一槻木)을 벨 때 500냥의 값을 바친다'고 쓰여 있습니다. 그러니 규목 한 그루(槻木一株)에 500냥을 쳐주는 것이 분명하고 정확합니다."라고 하자,

영사가 답하기를,

"이 표기에서 하나의 규목이라고 할 때의 '일一' 자字는 범칭泛稱의 일一자이지 한 그루라는 의미의 '일' 자가 아닙니다."라고 하였습니다.

위원이 답하기를,

"매매하는 법은 대체로 어떤 물건이든 숫자를 정해놓지 않고 매매하는 일이 있을 수 있습니까?"라고 하자,

영사가 답하기를,

"오상일이 지금 여기에 없으니 이 안건은 미결안으로 해둡시다."라고 하였습니다.

위원이 영사에게 묻기를,

"귀국의 백성이 자기들 뜻에 조금만 거슬리면 병기를 사용한 증거가 있습니다. 지난달 죽은 고래가 울릉도 앞바다에 떠오르자 귀국 백성 7명과 우리 백성 7명이 고기를 나누기 위해 힘을 합쳐 고래를 끌어냈는데 그 후 당신네 백성이 고기를 반으로 나누지 않고 70근만 주자, 우리 백성이 공평하지 못하다고 따졌습니다. 그랬더니 귀국 백성이 성을 내며 칼을 빼어 들었고 이에 우리 백성이 돌을 던져 한바탕 싸움을 했습니다. 우리 백성 두 명은 칼 때문에 머리에 상처를 입었고 두 명은 정강이 아래를 칼에 다쳤으니 이것이 병기를 사용한 증거가 아니란 말입니까?"라고 하자,

영사가 답하기를,

“우리 백성의 말이, 그 칼은 고래를 가르기 위해 가지고 간 것이라고 합니다. 어찌 사람을 해칠 뜻이 있어 가지고 갔겠습니까?”라고 하였습니다.

위원이 영사에게 묻기를,

“귀국 백성 20명이 도감의 관청에서 밤을 틈타 난동을 부린 날짜를 적은 기록이 있으니, 이것이 어찌 패악한 행동이 한두 번에 그치지 않은 일이 아니겠습니까”라고 하자,

영사가 말하기를,

“이 기록은 누가 쓴 것입니까?”라고 하자,

(위원이) “임林 감찰監察입니다.”라고 답하였습니다.

영사가 묻기를,

“우리 백성 20명이 관청에서 소동을 일으킬 때 그걸 본 자가 몇 사람입니까?”라고 하자,

(위원이) 답하기를,

“이는 섬사람들이 모두 아는 사실입니다.”라고 답하였습니다.

영사가 말하기를,

“밤중인데 온 섬의 사람들이 어떻게 모두 알 수 있습니까?”라고 하였습니다.

이에 섬사람을 불러 물어보니, 섬사람이 말하기를,

“그때 서너 사람이 목격했는데, 온 섬에 소문이 퍼졌는지라, 여러 사람이 목격한 거나 다름없습니다.”라고 답하였습니다.

그때 관청에 가서 합세했던 일본인이 말하기를,

“밤에 관청에 쳐들어갔을 때 도감의 아들만 보았습니다.”

라고 하자,

섬사람 한 사람이 나와 말하기를,

“나도 그때 끼어들어 보다가 칼에 상처를 입었고, 또 그때 상처 입었던 두 사람이 지금은 여기 없습니다.”라고 하였습니다.

영사가 말하기를,

“우리 백성이 고하기를, ‘오 도감이 저희에게 말하기를, ‘본도에 통행하는 배가 없으니 너희를 고용하여 배를 만들기 위해 나무를 베는 것이다.’라고 하기에, 저희는 약속대로 고용된 것입니다. 그런데 고용된 사람 중 한 명이 자기 처가 아프다는 소식을 듣고 휴가를 며칠 달라고 간청했는데 도감이 휴가를 주지 않고 우산대로 그를 때렸습니다. 그러므로 그 사람이 섬에 있는 우리나라 사람에게 고하여 밤에 모두 함께 오 도감에게 가서 우산대로 사람을 때린 잘못을 따졌던 것뿐입니다.’라고 하였습니다.”라고 하였습니다.

위원이 묻기를,

“귀국 백성이 한 밤중에 왕래하는데 무슨 비용이 들었겠으며, 비용이 들었다고 한들 이를 구실로 규목 네 그루를 주도록 허락하라고 하니, 이는 너무 무리하게 억지로 요구한 것이 아닙니까?”라고 하였습니다.

영사가 묻기를,

“오 도감은 현재 어디에 있습니까?”라고 하자,

(위원이) 답하기를,

“지금 전라도에 있습니다.”라고 하자,

영사가 말하기를,

“당사자가 이 자리에 있은 후라야 (시비를) 가릴 수 있습니다.”라고 하였습니다.

위원이 묻기를,

"섬에 있는 귀국 백성은 물러가고 싶었지만 배 도감이 만류해서 즉시 퇴거하지 않았다고 합니다. 그러나 도감은 애초부터 만류하지 않았다고 하니, 귀국 백성의 말이 사실과 어긋나는 것이 아닙니까?"라고 하니,

영사가 답하기를,

"우리 백성이 고한 내용에, '도감이 전사능을 시켜 저희에게 모두 도감의 관청으로 오기를 청했습니다. 저희가 전사능이 벌목하기로 한 80그루 벌목 허가표를 발급해줄 것을 요청하자, 도감이 '사흘을 기다리면 표기를 주겠다. 만일 벌목을 방해하는 일이 있으면 내가 직접 담당하겠다. 그리고 농상공부의 훈령이 있는데 다시 어째서 표기를 청하는가'라고 하였습니다.'라고 합니다. 그렇다면 이는 은연중에 퇴거를 만류한 것이 아닙니까?"라고 하였습니다.

영사가 묻기를,

"우리 백성의 말에, '선박이 본도에 정박해 있을 때 도감이 일찍이 퇴거하라고 말한 적이 없습니다.'라고 합니다. 이는 암묵적으로 허락한 것이 아닙니까?"라고 하였습니다.

배 도감이 답하기를,

"퇴거하라고 누차 말했지만 끝내 퇴거하지 않았으니, 어찌 암묵적으로 허락해줄 이치가 있겠습니까"라고 하자,

세무사(라포르트)가 묻기를,

"전사능이 벌목하기로 한 80그루를 다 벤 후에야 현재 재류 중인 일본인 130여 명, 그리고 와서 정박 중인 11척의 배가 퇴거할 수 있는 겁니까?"라고 하자,

영사가 말하기를,

"무슨 뜻으로 이런 질문을 하는 겁니까?"라고 하였습니다.

세무사가 말하기를,

“전에 다카오 서기생이 귀貴 공사의 지휘를 받아 일본인들을 물러가게 하였습니다. 그러므로 이 일의 빠른 결말을 알고 싶어 이런 질문을 하는 겁니다.”라고 하였습니다.

영사가 말하기를,

“우리 백성은 ‘해당되는 80그루를 다 베면 물러갈 수 있다’고 말하고 있을 뿐입니다.”라고 하였습니다.

위원이 말하기를,

“전사능이 농상공부의 훈령을 빙자하여 이미 83그루를 다 베었으니 이 80그루는 더 논할 게 없습니다.”라고 하였습니다.[28]

5. 김면수의 보고서와 후록[29]

1) 「보고 제26호」 (국한문)

제33호 훈령을 받들어보니, 그 내용은 다음과 같았습니다.

“울릉도欝陵島에 일본인이 집을 짓고 살면서 목재를 함부로 베며, 더러는 무리를 지어 심하게 소란을 피우며 이치에 맞지 않게 탐욕을 부리는 행동이 하나가 아니기에, 일본 공사에게 자주 조회했고, 이어 회동하여 상의했습니다. 그리하여 내부에서는 시찰관 우용정을 파견하고, 일본 공사는 경부 와타나베를 파견하고, 본부에서는 귀원을 특별히 파견하기로

28 여기까지가 「울도기欝島記」에 수록된 내용이다.

29 김면수 보고서는 우용정의 「울도기欝島記」 문서 안에 수록되어 있지 않고 『東萊港報牒 3』(1900. 6. 9.)에 실려 있다. 『東萊港報牒 3』은 『各司謄錄』 14(경상도편)에도 실려 있다.

하고, 이 사실을 지난번에 전보로 알렸습니다. 오늘 각각 파견된 사람들이 인천에서 윤선輪船에 탑승했으니 그들이 부산에 도착하기를 기다렸다가 함께 가십시오. 일본 공사와 왕래한 공문 및 조사할 사항을 초록鈔錄하여 따로 첨부합니다. 이에 훈령하니, 그곳에 가서 상황을 자세히 조사하여 문서로 보고해야 할 것입니다."

이 훈령에 따라 지난달 30일 오후 6시에 내부 시찰관 우용정과 본항(동래항)의 세무사 라포르트(羅保得)와 동래항 주재 일본 부영사 아카쓰카 마사스케(赤塚正輔), 경성 주재 일본 공사관에서 파견한 경부 와타나베 간지로와 함께 본국의 윤선 창룡호를 타고, 다음 날 오후 한 시에 울릉도에 도착하여 바로 뭍에 내렸습니다. 이달 1일부터 3일까지 연이어 회동하여 일일이 조사해보니, 일본인의 행위가 여기저기서 금령을 위반했습니다. 그들이 재판할 때 말을 온통 꾸며댔으나 이치에 맞지 않는다는 것은 모두 감추기 어려울 지경입니다. 파악한 모든 정상을 성책成冊으로 만들어 올려보냅니다. 현재 섬에 있는 일본인과 우리 백성의 상황을 모두「후록」으로 보고합니다. 증거할 책자와 표지票紙를 아래와 같이 보고하니, 살펴주시기 바랍니다.

광무 4년(1900년) 6월 9일

동래감리서 주사 김면수

의정부 찬정 외부대신 박제순 각하

지령 제42호: 책자로 만든 각 건을 모두 확인했음

(6월) 16일

2)「후록後錄」(순한문)

1. 현재 일본인들이 바닷가에서 살고 있는 집은 57칸이 되는데, 대부분 규목으로 판재를 만들어 지붕을 덮고 벽을 둘렀습니다. 남녀는 모두 144명입니다. 정박해 있는 선박은 모두 11척이고 수시로 왕래하는 상선은 정해진 수가 없습니다. 대체로 일본인은 울릉도 전체를 온갖 이익이 되는 섬이라고 여겨, 대장장이는 쇳물을 녹여 칼과 톱을 만들고, 목공장은 향나무 및 각종 아름다운 나무를 베어 그릇을 만듭니다. 지난 1년 동안 몰래 베어낸 규목이 71그루에 이르며, 감탕나무의 껍질을 벗겨 생즙을 실어간 것도 천여 통이 넘습니다(감탕즙은 지금 일본인들이 팔고 있는 끈끈이즙입니다.-원주). 그들이 이곳에서 몇 년을 더 산다면 울릉도의 산은 분명 민둥산이 되고 말 것입니다.

섬에 있는 일본인들은 본래 무례합니다. 작년 4월에 울릉도민의 집에 시집갈 나이가 된 처자가 있어 냇가에 물을 길러 나오자, 여러 명의 일본인이 갑자기 냇가에 나타나 처자의 손을 잡고 희롱한 일이 있었습니다. 섬 사람들이 이 이야기를 듣고 무리 지어 일본인의 집에 가서 그 무례함을 꾸짖고 부산항으로 잡아가겠다고 하자, 일본인들이 각서를 써주며 다시는 이런 악습을 행하지 않겠다고 간청했습니다. 이에 섬 사람들은 그들이 다시는 폐단을 일으키지 않겠다고 하기에 용서하고 특별히 관용을 베풀어 놓아주었습니다. 그러나 며칠 지나지 않아 일본인들은 총칼을 지니고 와서 휘두르며 며칠 전에 주었던 각서를 찾았습니다. 형세가 매우 위태로워지자 섬 사람들은 놀라서 그 증표를 도로 내주었습니다. 일본인의 행위는 종종 이런 식이니, 그들이 하루를 머물면 하루만큼의 폐해가 있고 이틀을 머물면 이틀만큼의 폐해가 있습니다. 섬 사람들이 장차 흩어질 지경이 되었는데도 도감은 명색은 관리이지만 수하에 일개 하인도 없어 일본인의 침학과 횡포를 금지시킬 수가 없습니다.

2. 이달 4일 풍범선 4척이 또다시 마을 입구 바닷가에 정박했기에 섬사람들이 알아보니, 일본 풍범선으로 벌목하는 공장工匠 40명이 도끼와 톱을 싣고 왔고 그 외 공장까지 합쳐 모두 70여 명이었습니다. 그들이 뭍에 내리려 할 때 세무사가 해관원을 보내 선명船名과 선호船號를 적는다는 말을 듣자 돛을 달고 떠나 다른 만의 항구에 정박했다고 합니다. 그러므로 다시 일본 영사와 담판하여 일본인들이 다시는 함부로 벌목하지 않도록 엄히 신칙하게 했는데, 이달 6일 화륜선이 돌아간 후 또다시 함부로 벌목하는 폐단이 없었는지는 알 수 없습니다.

3. 이 섬은 바다 가운데 우뚝 서 있는데 사면의 암벽은 천길 낭떠러지로 깎아지른 듯하며, 둘레는 100여 리에 달합니다. 주민들이 사는 집은 모두 401호이고, 남녀는 모두 1,641명입니다. 이들은 산 속에 흩어져 살거나 바닷가를 따라 판자집을 짓고 삽니다. 불을 질러 개간을 해서 밀, 보리, 황두, 감자[30] 이 네 가지를 심습니다. 토양이 비옥해서 비료와 관개가 필요하지 않으며, 뽕나무와 마, 목면도 토질에 맞아서 주민들은 입을 옷과 먹을 음식을 외지의 도움을 받지 않고 생계를 자족할 수 있습니다. 땅이 너무 경사지고 평탄한 곳이 없어 논을 만들어 벼농사를 지을 수가 없습니다. 그래서 나주 상인들이 쌀을 싣고 와서 토산물이나 해채海菜(미역)와 바꿔 간다고 합니다. 이 땅에서 나는 규목과 백자栢子, 향나무, 감탕나무 등은 나주와 원주의 선객船客들이 선박 만드는 재료로 울릉도에서 많이 가져갑니다. 아울러 우슬, 후박나무, 황백, 맥문동, 황정黃

30 원문은 薯로 되어 있다. 馬鈴薯를 쓰려고 한 듯하다. 감자를 가리킨다.

精 등의 약재도 납니다. 명이茗荑라는 풀이 있는데 줄기는 하나에 이파리가 두 개이고, 이파리가 매우 윤이 납니다. 학조鶴鳥라는 새가 있는데 비둘기보다는 약간 크고 매의 부리에 오리의 다리를 지녔습니다. 지난 갑신년(1884)과 을유년(1885)에 새와 쥐 때문에 한 톨의 곡식도 거둬들인 것이 없었습니다. 주민들은 명이를 캐고 학조(밤 늦게 불을 비추면 학조가 스스로 불속으로 떨어진다.-원주)를 잡아 명이 이파리와 학조의 고기를 먹고 기근을 면했으므로 한 사람도 못 먹어서 안색이 누렇게 뜬 사람이 없었습니다. 또한 산에는 승냥이와 호랑이, 뱀, 살무사가 없고 물에는 두꺼비가 없으며, 나무에는 가시가 없습니다.

섬에는 13개의 마을이 있습니다. 태하동台霞洞은 약간 평평한 땅이 백이랑쯤 되는데 관사가 이곳에 있어 도감이 살고 있습니다. 천부동天府洞이라는 곳은 마을 입구에 쌍촉암雙燭巖이 1,000길(丈) 높이로 우뚝 솟아 있는데 위는 합쳐져 있고 아래는 뚫려 있어 범선이 그 사이로 출입할 수 있습니다. 섬에서 제일의 장관입니다.

대체로 이 섬은 임오년(1882) 이전에는 하나의 황산荒山이었으나 계미년(1883)에 개척하라는 명이 내려져 관동 사람 7~8가구가 먼저 들어왔습니다. 갑신년 이후에는 영남 사람과 각 도의 사람들이 점차 모여들었고, 자녀를 낳아 길러 여기서 혼인을 하는 주진朱陳의 풍속[31]이 있었습니다. 개척 초기부터 18년 동안 사람들이 번성하여 인구가 1,600여 명이 되기에 이르렀으니, 이는 오직 성상께서 백성들을 편안히 양육해주신 덕분입니다. 백성들이 이곳에서 밭 갈고 샘을 파서 살면서 기쁘게 즐기며 평온한 기상이 있으니 무릉도원이라 할 만합니다. 그런데 한번 일본인들이

31 주진의 풍속: 중국의 서주(徐州) 고풍현(古豐縣)에서 주씨(朱氏)와 진씨(陳氏) 두 성(姓)이 서로 혼인하면서 화목하게 살았던 촌락의 고사.

들어와서 살고부터 백 가지 폐단이 점점 생겨나 민심이 술렁대고 서로 포용하지 않는 형세입니다. 하루빨리 일본 공사와 담판을 지어 일본인들을 철수시켜 섬 사람들이 편안히 살 수 있게 해준다면 나라로서도 매우 다행일 것입니다.

일본인들의 결막結幕 및 인구 성책 1권
일본인에 관한 사실事實 성책 1권 –시찰관이 가져갔음–
일본인들이 함부로 벤 규목에 관한 성책 1권
–이 3책은 도민이 쓴 것인데 이미 일본 영사가 열람했으므로 개서改書하지 못하고 원본을 제출함.

일본인의 납세 책자 1권
일본인의 벌금표 6장
오 도감島監이 규목 값으로 500냥을 받은 영수증 1장(해당 영수증의 등본–원주)
–이상 3건은 시찰관이 가져갔음–

섬 사람들이 함부로 벤 규목에 관한 성책 1권

제2장

해제

1. 서지사항

현재 고려대학교 중앙도서관 한적실에 소장되어 있는 「울도기欝島記」는 표지에 「울도기欝島記 -附建議書」로 적혀 있다. 「울도기」 외에 「건의서」와 「향약조례」가 첨부되어 있는데 두 문서는 우용정의 조사와 무관하다. 총 65쪽으로 되어 있는데 3~46쪽까지가 「울도기」 관련 문서이다. 「울도기-附建議書」에는 「울도기」 외에 2개의 「告示」, 「訓令開運會社中」, 「訓令十三洞」, 「報告書」, 「後錄」, 「鬱島在留日本人調査要領- 韓日人分日

査問-」이 첨부되어 있다. 통상 이를「울도기」라고 부르고, 우용정의 보고서라고 불러왔다. 그런데「울도기」는 우용정이 울도의 역사와 개인적인 소회를 적은 것이고, 보고할 내용은「報告書」,「後錄」에 기술했다. 고시와 훈령은 우용정이 울릉도에 가기 전에 지참한, 내부대신의 훈령에 따라 도민에게 내릴 고시 및 지시사항이다. 개운회사와 13동에 내린 훈령도 각각 회사와 13동에 지시한 내용이다.「울도 재류 일본인 조사 요령鬱島在留日本人調査要領 -한일인 분일 사문韓日人分日査問-」은 6월 1일부터 3일까지 일본인과 배계주, 그리고 이들을 대질 심문한 내용을 조사사항별로 기술한 것이다.

2. 1900년 조사의 배경과 의미

1900년 10월 25일 대한제국은 칙령 제41호를 제정하여 울릉도를 울도군으로 승격시키고 도감을 군수로 격상하는 조치를 단행했다. 이런 조치를 취하게 된 배경에는 6월에 행해진 한일 양국의 공동조사가 있다. 양국이 공동조사를 결정하게 된 이유는 일본인의 침탈이 잦다는 울릉도감 배계주의 보고가 끊이지 않았기 때문이다. 배계주의 보고를 받은 정부는 일본인의 철수를 요청했고, 1899년에 일본 정부는 자국민을 11월 말까지 모두 철수시키겠다고 약속했으나 지키지 않았다. 1883년에 일본 정부는 250명이 넘는 자국민을 울릉도에서 철수시킨 적이 있으나 이후에도 일본인들의 입도는 계속되었다. 1900년 초 대한제국이 일본 정부에 일본인의 철수를 지속적으로 요청하자 하야시 공사는 양국 공동조사를 제안하기에 이르렀다.[1] 하야시는 일본인의 왕래와 거류를 기정사실화 할 것을 주장하면서 제3국인의 입회 아래 조사할 것을 제안했다. 이에 부산세관의 세무사 라포르트가 포함되었다. 양국 조사단은 사전 회동에서 조사요령 4개항에 합의했다.[2] 하야시 공사는 부산영사 노세 다쓰고로(能勢辰五郎)에게 지시하기를, 자국민이 도감의 허가 아래 벌목료를 납부한 사실을 들어 항의할 것과 도감이 벌목을 승인 혹은 묵인했음을 내세울 것을 지시했다. 일본 정부는 조사하기 전부터 이미 자국민을 퇴거시킬 의사가 없음을 비치고 그에 대한 대응책을 제시한 것이다.

조사단은 5월 30일 울릉도로 향해 31일 오후 한 시경 도동포구에 도착했다. 6월 1일부터 3일간 본격적인 조사가 행해졌다. 심문 조사를 마친 후 이들은 4일에는 윤선을 타고 섬을 순찰했으며 육지에도 내려 천부동과 현포동, 태하동 지역을 돌아보았다. 5일에는 우용정이 각 마을의 동장을 만나 이들의 요구 사항을 경청했다. 6일 아침 장부를 조사한 뒤 10시에 윤선에 탑승하여 6일 오후 혹은 7일에[3] 부산으로 각각 돌아왔다.

우용정(1849-?)은 1896년 6월 내부 주사로 처음 관직에 발을 디딘 이래 1898년 2월 16일 주임관 5등의 내부 시찰관視察官에 임명되었다. 1900년 당시의 직함도 시찰관이었으나 울릉도 조사 당시는 시찰위원으로 불렸다. 그의 임무는 도감 배계주와 도민, 일본인을 대질 심문하여 일본인의 침탈 현황 및 문제가 된 사항을 조사하는 것이었다. 그는 조사에 앞서 고시와 훈령 등을 도민들에게 고지했고, 조사 후에는 보고서 및

1 『舊韓國外交文書』 제4권, 『日案』 4, 문서번호 5572 「울릉도 일인 문제에 대한 반박 및 공동조사 제안」(1900. 3. 23. 제24호).

2 『舊韓國外交文書』 제4권, 『日案』 4, 문서번호 5652 「울릉도 공동조사차 관계관원 파견의 건」(1900. 5. 4.); 『內部來去案』 조회 11호.

3 일본인들은 7일에 부산으로 돌아온 것으로 되어 있다.

관련 문서를 내부대신에게 제출했다. 동래감리서 주사 김면수도 보고서와「후록」을 따로 외부대신에게 제출했다.

우용정은「울도기」에서 울릉도의 역사적 연원과 개척의 역사, 자신이 파견된 경위 및 울릉도에 오기까지의 경과, 입도 후의 조사 내용을 날짜별로 간단히 적고, 조사 후 울릉도의 경치를 제대로 감상하지 못한 소회를 시 한 수로 적어 마무리했다.「고시」는 6월 1일과 3일에 고지되었는데, 도민들이 이해하기 쉽도록 국한문으로 되어 있다. 내용은 도민에게 우용정의 조사에 협조하여 섬의 상황을 숨기지 말고 진술할 것과 10가지 조목을 잘 따르고 거행하라는 것이다.「개운 회사에 내린 훈령」은 선박을 마련하고 개운 회사를 설립할 것과 수입화물에 대한 세금에서 도감과의 약속을 지키라는 내용이다.「13동에 내린 훈령(訓令十三洞)」은 도감이 도민의 불법 행위를 적발하여 엄히 징벌할 것임을 고지한 것이다. 두 훈령도 국한문이다. 우용정은 이들 내용을 각 동의 대표가 주민 모두에게 일일이 효유하여 한 사람도 알지 못하는 사람이 없게 할 것을 지시했다.

「보고서」는 우용정이 조사를 마친 후 내부대신 이건하에게 제출한 것으로 울릉도의 상황을 조사했음을 보고한 뒤 그 내용을「후록」에서 자세히 기술했다. 순한문의「후록」은 울릉도의 지형, 일본인의 가구 및 정착 현황 및 그들의 침탈 현황을 기술한 것이다. 또한 울릉도의 세정稅政도 기술하되 조선세와 미역세 등의 내국세와 일본인에게 거두는 세금을 분리해서 기술했다. 그는 러시아인의 동향도 보고했다. 러시아전함이 1899년 10월에 와서 울릉도의 지형과 산천을 도형으로 그렸고 일본인에게서 규목을 사갔다는 사실도 보고하였다. 그는 보고서에 여러 문서를 첨부했는데, 호구와 개간 현황, 일본인 가구, 일본인과 울릉도민의 벌목 현황을 기록한 책자, 감무監務의 보고, 등장等狀 등을 제출했다. 그러나 그가 첨부한 문서는 현재 전해지지 않는다.

우용정은 재류 일본인을 조사한 내용을 요약하여 보고했다. 「울도 재류 일본인 조사 요령」은 1900년 3월 16일 외부대신이 내부대신에게 조회한 네 가지 조사사항에 대한 보고서이다.[4] 네 가지 조사 사항은 배계주가 내부에 보고한 내용에 의거하여 한일 양국이 작성하고 합의한 사항이다. 양국 조사위원은 이 문서를 각각 한 부씩 소지하고 울릉도로 들어왔다. 그것은 다음과 같다. 첫째, 일본인 수백 명이 함부로 촌락을 이루고 벌목과 화물을 밀반출하면서 주민에게 병기까지 휘두르고 있다는 일이 사실인가 하는 것이다. 둘째, 일본인의 불법 행위를 고발하러 상경하려는 배계주에게 나루 입구를 막아 못 가게 한 것이 사실인가이다. 셋째, 몇 년 전에 도감이 일본에서 소송을 제기한 비용 수만 원을 지금 와서 도감에게 배상을 요구하여 도민들이 갚으려 애쓰고 있으나 아직도 액수를 충당하지 못해 곤경에 처한 것이 사실인가이다. 넷째, 일본인이 한국인 김용원에게 돈을 준 대가로 벌목을 요구하여 도감이 금지시키자, 도민들에게 3천 냥의 배상을 요구한 것이 사실인가 하는 것이다.

이에 양국 조사위원과 라포르트는 일본인과 도감을 조사하는 날을 각각 달리했다. 조사위원들은 양국인들에게 네 가지 사항을 묻고 그에 대한 답변을 듣되 각각 따로 들은 뒤에 셋째 날은 이를 교차 검토하기 위해 대질 심문했다. 대질 심문에 응한 일본인은 후쿠마 효노스케와 가타오카 히로치카, 마쓰모토 시게요시였고, 한국인은 도감과 도민들이었다.

조사에서 우용정은 일본인들이 벌목료를 제대로 지불하지 않은 채 벌채했고, 일부 벌목료를 지불했음에 핑계대어 숫자를 정하지 않고 벌목한

---

4 『內部來去文』 13책 1900년 5월 14일.

사실, 일본인이 한국인을 매수하여 벌목하게 했는데 도감이 벌목을 금하자 대신 배상하게 한 사실, 일본인들이 한국인과의 약속을 지키지 않았고 한국인에게 흉기를 휘두르거나 횡포를 부린 사실 등을 알아냈다. 일본 부영사는 일본인이 수출화물에 대해 납세했음에도 도감이 영수증을 발급하지 않은 사실을 따졌고, 전 도감 오상일이 일본인에게 벌목 허가표를 준 것 등을 증거로 제시했다.

우용정은 영수증 발급이 불법이므로 이 사실이 탄로나면 문책받을까봐 도감이 발급하지 않았다고 도감을 대신하여 답변했다. 또한 그는 비개항장에서의 과세가 불법이므로 도감이 처음에는 구문 명목으로 받다가 나중에는 받지 않게 된 것이라고도 대신 답했다. 이는 우용정이 도감의 불법행위를 정당화해준 것이다. 우용정은 도감 배계주보다 도감을 대리한 오상일의 횡포, 그리고 일본인과 결탁한 한국인의 비행이 있었음을 인지했다.

김면수의 6월 9일자 보고서는 우용정의 보고서와 마찬가지로 일본인의 금령 위반을 조사하여 책자로 만들고 이를 「후록」으로 보고하며 증거 책자도 함께 제출한다는 내용으로 되어 있다. 우용정은 보고서를 내부대신에게 제출했지만 현전하는 관찬 사료에서는 보고서를 찾을 수 없다. 반면에 김면수가 외부대신에게 제출한 보고서는 『동래항보첩東萊港報牒 3』에 실려 있다. 외부대신 박제순은 김면수의 보고서와 성책한 문서를 열람한 뒤 6월 16일자 지령 42호를 냈다.

김면수는 도민들이 일본인에 관해 적은 내용을 책자로 만들어 원본을 제출하고, 일본인의 납세 책자도 제출했다. 이 가운데 일부 문서는 시찰관 우용정이 가지고 갔다. 우용정이 내부에 제출한 성책은 도민의 개간 현황과 요구사항 및 벌목 관련 내용, 그리고 일본인 가구와 그들에 관한 사실 관계 등을 적은 것이 주를 이룬다. 이에 비해 김면수가 제출한 성책은 일본인 관련 내용이 주를 이룬다. 특히 여기에는 일본인의 납세 책자가 포함되어 있다. 벌금표와 별개의 책자였으므로 수출세 관련 책자로 보인다. 그러나 우용정과 김면수가 제출했다는 책자들은 현전하지 않는다. 이들 책자와 문서는 일본인의 횡포와 자원 침탈 현황을 여실히 보여줄 수 있는 실증자료이다. 앞으로 발굴되기를 기대해본다.

조사 후 대한제국 내부는 일본 공사와 회동하여 조사 결과를 논의하고자 6월 23일을 회동일로 정한 뒤, 이를 일본 공사에게 조회하도록 외부대신에게 요청했다. 이를 들은 일본 공사는 부영사 아카쓰카의 복명서가 아직 제출되지 않았음을 들어 심의 날짜를 연기할 것을 요청했다. 그런데 아카쓰카는 이미 6월 12일자로 「울릉도 조사 개황 및 산림조사 개황 보고 건」을 하야시 공사에게 보고한 바 있다.[5] 하야시가 부영사의 보고서가 제출되지 않았다고 거짓말을 한 듯하다. 조사 후에도 일본인이 철수하지 않고 벌목과 불법 교역을 계속하자 내부에서는 일본과 여러 차례 만나 담판을 지으려 했다. 일본 정부도 일본인에게 철수를 지시한다고 했지만, 울릉도의 일본인은 자국 정부의 지시를 따르기는커녕 불법 행위가 더 심해졌다. 이에 내부대신 이건하는 "감무의 권력으로는 금지하기 어렵기에 황송하고 민망함을 이기지 못하"[6]겠다고 외부대신에게 토로하고, 울릉도의 관제 개편 작업에 착수했다. 우용정은 400가구, 1,600여 명의 인구를 지닌 울릉도가 일본과 교역하는 데 도감(감무)이라는 직제로는 행정상 방애됨이 적지 않다고 보아 도감(감무)을 군수로 개정할 것을

5 『駐韓日本公使館記錄』 14권 「鬱陵島調査概況 및 山林調査概況 報告 件」(1900. 6. 12.).

6 『內部來去文』 13책, 1900년 7월 5일, 조회 제14호.

청의했다. 청의서는 칙령안을 거쳐 칙령 제41호로 제정되었다. 울릉도 경제 규모의 확대에 따른 교역·행정상의 문제가 설군設郡 청의서를 제출하게 된 배경이다.

1900년 10월의 칙령 제41호는 '도감을 군수로 개정한 건'을 운운했지만, 7월 내부대신의 언급을 보면 감무제가 이미 실시되고 있었던 것처럼 보인다. 도감을 감무로 개정하는 사안은 2월부터 언론에 보도되고 있었다.[7] 이어 4월 12일 의정부에서 중추원에 조회한 6건의 안건 가운데는 「울릉도를 울도로 개칭하고 감무를 설치하는 건(欝陵島改稱欝島設寘監務事)」[8]이 포함되어 있다. 이 역시 청의서에 관한 논의가 4월 12일 이전에 있었음을 보여준다. 그런데 6월에 우용정은 「후록」에서 "지금 본도의 관제 개편에 관한 청의서가 의정부의 재결裁決을 기다리고 있는 중이다. 재결 후에는 감무監務 이하의 월급 및 서기와 사환 등의 급료를 반드시 섬 안에서 경비를 마련하되…"라고 했다. 그리고 그는 조사 후 내부대신에게 제출한 첨부 문서에서 '감무監務의 보고 1건'이라고 칭했다. 이 역시 6월의 조사 당시 이미 감무로 불리고 있었음을 시사한다. 『황성신문』은 6월 18일자 보도에서 '울도 감무 배계주 씨'를 운운했고, 7월 7일자 보도에서도 '울릉도 감무 배계주 씨'를 운운했다.

이런 정황을 종합해보면, 감무제는 성립해 있었다고 보인다. 하지만, 언론은 내부에서 제안한 의안이 군청을 신설하고 원(군수)을 내는 것으로 급변하고 있음을 보도했고,[9] 내부에서는 도감을 군수로 개정하는 것을

7 『帝國新聞』 1900. 2 27; 『皇城新聞』 「鬱島官制의 改定」 1900. 3. 1.

8 의정부 편 『照會』 제24호(규 17754). 『조회』는 의정부에서 각 府·部·院에 조회한 공문의 기안문이다. 조회 24호는 의정부 참서관이 중추원 참서관에게 송부한 문서이다.

9 『皇城新聞』 1900. 10. 8 ; 『帝國新聞』 1900. 10. 9. 『帝國新聞』 1900년 7월 7일자 기사는 '島務'로 칭했다. 감무(監務)를 오기한 듯하다.

청의한 상태였다. 이 때문에 도감에서 감무로, 감무에서 군수로의 변천 시기가 명확하지 않다. 다만 분명한 사실은 감무제가 실시되었다고 해도 그것이 정착하기 전에 군수제로 바뀌었고 그 변천 과정이 매우 급박하게 이뤄졌다는 사실이다. 이 역시 대한제국 정부가 일본인의 침탈을 심각하게 인지하고 그 대책을 급속히 추진하려 한 정황을 말해준다.

5부

용어와 지명의 유래

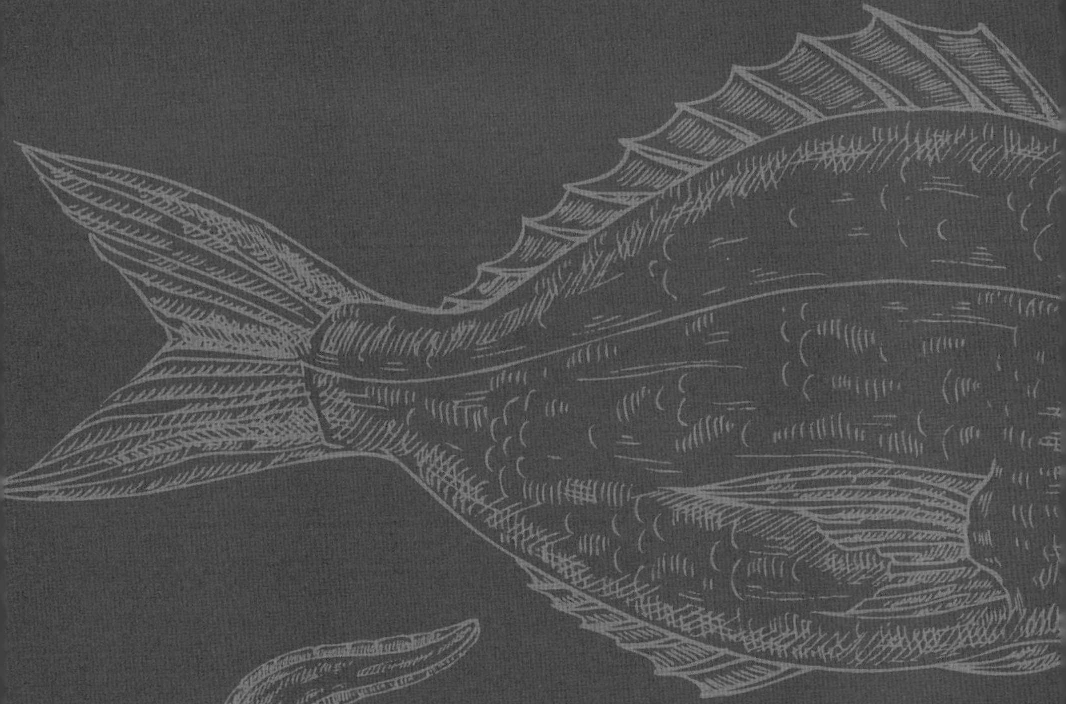

제1장

용어의 유래

울릉도와 독도 연구자들이 통상적으로 사용하는 용어 가운데 그 어원이나 유래를 잘 모른 채 사용하는 경우가 있다. 과거에 잘못 사용되던 용어가 심화된 연구로 말미암아 바로잡힌 경우가 있는가 하면, 반대로 과거에는 바르게 사용되던 용어가 잘못된 연구로 말미암아 다른 용어로 불리는 경우가 있다. 나아가 잘못 불린 용어가 도리어 바른 용어를 구축驅逐하기에 이르렀다. 필자는 『팩트체크 독도』(2018)에서 독도 관련 용어의 일부가 그 유래와는 거리가 있음을 지적한 바 있다. 그럼에도 일각에서 여전히 잘못 사용하고 있다. 용어를 제대로 사용하는 것은 연구의 기본이다. 이에 다시 보완하여 정리했다.

1. 안용복 사건과 울릉도 쟁계

숙종 연간 울릉도에서 어로하던 안용복과 박어둔이 일본으로 연행됨으로써 촉발된, 울릉도를 둘러싼 조선과 일본 간의 영토분쟁을 한국에서는 주로 '안용복 사건'[1]으로 부른다. 일본에서는 '다케시마 일건(竹島一件)'으로 부른다. 한국에서 '안용복 사건'을 운운하게 된 배경에는 이 사건이 1693년에 시작되어 1699년에 결착되는 과정에 안용복이라는 인물이 깊이 개입되어 있다는 사실이 있다. 안용복은 1차로 도일할 때는 피랍되었고, 2차로 도일할 때는 자발적이었으므로 이를 구분해서 1693년의 일을 '안용복 피랍사건' 혹은 '1차 도일사건'으로, 1696년의 일을 '안용복 밀항사건' 혹은 '2차 도일사건'으로 구분하기도 한다.

'안용복 사건'으로 부를 경우 이 용어가 도서에 대한 잘못된 인식을 심어줄 뿐만 아니라 독도가 대한민국 땅이라는 주장에도 부정적으로 작용하므로 폐기되어야 한다[2]는 주장이 한편에서 있었다. 그러나 이 용어는 최근까지도 언급되고 있다.[3] 그럼에도 이 용어의 어원이나 출전에 대해서는 제대로 밝혀진 적이 없었다. 이 용어는 언제 처음 등장했는가?

1차 사료에서 찾아보면, 분규가 발생한 17세기 당대에서는 이 용어를 찾아보기 어렵다. 그렇다면 이 용어는 후대에 안용복의 행적을 기술하기

1 신용하, 『독도의 민족영토사 연구』, 지식산업사, 1969, 36쪽; 박병섭, 『안용복 사건에 대한 검증』, 한국해양수산개발원, 2007; 김호동, 『독도 · 울릉도의 역사』, 경인문화사, 2007, 102쪽; 손승철, 「울릉도 수토와 삼척영장 장한상」, 『이사부와 동해』, 5호, 한국이사부학회, 2013, 42쪽.

2 김호동, 『독도 · 울릉도의 역사』, 경인문화사, 2007, 20쪽.

3 신태훈, 『조선 시대 울릉도 수토 연구』, 강원대학교 사학과 박사학위논문, 2023.

시작하면서 출현했을 것이다. 분쟁이 끝난 지 50년이 다되어 안용복의 행적을 최초로 기술한 관찬 문헌은 『춘관지』이다. 예조정랑 이맹휴(1713-1751)는 예조의 업무에 준거가 될 법례法例와 사례를 분류하여 『춘관지』[4]를 편찬하는 일을 맡았는데, 그 부록에서 「울릉도 쟁계」를 실었다. 이전에는 쟁계 관련 내용이 『숙종실록』과 『승정원일기』 등에 분산적으로 기술되어 있었는데 영조가 『춘관지』를 펴내면서 체계적으로 기술하게 한 것이다. 이맹휴는 「울릉도 쟁계」라는 제목 아래 울릉도의 역사, 안용복의 피랍으로 야기된 양국 간 외교교섭의 전말, 안용복의 행적 등을 기술했다. 그는 "왜가 지금까지 다시 울릉도를 가리켜 일본 땅이라고 하지 못하는 것은 모두 안용복의 공이다."[5]라는 내용으로 끝을 맺었다. 이맹휴가 「울릉도 쟁계」라고 이름 붙인 이유는 안용복 개인의 피랍으로 시작된 분규가 양국 간의 영토분쟁으로 비화되었다가 타결을 보게 되었다는 의미를 나타내기 위해서였을 것이다.

이맹휴의 아버지 이익(1681-1763)은 아들이 먼저 사망했으므로 이맹휴의 저술을 참고하여[6] 「울릉도」를 지었다. 이익도 안용복이 아닌 영토 분쟁의 시각에서 기술했음을 제목으로 알 수 있다. 그도 안용복을 일러 "영웅 호걸이다…용복은 한 세대의 공적을 세운 것뿐만이 아니다."[7]라고 평가했다. 이익에 이어 안용복의 행적과 울릉도 쟁계를 기술한 자는 신경준(1712-1781)이다. 그는 관찬서 『동국문헌비고』(1770)[8] 편찬에 참여했

4 이맹휴는 『春官志』(1744) 편찬작업에 참여하여 1745년 9월에 초고를 완성했다. 교린관계에 필요한 의례와 절차 등을 다루면서 통신사와 예단, 문위행, 접위관, 차왜, 왜관, 서계, 야인, 유구, 수륙노정水陸路程 등을 기술했다. 부록으로 「황당선」과 「울릉도 쟁계」를 실었다.

5 "倭至今不復指欝陵 爲日本地 皆龍福之功也"

6 1760년 이전에 지은 『星湖僿說』에서 기술했다(「천지문」 '울릉도').

7 위의 글.

8 『東國文獻備考』(1770) 권18, 「여지고」 13, 「관방」 3 '해방'.

는데 따로 제목을 붙이지는 않았다. 그러나 그는 사찬 『강계고』[9]에서는 「울릉도鬱陵島」와 「안용복사安龍福事」[10]로 구분하여 기술했다. 즉 영토분쟁과 안용복의 행적으로 구분한 것이다. 신경준은 『춘관지』를 참고했지만, 『춘관지』에 기술된 이맹휴의 '우산도' 인식을 그대로 따르지는 않았다.

신경준 이후 성대중(1732-1809)과 성해응(1760-1839) 부자가 안용복의 행적을 기술했다. 성대중은 안용복에 관한 내용을 기술했지만 제목을 붙이지는 않았다.[11] 성해응은 "안용복전이 이맹휴가 지은 『춘관지』에 실려 있다"[12]고 했다. 여기서 '안용복전'은 안용복에 관한 전기라는 의미이지 「안용복전」이라는 의미는 아닌 듯하다. 이와 달리 원중거(1719-1790)는 「안용복전」[13]이라고 제목을 붙였다. 이후 이긍익, 윤행임, 이규경, 이경민, 이유원 등 많은 학자들이 울릉도 쟁계와 안용복 관련 내용을 언급했다. 그러나 '안용복 사건'으로 이름한 학자는 없었다.

이런 경향은 일제강점기에 『독립신문』(1922. 8. 1.)과 장지연의 『일사유사逸士遺事』(1922), 『동광』(1926. 5.), 『별건곤』(1933. 7. 1.) 등의 잡지와 『동아일보』(1934. 12. 16.), 안확의 『조선 무사 영웅전』(1940) 등에로 이어졌다.[14] 이익이 안용복을 영웅 혹은 쾌걸로 평가한 사실도 답습되었다. 그런데 장지연의 『대한 신지지大韓新地志』(1907)에 "숙종 19년에…안용복의 事件

9 「疆界誌」를 45세 때인 1756년에 지었으나 일실되었다고 한다. 그 서문이 『여암유고』에 전한다. 『여암전서』에는 같은 내용이 『疆界考』라는 제목으로 실려 있다(『旅菴遺稿』 권3, '疆界誌序').

10 둘다 『旅菴全書』 권7 「疆界考」 4, '昭代'에 실려 있다.

11 『靑城雜記』의 「성언(醒言)」에 실려 있다. 본래는 소제목이 없다. 한국고전번역원에서 임의로 「울릉도를 지킨 안용복」이라는 제목을 붙였음을 문의하여 확인했다.

12 "安龍福傳 載於李孟休所著春官志 我之鬱陵島 不被倭人侵牟 龍福功也"(『研經齋全集續集』 册11, 文3, 「題安龍福傳後」)

13 『和國志』 권3

14 진재교, 「元重擧의 '安龍福傳' 연구」, 『진단학보』 108, 진단학회, 2009, 239~240쪽 참조.

이 生하야…"[15]라고 하여 안용복 사건과 유사한 용어가 처음 보인다. 그렇다면 오늘날 연구자들이 언급하는 '안용복 사건'이라는 용어가 여기에서 유래했을까? 그렇지 않다고 생각된다. 그 이유는 '안용복 사건'을 언급한 연구자 가운데 누구도 장지연을 인용한 적이 없기 때문이다. 일제강점기에 조선사편수회는 '울릉도 사건'으로 불렀다.

일제강점기에 경성제대 교수 다보하시 기요시(田保橋潔)는 『청구학총』 3호(1931)에서 "안용복 사건은 울릉도 소속 문제를 다시 분규화할 염려가 있었으나 막부가 먼저 평화적인 해결을 하기로 방침을 정한 상태였으므로 큰 사건으로 비화되지 않았다"[16]고 했다. '안용복 사건'과 '울릉도 소속 문제'라는 용어가 여기에서 비로소 보인다.

1952년 1월 18일 한국 정부가 평화선을 설정하고 독도에 대한 주권 행사를 강화하자, 일본 정부는 1월 28일 항의 구상서를 보내오는 한편 1952년 5월부터 1953년 6월에 이르는 동안 시마네현으로 하여금 어업권을 행사하게 했다. 이어 일본 정부는 1953년 7월 13일 독도 영유의 근거를 기술한 구상서를 한국 측에 송부했다. 1952년 1월 28일자 구상서 이래 한일회담이 끝난 1965년 말까지 일본 정부가 한국 측에 보낸 구상서는 모두 33회에 이른다. 한국 정부도 이에 반박하는 구상서를 모두 26회에 걸쳐 일본 측에 송부했다.

한국 정부는 주일 대표부를 통해 송부한 1954년 9월 25일자 각서에 첨부한 문서에서 "『肅宗實錄』에서의 記事는 安龍福事件의 顚末을 明示하야 주는 歷史的 事實로서 하나의 聲明이거나 또는 假想的인 것이 않이

15 『大韓新地志』, 경상북도/울도, 43쪽.

16 田保橋潔, 「鬱陵島その発見と領有」, 『靑丘學叢』 제3호, 靑丘學會, 1931, 20쪽.

다…"[17]라고 기술했다. 여기에 '안용복 사건'이라는 용어가 보이는데 이는 한국 측이 고안해낸 용어인가? 당시 외무부에 자문하고 구상서 작성에 관여한 자는 국제법학자와 역사학자들이다. 그런데 위 구상서는 내용으로 보아 역사학자가 작성했을 듯한데, 필자는 신석호라고 추정한다. 신석호의 이력과 저술이 이를 말해주기 때문이다.

일제강점기에 신석호는 이병도, 최남선과 함께 조선사편수회의 『朝鮮史』(1932~1938년 간행) 편찬에 관계했다. 최남선은 편수위원으로, 이병도는 수사관보로, 신석호는 수사관으로 참여했다. 『조선사』는 독도인 우산도에 대해서도 기술했는데, 우산도에 대해 분주로 '慶尙北道鬱陵島'를 삽입했다. 우산도를 울릉도라고 함으로써 우산도가 독도임을 부정할 의도에서 일부러 분주를 삽입한 것이다.[18] 『朝鮮史』 편찬에 관계했던 자들이 역설적으로 해방 후에는 독도가 우리 땅임을 밝히는 데 앞장섰고, 신석호는 오늘날 국사편찬위원회 전신인 국사관의 초대 관장을 지냈다.

신석호는 1947년에 조선산악회가 '울릉도학술조사대'[19]를 구성하여 8월 16일부터 약 2주간 울릉도와 독도를 조사했을 때 함께 참여한 바 있다. 그는 조사 후 『사해史海』 창간호(1948)에 「독도 소속에 대하여」를 발표했다. 이 글은 해방 후 한국인이 독도의 소속 문제를 본격적으로 다룬 최초라고 할 수 있다. 이때는 '울릉도 소속 문제'라고 했을 뿐 '안용복 사건'

17 「독도 영유권에 관한 1954년 2월 10일자 아2 제15호 일본 외무성의 각서로서 일본 정부가 취한 견해를 반박하는 대한민국 정부의 견해」(외무부 정무국, 『독도문제개론』, 외교문제총서 제11호, 1955, 162쪽).

18 조선사편수회는 원사료에 '于山武陵等處'나 '于山武陵等處安撫使'로 되어 있는 경우도 '[慶尙北道鬱陵島]'라는 분주를 삽입하여 복수의 도서島嶼가 하나의 '울릉도'를 가리키는 것처럼 기술했다. 이에 대해서는 유미림, 『일제강점기 「조선사」에 기술된 울릉도·우산도』, 한국해양수산개발원, 2016 참조.

19 학계의 중진을 망라하여 80여 명으로 구성되었는데 방종현, 송석하, 신석호, 이숭녕, 홍종인, 이병도 등이 참가했고 돌아온 뒤 각각 글을 발표했다. 최남선은 조사단에 참가하지 않았으나 1953년에 독도 관련 글을 서울신문에 연재했다.

이라고 부르지 않았다. 1960년에도 신석호는 '울릉도의 소속 문제'를 운운하고 '안용복 사건'은 운운하지 않았다. 그런데 그는 다보하시의 『청구학총』 3호를 언급한 바 있다.[20] 앞에서 언급했듯이 다보하시는 『청구학총』에서 '안용복 사건'을 운운했다. 이는 신석호가 다보하시가 언급한 '안용복 사건'[21]을 인지하고 있었음을 의미한다. 따라서 1954년 한국 정부가 구상서에서 '안용복 사건'을 언급한 것은 신석호에게서 비롯되었고 신석호는 다보하시로부터 이 용어를 차용했다고 볼 수 있다. 신석호는 독도 영유권 논리를 전개할 때 일본 자료[22]도 많이 참고했다.

1956년에는 법학자도 '안용복 사건'과 '울릉도 공도정책'을 운운할 정도였으므로[23] 이 용어가 학계에 자리잡았음을 알 수 있다. 신용하는 1969년에 '안용복 사건'을 언급했고[24] 이현종도 1978년에 언급했다.[25] 그런데 이현종과 함께 연구사업에 참여했던 송병기는 '안용복 사건'을 언급하지 않았다. 송병기는 이후에도 울릉도 쟁계, '울릉도 쟁계(竹島一件)', 안용복의 피랍, 안용복의 피랍·정문사건 등으로 부르거나[26] '안용복 피랍 사건'으로 불렀다.[27] '안용복 사건'이라는 용어 사용을 의도적으로 피했다고 보인다.

---

20 신석호, 「독도의 내력」, 『사상계』, 1960. 8.(『獨島』, 1965, 23쪽 수록).

21 신석호는 1960년에 쓴 글에서는 '안용복의 사건'을 운운했다(신석호, 「독도의 내력」, 『사상계』, 1960. 8.(『獨島』, 1965, 20쪽 수록)).

22 그는 다부치 도모히코(田淵友彦, 1905)와 히바타 세코(樋畑雪湖, 1930)의 글, 『시마네현지(島根縣誌)』(1923)와 『수로지』 등도 언급했다.

23 박관숙, 「독도의 법적 지위」, 『국제법학회논총』, 1956(『獨島』, 1965, 43쪽 수록).

24 신용하, 『독도의 민족영토사 연구』, 지식산업사, 1969, 36쪽.

25 이현종, 「조선 후기 독도의 관할」, 『울릉도·독도 학술조사 연구』, 한국사학회, 1979, 48쪽. 머리말은 1979년 6월에 썼으나 연구성과를 낸 해가 1978년으로 표기되어 있다.

26 송병기, 「안용복의 활동과 울릉도 쟁계」, 『역사학보』 제192집, 역사학회, 2006.

27 송병기, 『울릉도와 독도 그 역사적 검증』, 역사공간, 2010.

1953년에 가와카미 겐조(川上健三)는 『다케시마의 영유』를 작성했는데 '공도정책'[28]은 언급했으나 '안용복 사건'은 언급하지 않았다. 그는 '다케시마 일건'이라고 불렀다. 다보하시가 '안용복 사건'이라고 이름 붙인 이유는 개인의 피랍사건이 국가 간 영유권 분쟁 즉 '다케시마 일건'을 야기하는 계기가 되었다는, 즉 국가 간 영유권 쟁계의 하위 개념으로 이 용어를 사용하기 위해서였다. 이후 일본 정부가 이 용어를 언급한 의도도 국가 간의 영유권 분쟁으로서가 아니라 개인의 일탈행위로서의 의미를 부각시켜 그 의의를 폄하하기 위해서였다. 가와카미가 『다케시마의 영유』를 보완하여 1966년에 『다케시마의 역사지리학적 연구』로 간행할 때는 '안용복 문제'[29]라고 불렀다.

일본 측이 이 용어를 사용하는 의도를 파악한 이상, '울릉도 쟁계'라는 용어를 놔두고 굳이 우리가 '안용복 사건'이라고 부를 필요는 없을 것이다. 오늘날 일본 연구자들은 대부분 '다케시마 일건'이라고 부른다.

한편 안용복(安龍福, 1658~?)을 장군 출신으로 오인하는 경우가 있어 이를 언급하고자 한다. 문헌에 따라 안용복의 신분은 동래부 전선戰船에 예속된 노군櫓軍(격군) 혹은 양반의 사노비로 나온다. 그가 허리에 차고 있던 호패에 성은 없고 이름은 용복用卜으로 되어 있으며 서울 사는 양반의 사노비였다는 기록도 있다.[30] 그에게 장군이라는 호칭을 부여한 것은 추존했기 때문이다. 1954년 부산의 애국단체 대동문교회가 그를 '독전왕 안용복 장군'으로 부른 데서 장군 호칭이 시작되었다. 1957년에는 안용복장군기념회가 발족했다. 현재 부산 수영공원에는 '안용복장군 충혼탑'(1967)이, 울

28 川上健三, 『竹島の領有』, 외무성 조약국, 1953, 34쪽.
29 川上健三, 『竹島の歴史地理學的研究』, 古今書院, 1966, 162쪽.
30 『竹島考』(下).

릉도에는 '안용복장군 충혼비'(1971)가 건립되어 있다.

2. 공도정책, 쇄환정책, 수토정책

조선 정부는 동해 한가운데 멀리 떨어져 있는 울릉도에 사람이 살지 못하게 했다. 사람이 살지 않으면 빈 섬이 된다. 일본 정부는 섬이 비게 된 결과를 가리켜 공도제空島制, 혹은 공도정책空島政策이라고 부르고, 공도정책을 편 것은 조선 정부가 섬에 대한 영유권을 포기했음을 의미한다고 주장한다. 그러나 조선 정부가 울릉도에 사람이 살지 못하게 한 데는 이유가 있었다. 육지에서 죄를 짓거나 세금을 피해 울릉도로 오는 백성들이 간혹 있었고, 울릉도에 왜구가 출몰하면 우리 백성이 그 피해를 입기 때문이다. 고려 말 울릉도에 이주정책을 시행하려 시도한 바가 있었지만, 섬으로 가는 여정에 풍랑 때문에 익사자가 많게 되자 결국 중단했다.

조선 시대 초기에는 간헐적으로 관리를 파견하여 울릉도에 사람의 거주 여부를 조사하고, 살고 있는 자를 발견하면 데리고 나오게 했다. 이를 쇄출정책 또는 쇄환정책이라고 부른다. 이는 울릉도를 정책적으로 관리한 것이다. 일본은 19세기 후반부터 이 정책을 고의로 '공도제'라고 부르기 시작했다. 1881년 외무성의 기타자와 마사나리(北澤正誠)는 고려 시대에 울릉도를 비게 한 사실과 조선 시대에도 안무사를 보내 유민流民을 데려오고 섬을 비게 한 사실을 '공도空島의 제制' 즉 공도제라고 불렀다.[31] 기타자와가 인용한 자료는 이수광의 저술이다. 그런데 이수광은 "太宗朝 遣按撫使 刷出流民 空其地"[32]라고 기술했다. 『지봉유설』의 '공기지空其

31 『竹島考證』.

32 『芝峯類說』 권2, 「地理部」, '島'

地'를 기타자와가 '공도제'라고 이름한 것이다. 이수광은 『태종실록』을 인용했는데 거기에는 "…宜以金麟雨仍爲安撫使 還入于山武陵等處 率其居人出陸"[33]이라고 되어 있다. 그러므로 『태종실록』과 『지봉유설』, 기타자와의 저술 내용이 꼭 같지는 않다. 그 차이를 알기 위해 번역문을 비교해보면, 다음과 같다.

(1) 태종실록: 김인우를 그대로 안무사로 삼아 우산무릉 등처에 다시 들여보내 그곳 주민을 육지로 데리고 나오도록 해야 할 것이다.

(2) 지봉유설: 태종조에 안무사를 파견하여 유민流民을 데리고 나와 빈 섬이 되게 하였다.

(3) 다케시마고증: 이전 왕조(고려)에서는 공도제를 시행하지 않았으므로 연해의 백성이 왕왕 이주하는 자가 있었음을 알 수 있다.

『태종실록』은 쇄환을 언급한 것이고, 『지봉유설』은 쇄환과 공도를 함께 언급했다. 기타자와는 '공도제'를 언급했다. 즉 쇄환에서 쇄환·공도, 공도제로 상승작용을 일으키며 그 의미가 변질되었다. 조선의 "쇄출거민 공기지刷出居民 空其地"의 인식이 '공도정책'으로 변화했음을 처음 언급한 학자는 1960년 신석호이다. 신석호는 1948년에는 "울릉도를 완전히 공도空島로 만들어 놓게 되자"[34]를 운운했었다. 그러다가 1960년에 공도

33 『太宗實錄』 17년(1417) 2월 8일

34 신석호, 「독도 소속에 대하여」, 『史海』 창간호, 1948, 93쪽.

정책을 운운했다.[35] 1953년에 최남선은 '공광책'[36]을 운운한 바 있다. 그런데 신석호에 앞서 공도정책을 언급한 사람을 조사해보면, 다가와 고조라는 일본학자이다. 일제강점기에 신석호는 다가와 고조와 함께 『조선사』 편찬에 관계했었다. 1953년에 다가와는 "이조 초기 이래 본도에 대하여 '공도정책'을 시행해왔음은 명확한 사실이다."(1953. 11.)[37]라고 했고, 논저에서 공도정책을 여러 번 언급했다.

그런데 다가와에 앞서 같은 해에 공도정책을 언급한 사람이 있다. 외무성 관리 가와카미 겐조이다. 그는 『다케시마의 영유』(1953. 8.)에서 '공도정책'을 소제목으로 붙였다. 또한 그는 '일본인의 다케시마 도항'에서 『태종실록』을 거론하며 "이 섬이 완전한 공도가 되어 조선 정부에 의해 사실상 방기되었으나…"[38]라고 기술했다. 그러므로 공도정책이라는 용어를 가와카미가 창안한 것을 다가와가 차용한 것인지는 알 수 없지만, 신석호는 다가와로부터 이 용어를 차용했을 듯하다. 다가와 고조는 1954년에 일본 정부가 1953년 9월 9일자 한국 정부 견해에 대한 반박서를 작성할 때 동원되어, "이조 초기 이래 장기간 공광책을 계승하였다는 사실…"[39]을 운운했다. 일본 정부는 「다케시마에 관한 1954년 9월 25일자 대한민국 정부 견해에 대한 일본 정부의 견해 3」(1956. 9. 20.)에서 "이

35 신석호, 「독도의 내력」, 『사상계』, 1960. 8.(『獨島』, 1965, 28쪽 수록) 「안용복」(『인물한국사』Ⅳ, 박우사, 1965, 271쪽)에도 공도정책이라는 용어가 보인다.

36 최남선, 「울릉도와 독도」, 1953(이상태, 『한국영토사론』, 2013 수록). 공광책(120쪽), 공광정책(163쪽)이라는 용어가 보인다.

37 田川孝三, 「朝鮮政府の欝陵島管轄について」 1953, 1쪽(필사본 竹島問題研究資料〈竹島資料 10-6〉에 수록).

38 川上健三, 『竹島の領有』, 외무성 조약국, 1953, 34~35쪽.

39 일본 정부의 견해(1954. 2. 10.) 첨부문서 「다케시마 영유에 관한 1953년 9월 9일자. 주일 대표부 각서로 한국 정부가 취한 견해를 논박하는 일본 정부의 견해」(외무부 정무국, 『獨島問題概論』, 외교문제총서 제11호, 1955, 147쪽).

조 초기 완전한 공도空島가 되어 조선 정부에 의해 사실상 방기되었으나…"[40]라고 했다. 이로써 '울릉도 공도화=방기' 정책의 논리로 변모했는데, 다가와의 논조는 가와카미의 논조와 거의 같다. 다가와와 함께 조선사편수회에 참여했던 나카무라 히데타카(中村栄孝)도 "조선이 15세기 이래 공도정책 즉 거주 금지 방침을 확인"[41]했다고 기술했다.

이렇듯 기타자와 마사나리에서 가와카미 겐조, 다가와 고조, 나카무라 히데타카를 거치면서 '공도정책'이라는 용어가 정착했다. '공광'과 '공도'가 '공도정책'으로 바뀌었는데, 일본은 '쇄출'과 '쇄환'의 의미를 퇴색시키는 대신 '공광'과 '공도'를 부각시키는 데서 더 나아가 '공도정책'이라는 용어를 만들어 낸 것이다.

한국의 역사학자와 국제법학자는 1950년대에서 1960년대 초반에 걸쳐 이 용어를 빈번히 사용했다.[42] 1965년에 이선근은 '공도정책'이라고 부르되 이 정책이 소극적 방어책이지 영토 포기가 아님을 분명히 했다.[43] 1978년에 이현종은 공도정책이란 일반적으로 중앙의 행정력이 미치지 않는 원격지 도서민을 본토로 쇄환, 해당도서를 공도화하는 정책을 말한다고 정의했다. 또한 그는 이 정책이 우리나라에서는 조선 초에 이미 울릉도와 독도에 적용되고 있었다고 기술했다.[44] 1980년대 말과 1990년대에 걸쳐 신용하는 태종과 세종 연간의 쇄환·공도정책 혹은 공도정책을 운운했다.[45] 그러나 다른 한편에서는 일본이 이 용어를 사용하는 의도가

40 외무부, 『獨島關係資料集』(Ⅰ), 1977, 142쪽.

41 中村栄孝, 「'礒竹島'(鬱陵島)についての覺書」, 『日本歷史』 8월호, 일본역사학회, 1961, 13쪽.

42 『獨島』(1965)에 실린 대부분의 글은 공도정책을 운운했다.

43 『獨島』, 대한공론사, 1965, 84쪽.

44 이현종, 『울릉도·독도 학술조사연구』(한국사학회, 1978)의 3장 「조선 후기 독도의 관할」 집필, 48쪽에서 '공도정책과 안용복 사건'이라고 했다.

45 신용하, 「조선 왕조의 독도 영유와 일본 제국주의의 독도침략」, 『한국독립운동사연구』 3집,

한국 측에 울릉도 영유권 포기를 각인시키려는 데 있음을 간파하고 이 용어의 폐기를 주장하기 시작했다. 임영정은 공도정책 대신 '도민쇄환정책'이라고 부르고 일본의 소위 공도정책과 그 저의를 언급했다. 또한 임영정은 일본이 공도라는 말을 섬의 방치 내지는 방기, 파기한다는 의미로 사용하지만 조선 시대에 공도정책이 시행된 적은 없다고 했다.[46] 이런 인식은 2000년대로 이어져 고려 말과 조선 시대에 몇몇 섬을 대상으로 '공도'를 시행한 것은 왜구 때문이었는데, 이를 공도정책이라고 하면 왜국의 침략성이나 약탈성보다는 도서와 해양을 포기하고 내륙으로 후퇴한 중앙정부의 무책임이나 비겁함, 안목 없음 등이 부각될 수밖에 없다고 비판하는 연구자도 있었다.[47]

한편 가와카미 겐조는 조선 시대 초기 이후 울릉도에 공도정책이 취해져 실제로는 이 섬을 방기한 것과 같지만 외지로의 도피를 단속한다는 의미가 강하므로 '공도정책'으로 부르는 것 자체가 오히려 적합하지 않다고 했다. 그러므로 이 섬에 대해 진정한 의미의 공도정책이 취해진 것은 겐로쿠 연간에 걸쳐 다케시마(울릉도) 영유를 둘러싼 쓰시마번과의 교섭이 개시되고 나서부터라고 했다.[48] 가와카미는 조선 후기 정기적인 순찰제도가 있었음을 언급하되 공도정책이 지속적으로 행해졌다는 사실도 기술했다. 그는 조선 정부가 울릉도가 자국 영토라는 인식 하에 공도정책을 유지하기 위해 약 200년에 걸쳐 정기적으로 순검을 실시해왔다

독립기념관 한국독립운동사연구소, 1989; 신용하, 『독도의 민족영토사 연구』, 지식산업사, 1996, 72쪽; 73~75쪽.

46 임영정, 「일본의 영유권 주장의 검토 —독도·조어도를 중심으로—」, 『동국사학』 30, 1996), 372쪽; 임영정, 「조선 시대 해금정책의 추이와 울릉도·독도」, 『독도 영유의 역사와 국제관계』(독도연구총서 1), 독도연구보전협회, 1997, 62쪽.

47 신명호, 「조선 초기 중앙정부의 경상도 해도정책을 통한 공도정책 재검토」, 『역사와 경계』 66, 부산경남사학회, 2008, 2쪽.

48 川上健三, 『竹島の歴史地理學的研究』, 古今書院, 1966, 175쪽.

는 것이다. 이런 논리는 애매하다. 그는 공도정책이 외지로의 도피를 단속한 것인 점에서 도서의 방기 정책이 아니라고 보는가 하면, 순찰 제도를 정기화한 조선 후기부터 진정한 의미의 공도정책이 시행되었다고 보아 독자로 하여금 혼란스럽게 만들었기 때문이다.

조선 정부가 울릉도에 대한 영유권을 방기했다면 굳이 관리를 파견하여 주민을 쇄환할 필요가 없다. 조선 정부가 초기에 쇄환정책을, 후기에 수토정책을 편 것은 모두 도서를 관리하기 위한 정책이었다. 사료에 '쇄출刷出'과 '출륙出陸'이 보이므로 '쇄출정책'이라고 부를 수는 있지만, '쇄출'이라는 결과를 가지고 '공도정책'을 도출하면 이는 본말이 전도된 논리다.

일본이 이 용어를 생성하고 강조한 데는 다른 의도가 있다. 기타자와는 빈 땅을 내가 취하면 내 땅이 되고, 버리면 다른 사람의 땅이 된다는 논리를 폈다. 그는 조선 정부가 울릉도를 빈 섬으로 만든 목적이 다른 사람의 점유를 허용하기 위한 것이 아님을 알면서도 일본 정부가 '공도'를 취하는 것이 정당하다는 논리를 만들어내기 위해 이런 주장을 편 것이다. 수토관에게는 거주민의 쇄환 임무뿐만 아니라 일본인의 왕래 흔적을 조사할 임무도 부여되어 있었다. 그 때문에 일본인과 만날 가능성에 대비하여 역관을 대동했다. 방기할 땅이라면 그럴 필요가 없다. 조선 정부가 주도한 쇄환(쇄환정책)과 수토(수토정책)는 분리될 수 없다. '공도'는 그 결과를 보여줄 뿐이다. 정부가 이들 정책을 시행한 것은 해방海防의 구체적인 현시顯示였다. 따라서 공도가 된 결과를 방기정책과 동일시할 수 있는 것이 아니다. '공도정책'이라는 용어를 굳이 사용하기보다는 조선 전기의 도서관리를 '쇄환정책', 후기의 관리를 '수토정책'으로 부르는 것이 어떨까 한다.

3. 수토사인가 수토관인가?

1693년에 울릉도 쟁계가 발생하자 조선 정부는 울릉도에 대한 일본의 야욕을 간파하고 이 섬을 실질적으로 조사하여 개척 가능성을 알아보고자 했다. 이에 1694년 가을 삼척첨사 장한상으로 하여금 6척의 선박과 150여 명을 거느리고 입도하여 조사하게 했다. 이때의 보고에 근거하여 조선 정부는 '간間 2년' 즉 3년마다 울릉도와 주변 도서를 수토하기로 결정했다. 1699년부터 정기적으로 수토관搜討官이 파견되어 점검했는데 이를 수토제搜討制 혹은 수토정책搜討政策이라고 부른다.

수토搜討란 찾아내서 토벌한다는 뜻과 자세히 점검한다는 뜻을 함께 지니고 있다. 조선 초기에는 섬에 사는 주민을 쇄환하고 왜구나 중국선박을 토벌한다는 의미가 더 강했다. 이를 위해 간헐적으로 수토하다가 후기에는 정기적으로 수토했다. 수토제가 확립되기 전 일회성으로 파견된 관리를 안무사(按撫使, 安撫使), 초무사, 경차관, 순심경차관巡審敬差官 등으로 불렀고, 이들은 주민을 데리고 나오는 이른바 쇄환·쇄출에 초점을 맞췄다. 그러나 수토제를 시행한 뒤로는 주민 쇄환이나 왜구의 토벌을 목적으로 하기보다는 섬의 지형과 토산물 파악, 거주민 확인과 쇄환, 그리고 일본인의 왕래를 근절하는 데 초점을 맞췄다.

수토군관이라는 직명은 수토제가 확립되기 전에도 있었고, 수토군이라는 직명은 수토제 전후로 계속 보였다. 수토장搜討將[49]도 변장이나 요망장瞭望將과 동급인, 그러나 수토관과는 별개의 관직이었다. 이와는 달리 수토관은 수토제가 확립된 뒤에 등장한 직명으로 수토 임무를 총괄하는

49 『만기요람』에 따르면, 수토장은 변장 및 각읍의 요망장, 봉대감관烽臺監官 등과 동급의 직명이다(『萬機要覽』「財用編 3」'대동작공 각도획급大同作貢各道劃給').

관리를 말한다. 조선 후기에 강원도 삼척에는 우영장 1원을 두되 수군첨절제사(첨사)를 겸임하게 했다. 삼척진의 영장은 정3품이고 월송포의 수군만호는 종4품이다.[50] 삼척진의 영장과 월송포의 수군만호에게 수토관의 직임을 주어 번갈아 들어가게 했다.[51]

수토제는 시행 초기에는 3년마다 이뤄지다가 정조 연간 후반에는 2년마다, 그리고 개척된 이후에는 1년마다 시행되었다. 1699년부터 1894년까지 지속된 수토제는 흉년이 들면 연기되기도 했지만 거의 정례적으로 시행되었다. 수토제는 1883년에 울릉도가 개척된 뒤에도 한동안 지속되었으나 이때는 중앙정부에서 파견한 관리와 지방관이 수시로 검찰하는 양상을 띠어 정례 수토와는 차이가 있었다.

1694년 가을, 조사 임무를 띠고 울릉도에 입도한 장한상은 본인을 삼척영장 혹은 삼척첨사라고 했을 뿐 '수토관'으로 칭하지 않았다. 수토제를 정식定式으로 하기 전이기 때문이다. 수토제가 성립한 후 제일 먼저 파견된 관리는 1699년 월송만호 전회일인데, 강원감사 유지발이 전회일을 수토관으로 칭한 사실이 사료에 보인다.[52] 이어 '수토관'이라는 직명은 1711년 박석창의 「울릉도 도형」 및 수토 사실을 기록한 각석문[53]에서 보인다. 울릉도 도형과 각석문에는 '수토관 절충장군 삼척영장 겸 수군첨절제사 박석창', '군관절충 박성삼 김수원', '왜학 박명일' 등이 명기되어 있다. 각석문에도 같은 관직들과 수행원의 직명 및 성명이 새겨져 있다.

50 『典律通補』(1761) 제4권 병전/외관직.

51 영장과 만호가 번갈아 들어가는 것을 학계에서는 '윤회수토'라고 하지만 그 유래를 밝힌 적은 없다. 윤회수토輪回搜討라는 용어가 가장 먼저 보인 사료는 『肅宗實錄』 숙종 28년(1702) 5월 28일자 기사이다. "鬱陵島間二年 使邊將輪回搜討 已有定式"을 운운했다. 『承政院日記』 정조 10년(1786) 3월 10일 기사와 『承政院日記』 1882년 4월 7일 기사에도 보인다.

52 『備邊司謄錄』, 숙종 25년(1699) 7월 15일.

53 이 비석은 1937년 도동항만 공사 중 바다 속에서 발견되었다.

'수토관 절충장군 삼척영장 겸 수군첨절제사 박석창'에서 '수토관'은 직명을, '절충장군 삼척영장 겸 수군첨절제사'는 관품과 관명을 나타낸다. 마찬가지로 '군관 절충 박성삼·김수원'에서 군관은 직명을, 절충은 관품을 나타낸다.

그런데 직명으로 명기한 '수토관'을 '수토사搜討使'로 바꿔 부를 수 있을까? 최근 일각에서 '수토사'라는 용어를 빈번히 사용하고 있으므로 이 용어가 역사적 사실에 부합하는지 알아보기 위해 그 계보를 추적해보기로 한다.

통상적으로 일이 있을 때 관명을 부여했다가 일이 끝나면 없앤 관명의 경우 '使'자를 붙인 경우가 있다. 안무사, 토포사, 방어사, 체찰사體察使·체복사體覆使·검찰사 등의 권설직이 그것이다. 권설직은 다른 관직과 겸직인 경우가 많다. 그러나 수토관은 임시로 둔 관직이 아니다.

수토사로 호칭한 사료가 있는지를 찾아보니, 『강원도 관초』 1892년 7월 14일자 보고가 유일하다.[54] 그런데 이때는 이미 울릉도가 개척되어 주민이 살고 있었고 월송만호가 도장을 겸하며 수시로 수검搜檢하고 있던 시기로 수토제가 형해화한 상태였다. 중앙에서는 검찰관, 사검관 명목의 특별관을 파견하여 수시로 점검하고 있었다. 그러므로 감사가 "울릉도 수토사의 상황"이라고 한 것이 '수토사搜討事'의 오기인지는 알 수 없다. 수토사搜討使 운운이 매우 이례적이기 때문이다. 이를 제외하면 조선시대의 사료는 모두 '수토관'으로 칭했다. 또 다른 예는 일제강점기에 수토사를 칭한 경우이다. 1934년 『별건곤』은 세종시대의 관리를 '울도 수토사鬱島搜討使'라고 했다. 같은 해에 『조선중앙일보』는 "三년만큼식 수토

54 『江原道關草』 1892년 7월 14일. "월송만호의 첩정牒呈에 따르면, 울릉도 수토사搜討使의 상황을 치보하였다고 하였습니다…"라고 했다. 월송만호 겸 도장 박지영의 보고를 말한다.

사搜土使란 밀사를 보내여"라고 했다. 『별건곤』은 수토제가 확립되기 전의 사실을 기술하되 세종으로 기술할 정도로 역사적 사실과는 거리가 있다. 『조선중앙일보』도 '討'를 '土'로 잘못 적을 정도로 인식의 부정확성을 드러내고 있다.

해방 이후 신석호는 성종 연간의 '수토군'을 언급하고 이어 "울릉도 소속문제가 해결된 후에도 우리나라에서는 여전히 울릉도에 사람이 들어가 사는 것을 금지하고 한 해 건너 한번씩 평해군수 혹은 울진현령을 파견하여 거민 유무를 순심하고 본도 소산의 대죽과 향목, 산삼을 채취하고 가제(可支魚)를 포획하였다."[55]라고 했다. 그는 수토제가 연상될 만한 내용을 언급했지만 수토관을 직접 언급하지는 않았다. 한 해 걸러 평해군수와 울진현령이 파견되었다고 했으므로 수토제를 제대로 인지하지 못하고 있었음을 드러냈다. 그는 1960년에도 "대개 한해 건너 한번씩 평해군수 혹은 울진현령을 수토관에 임명하여 거민 유무를 巡審하고 본도 특산의 향나무·대나무·산삼 등을 채취하고 가제(可支)를 잡아왔는데 특히 울릉도의 香은 유명한 것으로 서울의 재상가에서 많이 애용하였다."[56]라고 했다. 수토관을 언급했지만, 여전히 평해군수나 울진현령을 운운하는 불완전한 인식을 드러내고 있다.

이후 이선근이 "그 이후로는 定期的인 搜討使의 警戒監視를 받아가며…",[57] "정부가 파견하는 그때그때의 搜討使가…"를 운운했다.[58] 따라서 이선근의 '수토사' 언급이 연구자로서는 이 용어를 언급한 최초가 아닌가

55 『史海』, 1948, 94쪽. 맞춤법이 현대문과 달라 필자가 윤문했다.

56 신석호, 「독도의 내력」, 1960. 8, 『사상계』(『獨島』, 1965, 28-29쪽 수록).

57 이선근, 「근세 울릉도 문제와 검찰사 이규원의 탐험성과: 그의 검찰일기를 중심으로 한 약간의 고찰」, 『대동문화연구』, 1964(『獨島』, 1965, 92쪽 수록).

58 위의 책, 93쪽.

한다. 이선근은 '울릉도 쟁계' 이후의 수토제와 이규원의 『울릉도 검찰일기』를 소개하면서 수토사를 운운했지만, 정작 관련 사료에는 수토관으로 표기되어 있고, 이규원도 搜討官을 운운했다. 1970년대에서 1990년대에 걸쳐 울릉도 쟁계를 다룬 글들이 나왔지만, '수토사'를 언급한 적은 없다. 신용하는 수토제도를 언급했지만 수토사를 언급하지 않았다.[59]

'수토사'라는 용어가 다시 보인 것은 1990년대 말 김병렬에 와서다. 그는 수토관 한창국의 수토 기록을 인용한 뒤 "이 글을 자세히 보면, 搜討使 일행이 22일…"[60]이라고 했다. 그런데 한창국의 수토를 기술한 『정조실록』[61]에는 이 용어가 없다. 수토관이 여러 사람과 함께 갔다는 의미에서 '수토사 일행'으로 표현한 듯하다. 수토사를 운운하는 후학의 경우 이선근이나 김병렬의 영향으로 볼 수도 있겠지만 누구도 두 사람의 연구를 출전으로 제시한 바가 없다. 1997년 권삼문은 울진군 구산리 대풍헌에 소장되어 있던 「완문完文」과 「수토절목」을 소개한 바 있는데[62] '수토사'는 언급하지 않았다. 이렇듯 수토사라는 용어는 오기를 제외하면 사료에 거의 보이지 않는다. 그런데 이 용어가 2005년에 다시 등장했다.

2005년 여름 울진군청은 권삼문이 발표했던 것과 동일한 「완문」과 「수토절목」을 소개했다. 이에 대해 언론은 "1823년에 작성된 것으로 추정되는 수토절목에는 3년마다 한 번씩 울릉도를 순찰하는 수토사搜討使와 그를 따르는 백여 명의 군사들이 좋은 날씨를 기다리면서 울진군 대풍헌

59 신용하, 「조선 왕조의 독도 영유와 일본 제국주의의 독도침략」, 『한국독립운동사연구』 3집, 독립기념관 한국독립운동사연구소, 1989, 11쪽.

60 김병렬, 『독도:독도자료총람』, 1998, 43쪽.

61 『正祖實錄』 18년(1794) 6월 3일.

62 심현용은 이 자료를 1997년에 권삼문이 발표한 바 있지만 일부 번역에 오류가 있고 원문이 소개되지 않다가 2001년에 다시 발표되었으나 큰 변화는 없으므로 자신이 자세히 소개한다고 설명했다. 심현용은 『江原文化史硏究』 제13집(2008)에 원문 탈초문과 번역문을 실었다.

에 머물며 9개 마을 백성들로부터 대접을 받았다는 내용이 실려 있다."[63] 고 보도했다. 또한 언론은 울진군 관계자의 말을 빌려 인용·보도하기를 "실록에는 숙종 때인 1693년 안용복 사건으로 삼척에서 울릉도에 수토관을 파견했고 정조 18년(1794)에도 수토관이 지금의 독도인 가지도를 돌아보고 온 것으로 돼 있다."라고 했다. 같은 기사에서 수토사와 수토관 둘 다 보이고, 사실관계도 틀린 부분이 있다. 1823년경에는 2년마다 수토했고, 1794년에 수토관이 돌아보았다는 가지도는 독도로 보기 어렵기 때문이다.

울진군 관계자는 이런 내용을 울진군청 학예연구사로부터 얻어 언론에 제공했을 것이다. 당시 학예연구사는 심현용이었다. 이후 심현용이 완문과 수토절목을 번역하여 소개한 시기는 2008년으로 '수토사'라는 용어를 논문의 형식을 빌려 언급하기 시작했다.[64] 그는 「수토절목」을 "수토사 등의 접대 등에 변통하라"[65]는 것으로 이해했다. 즉 수토사 일행의 접대를 위해 소요되는 경비를 전담한 구산동민의 요청에 따라 부담 경감을 위한 방책을 삼척부에서 결정해준 것이 완문과 수토절목이라는 것이다.[66] 그는 "특히 울릉도 독도는 수토사를 파견하여 정기적으로 영토를 관리하였다."[67]고 했다. 그러나 「완문」과 「수토절목」 원문에는 '수토사'가 보이지 않는다. 그가 '「搜討節目」(供饋變通)'[68]을 "수토절목(수토사 등의 접

63 『연합뉴스』, 2005년 8월 13일.

64 심현용, 「조선 시대 울릉도·독도 搜討관련 '蔚珍 待風軒' 소장자료 考察」, 『江原文化史硏究』 제13집, 강원향토문화연구회, 2008.

65 위의 글, 87~89쪽.

66 위의 글, 97쪽.

67 위의 글, 99쪽.

68 수토절목에 '공궤변통'을 부기한 것은 절목이 음식을 제공할 방법을 제시한 변통책이라는 의미이다. 즉 수토절목은 수토관 일행의 식비를 마련하기 위한 방책을 의미한다.

대 등에 변통하라)"으로 번역했듯이 원문에 없는 '수토사'를 임의로 넣은 것이다. 그는 수토관 1인이 아닌 일행을 포함하는 용어로 수토사로 표현한 듯한데 '수토사 등'은 일행으로서의 수토사 외에 또 다른 일행이 있는 듯한 의미가 되므로 그가 말한 '수토사'의 의미와도 맞지 않는다. 이런 모호함과 불명확성에도 불구하고 이후부터 '수토사'라는 용어가 널리 확산되기 시작했다.

손승철은 2010년에 발표한 수토제에 관한 글에서[69] 수토군과 수토제, 수토관, 윤회수토 등을 언급했지만 '수토사'는 언급하지 않았다. 그는 "수토군의 인원은 처음에는 150명이 되었으나…"[70]라고 하여 150명의 일행을 수토군으로 표현했다. 그러다가 2013년부터 '수토사'를 운운했다. 그는 "최초의 수토사 장한상은 본격적인 수토를 위해 사전에 군관 최세철을 보내 사전조사를 했고, 이어 본인이 직접 수토군을 지휘하여 수토를 한 후…"[71]라고 했다. 이 경우의 수토사는 장한상 개인을 가리키고, 수토군은 그 일행을 가리킨다. 한편 그는 "안용복 사건을 계기로 3년을 주기로 1894년까지 수토관을 파견하여 울릉도와 독도를 관리했다."[72]라고 했다. 이 경우의 수토관은 수토를 수행한 자의 직명을 가리킨다. 그는 2015년에도 수토사를 언급했고, 2021년에는 "수토사 장한상의 행적"과 '수토관 삼척첨사 장한상'을 운운했으므로[73] 일관성이 없다. 그런데 정작 그가 인용한 사료 어디에도 '수토사'라는 용어가 보이지 않는다.

69 손승철, 「조선 시대 '空島政策'의 허구성과 '搜討制' 분석」, 『이사부와 동해』 창간호(제1집), 한국이사부학회, 2010.

70 위의 글, 305쪽.

71 손승철, 「울릉도 수토와 삼척영장 장한상」, 『이사부와 동해』 5호, 한국이사부학회, 2013, 43쪽.

72 위의 글, 42쪽.

73 손승철, 「수토사 장한상의 행적」, 『한일관계사 연구』 51, 2015; 한국이사부학회 편, 『독도를 지킨 사람들』, 2021, 159쪽; 161쪽.

배재홍도 논문 제목을 "수토사 장한상의 관력과 주요 행적"이라고 했으나, 본문에서는 "군관은 수토관을 보좌하고 포수·선졸 등 군사들을 지휘 감독하는 역할을 담당하였을 것이다. 군관은 1명밖에 보이지 않는다."[74]라고 했다. 수토사 장한상을 언급하되 수토관과 군관을 별도로 언급했다. 그가 말한, 군관의 보좌를 받는 수토관은 장한상을 가리키므로 '수토사 장한상'이라고 한 것과 맞지 않는다. 수토관을 수행한 군관은 별도의 관직으로 대체로 2명이었다. 장한상이 조사할 때 군관 최세철은 장한상보다 먼저 입도했으므로 그와 동행하지 않았다.

이렇듯 학계에서는 '수토사'라는 용어를 답습하고 있다. 한편 울진군이 '수토사 뱃길 재현 행사'라는 명목의 행사를 개최하면서 이 용어가 확산·정착하는 데 일조했다. 행사는 2011년부터 시작된 듯한데[75] 울진군수는 "울진 구산항은 조선 시대 정부에서 울릉도와 독도를 관리하기 위해 파견한 수군水軍인 수토사들이 배를 타고 출발한 역사적 장소입니다."라고 했다. 재현 행사는 해마다 개최되었고, '수토사 학술대회'도 개최되었다.[76]

일각에서 '수토사'라고 부르지만 이를 칭하는 연구자조차 수토사로 기재한 사료가 없음을 인정하고 있다. 그럼에도 수토사라고 부르는 이유는 수토관이라는 용어로는 동원된 많은 인력을 포괄하지 못한다고 여겨서인 듯하다. 수토사로 부르는 것은 통신사로 부르는 것과 같다는 논리를 펴기도 한다. 그러나 통신사는 사행으로 정사, 부사, 서장관 등의 관

---

74 배재홍, 「수토사 장한상의 관력과 주요 행적」, 『이사부와 동해』 16호, 한국이사부학회, 2020, 139쪽.

75 『내일신문』 2011. 7. 5. 6월 28일 제1회 울진-울릉 수토사 뱃길 재현행사가 구산항 대풍헌에서 열렸다고 보도했다.

76 학술대회의 연구성과를 모아 출간한 것이 영남대학교 독도연구소 편의 『울진 대풍헌과 조선시대 울릉도 독도의 수토사』(선인, 2015)이다.

직이 따로 있다. 그러므로 통신사는 그 자체가 직명이 될 수 없다. 방어사·절제사節制使·토포사討捕使·운향사運餉使·안찰사·안무사按撫使 등과 같은 직명도 '使'자가 있지만 3품 관직을 의미하는 것일 뿐[77] 사행을 의미하는 것이 아니다. 많은 인력 때문임을 운운하지만, 왕명을 수행하기 위해 파견된 관리에게 많은 인력과 물자가 동원되는 것은 당연하다. 경차관, 안무사, 절제사 등에게도 많은 인력이 대동되었다. 1882년에 울릉도 검찰사로 파견된 부호군副護軍 이규원에게도 100명이 넘는 인력이 대동되었다. 일각의 논리대로라면 검찰사라는 용어는 이규원을 가리키는 것이 아니어야 한다.

조선 후기 200년 동안 수토제를 시행하면서 정부가 삼척영장과 월송만호에게 부여한 직명은 수토관이었다. 논자에 따라 수토사를 일행 혹은 1인으로 보거나, 동일인이 '수토관 일행'과 '수토사 일행'을 병기하기도 했다.[78] 또한 '수토사의 담당'[79], "수토사로 파견된 월송만호"[80] 등을 운운했다. 이렇듯 일관성이 없고 역사적 전거를 제시하지 못하는 연구가 최근까지도 수행되고 있다.

2006년에 일본의 이케우치 사토시(池內敏)는 막부가 덴포 연간 다케시마 도해금지령을 내기 전 쓰시마번으로부터 "수토사가 혹 섬을 순찰한 사실이 있다."라고 답변한 사실을 인용하면서 수토사를 칭했다.[81] 그런데 그가 수토사를 언급한 것은 한국 측 사료를 따른 것이 아니었다. 게다가

77 『經世遺表』 제3권 「天官修制」, '外官之品'

78 신태훈, 『조선 시대 울릉도 수토 연구』, 강원대학교 사학과 박사학위논문, 2023.

79 신태훈, 「조선 후기 월송만호와 울릉도 수토제」, 『한일관계사연구』 제72집, 한일관계사학회, 2021, 51쪽.

80 위의 글, 52쪽.

81 池內敏, 『大君外交と「武威」』, 名古屋大學出版會, 2006, 82쪽.

한국 측 연구자는 수토사를 언급할 때 이케우치의 글을 인용한 적이 없다. 그러므로 이 용어가 이케우치에게서 비롯되었다고 보기는 어렵다.[82]

2010년대에는 국제법학자들도 '수토사'를 운운할 정도로 이 용어가 정착하고 있다.[83] 그러나 앞에서 검토했듯이 '수토사'라는 용어는 사료에 근거한 것이 아니다. '수토사'를 운운한 학자 가운데 1차 사료를 제시한 경우도 없다. 이선근이 제일 먼저 수토사를 일컬었지만 사료를 오독한 데서 비롯되었고, 후학 가운데서 이선근을 언급한 자도 없었다.[84] 이 용어는 언론의 무비판적인 홍보로 말미암아 널리 확산되었고, 이제는 거꾸로 학술 영역에 영향을 미치고 있다. 디지털 삼척문화대전의 '울릉도 수토'[85] 항목과 동북아역사재단의 독도 교육[86]에서도 이 용어를 사용하고 있다. 역사 용어는 사료에 근거해야 한다. 현재 '수토사 뱃길 재현 행사'로 부르고 있지만, '수토 뱃길 재현 행사'로 부른다고 해서 그 의미가 훼손되는 것이 아니다. 지금부터라도 올바로 불러야 할 것이다.

---

82 필자는 『팩트체크 독도』(2018)에서 "2010년대에 들어와 일본 학자가 수토사(搜討使)로 칭하기 시작했고 한국 학자들이 이를 무분별하게 받아들여 사용하고 있다."(180쪽)고 했는데, 이번에 재검토하면서 잘못된 것임을 인지했다.

83 김명기·이동원, 『일본 외무성 다케시마문제의 개요 비판』, 책과 사람들, 2010, 72쪽, 81쪽 외.

84 송휘영, 「개항기 일본인의 울릉도 침입과 '울릉도도항금지령'」, 『독도연구』 제19호, 영남대학교 독도연구소, 2015. 수토사와 수토관을 혼용하고 '수토사(순찰사)'(94쪽)로 표현했다.

85 "장한상이 보고한 내용을 바탕으로 울릉도 등의 섬에 백성들이 들어가 살 수 없게 하고, 한두 해 간격으로 월송만호와 삼척첨사(영장)를 교대로 수토사로 파견하여 울릉도 등의 섬을 수토하도록 하는 수토정책이 수립되었다."라고 기술했다(한국학중앙연구원, 향토문화전자대전 - 디지털삼척문화대전).

86 동북아역사재단의 동북아역사넷의 카툰&애니〉독도. 여기는 독도/1회 '수토사의 길을 따라서'에는 "수토사란 조선 시대에 울릉도와 독도를 감찰하던 관리란다."라고 설명하고 있다(http://contents.nahf.or.kr/item/level.do?levelId=isct.d_0001_0021_0010, 2024년 8월 13일 검색).

4. 울릉도 재개척령과 개척령

울릉도는 1882년까지 공식적으로 입도가 허락된 적이 없다. 1882년 6월 울릉도검찰사 이규원은 조사를 마치고 돌아와 고종에게 울릉도의 개척 가능성을 보고했다. 이규원의 보고를 받은 고종은 한시라도 이 섬을 내버려둘 수 없고 한조각 땅이라도 버릴 수 없다며 "저들에게 통지하는 일뿐만 아니라 개척하는 일도 속히 하는 것이 좋겠다."[87]라고 지시했다.[88] 우리는 이를 일러 개척령이라고 부르지만 법령은 아니다. 이 개척령에 따라 이듬해인 1883년에 김옥균이 '동남 개척사'에 임명되었고 그는 포경捕鯨의 일을 겸했다.[89]

해방 후 연구자들도 개척령을 운운했다. 1948년에 신석호는 울릉도 개척이라고 했고, 1960년에는 울릉도 개척령이라고 했다. 송병기도 1978년에[90] 개척을 운운했다. 국제법 학자인 신동욱도 "울릉도 개척령을 발포하여 울릉도에 입주할 주민을 공공연하게 모집하기도 하였다."라고 기술했다.[91] 그런데 일각에서 울릉도 재개척령 혹은 울릉도·독도 재개척[92]을 운운하는 경우가 있다.

울릉도 '재개척'을 처음 언급한 사례를 조사해보니, 신용하가 1989년

---

87 "非但通于彼, 開拓事, 亦速爲之可也"(『高宗實錄』 1882년 6월 5일)

88 『高宗實錄』 19년 6월 5일; 『日省錄』 고종 19년 6월 5일.

89 『高宗實錄』 20년 3월 16일. 『承政院日記』 고종 20년 4월 20일 기사는 김옥균을 개척사로, 『고종실록』 21년 1월 11일 기사는 '동남제도 개척사東南諸道開拓使'라고 했다. '諸道'는 '諸島'의 오기이다.

90 송병기, 「고종조의 울릉도 경영」, 『울릉도·독도 학술조사 연구』, 한국사학회, 1979, 69-82쪽.

91 신동욱, 『독도 영유에 관한 연구』, 어문각, 1965, 74쪽.

92 최장근, 「한국의 울릉도·독도 개척사에 대한 일본의 조작 행위」, 『일본문화학보』 51집, 한국일본문화학회, 2011.

에 '조선 왕조의 공도정책 폐기와 울릉도·독도 재개척'이라고 했고,[93] 1996년에는 "1883년 3월 개화파 영수 김옥균을 동남제도 개척사 겸 관포경사[94]에 임명하여 종래의 공도정책을 폐기하고 울릉도·독도 재개척을 본격적으로 시작하였다"[95]라고 기술한 바 있다. 재개척을 운운하는 용례가 여기에서 비롯된 것으로 보인다. 독도박물관 홈페이지도 '독도/독도의 역사/울릉도 재개척과 칙령 제41호'라고 했다. 그러나 '울릉도 재개척'을 운운하려면 먼저 개척한 사실이 있어야 한다. 그러나 울릉도는 주지하듯이 개척은커녕 사람의 왕래조차 금지하던 섬이었다. 발견된 사람은 그때마다 육지로 돌려보내졌다. 한때 이주 가능성을 타진해보았으나 가는 길이 여의치 않아 결국 중지되었다. 그러므로 개척된 적이 없는 섬에 대해 재개척을 운운하는 것은 타당하지 않다.

93 신용하, 「조선 왕조의 독도 영유와 일본 제국주의의 독도침략」, 『한국독립운동사연구』 3집, 독립기념관 한국독립운동사연구소, 1989: 신용하, 「한국의 독도 영유와 일제의 독도침략," 『한국독립운동사연구』 제10집, 1996: 신용하, 『독도의 민족영토사 연구』, 지식산업사, 1996. 6. 『한국독립운동사연구』 제10집에 실린 논문은 『독도의 민족영토사 연구』에 실린 글과 거의 같은데 간행 시기는 『독도의 민족영토사 연구』가 앞선다.

94 '동남제도 개척사 겸 관포경사'가 아니라 동남제도 개척사에 임명하여 포경의 일을 겸하게 했다는 의미이다(『承政院日記』 고종 20년 3월 16일).

95 신용하, 「한국의 독도 영유와 일제의 독도침략」, 『한국독립운동사연구』 제10집, 1996. 12.' 독립기념관 한국독립운동사연구소, 421쪽.

제2장

지명의 유래

1. 울릉도 자연 지형과 마을 지명의 형성

울릉도 지명이란 입도 초기에는 섬과 산천의 형세 등 지형과 관련하여 명명되다가 사람들이 거주하면서부터는 마을지명이 생성되었다. 자연지형과 관련된 지명은 대체로 이름소 뒤에 구미, 작지, 포浦, 바위(岩), 산, 고개(嶺), 재, 치峙 등의 형태소를 붙인 경우가 많다. 반면에 마을과 관련된 지명에는 이름소 뒤에 리里, 동洞 등의 형태소를 붙인 경우가 많다. 울릉도는 개척 초기부터 일본인이 함께 있었으므로 지명의 전승과 정착 과정에서 이들이 적지 않게 영향을 미쳤다. 울릉도의 지명 형성과 변천에 일본인의 영향이 컸음은 「울릉도 마을지명의 형성 및 정착에 일본인이 미친 영향」[1]이라는 논고에서 밝힌 바 있다. 그러므로 이 글에서는 앞서 발표한 논고에서 다시한번 상기할 필요가 있는, 본래의 의미에서 많이 와전된 지명을 중심으로 소개하되 이전에 다루지 않은 지명을 추가하여 지명별로 간단히 기술하고자 한다.

울릉군은 2007년에 현재의 1읍 2면 25리 체제를 확립했다. 지명과 관련해서 보면, 10개의 법정리와 25개의 행정리가 있고 57개의 자연마을 지명이 남아 있으므로 이들로써 울릉도에서 생성된 지명의 면모를 상정할 수 있다. 한편 2018년 11월 9일에 제정된 조례[2]에 따라 현재는 도로명 주소도 성립되어 있다.

울릉군에서 법정리와 행정리를 포함한 관내의 57개 자연마을 현황을 보면, 다음과 같다.(울릉군 홈페이지)

〈표 5-2-1〉 자연마을 총계: 57개(울릉읍: 19개, 서면: 16개, 북면: 22개)(괄호 안 지명은 원주)

읍면별	법정리	행정리	자연마을명
울릉읍(鬱陵邑)	도동리(道洞里)	도동1리	본마을, 행남(살구남)
		도동2리	본리, 깍끼등
		도동3리	대저(큰모시개)
	독도리(獨島里)	독도리	독도
	저동리(苧洞里)	저동1리	중저(중간모시개), 줄맨등
		저동2리	소저(작은모시개), 깍끼등
		저동3리	내수전
	사동리(沙洞里)	사동1리	와록사, 새각단
		사동2리	옥천, 안평전, 중평전
		사동3리	신리, 중령, 간령

1 유미림, 『역사 속의 독도와 울릉도』, 지식산업사, 2021, 157~196쪽.

2 울릉군 조례 제1918호, 울릉군 도로명 주소에 관한 조례 일부 개정조례(2018. 11. 9.)(출처는 울릉군, 『군보』 제313호, 2018. 11. 9.).

읍면별	법정리	행정리	자연마을명
서면(西面)	남양리(南陽里)	남양1리	골계(본마을)
		남양2리	지통골, 석문동, 서당마을
		남양3리	아래통구미, 윗통구미, 감을계
	남서리(南西里)	남서1리	본마을, 나발등
		남서2리	구암(굴암), 수층(물칭칭이)
	태하리(台霞里)	태하1리	태하, (중리), 서달령, 향목령
		태하2리	학포, 산막
북면(北面)	천부리(天府里)	천부1리	천부(왜선창), 천년포
		천부2리	본천부, 홍문동(큰홍문동, 작은홍문동)
		천부3리	죽암, 윗대바우, 지겟골
		천부4리	석포(정들포), 선창, 섬목
	나리(羅里)	나리	나리, 알봉
		추산리	추산, 깍끼등
	현포리(玄圃里)	현포1리	현포, 신포구, 웅포, 잿만등
		현포2리	평리(신촌), 살강터, 지통골, 구암(광암)

위 지명의 많은 부분은 해방 이전에 생성된 지명이지만 해방 이후 새로 만들어진 지명도 있다. 해방 후에 만들어졌음이 분명한 지명은 2007년 『울릉군지』에 새로 실린 지명들이다. 여기에는 57개 자연마을보다 훨씬 많은 지명이 기록되어 있다. 두 군지를 비교해보면 〈표 5-2-2〉와 같다.

〈표 5-2-2〉『울릉군지』(1989, 2007)의 지명 비교

구분＼군지	1989 (밑줄은 1989년에 새로 보인 지명)		2007 (밑줄은 2007년에 새로 보인 지명)	
울릉읍	도동	杏南(살구남), 깍개등 · 깍깻등 · 깍새등	도동	깍깨등, 도치장 · 도축장, 빙구골짝 · 빙곡마을, 사구내미 · 사구너머, 숯구디골, 약물탕 · 약수공원, 이일선골짝, 절골 · 절골짝, 청국샘, 한청
	저동(苧浦)	大苧, 中間모시개(中苧), 內水田 · 苧田浦, 주사골(朱砂谷), 줄맨등 · 줄맨당, 깍개등 · 깍새등, 와다리 · 臥達里	저동	內水田, 대섬, 큰모시개(大苧), 중간모시개(中苧), 작은모시개(小苧) · 新興洞, 봉래폭포, 북저바위, 와다리(臥達里), 龍窟, 정미야골짝, 주삿골(朱砂谷), 줄맨등, 촛대바위
	沙洞	玉泉洞, 中平田, 안平田, 新里, 왜막골(谷), 中嶺 · 竹嶺 · 長興洞, 間嶺(갓嶺), 새각단(新村)	사동	갓영 · 갓령 · 간영 · 간령, 새각단, 신리, 와록사, 안평전(內平田), 中平田, 왜막골(倭幕谷), 우복동 · 옥천동, 장흥동, 죽령 · 죽영 · 중령 · 중영

구분 \ 군지		1989 (밑줄은 1989년에 새로 보인 지명)		2007 (밑줄은 2007년에 새로 보인 지명)
서면	남양동	南陽 · 골계(谷溪) · 谷浦, 돌문골(石門谷) · 石門洞, 지통곡(골), 통구미, 가물개 · 가문개 · 玄圃	남양리	골계(谷溪), 석문동, 통구미, 감은계 · 감을계(玄溪)
	남서동	南西洞, 굴바우 · 窟岩 · 龜岩, 물칭칭(水層), 제당골 · 祭堂村, 沙汰邱尾 · 沙土邱尾, 나발등 · 나팔등	남서리	구암, 나발등 · 나팔등, 幕洞, 물칭칭(水層), 사토구미 · 사태구미
	태하동	큰황토구미 · 台霞洞, 작은(小)黃土邱尾 · 鶴圃, 西達 · 西達嶺, 蔘幕골(谷) · 山幕골(谷), 향나무재 · 香木嶺 · 香木邱尾, 말바우 · 馬岩, 가문개	태하리	대풍감, 말바우, 물래치기, 산막, 서들영, 윤하추(대밭추), 작은황토구미 · 학포, 큰황토구미 · 태하리
북면	천부동	옛船艙 · 倭船艙 · 天府, 本天府, 대바우 · 竹岩, 정들깨 · 정들포 · 石圃, 섬목 · 島項, 白雲洞, 홍살메기 · 紅門洞, 선창, 지계골(곡), 천년포	천부동	깍깨섬 · 깍새섬 관음도, 대바위(竹岩), 두리봉(蒜峰), 딴바우, 백운동, 본천부, 섬목, 삼선암, 웃대바위, 예선창 · 天府, 정들포 · 石圃, 지겟골 · 지계골, 홍문동,
	나리동	나릿골(谷) · 羅里洞, 알봉(卵峰), 송곳산(錐山洞)	나리	거물떡(거물또, 거무떠, 거무때), 구방, 깍깨등 · 추산깍깨등, 말잔디 · 말잔등, 불탄산, 뻡짹이등대, 사태골 · 산태골, 산막골 · 삼막골, 송곳산 · 錐山, 신령수, 알봉, 천연포 · 千年浦, 형제봉(젖봉)
	현포동	가문작지 · 거문작지 · 黑斫支 · 玄斫支 · 玄圃, 新浦口, 웅통계 · 雄通邱尾 · 雄浦, 살강태 살강터, 口岩 · 光岩, 紙桶골(谷)	현포리	가문작지, 구멍바위 · 코끼리바위, 구암, 살강터, 신포구, 雄通溪 · 雄圃, 지통골, 平里 · 신촌

위 자료를 참고하여 일제강점기부터 1961년 이전까지 새로 생성된 지명을 추정해보면 다음과 같다. (괄호 안 지명은 이칭)

깍끼등, 본천부, 봉래폭포, 백운동, 비파산, 사자바위, 살강태, 선창포, 소래방우, 신포구, 양굴, 용굴, 윤하추(대밭추), 핑고골짜기, 줄맨등, 제당골(祭堂村), 지통골, 지계골, 靑島, 학방우, 한데마당(재만딩이, 재만등)

이들 지명 가운데는 개척 초에 생성되어 지금까지 전승되는 지명도 있

지만 본래의 지명에서 바뀐 지명도 적지 않다. 그것은 대체로 다음과 같다. (괄호 안 지명은 초기 지명)

행남(사공남), 사동(아륙사), 玄圃(玄浦), 石圃(정돌포, 石浦)
남양(곡포), 鶴圃(鶴浦). 龜岩(窟岩), 口岩·光岩(光岩), 죽령(중령),
간령(갓령), 삼막(산막), 죽암(대바우, 大岩), 안평전·중평전(내평전),
내수전(내수내전곡), 깍새섬·觀音島(防牌島), 삼선암(형제암)

이 책에서는 위의 자연마을 가운데 그 유래가 잘못 알려진 지명을 위주로 고찰하고자 한다. 지명의 변천과정을 보려면 최초의 호칭이 무엇이었는지를 보면 될 것이다. 지명이란 세월이 흐르면서 변화하게 마련인데, 부르기 쉬운 대로 구전되어 정착하는 경향이 있다. 그러므로 반드시 옛 지명의 회복을 주장할 필요는 없지만, 그 유래는 알 필요가 있다.

2. 지명의 유래

지명이 구전으로 전해지면서 와전되는 경우는 몇 가지가 있다. 첫째는 발음의 유사성으로 말미암아 듣는 자에 따라 다르게 전해지거나, 그 뜻에 해당하는 한자를 여러 가지로 훈차표기하는 경우이다. 전자의 예로는 사공남이 살구남으로 와전되어 행남杏南으로 정착한 경우가 있다. 후자의 예로는 '구멍바위'가 혈암穴岩, 공암으로 변전한 경우가 있다. 두 번째는 일본인들이 현지인의 발음을 잘못 알아듣거나 우리말을 잘못 이해하여 잘못 표기한 경우이다. 대풍구미, 황토구미, 사태구미에 붙은 '구미'를 '坎'으로 바꿔 대풍감, 황토감, 사태감으로 바꾼 경우가 이에 해당한다. 또한 지명 뒤에 붙은 형태소 'ㅇㅇ작지'나 'ㅇㅇ개'를 'ㅇㅇ사키(崎)'

나 ‘○○圃’로 잘못 바꾼 경우도 있다. ‘개’는 ① 바닷물이 드나드는 곳을 의미하므로 그 뜻을 따라 표기하면 ‘○○浦’가 되어야 하기 때문이다. 세 번째는 기록상 혹은 행정상의 편의를 위하여 간략하게 표기하거나, 두 지역의 지명을 하나의 지명으로 병합한 경우이다. ‘도방청’을 ‘도동’으로, ‘아륙사’를 ‘사동’으로, ‘수층층동’을 ‘수층동’으로, ‘소황토구미’를 ‘학포동’으로 바꾼 경우가 전자에 해당한다. 사동과 장흥동의 일부를 병합하여 옥천동으로 만들고, 통구미동과 석문동, 남양동과 남면의 장흥동 일부를 병합하여 남양동으로 만든 경우는 후자에 해당한다.

일본이 통감부 시절부터 전국의 지명을 조사하여 작성한 『조선지지자료朝鮮地誌資料』[3]와 1917년에 제작된 「조선 지형도」[4]를 거치면서 전승된 지명은 1950년대 후반에 작성된 지도와 조사표, 울릉군의 간행물 등에 반영되었다. 해방 후 정부는 한글지도를 제작하기 위해 일제강점기 지도에서 한글지명을 발췌하여 『경상북도 울릉군 지명 조사철』[5](1961)을 제작했다. 한편 한글학회는 1964년부터 전국의 산천과 지역의 우리말 이름 및

3 국립중앙도서관에 소장되어 있는 이 자료는 편찬연대와 필사자 미상으로 나와 있으나 김기혁에 따르면, 54책의 필사본으로 1906년 이후 1914년 이전 자료로 편찬 연도는 1910년 전후로 보았다. ‘울도군’ 지명은 경상남도 편에 수록되어 있다(김기혁 · 오상학 · 이기봉, 『울릉도 · 독도 고지도첩 발간을 위한 기초연구』, 한국해양수산개발원, 2007).

4 육지측량부가 제작한 50,000분의 1 축척 지도로 1917년 6월 30일 육지측량부가 발행했다. 저작권 소유자는 조선총독부이다. 장서각 디지털아카이브에서 원문 이미지를 제공하고 있다(청구기호 K2-4578, 1책 경상북도 울릉도). 이 지형도는 지명을 한자로 표기하고 우리말 발음을 가타가나로 병기했다.

5 표제는 『경상북도 울릉군 지명 조사철』로 되어 있고 안의 표에는 「地名調査表」로 되어 있다. 필사본이다. 국토지리정보원 담당자에 따르면, 1961년에 지명을 고시하기 위해 그 이전에 몇 년 동안 각 마을의 읍면장이 조사했다고 한다. 국토지리정보원 홈페이지에 따르면, 1959년부터 국방부지리연구소가 삼각점 조사를 했는데 지형도는 육군에서 발행한 군사용 1 : 50,000 지형도를 기초로 해서 준비작업에 착수했고, 1958년 중앙지명위원회 위원을 위촉한 뒤 12월 9일 지방 각급지명위원회가 구성되어, 현지 조사 137,000건을 검토한 후 124,000건을 1961년 4월 22일 고시했으며 지명편람을 발간했다는 것이다. 지명 조사는 1959년부터 1960년 사이에 있었던 듯하다.

한자 지명, 이칭을 수록한 『한국지명총람』을 간행했다. 울릉도 관련 지명은 1979년에 간행된 『한국지명총람』에 수록되어 있다. 『한국지명총람』은 한글지명을 표준지명으로 한다는 방침을 밝혔지만, 방침대로 적혀 있지는 않다. 또한 『한국지명총람』은 울릉읍과 북면, 서면의 연혁에 대해서도 기술했는데 다른 문헌과 일치하지 않는 내용이 더러 있다. 그러므로 현재 정착한 지명의 유래를 보려면, 개척기부터 일제강점기에 걸쳐 간행된 지도와 문헌은 물론이고 해방 후 작성된 조사표와 1967년 서원섭의 조사, 『한국지명총람』, 『울릉도 향토지』, 『동해의 수련화』, 『개척 백년 울릉도』, 『울릉군지』 등을 함께 검토할 필요가 있다. 아래서는 지명의 유래를 간략히 기술하고 그 뒤에는 연도별 지명의 변천과정을 함께 제시하여 본래의 지명이 어떻게 와전되었지를 알 수 있게 했다. 원문에 두 지명이 병기된 경우 그대로 따랐다.[6] 괄호에 명기한 연도는 출전 자료의 발간 연도이다. 맨 뒤에 그 출전을 밝혔다.

**** 행남(杏南)**

현재 행남으로 불리는 지명의 옛이름은 '사공남이'이다. 제작 시기를 알 수 없는 울릉도 지도에 사공포沙工浦로 보였으므로 사공과 관계된 지명임을 알 수 있다. 이후 19세기 중반의 지도로 추정되는 「울릉도도鬱陵島圖」에 사공남이司空南伊, 1900년대의 문헌에 沙公南, 沙工南, 沙工南(샤쿠나미)로 기재되었고, 『조선지지자료朝鮮地誌資料』에 한글로 '사공넘이'로 썼으므로 이 지명이 '사공남' 혹은 '사공남이'에서 온 것임을 알 수 있다. 1928년에 『동아일보』 기자 이길용은 "이곳은 아무도 넘지 못하든 고개를

6 「조선 지형도」(1917)의 경우 '聖人峯(성인봉)' 형식의 표기가 있는가 하면, '(大苧浦): 큰모시개' 형식으로 괄호에 넣은 경우도 있어 원문대로 쓰되 가타가나는 우리말로 바꾸었다.

『사공』이 먼저 넘엇다고 해서 『사공넘어』(와전되어 살구남, 杏南)라고 불르는 도동엽 바위부근 해상의 일이다"[7]라고 했다. 이 기사가 사공에서 시작되어 사공넘어 → 살구남 → 행남으로 변천한 과정을 그대로 보여준다.

사공남이가 살구남으로 와전된 계기는 일본인이 '사공남이'를 '사쿠나미'로 자못 알아듣고 사공남말砂空南末(Shakunami Kutsu)로 표기했기 때문이다. '사공남말'은 다시 '살구남'으로 와전되었고, 살구남의 뜻을 취해 杏南으로 표기된 것이다. 이 지명은 1961년까지 '杏南'과 '살구남'으로 병기되다가 1969년에 '사구내미(蛇口南)'로, 1978년에 '사구내미, 蛇口南, 杏南'으로, 1980년대에는 '杏南(살구남, 蛇口南, 竹圃)'으로 다양한 표기를 보여주었다. '사구내미'와 '蛇口南'도 '살구남에서 와전되었다고 보인다. 그러므로 '사공남이'를 '사쿠나미'로 잘못 읽은 데서 유래한 '행남(살구남)'은 본래의 뜻과는 완전히 동떨어진 지명이다.

*沙工浦(「鬱陵島」) → 司空南伊(「鬱陵島圖」) → 沙公南(1900-b) → 沙工南(1902) → 沙工南(샤쿠나미)(1906-a) → 샤쿠나미(1906-b) → 砂空南末(Shakunami Kutsu)(1909) → 沙工里(사공넘이, 지지) → 沙空南末(샤쿠나미구쓰)(1911) → 杏南:살구남(1917-b) → 沙空南末(1919) → 사공넘이, 행남동(1923) → 사공넘어(살구남, 杏南)(1928)-杏南(살구남)(1961) → 사구내미(蛇口南)(1969) → 사구내미, 蛇口南, 杏南(1978) → 사구나미(살구남, 蛇口南, 杏南)(1979) → 杏南, 竹浦(1981) → 살구남(1983) → 杏南(살구남, 蛇口南, 竹圃)(1989) → 사구내미·사구너머(2007) → 행남(살구남)(현재)

7 『동아일보』 1928. 9. 9.

** 사동(沙洞)

현재 사동(沙洞)으로 불리는 마을의 옛 지명은 '아륙사'이다. 19세기 중반에 제작된 「欝陵島圖」에 阿陸沙로 표기되었고, 1892년에 한글 표기 '아록사·알록사'가 보이기 때문이다. 阿陸沙는 우리말 아록사 혹은 알록사에 가장 가까운 음을 빌려 '아륙사'로 표기한 듯한데 본뜻은 알 수 없다. '알록달록한 모래'를 의미한다는 설이 있지만 전거는 없다. '아륙사'라는 지명은 1897년에 '阿陸沙'의 沙자를 따고 마을을 의미하는 洞을 붙여 '沙洞'으로 표기되었다. 현재의 법정리는 '사동'이다.

사동 1리에 속한 자연마을은 현재도 '와록사'로 남아 있다. 또한 지형도에 '사동리'와 별개로 '와륙사'가 기재되어 있다. 이에 근거하여 사동 지명의 유래를 와옥사, 와록사, 아래구석으로 보아, 옥같은 모래가 누워 있다고 해서 와옥사臥玉沙로, 뒷산의 모양이 사슴이 누워 있는 것과 같다고 해서 와록사臥鹿沙로, 아래구석이라는 의미에서 '하우下隅'로 표기했다고 해석하기도 한다. 하지만 이는 모두 한자의 뜻에 맞춰 그 유래를 꿰어 맞춘 것으로 보인다. 사동은 '아륙사'에서 유래한 것이 맞다고 본다.

*阿陸沙(「欝陵島圖」) → 阿陸沙(아릭사)(1883-b) → 아록사·알록사(1892) → 샤동(1897) → 沙洞(1900-b, 1902) → 沙洞(1905) → 沙洞(아릭사)(1906-a) → 沙洞(1906-b, 1906-c) → 沙洞(1909) → 沙洞(아렉사, 사동)(1910) → 沙洞(『지지』) → 沙洞(1912, 1914) → 沙洞(1917-a) → 沙洞:사동(1917-b) → 沙洞(아렉사)(1919) → '아륙사라는 沙洞(본명 아래구석)'(1923) → 下隅(매일신보, 1939.8.25.) → 沙洞(사동); 지도상 지명 無(와록사)(1961) → 沙洞(1963) → 아록사(沙洞), 臥玉沙(1969) → 와록사(아록산, 아록사, 臥玉沙)(1979)-沙洞(1981) → '사동(沙洞) 일명; 아룩사'(1983) → 沙洞(아록사, 臥玉沙, 臥鹿沙)(1989) → 와록사(臥

鹿沙)(2007) → 와륙사·와록사·사동리·사동(현재)

**** 현포(玄浦)와 현포(玄圃)**

이 지명은 우리말 검은작지, 거문개에서 유래했다. 검다는 의미를 훈차 표기(玄 · 黑)하고, 형태소에 따라 흑작지(黑斫支, 黑作地), 현작지(玄作支, 玄作地), 현석구미玄石龜尾, 흑장구미黑杖邱尾 등으로 다양하게 표기되다가 玄浦가 되었다. 그런데 일본인이 현작지를 '가몬(崎)'으로 표기했듯이 '작지'를 '사키'로 해석했다. 우리말 작지의 의미를 몰라 '사키'로 잘못 이해한 것이다. 나아가 '검은 작지'나 '검은 개'를 훈차표기하면 玄浦가 되어야 맞는데 이를 玄圃로 잘못 표기하기에 이르렀다. 일제강점기에는 주로 玄圃로 표기되었다. 『울릉도 향토지』는 1963년에는 玄圃로 표기했다가 1969년에는 玄浦로 표기했다. 현재는 玄圃로 정착했는데 이는 와전된 표기이다.

* 玄作地(1786) → 玄石龜尾(1831) → 黑杖邱尾(1857) → 黑作地(1882-a) → 黑浦, 黑斫支, 黑斫之浦, 玄浦, 玄斫支(1882-b) → 玄浦(「鬱陵島圖」) → 玄浦洞(1883-a) → 가몬崎(玄作支)(1883-b) → 현표(1892) → 현포동(1897) → 玄洞(1899)-玄圃洞(1900) → 玄浦(1900-b, 1902, 1905) → 玄浦(현포, 일명 웅통개)(1906-a) → 가몬자기(1906-b) → 玄圃洞(1906-c) → 玄圃洞:가몬사키(1910) → 玄圃洞(감은작지)(『지지』) → 玄圃洞(1912) → 玄圃洞(1914) → 玄浦:고물개(1917-a) → 玄圃洞:현포동(1917-b) → 玄圃, 玄圃洞(1919) → 玄圃洞(거문개)(1923) → 현포(『동아일보』 1934.2.18.) → 玄圃洞(현포동)(1961) → 玄圃(1963) → 가문작지(玄圃洞), 玄浦(1969) → 玄圃里(현포, 가문짝지, 가먼작지)(1979) → 감은작지·黑斫支·玄圃(1981) → 玄圃洞(가문작지, 거문작지, 黑斫支, 玄斫支, 玄圃)(1989) → 가물개, 가문작지(玄圃)(2007) → 玄圃·玄圃里(현재)

**** 석포(石浦)와 석포(石圃)**

이 지명의 최초 표기는 '정돌내선창丁突乃船滄'인데 '정석포亭石浦'라는 지명을 파생시켰다. '정돌네' 혹은 '정돌이'에서 '정'의 음(亭)과 '돌'의 훈(石)을 따 '정석亭石'이 되었고 여기에 바다지형 형태소 浦가 붙어 정석포亭石浦가 된 것이다. 일본인이 '정돌포'를 '촌도로보'로 읽고 석포동石浦洞으로 표기했었는데 후대로 오면서 石圃洞으로 와전되었다. 한편 '정돌포'가 '정돌이선창'으로 변전하여 '정돌선창鄭乭船倉'으로 표기되기도 했다. '정돌'이라는 돌에서 '정돌이'라는 사람으로 변전한 것이다. 다른 한편에서 '정돌'은 '정들'로 와전되어 '정야포亭野圃'로 표기되기도 했다. 이렇듯 정돌·정돌포는 정돌포, 정들포, 정들깨, 석포동으로 변전하다가 현재는 '정들포·石圃; 석포(정들포)'로 정착했다. '정돌'과 '정들'은 의미가 다르므로 병기할 수 없는데 '정들포'와 '석포'가 병기되기에 이른 것이다. 석포라는 지명은 본래 정돌포에서 온 것이므로 석포石圃는 잘못된 지명이다.

* 丁突乃船滄(「鬱陵島圖」) → 亭石浦(1900-b, 1902) → 亭石浦(촌도로보)(1906-a), 촌도로보(1906-b), 石浦洞(1906-c) → 亭石浦(정포돈)(1910) → 石圃洞(정돌포)(『지지』) → (石圃洞):석포동(1917-b) → 石圃洞(1923) → 石浦(『중외일보』 1927.8.14.) → 鄭乭船倉(1928) → 石圃洞(석포동)(1961-지도), 석포동·石圃洞(1961 조사표) → 石浦(1963) → 정야포(亭野圃), 정들포(1968) → 정돌포(石浦)(1969) → 정들깨(정들포, 석포, 석포동)(1979) → 石圃·石浦(1981) → 석포(石圃); 정들포(1983) → 정들깨, 정들圃, 石圃(1989) → 정들포·石圃(2007) → 석포(정들포)(현재)

****남양(南陽)과 곡포(谷浦)**

현재 남양으로 불리는 이 지명은 1892년에 처음 보였고 그 이전에는 곡포谷浦로 보였다. '谷浦(골게이)'로 표기했듯이 우리말 '골개'의 뜻을 따서 谷浦로 표기한 것이다. 골개는 고리켄, 고우리켄으로도 표기되었는데 이는 일본인이 골개의 발음을 그렇게 알아들었기 때문이다. '골개'가 해방 후에는 '골깨(골계)'로 와전되었고, 다시 '골계(谷溪)'로 변천했다. 그리하여 현재는 '골계(谷溪)'와 '골계(본마을)(현재 남양 1리)'라는 두 지명으로 분기되어 있다. '골개'에서 유래한 것이므로 곡포가 본래의 지명인데 이것이 와전되어 하나는 남양南陽으로, 다른 하나는 골계로 된 것이다. 법정리는 남양리이다.

*谷浦(「欝陵島圖」) → 谷浦(1882-a, b) → 谷浦(골게이)(1883-a, 1883-b) → 谷浦洞(1887) → 南陽洞(1892) → 남양동(1897) → 南陽洞(1900-b) → 南陽洞(南陽川)(1902) → 南陽洞(1905) → 南陽洞(고리켄)(1906-a) → 南洞, 고리켄(1906-b) → 남양동(1909) → 南陽洞(고우리켄, 남양동)(1910)-南陽洞(1912) → 南陽洞(골개)(『지지』) → 南陽洞(1914, 1917-a) → 南陽洞:남양동(1917-b) → 南陽洞(고리켄)(1919) → 南陽洞(1923) → 南陽洞(남양동)(1961) → 南陽·남양동(1963) → 골개(南陽洞)(1969) → 골깨(골계); 골깨재(골계재, 태하재, 태하령)(1979) → 골개(谷浦, 洞浦, 南陽洞)(1981) → 골계(谷溪)(1983) → 골계(谷溪)(1989) → 남양동, 골계(谷溪), 谷浦(1989) → 골계(谷溪)(2007) → 골계(본마을)(현재 남양1리); 남양리(현재)

**** 왜선창과 천부동, 창동**

현재 천부와 본천부, 옛선창 일대를 포함하는 지역의 옛지명은 '왜선창倭船倉'이었다. 1711년 수토관 박석창이 「울릉도 도형」에 왜선창을 표기한 이래 줄곧 왜선창으로 표기되다가 왜선창의 '왜'를 '옛'으로 잘못 알아들어 '옛선창'이 되어 훈차표기가 '구선창舊船滄'이 되었다. 1882년에 다시 왜선창의 지명을 회복했다. 개척 이전에 붙여진 지명인데 '倭'자가 들어가 있으므로 조선인이 붙였음을 시사한다. 그런데 이 지명이 1899년에 창동昌洞으로, 1900년에는 '천부동 안 고선포(天府洞之船浦古)', 1905년에 천부동 안 창동(天府洞內昌洞), 창동(예선창), 古船昌(예선창, 天府洞) 등으로 변천했다. 1917년 「조선 지형도」는 '창동昌洞'으로 기재했다.[8] 그 이후 '창동'과 '예선창(天府)'으로 전해지다가 현재는 '예선창·天府' 혹은 '천부(왜선창)'로 불리고 '창동'이라는 지명은 소멸했다.

한편 천부동[9]이라는 지명은 1892년에 처음 보인다. 울릉도 주민에 따르면, 이 지명은 천저구미에서 왔을 가능성이 크다고 한다. '천저구미'는 18세기 중반 지도에 보이기 시작하여 1786년에 '천마구미天磨仇味'로, 1807년에 '천저구미天底仇味'로 보였다. 천부동이라는 지명은 1900년에 '천부동지고선포天府洞之古船浦'로 보인 것을 제외하면 줄곧 천부동으로 보였다.

그런데 1961년 조사에서 '본천부'라는 지명이 새로 보였다. 1967년에 조사한 서원섭에 따르면, 개척기에 예선창에 내린 두 양반이 바닷가에 살 수 없다고 여겨 물이 있는 곳을 찾아 숲을 헤치고 나무를 베어 살 곳을 마련하고 이름을 '천부'라고 했는데, 이곳을 예선창이라고 한다는 사실을 알게 되자 자신들이 사는 곳을 '본래의 천부'라는 뜻으로 '본천부'로 불렀다는 것이다. 『울릉군지』(1989)도 이를 따르고 있다. 그러나 이 설명에는 의문이 남는다. 서원섭의 설명대로라면, 예선창과 본천부는 지역이 본디 다른 지역이다. 천부에 살던 사람들이 예선창을 천부라고 부른다는

8 현재는 천부 1리 안에 왜선창이 포함되어 있다.

9 1923년에 이을은 天府洞이라는 지명이 과거 경북시찰사 윤시병이 울릉도를 관찰할 당시 기념으로 붙인 것이라고 했다. 실제로 1892년 이전 중앙정부는 선전관 윤시병을 특별히 파견하여 울릉도를 검찰하게 한 적이 있다.

사실을 알게 되자 자신들의 지역을 본천부로 이름을 바꾸었다는 것인데, 예선창 즉 왜선창이라는 지명이 천부보다 먼저 생겼고, 그렇다면 당연히 두 양반도 이를 알았을 것이기 때문이다. 왜선창이라는 이름을 놔두고 천부로 불렀다는 사실도 이상하지만, 뒤에 입도한 자가 왜선창이라는 지명을 몰랐다가 천부로 불린다는 사실을 후에 알게 되었다는 것도 이상하다.

이 지명은 '천부동 안 예선포', '천부동 안 창동' 등으로 불렸듯이 천부동과 왜선창은 함께 불리다가 지형적 특성에 따라 본천부라는 새로운 지명이 생성된 것이 아닌가 한다. 즉 천부의 지역적 범위가 너무 넓으므로 바닷가 지역을 왜선창과 천부동으로 부르는 한편, 후에 내륙 지역을 따로 구분해서 본천부로 이름지은 것이 아닌가 한다. 본천부는 해방 후 처음 보인 지명이기 때문이다.[10]

현재 울릉도 지형도에 내륙 지역에 '옛선창'이라는 지명이 기재되어 있으나 이는 과거 '왜선창'으로 부르던 지역과 일치하지 않는다. 『한국지명총람』(1979)은 선창을 주칭으로, 예선창, 왜선창, 창동을 속명으로 기술했다. 이는 왜선창, 예선창, 창동, 천부로 이어진 지명의 선후관계를 무시한 기술이다.

천부동은 1906년 경상남도 울도군 북면에 속해 있다가 1914년 경상북도 울도군 북면 천부동으로 바뀌었고, 오늘날 법정리는 '천부리'이다. 천부리는 다시 1~4리로 나뉘어 있다. 천부 1리에는 '천부(왜선창)'라는 자연마을 이름이 남아 있다. 천부 2리에는 '본천부'가, 천부 4리에는 '선창'이 자연마을 이름으로 남아 있다. 현재 25,000분의 1 지형도에는 천부, 옛선창, 본천부가 각각 기재되어 있다.

10 현지인에 따르면, 일제강점기에 본래의 천부라는 의미에서 '원천'이라고 불렀다고 한다.

*倭舡倉(왜선창)(1711) → 倭船倉(「鬱陵島」) → 倭舡滄(1786) → 倭船倉(1857) → 舊船滄(「鬱陵島圖」) → 舊船倉(1882-a) → 倭船艙·倭船艙浦(1882-b) → 倭船倉(1883-b) → 昌洞(1899) → 天府洞之船浦古(1900) → 昌洞(1900-b) → 天府洞內昌洞(1905) → 天府洞內昌浦; 昌洞(에선창)(1906-a) → 에신촌(1906-b) → 昌洞(1909)-昌洞(에센챵, 챵동)(1910) → 古船昌(예선창, 天府洞)(『지지』) → (昌洞):챵동(1917-b) → 昌洞(1919) → 芮船倉이라는 昌洞(1923) → 昌洞(창동)(1961) → 예선창(天府)(1978) → 船倉(예船倉, 倭船倉, 倉洞)(1979) → 船艙浦(1981) → 살구남, 예선창(1983) → 옛船艙, 倭船艙, 天府(1989) → 예선창·天府(2007) → 왜선창(현재 천부1리에 보임)

*天低仇尾(「鬱陵島」) → 天磨仇味(1786) → 天底仇味(1807) → 천부동(1892) → 텬부(텬부동)(1897) → 天府洞之古船浦(1900) → 天府洞(1900-a, b) → 天府洞(1902) → 天府洞(1905) → 天府洞(촌부동)(1906-a) → 촌보도(1906-b) → 天府洞(1906-c) → 天府洞(『지지』) → 天府洞(1912, 1914) → 天府洞(1917-a) → 天府洞:천부동(1917-b) → 天斧洞(1919) → 天府洞(1923) → 千府洞(1934)-天府洞(천부동); 본천부(지도상 無)(1961) → 天府·천부동(1963) → 本天府(1969) → 본천부(本天府)(1978) → 本天府(1979) → 天府洞, 船艙浦(1981) → '천부(天府), 일명; 예선창'; 本天府(1983) → 天府洞(1989, 2007) → 천부(왜선창)·본천부; 선창(현재)

** 우복동牛伏洞과 옥천동玉泉洞

현재의 지명은 옥천玉泉이지만 이 지명의 최초 표기는 1892년「정처사술회가」에 보인 '우복동'[11]이다. 뒤에 한자 표기가 '牛腸洞' '遇伏洞' '牛伏

11 서원섭은 우복동의 한자를 牛伏洞으로 보았다.

洞' 등으로 다양하므로 '우복'의 의미가 명확하지 않지만 순우리말로 보기는 어렵다. 그런데 이 지명이 1905년에 오면 일본인에 의해 '玉泉洞'으로, 1906년에는 다시 '오복동'으로 바뀌었다가 통감부에 의해 1906년에 玉泉洞으로 표기되었다.

1910년대에 『조선지지자료』는 '玉泉洞(우복동)'을 병기했다. 다만 『조선지지자료』는 '계명溪名'에서 '愚伏洞溪'와 '우복동걸'을 함께 표기했으므로 遇伏에서 愚伏으로 바뀌었음을 알 수 있다. 이런 정황은 우복의 유래를 소가 엎드려 있는 형상과 연계지어 설명하는 것이 잘못되었음을 의미한다. 이후에도 옥천동으로 보이거나 두 지명이 병기되는 과정을 반복하다가 현재는 '옥천'으로 정착했다.

서원섭은 '우복동·옥천동'에 대하여 이 지역의 산등성이가 마치 소가 엎드려 있는 모습과 같다고 해서 우복동牛伏洞이라 했고, 1904년부터는 이 골짜기를 흘러내리는 시냇물이 맑기가 짝이 없고 맑기가 옥 같다고 해서 옥천동玉泉洞이라 부르게 되었다고 유래를 설명했으나 근거가 미약하다. 『한국지명총람』과 『개척 백년 울릉도』도 서원섭의 설명에서 크게 벗어나 있지 않다. 우복牛伏과 옥천玉泉이라는 자의에 맞춘 설명이 구전으로 전해지고 있었다고 보인다. 또한 '우복동'에서 '옥천동'으로 변하게 된 배경에 대해서도 좀 더 밝혀질 필요가 있다. '우복동' 혹은 '오복동'을 일본인이 '옥천동'으로 잘못 듣고 적은 것이거나, 옥처럼 맑은 물이 흐른다는 뜻으로 '옥천동'으로 명명한 것일 가능성 등이 있지만 어느 것도 적실성이 부족하다.

* 우복동(1892) → 牛腸洞(1900-b) → 遇伏洞(1902) → 玉泉洞(1905) → 오복동(1906-b) → 玉泉洞(1906-c) → 玉泉洞(옥센)(1910) → 玉泉洞(우

복동)(『지지』) → (玉泉洞):옥촌동(1917-b) → 玉泉洞(오복동)(1919) → 玉泉洞(1923) → 玉泉洞(옥천동)(1961) → 옥천동(1963) → 牛伏洞·玉泉洞(1969) → 玉泉洞(牛伏洞)(1979) → 玉泉洞(1981) → 옥천동(玉泉洞)(1983) → 우복동·옥천동(1989) → 牛伏洞·玉泉洞(2007) → 옥천(현재 사동2리에 보임)

**** 태하台霞와 대하臺霞**

태하동은 한문 표기가 있지만 한글 '태하동'이 먼저 보였다. 우리말 지명은 '큰황토구미'였다. 태하동이 황토구미에서 온 것임은 1906년에 일본인이 조사하여 밝힌 바 있다. 황토구미, 큰황토구미 등으로 불렸었다. 1897년에 『독립신문』이 한글로 '태하동'으로 썼고, 1900년에 정부가 군청을 태하동台霞洞에 둔다고 명기했으므로 台霞를 태하로 읽었다는 것을 알 수 있다. 그런데 일본인이 태하의 태台를 대臺로 읽어 대하동臺霞洞으로 잘못 표기했다. 일제강점기에는 태하동과 대하동을 혼칭하되 '대하동'과 '臺霞洞'으로 병기한 경우가 더 많다. 1969년에 서원섭이 큰황토구미와 台霞洞을 병기한 경우가 있으나, 큰황토구미와 대하동이 병기된 경우는 없었다. 이 지명의 바른 표기는 '台霞'이다.

* 태하동(1892, 1897) → 台霞洞(1895, 1900-a, 1900-c) → 台霞洞·대하천(臺霞川)(1902) → 台霞洞(1905) → 台霞洞(황토기미); 臺霞洞·台霞洞(1906-a) → 台霞洞(1906-c) → 台霞洞(1909) → 臺霞洞(대가동)(1910) → 台霞洞(『지지』) → 台霞洞(1912, 1914) → 臺霞洞·台霞洞(『조선휘보』 1915.3.) → 台霞洞(1917-a) → 臺霞洞:대하동(1917-b) → 臺霞洞(경상북도통계연보, 1918.) → 台霞(1919)-台霞洞, 台霞嶺(1923) → 太霞洞(『조선중앙일보』 1934.) → 臺霞洞(1938) → 臺霞洞(대하동)(1961-지도), 태하동(1961-조사표) → 台霞·태하동(1963) → 큰황토구미(台霞洞)(1969) →

台霞里(1979) → 큰황토굼(大黃土丘)·台霞洞(1981) → 황토구미(台霞洞)
(1983) → 台霞洞(1989) → 큰황토구미·台霞里(2007) → 태하·台霞里(현재)

** 대풍구미와 대풍감, 사태구미와 사태감

구미는 바닷가에서 길게 뻗고 후미지게 휘어진 곳을 가리키는 우리말이다. 그러므로 '구미'가 한자로는 邱尾, 仇味, 邱尾, 仇味, 丘尾, 龜尾, 九味, 口尾, 九尾 등으로 다양하게 표기된다. 음을 빌려 표기한 것일 뿐 한자의 의미와는 관계가 없다. 울릉도에서 '구미'가 붙은 지명은 매우 많아, 가지구미, 대풍구미, 도장구미, 사태구미, 선판구미, 소황토구미, 웅통구미, 와달웅통구미, 장사구미, 저전구미, 천마구미, 천저구미, 통구미, 평탁구미, 현석구미, 향목구미, 흑장구미 등이 있다. 따라서 '黃土九味'를 아홉가지 맛과 연결짓거나 '통구미通龜尾'를 거북이와 연결짓는 것은 맞지 않다.

'구미'가 들어간 지명 가운데 대표적인 것이 대풍구미와 사태구미이다. 대풍구미의 최초 표기는 대풍소이다. 이후 '待風邱尾' '待風口' '風待浦'로 보이다가 1917년 「조선 지형도」에서 대풍감待風坎으로 표기되었다. '구미'의 뜻을 이해하지 못한 일본인이 '감坎'으로 바꾼 것이다. 그러므로 '坎'은 구미와 발음이 유사한 한자로 표기된 것일 뿐 '坎'[12]의 뜻인 구덩이라는 의미와는 상관이 없다. 일제강점기에는 주로 대풍감으로 불리다가 대풍령으로 불린 적도 있지만 현재는 대풍감으로 정착했다. 그러므로 대풍감의 유래에 대하여, 바위구멍에 닻줄을 매어놓고 바람을 기다렸다고 설명하는 것은 맞지 않다.[13] '대풍구미'의 위치는 향목령 서쪽의 후미진

---

12 '坎'이 붙은 지명은 중국측 문헌에 보이는데 이 경우도 바닷가 지형이 아닌 내륙 쪽 지명에서 주로 보인다.

13 서원섭은 1878년 개척령 이전부터 전라도 사람들이 울릉도의 목재로 배를 만들어 가기 위해 왕래하고 있었는데, 새 배를 만들어 돛을 높이 달고 바위구멍에 닻줄을 매어놓고 본토 쪽으

곳이다. '대풍소'[14]는 보통명사지만, '대풍구미'는 울릉도 안의 고유 지명이다.

* 待風所(1760년대) → 待風邱尾(1857) → 待風口(1882-a) → 待風所, 待風浦, 待風邱尾(1882-b) → 風待浦(1883-b) → 待風邱尾(「鬱陵島圖」) → 待風坎:대풍감(1917-b) → 待風坎(1928) → 待風坎(대풍감)(1961) → 待風坎(1969) → 대풍령(1978) → 대풍구미(대풍가미, 待風坎)(1979) → 대풍굶(1981) → 대풍령(待風嶺)(1983) → 待風嶺(1989) → 대풍감(현재)

* 沙汰邱尾(1882-b) → 沙汰邱(1883-b) → 山土洞(산토기미)(1906-a) → (沙汰坎):사태감(1917-b) → 삿타이굼(1919) → 사대감·沙汰坎(1961-조사표) → 사토구미(1969) → 새태구미(沙土구미, 사래가미, 사태분)(1979) → 사태굶(1981) → 사태구미(1983) → 沙汰邱尾, 沙土邱尾(1989) → 사토구미·사태구미(2007) → 사태감(현재)

**** 내수전**

이 지명은 울릉도 지도에 '내수내전곡(內秀乃田谷)'으로 표기된 데서 비롯되었다. '內秀乃田谷'은 1900년에 '乃守田'으로 바뀌었고, 內守田, 內水田 등으로 변전하다가 현재 내수전內水田으로 정착했다. '내수'의 한자가 內秀, 乃守, 內守, 內水 등 여러 가지였음은 '내수'에 별 의미가 있지 않음을 의미한다. 그런데 후대에 와서 이 지명에 대해 설명하기를, 제주사람 김내수가 울릉도에 와서 밭을 일구어 화전을 한 사실 즉 "김내

로 불어대는 세찬 바람을 기다리고 있었기에 待風坎이라는 지명이 생겼다고 그 유래를 설명했다. 현지인들이 坎의 의미에 맞춰 꿰어맞춘 설명이 전해지고 있었음을 의미한다.

14 대풍소 혹은 후풍소라고 했다. 1882년에 이명우는 구산에서 바람 기다리던 곳을 후풍소候風所라고 했다.

수가 화전하던 곳"이라는 데서 내수전이 되었다고 한다. 그러나 김내수金來壽로 표기한 경우도 있으므로 내수전과 김내수라는 인명은 직접적인 연관성이 없어 보인다. 김내수에 대한 문헌상 전거는 찾지 못했다.

*內秀乃田谷(「鬱陵島圖」) → 乃守田(1900-b) → 乃守田(1902) → 乃守田(네시당)(1906-a) → 內守田(『지지』) → (內守田):내수전(1917-b) → 乃守田(네시젼)(1919) → 內守田(내수전)(1961) → 내수정(1969) → 내수전, 내수정(1978) → 內水田(내수정)(1979) → 內水定(1981) → 내수전(內水田)(1983) → 內水田, 苧田浦(1989)-內水田(2007)[15] → 내수전(內水田)(현재)

**** 산막과 삼막, 왜막**

현재 산막과 삼막터널이 있으므로 산막과 삼막, 두 지명이 남아 있다. 산막이라는 지명은 본래 산막골에서 유래한다. 산막골을 한자로 표기한 것이 산막곡山幕谷이고, 마을이름으로는 동洞자를 붙여 '산막동'이 되었다. '산억동山億洞'으로 표기한 경우가 있는데 이는 '산막동'을 오기한 것이다. '산막골' '산막곡'이 와전되어 해방 후에는 남면의 왜막골로, 서면의 삼막골로 분기되었다. 뒷산에 일본인들이 막을 치고 배를 짓기 위해 나무를 벤 곳이라 하여 '왜막골倭幕谷'이라고 불렀다는 것인데 전거가 없다. 산막에서 삼막으로, 다시 왜막으로 와전된 것이다. 현재는 산막과 삼막이라는 지명이 남아 있지만, 지형도에는 '막동'이라는 지명도 있다.

*山幕谷(「鬱陵島圖」) → 山幕洞(1882-b) → 山幕谷(산마골)(1883-b) → 山幕谷(1900-b, 1902) → 山幕谷(산막골)(1906-a) → 산나마골(1906-b) →

15 『鬱陵郡誌』(2007)는 「조선 지형도」에 內水田이라 되어 있다고 기술했지만, 「조선 지형도」에는 內守田으로 되어 있다.

山幕谷(산막골)(『지지』) → (山億洞):산억동(1917-b) → 山幕(1919) → 산억동·山億洞(1961-지도); 山幕(1961-조사표) → 산막동(1963) → 삼막골·왜막골(1969) → 삼막골·왜막골(1978)-산막골(삼막골, 山幕洞, 삼막동, 蔘幕)(1979) → 왜막골(倭幕洞, 사다릿골)(1979) → 삼막골(1981) → 삼막(蔘幕)(1983)·왜막골(倭幕谷)(1983) → 蔘幕골(谷)·山幕골(谷), 倭幕골(谷)(1989) → 산막, 산막골, 삼막골; 왜막골(倭幕谷)(2007) → 蔘幕골(谷), 山幕골(谷) → 산막(현재 태하2리에 보임) → 산막;삼막터널(현재)

**** 구암(굴암), 간령(갓령), 죽령(중령)**

발음의 유사성이 표기를 다르게 한 경우가 있다. 현재의 구암龜岩은 본래 '굴암窟岩'으로 불렀는데 구암으로 불려 한자표기는 '龜岩'이 되었다. 현재의 광암光岩은 본래 표기가 '廣巖'에서 왔다. 광암이 광안光岸, 간양으로 와전되어 光岩(口岩), 光岩(광암)의 형태로 병기되었다. 이는 다시 구암口岩과 광암光岩으로 분기되었다. 한편 구암은 굴암으로 불렸듯이 그 의미가 혈암穴岩을 파생시켰다. 현재는 '구암'과 '광암'으로 정착했다.

현재 간령間嶺으로 표기되는 지명의 최초 표기는 '변령邊嶺'이다. 우리말 '갓령'으로 불리던 것을 한자로 표기하려다 보니 '邊嶺'으로 훈차 표기한 것이다. 그런데 일본인이 '갓령'을 '간령'으로 잘못 알아들어 '間嶺'으로 기재했다. 이것이 오늘날 간령으로 정착했다. 중령의 최초 표기는 1892년에 보인 한글 '중령'이므로 원래 '중령'에서 온 지명임을 알 수 있다. 일본인도 '중사키'라고 풀었으므로 '중령'의 의미가 된다. 그런데 중령이 해방 후에 죽령竹嶺으로도 와전되는 바람에 '竹嶺 · 죽영 · 중령 · 중영' 등 여러 표기가 등장했다. 이런 변천 과정을 따른다면, 대나무가 많은 고개라는 의미에서 죽령이라고 불렸으나 자음 접변으로 말미암아 중령이 되었다는 설명은 잘못된 것이다.

*廣大湫(「鬱陵島圖」) → 廣巖洞(1887) → 광암리(광암동)(1897) → 光岩(1900-b, 1902) → 光岸(1902)-光岩洞(1905) → 光岩(광)(1906-a) → 간양(1906-b) → 光岩(1909) → 光巖(광암)(1910) → 光岩(구암)(『지지』) → 光岩(광암)(1917-b) → 光岩(광암)(1961) → 光岩(口岩)(1979) → 口岩, 光岩(1989) → 구암(穴岩)(2007) → 구암(광암)(현재)

*窟岩(「鬱陵島圖」, 1883-b) → 구암(1892) → 窟岩(1900-b) → 窟巖(1902)-亀岩(1904) → 屈岩(굴바오)(1906-a) → 굴바우(1906-b) → 屈岩(1909)-窟巖洞(글바위, 구루바위)(1910) → 龜岩洞; 龜岩峙(굴방위재)(『지지』)-(龜岩):구바오(1917-b) → 굴바우에, 龜岩(1919) → 龜岩(1923) → 屈巖(1931) → 구바우·龜岩(1961) → 굴바우(龜岩)(1969)-굴바우(窟岩)(1978) → 굴바우(龜岩, 屈岩)(1979) → 굴방우(窟岩), 龜岩(窟岩)(1981) → 굴바위(龜岩)(1983) → 굴바우, 굴암(窟岩), 龜岩(1989) → 구암(굴암)(현재)

*邊嶺(1900-b) → 間嶺(1902) → 間嶺(간령)(1906-a) → 間嶺(1909) → 間嶺末(내지인 國見崎)(1911) → 間嶺峙(『지지』) → 間嶺(간녕), 間嶺峙:간녕재(1917-b) → 間嶺末(1919) → 間嶺(매일신보, 1939.8.25.) → 간령·간령재·間嶺峙(1961) → 갓영(1969) → 갓영(1978) → 갓녕(間嶺)(1979) → 間嶺(1981) → 간령(間嶺)(1983) → 間嶺(갓嶺)(1989) → 갓영·갓령·간영·간령(2007) → 間嶺·간령재(현재)

*중령(1892) → 中嶺(1900-b) → 中嶺(1902) → 中嶺(중사키)(1906-a) → 中嶺(1923) → 長興洞(1961-지도), 中嶺(1961-조사표) → 竹嶺, 중영(1969) → 죽령(竹嶺), 중령(1978) → 中嶺(1981) → 중령(中嶺)(1983) →

中嶺, 竹嶺, 長興洞(1989) → 竹嶺·죽영·중령·중영(2007) → 中嶺(현재)

** 성인봉과 중봉

현재 울릉도 지형도에는 성인봉이 표기되어 있다. 성인봉이라는 지명이 처음 보인 것은 1882년 이규원의 기록에서인데 그는 중봉(中峯)도 같이 기재했다. '중봉'은 '성인봉'보다 먼저 기록에 보여 1694년에 장한상이 "9월 하순인데도 중봉에는 눈이 쌓여 있었"다고 했고, "비 개이고 구름 걷힌 날, 산에 들어가 중봉에 올라보니 남쪽과 북쪽의 두 봉우리가 우뚝하게 마주하고 있는데, 이것이 이른바 삼봉三峰입니다."라고 했다. 1711년 박석창도 「울릉도 도형」에서 울릉도 한 가운데 가장 높은 봉우리를 중봉으로 표기했다. 이 지명은 「대동여지도」(1861)에도 기재되었다 그러던 것이 1917년 「조선 지형도」에 오면 '중봉'은 사라지고 성인봉만 남았다. 1919년에는 상봉上峯이라는 지명도 보였다. 『한국지명총람』(1979)은 '聖人峯(中峯)'으로 기재했다. 성인봉을 표준지명으로, 중봉을 속명으로 본 것이다.

그렇다면 중봉과 성인봉은 같은 봉우리를 말하는가? 이규원은 중봉과 성인봉 둘 다 언급했지만, 「울릉도 내도」에 중봉은 표기되어 있지 않다. 반면에 성인봉과 초봉이 바깥쪽 봉우리에 기재되어 있다. 이규원은 1882년 5월 3일자 일기에서 홍문가를 지나 중봉中峰에 이르니 산신당이 있다고 했으나, 5월 4일자 일기에서는 "동쪽 상상봉上上峰에 올랐는데, 이름이 성인봉聖人峰으로 몇 만 층, 몇 만 장丈인지 알 수 없다."[16]고 했다. 이로써 보면 그가 말한 중봉과 성인봉은 같은 봉우리가 되기 어렵

16 이혜은 · 이형근, 앞의 책, 2006, 173쪽.

다. 또한 그는 중봉은 성인봉으로 가는 길에 있으며, 중봉 가운데 가장 높은 봉우리가 성인봉이라고 했다. 이 경우의 중봉은 위에서 말한 중봉과도 다른 봉우리가 된다.

한편 1919년에 조사한 나카이 다케노신은 상봉上峯 920미터, 나리동봉羅里洞峯 900미터, 미륵봉彌勒峯 850미터, 난봉卵峯 610미터를 운운했다. 그는 울릉도 최고봉을 상봉으로 기재하고 성인봉은 언급하지 않았다. 여러 정황을 종합해보면, 현재의 성인봉은 중봉에서 온 것으로 보이고, 상봉은 중봉에서 와전된 것으로 보이지만 확실하지 않다. 좀더 고증이 필요하다. 현재 울릉주민들은 나리령 근처를 상봉으로 부른다고 한다. 중봉이라는 지명은 성인봉과 함께 1979년까지 보였으나, 현재 지형도에는 나리동을 중심으로 성인봉, 알봉, 형제봉, 초봉, 미륵산이 기재되어 있다.

*中峯(1694) → 中峯(1711) → 中峯(「鬱陵島」) → 中峯(1794, 1807, 1827, 1831) → 중봉·聖人峰(1882-b) → 聖人峰:성인봉(1917-b) → 上峯(1919) → 聖人峯(1923) → 聖人峰(1961, 1963) → 聖人峯(中峯)(1979) → 성인봉(현재)

**** 방패도와 관음도, 깍새섬**

현재 울릉도 지형도는 관음도에 '觀音島(깍새섬); 깍새섬(관음도)'를 병기했다. 관음도에 해당하는 최초의 지명은 1786년 수토관이 기록한 방패도防牌島이다. 방패도라는 지명은 1794년까지 보인 뒤로 사라졌지만 1981년에 문보근이 방패도가 관음도를 가리킨다고 했으므로 방패도라는 지명이 구전으로 전해지고 있었음을 시사한다.

1882년에 이규원은 도항과 죽도는 언급했지만 관음도는 언급하지 않았다. 그런데 그 이듬해인 1883년에 일본인 히가키 나오에가 도항 옆의 섬을 가리켜 관음기觀音崎, 관음포觀音浦, 관음도觀音島 세 지명을 병기했다. 1900년대에도 '觀音崎'와 '觀音島', '觀音岬'이라는 표기가 함께 보이다가 1917년 「조선 지형도」에 관음도가 기재된 이래 해방 이전까지는 주로 '관음도'로 불렸다. 관음도에 우리말 '깍세섬'을 병기한 것이 보인 것은 1961년 조사표에서다. 이는 주민들이 1961년까지 주로 깍세섬·깍새섬으로 불러왔음을 시사한다. 깍새는 1882년에 이명우가 학조鶴鳥로, 이규원이 곽조藿鳥로, 1892년에 「정처사 술회가」가 '깍새'(옛글자)로 칭했듯이 깍새섬은 '깍새'에서 왔다. 관음도에 깍새가 많다는 의미에서 붙여진 이름이다. '깍세섬', '깍께섬'은 '깍새섬'의 방언인 듯하다.

1900년대가 되면 아카쓰카 쇼스케, 니시무라 게이조, 「조선 지형도」, 나카이 다케노신 등 일본 측이 주로 관음도를 언급했다. 1883년에 일본인이 '관음觀音'이 들어간 지명을 나열했듯이 관음도는 일본식 지명일 가능성이 크다. 이 지명이 조선에서는 잘 보이지 않지만[17] 일본에서는 홋카이도와 에히메현 등지에서 보이기 때문이다.

1989년의 『울릉군지』는 '깍세섬(관음도)'으로 표기했고, 2007년의 『울릉군지』는 '관음도'를 주칭으로 '깍새섬'을 이칭으로 기술했다. 2000년에 국토지리정보원은 '깍새섬(관음도)'으로 고시했고, 『한국지명유래집』(2011)도 '깍새섬'을 주칭, '관음도觀音島'[18]를 이칭으로 기술했다. 현재는 '관음도'가 주칭, '깍새섬'이 이칭이지만, 지형도는 '깍새섬'을 주칭, 관음

17 관음암은 보이지만 관음도는 보이지 않는다.

18 『한국지명유래집』은 '관북도觀音島'로 오기했다.

도를 이칭으로 기재했다.

*防牌島(1786) → 防牌島(1794) → 島項(1882-b) → 觀音島(觀音崎·觀音浦)(1883-b) → 觀音崎(1900-b) → 觀音島(觀音崎, 觀音岬)(1902) → 觀音崎(1906-a) → 觀音島:관음도(1917-b) → 觀音島(1919)-觀音島(1923) → 觀音島(1932)[19] → 觀音島(관음도), 관음도(깍세섬)(1961) → 觀音島(1963) → 깍세섬(1979) → 防牌島(1981) → 깍새섬(觀音島)(1983) → 깍세섬(관음도)(1989) → 깍새섬(관음도)(2000) → 깍깨섬·깍새섬·觀音島(2007) → 깍새섬(觀音島)(2011) → 觀音島(깍새섬); 깍새섬(관음도)(현재 지형도)

**** 주도冑島와 북저바위(北亭岩), 청도靑島**

현재 저동 앞바다에 '북저바위'로 불리는 바위가 있다. 이 바위에 대해 1882년에 이규원은 「울릉도 외도」에 주암冑巖으로, 1883년 일본 해군 수로국은 '북정서北亭嶼'로 표기했다. 그러다가 1906년에는 '카부토암' 즉 투구바위로, 1908년에는 '북암北岩'으로 표기가 바뀌었다. 1911년에 일본 해군 수로부는 '冑島(北岩)(방인은 兜島)'로, 1917년 「조선 지형도」는 '冑島(北亭岩)북정바오'로 기재했다. 1920년에 『일본 수로지』는 "저동 정박지의 북북동 2련 반에 冑島(北岩)라고 불리는 암서가 있다. 정상이 뾰족하고 높이가 137척인데 방인邦人은 이를 두도兜島라고 한다."라고 기술했다. 이렇듯 한국인은 투구바위(冑巖)·투구섬(冑島) 및 '北岩'으로, 일본인은 북정서北亭嶼, 북정바위, 투구바위, 투구섬(冑島), 두도兜島로 다르게 표기했다. 하지만, 모두 바위 모양이 투구와 비슷하고 북쪽에 있다는 의

19 『京城日報』, 1932. 7. 17.

미에서 생성된 지명임을 드러낸다.[20] 현재 북저바위로 부르는 것은 투구보다는 북쪽바위(北岩)의 의미에 가깝다. 형상을 따른다면 투구바위로 부르는 것이 적절하고, 그 유래에도 맞을 것이다.

현재 울릉도 지형도에는 북저바위와 별개로 청도靑島로 표기된 지형이 있다. 1917년의 「조선 지형도」는 '冑島' 위에 지형을 그려 놓았으나 지명은 표기하지 않았다. 이 지명이 처음 등장한 시기가 1961년이듯이 개척기와 일제강점기에는 지명이 없었다. 『한국지명총람』(1979)은 청도에 대해 "북리바우 북쪽의 섬으로 전라도 뱃사람들이 지은 이름이라 함"이라고 기술했지만, 전거는 제시하지 않았다. 북리바우는 북저바위를 오기한 듯하다. '靑島'라는 지명은 일본에서는 흔하지만 한국에서는 황해도에 대청도大靑島, 소청도小靑島가 보인 정도이다. 울릉도에 있는 청도는 섬이기보다는 수중 암초에 가깝다. 25,000분의 1 축척의 지형도는 청도를 기재했지만, '울릉도·독도 관광안내도'에는 기재되어 있지 않다. '디지털 울릉문화대전'은 '주도'를 '북저바위'라고 하고, 청도의 별칭을 '소북저바위'로 기재하되 수중암초라고 했다. 북저바위라는 지명이 있으므로 청도에는 '소북저바위'라는 별칭을 임의로 붙인 듯하다.

*冑巖(1882-b) → 北亭嶼(1883-c) → 北亭嶼(1886) → 카부토岩(1906-a) → 北岩(1909) → 冑島(北岩)(방인은 兜島)(1911) → 冑島(北亭岩): 북정바오(1917-b) → 冑島(北岩)(방인은 兜島)(1920) → 북저바우·北亭岩(1961) → 북리바우(투구방우, 北苧岩, 冑岩)(1979) → 북저바위, 冑島(2007) → 북저바위(현재)

20 '디지털 울릉문화대전'에 따르면, 이칭은 뽁지바위, 북저바위이고, 복어가 많이 잡힌다고 한 데서 유래하며, 투구모양 같다고 해서 冑島라고 한다고 설명했다. 이는 冑島가 일인이 붙인 것임을 간과한 설명이다.

** 삼선암과 딴방우

현재 울릉도 지형도를 보면, 통상 삼선암三仙岩으로 불리는 세 바위를 삼선암과 이선암, 일선암으로 구분해서 기재했다. 1882년 이규원은 세 바위 가운데 두 개를 형제암으로, 다른 하나를 촉대암燭臺岩으로 불렀다. 1900년에 아카쓰카 쇼스케는 이를 묶어 '삼본립三本立'으로, 1902년에 니시무라 게이조는 '雙燭石(=三本)'으로, 1906년 오쿠하라 헤키운은 '삼본립'을 명기하되 '일본립一本立'을 따로 명기했다. 오쿠하라가 말한 '삼본립'은 삼선암에 해당하고, '일본립'은 오늘날 '딴방우' 혹은 '딴바위'로 불리는, 다른 바위를 가리킨다.

1911년 『일본 수로지』는 한국인은 삼형제암으로, 일본인은 삼본립三本立으로 부른다고 했다. 1917년 「조선 지형도」는 '三本立'으로 기재했으나 『동아일보』는 '三兄弟岩'으로 불렀다. 1961년 조사 후 작성한 지도에서는 '三本立'으로, 조사표에서는 '산봉립(삼선암)'으로 기재했다. 형제암과 촉대암으로 구분되던 것이 합쳐져 '삼형제바위'로 바뀌더니 이것이 다시 일본식 표기 '삼본립'으로 변전했다가 오늘날 '삼선암'으로 정착한 것이다.

'삼선암'이라는 지명은 해방 이전 한일 양국의 문헌에 보이지 않다가 1961년에 보였으므로 일제강점기에 삼형제암에서 삼선암으로 변전한 듯하다. 1963년 『울릉도 향토지』는 三仙岩으로, 『한국지명총람』도 '三仙岩(三本立)'으로 병기하여 '삼선암'을 주칭으로 '삼본립'을 이칭으로 기재했다. 삼형제바위 가운데 두 개의 바위(형제암)는 붙어 있고 다른 하나(일선암, 촉대암)는 이로부터 약간 떨어져 있지만 바위 꼭대기가 가새(가위)처럼 벌어졌다고 해서 가시개바위라고도 한다.

현재 울릉도 지형도에는 석포 근처에 딴방우가 별도로 기재되어 있다. 1906년에 오쿠하라가 이를 '一本立'으로 기재했고, 1917년 「조선 지형도」는 '一本立島(竹岩): 대암'으로 기재했다. 이것이 1961년에 '일본입도대암(딴방우)'으로 기재되었다. 『한국지명총람』은 첨부한 관내도에 '딴방우'로 표기하고 "대방우[21] 앞 바다에 따로 서 있는 바위, 대나무가 많이 있었음"이라고 설명했다. 이는 일본립을 대방우로 보고, 그 앞의 별개의 바위를 '딴방우'로 본 것이다. 초기 지명이 '一本立'이듯이 하나의 큰 바위가 따로 있는 것을 가리키므로 그런 의미에서라면 '딴바위'로 부르는 것이 맞다.

* 燭臺岩, 兄弟巖(1882-b) → 쌍촉암(1900-a) → 三本立(1900-b) → 雙燭石(=三本)(1902) → 三本立(1906-a)-삼형제암(한인), 三本立(일본)(1911) → 三本立(1917-b) → 三岩(1919) → 三兄弟岩(1928) → 三本立(산본립)(1961 지도), 산봉립(삼선암)(1961-조사표) → 三仙岩(1963) → 三仙岩(三本立)(1979) → 三仙岩(1981) → 삼선암(三仙岩)(1983) → 삼선암(2007) → 삼선암(현재)

* 一本立(1906-a) → 一本立島(竹岩): 대암(1917-b) → 燭臺形의 竹岩(1923) → '일본입도 대암(딴방우)'(1961-조사표) → 딴방우(대방우, 일본립)(1979) → 딴방우(현재의 지형도) → 딴바위(현재)

〈표 5-2-3〉 지명의 출전

연도	주관기관 혹은 기록자	출전(문헌명)
1711	수토관 박석창	「鬱陵島圖形」(규장각)
1750~1751년 추정	홍문관	『해동지도』의 「鬱陵島」
1786	수토관 김창윤	『일성록』 정조 10년 6월 4일
1794	수토관 한창국	『정조실록』 정조 18년 6월 3일
1807	수토관 이태근	『일성록』 순조 7년 5월 12일
1827	수토관 하시명	『일성록』 순조 27년 5월 19일

21 대방우는 죽암마을을 가리킴.

연도	주관기관 혹은 기록자	출전(문헌명)
1831	수토관 이경정	『일성록』 순조 31년 5월 14일
1849	수토관 이규상	『일성록』 헌종 15년 5월 4일
1857	수토관 지희상	『각사등록』 27, 79(상-하)
「鬱陵島圖」(19세기 중반 혹은 1882년 전후 추정)	수토관 추정	「鬱陵島圖」(2019. 3. 3. KBS 방영)
1882-a	군관 이명우	『묵오일기』
1882-b	울릉도 검찰사 이규원	『울릉도 검찰일기』; 『계초본』
1883-a	강원감영	「光緖 9年 4月 鬱陵島開拓時船格粮米雜物容入假量成册」
1883-b	내무성 서기관 히가키 나오에	「울릉도 출장 복명서」 1883년 11월(『조선국 울릉도에 불법 도항한 일본인 처분 건』 제3권)
1883-c	해군 수로국	『수로잡지』 41호
1886.12	해군 수로부	『환영수로지』 제2권 2판
1887. 6. 5.	수토관 박태원	『한성주보』 73호(7.25 양력)
1892	정래기, 정처사술회가	서원섭, 「鄭處士述懷歌 攷」,(『어문논총』 4-1, 1970)
1897(1896년 9월 보고)	독립신문 4월 8일	『독립신문』 1897. 4. 8.
1899. 9.	외무성과 해군성 관리	조사 보고서
1900	내부 시찰위원 우용정	『울도기』
1900-a	동래감리서 주사 김면수	「동래항보첩」 3, (1900. 6. 9.)(『각사등록』 14 경상도편)
1900-b	부산영사관 부영사 아카쓰카 쇼스케	「鬱陵島 調査槪況 및 山林調査槪況 報告의 件」(『주한일본 공사관기록』 14권)
1900-c	대한제국	칙령 제41호
1902	경부 니시무라 게이조	「韓國 鬱陵島事情」(『통상휘찬』 234호)
1905	경부 스즈키 에이사쿠	「鬱陵島ノ現況ニ關スル報告書」(1905. 12. 6.)(『釜山領事館報告書』 2책; 『通商彙纂』 제2호, 1906. 1. 23.)
1906-a	교장 오쿠하라 헤키운	『竹島及鬱陵島』(1907년 출판)
1906-b	시마네현 시찰단	『「비(秘)」다케시마』(1905~1908)
1906-c	통감부	칙령 제49호 「지방구역 정리 건」
1909	해군성 수로부	해도
1910(1908년 조사)	통감부	『한국수산지』 2집
1911	해군성 수로부	『일본수로지』
지지(1910~1913년 조사)	조선총독부	『朝鮮地誌資料』
1912	조선총독부	「구한국 지방행정구역 명칭일람」
1914	조선총독부	총독부령 제111호
1917-a(1917. 4.)	조선총독부	『신구대조 조선전도 부군면리동명칭 일람』

연도	주관기관 혹은 기록자	출전(문헌명)
1917-b(1917. 6.)	일본 육지측량부	「조선지형도」(50,000분의 1 축척)
1919	나카이 다케노신	『울릉도식물조사서』
1920	일본 해군성	『일본수로지』
1923	이을	『개벽』 41호
1928	동아일보	『동아일보』 1928.9.1.-12
1931.2	田保橋潔	청구학총 3호(울릉도, 그 발견과 영유)
1934	조선중앙일보	『조선중앙일보』 1934. 2. 10.; 3. 15.
1961-지도; 1961-조사표	국토지리정보원	『경상북도 울릉군 지명조사철』
1963; 1969	울릉군	『울릉도향토지』
1969(1967년 조사)	서원섭	「울릉도의 지명유래」(『지리교육』 3권 1호)
1970(1967년 수집)	서원섭	「정처사술회가고」(『어문논총』 4-1)
1973	석포 주민(이영석, 이병한)	『석포 개척지』
1978(1971~72년 조사)	여영택	『울릉도의 전설·민요』
1979	한글학회	『한국지명총람』 7권 경북편(1979)
1981(1978년 초고)	문보근	『東海의 睡蓮花』
1983	울릉군	『개척 백년 울릉도』
1989	울릉군	『울릉군지』
2007	울릉군	『울릉군지』
2011	국토지리정보원	『한국지명유래집』
현재	울릉군	울릉군 홈페이지
지형도(2017년 조사)	국토지리정보원	울릉도 지형도(25,000분의 1 축척)

참고문헌

Ⅰ. 국내외 자료 (간행처 기준)

〈국내 자료〉

『各部請議書存案』(규장각 소장)

『各司謄錄』(규장각 소장)

『疆界考』(신경준)

『江原監營啓錄』

『江原道關草』

『官報』(구한국 관보 ; 조선총독부 관보)

『開拓百年鬱陵島』(울릉군, 1983, 필사본)

『慶尙南北道來去案』(규장각 소장)

『經世遺表』

『高麗史』

『交涉局日記』(『舊韓國外交關係附屬文書』 제7권, 고려대학교 부설 아시아문제연구소)

『宮內府雜綴)(장서각 소장)

『蘭湖漁牧志』(서유구)

『內部來去文』(규장각 소장)

『大韓新地誌』(장지연, 1907)

『島誌』(손순섭, 필사본)

『東國文獻備考』

『東國輿地志』

『同文彙考』

『東萊港報牒 3』 (외부 편, 1896; 『各司謄錄』 14에도 수록)

『東海의 睡蓮花』(문보근, 1981, 필사본)

『萬機要覽』
『備邊司謄錄』
『석포 개척지』(1973, 필사본)
『星湖僿說』(이익)
『昭和十三年 島勢一斑』(내지 표제는 『鬱陵島勢一斑』, 1938, 필사본)
『昭和八年 島行政一斑』(내지 표제는 『鬱陵島行政一斑』, 1933, 필사본)
『承政院日記』
『新增東國輿地勝覽』
『五洲衍文長箋散稿』(이규경)
『輿圖備志』(최성환, 1853~1856년 사이)
『旅庵全書』(신경준)
『研經齋全集』(성해응)
『燃藜室記述』(이긍익)
『嶺左兵營啓錄』(1845, 규장각 소장)
『外衙門日記』(『舊韓國外交關係附屬文書』 제6권, 고려대학교 부설 아시아문제연구소)
『于山國民學校沿革』(1908-1967)(필사본)
『牛海異魚譜』(김려, 1803)
「鬱島郡節目」(1902)
『鬱陵郡誌』(1989, 2007)
「鬱陵島」(박세당)
『鬱陵島檢察日記』; 『啓草本』(이규원, 1882)
「鬱陵島記」(이명우, 『墨吾遺稿』, 1917, 규장각 소장)
「蔚陵島事蹟」(장한상, 1694)
『(鬱陵島郵便所)沿革簿』(1904~1956)(1975년 정리, 필사본)
『鬱陵島鄕土誌』(1963, 1969)
『日省錄』
『日案』 4(『舊韓國外交文書』, 고려대학교 부설 아시아문제연구소)
『逸士遺事』(장지연, 1918)
『玆山魚譜』(정약전, 1814)
『駐韓日本公使館記錄』 제14권(국사편찬위원회 소장)
『佃漁志』(서유구)
『典律通補』(1761)

『朝鮮王朝實錄』
『朝鮮地誌資料』
『芝峯類說』(이수광)
『增補文獻備考』
『靑城雜記』(성대중)
『海關案』 2(『舊韓國外交關係附屬文書』 제2권, 고려대학교 부설 아시아문제연구소)
『和國志』(원중거)
『刑房來報關錄』

경상북도청 편, 『慶尙北道産業調査』, 대구, 1921.
경상북도 편, 『朝鮮總督府慶尙北道統計年報』, 대구, 1918.
경상북도 편, 『慶尙北道勢一斑. 1-5』, 대구, 1920~1930.
경상북도 편, 『慶尙北道勢一斑: 昭和 13년』, 대구, 1938.
경상북도어업조합연합회, 『慶北の水產』, 대구, 1934.
경상북도청 편, 『慶尙北道教育及宗教一斑』, 대구, 1922
야나기가와 쓰토무(柳川勉), 『朝鮮十三道誌』, 경성: 내외사정사, 1934.
우에다 요시오(上田義雄) 편, 『慶北寫眞便覽』, 대구, 1916.
조선급만주사 편, 『最新朝鮮地誌』, 경성, 1918.
조선민보사 편, 『慶北産業誌』, 대구, 1920.
조선총독부 편, 『慶尙南道 道勢要覽:大正2年』, 경상남도, 1914.
조선총독부 편, 『朝鮮彙報』 1-5(1915-1920), 경성.
조선총독부 편, 『最近朝鮮事情要覽 1-8』(1911-1922), 조선총독부.
조선총독부 편, 『朝鮮の水產業』, 경성, 1940.
조선총독부, 『朝鮮水產統計』, 경성, 1941.
쓰지 스테조(逵捨藏), 『慶北大鑑』, 대구, 1936.
통감부 · 조선총독부, 『韓國水產誌』(1908~1910).
한글학회, 『한국지명총람』 7권, 1979.

〈일본 자료〉

『大日本史』 권234
『竹島考』(下)(1828)
『竹島考證』(1881)
『竹嶋之書附』(1724, 돗토리현립박물관 소장)
『礒竹嶋覺書』(1875, 국립공문서관 소장)
『水路雜誌』 제41호(1883)
『寰瀛水路誌』 제2권 2판(1886)
『公文備考』(국립공문서관 소장)
『公文類聚』 제44편(국립공문서관 소장)
외무성, 『釜山領事館報告書 2』
외무성, 『稅關事務關係雜件 2』(明治32)
외무성, 『戦前期外務省記録』
외무성, 『通商彙纂』 제234호(1902); 제50호(1905)
大日本水産會, 『大日本水産會報』 282(1906. 2. 10.)
『山陰新聞』(1894; 1902)

II. 기타 자료 (간행처 기준)

〈신문〉

『독립신문』
『皇城新聞』
『大韓每日申報』
『京城日報』 『大邱時報』
『동아일보東亞日報』

『매일신보每日新報』

『釜山日報』

『時代日報』

『朝鮮日報』

『朝鮮中央日報』

『中外日報』

『中央日報』

〈잡지〉

『東光』

『朝鮮』

『別乾坤』

『三千里』

『新天地』

『開闢』

『文教の朝鮮』

〈지도 및 지명 관련 자료〉

박석창, 「鬱陵島圖形」, 1711(규장각 소장)

육지측량부, 「朝鮮地形圖」 안의 「鬱陵島」(50,000분의 1 축척), 1917(장서각 소장, 청구기호 K2-4578, 1책 경상북도)

작자 미상, 「鬱陵島圖」(19세기 중반 추정)

국토지리정보원, 『경상북도 울릉군 지명조사철』, 1961.

국토지리정보원, 『한국지명유래집』, 2011.

국토지리정보원, 「울릉도 지형도」(25,000분의 1 축척), 2017.

〈기타〉

『두산백과』(네이버)

『한국민족문화대백과』(네이버)

한국사데이터베이스(국사편찬위원회, http://db.history.go.kr/)

한국언론진흥재단의 카인즈에서 제공하는 고신문 DB

한국학중앙연구원, 향토문화전자대전(https://www.grandculture.net/korea)

Ⅲ. 국내외 저서 및 논문

〈저서〉

강제윤, 『날마다 섬 밥상』, 어른의 시간, 2023.

권오엽 편주, 『岡嶋正義 古文書』, 선인출판사, 2011.

경상북도 사료연구회, 『독도 관계 일본 고문서 5』, 2018.

국사편찬위원회, 『신편 한국사』 48, 2002.

김광규, 『일제강점기 초등교육 정책』, 동북아역사재단, 2021.

김명기·이동원, 『일본 외무성 다케시마문제의 개요 비판』, 책과 사람들, 2010.

김병렬, 『독도: 독도자료총람』, 다다미디어, 1998.

김선희, 『다무라 세이자브로의 "시마네현 다케시마의 신연구" 번역 및 해제』, 한국해양 수산개발원, 2010.

김영수, 『제국의 이중성』, 동북아역사재단, 2019.

김영우, 『한국 근대 학제 백년사』, 한국교육학회교육사연구회, 1995.

김원룡, 『울릉도』, 국립박물관, 1963.

김예슬, 『일제의 조선어업 침탈사』, 동북아역사재단, 2021.

김화진, 『五百年 奇譚逸話』, 동국문화사, 1965.

김호동, 『독도·울릉도의 역사』, 경인문화사, 2007.

노혁진 외, 『울릉도의 고대 유적과 유물』, 동북아역사재단, 2010.

대한공론사, 『獨島』, 대한공론사, 1965.

독도박물관, 『울릉도민 구술사 연구: 차원복』, 울릉군 독도박물관, 2023.
독도사전편찬위원회 편, 『독도사전』, 한국해양수산개발원, 2019.
박구병, 『韓國水産業史』, 태화출판사, 1967.
박구병, 『韓國漁業史』, 정음사, 1975.
박병섭, 『한말 울릉도 독도어업』, 한국해양수산개발원, 2009.
박봉석, 『國史精解』, 동문사, 4286년(1953).
부산체신청, 『釜山遞信廳 90年史』, 부산체신청 90년사 편집위원회, 1996.
(사) 한국지역인문자원연구소 편, 『울릉도·독도 백과사전』, 휴먼 앤 북스, 2020.
송병기, 『울릉도와 독도, 그 역사적 검증』, 역사공간, 2010.
신동욱, 『독도 영유에 관한 연구』, 어문각, 1965.
신용하, 『독도의 민족영토사 연구』, 지식산업사, 1996.
신용하, 『독도 영유권 자료의 탐구』 3권(『독도연구총서』 3), 독도연구보전협회, 2000.
신태훈, 『조선 시대 울릉도 수토 연구』, 강원대학교 사학과 박사학위논문, 2023.
여영택, 『울릉도의 傳說·民謠』, 정음사, 1978.
영남대학교 독도연구소 편, 『울진 대풍헌과 조선 시대 울릉도 독도의 수토사』, 선인, 2015.
외무부, 『獨島問題槪論』, 외교문제총서 제11호, 1955.
외무부, 『獨島關係資料集』(Ⅰ), 1977.
울릉군 기독교 100년사 편찬위원회 편, 『울릉군 기독교 100년사』, 울릉시찰회, 2012.
유미림, 『「독도와 울릉도」 번역 및 해제』, 한국해양수산개발원, 2009.
유미림, 『우리 사료 속의 독도와 울릉도』, 지식산업사, 2013.
유미림, 『일본 사료 속의 독도와 울릉도』, 지식산업사, 2015.
유미림, 『일제강점기 「조선사」에 기술된 울릉도·우산도』, 한국해양수산개발원, 2016.
유미림, 『팩트체크 독도』, 역사공간, 2018.
유미림, 『역사 속의 독도와 울릉도』, 지식산업사, 2021.
윤유숙, 『죽도기사 본말-울릉도 독도 일본 사료집-』, 동북아역사재단, 2012.
정문기, 『韓國魚譜』, 상공부, 1954.
정문기·박만동, 『한국 해조류 목록』, 1955.
정문기, 『물고기의 세계 -어류박물지 개제』, 일지사, 1997.
정문기, 『魚類博物誌』, 일지사, 1974.
조미은, 『일제강점기 재조선 일본인 학교와 학교조합 연구』, 성균관대학교 박사학위논문, 2010.
주강현, 『울릉도 개척사에 관한 연구: 개척사 관련 기초자료 수집』, 한국해양수산개발원, 2009.

최남선 저, 이상태 옮김, 『한국영토사론』, 경인문화사, 2013.

최병택·이영학·류창호, 『일제의 임업 및 수산업 정책』, 일제침탈사 연구총서 20, 2023, 동북아역사재단, 2024.

『竹嶋貸下海驢漁業書類』(明治 38-41年), 시마네현.

『「秘」 竹島』(明治 38-41年), 시마네현.

『昭和26年度 涉外關係綴』, 시마네현.

『昭和28年度 涉外關係綴』, 시마네현.

가와카미 겐조(川上健三), 『竹島の領有』, 외무성 조약국, 1953.

가와카미 겐조(川上健三), 『竹島の歷史地理學的硏究』, 古今書院, 1966.

요시다 게이치(吉田敬市), 『朝鮮水産開發史』, 朝水會, 1954.

이케우치 사토시(池内敏), 『大君外交と「武威」』, 名古屋大學出版會, 2006.

후쿠하라 유지(福原裕二), 『たけしまに暮らした日本人たち』, 風響社, 2013.

〈논문〉

강재순, 「『韓國水産誌』 편찬단계(1908년)의 전통어업과 일본인 어업」, 『동북아문화연구』 27집, 동북아시아문화학회, 2011.

권정, 「안용복의 울릉도 도해의 배후 -동래부사와 부산첨사」, 『일본어문학』 55, 한국일본어문학회, 2011.

김기혁·윤용출, 「조선-일제강점기 울릉도 지명의 생성과 변화」, 『문화역사지리』 18권 1호, 한국문화역사지리학회, 2006.

김기혁, 「조선 후기 울릉도의 수토 기록에서 나타난 부속도서 지명 연구」, 『문화역사지리』 23권 2호, 한국문화역사지리학회, 2011.

김동환, 「일제강점기 울릉도교육 연구」, 『한국교육사학』 40-4호, 한국교육사학회, 2018.

김보한, 「일본 중·근세 어업에서 본 "漁場請負制"와 울릉도 어업」, 『역사민속학』 30, 한국역사민속학회, 2009.

김수희, 「조선 후기 멸치어업 성립과 개항 후의 어업변화과정」, 『한국민족문화』 30, 부산대학교 한국민족문화연구소, 2007.

김수희, 「나카이 요사부로와 독도어업」, 『인문연구』 58, 영남대학교 인문과학연구소, 2010.

김수희, 「개척령기 울릉도와 독도로 건너간 거문도 사람들」, 『한일관계사연구』 38, 한일관계사학회, 2011.

김수희, 「일본식 오징어어업의 전파과정을 통해서 본 울릉도 사회의 변화과정」, 『대구사학』 115권, 대구사학회, 2014.

김수희, 「일본의 독도 영토편입과 오키도(隱岐島)어민들의 독도 진출」, 『한일관계사연구』

51, 한일관계사학회, 2015.

김수희, 「1930년대 오키(隱岐)어민의 독도강치 어렵과 그 실태」, 『독도연구』 20, 영남대학교 독도연구소, 2016.

김수희, 「일본 돗토리현의 동해 진출과 울릉도 독도」, 『영토해양연구』 19, 동북아역사재단, 2020.

김영수, 「나카이 요자부로의 '죽도어렵합자회사'와 '죽도어업조합'의 조직과 운영」, 『독도연구』 26, 2019, 영남대학교 독도연구소.

김호동, 「울릉도·독도 어로 활동에 있어서 울산의 역할과 박어둔 –조선 숙종조 안용복 박어둔 납치사건의 재조명–」, 『인문연구』 58, 영남대학교 인문과학연구소, 2010.

박구병, 「한국 수산업 기술사」, 『한국 현대문화사 대계 3: 과학·기술사』, 1977.

박미현, 「1920–30년대 울릉도 관련 신문기사를 통해 본 강원도」, 『이사부와 동해』 6, 이사부학회, 2013.

박병섭, 「17세기 일본인의 독도 어업과 영유권 문제」, 『독도연구』 15, 영남대학교 독도연구소, 2013.

박병섭, 「한말 일본인의 제3차 울릉도 침입」, 『한일관계사연구』 35, 한일관계사학회, 2010.

박성준, 「1901–1910년 해세 징수체계의 변화」, 『역사문화연구』 31, 한국외국어대학교 역사문화연구소, 2008.

박지영, 「일본 산인지방민과 '울릉도 독도 도해금지령'에 대하여」, 『독도연구』 23, 영남대학교 독도연구소, 2017.

박찬식, 「개항 이후(1876–1910) 일본 어업의 제주도 진출」, 『역사와 경계』 68, 부산경남사학회, 2008.

박한민, 「1880–1890년대 울릉도 물산을 둘러싼 분쟁과 조일 양국의 대응」, 『사학연구』 148, 한국사학회, 2022.

박한민, 「1900년 전후 울릉도를 둘러싼 국제정세와 한일의 조사단 파견」, 『역사학보』 제261집, 2024.

배재홍, 「수토사 장한상의 관력과 주요 행적」, 『이사부와 동해』 16호, 한국이사부학회, 2020.

손승철, 「조선 시대 '空島政策'의 허구성과 '搜討制' 분석」, 『이사부와 동해』 창간호(제1집), 한국이사부학회, 2010.

손승철, 「울릉도 수토와 삼척영장 장한상」, 『이사부와 동해』 5호, 한국이사부학회, 2013.

송병기, 「고종조의 울릉도 경영」, 『울릉도·독도 학술조사 연구』, 한국사학회, 1979.

송병기, 「안용복의 활동과 울릉도 쟁계」, 『역사학보』 제192집, 역사학회, 2006.

송휘영, 「개항기 일본인의 울릉도 침입과 "울릉도도항금지령」, 『독도연구』 제19호, 영남대학교 독도연구소, 2015.

신명호, 「조선 초기 중앙정부의 경상도 해도정책을 통한 공도정책 재검토」, 『역사와 경계』 66, 부산경남사학회, 2008.

신석호, 「독도 소속에 대하여」, 『史海』 창간호, 1948.

신석호, 「안용복」, 『人物韓國史 Ⅳ』, 1965.

신용하, 「한국의 독도 영유와 일제의 독도침략」, 『한국독립운동사연구』 제10집, 1996.

신용하, 「조선 왕조의 독도 영유와 일본 제국주의의 독도침략」, 『한국독립운동사연구』 3집, 독 립기념관 한국독립운동사연구소, 1989.

신태훈, 「조선 후기 월송만호와 울릉도 수토제」, 『한일관계사연구』 제72집, 한일관계사학회, 2021.

심현용, 「조선 시대 울릉도·독도 搜討관련 '蔚珍 待風軒' 소장자료 考察」, 『江原文化史研究』 제13집, 강원향토문화연구회, 2008.

여박동, 「근대 한일관계와 거문도 어업이민」, 『경영경제』 26집 2호, 계명대 산업경영연구소, 1993.

유미림, 「일제 강점기 언론에 보도된 울릉도 사회」, 『해양정책연구』 제34권 1호, 한국해양수산개발원, 2019.

유미림, 「차자(借字)표기 방식에 의한 '석도=독도'설 입증」, 『한국정치외교사논총』 34집 1호, 한국정치외교사학회, 2012.

유미림, 「통계자료로 보는 일제강점기 울릉도 사회의 양상」, 『해양정책연구』 제35권 1호, 한국해양수산개발원, 2020.

유미림, 「현지조사로 밝혀진 대한제국기 울릉도 현황과 일본의 자원 침탈」, 『해양정책연구』 제33권 1호, 한국해양수산개발원, 2018.

유미림·박배근, 「1883년 태정관의 울릉도 도항금지 전후 조·일 교섭과 울릉도 도항 일본인의법적 처리」, 『영토해양연구』 제21호, 동북아역사재단, 2021.

윤소영, 「1900년대 초 일본 측 조선어업 조사자료에 보이는 독도」, 『한국독립운동사연구』 41, 독립기념관 한국독립운동사연구소, 2012.

윤소영, 「울릉도민 홍재현의 시마네현 방문(1898)과 그의 삶에 대한 재검토」, 『독도연구』 20호, 영남대학교 독도연구소, 2016.

이근우, 「『韓國水產誌』의 수산물 명칭과 번역의 문제」, 『동북아문화연구』 21, 동북아시아문화학회, 2009.

이근우, 「『韓國水產誌』의 編纂과 그 目的에 대하여」, 『동북아문화연구』 27, 동북아시아문화학회, 2011.

이선근, 「근세 울릉도 문제와 검찰사 이규원의 탐험성과: 그의 검찰일기를 중심으로 한 약간의 고찰」, 『대동문화연구』 1, 성균관대학교 대동문화연구원, 1964.

이영학, 「개항 이후 일제의 어업 침투와 조선 어민의 대응」, 『역사와 현실』 18, 한국역사연구회, 1995.

이영학, 「조선 후기 어업에 대한 연구」, 『역사와 현실』 35, 한국역사연구회, 2000.

이영학, 「19세기 후반 일본 어민의 동해 밀어와 조선인의 대응: 울릉도·독도를 중심으로」, 『역사문화연구』 53, 한국외국어대학교 역사문화연구소, 2015.

이현종, 「조선 후기 독도의 관할」, 『울릉도·독도 학술조사 연구』, 한국사학회, 1979.

임영정, 「일본의 영유권 주장의 검토–독도·조어도를 중심으로–,"『동국사학』 30, 동국사학회, 1996.

임영정, 「조선 시대 해금정책의 추이와 울릉도·독도」, 『독도 영유의 역사와 국제관계』(독도 연구 총서 1), 독도연구보전협회, 1997.

장세은, 「19세기 말–20세기 초 일본의 울릉도 독도 침탈과 한국인의 대응」, 『영토해양연구』 10, 동북아역사재단, 2015.

장영숙, 「일제강점기 역사지리서에 반영된 울릉도·독도 인식」, 『한국민족운동사연구』 67, 한국민족운동사학회, 2011.

진재교, 「元重擧의 "安龍福傳" 연구」, 『진단학보』 108, 진단학회, 2009.

최장근, 「한국의 울릉도·독도 개척사에 대한 일본의 조작 행위」, 『일본문화학보』 51집, 한국일본문화학회, 2011.

한우근, 「개항 후 일본어민의 침투」, 『동양학』 1, 단국대학교 동양학연구원, 1971.

허영란, 「19세기 말 –20세기 초 일본인의 울릉도 도항과 독도 영유권 문제」, 『동북아역사논총』 13호, 동북아역사재단, 2006.

홍성근, 「라포르트의 울릉도 조사보고서와 1899년 울릉도현황」, 『영토해양연구』 6, 동북아역사재단, 2013.

홍성근, 「울도 군수 심흥택의 독도 수호」, 『독도를 지킨 사람들』, 한국 이사부학회, 2021.

홍순권, 「일제시기의 지방통치와 조선인 관리에 관한 일고찰」, 『국사관논총』 제64집, 국사편찬위원회, 1995.

홍정원, 「울도군수 심능익 보고서(1909)를 통해 본 울도군 상황 연구」, 『한국근현대사연구』 제58집, 한국근현대사학회, 2011.

고지마 슌페이(兒島俊平), 「隱岐漁民의 竹島(鬱陵島)行」, 『鄕土石見』 21호, 石見鄕土研究懇談會, 1988.

나카무라 히데타카(中村栄孝), 「'礒竹島'(鬱陵島)についての覺書」, 『日本歷史』 8월호, 日本歷史學會, 1961.

다가와 고조(田川孝三), 「朝鮮政府の欝陵島管轄について」 1953(필사본 『竹島資料 10–6』에 수록).

다보하시 기요시(田保橋潔), 「鬱陵島名稱について」, 『靑丘學叢』 제4호, 靑丘學會, 1931.

다보하시 기요시(田保橋潔), 「鬱陵島その発見と領有」, 『靑丘學叢』 제3호, 靑丘學會, 1931.

도리이 류조(鳥居龍藏) 저, 편무영 역, 「인종고고학에서 본 울릉도」, 『강원민속학』 12권, 아시아강원민속학회, 1996(『日本周邊民族の原始宗教』, 岡書院, 1924 수록).

모리스 가즈오(森須和男), 「近代における鬱陵島の鯣(スルメ)産業と隠岐島」, 『北東アジア研究』 25, 시마네현립대학 북동아시아지역연구센터, 2014.

朴炳涉, 「竹島＝独島漁業の歴史と誤解(1)」, 『北東アジア文化研究』 第33号, 돗토리단기대학, 2011.

이케우치 히로시(池内宏), 「刀伊の賊–日本海に於ける海賊の横行–」, 『史林』 제11권 제4호, 사학연구회, 1926.

쓰보이 구메조(坪井九馬三), 「竹島について」, 『歷史地理』 제56권 제1호, 日本歷史地理學會, 1930.

후쿠하라 유지(福原裕二), 「20世紀初頭の欝陵島社会」, 『北東アジア研究』 21, 시마네현립대학 북동아시아지역연구센터, 2011.

후쿠하라 유지(福原裕二), 「植民地朝鮮期の欝陵島日本人社会」, 『綜合政策論叢』 25호, 시마네현립대학 종합정책학회, 2013.

출전

1부. 울릉도 침탈사

제1장. 우산국 약사(略史)

(미발표 원고)

제2장. 대한제국기 울릉도 현황과 일본의 자원 침탈

("현지조사로 밝혀진 대한제국기 울릉도 현황과 일본의 자원 침탈", 『해양정책연구』 제33권 1호, 한국해양수산개발원, 2018)

제3장. 일제강점기 언론에 보도된 울릉도 사회

("일제강점기 언론에 보도된 울릉도 사회", 『해양정책연구』 34권 1호, 한국해양수산개발원, 2019)

제4장. 통계로 본 일제강점기 울릉도 사회

("통계자료로 보는 일제강점기 울릉도 사회의 양상", 『해양정책연구』 35권 1호, 한국해양수산개발원, 2020)

제5장. 일제강점기 울릉도의 초등교육기관

(미발표 원고)

2부. 울릉도 · 독도 어업사

울릉도 · 독도 어업사

이 주제는 2023년 한국해양과학기술원의 지원을 받아 수행되었다. (『울릉도 · 독도의 수산물 역사 기록 및 해양수산업사 연구』, 한국해양과학기술원, 2023.)

3부. 울릉도 관련 향토 사료

제1장. 향토 사료 일람

(미발표 원고)

제2장. 전설의 원류를 찾아서

(미발표 원고)

4부. 사료 소개: 1900년 한일 공동조사단의 울릉도 조사 기록

제1장. 사료 번역

제2장. 해제

(유미림 · 조은희, 『개화기 울릉도 · 독도 관련사료 연구』, 한국해양수산개발원, 2008.)

5부. 용어와 지명의 유래

제1장. 용어의 유래

제2장. 지명의 유래

(유미림, 『팩트체크 독도』, 역사공간, 2018; 유미림, 『역사 속의 독도와 울릉도』, 지식산업사, 2021, 157~196쪽.)